Heinrich Heppe
**Geschichte des Pietismus und der Mystik
in der reformierten Kirche, namentlich der Niederlande**

Herausgegeben und mit einem Vorwort versehen
von Christiane Beetz

Reihe ReligioSus, Band XI

Heppe, Heinrich: Geschichte des Pietismus und der Mystik in der reformierten Kirche, namentlich der Niederlande
Hamburg, SEVERUS Verlag 2011.
Nachdruck der Originalausgabe, Berlin 1879.

Reihe ReligioSus: Band XI,
Herausgegeben von Christiane Beetz

ISBN: 978-3-86347-201-6
Druck: SEVERUS Verlag, Hamburg, 2011

Bibliografische Information der Deutschen Nationalbibliothek:
Die Deutsche Nationalbibliothek verzeichnet diese Publikation in der Deutschen Nationalbibliografie; detaillierte bibliografische Daten sind im Internet über http://dnb.d-nb.de abrufbar.

SE**V**ERUS
Verlag

Vorwort der Herausgeberin zur Reihe ReligioSus

Die Suche nach Antworten auf die Fragen ‚Wo komme ich her? Wo gehe ich hin? Warum gibt es mich?' sind elementarer Bestandteil unseres menschlichen Daseins. Religionen haben Menschen in jedem Zeitalter dabei geholfen, diese Fragen zu ergründen. Jede Religion hat dabei im Laufe der Jahrhunderte einen eigenen Weg gefunden, dem Sinn des Lebens nachzuspüren. Die monotheistischen Religionen Christentum, Islam und Judentum mit dem unsichtbaren, allgegenwärtigen Gott erklären die Erfüllung jeglicher Existenz mit der Anbetung des einen Gottes. Andere Religionen wie der Buddhismus oder der Konfuzianismus lehren ein Leben nach ethischen Grundsätzen, die weniger auf einem Glauben an einen einzigen Gott als auf philosophischen, humanistischen Ideen beruhen.

Religionen sind ein Spiegelbild der Menschheit in der Welt. Mit ihren jeweils ganz unterschiedlichen Ansätzen prägen Religionen die Kulturen, in denen sie gelebt werden. Sie beeinflussen das menschliche Handeln, Denken und Fühlen mit ihren Gottesvorstellungen oder Weltanschauungen. Oft genug gaben religiöse Auslegungen den Anlass für kriegerische Auseinandersetzungen. Sie sind aber auch immer wieder ein Leitfaden für einen toleranten, menschenwürdigen Umgang mit dem Nächsten.

Frauen und Männer haben sich zu allen Zeiten mit den verschiedenen Glaubenslehren beschäftigt. Oft waren es tief gläubige Menschen, die ihre Erfahrungen mit dem Außergewöhnlichen aufgeschrieben haben. Aber auch kritische Auseinandersetzungen mit den Missständen der Religionen gehören zur jeweiligen Epoche. Die Bücher all dieser Menschen sind Dokumente ihrer Zeit, sie geben Aufschluss über die Geschichte und Geschichten der Religionen.

Die Reihe „ReligioSus" hat es sich zur Aufgabe gemacht, längst vergessene Dokumente einem breiteren Publikum wieder zugänglich zu machen. Unabhängig von Religion und Einstellung zu derselben bieten die Bücher dieser Reihe einen generellen Einblick in die Welt der Religionen. „ReligioSus" vereint Werke, die sich auf unterschiedlichste Weise mit dem Phänomen Religion und deren Beeinflussung unserer Wertvorstellungen beschäftigen. Auf diese Weise soll mit „ReligioSus" die Vielfalt religiöser Dokumente, die die jeweiligen Fragen und Auseinandersetzungen ihrer Zeit aufgenommen haben, aufgezeigt werden.

Soweit möglich erfolgt ein originalgetreuer Nachdruck. Wo es notwendig erscheint, werden die Texte in das heutige Schriftbild übertragen. Eine inhaltliche Veränderung findet nicht statt.

Christiane Beetz, Herausgeberin

Christiane Beetz, geb. 1965 in Hamburg, studierte Germanistik, Religionswissenschaft und Alte Geschichte. Nach einigen Jahren im Buchhandel arbeitet sie jetzt als Lektorin. Außerdem ist sie ausgebildete Prädikantin und schreibt freiberuflich für die „Evangelische Zeitung".

Vorwort zum Buch

„Beide – Pietismus und Mystik – haben miteinander gemein, dass sie selbst in ihren Abirrungen von einzelnen Momenten der evangelischen Wahrheit dennoch die Majestät und Gotteskraft des Evangeliums in einer Wahrheit und Stärke offenbaren, der gegenüber der Eifer für äußere kirchliche Rechtgläubigkeit nur als leeres, schattenhaftes Unwesen erscheinen muß."

Heinrich Ludwig Julius Heppe wurde 1820 in Kassel als Sohn eines Musikers geboren, der als Soldat den Napoleonischen Russlandfeldzug überlebt hatte.

Er entstammte ärmlichen Verhältnissen und musste sich das Geld für seine Schulbücher durch Nachhilfeunterricht selbst verdienen. Nach Wunsch seines Vaters sollte Heppe ebenfalls Musiker werden, doch dieser zog es vor, in Marburg evangelische Theologie und Philosophie zu studieren. Nach dem Studium arbeitete er zunächst als Hauslehrer, ehe er 1844 in Kassel zum Doktor der Philosophie und 1845 zum theologischen Licentiat promovierte. Dort trat er auch eine Stelle als Pfarrer an, die er aber 1849 wieder aufgab und in Marburg habilitierte. Heppe arbeitete als Privatdozent, wurde außerordentlicher Professor und Ehrendoktor der Theologie. Durch einen Streit mit dem Theologen August Vilmar erhielt Heppe erst 1864 eine ordentliche Professur. Er starb 1879 an einer Krebserkrankung.

Heinrich Heppe war ein äußerst beflissener Schriftsteller. Über 60 Schriften zeugen von der großen Produktivität Heppes. Schon während seiner Pfarrtätigkeit befasste er sich mit der hessischen Kirchengeschichte. Er verfasste Schriften über verschiedene hessische Generalsynoden, die Entstehung der hessischen Kirchenordnung, die Geschichte der Evangelischen Kirche des Rheinlands, Westphalens, Kurhessens und Norddeutschlands sowie mehrere Bände über die Geschichte des Volksschulwesens. Außerdem schrieb er ein populäres

Gebetbuch und beschäftigte sich mit dem Pietismus und der Mystik.

Heppe war ein entschiedener Vertreter der ‚deutsch-reformierten' Lehre, die er vor allem auf Melanchthon und Calvin bezog. Er betonte die absolute Autorität der Heiligen Schrift und die Prädestinationslehre mit ihrer Sakramenten-lehre. Über die tatsächliche Umsetzung der reformatorischen Gedanken geriet er mit dem Theologen August Vilmar in Streit. Diesem warf er vor, die reformierte Kirche Kurhessens durch ‚unevangelische' Tendenzen zu gefährden. Er sah in der Auslegung der lutherischen Ideen durch Vilmar einen Rückschritt in eine vorreformatorische Zeit und setzte sich dagegen für einen theologischen Liberalismus ein, der eine stärkere Unabhängigkeit von kirchlichen Dogmen und Traditionen anstrebte.

Der vorliegende Text aus dem Jahr 1879, dem letzten Lebensjahr Heinrich Heppes, verfolgt die Geschichte des Pietismus in England, Schottland, Deutschland und vor allem den Niederlanden. Anhand von Kurzportraits für das Thema wichtiger Persönlichkeiten beschreibt Heppe die Entstehung und Entwicklung des Pietismus vom 16. bis zum 19. Jahrhundert. Dabei setzte er sich sowohl mit dem Gedanken der Föderaltheologie von Coccejus und seinem Kampf mit den Voetianern als auch mit dem Einfluss Jean de Labadies auf den Pietismus auseinander.

Interessant ist die Differenzierung von Pietismus und Mystik. Auch wenn es in Ansätzen Überschneidungen der Lehren gab – beide Richtungen hielten es für möglich, die Vollkommenheit des Einzelnen bereits im Diesseits zu erlangen, unterscheiden sich diese beiden Richtungen doch voneinander, so halten etwa „alle entschiedenen Mystiker an dem Gedanken fest, dass der Mensch nur durch die Liebe zu Gott zur wahren Erkenntnis Gottes gelangen könne, dass er sich daher vor Allem durch den Affect des Willens mit Gott zu vereinigen habe, ..." Die Mystik erscheint hier als ein zutiefst verinnerlichter Zugang zu Gott.

Dagegen sah Heppe im Pietismus „das Streben nach Vervollständigung der Kirchenreformation des sechzehnten Jahrhunderts als einer blosen Reform der Lehre durch Erweckung der pietas oder durch eine Reform des Lebens."

Der Pietismus war nach Heppe ein vor allem evangelisches Phänomen. Religion war hier kein reines Leben nach den kirchlichen Gesetzen, sondern ein „inneres Leben". Aber dieses zeigte sich vor allem in einer tätigen Frömmigkeit, welche sich an den Bedürfnissen der Menschen orientierte. Kirchliche Verordnungen waren nur insoweit wichtig, wie sie dem frommen Leben dienten. Der wirklich glaubende Mensch wird zum „Wiedergeborenen":

„Der Wiedergeborene allein wandelt im Lichte Gottes, indem der Geist ihn innerlich im Herzen erleuchtet, so dass er die Geheimnisse der Offenbarung wirklich erfahren, wirklich verstehen kann, während der natürliche Mensch nur die Worte der Offenbarung, nicht aber deren Sinn versteht."

Mit diesen Gedanken schlägt Heinrich Heppes Buch einen Bogen bis in unsere Zeit, denn der Gedanke von einer Erweckung der Gläubigen findet sich in vielen Freikirchen wieder - ein spannendes Buch zum in Deutschland eher unbekannten Thema des Pietismus.

Christiane Beetz, Hamburg im Dezember 2011

VORWORT.

~~~~~~

Zur Ausarbeitung der vorliegenden Schrift bin ich von zwei ganz verschiedenen Ausgangspuncten aus gekommen. — Seit langen Jahren beschäftigte ich mich mit der Geschichte der reformirten Foederaltheologie. Hierbei begründete nun das Studium der Lehrbücher der foederaltheologischen Dogmatiker der reformirten, insbesondere der holländischen Kirche in mir sehr bald die Ueberzeugung, dass von dem, was man in Deutschland über die Entstehung und Entwickelung des Foederalismus lehrt, gar Vieles auf Irrthum beruht. Dass insbesondere COCCEJUS die Foederaltheologie nicht erfunden habe, und dass Coccejanismus und Foederalismus nicht einerlei sei, war mir längst klar geworden. Aber auch Anderes was in der deutschen Theologie als feststehendes, kirchengeschichtliches Urtheil gilt, erwiess sich mir bei fortgesetztem Studium der alten Dogmatiker als irrig.

Andererseits beschäftigte mich die Frage, wo eigentlich die Wurzeln des mit SPENER in der deutschen Theologie aufgetauchten Pietismus liegen möchten. Dass derselbe nicht zuerst im Geiste Spener's entstanden sei, ersah ich aus dessen Werken, in denen derselbe *englische* Theologen als diejenigen bezeichnet, deren Schriften ihn auf seine Wege geführt hätten. Ich beschloss daher den Erscheinungen des Pietismus rückwärts in der Geschichte der evangelischen Kirche nachzugehen, richtete darum mein Augenmerk zunächst auf die Pietisten, welche unmittelbar vor Spener in der *deutsch*-reformirten Kirche aufgetreten waren, sah mich aber von diesen sofort auf die

Niederlande hingewiesen. Hier fand ich nun Erscheinungen des Pietismus in grosser Zahl vor [1]), und entdeckte zugleich die lebhafte
Beziehung derselben zu den Vertretern des Voetianismus und Coccejanismus. Am frappantesten war für mich dabei, was sich mir aus dem
Studium der Schriften des GIJSBERT VOET ergab. Ich sah, dass die deutsche Theologie aus dem frommen pietistischen Gottesmanne ein wahres
Zerrbild geschaffen hatte. GIJSBERT VOET war daher einer der Ausgangspunkte meiner Forschungen, als ich die Bibliotheken und Anti-
quariate Hollands (und Belgiens) aufsuchte um Quellenschriften zur
Geschichte des Pietismus zu ermitteln. Diese gewann ich nun (Dank
der Liberalität, mit der namentlich die Bibliotheken zu Utrecht und
Leiden mich unterstützten!) in der wünschenswerthesten Vollständig-
keit. Von Holland aus fand ich dann — noch weiter rückwärts
gehend — endlich die ersten Anfänge des Pietismus in England und
Schottland.

Indessen konnte ich bei den Erscheinungen des Pietismus und Foederalismus nicht stehen bleiben. Dieselben liessen nämlich in den
Niederlanden überall eine Fühlung und Berührung mit Phaenomenen
einer Mystik erkennen, welche ebenfalls einen historischen Zusammenhang wahrnehmbar machten, der rückwärts bis in die Reformationszeit
Englands und Schottlands verfolgt werden konnte. Von besonderer
Bedeutung erschien mir dabei die Person und Wirksamkeit Labadies.
Als ich nur einige wenige Schriften desselben (darunter die noch fast
gar nicht beachtete und so wichtige »Declaration") gelesen hatte, überzeugte ich mich von der Nothwendigkeit einer neuen, wirklich
quellenmässigen Darstellung des Lebens Labadies; denn gar vieles
Traditionelle musste berichtigt werden. Auch sah ich, dass der
neueste Bearbeiter Labadies in Deutschland, MAX GOEBEL, nur wenige
Schriften des merkwürdigen Mannes gesehen und gelesen hatte. Daher
ruhte ich nicht, bis (von Kleinigkeiten abgesehen,) so ziemlich alle

---

1) Es war mir nicht möglich alle holländischen Pietisten zu besprechen, weil
mein Werk einen bestimmten Umfang nicht überschreiten sollte.

2) Nach diesen Ergebnissen meiner Forschungen konnte ich von der in Briegers
Zeitschrift für Kirchengeschichte B. II. S. 1 ff. abgedruckten Abhandlung „Prolego-
mena zur Geschichte des Pietismus", in welcher die Wurzeln des Pietismus in der
Wiedertäuferei und weiterhin in den Tertiarern des Franziscanerordens gefunden
werden (!), keinen Gebrauch machen.

Schriften Labadies zusammengebracht waren, — wobei freilich öfters holländische Uebersetzungen das nirgends aufzufindende Original erset- zen mussten. Aus ihnen trat mir nun in vollster Klarheit und in den schärfsten Characterzügen das Bild des »quietistischen Mystikers" Labadie entgegen, und meine Studien knüpften sich somit an meine i. J. 1875 veröffentlichte »Geschichte der quietistischen Mystik in der katholischen Kirche" en [1]).

---

1) Mit grossem Danke habe ich der überaus wohlwollenden, oft mich mit ganz unverdientem Lobe überhäufenden Beurtheilungen zu gedenken, welche dieses Werk in zahlreichen Zeitschriften erfahren hat. Diese ausserordentliche Anerkennung er- kläre ich mir dadurch, dass man es dem Werke ansah, auf welcher umfangreichen Durchforschung bisher unbekannt gewesener oder unbenutzt gebliebener Quellen es beruhte und wie viel Neues es brachte. Dass durch des Hervortreten eines derarti- gen grösseren Buches bei bestehender Meinungsverschiedenheit auch die Pole- mik wach gerufen wird, ist leicht begreiflich. Im Allgemeinen liebe ich es nicht auf eine solche einzugehen. Indessen ist Eine Beurtheilung des Buches erschienen, der gegenüber ich mir nothgedrungen ein Wort der Abwehr erlauben muss. Es ist dieses die von Prof. PAUL TSCHACKERT in Schürers Theol. Literaturzeitung von 1876 S. 565—568 veröffentlichte Recension meines Buches. Herr. Tsch. sagt hier, „es lasse sich gar nicht sagen, für wen eigentlich das Buch geschrieben sei." Er hält es nämlich für eine durchaus überflüssige Veröffentlichung, für die er nur Worte des Tadels, und nicht in Einer Beziehung ein Wort der Anerkennung hat, — obschon er das Buch am Schlusse seines Referates nebenbei doch als ein „lehrreiches" be- zeichnet. Daher begreift es sich, dass er zur Beurtheilung des Werkes sehr sorg- fältig nicht nur vorkommende Ungleichmässigkeiten der Orthographie sondern die Druckfehler („dem" statt „den" u. s. w.) zusammengelesen und mit Angabe der Seitenzahl genau registrirt hat. — Natürlich habe ich hier nicht den nöthigen Raum, um Herrn TSCHACKERT das Unwahre oder Ungerechte seiner Auslassungen nachzu- weisen. Nur Eins will ich zur Characterisierung seines Aufsatzes überhaupt hervor- heben. — Herr TSCHACKERT urtheilt S. 567, dass der letzte (achte) Abschnitt meines Werkes, der „die quietistische Mystik in der *evangelischen* Kirche" beleuchtet, „nach einem inhaltlich so ausgezeichneten Werke wie GÖBELS Gesch. des christl. Lebens, über- flüssig sei", indem dieses also bereits alles von mir Dargestellte enthalten soll. Dem Werke des sel. GÖBEL (B. III.) ist nun ein genaues Namenregister beigegeben, welches es Jederman ermöglicht, in Einer Minute sich über die moralische Beschaffenheit jenes Urtheils zu unterrichten. In dem beregten Schlusscapitel meines Werkes bespreche ich nämlich S. 491—494 den Prediger W. SCHORTINGHUIS (dessen Name bis dahin ganz unbekannt war,) S. 494—495 die Convertiten Geulinx u. Saurin, S. 512—514 das Grossmeisterthum des Ordens der Frau v. Guyon zu Pyrmont, S. 515—520 den Prediger JEAN PHILIPPE DUTOIT (zu dessen Leben ich handschriftliche Nachrich- ten in Lausanne gewonnen hatte,) und schliesslich S. 521 Frau v. Krüdener u. Margar. Peters zu Wildenspuch. *Dass nun über alle diese Namen von Göbel nicht das Mindeste mitgetheilt ist,* kann Jederman aus dem sehr genauen Namensverzeich- niss des Göbel'schen Werkes ersehen. — Dieselbe Zuverlässigkeit der Berichterstattung

Meine Forschungen in den holländischen und englischen Quellenschriften des reformirten Pietismus und der Mystik und die Lectüre neuerer auf das Frühere sich beziehender Werke der holländischen und der englischen Literatur liessen mich neben dem Gegenstande, der mich eigentlich beschäftigte, noch vielerlei Interessantes und Bedeutsames wahrnehmen, was in der vorliegenden Schrift unberührt geblieben ist. Jedem Leser der letzteren wird sich aber wohl nebenbei Eine Wahrnehmung von selbst darbieten, nemlich die der Bedeutung, welche der holländischen neueren wie älteren Literatur für die theologische Wissenschaft eignet. Bis zur Stunde ist dieselbe in Deutschland — zum Schaden der deutschen Wissenschaft — nicht genügend erkannt und darum auch nicht anerkannt worden. Dr. NIPPOLD ist dermalen eigentlich der einzige deutsche Theologe, der von holländischer Literatur zu reden weiss, und aus ihr schon die werthvollsten Gaben uns dargebracht hat.

Doch ich eile zum Schluss. Ich danke Gott, der mich die Aufgabe, mit der ich mich in der vorliegenden Schrift heschäftigte, hat finden lassen. Wenn der sel. MAX GÖBEL berechtigt war, (und er war dazu berechtigt,) seinem schönen, von mir zum öfteren angezogenen Werke den Titel »Geschichte de christlichen Lehens" vorzusetzen, so hätte auch ich die vorliegende Schrift unter dem Titel: »Geschichte des christlichen Lebens in Schottland, England, Holland und am Niederrhein" erscheinen lassen können. Denn wenn ich auch allerlei Lehreigenthümlichkeiten zur Darstellung bringen musste, so machen doch nicht diese sondern vielmehr das, was auf dem Gebiete des religiösen und kirchlichen Lebens vor sich ging, den Inhalt der vorliegenden Schrift aus. Bei der Beurtheilung dieser Lebenserscheinungen handelte es sich vor Allem um scharfe Unterscheidung dessen was als Pietismus und was als Mystik zu gelten hat. Beide sind allerdings zwei (zwar oft miteinander verwechselte aber doch) an sich ganz verschiedene Richtungen religiösen Denkens und Lebens. Beide haben aber das miteinander gemein, dass sie selbst in ihren

---

welche hierbei zu Tage tritt, lässt sich nun in allen Angaben und Urtheilen Tschackerts, deren jede das Uebelwollen an der Stirn trägt, nachweisen. — Unwillkürlich wird man durch dieses Elaborat an das Wort Boileau's erinnert: *La critique est aisée, l'art est difficile.*

Abirrungen von einzelnen Momenten der evangelischen Wahrheit dennoch die Majestät und Gotteskraft des Evangeliums in einer Wahrheit und Stärke offenbaren, der gegenüber der Eifer für äussere kirchliche Rechtgläubigkeit nur als leeres, schattenhaftes Unwesen erscheinen muss.

Wennschon es daher Hauptzweck dieser Veröffentlichung ist, dass dieselbe über noch wenig bekannte und beachtete, oder bisher fehlerhaft dargestellte historische Vorgänge urkundliches Licht verbreiten soll, so möchte ich doch durch dieselbe auch das erreichen, dass durch sie das Evangelium als eine Kraft des Lebens, des allein wahren Kulturlebens der christlichen Völker, auch von der Seite des Pietismus und der Mystik her mehr erkannt würde.

HEPPE.

INHALTSVERZEICHNISS.

Seite.

EINLEITUNG.

Das Wesen und der Unterschied von Mystik und Pietismus.

Der Christ, der durch den Geist Gottes und durch das Evangelium zum lebendigen Glauben an Gott in Christo gekommen ist, weiss sich durch den Glauben in eine Lebensgemeinschaft mit Christus versetzt, die hier auf Erden dann zu ihrem Ziele gelangt, wenn der Christ mit dem Apostel (Gal. 2, 20) sprechen kann: »Ich lebe, doch nicht ich, sondern Christus lebt in mir."

Diese Gemeinschaft mit dem Herrn, welche dem Christen in und mit dem Glauben gegeben ist, ist aber eben darum auch lediglich Sache des Glaubens, indem sie schlechthin auf dem geoffenbarten Worte der Verheissung und auf Vertrauen, nicht aber auf Empfindung des Heilsbesitzes beruht, und indem sie nicht des Menschen Erwerb und Verdienst, sondern durchaus nur Gabe der freien Gnade Gottes ist.

In diesem Glauben, der auf dem Worte des Evangeliums beruht, ist der ganze Inhalt des christlichen Geistes von Anfang an keimartig vorhanden, — als Leben, welches fort und fort wachsen muss, und als Erkenntniss, welche von einer Wahrheit zur anderen fortschreitet.

Ein ganz neuer Besitz und eine ganz neue Erkenntniss des Heils wird dem Christen erst nach seinem Abscheiden aus dem

Diesseits zu Theil, indem er droben von Glauben zum Schauen hindurchdringt. Dann hört das Verheissungswort auf die schlechthinnige Grundlage der Gemeinschaft mit dem Herrn zu sein, indem diese alsdann auf sich selbst beruht.

Es geschieht aber wohl, dass der Christ diese ihm von Gott gesetzte Ordnung als eine Schranke empfindet, die ihm in seinem Aufstreben zu Gott hinderlich ist, die er darum durchbrechen, über die er sich erheben möchte. Einem inneren Drange des Herzens und der Seele nachgebend, versucht er es darum von der Stufe geistlichen Lebens aus, die er im Glauben an das Wort des Evangeliums erreicht hat, höher hinauf zu steigen, um zu einer unmittelbaren Gemeinschaft mit Gott, zu einem Empfinden und Schmecken, zu einem inneren Schauen derselben hindurchzudringen und dadurch die vollkommene Läuterung der Seele, überhaupt seine Vollkommenheit zu erlangen. Dann gestalten sich in der Seele Vorgänge, die zunächst nicht auf dem Worte des Evangeliums, sondern auf der Zuständlichkeit und auf dem Willen des Menschen beruhen, der über die Sphäre des Wortes, der Verheissung und des Glaubens schon hier auf Erden hinaus will. An die Stelle des Glaubens tritt dann die Liebe, durch welche die Seele zu einer Vereinigung mit Gott zu gelangen sucht, die sie sich in ihrer höchsten Vollendung als eine Vermählung und Verschmelzung des eigenen Wesens mit Christus, als eine vollständige Ergiessung der Seele in die seligen Tiefen der Gottheit denkt, womit dann auch die vollkommene Reinigung und Heiligung der Seele gegeben ist. Diese Art der Religiosität ist es, welche *Mystik* genannt wird.

Dieselbe hat eine *praktische* und eine *speculative* Seite, welche beide vereint sein können, von denen aber auch jede der beiden mit solcher Stärke hervortreten kann, dass sie die andere ausschliesst.

Insgemein gilt in den Kreisen der Mystiker der kirchliche

Standpunkt, auf welchem der Christ die von der Kirche geforderte Frömmigkeit im Leben bethätigt, als der niedere Standpunkt der *Meditation* (und des discursiven Denkens) die den Menschen wohl bessert aber nicht mit Gott wirklich vereinigt und darum auch nicht zu seiner Vollkommenheit bringt. Die letztere soll nur auf dem Standpunkte der *Contemplation* (oder der intuitiven Erkenntniss) erreichbar sein. — Die Auffassung der Contemplation betreffend, halten alle entschiedenen Mystiker an dem Gedanken fest, dass der Mensch nur durch die Liebe zu Gott zur wahren Erkenntniss Gottes gelangen könne, dass er sich daher vor Allem durch den Affect des Willens mit Gott zu vereinigen habe, und dass es ihm hierdurch möglich werde zu einem solchen inneren persönlichen Erleben, Erfahren und Erfassen des Göttlichen zu gelangen, dass er schliesslich in vollkommenster Vereiniging mit Gott leben und sich innerlich schon hier auf Erden desselben Lichtes erfreuen kann wie die Seligen im Himmel.

Indem daher für den Mystiker, der wohl in dem Worte der Schrift das Wort der Wahrheit sieht, aber sich doch auf eine über den Wortsinn derselben hoch hinausliegende Stufe der Erkenntniss erheben will, das eigene Innere die Stätte der Bethätigung und Offenbarung des Geistes Gottes und darum auch der eigentliche Quell der höheren Erkenntniss Gottes ist und bleibt, so ruft derselbe allerdings zur Rechfertigung seiner Gedanken angelegentlichst die Autorität der h. Schrift an, aber so dass er — durch die willkührlichste allegorische Ausdeutung — die aus dem eigenen Inneren gewonnenen Anschauungen als auch in der h. Schrift begründet nachzuweisen sucht.

Nur darum aber kann, nach der Lehre der Mystik, die Seele durch die Liebe zu einen solcher Vereinigung mit Gott kommen, in welcher jene zu einer Offenbarungsstätte des Geistes Gottes wird, weil die Liebe es ist, welche das Herz reinigt. Diese Reinigung derselben erfolgt zunächst durch Mortificirung

der Sinnenlust, dann durch Abtödtung der Selbstsucht, aus
welcher die Gelassenheit hervorgeht, die den Menschen zur Aufnahme der Wirksamkeit des Geistes Gottes erst tüchtig macht.
Durch dieselbe soll in der Seele die »Nachfolge Jesu" hervor-
gebracht werden, welche von vielen Mystikern als moralische
Nachbildung des Lebens Christi, namentlich auch in gotter-
gebener Ertragung der Leiden des Lebens, von Anderen aber,
welche die Höhen der Mystik repräsentiren wollen, als eine
Nachbildung des Lebens Christi aufgefasst wird, in welcher der
Christ das sündentilgende Leiden Christi selbst erträgt. Die
quietistische Mystik fordert dabei, dass dieses in einer passiven,
willenlosen Ergebung in Gottes Willen geschehe, welche jede
Hoffnung auf Lohn, auf ewige Seligkeit fallen lasse, indem
allein die von aller Hoffnung freie — interesselose — Liebe,
welche nur will dass Gottes Wille an ihr geschehe, die vollkommen göttliche, selbstlose Liebe sei.

Indem nun so aus der Reinigung der Seele deren Erleuchtung
erwächst, so vollendet sich dieselbe schliesslich in einer Einigung der Seele mit Gott, in welcher diese zur wirklichen Ver-
gottung gelangt.

Der unmittelbare Ausdruck der contemplativen Mystik ist
die *oratio mentalis*, das Herzensgebet oder die unmittelbare Erhebung des Herzens zu Gott, durch welche sich dieses ohne
Worte zu gebrauchen, in die Tiefe und Unendlichkeit Gottes
zur seligsten Ruhe und zum innerlichsten und lebendigsten Anschauen Gottes versenkt, während die in Worten sich darstel-
lende *precatio* (*prière*) oder die *oratio vocalis* der niederen Stufe
der Meditation angehört, in welcher sich das ruhelos von einem
äusseren religiösen Act zum anderen und von einem Momente
der Reflexion zum anderen fortgehende Leben der nicht auf
dem Centrum der Seele, sondern auf äusseren fremden Stützen
beruhenden Frömmigkeit darstellt.

Der Gedanke dass das Leben des Christen in dem Vertrauen

auf Christi verdiente Gerechtigkeit seinen wesentlichen Lebensnerv haben müsse, ist der Mystik fremd. Dieselbe weiss den Erlöser im Wesentlichen nur als wirksames Vorbild aufzufassen, wesshalb für sie die Rechtfertigung mit der Heiligung wesentlich identisch ist. Nur in der Heiligung des Menschen ist die Versöhnung mit Gott gegeben und der Tod Christi und das Wirken des Geistes Gottes im Menschen sind daher im Sinne der Mystik zwei gesonderte Factoren der Rechtfertigung. Das gottergebene und in vollkommenster Liebe ertragene Leiden Christi ist allerdings der Höhepunkt der Hingabe des Herrn und das wirksamste Motiv der Nachfolge desselben, kann aber nur dann zur Vollkommenheit des christlichen Lebens führen, wenn der Geist Gottes die Seele zur Nachbildung dieser Hingabe an den Willen Gottes tüchtig macht.

Uebrigens erhellt hieraus, dass der religiöse, nach lebendiger Gemeinschaft mit Gott hinstrebende Geist sich weit eher innerhalb der katholischen Kirche zur Mystik und zu einer vom Dogma ganz unabhängigen, vollständiger durchgeführten Mystik angeregt fühlen kann als in der evangelischen, — nicht nur weil in jener die Auffassung des Verhältnisses der Rechtfertigung zur Heiligung im Wesentlichen dieselbe ist wie in der Mystik, sondern vor Allem weil das katholische Dogma dem Christen den Trost einer persönlichen Lebensgemeinschaft mit Gott gar nicht bietet. Die katholische Kirche spendet in ihren Sacramenten nur einzelne Heilsgaben, und zwar in dem Sinne, dass der Christ sich immer von Neuem dieser Gaben bedürftig, sich immer bezüglich des Heilsbesitzes ganz arm wisse und seines Gnadenstandes nie gewiss sein soll. Je stärker daher der religiöse Geist des katholischen Christen angeregt ist, um so mehr kann es ihm Bedürfniss sein, von seinem eignen Innern aus durch Ertödtung seiner Ichheit und durch Steigerung seiner Liebe zu Gott in andauerndem Gebet, in Meditation und Contemplation, die Vereinigung seiner Seele mit Gott und deren

völlige Reinigung zu suchen; wogegen in der evangelischen
Kirche, welche das Verlangen des evangelisch angeregten Gemüthes nach persönlicher Vereinigung mit Gott vollkommen
befriedigt, der Drang nach mystischer Vereinigung mit Gott
immer nur in einem Verkennen der evangelischen Heilsordnung
seinen Grund haben kann. Darum tritt die Mystik in der
katholischen Kirche ungleich häufiger auf als in der evangelischen,
und darum erscheint sie in jener immer weit folgerichtiger
durchgeführt und allseitiger ausgebaut, während sie in der evangelischen Kirche sehr oft nur in der Gestalt eines an die
Heilsordnung derselben sich anschliessenden Ausläufers oder als
ein mystischer Anflug in der Erfassung der Heilsordnung hervortritt.

So ist also die Mystik ein Phänomen des religiösen Lebens,
welches der Kirche überhaupt, der evangelischen wie der katholischen angehört. Dagegen ist der *Pietismus* eine spezifisch
protestantische, evangelisch-kirchliche Erscheinung, welche zu
definiren ist als *das Streben nach Vervollständigung der Kirchenreformation des sechszehnten Jahrhunderts als einer blosen Reform
der Lehre durch Erweckung der pietas oder durch eine Reform
des Lebens.* — Die erste Burg des Pietismus war die Hochschule zu *Cambridge* im 16. Jahrh., die letzte war die Universität zu *Halle* im 18. Jahrh. — Die Benennungen unter welchen
der Pietismus in Schottland, England, in den Niederlanden
und in Deutschland hervorgetreten ist, sind: »practice of the
piety, practycke oder oeffeninge der godzaligheit, exercitium
pietatis, Uebung der Gottseligkeit [1]."
Der Pietismus hat also die Reformation der 16. Jahrhunderts

---

[1] Der Name „*Pietist*" ist (wie „Sophist") ein Spottname, den die Gegner des Pietismus, und zwar, wie SPENER angiebt, i. J. 1674 zu Frankfurt am Main gebrauchten.
Die gewöhnliche Annahme, dass diesse Bezeichnung erst 1687 zu Leipzig aufgekom-
men sei, ist daher unrichtig.

in dem Sinne zur Voraussetzung, das er dieselbe für einseitig, für mangelhaft erklärt, weshalb er die Reformation vollständig, als Reform des kirchlichen Lebens, durchführen will. Mit diesem wesentlichen Merkmal tritt der Pietismus von Anfang an in der reformirten Kirche Englands und Schottlands auf, um das Interesse des evangelisch-kirchlichen Lebens gegenüber der mangelhaften Kirchenreform des Anglicanismus zur Geltung zu bringen; und dieses wesentliche Merkmal des Pietismus wird auch von SPENER, der denselben vom reformirten Gebiet auf das lutherische herüberführte, als die Voraussetzung seiner ganzen Wirksamkeit anerkannt [1]).

Die spezifisch reformatorische Tendenz des Pietismus war gegen zweierlei gerichtet: 1) gegen alles das was man als in der Reformation aus der katholischen in die evangelische Kirche mit herüber genommene Reste des Papsthums ansah und 2) gegen die religiös-sittlichen Gebrechen des Volkslebens. In ersterer Beziehung betrachtete man in der reformirten Kirche gar Vieles als hinwegzufegenden papistischen Sauerteig, (z. B. die Begehung von Marien- und Heiligenfesten, den Kirchenpatronat), was in der lutherischen Kirche selbst von SPENER nicht beanstandet wurde. Im Allgemeinen aber machte hier der Pietismus das allgemeine Priesterthum aller Gläubigen in England gegenüber der bischöflichen Hierarchie, in Deutschland gegenüber dem vielfach in hierarchischen Gewande auftretenden

---

1) SPENER sagt in seinen „Bedenken" (III, S. 179); *„Ich glaube freilich, dass mit der Reformation noch bei Weitem nicht Alles geschehen, was hat geschehen sollen und an dessen Verfolg die Nachkömmlinge zu arbeiten billig verbunden gewesen und noch sind."* Seiner Ansicht nach waren die Reformatoren mitten in ihrer Arbeit stehen geblieben. Der Ausgang aus Babel war zwar geschehen, aber der Tempel und die heilige Stätte war noch nicht ausgebaut, und selbst von Babel her war noch viel Böses mitgebracht. Leider haben die Nachfolger der Reformatoren das Werk derselben nicht fortgesetzt. Daher kann es sich jetzt nicht darum handeln, den Stand der Dinge, wie er zu Luthers Zeit war, zurückzurufen, sondern die Aufgabe ist, auf Nachholung des Versäumten Bedacht zu nehmen. Vergl. GASS, Gesch. der protest. Dogmatik, B. II, S. 410.

lutherischen Pastorat mit Nachdruck geltend. Dieses war der
Gesichtspunkt, von welchem aus die lutherischen Pietisten die
Privatbeichte als unevangelische Einrichtung zurückwiesen.

Das Mittel, durch welches der Pietismus seine Kirchenreform,
die Reform des kirchlichen Lebens ausführen wollte, war die
»praxis pietatis," die »Uebung der Gottseligkeit."

Der Pietismus wollte allerdings das kirchliche Bekenntniss
(obschon er seine abweichende Lehreigenthümlichkeit hatte),
in seiner vollen Geltung lassen; allein er hob hervor, dass zum
grossen Schaden des kirchlichen Lebens der Rechtgläubigheit
diejenige Bedeutung beigelegt werde, die doch nur dem innerlichen, den Menschen wirklich erneuernden Glauben zukommen
könnte; dass Rechtgläubigkeit und Frömmigkeit zwei ganz verschiedene Dinge wären, dass aber Frömmigkeit dem Menschen
vor Allem noth thue, indem die *Religion* wesentlich *Sache des
Herzens* sei.

Der Pietismus fasste also die Religion nicht als Zustimmung
zur Lehre der Kirche und als Wandel in den Ordnungen der
Kirche, sondern als ein wesentlich innerliches Leben, als Her-
zensleben auf.

Dasselbe wird nach der übereinstimmenden Lehre aller Pietisten durch die Vereinigung des Menschen mit Christus begründet. Die reformirte Lehre von der insitio (des Gläubigen)
in Christum wird daher auch von SPENER vertreten [1]).

Hierdurch wird der spezifische Unterschied des bekehrten
von dem nichtbekehrten, des wiedergeborenen von dem natürlichen Menschen begründet. Der Wiedergeborene allein wandelt
im Lichte Gottes, indem der Geist ihn innerlich im Herzen
erleuchtet, so dass er die Geheimnisse der Offenbarung wirklich

---

1) SPENER sagt: „Nicht nur Christi Kraft und Geist, sondern Christus selbst vereinigt sich wahrhaftig mit den Gläubigen, dass sie seine Glieder so wahrhaftig sind,
als er ihr Haupt ist." (GASS, S. 437).

erfahren, wirklich verstehen kann, während der natürliche Mensch nur die Worte der Offenbarung, nicht aber deren Sinn versteht. Daher kann nur ein wiedergeborener Christ wirklich Theologe und Lehrer des Evangeliums sein. Ein Theologe der nicht wiedergeboren ist, ist nur ein Kenner des Buchstabens, nicht aber des Geistes.

Mit begeisterter Rede wird von allen Pietisten die Herrlichkeit des Christenlebens, der Friede und die Freude, mit der es erfüllt, die Geisteskraft, mit der es gesalbt ist, verkündet.

Da der Glaube im Sinne des Pietismus wesentlich *thätiger Glaube* ist, so fassen die Pietisten die Rechtfertigung so auf, dass sie, als Vereinigung des Menschen mit Christus, der wesentliche Anfang der Heiligung ist. Daher ist der Glaube durch sich selbst fruchtbar in guten Werken. Indem daher der Fleiss in der Heiligung ein wesentliches Kennzeichen der Rechtfertigung ist, so kann das Leben des Gerechtfertigten, das Glaubensleben, nur als ein im Glauben und in der Heiligung *wachsendes* Leben gedacht werden.

Gern wird das Leben des Christen von den Pietisten unter dem Gesichtspunkte der Nachfolge Jesu betrachtet. Der Christ soll Christo im Leben und im Leiden immer ähnlicher zu werden suchen. Daher hat der Christ alles Kreuz des Lebens (Anfechtung, Heimsuchung, Verfolgung, Krankheit, Armuth, etc.) nicht bloss als Strafe, sondern auch zur Uebung seines Gehorsams gegen Gott nach dem Vorbilde Jesu in rechter Gottergebenheit zu tragen.

Da der Pietismus dem Orthodoxismus entgegentrat und die Dogmen nur auf die Bedeutung hin ansah, welche sie für das Leben haben, da überhaupt sein Interesse in erster Linie dem practischen Leben zugewandt war, so begreift es sich, dass die Pietisten durchweg das den verschiedenen Confessionen Gemeinsame als das für das christliche Leben allein in Betracht Kommende betonen und dieses Gemeinsame als das Wesentliche

der Lehre hervorheben. Daher lag im Pietismus ein starker
Zug zum *Unionismus* hin. Die englischen und niederländischen
Pietisten sprechen von Luther als *ihrem* Lehrer mit der grössten
Verehrung, und SPENER wusste es wenigstens anzuerkennen, dass
es der reformirten Kirche an Beweissung des Geistes und der
Kraft nie gefehlt habe, und dass die Erwecktten und Bekehrten von hüben und drüben wohl zusammentreten und einander
die Hand reichen könnten — zur Ehre Gottes und zur Förde
rung des eigenen Heils.

Dass aber der Pietismus, indem er dem engherzigen Orthodoxismus gegenüber ein *weites* Herz hatte, damit das *rechte*
Herz für Gottes Reich besass, bewiess derselbe, indem zuerst
durch ihn die (reformirte und hernach die lutherische) Kirche
an ihre *Missionspflicht* gemahnt und zur Erfüllung dieser Pflicht
wirksam angeregt wurde.

Die Mittel, durch welche der Pietismus die Gottseligkeit im
Volke, und dadurch die Reform des kirchlichen Lebens, zu
fördern suchte, waren 1) die *Ascetik*, 2) die Einrichtung
kirchlicher Katechisationen und 3) die religiösen »*Uebungen*",
zu denen derselbe alle empfänglichen Gemeindeglieder in *Conventikel* zu sammeln suchte.

Die *Ascetik*, welche die Pietisten den einzelnen Gemeindegliedern zu ihrer Förderung in der Gottseligkeit empfahlen,
bestand einerseits in freiwilligen Entsagungen, (Fasten u. s. w.)
die sich dieselben zur Übung in der Selbstverläugnung, zur
»Kreuzigung des Fleisches" auferlegen sollten, und andererseits
in einer methodischen Uebung der Andacht durch geregeltes
Gebet, Lesen der h. Schrift, Medidation, regelmässige Hausandacht, erbauliches Gespräch mit Gleichgesinnten u. dgl. m.

Katechisationen richteten die Pietisten (in England, Holland
und Deutschland) von dem Gedanken aus ein, dass die Predigt,
in welcher nicht sowohl zur einzelnen Person als zum Ganzen
der Gemeinde geredet werde, nicht ausreichen könnte, um den

Zweck der kirchlichen Verwaltung des Worts an den Gemeindegliedern zu erreichen. Die Katechisation, in welcher sich der
Prediger an den Einzelnen wendet, schien hierzu viel wirksamer
zu sein. Daher trat in allen Landen, in denen sich der Pietismus erhob, sofort auch eine bis dahin noch nicht dagewesene
Werthschätzung der kirchlichen Katechisationen hervor, die überall
neben den Predigten zur Einführung kamen.

Neben den öffentlichen Gottesdiensten betrachteten die Pietisten *Privatversammlungen* zur Uebung der Andacht als ein
wesentliches Mittel zur Förderung der Gottseligkeit, weshalb überall
im Bereiche des Pietismus *Conventikel* und *Bibelstunden* entstanden.

Somit war der Pietismus ein ganz eigenartiges Prinzip der
protestantisch-religiösen Volkslebens. Eben damit war derselbe
aber auch ein ganz eigenthümliches *Kulturprinzip*.

Wie zum confessionellen Orthodoxismus, so stand nämlich der
Pietismus auch zu dem *lateinischen Scholastizismus* der Zeit und
zu der vornehmen Isolirtheit, welche von der lateinischen, gegen
nationale Volkscultur ganz gleichgültigen Gelehrtenbildung sogar gesucht war, im bestimmtesten Gegensatz, indem die Pietisten nicht nur alle ihre Schriften in der Landessprache ab-
fassten sondern auch forderten, dass die christlich-nationale
Bildung und Erziehung in ihrem wahren Werthe und in ihrer
Bedeutung auch für die Gelehrtenbildung anerkannt würde.
Daher verband der Pietismus mit seiner practisch-religiösen
Tendenz zugleich eine entschiedene Hinneigung zur Pflege einer
volksthümlichen Bildung.

Hieraus und aus dem Eifer, mit welchem der Pietismus den
katechetischen Unterricht pflegte, erklärt es sich, dass derselbe
aller Orten auch einen ganz neuen Eifer für die Herstellung
eines eigentlichen *Volksschulwesens* hervorrief, — zunächst in England (wo die durch den Pietismus ins Dasein gerufenen Anfänge desselben freilich nur allzufrüh wieder verkümmerten)
dann auch in anderen Ländern.

Ausserdem aber lag in dem Pietismus, welcher die Lehre vom »*thätigen* Glauben" verkündete, nicht nur ein mächtiger Zug zur Pflege des inneren religiösen Lebens, der Uebung des Gebetes im stillen Kreise vertrauter Seelen, sondern auch ein starker Antrieb der Bethätigung des Geistes Gottes in allerlei Dingen des äusseren Lebens, in den Interessen des bürgerlichen Gemeinwesens (was namentlich in den Niederlanden hervortrat), in Werken der Liebe, der Barmherzigkeit. Denn der Pietismus hatte ein Herz für das Volk, namentlich für die Armen, die Waisen, die Verlassenen, — um Gottes willen.

Dabei traten im Pietismus zwei Eigenthümlichkeiten hervor, die nicht zum Wesen desselben gehörten aber ihm doch sehr oft anhingen, nämlich die Hinneigung zum *Chiliasmus* und zur *Mystik.*

In ersterer Beziehung ist zu beachten, dass der Pietismus, indem er gegenüber der seines Erachtens einseitigen und mangelhaften Reformation des sechszehnten Jahrhunderts eine vollständige Reformation der Kirche für nothwendig hielt, dieses Ziel — einer wirklich evangelischen Reform des kirchlichen Lebens — auch als erreichbar ansah. Es trat hierbei eine gewisse Verwandtschaft des Pietismus mit der Mystik zu Tage. Denn wie die Mystik die Vollkommenheit des Einzelnen schon hier auf Erden als erreichbar betrachtet, so glaubt der Chiliasmus schon hier auf Erden ein vollkommenes Reich Christi hoffen zu dürfen. Daher traten nicht wenige Pietisten in England (die »Millenarians") in den Niederlanden und in Deutschland (LAMPE, SPENER) für den Gedanken eines tausendjährigen Reiches Christi auf Erden ein, welches auf den Untergang des antichristischen Babel zu Rom folgen werde.

Eine wirkliche Berührung des Pietismus mit der Mystik macht sich aber bei vielen Vertretern des ersteren in der Auffassung und Behandlung gewisser Lehrsätze, namentlich der Lehre von der Vereinigung des Gläubigen mit Christus, von der Nachfolge Jesu und von der Uebung der Meditation (und Contemplation) bemerklich. Denn wenn auch der Pietismus an dem Gedanken festhielt, dass dem Menschen alle Heilsvermittlung durch das Wort zu Theil werde, so lief doch die Gedankenentwickelung der Vertreter desselben in der Behandlung dieser Lehrpunkte nicht selten in die Schwingungen der reinsten Mystik aus, und zwar dergestatt, dass es zuweilen als fraglich erscheinen kann, ob der Betreffende als Pietist oder nicht vielmehr als Mystiker anzusehen ist.

ERSTER ABSCHNITT.

Der puritanische Pietismus Englands [1].

§ 1.

DIE ENTSTEHUNG UND ENTWICKELUNG DES PURITANISCHEN
PIETISMUS.

Als sich in den Ländern des europäischen Continents die
Nachricht verbreitete, dass König EDWARD VI. von England
(1547—1553) die Kirche seines Reiches zu reformiren beginne,
und allen Fremden, die daheim um ihres evangelischen Glaubens willen Verfolgung zu erleiden hätten, gern Aufnahme und
Schutz gewähre, wanderten alsbald Franzosen und Niederländer,

---

1) Ueber die ersten Anfänge des Puritanismus ist hauptsächlich zu vergleichen
ROBERT BARCLAY, The inner life of the religious societies of the commonwealth;
London 1876, (673. SS. in gross 8°). Für die Geschichte des P. selbst ist die
Hauptquelle DANIEL [NEAL, the history of the Puritans, Lond. 1731; mit Excursen
vermehrt, New-York, 1544, (2 vol.). Vielfache Ergänzungen hierzu enthält das in
Deutschland wenig beachtete Werk von BENJAMIN BROOK, Lives of the Puritans,
Lond. 1813, 3 voll. in 8°. In Deutschland hat die beste Bearbeitung des Puritanis-
mus neuerdings HERMANN WEINGARTEN in seiner Schrift „die Revolutionskirchen
Englands" (Leipzig 1868) geliefert. Indessen ist der puritanische Pietismus hier nicht
zur Darstellung gebracht. Für diese sind ausser den älteren Ausgaben der puritanischen Pietisten Hauptquellen die 1845—48 zu London in zehn Bänden erschienenen
Works of the english puritan divines und die Schrift: *The history of the Puritans
in England* under the reigns of the Tudors and the Stuarts von Prof. STROWEL
(London 1849).

(diese namentlich in grösserer Zahl) auch Italiener, in London ein und errichteten daselbst ein aus einer niederländischen, französischen und italienischen Gemeinde (deren jede ihr besonderes Gotteshaus erhielt) bestehendes, streng reformirtes Kirchenwesen, welches sie der Aufsicht und der Leitung des edeln und frommen Johannes a Lasco unterstellten [1]). Dieses Kirchenwesen war durchaus nach dem presbyterialen Prinzip Calvins organisirt. An der Spitze einer jeden Gemeinde stand ein Presbyterium, welches aus geistlichen und wettlichen Presbytern (Predigern, Lehrern und Kirchenältesten) und Diaconen zusammengesetzt war und durch welches die Gemeinden sich selbst regierten. Mit Allem was als »Papismus" galt, hatten dieselben vollständig gebrochen, um sich ausschliesslich unter die Herrschaft des geschriebenen Wortes Gottes zu stellen. Ihr Bekenntniss war daher das streng reformirte, aus ihrem Gottesdienst war Alles was an die römische Weise erinnerte (Altar, Ornat, Liturgie u. s. w.) entfernt, indem er nur aus Gebet, Gemeindegesang, Predigt und Schrifterklärung bestand, und die Ausübung der Kirchenzucht wurde als eine der wesentlichsten Functionen des Presbyteriums angesehen. Dabei bestand in diesem Kirchenwesen eine Einrichtung, die sich zuerst in der Reformation Zwinglis gestattet hatte, die sogenannte »Prophezei" oder »Collatie" der Schrift [2]). Im Interesse der »Erhaltung der apostolischen Lehre" und »zur Befestigung der Gewissen" fanden nämlich an jedem Sonntag nach dem Gottesdienste Gemeindeversammlungen statt, in denen von den Aeltesten und Lehrern als »Propheten" die eben gehörte Predigt besprochen und Allerlei aus der h. Schrift hervorgehoben wurde, was man als zum besseren Verständniss der Predigt dienlich erachtete.

---

1) P. Bartels, Joh. a Lasco. Elberfeld 1860. S. 34 ff.
2) Vgl. Güder's Art. „Prophezeij" in Herzogs Theol. Encyclopädie, XII, S. 232 ff.

In diesem Kirchenwesen Londons sahen nun sofort alle diejenigen, welche in ihrem Inneren vom Evangelium und vom
Geiste des reformatorischen Protestantismus wirklich erfasst
waren, das Ideal einer apostolischen Gemeinde-Organisation,
dessen Verwirklichung auch für die Kirche Englands anzustreben sei. Zunächst aber kam es anders. Die Schreckensherrschaft der »blutigen Mary" (1553—1558) trieb mit den Frem-
dengemeinden Lascos zu London auch alle anderen evangelisch
Gesinnten aus dem Königreich. Die Vertriebenen aber flüchteten nach Genf, Zürich, Basel, Strassburg, Frankfurt u. s. w.
wo sie mit Calvin, Beza, Bullinger und den anderen Häuptern
der reformirten Kirche in den lebhaftesten Verkehr traten.

In Frankfurt wurde die englische Gemeinde angehalten das
Glaubensbekanntniss und die ordre de discipline der reformirten
Kirche Frankreichs zu unterzeichnen, was bereitwilligst geschah.
Daher hatte der Kultus der Frankfurter Gemeinde ein entschieden Calvinisches Gepräge. Dasselbe war in Genf der Fall,
wo der dorthin geflohene Knox ganz und gar die reformatorischen Ideen Calvins in sich aufnahm, und daher später für die
englische Gemeinde zu Genf eine der französischen durchaus
nachgebildete Kirchenordnung [1]) entwarf. Gegen diese Richtung
erhob sich aber von der englischen Gemeinde zu Strassburg aus,
welche die Kirchenordnung Edwards unverletzt aufrecht erhalten wollte, der heftigste Wiederspruch. Der Gegensatz beider
Anschauungs- und Denkweisen kam zunächst 1554 in *Frankfurt* zur Sprache, und schon damals mit grosser Heftigkeit. In
den nächstfolgenden Jahren gewann das Gemeindeleben der
Engländer zu Frankfurt ein immer schärferes Gepräge. Gottes
Wort sollte in demselben das alleinige Regiment haben. Daher
sang man ausschliesslich Psalmen, in Privatversammlungen der

---

[1]) The service, discipline and form of common prayers and administration of
sacraments, used in the English Church of Geneva, 1556.

Gemeindeglieder wurde die h. Schrift gelesen und erklärt und
bald richtete man wirkliche »Prophezeien" ein, die alle vierzehn
Tage wiederkehrten ¹).

Zwischen den einzelnen englischen Gemeinden in Deutschland
und der Schweiz hatte sich somit eine tiefe Kluft aufgethan,
welche allen Verkehr derselben ausschloss. Als die Nachricht
vom Tode der Königin Maria und von dem Aufhören der Verfolgung des Evangeliums nach Deutschland kam und die englischen Gemeinden an die Rückkehr in die Heimath dachten, bot
KNOX von Genf aus die Hand zur Versöhnung, allein umsonst ²).

Mit dem Beginne der Regierungszeit der Königin Elisabeth
(1558—1603) standen sich daher in England zwei Reformparteien, die anglicanische, welche mit der Uniformitätsakte von
1559 einverstanden war, und die calvinische, — einander gegenüber — namentlich seitdem JOHN KNOX 1559 nach Schot-
land zurückgekehrt hier 1560 eine Kirchenreform nach dem
Muster Genfs zur Durchführung gebracht hatte ³). Dieses und
der fortdauernde Verkehr der Reformpartei mit den Häuptern
der reformirten Kirche in der Schweiz und in Deutschland,
sowie die Unzufriedenheit so Vieler mit dem was Elisabeth mit
ihrer »Conformität" wollte, verursachte ein immer grösseres
Anwachsen der Zahl der Calvinisch Gesinnten. Ihren Haupt-
herd hatte die Calvinische Opposition gegen die staatliche Kirchenreform von Anfang an in London und in Cambridge. Im
letztgenannten Orte erklärte sich die Masse der Studenten mit
ihren Lehrern auf das Entschiedenste für eine radicale Reformation der Kirche, wesshalb hier aus den Kirchen Alles was
an den römischen Cultus erinnerte, theilweise mit Gewalt, entfernt und namentlich die kirchliche Kleidung ganz abgelegt

---

1) ROBERT BARCLAY, The inner life, S. 24 Anmerk.
2) Vergl. die Schrift: Cartwrigt and his contemporaries (London 1848) S. 190.
3) Ueber den Einfluss welchen KNOX auf die Kirche Englands ausübte, vgl.
LORIMER's Schrift: John Knox and the Church of England. London 1875.

wurde. Der Streit, in welchem sich der Gegensatz der beiden
kirchlichen Reformparteien kundgab, war daher zunächst eine
Controverse über die *kirchliche Kleidung*. Seit dem Jahre 1564,
wo die Königin Elisabeth mittelst der rigorosesten Maasnahmen
die Opposition niederzudrücken suchte, begann jedoch der
Streit der Parteien, der sich bisher nur in der äusseren Peri-
pherie bewegt hatte, mehr die inneren Interessen der Kirche
zu erfassen. Die Staatskirchlichen traten für die staatliche Autorität über die Kirche und für die bischöfliche Verfassung ein;
die Calvinische Opposition dagegen verlangte eine presbyteriale
Kirchenverfassung, ohne welche sie sich eine wirkliche Reformation der Kirche nicht denken konnte. Erst hiermit gewann
die Opposition einen bestimmten inneren Gehalt und Charakter[1]).

Die »*Puritaner*" mit welchem Namen man die Opposition
(nachweisbar seit 1564) nannte, standen jetzt zu der anglica-
nischen Kirchenreform in prinzipiellem Gegensatz. Dieselben
sahen und billigten wohl, was man nach dem Sturze des
Papstthums in der Kirche Englands im Einzelnen reformirt
hatte; aber eine wirkliche Wiederherstellung der Kirche nach
dem apostolischen Vorbild war das Alles doch nicht. Diese
Art von Reformation musste nothwendig wieder selbst reformirt, es musste der ganze noch übrig gebliebene Sauerteig des
Papstthums hinweg gefegt und der Knechtung der Kirche
durch den Staat ein Ende gemacht werden, auf dass Alles in
der Kirche »rein" sei.

Nachdem auf Seiten der Puritaner der Gedanke, dass es wesentlich zum Begriffe der evangelischen Gemeinde gehöre, in
einem *Presbyterium* vertreten und verfasst zu sein, Platz ge-
griffen hatte, gewann derselbe sofort in der Forderung Ausdruck, dass es einen Unterschied von Ordines unter den Die-

---

1) Daher sagt ROBERT BARCLAY in der Schrift: The inner life S. 11, ganz richtig
ein „Puritaner im ursprünglichen Sinne des Wortes sei „a person, who desired the
reform of the church of England in a presbyterian sense."

nern der Kirche nicht geben könne, dass vielmehr Alle einander durchaus gleich seien. In Cambridge hatten diese Gedanken ihren Hauptvertreter in dem gelehrten und frommen THOMAS CARTWRIGHT, einem ernsten Calvinisten, der daselbst 1559 Professor der Theologie geworden war [1]). An dem gefeierten Kirchenmanne sah die academische Jugend, die sich mit Begeisterung um ihn schaarte, hoch hinauf. Durch ihn gewann die Opposition des Puritanismus gegen das anglicanische Staatskirchenthum zunächst insofern eine neue Schärfung, als er den Gedanken verkündete, dass zum Begriff und Wesen einer evangelischen Gemeinde nicht nur die Verfassung, Vertretung und Leitung durch die Prestyterien, sondern auch die Handhabung der *Kirchenzucht* durch die Presbyterien gehöre. Denn nur dadurch könne die Kirche dem apostolischen Vorbild ähnlich und ihrer Idee entsprechend werden.

Die puritanische Bewegung ging in immer grösserem Wogenschlag durch alle Theile des Konigreichs hin, aber die harte »jungfräuliche Königin" hatte für dieselbe kein Verständniss. Ihr eifrigstes Bestreben war auf kirchliche »Uniformität" gerichtet, die Predigt des Evangeliums war ihr dabei Nebensache. Meinte sie doch allen Ernstes, dass für jede bischöfliche Diöcese zwei Prediger genügen müssten! Längst hatten sich daher den Maasnahmen der Königin gegenüber die Puritaner daran gewöhnt sich als ausserhalb der Kirche Englands stehend anzusehen, als endlich mit dem J. 1571 die eigentliche Verfolgung des Puritanismus begann. Der leidenschaftliche Gegner Cartwrights, Dr. WHITGIFT, wurde damals zum Vicekanzler der Universität Cambridge ernannt, Cartwright musste die Flucht ergreifen und die Kerker Englands konnten die Menge der verfolgten und verurtheilten Puritaner kaum fassen.

---

1) Vgl. Die Schrift: Cartwright and his contemporaries, London 1844, und die ältere Schrift von BROOK, Life of Cartwright, auch Sepp: Het godgeleerd onderwijs in Nederland (Leiden 1873) S. 52 ff.

Eben damals that aber der Puritanismus in seiner inneren Entwickelung einen bedeutenden Schritt weiter vorwärts. Denn nicht nur wurden jetzt überall, wo es noch nicht geschehen war, im Geheimen Presbyterien gebildet, sondern es wurde auch 1571 von den puritanischen Predigern zu Northampton mit Zustimmung des Bischofs und der Ortsbehörden eine »Prophezey" eingerichtet, welche Einrichtung alsbald in allen puritanischen Kreisen heimisch ward. In diesen »prophesyings" traten Anfangs auch Laien als Schriftausleger auf, was jedoch bald wegen vorgekommener Unzuträglichkeiten abgestellt ward. Durch diese Einrichtung sollte zunächst in den Gemeinden die Erkenntniss der Schriftwahrheit gefördert werden. Daher pflegte ein Prediger, nachdem er die Andacht mit einem Gebet eingeleitet, einen Schriftabschnitt vorzulesen und denselben zu erklären, worauf ein zweiter, zuweilen auch ein dritter Prediger sich erhob und zur Sprache brachte was er zur Ergänzung des gehörten Vortrages noch hervorheben zu müssen glaubte. Diese Vorträge und Ansprachen im engeren Kreise gewannen sofort einen bestimmten practischen Charakter, indem die Prediger in ihrer Schriftauslegung auf die besonderen geistlichen Zustände, Anliegen und Bedürfnisse der ihnen wohlbekannten Zuhörer Rücksicht nahmen und auf dieselben anwandten, womit die in den prophesyings übliche Behandlung des Schriftwortes von vornherein eine Richtung auf die Pflege des inneren religiösen Lebens, auf Erweckung der Gottseligkeit, auf die Pflege eines thätigen Christenthums erhielt. Zugleich wurde es in diesen Versammlungen üblich, einzelne Gewissensfälle zu beleuchten, auf welche entweder die Prediger selbst aufmerksam machten oder um deren Erörterung die Zuhörer gebeten hatten. Der ganze Akt war von dem Gedanken getragen, dass das Christenthum nothwendig Leben, und zwar ein ernstes, ganz und gar vom Worte Gottes beherrschtes und streng geregeltes Leben sein müsse, in welchem der Christ sich nicht gehen zu lassen, son-

dern sich unablässig zu üben, sich in Zucht zu nehmen, sich
selbst im Angesichte des Wortes Gottes zu prüfen und durch
anhaltendes Gebet, durd Meditation, durch Fasten, überhaupt
durch methodische und ascetische Uebung in der Gottseligkeit
einer immer vollkommeneren Heiligung nachzustreben habe.
Aus dieser Uebung der Gottseligkeit, welche in den Prophesyings heimisch war, ging daher eine grosse Anzahl von
Predigern hervor, welche mit einem tiefen Einblick in die
Zustände und Bedürfnisse des menschlichen Herzens eine ausserordentlich reiche Kenntniss und Erfahrung des Schriftwortes
verbanden, und welche von den Kanzeln herab als Prediger
wie auch als Schriftsteller in einer immer grossartiger anwach-
senden Literatur den Gedanken vertraten, dass eine wahre
Reformation nur durch Erwerkung eines inneren, lebendigen
und thätigen Christenthums ermöglicht werden könnte, welches
von der Kirche durch eine strenge Kirchenzucht gefördert werden müsse. Daher liessen die Puritaner i. J. 1574 zu Genf eine
Nachbildung der französischen »Ordre de discipline" unter dem
Titel erscheinen: Disciplina ecclesiae sacra, ex Dei verbo descripta,
worin die puritanischen Grundzüge des kirchlichen Lebens codi-
fizirt waren, — was ihnen bei den Gegnern den Spottnamen
der »Disciplinarians" eintrug.

In heilloser Verblendung bot die Königin Alles auf, um die
Bewegung, von der fast ganz England und Schottland erfasst
war, zu dämmen und zu unterdrücken. Nachdem die prophesyings schon 1577 auf das Strengste verboten worden waren,
war es seit 1583 geradezu auf die Ausrottung des Puritanismus
abgesehen. Hunderte von Geistlichen, welche die puritanischen
Grundsätze vertraten, wurden abgesetzt und in die scheuss-
lichsten Gefängnisse geworfen; und wo möglich noch grausamer
verfuhr die Staatsregierung gegen die Reste kleinerer Sekten,
gegen Anabaptisten, Familisten [1]), sowie gegen die Anhänger

---

1) R. BARCLAY, The inner life, S. 25 ff.

des Predigers ROBERT BROWNE [1]) — Brownisten — welche letzteren verlangten dass die Presbyterien nicht nur von der Staatsgewalt, sondern auch von jedem Kirchenregiment durchaus
independent und durchaus autonom sein sollten.

Die schlimmste Zeit für Alle, welche Puritaner, Brownisten
oder Independenten hiessen, brach aber an, als 1603 mit Jacob I
die Stuarts in England zur Regierung kamen. Jetzt war die
Zeit, wo der Puritanismus sein eigentliches Martyrium zu bestehen hatte. Die Regierung schritt aller Orten mit den un-
barmherzigsten Maasnahmen gegen dieselben ein und nebenbei
sahen sich dieselben noch dem öffentlichen Hohn und Spott
der Comödianten auf der Schaubühne und der Bänkelsänger und
Hanswurste auf den Strassen, die ihre Religiosität und strenge
Sitte in den gemeinsten Versen und Darstellungen verhöhnten,
preisgegeben.

Aber das Martyrium mehrte fort und fort die Zahl und be-
fruchtete das innere Leben der Verfolgten, wesshalb die Eigenart der Letzteren in immer schärferem Gepräge hervortrat.
Während die Staatskirchlichen sich bis zu dem Satze verstiegen,
dass die Bischöfe als Nachfolger der Apostel nach göttlichem
Rechte die Kirche regierten, betonten die Puritaner und Inde-
pendisten um so schärfer, dass nach apostolischem Vorbild nur
Presbyterien zur Leitung der Gemeinden berechtigt wären.
Während der König die Absicht hatte (die jedoch nicht zur
Ausführung kam) durch ein » Buch der Lustbarkeiten", welches
die Geistlichen von den Kanzeln herab den Gemeinden empfehlen sollten, eine Anweisung zu den erlaubten Sonntags-
vergnügungen zu geben, wiesen die Puritaner in ihrem » Book
on the Sabbath" nach, dass der Christ zur allerstrengsten Sab-
bathsheiligung durch die Schrift verpflichtet sei; und während
in der Staatskirche der Arminianismus mehr und mehr Eingang

---

1) R. BARCLAY, The inner life, S 34 ff.

fand, hielten Puritaner und Independenten um so fester an Calvins Lehre von der absoluten Gnade und Gnadenwahl.

§ 2.

DIE VERTRETER DES PURITANISCHEN PIETISMUS.

Der puritanische Pietismus hatte also zwar nicht seine Geburtsstätte, aber doch einen seiner bedeutendsten Heerde in *Cambridge*, und zwar vor Allem in der Person des Professors der Theologie WILLIAM WHITAKER, der (1547 zu Holme in Lancashire geboren und am 4. Dec. 1595 [nicht 1596] gestorben,) hier insbesondere als Verfasser der Schrift: Catechismus s. *prima institutio disciplinaque pietatis* von 1570 zu nennen ist. Er ward von Leigh, (s. unten) als »die Ehre unserer Schule und der Engel unserer Kirche" und von dem Geschichtschreiber der Universität ANTHONY WOOD als »einer der grössten Männer Cambridges" verherrlicht, und der Bischof HALL bemerkt über ihn dass ihn »Niemand ohne Ehrfurcht ansehen, Niemand ohne Bewunderung hören konnte" [1]. In Cambridge war der Gegensatz des pietistischen Puritanismus und der nicht-pietistischen Staatskirchlichkeit insbesondere von den Predigern der Trinitäts- und der Marien- oder Universitätskirche repräsentirt. In der letzteren hörte man die gelehrtesten Predigten in zierlichster Form vortragen, welche in keiner Weise darauf angelegt waren die Zuhörer aus ihrer ruhigen Fassung und Stimmung zu bringen, die vielmehr den Eindruck machten als wollten die Prediger einander an Eleganz überbieten. In der Trinitätskirche dagegen hörte man, namentlich wenn der gefeierte RICHARD SIBBS predigte, Worte in denen die Zuhörer die Kraft des ewigen Lebens empfanden, Worte die bis in das

---

1) S. The complete works of RICH. SIBBES. Edinb. 1862, T. I, S. LXXXII.

Innerste der Seele hineindrangen und dort die Gedanken blos-
legten, die sich unter einander entschuldigen und verklagen
wollten. Da hörte man Gebete, die nicht mechanisch abgelesen
wurden, sondern die aus der Tiefe eines durch die ernsteste
Busse zum Glauben und zur seligen Gemeinschaft mit Gott
hindurchgedrungenen Herzens emporstiegen und durch welche
sich die Zuhörer selbst zum Thron des Allerhöchsten hinauf-
getragen fühlten.

Derjenige Theologe jedoch, der als hervorragender Kirchenlehrer diese pietistische Religiosität, welche im England aufge-
lebt war, zuerst wissenschaftlich erfasste, sie systematisirte und
mit dem Bewusstsein eines Reformators der Theologie auf dem
academischen Lehrstuhl und literärisch vertrat, und der insoweit als der eigentliche Vater des Pietismus bezeichnet werden
kann, war WILLIAM PERKINS, der 1558 zu Warton in War-
wickshire geboren und im Christ-College zu Cambridge gebildet,
erst als Strafanstaltsprediger, dann zu St. Andrews-Church in Cambridge als Prediger und Professor wirkte und i. J. 1602 starb [1]).

Bei WILLIAM PERKINS tritt in allen Schriften die auf die
Erbauung des inneren Lebens gerichtete Tendenz als das Inte-
resse hervor, von welchem seine Behandlung und Pflege der
Wissenschaft schlechthin beherrscht ist. Der erste Satz seiner
Schrift »Die goldene Kette" [2]) lautet: »Theologie is the science
of living blessedly for ever." — Indem nun eben darum nur
Derjenige ein rechter Gottesgelehrter sein kann, der dieses
»selige Leben" selbst besitzt, so dringt er in seiner »Prophetica"
(einer Schrift über Homiletik) nachdrücklichst darauf, dass das
Studium der Theologie mit anhaltendem Gebet betrieben werde,

---

1) Vgl. ALLIBONE, Dictionary of english literature (Philadelph. 1870) T. II. s. v.
PERKINS. — AMESIUS (S. unten) sagt im Vorwort seiner Schrift „De conscientia et eius
jure" bezüglich seines Lehrers PERKINS: Multos reliquit illius doctrinae studio ac-
censos, qui eandem etiam piis concionibus per Angliam nostram, Deo aspirante, cur-
rere, crescere et glorificari fecerunt.

2) A golden chaine or the description of theologie. Cambridge 1612 S. 11.

weil es sonst zu Nichts führen könne. In seiner Schrift de
»casibus conscientiae" (L. L. III) worin er alle Hauptpunkte
der Dogmatik und der Moral mit directer Bezugnahme auf die
Bedürfnisse des inneren Lebens entwickelt, eifert er für die
strengste äussere Lebenszucht, z. B. in der Sonntagsfeier; dabei
ist aber sein Urtheil über Alles was das innere Leben angeht,
ein mildes und freies. Ein Christ ist ihm (wie er in dem
»Kampfe zwischen Fleisch und Geist" ausführt) nicht ein Mensch
der von allem Bösen frei geworden ist (denn einen solchen
giebt es nicht) sondern ein Mensch der seine angeborene Sündhaftigkeit als Elend empfindet und bejammert, und der unter
der Führung des Geistes Gottes männlich und beharrlich gegen
die Sünde kämpft, was nur mit anhaltendem Gebete möglich
ist..... Für den Fortgang des christlichen Lebens kommt
aber Alles darauf an, dass der Christ die rechte Erkenntniss
des gekreuzigten Christus besitzt. Dieselbe muss eine lebendige,
wirksame und thätige Erkenntniss (a lively, powerfull and
operative knowledge) sein, sie muss ihre Richtung auf den
Besitz der Gemeinschaft Jesu Christi haben, und muss von dem
Gedanken getragen sein, dass Christus sich für jeden einzelnen
Christen persönlich aufgeopfert habe. Mit diesem Gedanken
soll sich der Christ unablässig in die Betrachtung des Leidens
Christi vertiefen und in demselben nicht nur ein ihm erwor-
benes Verdienst, sondern auch ein Exempel erkennen, dem er
sich zu conformiren hat, so dass er in seinem eigenen Leben
aus der Kraft des Geistes Christi das Leiden, Sterben und
Wiederauferstehen Christi darstellt [1]. Dann gelangt der Christ
zur mystischen Vereinigung mit Christus, welche darin besteht

---

1) Perkins sagt in der Declaration of the true manner of knowing Christ crucified von 1596 ziemlich am Ende: Thou must behold Christ as an example, to
whom thou must conforme thy selfe by regeneration. For this cause give diligence, that thou must by experience say, that thou art dead and crucified and
buried with Christ, and that thou risest again with him to newnesse of live.

dass die Person des Gläubigen durch den Geist Gottes in wunderbarer Weise mit der Person Christi vereinigt wird, und zwar zunächst und unmittelbar mit der menschlichen und durch diese mit der göttlichen Natur Christi [1]).

Eine der lieblichsten Schriften Perkinsens ist die, in welcher er das Reich Gottes als »Senfkorn" betrachtet [2]). Der Verfasser führt hier den Gedanken aus, dass der Mensch, auch wenn seine Bekehrung noch im ersten Werden, und auch wenn er innerlich noch mehr fleischlich als geistlich ist, doch bereits als wirkliches Kind Gottes gelten muss. Dabei schliesst er aber seine Abhandlung mit dem Satze, dass wenn die Keime neuen Lebens, die der Mensch in der Bekehrung gewinnt, nicht wachsen, diese letztere eben damit als eine nur scheinbare erwiesen ist. Die inneren Kämpfe und Anfechtungen, die geistlichen Verlassungen, Prüfungen und Versuchungen, durch welche sich der Christ hindurcharbeiten und in welchen sich das neue Leben bewähren und wachsen muss, schildert PERKINS — oft in ergreifender Weise — nicht nur in seinen Casus conscientiae (Cap. 6—8) sondern auch in einer besonderen Schrift »von gewissen geistlichen Verlassungen." Durchweg hat PERKINS in seinen Schriften die speziellsten Zustände und Verhältnisse, die er seelsorgerlich beleuchtet, im Auge. Sein »Salve for a sicke man" (or a treatise containing the nature, differences and kindes of death, as also the right manner of dying well) umfasst drei verschiedene Abhandlungen, von denen die erste für

---

1) In der Exposition of the symbole or creed of the Apostels (Gesammtausgabe der Werke PERKINS von 1612) S. 299 heisst es: In the mystical union ist the whole person of the man to the whole person of Christ vereinigt und zwar so: we are first of all and immediately joyned to the manhood of Christ and by the manhood of the godhead. — Dann sagt PERKINS weiter: But this conjunction is incomprehensible to mans reason and therefore we must rather labour to feel it by experience in the heart, then to conceive it in the braine.

2) *A graine of mustered seede* or the least measure of grace, that is or can be effectual to salvation. Cambridge, 1612.

Seeleute, die zweite für Soldaten, die dritte für Frauen in Kindesnoth bestimmt ist.

Eine besonders interessante Schrift ist die über »die Beherrschung der Zunge" [1]. Dieselbe beginnt mit den Worten: »Die Beherrschung der Zunge ist eine Tugend, welche zu dem Gebrauche der Zunge nach Gottes Wort gehört. Zur rechten Leitung derselben ist zweierlei erforderlich: ein reines Herz und die Geschicklichkeit in der Sprache Kanaans. Das reine Herz ist höchst nothwendig, weil es der Quell der Sprache ist. *Die Sprache Kanaans* besteht darin, dass Jemand, der mit dem Geist der Gotteskindschaft angethan ist, aufrichtigen Sinnes den Namen Gottes in Christo anruft und so gleichsam vertrauliche Gespräche mit Gott unterhält. Von diesen Gesichtspunkten aus werden nun bezüglich aller möglichen Lebensbeziehungen die genauesten Regeln für den Gebrauch der Sprache gegeben.

In demselben Sinne hat PERKINS noch eine ganze Reihe praktisch-theologischer Schriften veröffentlicht [2]. Dieselben fanden wegen ihrer klaren, ernsten, theilweise volksthümlichen Sprache rasch die weiteste Verbreitung. Viele wurden auch in lateinischer, deutscher, niederländischer, französischer, ja sogar in spanischer Uebersetzung, auch ausserhalb Englands heimisch, so dass durch PERKINS der Same des Pietismus aus voller Hand weit über alle Lande ausgestreut worden ist. Die fruchtbarste Wirksamkeit aber übten die Schriften des PERKINS natürlich in England aus, wo gegen das Ende des sechszehnten Jahrhunderts

---

1) A direction for the governement of the tongue according to Gods Word. 1592.

2) z. B. die Abhandlungen: A treatise tending a declaration, whether a man be in the state of damnation or in the estate of grace, (Lond. 1612). Two treatises. I Of the nature and practise of repentance, und II Of the combate of the flesh and spirit. (Cambridge, 1612). — A treatise how to live well., in all estates and times, specially when helpes and comforts fail. — The treatise of dying well. — A treatise of Gods free grace and mans free-will. (Cambridge, 1612). Nach des Verfassers Tode sind die Werke desselben wiederholt (1616 ff.) in 3 Foliobänden herausgegeben.

(wie aus dem unten mitzutheilenden Bericht des W. TEELLINCK zu ersehen ist) ganze Städte von der Macht des Pietismus erfasst waren [1]). Daher traten alsbald aller Orten Männer auf, welche dem allgemeinen Verlangen nach ascetischen Schriften literärisch zu entsprechen suchten. — Vor Allem ist PERKINSENS Nachfolger im Docentenamt zu St. Andrews-Church in Cambridge, der aus London gebürtige PAUL BAYNES († 1614) zu nennen, der ausser Commentaren zu Ephes. 1. und anderen Schriften, auch eine Abhandlung unter dem Titel »Devotions unto a godly life," (1618) sowie zwei von GYSBERT VOET zu Utrecht (de exercit. pietatis. S. 286) sehr empfohlene Schriften über die militia christiana und über die Prinzipien des Glaubens hinterliess. — Unten seinen Zeitgenossen tritt zunächst der Prediger JOHN SMITH zu Clavering in Essex (1563 zu Warwikshire geboren und 1616 gestorben) hervor von welchem gerühmt wird [2]) dass er wegen seiner Religiosität, Gelehrsamkeit, Demuth und wegen der Heiligkeit seines Lebens sehr verehrt war. — Die von ihm hinterlassenen Manuscripte erschienen nach seinem Tode unter dem Gesammttitel »Die Taube von Essex" (The Essex dove presenting the World with a few of her olive branches, u. s. w. 1629 und öfter) und »Erklärung des Glaubensbekenntnisses" (Exposition of the creed, 1632) in Druck.

Mehr aber noch als SMITH wurde damals (namentlich auch von AMESIUS) THOMAS BRIGHTMAN (1557 + 1607) gefeiert, des-

---

[1]) Bezeichnend für den spezifisch pietistischen Character dieser in England heimisch gewordenen Religiosität ist was der i. J. 1574 geborene Bischof JOSEPH HALL in seiner Selbstbiographie bezüglich seiner Mutter berichtet: It was hard for any friend to come from her discourse no whit holier. How often I blessed the memory of those divine passages of *experimental Divinity*, which I have heard from her mouth. What day did she pass without a large task of private devotion, whence she would still come forth with a countenance of indissembled *mortification.* Never any lips have read to me such feeling lectures of piety; neither have I known any soul, that more accurately practised them then her own. *Temptations, desertions* and *spiritual comforts were her usual theme.* Shortly — her life and death were *saint-like.*

[2]) In Athenae Oxon. II. Seite 188.

sen erklärende Analyse der Offenbarung Johannis (Revelation revealed) von Vielen (auch von ihm selbst) auf unmittelbare Erleuchtung des h. Geistes zurückgeführt wurde. — Uebrigens waren es nicht nur Geistliche sondern auch Laien, welche als Schriftsteller des Pietismus auftraten, z. B. der Rechtsgelehrte FRANZ ROUS (ROUSE, auch ROWSE), der, 1571 zu Halton in Cornwall geboren und zu Oxford gebildet, lange Jahre Parlamentsmitglied, hernach vertrauter Rathgeber Cromwells und einer von den wenigen Laien war, welche das Haus der Gemeinen zu der Westminster-Synode abordnete, († 1658). Er veröffentlichte (1646) eine englische Psalmenübersetzung (Psalms translated into English metre) und ausserdem zur Erweckung und Pflege innerer Frömmigkeit eine ganze Reihe von grösseren und kleineren Schriften [1]). — Späterhin trat ein anderer Rechtsgelehrte EDWARD LEIGH († 1671) mit mehreren Schriften im Sinne des Pietismus auf (»treatise of divinity," 1646 in 3 Theilen, — a body of divinity, 1654 in 10 B. B. u. s. w.) Dieselben erlebten zahlreiche Auflagen.

Unter den geistlichen Vertretern der pietistischen Religiosität wurde damals mit Auszeichnung auch RICHARD SIBBS (SIBBES) genannt, der, 1571 zu Sudbury in Suffolk geboren, nach Beendingung seiner Studien zu Cambridge daselbst 1610 Lector an der Trinitätskirche war, hernach andere geistliche Aemter bekleidete und 1635 starb. SIBBS gehört zu den fruchtbarsten pietistischen Schriftstellern [2]) Englands jener Zeit, des-

---

1) Die Titel der hauptsächlichsten Schriften sind: Art of happiness, Lond. 1619. — Diseases of the times, attended by their remedies, 1622. — Heavenly Academy, 1638. — Psalm of Love to Heal Divisions, 1648. — Mystical Marriage, 1653.

2) Eine Sammtausgabe seiner Werke hat THOMAS SMITH zu Edinburg unter dem Titel erscheinen lassen: „The complete works of Richard Sibbes, edited with memoir by the Rev. A. B. Grosart." Edinb. 1862—1864. 7 voll. in 8°. — Darin finden sich abgedruckt: The description of Christ. — The bruised reed and smoking flax. — The sword of the wicked. — The souls conflict. — The saints safety in evil times, manifested by St. Paul, from his experience of Goods goodness in greatest distresses, — Christ is best, or: St. Pauls strait. — Christs sufferings for mans sin. — The

sen Bedeutung schon dadurch hinlänglich festgestellt erscheint,
das RICHARD BAXTER in seiner Selbstbiographie bekennt durch
Sibbsens Schrift »Das geknickte Rohr'' zur Bekehrung gebracht
zu sein. SIBBS selbst bekennt aus den Schriften des PAUL BAYNES
die erste Erweckung erhalten zu haben.

Gross war das Ansehen, dessen sich SIBBS in allen frommen
Kreisen Englands seiner Zeit erfreute; aber als der am »höchsten
in der Gnade Stehende'' wurde doch unter allen seinen Zeitgenossen hier LEWIS BAYLY gefeiert, der aus Caermarthen gebürtig und in Oxford gebildet, nachdem er fünf Jahre zu
Evesham als Pfarrer fungirt hatte, i. J. 1616 Bischof von
Bangor wurde, als welcher er 1632 starb. Seine Schrift, » *The
practice of piety*, directing a Christian, how to walk, that he
may please God'' erschien zu London 1635 in 32ter und 1741
in 51ter Auflage und wurde ausserdem in französischer, niederländischer, deutscher, ungarischer und polnischer Uebersetzung verbreitet.

Als Zeitgenossen BAYLY's sind zu nennen: der Cambridger
Schüler GEORG DOWNAME (Downham), Verfasser der Schriften
Abstract of duties u. s. w. 1620. — Justification, 1623. —
Christians freedom, 1635, und von 1634 bis zu seinem Able-
ben Bischof von Perry; ferner dessen Bruder, JOHN DOWNAME
(† 1644), welcher die Schriften Spiritual Physik (1600), —
The christian warfare (in 4 Theilen 1609—1618), — Godliness

churches visitation. — The saints hiding-place in the evil day. — Bowels opened or
discovery of the near and dear love, union and communion between Christ and the
Church. — Commentary upon 2 Cor. I. — A christians portion or the christians
charter. — The spiritual man's aim. — The right promises and privileges. — A
glance of Heaven or a precious taste of a glorious feast. — The excellency of the
gospel above the law. — Exposition of 2 Cor. IV. — The Churches riches. — The
christian work. — Of the providence of God. Exposition of Phil. III. — The redemp-
tion of bodies. — The art of contentment. — The power of Christs resurrection. —
The hidden life. — The spiritual Jubilee. — The privileges of the faithful. — The
christians end. — Christs exaltation purchased by humilation. — The life of faith.
— Salvation applied. — A fountain sealed. — The fountain opened. — The faithful covenanter. — A heavenly conference. — The brides longing, u. s. w.

(1622) u. s. w. hinterliess; — ferner der aus der Schule zu Oxford hervorgegangene ROBERT BOLTON (geb. 1572, starb 1631 als Prediger zu Broughton), ein ernster, gewaltiger Prediger, der als Gewissensrath von Unzähligen auch aus weiter Ferne aufgesucht wurde, und dessen Schrift »von der himmlischen Gottseligkeit" während der Lebenszeit des Verfassers fünfmal aufgelegt werden musste [1]). — Den Genannten schliesst sich DANIEL DYKE an, der ebenfalls in Cambridge die Wege des innerlichen Christenthums gefunden hatte und dieselben in mehreren Schriften, namentlich in seiner »Self-Deceiving" (Lond. 1614) und »Repentance," (1631) auch Anderen zu zeigen suchte. »Seine Lehre fiel wie ein sanfter Regen auf das zarte Kraut und wie ein Platzregen auf das Gras" (William's »Christlicher Prediger"), — sein Bruder, JEREMIAS DYKE, Prediger zu Epping in Sussex (†1620) veröffentlichte eine Reihe von Schriften (»Sermons and Theological treatises, (Lond. 1619—1640; The worthy communicant," 1642 u. s. w.) welche 1670 von dem Prediger JOH. UBELMAN zu Nieupoort, 1670 auch in holländischer Uebersetzung herausgegeben wurden [2]). NICOLAUS BYFIELD, der etwa von 1579 bis 1652 lebte, gab ausser seinen Commentaren zu einzelnen neutestamentlichen Büchern mehrere ascetische Schriften (»Essai concerning the assurance of Gods love and mans salvation, 1614; The marrow of the oracles of God" u. s. w. 1622 u. s. w.) heraus.

Ziemlich derselben Zeit gehören auch THOMAS HOOKER und JOSEPH HALL an.

HOOKER, »der berühmte Pastor von Hartford und die Säule der Connecticut-Colonie" war 1586 zu Marfield in Leicestershire

---

1) Die Titel seiner hauptsächlichsten Schriften sind: „A discours on happiness, London 1611. — Instructions relative the afflicted consciences, 1631. — Helpes to humilation, Oxf. 1631. — Of the four last things, Death, Judgement, Heaven and Hell; London 1633 und Devout Prayers, 1638."

2) Die „opera omnia" DANIEL DYKES erschienen in einer von dem Prediger ARNOLD LIEBERANUS veranstalteten niederländischen Uebersetzung 1670 zu Amsterdam.

geboren, hatte im Emanuel-College zu Cambridge studirt und
hatte anfangs in London und an anderen Orten als eifriger
non-conformistischer Prediger gewirkt, weshalb er zur Flucht
in die Niederlande genöthigt war, wo er zwei oder drei Jahre
in Delft, Amsterdam und Rotterdam predigte. Mit zwei
Freunden, JOHN COTTON und SAMUEL STONE, wanderte er jedoch 1633 nach Boston in Nordamerika aus und legte daselbst
im Juni 1636 an der Küste von Connecticut eine Colonie an,
die er nach STONE's Geburtsort in England Hatford 'nannte.
Hier wirkte er nun mit dem unermüdlichen Eifer, mit der
unbesiegbaren Energie und mit der feurigen Beredsamkeit, die
ihn von Jugend auf charakterisirt hatten, als der angesehenste
Prediger Neu-Englands bis zu seinem am 7. Juli 1647 erfolgten Tode. Trotz seiner vielseitigen practischen Thätigkeit hatte
der unermüdlich schaffende HOOKER doch noch Zeit zu schrift-
stellerischer Arbeit gefunden, die aber durchaus der Förderung
der inneren pietistischen Frömmigkeit gewidmet war [1]).

HALL, am 1. Juli 1574 zu Ashby-de-la-Zouch in Leicestershire geboren, hatte nach Beendigung seiner Studien im Emmanuels-College zu Cambridge bereits verschiedene kirchliche
Stellungen bekleidet, war auch (1618—1619) Mitglied der
Nationalsynode in Dordrecht gewesen, als er 1627 zum Bischof
von Norwich ernannt wurde. In der Revolution verlor er jedoch Alles was er hatte, eine Zeitlang auch seine Freiheit. In
grosser Armuth, jedoch immer unermüdlich thätig und von allen

---

[1]) Aus der langen Reihe seiner Schriften (die theilweise erst nach seinem Tode
erschienen) mögen hier folgende hervorgehoben werden: „The *soules implantation*
into the natural olive, Lond. 1640. — *The soules exaltation*, a treatise containing
the souls union with Christ, the souls benefit from union with Christ, the soules
justification; Lond. 1638. — The soules ingrafting into Christ, Lond. 1637. — *The
soules vocation* or effectual calling to Christ; Lond. 1638. — *The Christians two
chiefe lessons*, viz. self-deniall and selfe-tryall, as also *the privilege of adoption* and
triall thereof, in three treatises; Lond. 1640. — The soules preparation for Christ,
or a treatise of contrition, Lond. 1638; — The soules humiliation, (3 Aufl.),
Lond. 1640. — The unbeleevers preparing for Christ, Lond. 1638.

Gleichgesinnten hoch geehrt verbrachte er seine letzte Lebens —
zeit zu Higham in der Nähe von Norwich, wo er 1656 starb.
Seine vielseitige Bildung und Gelehrsamkeit, sein Feuereifer für
die Erweckung inneren religiösen Lebens, seine beredte Sprache
und sein dichterisches Talent hatten ihm zahlreiche Anhänger
gewonnen. Eine Gesammtausgabe seiner vielen Schriften [1]) erschien 1662 zu London in drei Foliobänden (und neuerdings,
1837—1839 zu Oxford in 12 Bänden 8⁰.).

THOMAS TAYLOR (1576 + 1632), trat zuerst als Lehrer des
Hebräischen zu Cambridge, hernach an verschiedenen Gemeinden als Prediger, und zwar mit solchem Beifall auf, dass er
in ganz England als der »illuminated Doctor" gefeiert wurde.
Unter seinen Schriften hatte namentlich sein praktisch-theologischer Commentar zum Briefe Pauli an den Titus in zahlreichen Auflagen weite Verbreitung gefunden [2]).

JOHN BALL oder BALLE (1585 + 1640) schrieb »a short treatise, concerning all the principal grounds of the christian religion" (1622) — ein Buch welches im Unterrichtswesen
Englands lange Zeit heimisch war, — und andere zahlreiche
praktisch-theologische Abhandlungen. — JOHN BRINSLAY (1600
—1605) ein Neffe des Bischofs Hall, hat sich hauptsächlich

---

1) Unter denselben heben wir hervor: *Meditations and Wowes*, divine and morall,
serving for directions in christian and civill practice, Lond. 1643. — Heaven upon
earth, 1643. — *The art of divine meditation*, exemplified with two large patterns
of meditation, the one of eternall life, as the end, the other of death, as the way,
1640. — Holy observations, 1640. — Characters of virtues and vices, 1639. —
The impress of god, 1642. — *Quo vadis?* A just censure of travell, as it is com-
monly undertaken by the gentleman of our nation, 1641. — Contemplations upon
the principall passages of the holy storie, 1642. — The estate of a Christian, 1634.
— Pauls combat, 1634. — Occasionall meditations, 1634. — Certain irrefragable
propositions worthy of serious consideration. — Susurrium cum Deo. — *Holy rap-*
tures or pathetical meditations of the love of Christ. — The breathing of the devout
soul. — The revelation unrevealed, u. s. w.

2) Eine unvollständige Sammtausgabe seiner Schriften erschien 1653 zu London.
Unter denselben sind hervorzuheben: Treatise of Christian Religion, 1616; Expo-
sition upon the parable of the Sower and the Seed, 1621; Christs victory over the
Dragon, 1633.

durch seine Schrift »True watch" bekannt gemacht. — Der
Prediger ANTONY BURGES zu Sutton-Colfield, veröffentlichte 155
Predigten über Joh. 17 und mehrere Abhandlungen über die
Lehre von der Rechfertigung (The true doctrine of justification,
asserted and vindicated, 1648, and Treatise on justification
1654). — JEREMIAS BURROUGHES, (1599—1646), Doctor zu
Titshall¹), musste als Non-Corformist seine Stelle niederlegen,
worauf er eine Zeitlang Prediger der englischen Gemeinde zu
Rotterdam war²). — RICHARD CAPEL, (1586—1656) der sich
ebenfalls zur Niederlegung seiner Predigerstelle gezwungen sah,
ist der Verfasser des vielgelesenen Buches »Temptations, their
nature, danger, cure," welches von 1650—1659 sechs Auflagen erlebte. — Der ebenfalls vertriebene JOHN DURANT ist
namentlich als Chiliast bekannt³).

JOHN PRESTON, (1587 zu Herford geboren) hatte seine Ausbildung erst auf dem Kings-College, hernach auf dem Queens-
College zu Cambridge erhalten, war ert Prediger in verschiedenen
Stellungen und schliesslich Lector zu Trinity-Church in Cambridge geworden, wo er als Professor und Schriftsteller in
hohem Ansehen stand und 1628 starb. Seine Schriften wurden
ausserordentlich gern gelesen, weshalb eine Auflage derselben
auf die andere folgte⁴).

---

1) Die drei zuletzt Genannten hatten ihre Studien zu Cambridge gemacht.

2) Er schrieb: „Excellency of a generous spirit," Lond. 1639, — Moses, 1641,
— The rare jewel of christian contentement, 1649 (1845 neu aufgelegt), — Exposition of the three first chapters of Hosea (1843 neu aufgelegt).

3) Salvation of the Saints (Lond. 1653), — Altum silentium, 1659, — Cluster
of grapes taken out of the basket of the woman of Canaan, 1660.

4) Die bekanntesten seiner Schriften sind: „The new covenant (14 Predigten),
London 1629. — The breastplate of faith and Love (18 Predigten) 1630. — Life
aeternal (18 Predigten) 1631. — Saints daily excercise, 1633. — The Saints quali-
fication, 1634. — Self-deniall, 1832. — Sinnes overthrow or mortification, 1635.
— The golden sceptre, 1638. — Doctrine of the Saints infirmities, 1638. — A
lifeless life, 1641. — Fullness of Christ for us, 1640. — Divine love of Christ,
1640. — Riches of Mercy to Men in Misery, 1658, u. s. w.

ARTHUR HILDERSHAM, 1563—1631, auf dem Christ-College
zu Cambridge gebildet, starb als Pfarrer zu Ashby-de-la-Zouch
in Leicestershire. In seinen Predigten, paraphrastischen Commentaren und sonstigen literärischen Arbeiten [1]) giebt er sich
als praktischen, tiefsinnigen Schriftausleger zu erkennen. —
Der gleichzeitige WILLIAM GOUGE, ebenfalls zu Cambridge gebildet, Pfarrer zu Blackfriars und London, ein sehr angesehe-
ner Prediger, starb 1653, mit Hinterlassung vieler erbaulicher
Schriften [2]).

SAMUEL WARD aus Haverhill in Suffolk, der auf dem Sidney-
College studirt hatte, war erst Prediger zu Haverhill, dann in
Ipswich, sah jedoch als Puritaner sich zur Flucht in die Niederlande, gezwungen, wo er um 1640 starb. Eine Sammlung
seiner theologischen Tractate und Predigten erschien 1635 zu
London. Am bekanntesten ist seine Schrift » Woe to drunkards"
von 1622. — JOSEPH SYMONDS, Prediger der englischen Gemeinde zu Rotterdam (um 1650), schrieb: »Case and cure of
deserted soul, Lond. 1639 und »Three treatises" u. s. w. 1653.
— Der Prediger HENRY SCUDDER, der anfangs zu Drayton in
Oxfordshire wirkte (von welcher Stellung aus er auch Mitglied der Westminster-Synode von 1643 war), hernach aber
an der Gemeinde zu Collingbourne-Ducis in Witshire fungirte,
schrieb: »A Key of Heaven or the Lords prayer opened," Lond.
1610; 2., The Christians daily walk in holy security and peace,"
Lond. 1637. Beide Schriften wurden von RICHARD BAXTER besonders hoch gehalten. — PHILIPP HENRY, 1631 geboren und
im Christ-Church-Collegium zu Oxford gebildet, erwarb sich
schon als Seelsorger der kleinen und armen Gemeinde zu Wor-
thenbury (an welcher er neun Jahre lang bis 1662 wirkte),

---

1) Paragraphe upon the Canticles of Salomon, 1672; Treatise on the Lords
Supper; On the ministry of the church of England.

2) Besonders zu nennen sind: The worlds great restoration, 1621. — The whole
armour of God, 1627. — Gods three arrows, 1631.

den Ruhm eines ganz ungewöhnlich begabten Predigers.
Nach vielerlei Geschicken trat er später als Prediger zu Broad-
Oak auf, wo aus Nah und Fern Tausende zu seinen Predigten
strömten, und wo er 1696 starb [1]).

THOMAS WATSON, ein Schüler des Emmanuel-College zu Cambridge, wurde 1646 Rector der Kirche St. Stephan zu Wal-
brooke und später, nachdem er 1662 als Non-Conformist ver-
drängt war, 1672 Prediger zu Crosby-Hall. Die letzten Jahre
seines Lebens brachte er als Privatmann in Essex zu, wo er
etwa 1689 starb. — Unter seinen Werken sind hervorzuheben:
»*Body of practical divinity"* (aus etwa 176 Predigten bestehend)
Lond. 1692 (hernach noch öfter herausgegeben); »Discourses,
Lond. 1729;" — »Divine Cordial" (noch 1846 neu abgedruckt), —
Puritan gems or wyse and holy sayings of THOM WATSON (von
welcher Schrift in weniger als zwei Monaten 3000 Exemplare
verkauft waren) und »How to read the Bible with most spiritual profit." (Philad. 1860).

Mit besonderer Auszeichnung wurde von seinen Zeitgenossen STEPHAN CHARNOCK genannt, der 1628 zu London geboren,
nach Beendigung seiner Studien im Emmanuels-College zu Cambridge (wo er für den Puritanismus gewonnen ward) sich 1649
noch zur Fortsetzung derselben nach Oxford begab, später
(bis 1660) in Dublin als Prediger wirkte und 1680 starb [2]).

Von dem äusserst fruchtbaren puritanischen Schriftsteller
THOMAS ADAMS (von welchem es ausser seinen Schriften kein
Denkmal, keine biographische Ueberlieferung giebt) wissen wir
nur, dass er seit 1612 Prediger zu Willington in Bedforshire

---

1) Vergl. über ihn die lehrreiche Schrift „The life and times of Philip Henry"
(Lond. 1848) in den Works of english puritan divines.

2) Unter seinen Werken sind hervorzuheben: The chief of sinners objects of
the choisest mercy. — The Knowledge of Christ crucified. — The sinnfulness and
cure of thoughts, Self-examination. — The pardon of sin. — A discourse of delight
in prayer u. s. w.

war und 1630 eine Sammlung seiner Schriften selbst herausgab [1]).

JOHN HOWE, 1630 zu Leicester geboren, besuchte das Christ-College zu Cambridge, dann das Magdalenen-Colleg zu Oxford, fungirte hierauf an verschiedenen Orten als Prediger, musste aber als entschiedener Non-Confirmist 1662 nach Irland fliehen, wo ihn der Ruf einer Independenten-Gemeinde zu London 1675 nach England zurückführte. In dieser neuen Lebensstellung blieb HOWE bis zu seinem Tode am 2ten April 1705. — HOWE war unter den hervorragenden englischen Pietisten einer der allerhervorragendsten. Tiefe der Gedanken, Wärme und Innigkeit des Gefühls, eine seltene Klarheit des Blicks in das verborgene innere Leben des Menschen und Erhabenheit der Darstellung waren die Vorzüge die an ihm und seinen Schriften [2]) allgemein bewundert wurden. Der berühmte englische Prediger ROBERT HALL († 1831) stellte ihn noch über den so hoch gefeierten RICHARD BAXTER [3]).

Als Zeitgenossen HOWES sind zu erwähnen JAMES BRADSHAW, der, im Corpus-Christi-Collegium zu Oxford gebildet, 67 Jahre alt, 1702 starb und die Schriften: »The sleeping Spouse of Christ alarmed" (London 1677) und »The Trial and Thriumph of Faith" hinterliess; RICHARD GREENHAM († 1591), dessen Werke

---

1) Vergl. die Works of the english puritan divines (ADAMS) Lond. 1847: The three divine sisters, Faith, Hope and Charity. — The heaven or a direction to heaven. — Heavens gate or the passage to Paradise. — The taming of the tongue.

2) Als die vorzüglichsten seiner Schriften können gelten: „The living temple. — The blessedness of the righteous. — Of delighting in God. — The redeemers tears wept over lost souls. — The redeemers opinion over the invisible world. — The office and work of the Holy Spirit. — The vanity of this mortal life. — Mans enmity to God and reconciliation between God and Man. — The carnality of religious contention.". — Eine Sammtausgabe seiner Schriften veranstaltete Calamy 1724 in zwei Foliobänden. Neuerdings (1856) ist eine volständige Sammtausgabe in neue Bänden zu Edinburg erschienen. Auslesen aus Howes Schriften sind zum Oefteren veranstaltet worden, z. B. in den Works of the puritan Divines, Lond, 1846.

3) Vergl. Allibones Dictionary, Tome I, Art. Howe.

(»Afflicted conscience" u. s. w.) wiederholt in Sammtausgaben (1599, 1601, 1665) veröffentlicht wurden.

Ausser den Genannten traten in England noch viele andere Geistliche als Vertreter des puritanischen Pietismus auf z. B. NATHANAEL NYE († 1672), der eine Anzahl von Predigten veröffentlichte; CHARLES RICHARDSON, der unter anderen Schriften einen Tractat über das Abendmahl (Lords supper) veröffentlichte; WILLIAM SEDGWICK, genannt »der Apostel Elys", dessen 1648 erschienene bedeutendste Schrift »Some flashes of lightenings of the Son of Man", auch noch i. J. 1830 neu aufgelegt ward. Von JAMES JANEWAY, Prediger zu Rotherhithe, 1636—1674, sind die Schriften: »The Saints encouragement to diligence, 1675, A token for children 1676 (öfters gedruckt) und Heaven upon earth or Jesus the best friend of man", 1677, zu nennen, (letztere Schrift auch in den »Works of the puritan divines" [1]) mit einer Biographie des Verfassers abgedruckt). WILLIAM GUTHRIE, 1620 geboren, starb 1665 als Pfarrer zu Timwick. Seine Schrift »The Christians great interest" ist öfter (London 1705, Glasgow 1755, Edinb. 1797) herausgegeben worden. — EZECHIEL CULVERWELL schrieb »Treatise of faith-applied especially unto the use of the weakest Christians" (7. Aufl. Lond. 1633 mit einem Vorwort von B. Sibbes) sowie »Time well spent in sacred meditations, Divine observations, Heavenly exhortations" (eine von König Karl I viel gebrauchte Schrift). — Der Prediger FAITHFUL TEATE zu Ballyhays (hernach zu Dublin) gab heraus: »Scripture map of the wilderness of sin, Lond. 1655, Meditations", 1672 u. s. w.

Alle diese Glaubensmänner gehörten den bei Hofe verhassten frommen Kreisen an, in denen sich Alle um ihren inneren

---

[1] Das vollständige Verzeichniss seiner Schriften S. daselbst, S. 21.

Seelenzustand und um ihrer Seelen Seligkeit viel Sorge machten
und darum viel von äusseren Schickungen und Fügungen und
von inneren Erfahrungen und Erlebnissen zu reden wussten,
durch welche sie die Gnade Gottes auf die Wege der practischen Religiosität und der inneren Gottseligkeit geführt habe.
Die vielen Selbstbiographien, welche aus diesen Kreisen hervorgingen, lassen daher ausserordentlich viel Uebereinstimmendes
in dem inneren Lebensgange der Einzelnen wahrnehmen. Fast
bei Allen begegnen wir Erlebnissen wie die sind, über welche
uns z. B. der fromme THOMAS GOODWIN berichtet.

GOODWIN war am 5. Oct. 1600 zu Rolesby in Norfolk geboren. Dreizehn Jahre alt kam er nach Cambridge, wo er
zuerst das Christ-College, dann (1619) Katharinen-Hall besuchte.
In seinem 14. Lebensjahre nahm er zum erstenmale an der
Feier des h. Abendmahls theil, für welche die Puritaner
die ernsteste Vorbereitung — die wenigstens eine ganze Reihe
von Tagen dauerte — forderten. GOODWIN berichtet uns, mit
welcher Sorgfalt er sich, mit Ursins Katechismus in der Hand,
damals geprüft habe, ob er auch wirklich im Besitze der Gnade
sei. Nach dem Genusse des Abendmahles fühlte er sein Herz
»auf eine wunderbare Weise erfreut", worin er unfehlbare
Merkmale der Liebe Gottes und seines Gnadenstandes zu erkennen glaubte. Der jugendliche GOODWIN beschloss nun an der
nächsten Abendmahlsfeier, die für das Pfingstfest angesetzt
war, wiederum Theil zu nehmen und begann sich alsbald für
dieselbe — mit fleissigstem Besuche der Gottesdienste, häufigeren
Beten und Fasten und mit sorgfältiger Prüfung seines Seelenzustandes — vorzubereiten. Aber die Lehrer des Collegs hielten für ihn eine Demüthigung zur Uebung in der Selbstverläugnung für nöthig. Als daher der Tag der hehren Feier
kam, stand GOODWIN in der Kirche und »sah herum auf die
heiligen Männer in dem Christ-College" und frohlockte darüber
dass er mit ihnen zum Tische des Herrn gehen sollte. Als er

sich aber dann dazu anschickte, wurde er plötzlich von seinem
Inspector angewiesen, nicht an der Communion theilzunehmen
sondern sofort das Gotteshaus zu verlassen. GOODWIN folgte
dem Befehl, aber dieses Vorkommniss drückte ihn so nieder,
dass er aufhörte die Predigten zu besuchen und seine Gebetsübungen ganz einstellte. Allerdings wurde er hernach wiederholt zur Abendmahlsfeier zugelassen, und pflichtmässig nahm
er dabei jedesmal eine innere Selbstbeschauung vor und entschloss sich auch dem Vorbilde ernster Frömmigkeit, welches
er an seinen Lehrern sah, nachzueifern; allein es blieb bei
dem Entschlusse.

Da geschah es, dass GOODWIN Montags den 2. Oct. 1620
auf einem Spaziergange mit mehreren Freunden auf eine Kirche
stiess, in welcher eben der Gottesdienst begann. GOODWIN trat
mit denselben in das Gotteshaus ein um zu sehen wer da predigen würde. Der Prediger BAMBRIDGE war es, der die Kanzel
bestieg und mit Zugrundlegung von Luc. 19, 41—42 von der
Gefahr einer Verschiebung der Busse predigte. Der Prediger
sprach davon, dass ein jeglicher Mensch seinen Tag habe, an
welchem die Gnade ihm angeboten würde, und dass Gott, wenn
der Mensch diesen Tag versäume, seine Gnade vor ihm verberge.
Wie daher der Mensch in irdischen Dingen so oft eine bestimmte Zeit habe, von deren rechter Benutzung seine ganze
zeitliche Wohlfahrt abhänge, so habe er auch im Geistlichen
seine Zeit, in welcher ihm für die Ewigkeit geholfen werden
könne, wenn er recht bedenken wolle was zu seinem Frieden
diene. Thue er dieses nicht, dann werde es in seiner Seele
immer finsterer, sein Herz werde immer verhärteter und die
ewige Verdammnis sei sein schliessliches Ende.

Diese Predigt drang GOODWIN durch Mark und Bein. Er
verliess seine Gefährten, die ihrem Vergnügen nachgehen wollten, und kehrte auf sein Zimmer zurück, wo ihn eine entsetzliche Angst über seine Sünden erfasste. Der Umgang mit

einigen erweckten Commilitonen trug noch dazu bei, dass der
Eindruck der gehörten Predigt nicht so rasch verschwand; aber
innerlich erneuert fühlte er sich doch nicht, und alles das,
was er über den Stand des *neuen* Menschen reden hörte, war
ihm fremd. Da sollte wiederum (in 8 Wochen) eine Abendmahlsfeier stattfinden, an welcher er theilnehmen wollte. Diese
acht Wochen sollten nun der ununterbrochenen Vorbereitung
auf die Feier bestimmt sein. Darum wurde wiederum zur
Predigt gegangen, gebetet und gefastet. »In diesen acht
Wochen", erzählt Goodwin, »die ich in solchen Uebungen
mit den jungen Leuten in dem Collegium (der Puritaner) zubrachte, blieb ich beständig in dem geheimen Gebet. Ich be-
reute meine Sünden, ich prüfte mich selbst, ich betrachtete
das Leiden Christi und suchte mir dessen Verdienst zuzueignen.
Ich ging, als die Zeit des h. Abendmahls herbei kam, in die
Kapelle und wartete auf nichts, als dass ich dasselbe empfangen
möchte. Allein eben als die Communicanten sich erhoben um
hinzugehen und auf dem Tritt, der Sitte gemäss, niederzu-
knieen, schickte mein Inspector Jemand an mich ab, der mir
anzeigte dass ich aus der Kapelle hinausgehen und das h.
Abendmahl nicht empfangen sollte; welche Weisung ich zwar
mit grossem Schmerze vernahm, aber doch befolgte."

Wiederum kam Goodwin in ein inneres Wanken und Schwan-
ken herein, in welchem er sich entschloss, den Verkehr mit Puritanern ganz abzubrechen. Dazwischen aber erfuhr er doch
auch immer wieder neue und immer tiefer gehende Erregungen,
in denen er sich seine Sündenlast vorhielt und oft mit graus-
siger Angst an die Ewigkeit dachte. »Darüber vergingen fast
sieben Jahre, ehe ich recht anfing im Glauben des Sohnes
Gottes zu leben." Allmählich aber wurde es ihm doch klar,
dass »zwischen den Wirkungen des natürlichen Gewissens,
wenn es auch schon von Gottes Wort erleuchtet ist, und dem
neuen Leben einer heiligen Seele, die vom h. Geiste getrieben

wird," ein Unterschied sei. Auch pflegte er in seinem Tagebuche täglich aufzuzeichnen was in seiner Seele vorgegangen
war, insbesondere, ob und welchen Verkehr mit Gott er gehatt
habe. Der vertraute Umgang mit dem hochbegenadigten, nachherigen Prediger zu Kings-Lyn, *Price*, der damals in Cambridge lebte, war endlich für die Entwicklung des inneren
Lebens GOODWINS entscheidend. »Da nun Gott durch seine
Gnade mich wahrhaft und wirklich zu sich bekehrte, da wurde
mir die Eitelkeit meiner vormaligen Frömmigkeit zur Genüge
klar. Denn Gott verlieh mir ein ganz neues Licht im Grunde
meines Herzens, bei welchem ich sah dass nur Selbstliebe und
Eifersucht die Wurzel aller dieser prächtiger Tulpen gewesen,
welche ich für Gaben der Gnade gehalten hatte." — Als daher
GOODWIN 1628 die Stelle eines Predigers und Lectors zu St. Trinitatis in Cambridge übertragen erhielt, war derselbe innerlich
zu einem der entschiedensten und stärksten Glaubenszeugen
herangewachsen. Doch legte er 1634 sein Amt nieder, da er
sich in die ihm angesonnene »Conformität" nun einmal nicht
finden konnte. Aus demselben Grunde zog er 1639 in die
Niederlande über, bekleidete dort mehrere Jahre hindurch die
Stelle eines Predigers an einer Gemeinde zu London, als welcher er auch an der Westminster-Synode von 1643 Theil nahm.
In den letzten Jahren seines Lebens wurde er 1649 zum Prä-
sidenten des Magdalenen-Collegs zu Oxford erwählt, in welcher
Stellung er mit grossem Segen an dem inneren Leben der Stu-
direnden wirkte. Denn die innere Gottseligkeit galt ihm als
die wesentlichste Voransetzung des Studiums der Theologie.
Als er 1660 wegen der damaligen politischen Vorgänge seine
Stelle niederzulegen sich veranlasst sah und nach London übersiedelte, folgte ein grosser Theil derer, die sich in Oxford um
ihn gesammelt hatten, dem verehrten Seelenhirten dahin nach,
wo er noch lange Jahre als Prediger, Seelsorger und Schrift-

steller [1]) thätig war, bis er am 23. Febr. 1679 starb.
Eine ganz eigenthümliche Stellung unter den Pietisten Englands nahm JOHN OWEN ein. In J. 1616 zu Stadham in Oxfordshire geboren, hatte er seine Studien auf dem Neuen College zu Oxford gemacht, war frühzeitig in geistliche Stellungen gekommen, in denen er als eifriger Presbyterianer auftrat, und hatte sich rasch ein ganz eminentes Ansehen erworben. Er war es, der am Tage der Hinrichtung Karls I vor dem Hause der Gemeinen die Predigt hielt, der auch am 28. Febr. vor dem Parlament, den Generälen der Armee und Cromwell predigte, und den man seitdem als des Letzteren vertrautesten Freund kannte. Hernach (1651) wurde er Decan der Christ-Kirche zu Oxford und im folgenden Jahre Vice-Kanzler der Universität. Doch musste auch er die damalige Unsicherheit aller öffentlichen Verhältnisse in England erfahren. Er sah sich genöthigt, sich zuerst nach Chatam dann nach London zurückzuziehen, wo sich alsbald Alles um seine Kanzel schaarte, und starb, von unermüdlicher Arbeit erschöpft, 1683 zu Eating in ländlicher Stille. — OWEN »der grosse Dissenter", war unter den hervorragenden Non-Conformisten vielleicht der einzige, dem es durch die Biederkeit seines Characters, durch seine Pflichttreue, durch seine ernste Frömmigkeit und durch seine wissenschaftliche Bildung gelungen war, sich die Achtung aller Parteien zu verschaffen. Auch die Hochkirchlichen sahen an ihm hoch hinauf. Wer seine unermüdliche praktische Wirksamkeit sah, musste von seiner literärischen Fruchtbarkeit geradezu mit Staunen erfüllt worden. Er hat mehr als 80 Schrif-

---

1) Nach GOODWINS Tode erschienen dessen zahlreiche Schriften in 5 Foliobänden (1681, 1683, 1692, 1697, 1704). Doch fehlen darin einige die er selbst edirt hatte. Eine neue Sammtausgabe ist zu London, 1840—1851, gedruckt worden. — Besonders hervorzuheben sind unter GOODWINS Schriften: A child of light walking in darkness. — The returne of prayers. — The tryall of a Christians growth. — The heart of Christ. — Encouragements of faith. — Christ, the universal Peace-Maker. — Vanitie of throughts etc.

ten, sämmtlich theologischen Inhalts, hinterlassen, von denen
67 von ihm selbst, die übrigen nach seinem Tode herausgegeben wurden. Eine, indessen nicht ganz vollständige Gesammtausgabe der Werke Owens wurde (in 20 Octavbänden) 1826 von
Daniel Russell veröffentlicht ¹), welche die günstigste Aufnahme
fand, indem in England Owens Schriften allezeit zu den belieb-
testen und geschätztesten Erbauungsschriften gerechnet wurden.

In Deutschland sind von allen diesen Rüstzeugen des Geistes
Gottes, welche damals in England hervortraten, nur zwei allgemeiner bekannt, und zwar zwei, die den eigentlich puritanischen Kreisen gar nicht angehörten, nämlich Baxter und Bunyan.

Richard Baxter ²), 1615 zu Rowton in Hampshire geboren,
hatte sich mit der Theologie nur in sehr mangelhafter Weise
vertraut gemacht, als er 1638 von dem Bischof Thornborough
ordinirt und zwei Jahre später zum Vicar von Kidderminster
erwählt wurde. Bei dem Ausbruch des Bürgerkrieges hätte er
sich am liebsten neutral verhalten, da er einerseits ebenso dem
königlichen Hause ergeben war, als er sich andererseits von
dem im Parlamentsheere wahrnembaren religiösen Geiste angezogen fühlte. Endlich entschloss er sich jedoch sich dem
Parlamentsheere anzuschliessen, und zwar in der Absicht
»um die Soldaten zu den Grundsätzen der Loyalität gegen
den König und des Gehorsams gegen die Kirche" zurückzuführen. — Als Cromwell Protector Englands geworden war,

---

1) Die wichtigsten der hier zu erwähnenden Werke Owens sind: Meditations and
discourses on the glory of Christ. — Communion with God. — Causes, ways and
means of understanding the mind of God as revealed in His Word, with assurante
therein. — On the mortification of sin. — On temptation. — On indwelling sin in
believers. — On spiritual mindedness. — On the dominion of sin and grace. —
Salus electorum, sanguis Jesu or the death of Christ. — The doctrine of the
Saints perseverance explained and confirmed. — Practical exposition on the 130.
Psalm. — Exercitations concerning the name, original, nature, use and continuance
of a day of sacred rest. — A discourse on the work of the Holy Spirit in prayer. —
The true nature of the Gospel Church and its government.

2) Vgl. die ganz vortreffliche Biographie Baxters, welche Weingarten a. a. O.
S. 162.—184 geliefert hat.

trat er ihm offen mit der Erklärung entgegen, dass der beste
Theil des englischen Volkes die alte Monarchie als einen Segen
Gottes, nicht aber als ein Uebel ansehe. Als Kaplan eines
Regimentes schrieb er — um sich selbst auf sein Ende vorzubereiten, sein berühmtestes Werk: »Die Ruhe der Heiligen."
Damals suchte er zwischen den Bischöflichen und den Presby-
terianern zu vermitteln, weshalb er auch mit einer Umarbeitung
des Common-prayerbook hervortrat. Allein 1662 erschienen die
Uniformitätsakte, infolge deren BAXTER mit etwa 2000 seiner
englischen Amtsbrüder seine Stelle verlor, nachdem er eben
erst das ihm von dem Lord-Kanzler angebotene Bisthum Here-
ford ausgeschlagen hatte, um bei seiner Gemeinde in Kidderminster zu bleiben. Die Schrift »Der Ruf an die Unbekehrten"
hatte er damals schon geschrieben. Die Indulgenz von 1672
machte es ihm zwar möglich sich in London niederzulassen
und daselbst zu predigen, allein auf Grund seiner »Paraphrase
des N. Testaments" wurde er 1684 der Anreizung zum Aufruhr
angeklagt, und erst in Novbr. 1856 aus achtzehnmonatlicher
Kerkerhaft entlassen. Die letzten fünf Jahre seines Lebens
verbrachte er, nachdem Wilhelm III zur Regierung gekommen
war, in glücklichster Ruhe. Er predigte, so oft es ihm nur
möglich war, bis er am 8 Dez. 1691 in London starb. — BAXTER
hat eine ebenso gesegnete (noch jetzt fortdauernde) Wirksamkeit durch seine Schriften [1]) — deren er über 180 verfasst

---

1) Die bekanntesten Werke BAXTERS sind: The saints overlasting rest, Lond. 1650. —
A call to the unconverted to turn and live, Lond. 1669. — Christian directory or
body of practical divinity (4 Theile) Lond. 1673. — The poor mans familybook,
Lond. 1674. — The cure of melancholy, Lond. 1683. — A paraphrase on the New
Test., Lond. 1685. — Dying thoughts, Lond. 1688. — Reliquiae Baxterianae or
his own Narrative of his life und times, published by M. SYLVESTRE, Lond. 1696. —
Eine Gesammtausgabe seiner Werke ist von ORME zu London 1830 in 23 Bänden
veranstaltet worden. Eine Auswahl seiner Schriften erschien mit einer Biographie
1846 in dem Sammelwerke: „Works of the English puritan Divines." Ausserdem ist
eine Ausgabe seiner „Practical works" zu London 1847 in 4 Bänden erschienen. Vgl. ausserdem VON GERLACH, R. Baxter nach seinem Leben und Wirken, Berlin 1836; SCHMIDT,
R. Baxters Leben und Wirken, Leipz. 1843, und CALAMYS, Life of R. Baxter, Lond. 1713.

haben soll --- als durch seine Amtsthätigkeit ausgeübt. Von
seinem »Ruf an die Unbekehrten" waren in den ersten zwölf
Monaten nach dem Erscheinen des Werkes 20,000 Exemplare
verkauft. Auch wurde dieses Werk in fast alle europäische,
selbst in asiatische Sprachen übersetzt. Sein »Reformed pastor"
wird in England noch jetzt als eine treffliche, jedem Prediger
zu empfehlende Pastoral-theologie geschätzt. Wichtiger aber
noch ist, dass seine eigene Amtsführung dem in dieser Schrift
dargestellten Ideal in einer Weise entsprach, dass die Gemeinde
Kidderminster, so lange BAXTER ihr Seelsorger war, im ganzen
evangelischen England als Mustergemeinde galt. Denn BAXTER
hatte an ihr dem Herrn in der vollen Beweisung des
Geistes und der Kraft gedient, wie es nur Wenigen gegeben ist.

BAXTER war also eine hervorragende, um die Förderung
christlichen Lebens wie christlicher Erkenntniss hochverdiente
Persönlichkeit. Indessen können ihm viele Andere zur Seite
gestellt werden, die, nachdem sie sich für das Predigtamt bestimmt, und vorbereitet hatten, mit demselben Segen für
Gottes Reich wirkten. Ganz unvergleichlich steht aber BUNYAN
da, der, seines Berufes ein Kesselflicker, ganz allein durch
Gottes Geist ein Apostel Englands geworden ist.

JOHN BUNYAN war 1628 zu Elstow in Bedfordshire geboren.
Sein Vater, Kesselflicker, unterrichtete ihn frühzeitig in seinem
Geschäft, schickte ihn jedoch auch in eine Schule, in welcher
der junge BUNYAN freilich wenig lernte. Sein späteres Jugend-
leben war nicht das beste. Er selbst berichtet darüber wie
und wodurch er zuerst aus seinem jugendlichen Leichtsinn

---

1) Vgl. die Schriften des ROB. Borb. PHILIP: The life and times of Bunyan" und
„Bunyans genius and writings," Lond. 1854 (letzter Schrift zu den „Works of english puritan Divines gehörig unter denen zwei 1845 erschienene Bände eine Biographie BUNYAN's und einem Abdruck einzelner Werke derselben enthalten).

aufgerüttelt wurde: »Als ich eines Tages vor eines Nachbars
Ladenfenster stand und in gewohnter Weise Flüche und Schwüre
ausstiess, sass im Hause eine Frau die das mit anhörte; und
obschon sie eine recht leichtfertige und gottlose Person war,
so that sie mir doch Vorhalt über mein Fluchen und Schwö-
ren, das sie erzittern mache. Bei dieser Rüge verstummte ich
und fing an mich vor Gott im Himmel zu schämen. Während
ich daher gesenkten Hauptes so dastand, dachte ich: »O
wärest du doch wieder ein kleines Kind, dass dein Vater
dich möchte sprechen lehren ohne die gottlose Weise des
Schwörens!"

Neunzehn Jahre alt heirathete er ein ganz armes Mädchen,
das aber guter Leute Kind war. Die junge Frau brachte ihm
in die Ehe nichts als ein frommes gläubiges Herz und zwei
pietistische Bücher: »praktische Anweisung zur Frömmigkeit"
und »Ehrlicher Leute Fussteig zum Himmel," — und das war
ihm zum Heil. Eine Predigt über Hohes Lied 4, 1 »Siehe
meine Liebe, du bist schön, siehe, schön bist du," brachte
endlich das neue Leben, welches der Geist Gottes in der tiefen
und reichen Seele des Mannes erweckt hatte, zum Durchbruch.
Das äusserliche Wesen der Staatskirche war ihm durchaus
zuwider. Daher schloss er sich 1653 an die Baptisten-Congre-
gation zu Bedford an, wo man sehr bald die Tiefe und Stärke
seines religiösen Geistes, seine Vertrautheit mit der h. Schrift,
seinen Reichthum an inneren Erfahrungen und seine ungewöhnliche Redegabe erkannte, und ihn daher 1655 (als der
Prediger der Gemeinde gestorben war) bat, wenigstens für
einige Zeit die Predigten zu übernehmen. BUNYAN that dieses
und predigte nun fünf Jahre lang mit unglaublichem Beifall.
In ganz England erzählte man sich von der wunderbaren Macht
seiner Rede. Dr. OWEN, der ihn zuweilen hörte und der von
dem König KARL II gefragt wurde, wie er doch am Gewäsche
des Kesselflickers Gefallen finden könnte, gab demselben zur

Antwort, dass er gern all sein Wissen hingeben wollte, wenn
er dafür des Kesselflickers Begabung zum Predigen eintauschen
könne. Dafür aber warf KARL auf den gewaltigen Volksredner
den bittersten Groll und befahl ihn unschädlich zu machen. Da
zog BUNYAN den Fuhrmannskittel an, um sich unkenntlich zu
machen und stahl sich mit der Peitsche in der Hand in die
Versammlungen, in denen er dann als Prediger auftrat. Endlich,
im Anfange des Jahres 1660 erfolgte seine Verhaftung, worauf
er volle zwölf Jahre lang in dem Gefängnisse zu Bedford ein-
gesperrt blieb. Hier hatte er nur zwei Bücher bei sich, eine
Bibel und Fox's Märtyrerbuch. In dem Gefängnisse schmach-
teten gegen sechzig Dissenters. Denselben predigte er fleissig.
Ausserdem schriftstellerte und sorgte er durch Handarbeit für
den Unterhalt seiner Familie.

Wiederholt wurde ihm seine Freilassung zugesagt, wenn er
verspreche das Predigen einstellen zu wollen; aber niemals hat
BUNYAN zu diesem Versprechen sich herbeigelassen. Doch gelang
es endlich dem milden Bischof von Lincoln, THOMAS BARLOW,
i. J. 1672 seine Freilassung zu erwirken. Ungebrochenen Muthes
zog er nun alsbald in England hin und her, überall seine
Glaubensbrüder aufsuchend und sie zu einem gottseligen Wandel ermahnend, bis ihm endlich die Indulgenzakte JAKOBS II
vom 18 März 1687 volle Freiheit zum öffentlichen Wirken gaben.
In Bedford wurde nun ein gottesdienstliches Versammlungshaus
gebaut, wozu ihm von allen Seiten her das Geld reichlich zu-
floss. Da hingen nun Tausende an seinen Lippen, denn
England hatte keinen Prediger der Gerechtigkeit durch die
Gnade Gottes, wie BUNYAN war. Auch nach London kam er oft,
wo das Meetinghouse der Baptisten die Menge der Zuhörer,
welche zu ihm strömten, nie fassen konnte. Auf einer dieser
Missionsfahrten von einem Regen überrascht zog er sich ein
Fieber zu, welches dem Leben des grossen Gottesmannes am
31. Aug. 1688 ein Ende machte. Aber seine Schriften, unter

denen die »Pilgerfahrt ')'' die verbreitetste ist, predigen noch heute zu vielen Tausenden von Herzen.

Die hier genannten Schriftsteller der »practice of piety'' sind nur ein kleiner Bruchtheil der grossen Zahl frommer Männer, welche sich in den puritanischen Kreisen erhoben hatten, um an das Eine was Noth thut in allerlei Weise zu mahnen und Gottes Reich in der Gemeinde, in den Häusern und in den Herzen der Einzelnen neu aufzubauen. BAXTER zählt in seiner Schrift »Body of practical divinity'' (III S. 194) noch eine ganze Reihe von pietistischen Schriftstellern auf, deren eifrigstes Studium er den Theologiestudirenden zur Vorbereitung auf ihren Beruf auf das Dringendste empfiehlt [2]). England war in der ersten Hälfte des siebzehnten Jahrhunderts mit pietistischen Schriften geradezu überfluthet, indem dem schriftsellerischen Eifer der Theologen das brennendste Verlangen der Gemeindeglieder nach erbaulichen, ascetischen Schriften entsprach. Ueberall fanden dieselben in den Häusern Verbreitung, so dass viele die zahlreichsten Auflagen in raschester

---

1) „The pilgrims progress'' erschien 1672 und erlebte bis 1685 zehn Auflagen. Nächst der Bibel sind wohl wenige Bücher in so viele Sprachen übersetzt und in so vielen Auflagen verbreitet wie dieses Buch. BUNYAN soll so viele Bücher und Tractate geschrieben haben als er Jahre erlebt hat, nämlich 60. (Vgl. Allibones Dictionary, T. I) Unter denselben mögen hier noch besonders hervorgehoben werden: *The greatness of the soul* and unspeakableness of the loss thereof, with the causes of the losing it. — *Justification by an imputed righteousness* or no way to heaven but by Jesus Christ. — Defence of justification by faith (gegen die Schrift des Bischofs FOWLER „Design of Christianity'') und *The strait gate* or great difficulty of going to heaven.''

2) BAXTER bezeichnet hier als *affectionate practical english writers* unter vielen Andern, die meistens oben erwähnt wurden, folgende: TRUMANN (schrieb „the great propitiation'') RICHARD ALLEN, JOSEPH ALLEN (schrieb: „Letters and treatise of conversion'') WHATELY, REIGNER, RANEW, SHAW, RAWLET, T. FORD, DOD, HARRIS, SWINOCKE, VINCENT, RUTTERFORD, RICHARD ROGERS, JOHN ROGERS, STOUGHTON, WILLLIAM FENNER, GEORGE HOPKINS (schrieb: „Salvation from sin'') EDWARD REIGNOLD, MEAD, STRONG.

Folge erlebten. Eine besonders beliebte Schrift »Crums of consolations" erschien (nach einer Mittheilung GYSBERT VOET's) 1642 in dreissigster Auflage. Einzelne dieser »practical writers" gehörten anderen non-conformistischen Kreisen an; die allermeisten aber waren Puritaner. Unter diesen wie unter allen den Denominationen, die sich dem Staatskirchenthume gegenüberstellten, war eben ein mächtiges Wehen des Geistes hervorgetreten, das die Zungen zum Reden, die Hände zum Schreiben und die Gemeindeglieder zum Gebet, zum eifrigen Forschen in der Schrift und zur ernsteten Übung in der Gottseligkeit trieb [1]), indem es Unzähligen war, als breche ein ganz neuer Frühling der Kirche an, in welchem der Herrschaft des Antichrists zu Rom für immer ein Ende gemacht und alles Volk sich zu dem Erzhirten im Himmel bekehren werde. Aller Orten erhoben sich daher puritanische Prediger, welche mit dem ganzen Ernste wahrer Zeugen des Evangeliums verkündeten dass das Reich Gottes nicht mit der äusseren Geberde des halbevangelisirten Staatskirchenthums komme, sondern dass es inwendig in den durch Busse und Glauben wirklich wiedergeborenen Herzen sei, dass darum Jeder, der ein Genosse dieses Reiches sein wolle, vor Allem mit sich selbst und mit der Welt brechen müsse, auf dass der Geist Gottes in ihn einziehen und ihn zu einer ganz neuen Creatur umschaffen könne. Und dieser reformatorischen Predigt, welche immer auf die Bedürfnisse des inneren Lebens des Einzelnen gerichtet war, und dieselben in dem vollen Ernste den die eigene Erfahrung und die Sorge um die eigene Seligkeit eingab, erfasste, entsprach die reformatorische Wirksamkeit der puritanischen Pietisten im äusseren practischen Leben. Ueberall wo dieselben auftraten, wirkten sie nicht nur als begeisterte Prediger, sondern auch

---

4) Vgl. die ergreifenden Mittheilungen, welche BARCLAY in der Schrift „The inner life" S. 165 u. 185 über den Segen, den damals der Pietismus dem Volksleben in England brachte, macht.

als eifrige Katecheten — indem sie die *Katechisation* als ein besonders wirksames Mittel zur Verbreitung des Evangeliums ansahen, — sowie als die treuesten, ernstesten Seelsorger, welche das Wohlergehen der ihnen anvertrauten Gemeinden in allerlei Weisen zu fördern und zu heben suchten. Strenge Kirchenzucht, fleissig besuchte Katechisationen und häufig zusammentretende Conventikel der Gemeindeglieder sah man überall wo pietistische Prediger wirkten, — und ebenso sah man den Segen ihrer Wirksamkeit.

Zu Kidderminster z. B. wo BAXTER Prediger war, wurde regelmässig Sonntags und Donnerstags Vormittags gepredigt; Donnerstags Abends stand das Pfarrhaus für Jedermann, der nähere Erläuterung der einzelnen Theile der Predigt oder sonstige Belehrung haben wollte, offen, und Montags und Donnerstags Nachmittags wurden mit je vier Familien Privatkatechisationen angestellt, und zwar mit jeder Familie je eine Stunde lang. Die anderen Tage waren namentlich für Hausbesuche bestimmt. Die Früchte dieser eifrigen seelsorgerlichen Thätigkeit hat auch BAXTER selbst gesehen. »Als ich nach Kidderminster kam,'' erzählt BAXTER [1]) »gab es in jeder Strasse höchstens Eine Familie, die Gott gemeinschaftlich anrief, und als ich wegging, gab es mehrere Strassen, wo auch nicht Eine Familie ohne häuslichen Gottesdienst war.''

Mit besonderem Eifer wendete sich die Wirksamkeit der puritanischen Pietisten den niederen Volksklassen zu, in denen sie durch katechetischen Unterricht, durch erbauliche und belehrende Ansprachen und durch Errichtung von *Schulen* ganz neue Grundlagen des religiösen Lebens zu schaffen suchten. In dieser Beziehung ist namentlich der unermüdlich arbeitende THOMAS GOUGE (Sohn des Predigers WILLIAM G.) zu nennen,

---

[1]) So erzählt BAXTER in seiner Biographie (I, 80—96) Vgl. auch WEINGARTEN, S. 174.

(1605—1681), der 1662 zur Niederlegung seiner Predigerstelle
genöthigt, sich nach Wales begab um hier unter dem niedrigen
Volke zu missioniren. Er rief hier 300—400 Schulen ins
Leben, die er alljährlich visitirte, und veröffentlichte eine ganze
Reihe von Schriften (»The practice of piety; the whole duty
of Man") in der wälschen Landessprache. Auch war er
häufig in London, um im dortigen Christ-Hospital die Kinder
im Glauben zu unterrichten. Ausserdem war er aber auch in
englischer Sprache für die Sache des practischen innerlichen
Christenthums literärisch thätig [1]). »Er ging umher Gutes
thuend," wurde ihm am Grabe nachgerufen und sein Tod ward
allgemein als eine öffentliche Calamität angesehen.

§ 3.

DIE LEHRE DES PURITANISCHEN PIETISMUS.

Im Mittelpunkte der Gedankenentwickelung steht bei allen
englischen Pietisten der Name Jesu Christi, der, wie BUNYAN
in der Schrift »The strait way" (bei PHILIPP S. 215) sagt,
»die Thüre ist, welche die Gnade Gottes den Völkern geöffnet
hat." In begeisterter Rede und in einer unerschöpflichen Fülle
hymnischer Töne wird Christus als der Gottmensch verkündet,
der nach des Vaters Rathschluss für des verlorene Geschlecht
eine vollkommene Versöhnung gestiftet hat, der den bussfertigen Sünder durch den h. Geist zu einer ganz neuen Creatur
umschafft, an welcher der Vater dasselbe Wohlgefallen hat
wie an dem Sohne, und der mit seinen Gläubigen schon hinieden

---

[1] The principles of the christian religion explained. — The young man's guide
to Heaven. — Christian directions. — A word to sinners and a word to saints." —
Eine Predigt »on the purest and safest way of the thriving" (nämlich in der Barmherzigkeit gegen die Armen) die er veröffentlichte, war der treueste Ausdruck seines
eigenen Innern. Als sein Jahreseinkommen auf 150 Lr. reduzirt war, gab er 100 Lr.
für die Armen hin und behalf sich mit dem Rest.

als ihr besster, ja als ihr einziger wahrer Freund, der ihnen in Allem allein helfen kann und will, in den trautesten Herzensverkehr eintritt, um ihnen schon hier auf Erden das ewige Leben mitzutheilen.

Hoch und herrlich schwebt darum Allen das Bild vor, das sie von dem Christen und dem Leben im Stande der Gnade entwerfen. Der Christ ist ein Mensch, sagt Bunyan in der Schrift »No way" u. s. w. der allein durch den Glauben lebt und darum in seinem Herzen bei all seiner Schwäche und unter allen Versuchungen die er erleidet, eine kindliche Freimüthigkeit und ein fröhliches Vertrauen zu Gott hat; ein Mensch, der unter allen Schicksalsschlägen sich durch Geduld und Ergebung bewährt, der unablässig vom Himmel neue Kraft empfängt, damit er das Werk seines Berufes ausführen könne, von dem man darum im vollsten Sinne des Wortes (mit Hall [1])) sagen kann, dass er ein Bürger des Himmels, d. h. ein Engel auf Erden ist.

Von diesem Gedanken aus ihren Blick auf die Kirche und auf die Glieder der Kirche wendend, heben nun alle Puritaner hervor, dass der Zustand derselben ihrem Begriffe in keiner Weise entspreche. — In der reformirten Kirche Englands ist zwar die Herrschaft des Papstthums gestürzt und es ist in ihr Mancherlei gebessert worden, allein dieselbe bedarf doch noch einer zweiten Reformation, in welcher *Alles* nach Gottes Wort reformirt, also auch das Leben der einzelnen Kirchenglieder nach Gottes Wort umgestaltet und erneuert wird. Die bisherige Reformation war nur eine Reform der Lehre, indem sie überhaupt das Christenthum nur als Lehre auffasste. Das Chris-

---

1) Joseph Hall beginnt seinen Tractat »The Christian" mit den Worten: »The Christian is a man and more, an earthly Saint, an Angel cloathed in flesh, the only awfull image of his Maker and Redeemer; the abstract of Gods church on earth; a modell of heaven made up in clay; the living temple of the holy Ghost". Doch fügt er hinzu. »He were not a man, if he were quite free from corrupt affections" u. s. w.

tenthum ist aber wesentlich Leben, und darum ist auch eine
Reform des Lebens nöthig.

In seiner kleinen Schrift »Brief sum of the principles of
religion" giebt daher HALL auf die Frage: »Wie viele Dinge
sind für einen Christen nöthig?" die Antwort: »Zwei, die
Erkenntniss und die *Praxis*," und fährt dann fort: »Was wird
bezüglich der *Praxis* von uns gefordert?" — »Schuldiger Gehorsam gegen Gott, sowohl in unserem gewöhnlichen Leben
als in der besonderen Ausübung seiner Verehrung." Zur letzteren gehören drei Dinge: »gebührliches Anhören und Lesen
des Wortes, Gebrauch der Sacramente und Gebet."

Bezüglich der *Erkenntniss* führt JANEWAY in der Schrift
»Heaven upon earth" besonders eingehend den Gedanken aus,
dass da Gott sich den Menschen in allerlei Weise bekannt
gegeben hat, dieser die Erkenntniss Gottes zu suchen verpflichtet
ist. Die Erkenntniss Gottes seitens des Menschen muss aber,
da sich derselbe im Sündenfalle von Ihm abgewendet und sich
ihm entfremdet hat, vor Allem Rückkehr zu Gott sein.

Zur Erkenntniss Gottes giebt es nun drei Wege: die sichtbaren Werke Gottes, das Gottesbewusstsein und das Wort der
Offenbarung. Es giebt, wie JANEWAY S. 41 bemerkt, auch
noch einen vierten Weg, nämlich den Weg der inneren Erfahrung, der sich dann aufthut, wenn Gott seinen Erwählten die
Erkenntniss seines Wesens im Innern ihrer Seelen mittheilt,
wie wenn die Sonne an einem düsteren Tage ihr Licht plötzlich durch die Wolken durchbrechen lässt. Doch dieses gehört,
wie JANEWAY bemerkt, »vielmehr in ein anderes Kapitel."

Will aber der Mensch auf diesen Wegen zur Erkenntniss
Gottes kommen, so muss er nicht nur als verirrter Sünder zu
Gott zurückkehren, sondern er muss auch (S. 44) bei Gott
bleiben, er muss mit ihm in bleibenden Verkehr treten und
muss an diesem Verkehre seines Herzens Freude haben, auf dass
er Gott lieben lerne. Das Alles aber muss der Mensch in der

Person Jesu Christi suchen (S. 264), denn sonst kommt er nimmer zur Erkenntniss Gottes.

Da es zwischen Geist und Fleisch, zwischen Gerechtigkeit und Ungerechtigkeit, zwischen Gott und Belial, zwischen Christus und dem Antichrist keine Vermittelung oder Ausgleichung giebt, so steht es für die englischen Pietisten fest, dass jeder Mensch sich entweder im Stande der Natur oder im Stande der Gnade befindet[1]). Ueber den Weg zum Gnadenstande lehren dieselben durchaus im Sinne der reformirt-kirchlichen Heilslehre. Alle Puritaner xx. vertreten die reformirte *Prädestinationslehre*, jedoch so dass einzelne derselben eine universalistische Unterlage zu geben suchen. BAXTER z. B. erklärt sich (im Vorwort zu »The saints everlasting rest") in der Lehre von der Prädestination für den von CAMERO, LUDW. CROCIUS, AMYRALDUS u. s. w. vorgezeichneten »Mittelweg" und HOWE meint, dass der Gott, der den Gehorsam Aller fordere, an sich auch die Seligkeit Aller wolle[2]).

Die Unterscheidung des *Natur-* und *Gnadenbundes* tritt namentlich bei den späteren Puritanern allgemein hervor. Auch wird, von ganz vereinzelt dastehenden Ausnahmen abgesehen, von Allen der Gedanke festgehalten, dass alle Gnadenmittheilung des h. Geistes durch das Wort des Evangeliums erfolgt, indem der h. Geist dasselbe in den Herzen der Erwählten wirksam macht[3]).

Ebenso wird die Lehre von den Sacramenten in vollster Uebereinstimmung mit den reformirten Bekenntnisschriften vorge-

---

1) So sagt z. B. CHARNOCK in der Schrift „Self-examination" kurzweg: *Every man is in a state of grace or nature.*

2) Im Anfang zu der Schrift „The redeemers tears" sagt HOWE nach einer längeren Ausführung: „It seems out of question, that the holy God doth constantly and perpetually, in a true sense, will *universall obedience* and the consequent *felicity of all* his creatures capable thereof, i. e. he does will it with simple complacency, as what were highly grateful to him, simply considered by itself.

3) In diesem Sinne sagt z. B. HOOKER (in der Schrift: „The souls efectual calling to Christ, S. 62) The word of the Gospel and the work of the spirit always go together."

tragen. Auch bei den puritanischen Pietisten ruht die Abend-
mahlslehre auf dem Gedanken, dass Christus den Erwählten die
Gerechtigkeit verdient hat und dass er mit seinem Leibe und
Blute, d. h. mit seiner gottmenschlichen Persönlichkeit ihre
Seelen speisst zum ewigen Leben [1]). — So sagt z. B. BAILY
(in der »*Practice of piety*", 32te Auflage, 1635 S. 457), dass
die »himmlischen und geistlichen Gaben des Abendmahles"
sind »der Leib Christi", wie er ist im Gefühl des von uns
verdienten Zornes Gottes gekreuzigt, und sein Blut, wie
dasselbe ist in gleicher Weise zur Vergebung unserer Sünden
vergossen worden, also zwei an der Zahl, aber im Empfang
und Genuss Eine Gabe, nämlich der ganze Christus, welcher
mit allen seinen Wohlthaten *uns Allen dargereicht* und den
Gläubigen wirklich gegeben wird [2])."

Wie bei allen Systematikern der reformirten Kirche ist auch
bei den englischen Pietisten die Lehre von der Rechtfertigung
durch die freie Gnade Gottes, welche dem Sünder die verdiente
Gerechtigkeit zueignet, ein Grunddogma ihres ganzen Systems.
BUNYANS Schrift »No way to heaven but by Jesus Christ"
z. B. hat das Thema [3]): »dass es für den Sünder keinen anderen Weg zur Gerechtigkeit und zur Befreiung von dem Fluche
des Gesetzes im Angesichte Gottes giebt, als den Weg der
Zurechnung der Gerechtigkeit, welche längst von der Person
Jesu Christi zu Stande gebracht ist und in ihr beruht," —
weshalb der Mensch sich dieselbe nicht erst zu erwerben und zu
verdienen hat.

Dabei sucht BUNYAN (z. B. in der eben angezogenen Schrift

---

1) CHARNACK (in dem „Discourse of Christ or passover"): „Christ is clothing to us
by his righteousness to cover our nakedness and foot to us by his body an blood to
satisfy our appetite."

2) „They are also in numbre two, but in use one, viz. whole Christ with all his
benefits offered to all and given indeed to the faithfull."

3) Bei PHILIPP S. 120. Ausserdem vgl. BUNYANS Schrift „Defence of justification
by faith."

»No way," bei PHILIPP, S. 124 ff.) ebenso wie viele andere
pietistische Schriftsteller, nachzuweisen, dass Christi Gerechtigkeit, die uns angerechnet wird, doch nicht eine eigentlich
fremde Gerechtigkeit ist. Denn die Erwählten sind von Ewigkeit her so mit Christus zu Einem mystischen Körper vereinigt,
dass von dem, was Christus gethan und gelitten hat, gesagt
werden kann, dass es die Erwählten selbst in ihm und durch
ihn gethan und erlitten haben, so dass sie selbst in ihm gestorben und auferstanden sind.

Uebrigens steht der Gedanke der *stellvertretenden* Genugthuung Christi für alle Puritaner fest, wie z. B. CHARNOCK in
dem »Discourse of Christ our passover" sagt, dass Christus sich
geopfert habe nicht allein »for our good" sondern auch »in
our stead."

Zur Wirksamkeit kommt das, was alle Erwählten (ideell und
potentiell) in Christo erlebt haben, durch den *Glauben* derselben. »Faith is that grace, which makes Christ ours and all
his benefits; God gives it," sagt ADAMS Eingangs der Schrift
»The three divine sisters." Dasselbe meint BUNYAN, wenn er
den Glauben als ein Erfassen der Gnade definirt [1]. Von dem
seligmachenden Glauben ist aber, wie Alle (z. B. ROBERT BOL-
TON in seiner Schrift über das Gewissen) mit besonderem Interesse darlegen, der historische Glaube und der Zeitglaube
(fidês temporaria) zu unterscheiden, die beide wohl den Schein,
nicht aber das Wesen der wahren Glaubens haben. In diesem letzteren sind aber wieder Stufen zu unterscheiden, auf welche
sich der Glaube nothwendig nach und nach erheben muss,
wenn er wahrer Glaube ist. Dieselben sind (nach BOLTON):

---

1) „No way to heaven" (bei PHILIPP S. 188): Faith importeth as much as to
say: receive, embrace, accept of or thrust in the benefit offered. All which are by
holy men of God words used on purpose to shew, that the mercy of God, the
forgiveness of sins and eternal life are not to be had by doing or by the law but
by receiving, embracing, accepting or trusting to the mercy of God through Christ.

Empfindung des Wortes des Lebens und der Verheissungen der
Seligkeit, Zustimmung zu dem Wort, eifriges Begehren und
Dürsten nach dem Besitz desselben, wirkliches Ergreifen und
Annehmen und spezielle Aneignung, Gefühl der Versicherung
im Besitze der Verheissung und Freude im h. Geiste. — Durch
die *Versicherung* ist in der Seele des Gläubigen ein Licht an-
gezündet, mittelst dessen der Mensch nicht nur andere Dinge
sondern auch das Licht selbst zu erkennen vermag. Dieses ist
die σύνεσις πνευματική des Apostels, welche dem Gläubigen
innerlich den Weg in alle Wahrheit weist. Ob der Gläubige
die Versicherung wirklich hat, kann derselbe an ganz bestimmten Zeichen erkennen, von denen die Versicherung begleitet
ist. NICOLAUS BYFIELD führt deren (in seiner Schrift über die
Zeichen der Liebe Gottes und der Seligkeit des Menschen)
fünfzehn auf: »Geistliche Armuth, göttliche Traurigkeit, Liebe
zu Gottes Wort, Liebe zu Gottes Kindern, Glaube, Aufrichtigkeit
des Herzens, Geist des Gebets, den Trost der Sacramente,
Verlangen nach dem Tod, u. s. w. — HOOKER sagt (S. 35—40):
»Will der Christ darüber Gewissheit erlangen dass er in den
Stand der Gnade erhoben ist, so hat er auf dreierlei zu achten;
1) ob er in Christo eine solche Herrlichkeit und Gnade erkennt, dass er ihn und seine Gnade freudigen Herzens zu
preisen vermag, 2) ob er in sich die Neigung fühlt, Christum
vor allem Anderen zu suchen, und 3) ob er das Verlangen
hat mit Christo dauernd vereinigt zu werden. Ist dieses nämlich der Fall, dann kann er darüber gewiss sein, dass Gott
sein Herz bereits erneuert hat.'' — Uebrigens hat der Christ
sein Vertrauen niemals auf den Besitz dieser Gnadengaben
sondern allein auf Gottes Gnadenverheissung und Christi Verdienst zu setzen. »Denn'' (sagt CHARNACK in der Schrift »Self-
examination'') »Graces are signes, not causes of justification.''

Das auf der Rechtfertigung, auf dem Bewusstsein des Friedens mit Gott beruhende neue Leben, welches sich durch diese

Merkmale kennzeichnet, ist das Leben des bekehrten Christen. Die *Bekehrung* des Sünders ist das grösste Wunder, das überhaupt denkbar ist. »Denn," (sagt CHARNACK in der Schrift »Mercy of the chief of sinners") die geistige Macht Gottes, welche sich in der Bekehrung des Menschen erweist, ist noch weit grösser als die physische Macht, die sich in der Schöpfung manifestirt hat. Die Welt hat Gott mit Einem Worte aus Nichts erschaffen; aber wie viele Worte und Werke der Gnade sind nöthig, wenn Gott einen Sünder zur Bekehrung bringen will!" »Denn der Mensch selbst," (sagt HALL in der Schrift »The estate of Christian") »kann zu seiner Bekehrung nicht mehr thun als Adam zu seiner Erschaffung, das Kind zu seiner Erzeugung, der Todte zu seiner Auferstehung aus dem Grabe." Der Grund hiervon liegt darin, dass (wie HOOKER in der Schrift »Preparing for Christ" ausführt) der Mensch von Natur gar kein Verlangen nach Christus hat und nicht will dass er Christi Eigenthum sei und Christus über ihn herrsche, indem er nicht einmal ernstlich wollen kann, dass ihn Gott zum Eintritt in den Gnadenstand tüchtig mache [1]). Die Aufhebung der natürlichen Unfähigkeit des Menschen für den Eintritt in den Gnadenstand und in das geistliche Leben ist daher das alleinige Werk Gottes, der das steinerne Herz im Menschen hinweg nimmt und diesem dafür ein neues, geistliches Herz giebt. Dadurch wird der Mensch in den Stand gesetzt, dass er den Willen haben kann Christum und die Gnade Gottes in Christo zu ergreifen.

»Ist aber der Christ wiedergeboren," (sagt HALL in der Schrift »The estate of a Christian") dann ist es ihm geradezu unmöglich die Werke seines früheren Lebens zu thun, ganz so wie es einem todten Menschen unmöglich ist von seinem Galgen

---

1) S. 97. „Their is no natural man under heaven, that is willing to be wrought upon, that he may be capable to receive graces."

herab-, oder aus seinem Grabe heraufzukommen und die Werke
seines früheren Lebens zu thun. »Wenn ihr daher," fährt HALL
fort, »euere Herzen unrein, euere Hände müssig und unnütz,
euere Wege krumm und unheilig findet, dann behauptet nimmer dass ihr erneuert seid, denn ihr seid dann noch der alte
Mensch." Indessen darf den, der sich wirklich nach der Gnade
Gottes sehnt, der Gedanke an die eigene Sündhaftigkeit nicht
abhalten an die Gnade Gottes zu glauben und sich derselben
zu getrösten. »Denn," sagt CHARNACK (in seiner Schrift:
Mercy of the chief of sinners), »wäre deine Sünde geringer als
sie ist, so möchtest du nicht so leicht an Christum glauben als
du es jetzt vermagst. Denn ich wage dich zu versichern, dass
wenn dein Herz nicht arg und deine Sünde gering wäre,
so würdest du geneigt sein an dein Herz zu glauben und dich
viel mehr auf deine eigene Gerechtigkeit zu verlassen als an
Christum zu glauben."

Bei einzelnen Puritanern finden sich in der Darstellung der
Heilslehre Eigenthümlichkeiten vor, wodurch sich dieselbe von der
herrschenden Lehrweise unterscheidet. THOMAS GOODWIN z. B.
macht in seinem »Glaubenstriumph" V, 3, die Rechtfertigung
nach ihrem Anfang, Fortgang und ihrer Versicherung (im
Bewusstsein des Erwählten) von der *Fürbitte Christi* abhängig.

Andere charakterisiren sich durch eine stark realistische
Erfassung und Darstellung der Heilswahrheiten. So stellt z. B.
JEREMIAS DYKE in seinem Tractat »über das rechte Essen und
Verzehren des Wortes" die geistliche Ernährung des Menschen
durch das Wort ganz nach Analogie der Ernährung des Leibes
mit stofflicher Speise dar, und gefällt sich darin auszuführen,
dass dass Wort nach der Schrift Milch, Brod, Honig sei,
dass der Mensch nach demselben Verlangen haben müsse, dass
aber, wie der Leib vom Ansehen und Betrachten des Brodes
noch nicht satt werde, so auch die Seele sich nicht auf das
Betrachten des Brodes beschränken dürfe, dass sie es in sich

aufnehmen, durch wiederholtes Erwägen kauen, dass sie es auch hinunterschlucken und verdauen müsse u. s. w.

Gemeinsam ist aber allen englischen Pietisten (nicht nur den eigentlichen Puritanern) der Gedanke, auf den dieselben immer wieder zurückkommen, dass das Christenthum *thätiges Leben* sein müsse. »Strenge dich an," sagt BUNYAN (in der Schrift »the strait gate") »denn es giebt kein Christenthum in Trägheit. Ein Bekenntniss, das nicht mit geistlicher Arbeit verbunden ist, kann die Seele nicht in den Himmel bringen. Unsere Väter, die vor uns lebten, waren nicht träg in der Arbeit, sondern feurig im Geist." — Ebenso sagt BAXTER (I, S. 37); »die Gnade ist euch gegeben, nicht allein dass ihr sie habt, sondern auch dass ihr sie gebraucht."

Hiermit wird der Gedanke verbunden, den Alle in gleicher Weise mit grösstem Nachdruck betonen, dass es zur Eigenart des christlichen Lebens gehöre, stets *zu wachsen und zuzunehmen*, weshalb ein Glaubensleben, das nicht wachse, nur ein scheinbares Glaubensleben sei. So sagt R. BOLTON, in seiner Schrift über das Gewissen: »Wenn das Senfkorn mit dem Thau der Gnade besprengt nicht zu einem grossen Baume heranwächst, wenn das Fünkchen des Feuers welches der Geist Gottes angeblasen hat, sich nicht zu einer grossen Flamme ausbreitet oder dieses kleine Maas des Glaubens — nicht von einem ernsten Streben nach grösserer Vollkommenheit unterstützt wird, so ist das gar kein seligmachender Glaube sondern nur ein trügerischer Schein desselben." — »Der Fortschritt im Christenthum," sagt BOLTON gegen Ende seiner Schrift über Noah's Wandel, »ist zu vergleichen mit dem Aufwachsen eines Kindes, welches zuweilen in Krankheit fällt, doch so dass gerade dieses öfters ein Zeichen seines Wachsthums ist; und mit einem Menschen, der eine Laufbahn durchrennt und dabei auch strauchelt, dann aber sofort sich wieder erhebt und nun umso vorsichtiger und sicherer seinen Lauf fortsetzt." —

ADAMS hat seine ganze Schrift »The heaven" der Ausführung dieses Gedankens gewidmet [1]), den ebenso GOODWIN (in der Schrift »The trial of the Christians growth") und JEREMIAS DYKE (in der Schrift »von der Untersuchung und Erprobung des Glaubens") als eine der wesentlichsten Grundwahrheiten der Heilslehre in umständlichster Weise entwickeln.

DANIEL DYKE sucht dieselbe Wahrheit in seiner Schrift »von der Betrüglichkeit des Menschenherzens" dadurch in das hellste Licht zu stellen, dass er das Wesen des wahren Gläubigen, der wirklich wiedergeboren ist und den darum der Geist Gottes nie wieder fallen lässt und des »Zeitgläubigen" einander gegenüberstellt. Der letztere kann alle Anzeichen des wahren Glaubens erkennen lassen, er kann sogar Freudigkeit des Glaubens und selbst einen Geschmack der himmlischen Güter haben und kann diese in vielerlei Werken fruchtbar hervortreten lassen. Allein was er hat, ist doch kein wahrer Glaube, weil es bei ihm niemals zum gänzlichen Bruche mit sich selbst, zur gänzlichen Ertödtung des alten Menschen durch die Gnade gekommen ist, weshalb der Glaube in ihm nicht wächst, sondern wieder abstirbt, woran es sich zeigt dass derselbe nur ein scheinbarer Glaube war. — Darum eifert BUNYAN, (in der Schrift »The strait gate") gegen diejenigen Bekenner des Namens Jesu Christi, welche eben nur Bekenner sind, indem sie das Christenthum nur im Kopf und auf den Lippen haben und darum die Gottseligkeit zu ihrem Nutzen als Gewerbe betreiben: »Dieselben sind gar keine Gläubigen sondern sind Opinionisten, Formalisten, Legalisten, Libertiner oder Latitudinarier, überhaupt »free-willers", die gar nicht wissen was Gottes Gnade ist.

Est ist für die in den Kreisen der Puritaner und anderer

---

1) ADAMS sagt am Schlusse seiner Schrift: You must hear the gospell perpetually, *till you be holly leavened.* — You cannot be perfect, but labour to perfection. — The more you know, the more you know your own wants."

Pietisten heimische *Idee der Kirche* und der evangelischen Kirchenreform charakteristisch, dass in denselben die Hoffnung Platz greifen konnte, in der von der Staatskirche verfolgten kirchlichen Separation bereite sich ein »*persönliches Reich Christi auf Erden*" vor, welches die Erfüllung der apocalyptischen Weissagungen von dem *tausendjährigen Reiche Christi auf Erden* sein werde.

BAXTER erzählt (in der Schrift »The Revelation unrevealed"), dass Unzählige jetzt schon das neue Jerusalem glaubten kommen zu sehen, dass viele ihre Briefe, die sie an Freunde schrieben, schon mit »Neu-Jerusalem" zu datiren pflegten, und dass dieselben darum nicht nur über alle kirchliche Ordnung hinauszugehen, sondern selbst die h. Schrift bei Seite zu legen pflegten [1]). Auch erhoben sich aller Orten Schriftssteller, welche (aus der Apocalypse und aus Daniel) zu beweisen versuchten, dass der Tag des Herrn bereits gekommen sei [2]). Einer derselben, *Alstede*, suchte dieses mit 66 Beweisen darzuthun.

Dass der *Antichrist*, welcher vor der Parousie Christ auftreten werde, der Papst sei, war für die meisten Puritaner selbstverständlich. THOMAS BRIGHTMAN berechnete sogar die Jahre (*oder Tage*), für welche das Fortbestehen des Papstthums noch anzunehmen sei.

Indessen war der *Chiliasmus* doch eine bei den literärichen Vertretern des englischen Pietismus vereinzelt hervortretende Erscheinung. Gemeinsam war dagegen allen eine andere Eigen-

---

1) BAXTER sagt Eingangs der erwähnten Schrift: „How many have I heard joyfully professing their hopes of an eminent share in that happy kingdom? Yea, some have gone so far as already to date their lettres from New-Jerusalem, and to subscribe themselves glorified."

2) Als solche werden von BAXTER (der sie bekämpft) genannt der Prof. der Theol. WILLIAM FULKE († 1589) Verf. der Praelectiones in Apocal. (1573), die Puritaner THOMAS BRIGHTMAN, ALSTEDE, MEDE, COTTON, BOROUGH, JOHN DURANT, Verfassen der Schrift „Salvation of the Saints", und insbesondere JOHN ARCHER, Prediger zu London, Verf. der Schrift „The personal reign of Christ on earth", 1643.

thümlichkeit, welche in ihren Auffassung der *Lehre von der Kirche* hervortrat. Allerdings wird dieselbe *im Allgemeinen* ganz so vorgetragen, wie sie sich in den Bekenntnisschriften und in der systematischen Theologie der reformirten Kirche jener Zeit entwickelt findet. Allein der den praktischen Interessen des inneren religiösen Lebens und des Reiches Gottes, das in den gläubigen Seelen vorhanden ist, so stark zugewandte Sinn musste nothwendig den Trieb zur Einigung des Getrennten, zur Sammlung der gesonderten Denominationen, zur Union in sich fühlen, auf welche daher z. B. auch Baxter ganz direct und, seit 1653, in den Gemeinden van Hampshire, Essex, Wilt und Sommerset nicht ohne Erfolg hinarbeitete. Der Einen Predigt, welche Baxter vor Cromwell hielt, hatte derselbe den Text zu Grunde gelegt: »Ich ermahne Euch, liebe Brüder, dass ihr allzumal einerlei Rede führt, und lasset nicht Spaltung unter euch sein." — Dem entsprechend betont es Baxter, (in der »Practical Theol." III. S. 86), dass zur allgemeinen Kirche nicht nur die Reformirten sondern alle Confessionen gehören, weil dieselben die Taufe und alle wirklich fundamentalen Sätze des Glaubens (wennschon nicht in biblischer Reinheit) festhalten. Mit den Anabaptisten, wenn sie lediglich in der Lehre von der Taufe irren, soll, (nach Baxter III. S. 123) die reformirte Kirche sogar wirkliche Gemeinschaft unterhalten. Howe erörtert in der Schrift »Union among Protestants" die Frage, wodurch man hoffen dürfe unter den Protestanten allem Hader und allen Trennungen ein Ende zu machen, und empfiehlt dazu (nach Col. 2, 2) zweierlei, nämlich: 1) »Jeder Theil soll alle anderen mit herzlicher Liebe zu umfassen suchen, dabei aber, damit diese Liebe die rechte sei und den rechten Erfolg habe, einen klaren, lebendigen und lebenskräftigen Glauben bethätigen. Ebenso eifert Howe im Vorwort der Schrift »The carnality of Religions contention" gegen die Engherzigkeit des Confessionalismus.

Vor willkührlichen separatistischen Bestrehungen wird daher, wenn das Wort Gottes uud das Bekenntniss zu demselben freigegeben ist, entschieden gewarnt (z. B. von HALL, Works von 1647, B. I. S. 353, BAXTER, I. S. 41. III. S. 62), weshalb HALL u. A. namentlich gegen die Brownisten eifern. *Uebrigens* fordern dabei Alle in vollster Uebereinstimmung, dass die Kirche vom Staate unabhängig und frei sei, dass in derselben nur Christus und die h. Schrift des Scepter zu führen habe und dass aus der reformirten Kirche darum alle Reste des Papstthums (in Verfassung, Kultus und Leben) entfernt werden müssten. — Der eifrigste unter den Eiferern war in dieser Beziehung der berühmte Puritaner JOHN COTTON, ein Zögling des Trinitatis und Emmanuel-Collegs zu Cambridge, der 1652 in Nordamerika starb. Seine Schriften (»Lettres concerning the power of the magistrate in matters of religion" und »Bloody tenet washed and made white in the blood of the Lamb", von 1647) hatten in den Kreisen der Puritaner fast symbolisches Ansehen.

Zur Erläuterung des wahren Wesens des *Glaubens* wird von allen englichen Pietisten unter allen möglichen Gesichtspuncktn darauf hingewiesen, 1) dass derselbe etwas durchaus Innerliches ist und 2) dass der Christ sein Glaubensleben ununterbrochen durch alle Lebensverhältnisse hin auszuüben hat. Die Religion muss also Sache des Herzens sein. »Denn", zegt HOWE, (in der Schrift »Reconciliation between God and Man") »Die deren Herzen der Erde angehören und nicht dem Himmel, die haben keinen Schatz im Himmel." — Auf diesen Satz gründet sich die puritanische Auffassung des gottesdienstlichen Lebens des Christen. Bezüglich derselben hebt DANIEL DYKE (in völliger Uebereinstimmung mit allen anderen englischen Pietisten) in seiner fünften »evangelischen Historie" hervor: »Der Gottesdienst besteht in den inwendigen geistlichen Neigungen und Bewegungen des Herzens, wenn unsere Gedanken, unsere

5

Liebe, unser Vertrauen, unsere Freude und unsere Lust auf
Gott gerichtet sind. — Viele sprechen wohl von ihrem Gottesdienst aber wenige wissen, was darunter zu verstehen ist. Gott
muss nicht nur Morgens und Abends mit wenigen Worten gedient werden, sondern *den ganzen Tag hindurch.*" Darum
sollen alle Angehörige eines Hauswesens, einer Familie, — wie
z. B. Daniel Dyke in seinem Commentar zu Philem. 1, 1—2,
ausführt, — eine Hausgemeinde bilden, welche unablässig Gott
dient und sich mehr und mehr zu heiligen sucht; — und so
soll die Kirche von innen heraus, durch ihre einzelnen Glieder, durch diese *Hausgemeinden*, mehr und mehr gereinigt
und zur Vollkommenheit des wahren Gottesvolkes gebracht
werden.

Auf die Einrichtung des gottesdienstlichen Lebens im Hause
hat wohl keine Buch einen so durchgreifenden Einfluss ausgeübt,
als die so viel gelesene »Practice of piety" Baily's. Derselbe
theilt hier (Ausg. von 1635. S. 323 f. f.) eine Reihe von
Meditationen und Gebeten mit, worin er zeigt, wie der Christ
den Tag beginnen und beschliessen, wie er namentlich den
Sonntag begehen, wie er beten und fasten soll, u. s. w. Der
Hausvater soll täglich Morgens und Abends die Seinen um
sich versammeln, mit ihnen einen Abschnitt der h. Schrift
lesen, einen Psalm singen und (knieend) beten. Am Sonntag
sollen durchaus alle Werke eingestellt werden, damit der ganze
Tag dem Dienste Gottes geweiht sein kann. An diesem Tage
soll daher Niemand eine Arbeit thun, welche die Erhaltung
unseres Lebens zum Zweck hat, auch kein anderes Buch lesen
als die h. Schrift und andere gottesdienstliche Bücher, auch
keinem (an Werktagen erlaubten) Kurzweil nachgehen, nicht
übermässig essen und trinken, kein weltliches Gespräch führen.
In diese Ruhe soll der Christ schon am Abend vor dem Sonntag eintreten, damit seine Seele an diesem umso geschickter
sei Gott zu dienen. Ebenso soll der Christ auch den Abend

vor dem Sonntag als Rüstzeit zu demselben betrachten [1]): frühzeitig sich aus dem Schlafe erheben, dann alsbald auf eine
ernste Prüfung seines Seelenzustundes eingehen und sich vor
Gott der Uebertretung aller Gebote schuldig bekennen. —
Nachdem die Morgenandacht der Hausgemeinde verrichtet ist,
soll jeder Einzelne zur Kirche gehen und auf dem Wege dahin
wohl erwägen, dass er dortselbst vor dem Angesichte Gottes
erscheine. Nach Beendigung des Gottesdienstes soll er daheim
die Predigt sorgfältig überdenken, und Mittags soll der Haus
vater entweder einen Armen als Gast an seinen Tisch laden
oder wenigstens an Arme und Kranke Speise von seinem Tische
schicken. Nachdem die Mahlzeit eingenommen und das Dankgebet gesprochen ist, soll der Hausvater die ganze Hausgenossenschaft versammeln und sie befragen was sie aus der
Predigt behalten haben. Dann möge man einen Psalmen
singen und wenn die Zeit vor dem zweiten Kirchgang es erlaubt,
möge der Hausvater mit dem Gesinde und den Kindern irgend
einen Punkt des Katechismus besprechen. Nach dem zweiten
Gottesdienst möge man wohl in das Feld oder in den Garten
spazieren gehen, wo ja Alles an Gottes Macht, Weisheit und
Güte erinnert, oder man möge Kranke und Angefochtene besuchen oder Diejenigen, die mit einander verfeindet sind zu
versöhnen suchen. Mit gemeinsamer Andacht, Bibellesung,
Psalmengesang und Gebet ist der Tag zu beschliessen. — Dieses
ist die gewöhnliche und regelmässige » Übung der Gottseligkeit".
Der Christ hat aber auch ausserordentliche und besondere
Uebungen nöthig, unter denen BAILY ganz besonders das
Fasten hervorhebt (S. 419 f. f.). Dasselbe besteht theils aus
äusseren, theils aus *inneren Werken*. In ersterer Beziehung
hat der Christ den zum Fasten bestimmten Tag durchaus als

---

1) BAILY, S. 388: „To possesse that night thy vessel in holiness and honour,
that thou mayst present thy soul mere purely iu the sight of God the next morning."

Sabbath zu begehen, sich daher aller Werktagsarbeit und aller weltlichen Geschäfte, auch, soweit es seine Gesundheit zulässt, sich aller Nahrung, selbst des Wassers und Brotes zu enthalten, auch den Schlaf zu verkürzen »damit der Leib kasteit werde", nur geringe Kleider anzulegen und Alles was den Sinnen gefällt, jede Art von Kurzweil zu meiden.

Die *inneren Werke*, welche zum Fasten gehören, sind *Busse* und *Gebet*. Die *Busse* umfasst (S. 427) die Reue über die bisher begangenen Sünden und die Besserung des Lebens für die kommende Zeit. Die *Reue* besteht in drei Stücken, 1, in innerlicher Betrachtung der Sünde und im Gefühl unseres Elends; 2, in einem inneren Jammer über unseren elenden Zustand und 3, in einer demüthigen und speziellen Beichte aller Sünden deren wir uns bewusst sind (vor Gott.) — Auch zu dieser Uebung werden ebenso Meditationen und Gebete mitgetheilt, worauf BAILY zur Besprechung der h. Abendmahles übergeht, zu dessen gottseliger Feier er die speziellsten Rathschläge ertheilt.

Von grossem Einfluss auf das Gebetsleben der puritanischen Pietisten war deren mit besonderer Vorliebe gepflegte Lehre von der *Vereinigung des Christen mit Christus*. BAILY freilich berührt dieselbe in seiner »Practice of piety" (32te Aufl. S. 464) nur kurz, indem er die »mystical union" des Gläubigen mit Christus auf die Vereinigung der göttlichen und menschlichen Natur in der Person Christi gründet und sich jene durch diese vermittelt denkt. Um so sorgfältiger wird dagegen diese Lehre von anderen Pietisten behandelt. — HOOKER äussert sich über dieselbe am vollständigsten in einer Schrift »The souls union with Christ".

HOOKER geht dabei von dem Gedanken aus, dass diese Vereinigung mit Christus im Menschen einerseits durch die Contritio, andererseits durch die Humiliatio vorbereitet werde. Durch jene werde die Seele von der Sünde, durch diese werde sie

von sich selbst abgeschnitten. Denn nur in einem gebrochenen
Herzen könne Gott wohnen. Dann erfolge ihre Berufung und
ihre Einpflanzung (ingrafting) in Christus. Die Wirkung hiervon sei ein zunehmendes Zusammenwachsen der Seele mit dem
Gottmenschen, eine Vereinigung mit demselben, in welcher sie
nun ganz und gar aus diesem ihre Nahrung ziehe. Wie die
Seele des Menschen mit dem Leibe vereinigt ist, genau so ist
der Gottmensch dann mit der Seele vereinigt. Beide sind Ein
Geist (one spirit) geworden. Die Vereinigung der Seele mit
Christus ist daher eine reale, geistige Vereinigung zu nennen,
die unvergänglich währt.

HALL (Divers treatises von 1662, S. 391) beschreibt die
» union with Christ" so: » Die Vereinigung der wiedergeborenen
Seele mit Christus ist eine wahre, reale, essentielle, substan-
tielle Union, in welcher die Person der Gläubigen mit der
herrlichen Person des Sohnes Gottes unauflöslich vereinigt ist.
— Die Vereinigung Christi mit der gläubigen Seele ist daher
fester und enger als die des Leibes mit der Seele — denn diese
beiden werden durch den Tod von einander getrennt, jene
niemals." — DANIEL DYKE leitet hieraus (am Schlusse seiner
Auslegung des Briefes an PHILEMON) ab, wie die » Salbung"
Christi und des Christen aufzufassen sei: » Wäre Christus nicht
gesalbt worden, so würden auch wir nicht gesalbt sein — da
nun aber Christus gesalbt ist mit dem süssen Oel und wir in
Ihm sind, so sind wir Gott ein lieblicher Geruch, ja hieraus
haben unsere Gebete ihre Süssigkeit. — Hieran könnt ihr euch
prüfen, ob Christus in euch ist oder nicht. Er ist gesalbt
worden, und wenn das süsse Oel, das über ihn ausgegossen
wurde, in euch ist, so werdet ihr dieses aus der Süssigkeit
des Oels wissen. Da die Alabasterflasche mit Oel über Christi
Füsse ausgegossen war, so erfüllte der Geruch das ganze Haus.
Wie kann ich da glauben, dass Christus in einem Herzen ist,
wo sich nichts anderes vorfindet als der stinkende Geruch der

Welt, der faule Gestank der Verrottung und Verderbniss und der unreine Pful fleischlicher Gedanken!"

Diese Auffassung der »union with Christ" trug hauptsächlich dazu bei im Puritanismus eine Form des religiösen Lebens zur Entwicklung zu bringen, welche nicht mystisch war, welche aber doch ein der mystischen Devotion analoges und vielfach an dieselbe erinnerndes Gepräge erhielt. Es ist dieses die *Meditation*.

HALL hat in einer besondern Schrift »die Kunst der göttlichen Meditation" den Zweck und die zweckdienliche Einrichtung der Meditation beleuchtet, wobei er zugleich zwei Muster-Meditationen, die eine über das ewige Leben und die andere über den Tod, als den zum ewigen Leben führenden Weg mittheilt. Die Meditation wird von ihm als »die Richtung des Geistes auf einen bestimmten geistlichen Gegenstand zum Zwecke der Ergründung verborgener Wahrheiten, vor Allem aber zum Zwecke stärkerer Anregung des Gefühls und der Liebe zu Gott" bezeichnet. Der Christ hat sie in stiller Einsamkeit, vor Allem im Gefühle der Reue über seine Sünden mit Gebet zu beginnen und sich ganz und ausschliesslich in den Einen erwählten Gegenstand zu versenken und die ganze Andacht mit Danksagung und mit erneuter Empfehlung seiner Seele an Gott zu beschliessen. Dabei werden alle die verschiedenen Beziehungen, nach denen die Seele über den erwählten Gegenstand zu meditiren hat, genau hervorgehoben. — Eine andere Meditation, welche HALL mittheilt, hat bereits ganz den Charakter der Contemplation. Es ist dieses der Tractat »Heilige Verzückungen" (Holy raptures or Pathetical meditations of the love of Christ, together with a treatise of Christ mystical), deren Gegenstand der Gedanke der Vereinigung der Seele mit Christus ist. HALL bewegt sich hier hart an der Grenze der Mystik. Auch die meisten anderen Schriftsteller der »practice of piety" sind bemüht, ihren Lesern das Wesen und den Segen der Meditation klar zu machen. Hooker definirt dieselbe (in der Schrift: The souls preparation for Christ, S. 79) als »eine geordnete Uebung der Seele zu weiterer Erforschung der Wahrheit und zur Erwärmung des Herzens mit derselben." In der Meditation lässt sich die Seele frei ergehen und zwar so, dass sie »nichts Anderes sieht und hört" als das womit sie sich beschäftigt. Darum sind ihre Erkenntnisse lebenskräftiger (more powerfully) als die durch gewöhnliches Nachdenken gewonnenen, und darum vermögen dieselben auch in fruchtbarerer Weise das Herz zu erfassen und zu erwärmen.

Die Werthschätzung und Empfehlung der Meditation stand mit dem im puritanischen Pietismus heimischen Grundgedanken im Zusammenhang, dass die Gottseligkeit methodisch geübt und gefördert werden müsse. Zu denen, welche diesen Gedanken am eifrigsten vertraten, gehörte namentlich auch Baxter. »Richtet Euere Gedanken oft auf Selbstgespräche", ruft er seinen Lesern (»Practical divinity," I, S. 258) zu, »methodisch und ernstlich zu euern Herzen predigend, wie ihr es zu Anderen thun würdet, wenn es sich darum handelte, deren Seelen zu retten."

Daher begreift es sich, dass derselbe nicht nur die Meditation, sondern auch die Contemplation als eine heilsame Weise religiöser Lebensübung hinstellen und empfehlen konnte. Auf die Frage: »Was ist unter contemplativem und was ist unter activgehorsamem Leben zu verstehen?" giebt er (I, S. 259) die Antwort: »Jeder thätige Christ ist zu einer gewissen Contemplation verpflichtet und ebenso sind alle contemplativen Personen zum Gehorsam gegen Gott und zu der ihrer Befähigung entsprechenden Thätigkeit verbunden." »Allerdings," sagt Baxter, (S. 260) »wäre es nicht zu billigen, wenn sich Jemand willkührlich auf das contemplative Leben zurückziehen wollte; allein in gewissen Lebenslagen und unter gewissen Umständen ist das contemplative Gebetsleben nicht allein erlaubt, sondern ist sogar eine Pflicht, z. B. im hohen Alter, bei andauernder Krankheit, im Gefängniss, zur Zeit der Verfolgung, für den Studenten der Theologie zur Vorbereitung auf sein Amt u. s. w. Ueberhaupt muss jeder Christ soweit der Contemplation ergeben sein als es nöthig ist, um Gott über Alles zu lieben und ihm zu dienen im Geist und in der Wahrheit, und zur Pflege himmlischen Sinnes und Wandels und zur Vorbereitung auf den Tod und das Gericht" u. s. w. — Das erspriesslichste Leben ist daher dasjenige, in welchem thätiges und contemplatives Leben mit einander verbunden sind (S. 261).

Uebrigens stand BAXTER noch fest auf dem Boden des Gedankens, dass alle Gnadenmittheilung und alle Heilsaneignung, alles geistliche Licht and Leben durch das Wort der Offenbarung vermittelt werde. Andere dagegen, die zu den Vertretern der »practice of piety" gerechnet wurden, traten von diesem Gedanken mit vollem Bewusstsein ab und geriethen darum auf die dunkelen Gänge und Irrgänge des Mystik. Dahin gehört z. B. der Probst zu Oxford, FRANZ ROUS. Das Hauptwerk desselben ist in lateinischer Uebersetzung unter dem Titel: »Interiora regni Dei" erschienen und umfasst die drei Abhandlungen: »Academia coelestis," »Grande oraculum" und »Mysticum matrimonium." Schon die Auffassung und Schilderung der Einheit der gläubigen Seele mit Christus ist ganz von den Anschauungen der Mystik getragen [1]).

Seine eigentliche Mystik trägt aber ROUS in der Abhandlung über »die himmlische Academie" vor. ROUS unterscheidet hier nämlich drei Schulen: die lateinische Schule, die Universität

---

1) V. 138: Per hanc communiomem facti sumus templa Spiritus Sancti, qui est Paracletus, per quem Sanctuarium intra nos erectum est, quo se recipiat anima externis terroribus exagitata, ibique requiem et salutem nanciscatur. Neque enim hoc Sanctuarium ingredi potest vindex. Inibi est conclave illud, in quo est amoris lectus, in quo cum anima decumbit, Christus appropinquat, et cum ea requiescit, nec·vis hominum aut daemonum audet aut potest irrumpere, quo requies Christi cum anima vel animae cum Christo praepediatuur.

und die Academie des heil. Geistes. — Er geht hierbei (S. 8) von dem Gedanken aus, dass es Geheimnisse giebt, die das Geistesauge auch des gläubigen Christen so wenig zu erfassen vermag als, z. B. das Ohr sichtbare Dinge sehen, das Auge den Ton hören kann. Diese Geheimnisse lässt uns allein der heil. Geist selbst erkennen, und zwar so, dass er sie uns zugleich mittheilt und schenkt. Denn dieselben sind nicht (S. 12) leere Worte oder Vorstellungen, sondern Realitäten, bleibende Schätze, wahre und wirkliche Substanzen, wesshalb sie auch durch die Wirksamkeit des heil. Geistes in unseren Besitz übergehen können. Durch die Beschäftigung mit der h. Schrift gewinnt der Christ allerdings wahre Erkenntnisse, allein erst in der himmlichen Academie beginnt er die Lieblichkeit derselben zu schmecken und mit dem inneren Sinne der Seele zu geniessen, woraus wiederum (S. 14) eine *neue* und zwar *lebendige Erkenntniss, die also auf innerster Erfahrung beruht*, hervorgeht. Denn die Schrift[1]) redet zu dem Zwecke in irdischen Vorstellungen, dass wir durch sie *über sie selbst hinaus* emporsteigen sollen, dass wir, da vom Irdischen aus das Himmlische nicht erkannt zu werden vermag, uns zu dem Himmlischen erheben und sie schmeckend erkennen." In Psalm 34, 8 ladet uns der himmlische Lehrmeister durch den Psalmisten zum Schmecken und dann zum Schauen ein, damit wir nämlich zu demjenigen Schauen und Erkennen kommen, welches allein durch das Schmecken gewonnen wird. (S. 18). Die so gewonnene Erkenntniss ist in sich selbst unerschütterlich gewiss, indem gegen alle Einwenduugen einfach zu sagen ist, dass das Disputiren gegen das, was man schmeckt, ganz umsonst ist (S. 19).

Diese Mystik war der Boden, auf dem sich die »*Propheten*" und die »*Heiligen*" CROMWELL's erhoben.

---

1) V. 16: Scriptura hunc in finem terrestria adhibet, ut per ea *supra ipsam* ascendamus; scilicet ut, dum *ex terrestribus coelestia non intelligimus*, ad ipsa coelestia nosmet evehamus, ut ea ex gustu cognoscamus.

ZWEITER ABSCHNITT.

Der Pietismus in der reformirten Kirche der Niederlande bis zum Eindringen des Labadismus in dieselbe.

§ 1.

DIE BEGRÜNDUNG DER REFORMIRTEN KIRCHE IN DEN NIEDERLANDEN [1]).

Die vor der Schreckensherrschaft des Herzogs Alba glücklich entflohenen reformirten Niederländer hatten sich grossentheils am deutschen Niederrhein niedergelassen, und hatten sich zunächst, nachdem von ihnen auf einer Versammlung zu Antwerpen (1566) die belgische Confession approbirt worden war, in vorbereitender Weise auf dem Nationalconvente zu Wesel (3. Nov. 1568) und definitiv auf der vom 4—13 Oct. 1571 zu Emden versammelten »Synode der niederländischen Kirchen die unter dem Kreuze sitzen und durch Deutschland und Ostfriesland verspreiet sind," kirchlich organisirt. Presbyterien und

---

1) GERHARD BRAND (remonstrantischer Prediger in Amsterdam, † 1685): Historie der Reformatie en andere Kerkelijke Geschiedenissen in en omtrent de Nederlanden, 4 Theile, in 4°. Amsterd. 1671, 2. Aufl. 1677. — YPEY en DERMOUT, Geschiedenissen der Nederlandsche Hervormde Kerk, 7 Bdn., in 8°·, Breda 1819—1827 und die Gegenschrift von C. M. VAN DER PALM, De Eere der Nederlandsche Hervormde Kerk, 3 Bdn., Rotterd. 1830. — GROEN VAN PRINSTERER, Geschiedenis der Nederlanden, T. I, 1851, en CHR. SEPP, Het godgeleerd onderwijs in Nederland, gedurende de 16. en 17. eeuw, eerste deel. Leid. 1873.

Synoden waren eingerichtet, die belgische und die gallicanische
Confession waren als kirchliche Lehrnormen anerkannt, und
für den katechetischen Unterricht war der Genfer Katechismus
(Calvins) recipirt, daneben auch der Gebrauch des Heidelberger Katechismus gestattet worden. Seit 1572 begannen diese
Gemeinden, nachdem Graf WILHELM VON DER MARK am 1. April
dieses Jahres Briel, den Schlüssel Hollands, in seine Gewalt
gebracht hatte, in die alte Heimath zurückzukehren, wo sie
nach Alba's Abzug schon 1574 auf vaterländischem Boden
die erste Synode hielten. Unter den zurückgekehrten Flüchtlingen befanden sich aber auch viele (französisch redende)
Wallonen, denen das noch von den Spaniern besetzte Heimatsland verschlossen war, weshalb dieselben sich unter den Niederländern ansiedelten, eigne Gemeinden und einen eignen
Synodalverband bildeten.

In J. 1578 fand zu Dordrecht die erste niederländische Nationalsynode statt, wo der Versuch gemacht wurde, der Kirche
eine vollkommen freie presbyteriale Synodalverfassung zu verschaffen, nach welcher dieselbe in der (von drei zu drei Jahren
zu berufenden) Nationalsynode ihre Spitze und das oberste
Organ ihres Regiments haben sollte. Auf einer Synode zu
Middelburg (1581) wurde die Verfassungsfrage der Kirche in
nochmalige Erwägung gezogen; aber zur Aufstellung einer einheitlichen, freien Kirchenverfassung kam es doch nicht.

Inzwischen hatten sich aber die politischen Verhältnisse des
Landes zum Heile des protestantischen Interesses geändert.
Nachdem die Provinzen Artois, Douay und Hennegau am 5.
Januar 1579 sich zu einem Bündniss vereinigt hatten, durch
welches sie sich verpflichteten, zwar für die Freiheit der Niederlande einzustehen aber den protestantischen Kultus nicht zu
gestatten, waren die protestantischen Provinzen Geldern, Zütphen, Holland, Seeland, Utrecht, Friesland und Friesisch Ommelanden, nach dem Rathe des Prinzen von Oranien am 23.

Januar 1579 zur *Utrechter Union* zusammengetreten und hatten
sich zu einem protestantischen Staatskörper vereinigt, der sich
am 26. Juli 1579 von der spanischen Oberherrschaft vollständig ablöste. Die Grundlagen, auf denen dieses Staatswesen
beruhte, war die ständische Freiheit der einzelnen Provinzen,
die Einigung derselben für die Zwecke des Ganzen, und der
Protestantismus — und zwar dieser letztere so sehr, dass
Wilhelm von Oranien (in seiner Apologie) mit Recht erklären
konnte, die niederländische Republik könnte ohne Festhalten
an der Reformation keine drei Tage bestehen.

Am 10. Juli 1584 wurde allerdings der Prinz von Oranien
— der Vater des Vaterlandes — von einem fanatischen Katholiken BALTHASAR GERARD (den ein Franziskaner und ein Jesuit zu seinem Verbrechen verführt hatten) meuchlings ermordet; allein die protestantischen Provinzen behaupteten ihre
Freiheit. Im J. 1609 musste Spanien den Niederlanden einen
zwölfjährigen Waffenstillstand gewähren und, — nachdem 1621
der dreissigjährige Krieg seine Wogen auch in die Niederlande
hineingeworfen hatte, — musste es 1648 die volle Unabhängigkeit derselben anerkennen.

Bis zum Anfange des siebzehnten Jahrhunderts hatte indessen
die Entwickelung des allgemeinen Culturlebens in den Niederlanden einen von dem Interesse und den Tendenzen des am
deutschen Niederrhein zur Ausgestaltung gekommenen Calvinischen Kirchenwesens durchaus unabhängigen Verlauf genommen. Indem nämlich bis zum Jahre 1575 hin die monarchische
Autorität des Königs PHILIPP von Spanien über die Niederlande
als sebstverständlich galt, so erschien der Kampf gegen PHILIPP
recht eigentlich als ein Kampf um das Gut der Religionsfreiheit, — und zwar nicht nur zu Gunsten der reformirten Confession, sondern zu Gunsten des Protestantismus im weitesten
Sinne des Wortes oder der Religion überhaupt. Daher waren
die Niederlande das politische Gebiet, in welchem die Idee

der *religiösen Toleranz* zuerst Geltung und Anerkennung fand.
Zu den inneren Angelegenheiten des niederländischen
Protestantismus, zu den religiösen Vorgängen welche sich in
demselben zutrugen, stand das junge niederländische Staatswesen zunächst in gar keiner Beziehung. Daher begreift es
sich, dass einerseits, in politischer Beziehung, diejenigen Gedanken und Anschauungen, welche allmählich zur Ausgestaltung der modernen Staatsidee geführt haben, hier zuerst lebendig wurden und dass andererseits, in kirchlicher Beziehung,
auf niederländischem Gebiet neben vielerlei anderen (anabapti-
schen, mystischen und sonstigen sectirerischen) Erscheinungen
ein Protestantismus heimisch werden konnte, der von dem reformirten Bekenntniss spezifisch verschieden war. In ersterer
Beziehung traten die Fragen hervor, ob die (bisher der Krone
Spaniens zugehörig gewesene) Landeshoheit auf die einzelnen Provinzen und deren Stände (Staaten) oder auf deren Statthalter, den
Prinzen von Oranien und die Generalstände (Staaten Generaal)
aller sieben Provinzen übergehen und ob also das neue Staatswesen als ein Staatenbund oder als ein Bundesstaat, ob als
beschränkte Republik oder als Monarchie anzusehen sei und
wie sich dasselbe zum religiösen, kirchlichen Interesse der
Staatsangehörigen, zur freien Wissenschaft zu verhalten habe, ob
im Staate eine Staatskirche bestehen könne, und wie das Staats-
ganze die Individualität der einzelnen Staatsangehörigen für
die Zwecke und Interessen des Ganzen in Anspruch zu nehmen
und sie zu beherrschen oder frei zu geben habe.

In kirchlicher Beziehung waren in der allgemeinen Gährung,
welche das Erwachen des reformatorischen Geistes hervorgerufen, auch in den Niederlanden allerlei schwarmgeisterische Erscheinungen hervorgetreten, in denen der Widerspruch gegen
alle Autorität und Tradition als Anabaptismus, Unitarismus und
gnostische Mystik zum Ausdruck kam. Unter denselben haben
namentlich DAVID JORIS (1501 zu Delft geboren) — der später

(1544) mit einem Theile seines Anhanges nach Basel überzog, wo er unter dem Namen eines Junker JAN VON BRÜGGE lebte und 1556 starb; — HEINRICH NICOLAS [1]) (1502 zu Münster geboren) — Stifter der Genossenschaft der Liebe Gottes (Huisgezin oder Familie der liefde), auch *Familisten* genannt, welche bald nach England übersiedelte, und hier als »family" oder »house of love" viel von sich reden machte, — und die von dem ehemaligen katholischen Priester UBBO PHILIPPS zu Leeuwarden 1534 gestiftete gemässigt anabaptistische Fraction der *Ubboniten* [2]) Bedeutung gewonnen. Jede dieser Secten wollte auf Grund besonderer Offenbarungen, deren sich ihre Stifter erfreut haben sollten, den wahren evangelischen Gottesstaat darstellen, in welchem Christus zu seiner wahren Offenbarung und der Christ zu seiner wahren Vollkommenheit komme. Indessen verschwanden diese Erscheinungen einer sektirerischen Mystik doch ziemlich bald, indem sich nur der Anhang des DAVID JORIS über das Ende des sechszehnten Jahrhunderts hinaus im Lande erhielt [3]).

Weit wichtiger jedoch als diese mystisch-schwarmgeisterischen Erregungen, welche das kirchliche Leben in den Niederlanden erfuhr, war für die spätere Gestaltung desselben der Umstand, dass es bis zur Zeit der Auswanderung der Niederländer an

---

1) Ueber JORIS und NICOLAS vgl. die trefflichen Arbeiten von FRIEDRICH NIPPOLD in Niedners und Kahnis' Zeitschrift für historische Theologie, Jahrg. 1862, 1864, 1868, sowie die Aufsätze desselben Verfassers in GELZERS protestantischen Monatsblättern, Iahrg. 1864. Ueber NICOLAS sind ausserdam noch die später erschienenen Mittheilungen in BARCLAY's Schrifl „The inner life" von 1876, S. 25—38 nachzusehen.

2) H. CHR. BERGMANN, de Ubbone Philippi et Ubbonitis. Bost. 1733.

3) Auf einer Provinzialsynode zu Dordrecht i. J. 1608 wurde darüber geklagt, dass die Schriften des JORIS eben jetzt zu Gouda neu aufgelegt würden. Auf einer Synode zu Briel i. J. 1623 wurde beschlossen, dass Joristen in der reformirten Kirche nicht nach dem gewohnten Formular getraut werden sollten. Seitdem ist indessen in den Niederlanden von den Joristen nicht mehr die Rede, wogegen sie im Holsteiner Lande noch i. J. 1642 vorkommen. Vgl. A. YPEY, Letterkundige geschied. der systematische Godgeleerdheid, III, S. 65—65.

den Niederrhein in den evangelischen Provinzen des Landes
zur Aufstellung eines kirchlichen Lehrbegriffs nicht gekommen
war und dass es bis zur Dordrechter Synode hin eine (reformirte)
Staatskirche nicht gab. ERASMUS und ZWINGLI, CALVIN und
BULLINGER, LUTHER und MELANCHTHON standen in den Niederlanden in gleichem Ansehen, und nicht nur hatte die reformirte Lehre von der Prädestination wenigstens ebenso viele
erklärte Gegner als sie Anhänger hatte, sondern man hörte
über die Wirksamkeit der Gnade ebenso im lutherischen wie
im reformirten Sinne, und über die Freiheit des Willens nicht
nur in der Weise Melanchthons sondern auch in der des
ERASMUS von Rotterdam predigen, weil der Protestantismus in
den Niederlanden ein kirchlich-symbolisches Gepräge noch nicht
erhalten hatte. — Erst nachdem die Rückkehr der ausgewan-
derten Gemeinden vom Niederrhein her erfolgt war — also
nach dem Jahre 1572 — suchte der Calvinismus in den Niederlanden die Alleinherrschaft zu gewinnen.

Als klassischer Zeuge dieser Thatsache steht vor Allen der
Notar und Secretär der Stadt Haarlem, DIRYCK VOLCKERTSZOON
COORNHERT [1]) da.

Im J. 1522 zu Amsterdam geboren, hatte er erst im dreis-
sigsten Lebensjahre die lateinische ɩund griechische Sprache
erlernt, um zu seiner religiösen Belehrung Augustins und
anderer Väter Schriften lesen zu können. Nachdem er 1561
in Haarlem eine Anstellung gefunden, und als energischer Vertreter der Rechte und Freiheiten der Stadt erst (1560 im Haag)
die schwerste Kerkerhaft hatte erleiden, dann wiederholt
(1564 und 1572) über die Landesgränze nach Cleve hatte
flüchten müssen, trat er vorübergehend als Secretär der Stände
Hollands in die Dienste des Prinzen Wilhelm von Oranien, der

---

1) Die überaus zahlreichen Werke COORNHERT's erschienen 1631 zu Amsterdam
in einer, drei starke Foliobände umfassenden, Sammtausgabe, der eine Biographie des
Verfassers vorangestellt ist.

ihn sehr hoch schätzte und oft zur Besorgung schwieriger
Staatsgeschäfte gebrauchte, liess zich dann wiederum in Haarlem,
hernach in Haag, Delft und Gouda nieder und starb am letztgenannten Orte am 29ten October 1590, nachdem er eben die
Uebersetzung der Paraphrasen des Erasmus von Rotterdam in
die niederländische Sprache beinahe vollendet hatte.

COORNHERT [1]) war eine reichbegabte Persönlichkeit von viel-
seitiger, — sprachlicher, historischer, philosophischer und
künstlerischer — Bildung. Als Kupferstecher sehr geschätzt
war er auch in der Musik zu Hause, und ausserdem kultivirte
er die Turn- und Fechtkunst mit besonderem Interesse. Nachdem er sich auch die lateinische Sprache geläufig gemacht,
suchte er durch Uebersetzung der Schriften Cicero's »de officiis"
und des Boethiuus »Consolatio philosophiae" in seinem Vaterlande
die Bekanntschaft mit der Philosophie der Alten zu erneuern.
Wichtiger als dieses ist, dass er der erste Niederlander war,
der ein Lehrbuch der evangelischen Moral in der Landessprache
herausgab. Die Frage nach dem eigentlichen Wesen des Gewissens hat ihn viel beschäftigt.

In jüngeren Jahren hatte er ausgedehnte Reisen durch katholische Lande, namentlich auch durch Spanien und Portugal
gemacht und dabei die Gräuel der Inquisition oft in der
graussigsten, herzzerreisendsten Gestalt gesehen. Der Eindruck,
den die Wahrnehmung dieser im Namen des Glaubens an der
Menschheit begangenen Verbrechen auf ihn machte, war für
seine ganze spätere Lebensrichtung entscheidend. Das Centrum
seines Denkens über die normalen, wirklich christlichen Lebensbeziehungen der Gesellschaft, des Volkes, war die Idee der
Toleranz, der gegenüber für ihn die Bedeutung des äusseren,
confessionellen Kirchenthums tief herabsank.

---

1) Vgl. die von J. TEN BRINK i. J. 1861 veröffentlichte Schrift: „Dirk Volkert
Coornhert en zijne wellevens kunst" (Moral).

Coornhert hat in den Niederlanden gelebt und hat öffentliche Aemten bekleidet, *ohne dass er jemals einer Confessionskirche angehörte.* Er war Protestant, aber ein heftiger Gegner
und Bestreiter des reformirten Bekenntnisses. Zugleich richtete
sich aber seine scharfe Polemik auch gegen die Schwarmgeis-
terei eines Joris und Niclas. Er wollte eine Reformation der
Kirche aber keine Spaltung derselben. Alle Reformatoren hatten seines Erachtens dadurch schwer gesündigt, dass sie den
katholischen Zusammenhang aller im Namen Christi Getauften
nicht festgehalten hatten. Daher klagte er dass es zu viele
Kirchen gebe und dass jetzt mehr das Abbrechen als das Zimmern noth thue. Wenn kirchliche Einrichtungen gemissbraucht
würden, so sei dies zu beklagen, aber es berechtige noch nicht
die kirchliche Gemeinschaft preisszugeben. Den Namen eines
reformirten Christen desavouirend, nannte er sich einen Angehörigen der »wahren Religion, welche die christliche Liebe
ist". Der Christ muss die Irrenden dulden und tragen können.
Nur dadurch kann in der Kirche der Friede aufrecht erhalten
werden, und nur durch Wahrung ihres Friedens vermag die
Kirche die öffentliche Wohlfahrt, die Einigkeit des Staats zu
begründen. Die Aufgabe der Kirche ist es daher, für die Freiheit des Gewissens einzutreten, weshalb sie die Gewissen nicht
durch Aufstellung von Bekenntnisschriften gefangen nehmen
soll. Denn die einzige Autorität welche über die Gewissen
Gewalt haben darf, ist die h. Schrift. Die Verfolgung und
Tödtung der Ketzer ist darum ein Frevel am Reiche Gottes.

Wie Coornhert mit diesem letzteren Satz Calvins und Bezas
Beurtheilung der Verbrennung Servedes im Auge hatte, so
war sein ganzes Bemühen überhaupt dahin gerichtet, die va-
terländische Kirche von dem immer mehr um sich greifenden
Einflusse der Schriften und der Lehren derselben frei zu
machen, indem er in der reformirten Lehre von dem absoluten
Decret und der doppelten Prädestination, von der Erbschuld,

von der Unfreiheit des natürlichen Menschen, von der Particularität und Unwiderstehlichkeit der Gnade und von der Rechtfertigung, die keine Gerechtmachung des Menschen sei — überhaupt in dem Determinismus der reformirten Kirchenlehre,
Grundirrthümer sah welche das ganze kirchliche Leben allmählich zersetzen und auflösen müssten. — COORNHERT hat diese
seine Gedanken gegen die Vertreter der reformirten Kirchenlehre zweimal öffentlich in ernster Disputation vertheidigt;
zunächst 1578 gegen die beiden angesehenen Prediger zu Delft,
ARNOLD CORNELISS VAN DER LINDEN und REINIER DONDECLOCK
und hernach, 1582 im Haag, gegen den Leidener Professor
der Theologie, SARAVIA. — Indessen war doch COORNHERT,
wennschon er den ERASMUS sehr hoch hielt, kein Erasmianer,
vielmehr stand es für ihn fest, dass der historische Christus,
ganz so wie er von den Evangelisten und Aposteln verkündet
werde, der alleinige Weg und die alleinige Wahrheit und das
alleinige Leben sei; und das was er mit jenen Negationen im
Auge hatte, war darum eine ganz positive Auffassung des
Christenthums, für welche er durch Zurückweisung des reformirten Determinismus Raum schaffen wollte, und diese war —
der *Pietismus, der bei ihm freilich ohne die Unterlage der reformirten Lehre von der Sünde und der Gnade erscheint.*

COORNHERT wollte eine *Reformation der Kirche*, und diese
wollte er — seinem Wahlspruche gemäss [1]) durch Erweckung
eines *thätigen innerlichen Christenthums.*

Aus den zahlreichen Schriften COORNHERT's können wir beliebig einige herausgreifen, um uns von dieser Charaktereigenthümlichkeit desselben zu überzeugen. Seine Schrift »Rathschlag
um unter der Mannigfaltigkeit der Secten in dieser Zeit recht
vor Gott zu wandeln" (Werke, B. III, S. 413) beginnt er

---

1) COORNHERT's Wahlspruch war (Werke, B. I, Vorrede): *„Dat het Christendom
niet en bestaat in den mondt mar in den grondt, in de daadt niet in de praat!*

mit den Worten »Man dient Gott entweder mit dem auswendigen Schein oder in der Wahrheit. Jenes geschieht meistens in Ceremonien, dieses im Grunde der Seele. Die äusserlichen Dinge sind jedoch ungenügend, während die Gottseligkeit zu allen Dingen nütze ist." — Hierauf fährt er fort: »Darum will Christus, dass wir erst das Inwendige reinigen, auf dass das Auswendige auch rein werde. Inwendig reinigt sich der Mensch, wenn er, seinen Unverstand bekennend, sein falsches Urtheil verlässt, nicht mehr dies oder jenes erwählt, seinem Willen abstirbt und nichts anderes sucht und begehrt oder will, als dass er Gott Tag und Nacht anrufend durch solches Verlassen seiner selbst, durch geduldiges Tragen seines Kreuzes, und durch die Nachfolge Christi im Wandel — Gott mehr und mehr unterthänig werde."

Besonders klar hat COORNHERT seine theologische Denkweise in der Schrift »Der Herzensspiegel göttlicher Schrift" [1]) (Werke, B. I, Fol. 1—44) dargelegt. Die Hauptgedanken derselben sind folgende: Jeder Mensch ist entweder ein Sünder oder ein Heiliger. Der Sünder ist entweder ein gottloser oder ein bussfertiger Mensch. Der Gottlose ist entweder verhärtet und verteufelt, so dass er unbekehrlich ist, oder er ist noch nicht ganz verhärtet und verteufelt, sondern kann sich noch bekehren, ist jedoch noch unbussfertig. Der bussfertige Sünder hat sich wohl einigermaassen zu dem Herrn bekehrt, ist aber entweder ein strafefürchtender Knecht oder ein lohnsüchtiger Miethling. — Heilig allein sind die Kinder Gottes, die das Gute thun, nicht aus Furcht und auch nicht aus Lohnsucht, sondern aus Liebe, um des Guten selbst willen. — Dieser Heiligen oder Kinder Gottes giebt es drei Klassen, nämlich 1, Kinder, die wohl guten Willens sind, aber noch der männlichen Kraft entbehren,

---

1) *Hert-Spiegel godlijker Schriftturen* vertoonende een klare, korte ende sekere wegh, om in dese werre tijden der h. Schrift vruchtbarlijck ende veijlighlijk sonder dolingsangst te lesen.

um das thun und lassen zu können, was sie thun und lassen
wollen; 2, erwachsene Männer, welche die Kraft haben das
Gewollte in Allem zu vollbringen, und 3, Eltern, (ouders)
von so vollkommener Erkenntniss Christi, dass sie tüchtig dazu
sind, Christo Kinder zu erzeugen, weshalb sie auch Väter genannt werden.

Diese Heiligen sind und leben in Christo, der das Licht der
Welt ist, und sie allein können darum Gott erkennen. Von
Gott selbst mittelst seines lebendigen Wortes (nämlich des
Λόγος) und des Geistes der Wahrheit gelehrt und in alle
Wahrheit geführt und durch des Geistes Salbung erleuchtet,
bedürfen sie daher keiner Unterweisung durch Menschen mehr.

Unnütz ist jede Erkenntniss, die nur dem Verstande angehört und den Menschen nicht besser macht. Darum ist es sehr
nöthig, dass die h. Schrift in rechter Weise gelesen werde.
Es giebt Menschen, welche wähnen, dass es sie nach dem
Brode des Lebens hungere, und es giebt solche, die wirklich
darnach hungern. Die Letzteren wissen es aus Erfahrung, dass
sie, selbst wenn sie in der Schrift ohne sonderliche Lust lesen,
doch gar oft von einem Worte derselben in ihrem Innersten
getroffen werden, so dass sie nun mit feuriger Andacht weiter
lesen und das Gelesene zu ihrer Erbauung auch verstehen, und
ein immer grösseres und brennenderes Verlangen haben, sich
mit der Speise der Wahrheit zu sättigen.

Indem nun die Kinder Gottes bei dem Lesen der Schrift
sorgfältig auf sich selbst achten und sich prüfen, so gewinnen
sie mit der zunehmenden Erkenntniss ihrer Sündhaftigkeit auch
einen immer grösseren Hass gegen die Sünde, welcher dahin
führt, dass sie von der Sünde wirklich frei werden (»dat zij
nu niet meer en mogen zondigen").

Will ein Mensch diesen Gewinn vom Lesen der h. Schrift
haben, so muss er die Dinge, die darin enthalten sind, zu
sehen vermögen, was nur dann möglich ist, wenn der Mensch

das innere Auge des geistlichen Lichts besitzt. Das natürliche, äussere Auge sieht von denselben nichts. Dieses Licht ist Christus.

Hierauf führt nun COORNHERT aus, dass alle geistlichen Erkenntnisse im Christen nothwendig Leben, thätiges Leben sein müssen. »Denn Gott gebietet uns, nicht allein das Gute zu verstehen, sondern es auch zu thun." Er gebietet dieses auch den »Knechten" und den »Miethlingen", die nur aus Furcht, aus Glauben und Hoffnung Gott gehorsam sind. Der Glaube und die Hoffnung aber hören auf, während die Liebe allein bleibt. *Der* Christ hat darum die höchste Stufe erreicht, der dem Vater gehorcht, weil er Ihn selbst, nicht seine Gaben lieb hat. Darum steht auf aus der Welt, um Alles was ihr habt, auch euch selbst, zu verlassen!" Denn »so erlangt man Christum und alle seine göttlichen Schätze, so wird man reich, so wird man göttlich."

Hat der Mensch Lust, Gottes Willen zu thun und findet er in sich nicht die Kraft dazu, so rufe er nur mit recht begehrlichem Herzen und Vertrauen Gott an, und Gott wird ihm dann die Kraft zum Guten schon geben. Dadurch dass der Mensch Gottes Willen thut, lernt er denselben umso besser verstehen, und dadurch lernt er ihn wiederum umso besser thun.

In der Schrift »Prüfstein der wahren Lehrer" führt COORN-HERT aus, dass nur derjenige Prediger, der seinen Glauben durch ein gottseliges Leben bewähre, als ein wirklicher Diener Gottes angesehen werden könne, denn nur ein solcher Prediger habe die Verheissung für sich, dass ihm Gott sein Wort in den Mund lege.

Immer aber kommt COORNHERT auf den Gedanken zurück, dass das Christenthum thätiges Leben sein müsse. »Die Wahrheit macht frei", sagt er, aber nur dann »wenn man sie gebraucht." Mit der Anerkennung dass Christus der einige Quell aller Gerechtigkeit und alles Lebens sei, vermittelt er diesen Gedanken so, dass er sagt, das Thun des Christen sei ein Thun Christi in ihm. »Denn", sagt er in der Schrift »Unterschied zwischen der wahren und der falschen Lehre", »das ist der Zweck, wozu Christus Mensch geworden, den schmählichen Tod gestorben und herrlich auferstanden ist, dass wir *durch seinen thätigen Gehorsam in uns* in Ihm göttlich sollten werden." Hiernach gestaltet sich seine Lehre von der Rechtfertigung, die er insbesondere in der Schrift »Ursache und Mittel von der Menschen Seligkeit und Verdammnis", entwickelt. Sein Gedanke ist: Man kann nicht die Gerechtigkeit haben, die vor Gott gilt, ohne Christum zu haben. Wer aber Christum hat, der hat nothwendig auch Christi heilige Gotteskraft in sich. Folglich muss die Rechtfertigung nothwendig eine wesentliche Gerechtmachung des Menschen sein, und die Lehre, dass dieselbe nur in Zueignung und Anrechnung des Verdienstes und der Gerechtigkeit Christi bestehe, ist daher zurück zu weisen. — Indem daher COORNHERT auf die Frage: »Wer ist nun gerecht?" die Antwort giebt: »Derjenige, welcher die Gerechtigkeit thut", so gründet er hierauf den Satz, »dass Gott jeden Menschen richtet nach seinen eigenen, aber Niemanden nach eines Anderen Werken." Denn der Christ, in welchem Christus wohnt und wirksam ist, kann das Gesetz wirklich *erfüllen*. —

Diese Lehre COORNHERT's welche auf prinzipieller Zurückweisung des reformirten Determinismus und Prädestinatianismus beruhte, war nun der Protestantismus, der in der zweiten Hälfte des 16ten und noch zu Anfang des 17ten Jahrhunderts in den Niederlanden die Massen beherrschte, weshalb dieselbe damals auch von einer ganzen Reihe von Predigern literärisch vertreten ward. Unter denselben sind zu nennen CASPAR JANSZOON COOLHAES zu Leiden [1]) (1536 + 1613), ein gewesener

---

[1]) H. C. ROGGE, CASPAR JANSZOON COOLHAES, de voorlooper van ARMINIUS en der Remonstranten. Amsterd. 1856, 2 B. Ueber Coolhaesens Schriften vgl. B. II, S. 1, ff.

Karthäusermönch, der sich längere Zeit im nordwestlichen
Deutschland aufgehalten hatte, als Verfasser zahlreicher Schriften viel Aufsehen machte und die heftigsten Kämpfe hervorrief; HERMANN HERBERTS, erst zu Dordrecht, hernach zu
Gouda; der Friese CORNELIUS WIGGERTZ, seit 1590 zu Horn,
(† 1624) und TAGO SYBRANTS zu Medemblik. Unter denselben
war jedenfalls der hervorragendste HERBERTS [1]) der in seinen
zahlreichen, eine sehr bedeutende theologische Bildung beur-
kundenden Schriften [2]) für die Gedanken eintrat: »In der
vom Papstthum befreiten Kirche darf kein von Menschen auf-
gestelltes Bekenntniss, sondern nur Gottes Wort herrschen.
Darum muss die Kirche die Freiheit des Gewissens sicher stellen, damit Jedermann nach seiner aus der h. Schrift selbstständig gewonnenen Ueberzeugung ungehindert und unbelästigt
in derselben leben kann." Ausserdem stand für ihn wie für
die anderen Genannten die Lehre von der Allgemeinheit der
Gnade, von der menschlichen Willensfreiheit unerschütterlich
fest, weshalb sie die reformirte Lehre von der Erbsünde und Erbschuld und insbesonders den oft zur Sprache gebrachten Satz, dass
der Mensch von Natur zum Guten unfähig sei und niemals zur
Erfüllung des Gesetzes gelangen könne, als eine höchst wun-
derliche Irrlehre einmüthig zurückwiesen. Denn das Interesse
des religiösen Lebens war der Gesichtspunkt, von welchem aus
sie in der Feststellung der Lehre sich allein bestimmen lassen
wollten.

Dem Kirchenwesen der Niederlande, in welchem diese religiösen Anschauungen heimisch und herrschend waren, fehlte
es nun zur Zeit noch an aller festen Gestaltung. Die Leitung
und Regelung desselben hatten die bürgerlichen Obrigkeiten in

---

1) Eine Biographie desselben hat H. C ROGGE in dem Kalender voor de Prot. in
Nederland, 3. Jaarg. 1858 mitgetheilt.

2) Ein Verzeichniss derselben hat ROGGE in seinem Werke über COOLHAES als
Anhang zum 2. Bande, S. 233—236 beigefügt.

die Hand genommen, aber aller Orten fehlte es an Predigern. Man half sich daher mit der Aufstellung von Reisepredigern, welche die verwaisten Gemeinden von Zeit zu Zeit besuchten. Daneben warfen sich aber auch Laien, Handwerker aller Art, als Prediger auf — ein Misstand, der erst seit der Errichtung der niederländischen Universitäten allmahlich beseitigt werden konnte [1]).

Als daher das niederländische Kirchenwesen, welches sich am Niederrhein »unter dem Kreuz" gestaltet hatte, mit seinem scharfen Calvinischen Gepräge in Lehre und Verfassung, in die Provinzen der Niederlande einzog, musste es sofort zwischen diesem und dem daselbst heimisch gewordenen Protestantismus zum härtesten Zusammenstoss kommen. Die streng Reformirten sahen das Vaterland von der verderblichsten pelagianischen Irrlehre beherrscht und erachteten es für ihre heiligste Pflicht in die Gemeinde als ein Salz einzudringen, damit das Leben derselben vor Fäulniss bewahrt werde. Hierzu reichte aber die Vertretung des kirchlichen Bekenntnisses auf der Kanzel nicht aus; auch die Strenge der Kirchenzucht musste gegen die Irrlehrer zur Anwendung gebracht werden. COOLHAES ward daher (am 25. Maerz 1582) excommunizirt, ebenso später WIGGERTZ und viele Andere. Da COORNHERT gerade damals literärisch gegen CALVIN und BEZA aufgetreten war, so wurde ein eben von GENF zurückgekehrter Schüler THEODOR BEZAS, JACOB HERMANNI oder ARMINIUS von dem Magistrat Amsterdams beauftragt, denselben zu widerlegen. ARMINIUS studirte daher die Schriften COORNHERT's und der Anhänger desselben; das aber hatte zu Folge, dass er selbst für diese gewonnen ward und sich öffentlich zu deren Gunsten aussprach. Als daher ARMINIUS 1603 Professor der Theologie zu Leiden ward und

---

1) Errichtet wurden die Universitäten *Leiden* 1575, *Franecker,* 1585 *Groningen* 1612, *Utrecht* 1636, *Harderwijk* 1648.

hier der ernste Prädestinatianer FRANZISKUS GOMARUS gegen
ihn auftrat, so standen sich alsbald in allen Theilen des Landes die Parteien der *Arminianer* und *Gomaristen* im schroffsten
Gegensatz einander gegenüber.

Der Streit der beiden Parteien bezog sich hauptsächlich auf
die beiden grossen Fragen nach dem Verhältnisse der göttlichen
Gnade zur menschlichen Freiheit und nach dem der Staatsge-
walt zur Kirche, womit jedoch viele andere Streitfragen im
Zusammenhang standen. Die Arminianer forderten Anerkennung
der Gewissensfreiheit und Unterordnung der Kirche unter die
Staatsgewalt, wiesen den Heidelberger Katechismus und die
Confessio Belgica zurück und lehrten die Allgemeinheit der
Gnade und die Willensfreiheit des Menschen, wogegen die Gomaristen für den strengsten Calvinismus und für die volle Unabhängigkeit der Kirche vom Staate eintraten. Bald waren alle
Provinzen, alle Gemeinden, alle Familien des Landes von dem
Hader der Parteien erfasst. Numerisch waren die Arminianer
den Reformirten bei Weitem überlegen; auch konnten sie in
ihrer »Remonstrantia", welche sie 1610 den Ständen von Holland überreichten, mit Recht behaupten, dass die Prädestinationslehre Calvins in den Niederlanden niemals öffentliche
Geltung gehabt habe. Indem nun die Staatsgewalt dieses als
völlig begründet anerkannte [1]) und die Arminianer gegen die
Reformirten in Schutz nahm, so schlossen diese sich ganz in
sich ab, bildeten »abgesonderte Gemeinden" und betrachteten
sich wieder als »unter dem Kreuze" sitzend. — So blieb es
bis zum Jahre 1617, als sich plötzlich die Verhältnisse vollständig zu ändern und umzukehren begannen.

---

1) Die Stände verordneten auf jene Remonstranz: dat de Predicanten van 't gevoelen in dese Remonstrantie uijtgedrukt, zijnde in actuelen dienst, van de Censuren
der andere Predicanten desen angaende souden blijven bevrijdt, ende dat men d'aen-
komende kerckendinaeren in het examineren vorder niet en zoude beswaren, *als van
oudts is gebruijcklijck geweest, ende sonderling in 't stuck van de Predestinatie*,
hooger noch swaerder niet als in de vijf Artickelen wordt verklaert.

Dem Scharfblick des Prinzen MORITZ, Statthalters von Holland und Seeland, war es nicht entgangen, dass sich ihm für die Erreichung seiner politischen Ziele in der Einheit, Disciplin und Energie der Calvinistischen Partei die sicherste Stütze darbot. Zur grössten Bestürzung der Stände des Landes erklärte sich daher derselbe i. J. 1617 öffentlich für dieselbe, indem er im Haag in deren abgesonderte Kirche ging (während seine verwittwete Mutter und sein Bruder FRIEDRICH HEINRICH nach wie vor zu den Arminianern hielten). Die Stände und Städte rüsteten sich daher alsbald zur Wahrung ihrer bisherigen Freiheit. Allein der Widerstand derselben wurde doch rasch gebrochen, da Prinz Moritz die Armee und die Generalstände auf seiner Seite hatte; und die in den Jahren 1618 und 1619 zu Dordrecht versammelte Nationalsynode, welche durch die Autorität einer Vertretung fast aller reformirten Territorien verstärkt worden war, konnte daher die Arminianer ohne Weiteres als Ketzer tractiren. Aus der Kirche excommunizirt und des Landes verwiesen, war nun die noch vor wenigen Jahren herrschend gewesene Partei unschädlich gemacht und fast vernichtet. Die reformirte Kirche hatte jetzt als Staatskirche von allen niederländischen Provinzen Besitz ergriffen, indem der am Niederrhein zur Entwickelung gekommene Verfassungsorganismus über das ganze Land ausgebreitet ward. Jede Gemeinde erhielt ihr, aus dem Prediger und Aeltesten (ouderlingen) bestehendes Presbyterium (kerkenraad). Der nächste kirchliche Verband, dem die Gemeinde angehörte, war die Classe, welche in der Classen-Versammlung (classicale vergadering) ihre Representation hatte. Ueber den Classen und deren Versammlungen erhob sich die alljährlich Einmal zusammentretende Synode der Provinz (Particulier Synode), und seine Spitze hatte der ganze Organismus in der Nationalsynode, welche ordnungsmässig alle drei Jahre sich versammeln sollte ¹).

---

1) H. L. BENTHEM, Holländischer Kirchen- und Schulenstaat, Theil I, S. 480 ff.

Zur Sicherstellung des reformirten Bekenntnisses im Lande wurden von der Dordrechter Synode die umfassendsten und strengsten Anordnungen getroffen. Von jetzt an mussten alle Professoren der Theologie, alle Prediger und Lehrer bei ihrem Amtsantritt die Belgische Confession und den Heidelberger Katechismus unterschreiben und damit » aufrichtig und mit gutem Gewissen vor Gott bezeugen, dass sie von Herzen glauben, dass alle die Artikel und Stücke der Lehre, in diesem Bekenntniss und Katechismus der reformirten niederländischen Kirche enthalten, wie auch die Erklärung einiger Artikel selbiger Lehre in dem Synodo nationali zu Dordrecht i. J. 1619 gemacht, in Allem mit Gottes Wort übereinkommen;" womit sie das Versprechen ablegen mussten » dass sie die vorbemeldte Lehre fleissig lehren und getreulich darüber halten wollten, ohne dass sie etwas wider diese Lehre heimlich oder öffentlich, direct oder indirect lehren oder schreiben würden." Die Prediger und Lehrer wurden in dieser Beziehung unter die Aufsicht und das Urtheil der Classenversammlungen gestellt, während die Professoren ausdrücklich ihre Unterordnung unter die Cognition der Provinzialsynode anerkennen mussten (von deren Urtheil sie jedoch an die Nationalsynode appelliren konnten). Zugleich wurde die strengste Büchercensur eingeführt, indem keine theologische Schrift ohne Approbation einer theologischen Facultät oder einer Classe im Druck ausgegeben werden sollte, und ausserdem wurde es allen Presbyterien und Synoden zur Pflicht gemacht, dass sie eifrig Wache hielten über die ihnen anvertrauten Heerden, dass sie sich bei Zeiten allen Neuerungen widersetzten, welche in der Kirche aufkommen möchten, und dieselben als Unkraut aus dem Acker des Herrn ausrotteten, und dass sie gut Acht hätten auf die Schulen und deren Lehrer, damit nicht wieder aus eigenthümlichen Ansichten und verkehrten Meinungen, die man der Jugend einflösse, Verderben für Kirche und Staat entstände.

Um aber auch im Volke, in der Gemeinde, die Herrschaft

des reformirten Bekenntnisses für immer zu befestigen, erneuerte die Dordrechter Nationalsynode (am 27. November) die Bestimmungen der letzten Nationalsynode, die kirklichen *Katechismuspredigten* betreffend, und ordnete demgemäss Folgendes an: In allen Stadt- und Landgemeinden sollten Sonntags Nachmittags von den Pfarrern Katechismuspredigten, und zwar nach dem jetzt angenommenen Heidelberger Katechismus, gehalten werden. In diesen Predigten sollte man den Katechismus nach der Reihenfolge der Fragen und Antworten erklären, und die Prediger sollten sich nicht etwa, wie es bisher öfters geschehen sei, durch die geringe Zahl der Zuhörer zur Versäumung der Katechismuspredigten verleiten lassen. Müssten die Prediger vielleicht anfangs auch nur vor ihren eigenen Familien diese Vorträge halten, so sei doch nicht zu zweifeln, dass das Beispiel der Hirten und deren Familien allmählig auch viele andere zum Besuchen der Nachmittagsgottesdienste anregen werde. Und damit das Volk an den Sonntagsnachmittagen nicht durch andere Dinge von dem Besuche der Katechismuspredigten abgehalten würde, sollte man die Obrigkeiten bitten, dass von ihnen die Verrichtung von Diensten und Werktagsarbeiten, namentlich aber die Theilnahme an Spielen, Trinkgelagen, Schwelgereien und anderen Entheiligungen des Sabbaths, mit denen man namentlich in den Dörfern die Sonntagsnachmittage zu verbringen pflegte, durch strenge Placate verboten würde.

Zugleich beschloss die Synode einen allgemeinen *Katechismusunterricht* für die Jugend des ganzen Landes in *dem* Sinne zur Einführung zu bringen, dass die Bekantschaft mit dem Inhalt des Heidelberger Katechismus als Voraussetzung zur Aufnahme in die Gemeinde gelten sollte. Die Synode vereinbarte daher am 30. Novbr. Folgendes:

»Damit man von dem Fleisse der Schulmeister und den Fortschritten der Jugend Kenntniss habe, soll sich in jeder Ge-

meinde der Prediger mit einem Aeltesten und, wo nöthig,
auch mit einigen Magistratspersonen zum Oefteren in alle Schulen, sowohl Privat- als öffentliche Schulen begeben, die Lehrer
zum Fleisse ermuntern, zum geschickten Katechisiren anleiten,
die Schüler selbst freundlich ansprechen, nach dem Katechismus
befragen, u. s. w. Die Obrigkeiten sollen ersucht werden, dass
sie keine Schule dulden, in denen diese *heiligen Katechismusübungen* versäumt oder nicht zugelasssn werden."

»Es ist die Pflicht der Prediger die Katechismuspredigten in
der Weise öffentlich einzurichten, dass sie kurz und auf das
Fassungsvermögen der Jugend, ebenso wie auf das der Erwachsenen berechnet seien."

Die Erfahrung hat gelehrt, dass der gewöhnliche kirchliche
Unterricht, sowohl der katechetische als die Predigt, nicht
genügt hat, um allen Gemeindeangehörigen die nöthige Kenntniss der christlichen Religion einzupflanzen. Die Erfahrung
lehrt aber auch, dass die lebendige Stimme eine grosse Kraft
hat, wenn durch feststehende, dem Fassungsvermögen eines
Jeden angepasste Fragen und Antworten die Elemente der
Religion dem Herzen eingeprägt werden sollen. Damit daher
diese Erwachseneren, die entweder gar keinen oder nur einen
ungenügenden Schulunterricht genossen haben, in den Grundlagen der christlichen Lehre mit umso besserem Erfolg unterrichtet werden mögen, so soll es der Prediger Pflicht sein,
mit einem Aeltesten die Betreffenden anzusprechen und dieselben, sowohl die Mitglieder der Kirche als andere Erwachsene
allwöchentlich einmal zu versammeln, mit ihnen gemeinschaftlich die Hauptstücke der christlichen Lehre zu besprechen, die
Versammelten mit Berücksigtigung ihrer Begriffe und Kenntnisse nach dem Gehörten zu befragen, die Katechismuspredigten
mit ihnen durchzunehmen, und allen Fleiss aufzubieten, damit
ein Jeder zu einem klaren und sicheren Verständniss des
Katechismus komme."

»Diejenigen, welche sich als Mitglieder in die Gemeinde
aufnehmen lassen wollen, sollen die drei oder vier letzten
Wochen vor der Abendmahlsfeier, an einem besonderen Platz
ganz besonders fleissig unterrichtet werden, damit sie umso
tüchtiger werden, von ihrem Glauben Rechenschaft geben zu
können."

»Dabei sollen aber die Prediger bei ihrer Einrichtung dieser
Versammlungen die Vorsicht anwenden, dass sie nur Diejenigen
zu denselben einladen, die um ihrer Seelen Seligkeit bekümmert sind, und von denen man einigermaasen annehmen kann,
dass die Arbeit der Prediger an ihnen nicht erfolglos sein
wird. *Diese Zusammenkünfte sollen mit Gebet und heiligen Ermahnungen begonnen und geschlossen werden.*"

Indem nun diese Anordnungen, für deren Durchführung die
Staatsregierung eifrigst Sorge trug, alsbald in's Leben traten,
so war die reformirte Kirche der Niederlande jetzt im Wesentlichen
eingerichtet. Zur öffentlichen und feierlichen Beurkundung des
von derselben errungenen Sieges veröffenlichten die Professoren
der Theologie zu Leiden JOH. POLYANDER, ANDREAS RIVET,
ANTON WALAEUS und ANTON THIJSIUS i. J. 1624 ihre »*Synopsis
purioris theologiae* disputationibus quinquaginta duabus com-
prehensa" als eine Normaldogmatik der reformirten Kirche
Niederlands, mit einer an die Stände von Holland gerichteten
Dedication (welche Schrift sich geraume Zeit hindurch eines
grossen Ansehens erfreute und 1652 in dritter Auflage erschien);
worauf das nun vollständig abgeschlossene Werk der Kirchen-
organisation durch Veröffentlichung der (ganz vortrefflichen)
neuen holländischen Bibelübersetzung (der sog. *Staatenbibel*) i. J.
1631 seine eigentliche Krönung erhielt.

Schon damals aber war es zu sehen, dass die reformirte
Kirche des jungen, kleinen Freistaates, der in einem dreissigjährigen Heldenkampfe sein Dasein errungen und sich auf eine
von ganz Europa bewunderte Culturhöhe erhoben hatte, und

der zu Wasser und zu Land sich gegen den Ansturm der
mächtigsten Reiche sieghaft zu behaupten vermochte, von Gott
dazu bestimmt war, der Vorort der gesammten reformirten
Kirche zu werden. Denn das theologische Leben derselben
hatte seitdem seinen Mittelpunkt in den Niederlanden, deren
kirchliche Literatur zwei Jahrhunderte hindurch reicher und
bedeutender war als die aller anderen reformirten Lande.

§ 2.

DAS ERSTE AUFTRETEN DES PIETISMUS IN DEN NIEDERLANDEN.

Jean Taffin und Gottfried Cornelius Udemans.

Die religiöse Geistesrichtung, welche in der Geschichte der
evangelischen Kirche als »Pietismus" gekennzeichnet ist, hatte
bereits in COORNHERT und dessen Anhang eine wahre evangelische Reformation der Kirche in's Leben zu rufen gesucht,
ohne damit auch nur annähernd zum Ziele kommen zu können,
weil diesem Lebenskreise die evangelische Wahrheit von der
Gnade Gottes in Christo und von dem evangelischen Leben
aus der Gnade nicht zum rechten Verständniss gekommen war.
Der wirkliche, wahre Pietismus konnte in der Kirche Niederlands aus diesem humanistischen Protestantismus unmöglich
erwachsen. Derselbe ist aber auch nicht etwa durch die Aufrichtung des reformirten Staatskirchenthums daselbst in's Leben
gerufen. Vielmehr finden wir, dass der Pietismus in den Niederlanden schon lange Zeit vor der Aufrichtung des reformirten
Kirchenwesens daselbst heimisch ward, und zwar infolge der
Einwirkung, welche von England her auf das religiöse Leben
in den Niederlanden ausging.

Der früheste Vertreter der »Praxis der Gottseligkeit" oder
des Pietismus in den Niederlanden war der aus Frankreich

geflüchtete französische Prediger JEAN TAFFIN (1529 zu Doornik geboren), der Anfangs an verschiedenen anderen Orten, seit 1566 zu Antwerpen, 1567 zu Metz, 1572 zu Heidelberg, hernach bei dem Prinzen von Oranien, später zu Haarlem als Prediger fungirt hatte, und seit 1590 der französischen Gemeinde zu Amsterdam als Prediger angehörte, in welcher Stellung er im Jahre 1602 starb. Derselbe trat schon i. J. 1586 mit einer Schrift »über die Kennzeichen der Kinder Gottes und deren Trost in der Bedrückung" hervor [1]), zu deren Abfassung ihn die Wahrnemung der inneren Seelennoth veranlasst hatte, die durch die unaufhörlichen, den evangelischen Kultus mit Vernichtung bedrohenden Kriege bei so Vielen hervorgerufen war. Die Schrift umfasst 14 Kapitel, von denen das dritte die Besprechung der Kennzeichen der Kinder Gottes enthält. Dieselben sind: das Zeugniss des h. Geistes, der uns zu Gott sprechen lässt: Abba, lieber Vater, — die Empfindung der Liebe Gottes zu uns; die dem Gläubigen als Unterpfand seiner Adoption verliehene Gabe des h. Geistes, die ihn zu allem Guten tüchtich macht; die Erfahrung des Trostes der Sündenvergebung, und überhaupt die Heilsgewissheit die der Glaube in sich selbst hat. — Alle diese Thatsachen kann Jeder an sich erfahren, der durch Gottes Geist wirklich wiedergeboren ist. Noch einfacher aber kann sich der Gläubige über seinen Gnadenstand gewiss werden, wenn er sich daraufhin ansieht, ob er die Früchte des Glaubens an sich wahrzunehmen vermag. Diese sind: das Gefühl des Friedens mit Gott, der Liebe zu Gott, — welche beweisst dass der Mensch (zuvor) von Gott geliebt ist, das Gefühl des Hasses gegen die Sünde und die Freudigkeit des Gebets. — Wer diese Gnadengüter in sich vorfindet, der braucht sich durch äussere Bedrückung und Verfolgung, die er

---

1) „Des Marques des enfans de Dieu et des consolations en leurs afflictions." — (Später öfters, auch in niederländischer und lateinischer Uebersetzung gedruckt).

erfährt, nicht beirren zu lassen; da dieselben dann vielmehr
für ihn ein Zeugniss der besonderen Liebe Gottes sein müssen,
welche durch Trübsale ihn innerlich erproben und stärken will.

Das von tiefem Einblick in das innere Leben der Seele, in
die Kämpfe, Schmerzen und sonstigen Erfahrungen des christlichen Gemüths zeugende Buch fand in den durch die äusseren
Bedrängnisse fur geistlichen Zuspruch besonders zugänglich und
empfänglich gewordenen Kreisen des Landes, welche der französischen Sprache kundig waren, zahlreiche Leser, weshalb
TAFFIN in der Veröffentlichung ascetischer Schriften fortfuhr.
Unter diesen Arbeiten ist insbesondere sein i. J. 1594 zu
Amsterdam veröffentlichter »*Traicté de l'amendement de vie*"
hervorzuheben. Der Verfasser geht in demselben von dem Gedanken aus, dass das Reich Gottes nahe herbei gekommen ist,
dass darum Alle aus ihrem Schlafe, aus ihrer Trägheit sich
erheben und an ihrer Selbstbesserung arbeiten müssen, auf
dass ihre Seelen gerettet werden. In vier Büchern (zusammen
374 Bl. in 8⁰.) handelt darum TAFFIN zunächst von sieben
»Thorheiten", vor denen der Christ sich hüten soll, dann von
den Pflichten, welche ihm in den verschiedensten Lebensbeziehungen obliegen, und von den Mitteln, die er zu seiner
Selbstbesserung zu gebrauchen hat. Unter denselben hebt er
ausser der Theilnahme an den öffentlichen Gottesdiensten ganz
besonders fleissigen Umgang mit der h. Schrift und regelmäss-
sige Uebung im Gebet hervor, welches letztere nicht nur im
Familienkreise, sondern auch von jedem Einzelnen in tiefster
Stille geübt werden muss. Das Gebetsleben muss aber allezeit
mit dem eifrigsten Streben des »mettre en œuvre et pratique
la parole de Dieu" verbunden sein. —

Dieser Tractat TAFFIN's muss als die bedeutendste Arbeit
desselben bezeichnet werden, weshalb das Buch auch schon im

folgenden Jahre in niederländischer Uebersetzung erschien [1]).
Auch seine Schrift über die »Kennzeichen der Kinder Gottes"
wurde bald nachher in niederländischer Ueberzetzung verbreitet [2])
und — der bisher nur im puritanischen Schottland und in
England heimisch gewesene Pietismus hätte hiermit auch in
den vereinigten Niederlanden einen ersten Ansatz zur selbstständigen Entwicklung gewonnen.

Dabei ist zu beachten, dass der *Pietismus* in den Niederlanden von vornherein *gegen den Anabaptismus* gerichtet war,
dem Taffin in einer französich und niederländisch herausgege-
benen Schrift entgegentrat [3]).

Zu den frühesten Vertretern des Pietismus in den Niederlanden gehörte auch GOTTFRIED CORNELIUS UDEMANS, der um
1582 geboren, 1599 Prediger zu Hamstede und Burgt und
1604 zu Ziericsee ward, wo er — nachdem er nicht nur an
der grossen Nationalsynode zu Dordrecht Theil genommen,
sondern auch zu mancherlei anderen kirchlichen Geschäften
herangezogen worden war, 1614 starb. Derselbe trat im Jahre 1608

----

1) *De boetveerdigkeyt des Levens*, vervaet in vier boecken door JAN TAFFIN,
ende getrouwelycken verduyts door JOANNEM CRUCIUM, dinaer der Franschen gemeynte
tot Haerlem." Mir liegt ein Exemplar der 10. Ausg. dieser Ubersetzung vor. (374
Bl. in 8⁰).

2) *»De merck-teeekenen der Kinderen Gods* ende de vertrostingen in hare onderdruc-
kingen; door JAN TAFFIN, uit de Fransche tale in de Nederlandsche getrouwelick
overgeset — door JACOB VIVERIUM, medicyn." — Mir liegt eine *»von Neuem revi-
dirte* Ausgabe dieser Uebersetzung aus dem Jahre 1614 (74 Bl. in 8⁰.) vor. Im
Jahre 1614 erschien zu Amsterdam auch eine niederländische Uebersetzung als Aus-
zug aus den Schriften eines französichen Pietisten JEAN DE L'ESPINE unter dem
Titel: *»Een cort ende schone onderwysinge inhoudende gewisse vertroostingen in
allerhand beswaernissen ende anxt der conscientiessen."

3) *Instruction contre les erreurs des Anabaptistes ès quatre points suivans:* 1. de
l'incarnation de Jésus-Christ, vray Dieu et vray hom̄e; 2. du baptesme des petits
enfans des Chrestiens; 3. du dévoir, authorité et puissance du Magistrat et 4. du
jurement ou serment solemnel. Harlem, 1589, 8²., niederländisch unter dem Titel:
Onderwijsinge teghens de dwalingh der wederdooperen, etc. 1590, 8⁰.

mit einem Büchlein [1]) hervor, worin er »Christliche Betrach-
tungen" mit eingestreuten Gebeten für die sieben Tage der
Woche mittheilt. Mit dem Montag beginnend enthält das
Büchlein Betrachtungen über des Menschen Elend, über die
Wohlthaten die der Gläubige von Gott empfängt, über die
Dankbarkeit zu der er verpflichtet ist, über den Lauf der Na-
tur, in welcher Alles auf Gott hinweist, über den Lauf der
Welt, in der sich die Verkehrtheit des Menschenherzens offen-
bart, über die streitende Kirche auf Erden und (Sonntags) über
die triumphirende Kirche oder das Jerusalem, welches im
Himmel ist.

Dabei werden nicht nur zahlreiche Gewissensfragen speziell
erörtert, sondern auch die Pflichtbeziehungen der verschiedenen
Stände und Berufsarten, von der Obrigkeit bis zum Bauer
und Fischer herab besprochen.

Das mit grossen Wärme geschriebene Büchlein fand zahlreiche Leser und musste wiederholt neu aufgelegt werden,
weshalb UDEMANS nicht lange nachher eine zweite Schrift,
unter dem Titel »die Leiter JACOBS" [2]) erscheinen liess. Der
Verfasser zeigte hier in der Form einer allegorisirenden Auslegung von Genes. 28, 10 ff., wie sich das innere religiöse
Leben des Christen durch sieben Stufen hin (Demuth und
Zerknirschung, Erkenntniss des Herrn Jesu Christi, aufrichtiger Glaube an Gott durch Christus, aufrichtiges Bekenntniss
des Glaubens, gottseliges Leben, christliche Geduld, geistliche
Freude durch Jesus Christus, Perseveranz der Heiligen) ent-
wickele damit es bis zu seiner Vollkommenheit gelange. Irgend
welche Lehreigenthümlichkeiten treten in dem Buche nirgends

---

1) *Christelijcke Bedenckingen*, die een geloovige siele dagelijcx behoort te betrachten, gestelt op elcke dach van de week. Dortr. 1608 (168 SS. in 12º).

2) *De Leeder van Jacob* dat is corte ende naecte af beeldinge van den rechten wegh
na den Hemel, in zekere trappen onderscheijden. Die (mir vorliegende) fünfte Aufl.
erschien. Dordrecht. 1738 (380 SS. in 12°).

hervor; nur ist das besondere Interesse zu bemerken, mit welchem der Verf. auf eine innerliche Frömmigkeit dringt, die fleissig sei in guten Werken. Den Glauben definirt er S. 111 als »eine Frucht des h. Geistes, wodurch wir unser Vertrauen auf Gott, Vater, Sohn und h. Geist setzen und uns die Vergebung der Sünden und das ewige Leben, um Christi willen zueignen." Als »Kennzeichen des aufrichtigen Glaubens" werden S. 123 ff. angeführt: dass wir die Reinigung des Herzens erlangen, dass wir unseren Glauben mit Freudigkeit bekennend, die Sprache Canaans sprechen lernen, inneres geistliches Leben, ein dem Glauben gemässer Wandel, Bethätigung des Glaubens durch die Liebe und Beharrlichkeit im Glauben bis an's Ende.

Indessen waren beide Schriften doch nur die Erstlingsarbeiten des Verfassers, der sich selbst allmählig mehr und mehr in das Wesen der »Gottseligkeit" und deren »Praxis" vertiefte und sich über dieselbe erst nach ihrer Veröffentlichung recht klar wurde, weshalb es ihm nunmehr Bedürfniss war, in einem umfassenderen Werke das Wesen der praktischen Frömmigkeit zur Darstellung zu bringen. Dieses geschah indem er i. J. 1612 sein Hauptwerk »Praxis, d. h. werkthätige Uebung der christlichen Haupttugenden, Glaube, Hoffnung und Liebe" veröffentlichte [1]. In dem an alle obrigkeitlichen Personen gerichteten Dedicationsvorwort des Buches äussert sich UDEMANS über die Tendenz desselben: »Alle Christen, und insbesondere alle Prediger müssen das Aeusserste aufbieten, um unseren allerheiligsten Glauben dem Volke so einzupflanzen, dass dasselbe *die Seele des Glaubens*, nämlich *die guten Werke*, nicht vergisst. Denn wie der Leib ohne den Geist todt ist, so ist der Glaube ohne

---

[1] Das Werk führt in der (mir vorliegenden *vierten* Auflage) den Titel: *Practijcke dat is Weekelijcke oeffeninge van de christelijcke hooft-deughden Geloove, Hope ende Liefde*, seer nut ende profijtelick voor alle eenvoudige Christenen om eenen vasten ende gewissen gront te leggen van hare saligheijt. Dordr. 1640 (402 SS. in 4°).

die Werke todt. — Würde diese Wahrheit allezeit bedacht, so würde man mehr Gottseligkeit und weniger Streit in der Welt hören und sehen. — Daher ist es einer der hauptsächlichsten Beweggründe, die mich bestimmt haben, meine Betrachtungen über die Praxis des Glaubens, der Hoffnung und der Liebe allen aufrichtigen Christen mitzutheilen, um so das übersprudelnde Blut, das in so Manchem die Lust zum Disputiren erweckt, zur Praxis und *werkthätigen Uebung dieser christlichen Haupttugenden* zu ziehen." — »Zugleich wollte ich alle aufrichtigen Christen zur *Kraft der Gottseligkeit* und zu einer lebendigen Prüfung ihrer Gewissen an den wahren Kennzeichen des Glaubens, der Hoffnung und der Liebe anregen, um ihnen darüber Gewissheit zu geben, das Christus wirklich in ihnen wohnt und dass sie darum nicht zur Zahl der Verworfenen gehören." — »Mein dritter Zweck ist, alle fleischlichen Menschen und Mundchristen vor dem Verderben zu verwarnen, das ihnen über dem Haupte schwebt. — Für diese Art von Menschen soll diese Praxis ein Morgenwecker sein, der sie aus dem Schlafe der Sünden aufwecken soll." — »Ausserdem soll dieser Tractat zur Widerlegung der von den Papisten gegen den Protestantismus erhobenen Anschuldigung dienen, dass der letztere die guten Werke geringschätze."

Hierauf legt UDEMANS zunächst das Wesen und den Unterschied von Glaube, Hoffnung und Liebe dar. Der *Glaube* ist (S. 2.) »eine unserem Herzen durch das Gehör des Wortes eingepflanzte und durch den Gebrauch der Sacramente befestigte Frucht des Geistes, durch welche wir nicht allein die Wahrheit des geschriebenen Wortes Gottes verstehen und ihr fest zustimmen, sondern sie uns auch mit einem sicheren Vertrauen auf die Verheissungen des h. Evangeliums in Jesu Christo, besonders bezüglich der Vergebung der Sünden und des ewigen Lebens zueignen können. — Die *Hoffnung* (S. 5) »ist eine Frucht des h. Geistes, durch welche wir mit Langmuth und

Geduld die Erfüllung der Verheissungen Gottes erwarten." —
Die *Liebe* »ist eine Frucht des h. Geistes, mittelst welcher wir
Gott lieb haben um seiner selbst willen und unsere Nächsten
(d. h. alle Menschen, auch unsere Feinde), um Gottes willen." — Der Unterschied von Glaube und Liebe besteht darin
dass (S. 7) »der Glaube ein Empfangen, die Liebe dagegen ein
Geben ist. Der Glaube ist die Mutter, die Liebe ist die
Tochter. Der Glaube macht uns zu Kindern Gottes; die Liebe
sieht auch auf den Nächsten. Der Glaube dauert nur in
diesem Leben, die Liebe währt in Ewigkeit fort. — Der Glaube
besteht in einer gewissen Zustimmung und Zueignung bezüglich
der Verheissungen Gottes; die Hoffnung besteht in geduldiger
Erwartung derselben. Der Glaube sieht sowohl auf das Ver-
gangene als auf das Zukünftige, die Hoffnung allein auf das
Letztere. Der Glaube steht auf dem ganzen Worte Gottes, die
Hoffnung allein auf den Verheissungen. Der Glaube ist mit
der Verheissung zufrieden, während die Hoffnung ein Verlangen nach der verheissenen Sache hat. Daher sagt LUTHER ganz
richtig: *Fides intuetur verbum rei, sed spes intuetur rem verbi.*"
   Indem nun UDEMANS Alles was für die Ausübung dieser
drei »Haupttugenden" in Betracht kommt, auf das Subtilste
erörtert, geschieht dieses so, dass er seinen Abhandlungen eine
Auslegung des apostolischen Symbols, des Unser-Vaters und
des Decalogs einfügt, so dass das Werk hierdurch zu einer
vollständigen Glaubens- und Sittenlehre wird. Alle Sätze des
Symbols und alle Bitten des Herrngebets werden so entwickelt
dass in einer »Proeve" dem Leser Anleitung gegeben wird,
sich darüber ins Klare zu bringen, ob der Glaube bezüglich des
betreffenden Punktes in ihm auch lebendig und werkthätig
vorhanden sei, oder ob er die betreffende Bitte auch von Herzen bete, worauf der Verfasser den »Troost," der in der bezüglichen Glaubenswahrheit oder der Bitte liegt, bespricht. —
Die Auslegung des Unser-Vaters wird mit ausführlichen Beleh-

rungen über das Gebet überhaupt eingeleitet. Den Hausvätern
wird es zur heiligsten Pflicht gemacht, mit den Hausgenossen
an jedem Tage häufige Gebetsübungen zu halten. Der Gebrauch
gedruckter Gebete wird für Kinder und ungeübte Christen als
nöthig anerkannt; der geförderte Christ aber soll frei aus dem
Herzen beten. — Als besonders wirksame Mittel zur Anfrischung
des geistlichen Lebens werden (S. 178 ff.) »geistliche Fasten."
die sich der Christ von Zeit zu Zeit auferlegen soll und »heilige Gelübde" bezeichnet, mittelst deren der Christ sich zu
Zeiten in Zucht zu nehmen hat. — Der Sonntag soll (S. 220 ff.)
ganz uud gar gottesdienstlichen Uebungen und der Vorbereitung auf den ewigen Sabbath geweiht sein.

Zwanzig Jahre später, als die »Praxis der christlichen Haupttugenden" in dritter Auflage erschien, liess UDEMANS im Anschluss
an dieselbe ein neues Werk, seine » Himmels-Belagerung" [1] —
eine Betrachtung über Matth. 11, 12 — an's Licht treten,
um (wie er im Vorwort sagt) die lauen Christen, die mit dem
Erdreich immer so viel zu thun haben dass sie das Himmelreich vergessen, aufzuwecken und ihnen die »Sporen zu geben."
Er führt hier (S. 7. ff.) aus, dass unter dem Himmelreich
die streitende und thriumphirende Kirche zusammen zu verstehen ist. »Denn jene ist das Portal oder der Vorsaal des
Hauses Gottes, diese ist das Kabinet oder die innerste Kammer
des grossen Königs. Beide machen sie die Stadt Gottes, das
himmlische Jerusalem, aus. Diese Stadt Gottes wird Königreich
genannt, weil sie nur Ein Haupt hat, welches in ihr die absolute Herrschaft führt, nämlich Christus." Dieses himmliche
Königreich kann auch nur mit »himmlischer Gewalt" eingenommen werden, nämlich mit der »Kraft des Allerhöchsten."
»Durch diese Kraft wird unser Verstand erleuchtet, unser

---

1) „Hemels-Belegh, dat is Geestelijcke maniere van oorlogen, om den Hemel in
te nemen met sulcken gheweldt, dat Gode aengenaem is." Dord. 1633 (222 S.S. in 4º).

Wille gebessert, werden unsere Affecte gesäubert, unser Gewissen gereinigt, unsere Glieder, welche Waffen der Ungerechtigkeit waren, zu Waffen der Gerechtigkeit, — Summa: während wir vorher todt waren in unseren Sünden und Uebertretungen, werden wir durch diese Kraft lebendig gemacht und mit Christus, unserem Haupte, in den höchsten Himmel gesetzt." Die Feinde, über welche der Christ zu siegen hat um das Reich Gottes einnehmen zu können, sind der Teufel, die Welt und das eigene Fleisch. Wie aber das Erobern einer Stadt mit stürmender Hand immer mit viel Arbeit, Gefahr und Blutvergiessen verbunden ist, so hat sich auch der Christ hier mit grosser Arbeit und Gefahr hindurchzukämpfen, aufdass er in die Stadt Gottes hineindringe. — Indem nun UDEMANS diese seine Betrachtung ganz besonders den künftigen Predigern an's Herz legt, — indem, wer nicht selbst dem Reiche Gottes angehört, unmöglich eine andere Seele in dasselbe hineinführen kann — so hebt er (S. 127 ff.) besonders hervor, wie ein Theologiestudirender jene Kraft gewinnen soll, nämlich 1, durch steten Hinblick auf die Bedeutung seines künftigen Berufes; 2, durch frühzeitige Uebung der Gottseligkeit; 3, durch Meidung arger Gesellschaft; 4, durch steten Umgang mit der h. Schrift und 5, durch ein eigentliches Studium der Praxis der Gottseligkeit.

Inzwischen hatte sich aber UDEMANS viel mit dem Gedanken beschäftigt, dass, da das niederländische Volk seinen Haupterwerb durch die See habe, die innere Gottseligkeit ganz besonders unter den Seeleuten gefördert werden müsse, wenn sie im Volksleben ausdauernd heimisch werden sollte. Daher hatte er schon i. J. 1617 eine Schrift unter dem Titel »*der geistliche Compas*" [1]) herausgegeben, worin er den Gedanken ausführte,

---

1) „*Geestelijck Compas*, dat is: Not en Nootwendigh bericht voor alle zee-varende en reïsende luïjden, om te ontgaan de steen-klippen ende zant-platen der sonde ende

dass, wenn die Seeleute von ihrer Arbeit rechten Gewinn für Zeit und Ewigkeit haben wollten, Christus ihr Admiral, der h. Geist ihr Pilot, Gottes Wort ihr Compass, der Glaube ihr Schiff, die Hoffnung ihr Anker, das Gebet ihr Kabel und Gottes Engel ihre Begleitung sein müssten.

Das Büchlein hatte rasch auf allen Schiffen Niederlands Eingang gefunden und war mit denselben nach Osten und Westen, nach Süden und Norden gefahren, ein Trost für Unzählige in Stunden der Gefahr und eine Mahnung, allezeit an das Eine zu denken, was noth thut, als zwanzig Jahre später UDEMANS den niederländischen Seeleuten ein zweites ascetisches Vademecum » *Kaufmans-Yachtschiff*" [1]) in die Hand gab, — eine allegorische Ausdeutung von Jacobs Segen über Sebulon und Issaschar (Deut. 33, 18—19). — Doch ist sein Hauptwerk, welches er zur Förderung eines gottseligen Lebens unter den Seeleuten herausgab, sein »Geistliches Ruder" [2]) — zugleich ein kulturgeschichtlich sehr tüchtiges Werk — worin er allen Seefahrern, — Kaufleuten, Seeoffizieren, Matrosen, Soldaten, etc. in alle möglichen Lebensbeziehungen folgt, um für jeden einzelnen Fall ihr Gewissen aus Gottes Wort zu berathen, damit sie allezeit wissen können, was ihres Berufes ist und was Gott zu Seiner Ehre, zu ihrer eigenen Seelen Seligkeit und zu des Nächsten Erbauung von ihnen gethan haben will. — Zum Schluss ist dem Buche eine Anzahl von Gebeten beigefügt.

---

des toorus Godss, ende te verkregen eenen saligen gewenschten segen over hare Neringe." 4. Aufl. Dord. 1647 (393 S. in 8°.)

1) *Koopmans Jacht*, brengende goede tijdinge uijt het Landt Canaan voor alle vrome Koop-luijden, om te verkrijgen ende te behouden eenen gewenschten segen over hare Negotie. Dord. 1637 (183 S. S. in 12°).

2) *'t Geestelijck roer van 't Coopmans Schip*, dat is: Trouw bericht, hoe dat een Coopman en Coopvaerder hemselven dragen moet in sijne handelinge, in paijs ende in oorlooghe, voor Godt en de menschen, te water en te lande, insonderheijt onder de Heijdenen in Oost- ende West-Indien, ter eeren Godts, stichtinge sijner gemeinuten ende salichheijt sijuer zielen etc. Dordr. 1638 (3e Aufl. 1655; 625 S. S. in 4°).

§ 3.

WILHELM TEELLINCK ZU MIDDELBURG.

a. *Teellincks Leben.*

Im Anfange des achtzehnten Jahrhunderts war es in den
Niederlanden üblich geworden, sechs Prediger des Landes als
diejenigen zu bezeichnen, durch deren Bemühungen die »Uebung
der wahren Gottseligkeit" in demselben heimisch geworden sei,
nämlich W. TEELLINCK, die beiden BRAKEL (Vater und Sohn),
LODENSTEIJN zu Utrecht, JOH. MARTINUS zu Groningen und JACO-
BUS KOELMANN zu Sluis in Flandern. Neben denselben hätte
noch mancher Andere genannt und gerühmt werden können;
aber der bei weitem Bedeutendste unter Allen, der eigentliche
Vater des Pietismus in der Niederlanden, der denselben aus
Schottland und England auf den heimischen Boden herübertrug,
war der gottselige WILHELM TEELLINCK.

WILHELM TEELLINCK [1]) wurde am 4. Jan. 1579 zu Ziericzee
als Sohn des Staatsraths der vereinigten Niederlande, Joos
TEELLINCK daselbst geboren. Nachdem er seinen Schulcursus
in üblicher Weise absolvirt hatte, wendete er sich dem Studium
der Jurisprudenz zu, begab sich auf Reisen in's Ausland, zunächst nach Frankreich, und erwarb sich am 28. Sept. 1603
zu Poitiers die Würde eines Doctors beider Rechte. Im folgenden Jahre begab er sich nach England und von da nach
Schottland, kehrte dann nach England zurück — und war
im Ganzen sieben Jahre im Auslande gewesen als er sich zur

---

1) Die meisten der hier mitgetheilten biographischen Nachrichten über TEELLINCK
finden sich in dem Vorwort vor, mit welchem dessen Sohn MAXIMILIAN 1649 des
Vaters Commentar zu Röm. 7 („die Kämpfe eines bekehrten Sünders") veröffentlicht hat.

Rückkehr in die Heimath entschloss. — Inzwischen aber war
in dem inneren Leben TEELLINCKS eine für seine ganze nach-
folgende Lebenszeit entscheidende Wendung eingetreten. TEEL-
LINCK war in England in die stillen Kreise der puritanischen
Pietisten gekommen, in denen die innere Gottseligkeit mit
einem ihn überraschenden Eifer gepflegt ward. Er las die
ascetischen Schriften des Kaufmanns JAQUES COLÉ ORTELIAEN
zu London, die in diesen Kreisen hochgehalten wurden und
trat mit Männern in Verkehr (insbesondere mit JOHN DOD
und ARTHUR HILDERSUM) die sich in üblicher Weise eines Tages
zu Veranstaltung eines Bet- und Fasttages, der ganz still ver-
lebt werden sollte, vereinigten. Während dieser Gebetsübung
trat nun die Wende zeines inneren Lebens ein. Sein ganzes
bisheriges Thun und Treiben als Thorheit betrachtend, entschloss er sich mit seiner Vergangenheit zu brechen, die Welt
zu verlassen, seine Seele dem Herrn zu übergeben und sich
dem unablässigen Dienste des Herrn zu weihen. Hierzu war
ihm der Aufenthalt zu Bamburij in England, wo er acht bis
neun Monate im Hause eines Bürgers wohnte, besonders förderlich, indem er hier in der Stadt, und ganz besonders in
dem Hause seines Wirthes, ein Gebetsleben und eine Uebung
in der Gottseligkeit vorfand, wie er es bisher nirgends gesehen
hatte. Er berichtet hierüber (im Vorworte zum ersten Theile
seines »*Hausbuches*") Folgendes:

»Frühmorgens begann ein Jeder, der im Hause war, auch
die Dienstboten, in der Weise sein Tagewerk, dass er zuvor
den Namen des Herrn mit Ernst anrief und ein Kapitel der
h. Schrift las und überdachte. Mittags versammelte sich sodann die ganze Hausgenossenschaft, Jung und Alt, las zunächst
einen Abschnitt aus der h. Schrift und rief sodann, auf den
Knieen liegend, den Namen des Herrn an. Nachdem sodann
Alle an dem Mittagstisch Platz genommen, wurden zuerst durch
ein Dankgebet die Speisen gesegnet, worauf die Tischgenossen

sich über den gelesenen Schriftabschnitt unterhielten. Hierbei legten Einzelne oft auch Fragen vor, die dann von den Andern nach dem Maasse ihrer Erkenntniss beantwortet wurden. Schliesslich wurde noch ein Psalm gesungen, worauf sich Jeder wieder an sein Tagewerk begab. Abends vor dem Schlafengehen betrachtete jeder Einzelne für sich den Lauf des Tages und den an ihm gehabten Umgang mit Gott und empfahl dann im Gebet seine Seele dem Herrn. — In der Woche wurden die Predigten fleissig besucht. — Sonnabends Nachmittags wurde mit den noch Ununterrichteten, den Kindern und Dienstboten, katechisirt. — Sonntags frühe kamen Alle zusammen, lasen ein Kapitel der h. Schrift und beteten gemeinschaftlich, worauf sie zur Kirche eilten und die Predigt mit grosser Aufmerksamkeit anhörten. Einige schrieben auch die Predigt auf. Mittags bei Tische wurde die gehörte Predigt besprochen, worauf nach Absingung eines Psalms sich ein Jeder in die Stille zürückzog, um durch Gebet und Meditation sich zu nochmaliger Anhörung des Wortes Gottes vorzubereiten. Nach dem Nachmittags-Gottesdienst pflegte dann Jeder entweder allein oder in Gemeinschaft mit Anderen die gehörte Predigt zu betrachten, worauf Abends, nachdem sich Alle wieder zusammengefunden, die Predigt nochmals wiederholt ward. Da wurden namentlich die Dienstboten und Kinder darnach befragt, ob und wie sie Alles verstanden hatten; und wenn in der Predigt irgend etwas vorgekommen war, was auf die Hausgenossenschaft oder auf einzelne Hausgenossen besonders passte, so wurde es hervorgehoben und in erbaulicher Weise besprochen. War dieses geschehen, so betete man noch zusammen und der Tag wurde in gewöhnlicher Weise beendet."

»Nahm man wahr, dass irgend einer der Hausgenossen nicht ganz nach dem Evangelium wandelte, und durch Unfreundlichkeit oder gar durch Unsittlichkeit Aergerniss gab, so wurde er sofort von den Anderen in Vermahnung genommen und man ruhte nicht eher, bis das Aergerniss beseitigt war. Wurde Jemand krank oder von anderer Noth befallen, so wurde er freundlich behandelt, aber es wurde auch die Gelegenheit benutzt ihm das, was er etwa noch an sich zu bessern hatte, in liebevoller Weise vorzuhalten."

»So lebte man in dem Hause das ganze Jahr hindurch, im Winter wie im Sommer. Gingen einige der Hausgenossen zu ihrer Erholung spazieren, so nahmen sie gern Jemanden mit, der geeignet war, ihnen einen Psalm oder sonst ein Kapitel aus der h. Schrift erbaulich auszulegen. Auch pflegte man, wenn man sich mit einer erhaltenen Belehrung nicht zurecht finden konnte, den betreffenden Punkt aufzuschreiben und denselben bei dem ersten Zusammentreffen mit einem Prediger oder einem sonstigen Schriftkundigen zur Sprache zu bringen. Zuweilen, bei besonderen Veranlassungen, pflegten auch entweder einzelne oder alle Hausgenossen zu grösserer Uebung in der Gottseligkeit einen ganzen Tag mit Fasten und Beten zu verbringen."

»Uebrigens war es nicht dieses Haus allein, in welchem man in so gottseliger Weise lebte, vielmehr waren diese Uebungen auch in vielen anderen Familien heimisch, weshalb man, namentlich Sontags, gar oft aus den Häusern andächtigen Psalmengesang hören konnte. Auch war es etwas ganz Gewöhnliches, dass man Spaziergänger sich über Schriftworte oder sonstige religiöse Angelegenheiten mit einander unterreden hörte."

»Die Früchte, welche diese religiösen Uebungen hervorbrachten, waren von der Art, dass aus ihnen die Aechtheit und die Lauterkeit dieser Religiosität sonnenhell zu erkennen war. Denn man sah hier, wie der Glaube kräftig und thätig war durch die Liebe in allerlei Weise: in stiller Verrichtung der Berufsarbeit, in Handreichung an die Armen, in Besuchung der Kranken, in Tröstung der Bekümmerten, in Unterweisung der Unwissenden, in Bestrafung der Frevler, in Ermunterung der Gebeugten. Ebenso liess das öffentliche Leben der Stadt, namentlich Sonntags, erkennen, welche Früchte die geistlichen Uebungen brachten. Denn sowohl der Magistrat als die Hausväter drangen auf die strengste Sonntagsfeier, weshalb Lärm und geräuschvolle Vergnügungen nirgends zu sehen oder zu hören waren." —

Dieser von dem intensivsten und ernstesten Pietismus erfüllte Lebenskreis war es nun, in welchem TEELLINCKS eigenes religiöses Leben zur kräftigsten und reinsten Ausgestaltung kam. Die Sorge für das eigene Seelenheil und für das der Anderen und der Eifer für die Ehre Gottes, in dessen Haus nichts Unheiliges und Unreines Platz haben dürfte, regte ihn innerlich so mächtig auf, dass er sich ganz dem Dienste der Kirche zu weihen und zum Zwecke des Studiums nochmals die Universität zu beziehen beschloss. Doch beunruhigte ihn die Frage, ob nicht, nachdem er unter der Leitung Gottes zum Studium der Jurisprudenz gekommen sei, die Aenderung seines Berufes ein willkührliches Eingreifen in seinen Lebenslauf sein würde. Er legte daher diese Frage mehreren ernsten und eifrigen Predigern vor, welche mit ihm gemeinsam einen Fast- und Bettag begingen und ihm dann erklärten, dass er ganz unzweifelhaft zur Aenderung seines Berufes und zum Beginne des Studiums der Theologie vollkommen frei sei. Denn Gott sei es doch gewesen, der in ihm diese Erregung des Geistes, auf welcher jener Entschluss beruhe, erweckt habe, weshalb sich Gott auch sicherlich zu diesem Entschluss mit seinem Segen bekennen werde.

Alsbald sagte daher TEELLINCK den vielen lieben Freunden in England, mit denen er sich in dem Herrn verbunden wusste, Lebewohl und zog — nach einer Abwesenheit von sieben Jahren — in die Heimath zurück, wo er namentlich bei dem Professor LUCAS TRELCATIUS zu Leiden dem Studium der Theologie oblag und nach Beendigung desselben 1606 sich zunächst bei seiner verwittweten Mutter in Ziericzee als Proponent der Classe von Schouwen niederliess. Aber schon am 4. October

desselben Jahres 1606 wurde TEELLINCK auf die Predigerstelle
der damals vereinigten Gemeinden Haemstede und Burcht berufen. Die Gemeinden dieses Kirchspiels galten als die zucht-
losesten der Insel Schouwen; aber schon nach wenigen Jahren
hatte die gewaltige, oft Mark und Bein erschütternde Predigt
des Gottesmannes, die Geschicklichkeit, die er als Katechet
besass und der Eifer, mit welcher er die Seelsorge ausübte, an
der verwahrlosten Gemeinde Wunder gethan. Ein wahrhaft
gottseliges Leben griff mehr und mehr da Platz, wo bis dahin
die wüsteste Rohheit und Zuchtlosigkeit an der Tagesordnung
gewesen war. Der Schauplatz der bedeutendsten Wirksamkeit
TEELLINCKS sollte indessen ein anderer Ort werden, indem
derselbe 1613 nach Middelburg berufen ward, wo er bis an
seines Lebens Ende blieb, das leider schon am 8sten April 1629
eintraf.

TEELLINCK war nur fünfzig Jahre alt geworden, aber sein
Leben und seine Wirksamkeit war ein fruchtbarer Same geworden, der hundert- und tausendfältige Frucht brachte. Sein
ganzes Leben hatte dem Dienste Gottes, der ihm anvertrauten Gemeinde und der Kirche des gesammten Vaterlandes angehört. Als Prediger, Katechet, Seelsorger und Schriftsteller war er unermüdlich thätig. Er war, wie der Herausgeber seiner Schrift »der gebahnte Weg zur Seligkeit" sagt,
ein treuer und ausnehmender Diener des Herrn, der in seinem
Leben gleich PAULUS (Act. 17: 16) bitterlich in seinem Geiste
entzündet war, wenn er sah, dass das reformirte Christenthum
grossentheils nur ein Name war, dem die Wirklichkeit nicht
entsprach, ein Leichnam ohne Leben, ohne Sonne, ohne Licht
und Wärme. Dieses war ihm ein Wehe in seiner Seele und
ein bleibender Schmerz in seinem Herzen. Um diese Schmach
von Israel abzuwenden hielt er an zeitig und unzeitig mit
Strafen, Drohen, Vermahnen, Lehren, und zwar mit wunder-
barem Ernst, Eifer und Erfolg." Sein ganzes Ringen und

Streben, sein ganzes unermüdliches Arbeiten war vor Allem
dahin gerichtet, aus der ihm anvertrauten Gemeinde eine nach
Gottes Wort wirklich »reformirte" Gemeinde herzustellen —
»zur Ehre Gottes." — Darum konnte der Herausgeber der letzten Schrift TEELLINCKS (»Zeitgewinn") im Vorwort der Gemeinde desselben zurufen: »mit welchem Ernst und mit welcher Aufrichtigkeit er über Eueren Seelen gewacht hat, das
weiss Jeder von Euch wohl, die ihr seine gründlichen Katechisationen in jeder Woche öffentlich und in den Häusern gehört habt; die ihr seine unermüdlichen Besuche der Kranken,
Elenden und Betrübten gesehen, die ihr seine trefflichen Vorträge über das geistliche Leben in allen Bekümmernissen vernommen, die ihr seine eifrigen Predigten gehört habt. — Ja,
wie ihm die Heerde Christi, die ihm anvertraut war, am Herzen lag, dessen können sich Diejenigen erinnern, die in seinem
Hause gewohnt haben, wo sie sehen konnten wie er seine Zeit
früh und spät auskaufte, um Neues und Altes hervorzubringen,
sowohl in seinen gewöhnlichen Gesprächen (denen immer etwas
Himmlisches innewohnte) wie in seinen mannigfaltigen Schriften
und ununterbrochen fortgehenden Predigten. Dabei konnten dieselben auch wahrnehmen, wie viele Fastentage TEELLINCK im
Geheimen vor Gott hielt. Er fastete regelmässig alle neun
Wochen an einem Tage, legte sich aber ausserdem noch oft
ein Fasten auf, wenn ihm etwas besonders Wichtiges vorkam,
so dass er wie JACOB ununterbrochen mit Gott rang, um,
soviel an ihm war, die Strafe von Gottes Volk abzuwehren
und Gottes Segen zu erlangen." — Die Frucht dieser unermüdlichen Wirksamkeit TEELLINCKS war bald überall in Middelburg zu sehen: »Der Eifer der Gemeindeglieder wuchs allmählich, und fromme Uebungen wurden mehr und mehr Sitte.
Versammlungen von Manns- und Frauens-personen (die jedoch nach den Geschlechtern gesondert waren) wurden eingerichtet, wo die Gemeindeglieder sich in den göttlichen Dingen

übten. Das Besprechen der Predigten wurde etwas allgemein Uebliches. Massenhaft kamen die Leute zum Gottesdienst, lange vor dem Beginne desselben. Ja die Zahl der Kirchgänger wuchs so sehr, dass man genöthigt war, für die Gemeinde noch eine zweite Kirche zu öffnen, indem von allen Seiten her geklagt ward, dass man zu TEELLINCKS Predigten keinen Platz finden könnte."

Ueber die letzteren stellt GIJSBERT VOET, in dem Vorwort zur Ausgabe der Werke TEELLINCKS vom 18. Oct. 1631, ein klassisches Zeugniss aus. »Wie schriftmässig, gründlich, anpackend, lebendig und beweglich seine Predigten gewesen sind, können am besten alle die frommen Seelen bezeugen, die ihn gehört haben, und denen er so manchmal ein guter Geruch Christi gewesen ist und noch ist. Ich will nicht viel davon sagen, da ich, soviel ich mich erinnern kann, nur zwei oder drei seiner Predigten gehört habe; indessen habe ich dabei von seiner Predigtweise einen solchen Eindruck erhalten, dass es seitdem meines Herzens innigster Wunsch gewesen ist, es möchte nicht nur mir, sondern allen Predigern des Landes vergönnt sein, in derselben kraftvollen Weise predigen zu können."

Von dem grossen Erfolg seiner Wirksamkeit als Katechet zeugte die Thatsache, dass es ihm ohne grosse Mühe gelang auch die erwachsenen Glieder der Gemeinde an die von ihm und anderen Predigern eingerichteten öffentlichen Katechisationen zu fesseln, in denen sich dieselben ganz willig Angesichts der anderen Gemeindeglieder prüfen und belehren liessen. [1]

---

1) In dem Vorwort seines „Hausbuches" gieb TEELLINCK selbst seiner Gemeinde das Zeugniss; „Es muss rühmend anerkannt werden, dass ihr immer eifriger in der Wahrheit des Evangeliums fester gegründet zu werden sucht, von welchem Eifer die Thatsache zeugt, dass immer mehr Christen sich zu den Katechisationen begeben und sich unter die Weise des Unterrichts durch Fragen und Antworten (die doch dem natürlichen Herzen des Menschen widerstrebt) beugen." TEELLINCK hebt dann noch hervor, der Eifer für die Katechisationen sei so gross, dass, obschon die Stadt neun Prediger habe, doch jeder derselben in seinen Katechisationen eine grosse Zahl erwachsener Katechumenen sehe.

8

Mit unnachsichtiger Strenge drang TEELLINCK auf eine einer reformirten Gemeinde würdige Sonntagsfeier (worüber er mit einem seiner drei Amtsbrüder zu Middelburg, JACOB BURS, in Streit gerieth). TEELLINCK sah es nämlich als Christenpflicht an, die Sabbathfeier in der Weise schon am Abend vor dem Sonntag zu beginnen, dass dieser Abend lediglich der Zurüstung für die Sonntagsfeier gewidmet sein sollte, welche letztere der Christ so zu begehen habe, dass er den Sonntag mit gänzlicher Einstellung aller Werktagsarbeit, lediglich dem Dienste des Herrn und der Uebung in der Gottseligkeit lebe.

Wer aber das Arbeiten und Schaffen TEELLINCKS in seiner Gemeinde sah, der hätte nicht ahnen können, wieviel Zeit derselbe in seinem Hause noch für seine schriftstellerische Thätigkeit zu finden wusste, wenn ihn nicht das rasch nach einander erfolgte Erscheinen immer neuer Werke TEELLINCKS hiervon überzeugt hätte. Freilich hat sich TEELLINCK dadurch auch frühzeitig aufgerieben. Fast alljährlich hatte er ein schweres Siechthum durchzumachen und viermal erlitt er eine lebensgefährliche Halsentzündung. Endlich fühlte er dass seine Kräfte nachliessen und das Ende seiner Laufbahn wohl nicht mehr ferne sei. Er war freilich erst fünfzig Jahre alt; aber der Gedanke, dass der Christ jeden Tag den er erlebe, als eine ihm geschenkte Gnadenfrist ansehen und dieselbe für die Ewigkeit ausnützen müsse, brachte ihn zu dem Entschluss, seine Schrift »Zeitgewinn" — ein aus religiösen Betrachtungen bestehendes Tagebuch [1]) — zu verfassen.

Diese Schrift, welche er am 1. Januar 1629 begann, sollte

---

1) »Tijdt-Winninge, ofte Christelijke aenmaningen, suchtingen ende voorneminghen eener christelycker ziele, tot God-waerts," ein Tagebuch aus den drei Monaten Januar, Februar und März 1629. Die Tagebücher der beiden ersten Monate veröffentlichte T. selbst; schon 1633 erschienen sie in dritter Auflage. Das nach dem Tode des Verfassers herausgegebene dritte Monatsheft erlebte 1632 (zu Middelburg) die zweite Auflage.

seine letzte, sie sollte sein Schwanengesang sein. Am 16. Maerz 1629 wurde er wieder von einer schweren Krankheit befallen; aber die schwache, zitternde Hand fuhr in der Fortsetzung des »Zeitgewinns" fort bis zum 20. Maerz, wo ihn endlich auch die letzte Kraft verliess. In den Häusern zu Middelburg stiegen täglich zahlreiche Gebete für den theuern Vater TEELLINCK zum Himmel hinauf, bis er endlich am 9. April 1629 seine Seele in die Hand des himmlischen Vaters ausgehaucht hatte. — In Middelburg gab es, als die Kunde hiervon erscholl, kaum ein Haus, das nicht ein Trauerhaus war; und als die irdischen Reste des Gottesmannes zu Grabe getragen wurden, sah man denselben ganze Schaaren von Leidtragenden folgen, die weither aus den entlegensten Orten gekommen waren.

b. *Teellincks Schriften.*

TEELLINCK trat zu einer Zeit auf, wo der bitterste Hass und Hader der Gomaristen und der Arminianer durch die Kirche hin tobte, und wo auf Seiten der Reformirten, zu denen er sich von vornherein mit Entschiedenheit hielt, an nichts anderes als an Aufrechthaltung der reinen Lehre gedacht wurde. Indem daher TEELLINCK den Gedanken geltend machte, dass das Bekenntniss der Lehre, auch der untadelig rechtgläubigen Lehre, gar nichts werth sei, wenn sich das Bekenntniss nicht im Innern des Christen als eine Kraft der Gottseligkeit und thätigen Lebens bewähre, so hatte er darüber von den Reformirten selbst nicht geringe Anfechtung zu erleiden; und da andererseits die Arminianer ihn als eine der festesten Säulen des reformirten Bekenntnisses hassten, so hatte er unablässig nach zwei Seiten hin zu kämpfen, zu wachen und zu wehren. — Den Letzteren hatte er immer von Neuem zu zeigen, dass die reformirte Lehre von der Unfreiheit des natürlichen Menschen und von der Gnade mit Nichten (wie sie fort und fort behaupteten) für das Leben unbrauchbar oder gar verderblich sei ; und den Reformirten hatte er klar zu machen, dass er, indem er ascetische Uebung der Gottseligkeit fordere und auf strenge Heiligung des Wandels dringe, keineswegs (wie sie ihm vorgeworfen) die kirchliche Lehre von den Wirkungen des Sündenfalles preisgebe, dass er nicht zu den Arminianern inclinire dass er auch, indem er auf eine neue Reform der Kirche dringe, keineswegs das was Gottes Geist durch die Reformatoren vor hundert Jahren gethan, herabsetze, dass er auch kein Schwärmer sei u. dgl. mehr. [1])

Allein trotz des vielfachen Widerspruchs, den TEELLINCK fand, und trotz der vielfachen Anfechtung, die er erfuhr, war seine Wirksamkeit doch eine epochemachende, von der die ganze Kirche der Niederlande erfasst wurde; und dieser durchgreifende Einfluss, der von ihm für ein volles Jahrhundert und — in seinem Nachschwingungen noch viel länger — auf die niederländische Kirche ausgeübt ward, beruhte namentlich auf der ganz ausserordentlichen Verbreitung, die seine zahlreichen Schriften im ganzen Lande fanden. [2])

---

1) In der Schrift „*Geestelijcke Couranten*" (und zwar in dem letzten Zwiegespräch, Ausg. von 1655 S. 128 ff.) klagt TEELLINCK darüber „dass Diejenigen, die mit besonderem Eifer auf Gottseligkeit des Lebens dringen, beschuldigt würden, dass sie 1) nichts nach der Reinheit der Lehre fragten, dass sie 2) der Meinung wären, man könne in jeder Religion, wenn man nur gottselig lebe, auch selig werden; dass sie 3) Freunde der Schwärmerei und 4) Phantasten wären, die auf ihre Nächsten hoffährtig herabsähen; dass sie 5) mit dem Namen von „Eiferern" prunken wollten, und dass sie 6) die Reformation des 16. Jahrhunderts geringschätzten."

2) TEELLINCK hat im Ganzen 127 *Manuscripte*, zum grossen Theil nicht unbeträchtlichen Umfanges, ausgearbeitet, von denen die meisten, als er starb, bereits gedruckt waren. Die übrigen wurden nach seinem Tode theilweise von seinen Söhnen herausgegeben. Fast jede dieser Schriften erlebte eine ganze Reihe von Auflagen, indem fast jedermann seine Schriften haben nnd lesen wollte. Späterhin veranstaltete der Prediger *F. Ridderus* zu Rotterdam eine Anthologie aus TEELLINCK's Schriften, die 1658 unter dem Titel erschien: „De mensch Gods." Doch wurde, wie es scheint, gerade hierdurch der Gedanke der Veranstaltung einer Sammtausgabe der Werke des gefeierten Mannes angeregt. Im Jahre 1659 liessen nämlich die beiden Söhne desselben, THEODOR und JOHANNES TEELLINCK, einen Quartband unter dem Titel er-

Unter diesen Schriften lassen sich Gruppen unterscheiden, indem Teellinck entweder Interessen der Kirche oder Nothstände des Vaterlandes, des bürgerlichen Gemeinwesens, oder Gebrechen der öffentlichen Sitte, oder die Förderung des religiösen Lebens der Familien und der Einzelnen im Auge hat. Allen diesen Gruppen gemeinsam ist aber der reformatorische Grundzug der Schriftstellerei Teellinck's, die sich vor Allem als Ein lauter, mächtig ertönender Mahnruf zur Busse und Bekehrung kennzeichnet.

Die eigentlich kirchliche Schriftstellerei Teellinck's war zunächst durch die Erschütterung veranlasst, welche die reformirte Kirche durch ihre Kämpfe mit den Arminianern erfuhr. Dieselben waren schon frühzeitig für ihn eine Mahnung, sich mit einer ausführlichen Schrift an alle Stände und Organe der Kirche zu wenden und denselben die Wege zum Frieden zu zeigen, weshalb Teellinck i. J. 1617 seine Schrift »Eubulus [1]) veröffentlichte, welche aber ebenso wie seine Treue gegen die reformirte Kirche und deren Bekenntniss, so auch seine milde Gesinnung beurkundete, mit der er gerade darum das Wesentliche der Glaubenslehre auf das Eifrigste festhielt, weil er das Unwesentliche frei zu geben und zwischen Diesem und Jenem wohl zu unterscheiden vermochte. — Eingangs dieser Schrift schreibt der Verfasser von dem traurigen Zustand der Kirche, der es Jedem so recht fühlbar mache, dass die Kirche von ihrer ersten Liebe abgelassen habe, und dass derselben nur dann geholfen werden könnte, wenn in ihr eine ernstliche Re-

---

scheinen: „Het eerste stuk van de Werken van Mr. Willem Teellinck, J. U. D. — sijnde het eerste deel van sijne tractaten over sekere texten der h. Schrift." (Utrecht, 1659). Doch unterblieb die Fortsetzung des Unternehmens.

1) *Eubulus* ofte Tractaet vervattende verscheijden aenmerckingen over de tegenwoordige staet onser christelicker gemeijnte, midtsgaders een getrouwe bericht, hoe dat men de swaricheden onder ons geresen, best zoude mogen weeren. Middelb. 1617. — Ich benutze hier die Schrift nach der von des Verf.'s Söhnen veranstalteten Ausgabe von 1657, in welcher sie 372 S. S. in 4° umfasst.

form der Sitten und der noch aus dem Papstthum herrührenden Missbräuche vorgenommen würde. Eine solche Reform sei das dringendste Bedürfniss der Kirche, das von den Remonstranten ebenso wie von den Contraremonstranten anerkannt werde. Wenn sich daher die beiden Parteien entschliessen würden, diesem Bedürfniss abzuhelfen, und zwar so, dass man einander in reformatorischem Eifer zu überbieten suche, so werde der Hader bald vergessen und der Schaden der Kirche geheilt sein. (S. 1—26). Als die Mittel die für die Förderung der Eintracht in Betracht kämen, bezeichnet TEELLINCK (S. 84) 1. »die Ueberzeugung von der Wahrheit," 2. die »Ueberredung durch die Liebe" und 3. »den äusseren Zwang der Obrigkeit." — Die überredende Macht der Wahrheit soll durch kräftige Darlegung des wahren Sinnes der h. Schrift gegenüber den Remonstranten zur Anwendung gebracht werden. Führt dieses nicht zum Ziel, dann soll man die Macht der Liebe walten und wirken lassen, indem man Diejenigen welche den Glauben an die zur Seligkeit unerlässlichen Wahrheiten bekennen, als Brüder duldet, wennschon sie in Anderem irrende Brüder sind. Es ist eben wohl zu beachten, dass nicht alle Glaubenswahrheiten von gleicher Bedeutung für das Seligkeitsinteresse sind, und dass die Spitzfindigkeit in der Behandlung der Glaubenslehren der Kirche nichts frommt. Wen wir nach dem Gesetz der Liebe als ein Kind Gottes anzuerkennen haben, den haben wir auch als Bruder und Schwester in Christo anzusehen. Aber freilich dürfen wir nur mit Denen, in welchen wir Kinder Gottes erkennen, Gemeinschaft haben wollen. (S. 108—118.)

TEELLINCK erörtert nun die Frage, welche Sätze man als Fundamentalwahrheiten des Evangeliums, deren Glaube zur Seligkeit erforderlich, also auch die unerlässliche Voraussetzung aller kirchlichen Gemeinschaft sei, anzusehen habe, und stellt schliesslich (S. 136—139) sechs Sätze der natürlichen Theologie und sechs Sätze der Offenbarung auf, welche letzteren die evan-

gelischen Grundlehren von der Sünde, von der Gnade und von
der Erlösung enthalten, ohne dass die characteristischen Spitzen des reformirten Dogmas berührt werden. Insbesondere
wird die Gnade nicht particularistisch und nicht deterministisch
definirt. — TEELLINCK will nur, dass alle Diejenigen, welche
jene fundamentalen Lehrsätze bekennen, allerdings aus Liebe
geduldet werden sollen, aber doch nur wenn diese Duldung
der Kirche zur Erbauung und nicht zum Schaden gereicht.
(S. 176 ff.)

Ist das letztere der Fall und führt also die Duldung irrender
Brüder neuen Hader herbei, indem die letzteren bei ihren Irr-
thümern hartnäckig beharren, so hat die weltliche Macht der
Kirche zu Hülfe zu kommen (S. 223.) Hierbei ist aber wohl
zu beachten, dass die weltliche Gewalt es nur als ihre Aufgabe
betrachten darf, das zur Geltung zu bringen, was Christus,
der alleinige Gesetzgeber seiner Kirche zum Heile derselben angeordnet hat. (S. 242 ff.) — Weiterhin handelt TEELLINCK noch
(S. 315 ff.) von dem Kirchen-Patronat, worin er ein das evangelische Gemeinderecht schädigendes Ueberbleibsel des Papstthums sieht; von den Schranken, welche die Autorität der
weltlichen Obrigkeit an dem Rechte der Kirche hat, indem ein
Beschluss der Kirche, welcher der Obrigkeit nicht behagt, von
dieser nicht annullirt werden kann (S. 320 ff.), und schliesst
mit der an die Obrigkeit und an alle Diener und Glieder der
Kirche gerichteten Ermahnung, dass Alle die Durchführung
einer Reform der Sitten als ihre heiligste Pflicht erkennen
möchten.

Dieser letzte Gedanke war es insbesondere, auf welchen
TEELLINCK in zahlreichen Schriften immer wieder zurückkam.
»Die reformirte Kirche muss eine wirklich nach Gottes Wort
reformirte Kirche sein und muss sich als solche nicht nur durch
den Besitz der reinen Lehre, sondern auch durch reines Leben
erweisen. Dieses letztere ist aber nicht der Fall, und darum

muss sich die Obrigkeit dazu erheben, den Lastern zu wehren und auf Erneuerung der Zucht und Ehrbarkeit des Lebens hinzuarbeiten, weshalb vor Allem die Obrigkeit selbst sich dem Worte Gottes unterwerfen und sich als wahre Dienerin Gottes verhalten muss,'' — so lautet das Thema zahlreicher, theilweise sehr ausführlicher Publicationen Teellinck's. Schon i. J. 1608 hatte er in diesem Sinne ein Schriftchen unter dem Titel »Philopatris" [1]) veröffentlicht, dem andere derselben Tendenz bald nachfolgten. Insbesondere aber trat Teellinck seit dem Anfang der zwanziger Jahre, namentlich wenn ein öffentlicher Nothstand eingetreten war, mit einer ganzen Reihe von Schriften hervor, worin er immer von Neuem auf den Verfall der Kirche und auf Gottes Strafgericht hinwies und die Obrigkeit, die Diener der Kirche und die Gemeinden zu ernster Busse und Bekehrung ermahnte. In seinem »Racheschwert" [2]) erinnerte er daran dass, da Gott nur dann die Völker, an denen sich jetzt die Sünde als der Leute Verderben erweise, mit schwereren Strafmitteln heimsuche, wenn die gelinderen sich wirkungslos erwiessen hätten, die ausserordentlichen Uebel der

---

1) *»Philopatris* ofte *Christelijck bericht, hoe men staetssaeken moghen gheluckelick uytvoeren,* dienende tot desen jeghenwoordighen vredehandel; door Willem Teellinck, diener des woords. (Middelb. 1608, 25 S. S. *in* 4°). — Das Schriftchen wird mit einem Vorwort an die Regierer der vereinigten Niederlande eingeleitet, die er auffordert, in all ihrem Thun nur die Ehre Gottes und das Wort der h. Schrift im Auge zu haben, und dabei in unbedingtem Vertrauen Alles Gott zu überlassen. Der Inhalt der Schrift selbst wird sodann in der Form eines Gespräches zwischen Philopatris und Apragmon mitgetheilt. Den Kern desselben bilden 34 *»Articulen dienende tot bericht, hoe men soude mogen eenige staetssaecken gheluckelick uijtvoeren,"* in denen der Verfasser von der Obrigkeit vor Allem drei Dingen fordert: Dieselbe soll im Lichte des Wortes Gottes ermitteln, welche Sünden und Mängel im Volksleben hauptsächlich hervortreten, sie soll zur Unterdrückung und Beseitigung derselben geeignete Gesetze erlassen und soll (weil sonst alle Gesetze erfolglos sind) das Volk zum fleissigen Besuche der Gottesdienste nöthigen. — Im J. 1621 erschien die Schrift in dritter Auflage.

2) *Wraeck-Sweert,* bepleijtende het recht van Godts verbondt door bloedighe oorloge, dieren tijdt, bleecke pestilentie, voorgesteldt uijt Levit. 26, 23—26. Middelb. 1624; Utrecht 1655—1659 (103 S. S. — 4°.)

Zeit, Krieg, Theuerung und Pestilenz ein Beweis für den allgemeinen Abfall von Gott seien. — In seiner Schrift »*Die Ruhestätte des Gemüths*" ermahnte er Niederlands Volk, je mehr die äusseren Bedingungen der nationalen Wohlfahrt geschädigt würden, umso zuversichtlicher von den geistlichen Mitteln Gottes die Wiederherstellung derselben zu erwarten [1]). — In der »*Posaune Zions*" [2]) giebt er den Staatsräthen der vereinigten Niederlande zu bedenken, das die Rettung des Vaterlandes nur von einer gründlichen Reformation der Sitten und des Lebens zu erwarten sei, dass die Verheissungen des Evangeliums für die, welche sich einer solchen Reformation entgegenstemmten, gar nicht gelten könnten, dass aber die Niederlande, wenn die Herrschaft der Sünde, namentlich im öffentlichen Leben des Volks gebrochen und Gottes Regiment in demselben neu aufgerichtet würde, jeder Bedrohung ruhig entgegen sehen könnten. — In der »*Warnung Zephaniah's*" [3]) fordert er Jedermann auf sich täglich auf das Ernsteste zu prüfen, wie er eigentlich seine Sünden ansehe, wie er über Gottes Gnade in Christo denke, ob er sich wirklich bemühe, Gottes Gebote zu halten oder wie er eigentlich vor Gott und den Menschen wandele, indem alsdann die Einzelnen sich über die Nothwendigkeit einer allgemeinen Reform des Lebens sehr bald klar werden würden.

In dem »*Balsam Gileads für Zions Wunde*" [4]) wendet sich

1) *De rust-plaetse des gemoets*, dat is eene voorstellinge van de wonderbaerlicke voorsienicheijdt Gods, daer op een Christenmensche moet rusten en hem verlaten. Middelb. 1621 (26 S. S. in 4°.)

2) *Zions Basuijne*, aengesteken uijt Ps. 7, 13—14, Middelb. 1621; Utrecht 1659 (118 S. S. in 4°.)

3) *Zephaniae waerschouwinge* om voor te comen den ondergang Jerusalems, oock passende op de tegenwoordige gelegentheijdt onses weerden Vaderlandts. Middelb. 1623; Utrecht, 1659 (118 S. S. in 4°.)

4) *Balseam Gileads voor Zions wonde* Middelb. 1622 (298 S. S. in 4°.) — Gleichzeitig veröffentlichte TEELLINCK seine „*Treurschrift*" over het ongeluck ende de versmaetheijdt, daer in Gods volck in vele quartieren des weerelts ghecomen is t'onsen tijde," Middelb. 1622. (95 S. S. 4°.)

TEELLINCK — an die Worte des Propheten Jeremia 8, 22 anknüpfend — direct an die Generalstaaten der Niederlande und stellt ihnen vor, dass bei Allem was der Mensch thue, nichts so nöthig sei, als dass er in allen seinen Erwägungen und Entschliessungen sein Auge auf Gottes Regierung richte, von der Alles abhänge, was ganz besonders die Obrigkeit zu beherzigen habe, wenn sie wirklich Gott an dem Volke dienen und dem letzteren helfen wolle.

Späterhin veröffentlichte TEELLINCK, um seine » Warnung Zephania's" zu ergänzen, eine Schrift unter dem Titel » *Warnung Christi*," [1] welche (der niederländischen Gemeinde zu London gewidmet) den Gedanken ausführte, dass die Klage der Widersacher der reformirten Kirche über den Verfall des Lebens in derselben leider nicht unbegründet sei, denn die Gemeinden hätten ihre erste Liebe verloren. Diese Liebe müsse aber wieder aufleben und es müsse dadurch bewiesen werden, dass die zu Dordrecht bestätigte Lehre wirklich ein Same und eine Kraft geistlichen Lebens sei. —

Un dem *Kleiderluxus* entgegen zu arbeiten hielt TEELLINCK i. J. 1619 zu Middelburg vier zusammenhängende Predigten über den mehr und mehr einreissenden Kleiderluxus, welche im folgenden Jahre 1620 (und seitdem öfter, z. B. 1651 zu Dordrecht) unter dem Titel erschienen, » *Den Spiegel der Zedigheijt*, daerin alle soorten van menschen haer selven besiende, bemerken mogen, oft sij oock niet geweken zijn van de eenvoudigheijt, die sij in hare Kleedinge behoorden te betrachten." — Jede Predigt ist eine ausführliche Abhandlung. In dem Druck von 1651 umfassen die Predigten 255 S. S. in 12º. Der Grundgedanke des Buches ist: Mit dem Kleiderluxus, der immer eine Frucht und Kundgebung der fleischlichen Hoffahrt

---

1) *„Christi waerschouwinge* om voor te comen het weeren van onsen candelaer uijt sijne plaetse." Amst. 1626; Utrecht, 1659 (79 S. S. in 4º).

ist, thut der Christ dem Herrn Jesu, dem »Lehrmeister der Niedrigkeit," Schande an.

In einer anderen Schrift, » *Gesunde Bitterkeit*" [1]) betitelt, eifert TEELLINCK gegen das Unwesen der Kirchmessen. Aus Cor. 8, sucht er seinen Lesern zu beweisen, dass dieselben als Ueberbleibsel aus dem Papstthum von den reformirten Christen durchaus gemieden werden müssen. Die Obrigkeit aber müsse gegen die Kirchmessen schon wegen der mit ihnen verbundenen sittenverderblichen Unfugs einschreiten.

Die Schrift » *Wagschale des Heiligthums*" [2]) hatte den Zweck dem Volke in der Kriegsnoth des Jahres 1621 aus Gottes Wort Trost zu bieten und den Gedanken an Gottes gnadenvolles Weltregiment zu stärken. TEELLINCK zeigt, dass allerdings anscheinend Gott die Guten wie die Bösen behandele und dass Glück und Unglück wie ein Spiel des Zufalls erscheine, dass in Wahrheit aber in Allem, auch in Geringsten, das Walten der heiligen Liebe Gottes hervortrete, indem auf die Bedrängnis, welche zu Zeiten über Einzelne oder über ganze Familien, Städte und Lande komme, nur ein Mittel zur Spendung neuen Segens sei.

Andere Schriften, welche TEELLINCK in demselben Sinne veröffentlichte, sind: » *Davids Waffenzeug*" [3]) » *Eine Kohle vom Altar*, zur Erwärmung der Lauen" [4]) welche letztere er gleichzeitig mit einer Abhandlung über » *Davids Dankbarkeit gegen Gottes Wohlthätigkeit*" erscheinen liess [5]), *Samson, der Held*

---

1) *„Gesonde bitterheijt* for den weelderigen Christen, die geerne Kermisse houdt." Middelb. 1624, (128 S. S. in 4º.)

2) *„Weeg-Schale der Heijlichdoms,"* Middelb. 1621, (52 S. S. in 4o.)

3) *David's Wapen-tuijgh* ende *Loose der vromer crijgslieden*, uitgegeven voor de vrije Nederlanders, om ghelucklicken te strijden teghen den alghemeijnen vijandt." Middelb. 1622, (216 S. S. fn 4o.)

4) *Kole van den altaer tot verwerminghe der laeuwe*, uijt dese worden Christi Apoc 3, 15—16, Middelb. 1522; Amsterdam 1637.

5) *Godes handt ter strafe ende ter verlossinghe*, nu onlangs door driederleij plagen

Gottes," [1]) vor Allem aber sein »*Nothwendiger Bericht*," [2]) worin er gewissermaassen alle seine Gedanken über die Reform des Volkslebens und der Kirche codifizirte. Des Verfasser wendet sich hier an alle Behörden, Beamten, Befehlshaber, Professoren, Lehrer, Pfarrer, Aelteste, u. s. w. und hält ihnen vor: Das vornehmste Heilmittel zur Abstellung aller Schäden, an denen die Nation leidet, ist das Wort Gottes (S. 108.) Alle Kraft zur Besserung muss aber vom Geiste Gottes kommen, welcher besonders durch das Gebet wirksam wird (S. 140 ff.). Nöthig ist es, dass der Sonntag der Andacht und der Gebetsübung ganz ausschlieslich geweiht sei, und dass schon vom vorausgehenden Abend an alle anderen Geschäfte eingestellt werden (S. 145). Auch müssen die Obrigkeiten, Behörden und alle Gemeinden in ein ganz neues Bundesverhältniss zu Gott eintreten und sich Gott vom Neuem zum treuesten Gehorsam verpflichten (S. 176 ff.) Soll aber dieses und Anderes wirklich Frucht schaffen, so muss durch die Prediger und durch Privatandacht nothwendig das ganze Volk aufgerüttelt, (S. 280) alle Aemter, insbesondere die kirchlichen, müssen mit ernsten, frommen Männern besetzt (S. 308) und namentlich müssen zum Predigtamt nur Solche zugelassen werden, die wirklich wiedergeboren sind und die ihren Dienst am Wort durch einen gottseligen Wandel zieren (S. 315).

Die ausserordentliche Nothlage, in welche die Niederlande durch die politischen Ereignisse des Sommers 1625 (Fall Bredas u. s. w.) kamen, veranlasste TEELLINCK (pseudonym unter

---

in dese landen gesien, als oock *Davids dankbaarheijt voor Gods weldadicheijt* voorgestelt vijt Ps. 116, 12—14. Middelb. 1624 (75 und 51 S. S. in 4o.)

1) *Sampson de Held Gods* ofte stichtelicke verklaringe van de wonderbare historie van Sampson den richter Israels; Middelb. 1625 (304 S. S. in 4o.)

2) *Noodwendig vertoogh* aengaende den tegenwoordigen bedroefden staet van Gods volck, waerinne getrouwelijck aenghewesen wort, in wat swarigheijt ende vervallinghe wij ghecomen zijn, in wat perijckel wij noch staen, met de noodighe remedien. om ons verderf te verhoeden. Middelb. 1627 (466 S. S. in 4o.)

dem Namen THEOPHILUS PHILOPATRIS) eine Reihe reformatorischer Abhandlungen in dialogischer Form als »Zeitungen" unter dem Titel herauszugeben »*Geestelijcke Couranten* voor dit
loopende Quartier Jaers over de swarigheden die ons den voor-
leden somer getroffen hebben, ende hoe wij ons daer tegen te
dragen hebben dese winter" [1]). Die Schrift enthält zwei Abtheilungen, zwanzig Dialogen zwischen einem »Patrioten" und
einem »Postboten" in denen sich die beherzigenswerthesten
Winke bezüglich der Hebung des religiösen Lebens vorfinden.
In dem Dialog »von der Kraft des Gebets" (S. 5—13) z. B.
führt TEELLINCK in trefflicher Weise aus, wie das Gebet des
Christen immer sein letztes Ziel in dem Verlangen nach grösserer Verherrlichung Gottes und nach Besserung des eignen
Lebens haben müsse, und dass der Christ eben dann auch der
Erhörung seines Gebetes gewiss sein könne. Daher komme es
darauf an, dass der Christ im Gebete sich aufs Neue ganz
Gott und dem göttlichen Willen übergebe, und sich in dieser
Selbstüberlassung an Gott auch zu bewahren suche. Bezüglich
der Frage, wie die Reformation der Kirche zu bewerkstelligen
sei, wird (S. 40 ff.) wiederholt der Gedanke betont, dass, wer
die Anderen bessern wolle, vor Allem mit der Besserung seiner selbst beginnen müsse. In keinem Falle könne eine Reform
der Kirche durch die »christliche Obrigkeit" herbeigeführt werden. Die Obrigkeit könne allerdings durch Bekämpfung des
Bösen, insofern es äusserlich hervortrete, und durch sonstige
Ausübung ihres Berufes die Reform der Kirche wesentlich fördern, diese selbst aber müsse von allen Ständen und Gliedern
der Kirche in die Hand genommen und mit den derselben von
Gott verliehenen »geistlichen Mitteln" durchgeführt werden.
Daher sei vor Allem erforderlich, dass sich die Prediger, Ael-

---

1) Späterhin, 1655, wurde die Schrift von den Predigern THEODORUS und JO-
HANNES TEELLINCK, nochmals veröffentlicht. (Utrecht 1655, in 4o 138 S.S.) Nach
diesem Druck wird die Schrift hier citirt.

testen, Diaconen und Hausväter, überhaupt alle Glieder der
Kirche, mit einem ganz neuen Eifer in die h. Schrift vertief-
ten, um zu erforschen, was Gott zur Besserung des Lebens
fordere. Sollten aber die hierauf gerichteten Bestrebungen der
Einzelnen Erfolg haben, so müsse man irgendwie die Gemeinden zu erregen und das Bewusstsein dass die Kirche einer
Neubelebung bedürfe, zu erwecken wissen. Ausserdem müssten
die Prediger ihre Pfarrkinder unablässig an den Bund Gottes
erinnern, in welchen sie ja durch die Taufe und Confirmation
eingetreten wären, und überall habe man dafür Sorge zu tragen, dass in die Gemeindevorstände nur wirklich gläubige Gemeindeglieder aufgenommen würden (S. 39—50).

Im zweiten Theile der »Couranten" erörtert TEELLINCK wiederholt die Frage, wie der Christ in der h. Schrift zu forschen
habe um zur Erkenntniss der Wahrheit zu gelangen. Dabei
betont TEELLINCK hauptsächlich zweierlei: Der Christ müsse
1, die h. Schrift mit »gutem Gewissen" lesen, indem ein böses Gewissen auch ein irrendes Gewissen sei, und 2, er müsse
im Gebete anhalten (S. 98—110 ff.). Denn nur in diesem
Falle sei das Herz zur Aufnahme der göttlichen Wahrheit
offen. Indessen ist dabei noch Eine Wahrheit zu beachten:
Will der Christ, der durch die Gnade auf eine gewisse Stufe
der Erkenntniss und des Lebens gehoben ist, von derselben
aus nicht wieder irre gehen, so muss er in Lehre und Leben
unablässig zu *wachsen* suchen. Denn die Gnade wird dem Christen immer als ein Unterpfand eines noch reicheren Gnaden-
besitzes zu Theil. Einen Stillstand in der Entwicklung des christlichen Lebens (mit welchem das geistliche Erkennen Hand in Hand
geht) kann es darum nicht geben, weshalb der Beruf des Christen
eine unablässig fortschreitende Selbstbesserung ist. (S. 123 ff.)

Ausserdem verfasste TEELLINCK eine grosse Anzahl von Schriften für besondere Zwecke. Zur Förderung der Andacht gab
er i. J. 1618 sein »Hausbuch" — eine ausführliche Erklärung

des niederländischen Landeskatechismus heraus, in welcher jedoch die Erklärung des Decalogs und des Gebetes des Herrn
fehlte. Da diese beiden Stücke vielseitig sehr vermisst wurden,
so entschloss sich TEELLINCKS Sohn MAXIMILIAN (damals Pfarrer
zu Ziericzee) das Fehlende nachzuliefern, so dass das ganze Werk
1639 vollständig erschien. [1]). Zu demselben ascetischen Zwecke
verfasste TEELLINCK seinen » *Lustgarten christlicher Gebete"* —
eine Sammlung von 96 Gebeten in zwei Abtheilungen, denen
noch eine Anzahl kurzer Stossgebete, sowie eine dialogische
Abhandlung über das Gebet beigefügt war. [2]) — Auch das
» *Nachbarngespräch"* — eine Zusammenstellung von zehn religiösen Betrachtungen, — sollte vorzugsweise der Hausandacht
förderlich sein. [3]) Für sich selbst verfasste TEELLINCK eine
Schrift, in welcher er die in seinen mannigfachen Lebensbeziehungen ihm obliegenden Pflichten registrirte, um sich jederzeit dieselben rasch vergegenwärtigen zu können. [4])

Besonders zu beachten ist, dass TEELLINCK der erste reformirte Theologe Niederlands war, der an die *Missionspflicht* der
Kirche dachte. Namentlich ist die Schrift » *Ecce homo oder Augen-
salbe"* (eine Auslegung von Johannes 19, 7) von TEELLINCK im Interesse der Mission in dem niederländischen Colonien verfasst. [5])
Er will, dass den Heiden die Herrlichkeit Jesu Christi und die

---

1) *Huysboeck*, ofte eenvoudighe verclaringhe ende toeeigheninghe van de voornaemste vraegh-stucken des Niederlandtschen christelijcken Catechismi." Theil I,
788 S.S. T. II 275 S.S. in 4⁰.

2) *Lust-hof der christelijken ghebeden* „anwysende hoe wy elcken dach onses levens
christ. souden mogen toobrengen. 1622—1624, 1634 (im Ganzen 113, 132, 21
und 21 S.S. in 12⁰).

3) „*Bueren-kout* ofte T' samenspraeck vervattende tien stichtelijcke ghespraken van
religionssaecken." 1626 und 1633 (86 S.S. in 12⁰).

4) Das Manuscript wurde erst 1660 unter dem Titel herausgegeben: „*Ordere van*
Mr. W. TEELLINCK geconcipieert, om by hem selven alleen, en by andere, te be.
trachten u. s. w. Utrecht 1660 (44 S.S. in 4⁰).

5) *Ecce Homo* ofte *Oogen-salve* voor die noch sitten in blintheijt des gemoets,
ende voor alle treurige te Zion, om te sien het bittere lijden Christi ende de soete
vrucht van dien. Middelb. 1622.

Gottesliebe, die sich in seinem Leiden kundgegeben, so eindringlich als es nur geschehen könne, dargestellt und vorge-
halten werde. — In anderen Schriften sind es die Interessen
der *inneren Mission*, die er vertritt. In der »*Rüstzeit*" von
1622 z. B. eifert TEELLINCK für die Einführung einer strengen,
durchaus alle weltlichen Geschäfte und jede Art von Vergnügungen und Zerstreuungen ausschliessenden Sonntagsfeier. [1]
In seinem »*Getreuen Bericht*, wie man sich in Krankheitsfällen
und bei der Erlösung aus ihnen verhalten soll," welche TEEL-
LINCK seiner Mutter gewidmet, sucht derselbe zu zeigen, wie
der Christ Krankheit und anderes Missgeschick als ein Mittel
zur Läuterung seiner Seele nutzen müsse. [2]

c. *Die Lehre Teellincks.*

TEELLINCK hat das Bewusstsein, dass er mit seinen Schriften
und mit seiner Wirksamkeit nur die orthodoxe Lehre der reformirten Kirche vertrete, und unterscheidet sich von der
Mystik allerdings von vornherein durch seine streng kirchliche
Auffassung des Wortes Gottes als der alleinigen Wurzel alles
geistlichen Lebens. So sagt er z. B. in seinem »Hausbuch"
(Ausg. von 1639) S. 447: »Da nun das Wort Gottes der einzige Same des Glaubens ist, (Luc. 8, 11) so muss wohl billig
jeder Glaube, der nicht aus Gottes Wort hervorkommt, als ein
falscher und unächter Glaube angesehen werden, der nicht
aus dem rechten Samen des wahren Wortes hervorgegangen
ist, — sondern allein aus dem Schaum der eigenen Gedanken
und des eigenen eiteln Gehirns des Menschen." Auch vertrat

---

1) *De rust-tijdt* ofte tractaet van d' onderhonding des christelijcken rust-dachs, die
men ghemeijnlijck den sondag noemt, daer toe dienende, om het Christen-volck af
te leijden van veel onnutte en schadelijcke onruste, tot d' eeuwighe Ruste, vreuchde
ende heerlijckheijt. Rotterd. 1622. (322 S.S. in 4º).

2) *Een getrouw bericht*, hoe men sich in geval van sieckte ende verlossinge uijt
deselve dragen moet. Amsterd. 1647 (7te Aufl. 32 S.S. in 4º).

er die reformirt-kirchliche Heilslehre mit grossem Eifer. Seine
Schriften z. B. in denen er sich über das Sacrament ausspricht [1])
enthalten nichts Anderes als die klarste und erbaulichste Entwicklung der Kirchenlehre. Auch ermahnt er zu einem fleissigen Gebrauche des h. Abendmahls und tadelt es scharf, dass von so
Vielen die Abendmahlsfeier gemieden werde, weil sie nicht mit
unwürdigen Abendmahlsgenossen Gemeinschaft haben wollten,
oder sich selbst der Theilmahme an der Feier aus allerlei
Scrupeln noch nicht würdig erachteten. [2])

In dem »geistlichen Schmuck der Hochzeits-Kinder Christi"
giebt Teellinck eine erbauliche Betrachtung der reformirten
Lehre vom Abendmahl, in welcher er auf den grossen Schatz
geistlicher Güter hinweisst, deren Besitz der rechte Gebrauch
des h. Abendmahls mit sich bringe. Zugleich weisst er auf
den grossen Schaden hin, den Diejenigen sich bereiten, die
den Gebrauch des h. Abendmahles entweder ganz unterlassen
oder nicht recht würdigen. — Ebenso werden die sonstigen,
dem reformirten Lehrsystem characteristischen Lehrsätze von
Teellinck ganz bestimmt vertreten. In der Schrift »*Adam
gut erschaffen, schlecht beschaffen, neu geschaffen*" [3]) bespricht
derselbe den Zustand des Menschen vor dem Sündenfall, schildert die durch den Fall herbeigeführte Zerrüttung der menschlichen Natur, und zeigt sodann, wie in dem Menschen durch
die Erlösung nicht nur das ursprüngliche Wesen desselben

---

1) Dahin gehören namentlich die beiden Schriften: *»Aanmerkingen over Lucas*
22, 19: Doed dit tot myner gedagtenisse, behelzende de schuldige plicht der christenen omtrent het h. avondmal" von 1620 (40 S.S. in 12o) und *»Hemelsche ope-*
ninge van de zeghelen des verbondts der ghenade. Amsterd. 1621 (124 S.S. in 4o).
    2) *Het geestelijck cieraet van Christi bruylofts-Kinderen* ofte de Practijke des heij-
ligen avondmaels." Amsterd. 1644.
    3) *»Adam rechtschapen, wanschapen, herschapen,* dat is: een naeckte ontdeckinge
van de gelegenheydt des Menschen in sijn driederlij staet, namelyck der onnoosel-
heyt, der verdorvenheyt ende der wederoprechtinge." Diese Schrift wurde erst nach
dem Tode des Verfassers von dessen Söhnen 1659 zu Utrecht herausgegeben. Sie
umfasst 414 S.S. in 4o.

wiederhergestellt, sondern auch noch mit dem Character der Unwandelbarkeit und Unverlierbarkeit ausgestattet werde. Dabei geht der Verfasser auf den physischen und geistigen Organismus des Menschen so speziell ein, dass er in seiner Darlegung der drei Stände des Menschen eine vollständige Anthropologie liefert. — Auf die Lehre von der Unverlierbarkeit des wirklichen Gnadenstandes kommt TEELLINCK öfters zurück, z. b. in der Schrift » der beständige Christ" [1]) wo er zeigt dass diese Lehre, welche den Sieg des Glaubens über Welt, Sünde und Tod in seiner ganzen Herrlichkeit darstelle, nicht allein die einzig tröstliche sei, sondern dass sie auch die kräftigsten Antriebe zum Wachsthum in der Gottseligkeit und zur Verherrlichung Gottes enthalte.

Auch bezüglich des Wesens des GLAUBENS spricht sich TEELLINCK in vielen seiner Schriften ganz im Sinne der reformirten Dogmatik aus. In der Schrift z. B. » *Der Erneuerer und sein neues Werk*" [2]) die er zugleich mit einem Tractat » von der Kraft des christlichen Glaubens" herausgab, entwickelt er den Gedanken, dass der Mensch, der zur Erneuerung seines Wesens gelangen wolle, eben darum, weil dieselbe nur als das Werk des allmächtigen Gottes möglich sei, sein ganzes Vertrauen auf Christum setzen müsse. (S. 60 ff.) Ist der Christ zum wirklichen Glauben an Christum gelangt, so dass er ihn als seinen Seligmacher besitzt, dann kann er sich darüber gewiss sein, dass der Gott, der ihm Christum zum Erlöser hingegeben hat, ihn auch zum Ziele der Erlösung, zur Erneuerung seines Wesens führen wird. Mag die letztere darum auch noch so mangelhaft sein, so hat der Christ doch zuversichtlich zu hoffen, dass endlich einmal der Tag der Heimsuchung Gottes kommen

---

1) *Den volstandigen Christen*, voor-ghestelt in drij tractaten." Middelb. 1620.
2) *Den Nieuw-maecker ende sijn nieuw werck*" uyt Apoc. 21, 5. Middelb. 1624 und Dord. 1650 (117 S.S. in 12º). Dasselbe Thema behandelt TEELLINCK in der Schrift „*Den ouden en gouden wegh tot het nieuwe leven*" (Auslegung von 2 Cor. 5, 17), die nach des Verfassers Tode 1650 zu Dordrecht erschien (86 S.S. in 12º).

wird, wo Gott aus ihm ein ganz neues Wesen herstellt (S. 63 ff.) Unablässig muss sich der Christ, um durch Gott zum Ziele zu gelangen, Gottes Wort vorhalten und im Gebete die Gnade Gottes anrufen. (S. 69 ff.)

Diese Sätze enthalten nichts, was mit der reformirt-kirchlichen Auffassung des Glaubens im Widerspruch stünde. Und doch lag in TEELKINCK's Glaubensbegriff ein Moment, das dem kirchlichen Lehrbegriff fremd war und wodurch sich derselbe nach der Seite der Mystik hin öffnete. Indem das Glaubensleben des Christen wesentlich thätiges Christenthum sein sollte, vermochte TEELLINCK den Glauben nur so aufzufassen, dass er ausser dem Vertrauen noch etwas ganz Anderes in demselben vorfand — nämlich das Moment gehorsamer Hingabe an den Willen und an das Königthum Christi, oder Etwas, das an sich von dem Glauben wesentlich verschieden ist, nämlich die Liebe, als wesentliches Complement des Glaubens ansah.

Aus einer Schrift TEELLINCKs, welche nach dessen Tode erschien, nämlich aus dem »*Prüfstein des Glaubens*" [1]), ist es ganz bestimmt zu ersehen, dass derselbe den Glauben, in wiefern er Hingabe an Christum ist, sich als eine von dem Vertrauen auf Christi Mittlerthum zu unterscheidende Unterordnung unter die Leitung des Geistes Christi, d. h. als eine neben dem Vertrauen auf das Erlösungswerk Christi hergehende Selbstbethätigung auffast. TEELLINCK beschreibt hier nämlich den Glauben als eine »*übernatürliche Gabe*, durch welche der Mensch von Gott vollkommen tüchtig gemacht wird um den Herrn Christum, den Seligmacher der Welt, als seinen Seligmacher anzunehmen." — »Der Mensch aber, der von Gott den wahren

---

1) *»De toetsteen des geloofs*, waerin de gelegentheijt des waren salighmakende geloofs nader ontdeckt wordt, so dat een ijder sich selven daer an kann toetsen of hij oock het ware salighmakende geloove heft."* (49 S.S. in 4⁰). Diese Schrift wurde nach dem Tode des Verfassers von dessen Sohn JOHANNES T. (Pfarrer zu Kampen) i. J. 1662 herausgegeben.

Glauben empfangen hat, der nimmt Christum gerade so an wie derselbe von Gott in seinem Wort angeboten wird; und nur Diejenigen, die dieses thun, sind die wahren Gläubigen." — »Nun stellt Gott den Herrn Jesum, den Seligmacher der Welt, den Menschen als Propheten, hohen Priester und *König* für alle Diejenigen hin, welche durch ihn erlöst und selig werden sollten." — »Wer also bekennt, dass Christus wahrer Gott und wahrer Mensch in Einer Person sei, und wer ihn von Herzen als seinen Propheten, Priester und König annimmt, um von ihm gelehrt, durch seine Gerechtigkeit und Verdienste versöhnt und *von ihm regiert zu werden*, der nimmt Christum so an, wie er ihm von Gott angeboten wird; und wer so Christum ungetheilt von Herzen annimmt, der nimmt Christum mit wahrem Glauben an und ist ein wahrer Gläubiger." — »Diejenigen aber, die ihn nur mit einem solchen Glauben annehmen wollen, dass sie durch ihn die Vergebung der Sünden und die ewige Seligkeit zu erlangen glauben, glauben aber nicht *dass sie durch ihn gegen ihre Sünden sollen gestärkt werden und dass sie durch ihn die Kraft zum gottseligen Leben empfangen*, die ihn also wohl als ihren Erlöser, nicht aber als ihren Lehrer, nicht als ihren *Herrn* annehmen wollen, die nehmen Christum den Seligmacher nicht an wie es sich gehört, sondern nach ihrem eignen Gutdünken nehmen sie nichts als ein betrügliches Gespenst an, das sie nicht erlösen, sondern sie mehr und mehr in das ewige Verderben hineinstürzen wird. Denn sie wollen Christum nicht so annehmen *dass sie selbst sich Christo übergeben.*" — Hierauf führt dann TEELLINCK in Cap. 6. weiter aus, dass die vornehmste Wirkung des Glaubens die Vereinigung der Gläubigen mit Christus ist.

Bei diesser Auffassung des Glaubens und des auf dem Glauben beruhenden Lebens ist indessen TEELLINCK nicht stehen geblieben. Das »*Sichübergeben an Christum*" ohne welches er

sich das Vertrauen auf Christum nicht denken konnte, war
doch etwas Anderes als dieses Vertrauen — es war Hingabe
des Herzens an Christus, war *Liebe*. Der Besitz der Gerechtigkeit, welche vor Gott gilt, komt wohl nach TEELLINCK aus
dem Glauben, allein das christliche Leben ist wesentlich das
Leben der Liebe, d. h. Leben einer durch die Liebe Christi
erweckten *Gegenliebe*, welche auf alles Eigene ganz verzichtet,
um sich ganz und gar durch Christi Geist und Willen bestimmen zu lassen. Dabei hebt TEELLINCK allerdings richtig
hervor, dass sich der *Besitz* der Liebe nicht allezeit auch als
Gefühl derselben kundgeben müsse; aber das Wesen des Glaubens wird doch bei ihm soweit son seiner Auffassung der
Liebe überschattet, dass er die letztere als *unerlässliche Voraussetzung der Aneignung des Verdienstes und der Gerechtigkeit Christi gelten lässt.* [1])

Durchweg werden daher von TEELLINCK Glaube und Liebe
so auseinander gehalten und einander gegenübergestellt, dass
das eigentlich geistliche Leben als Liebe und dass der Glaube
nur als Vorbereitung derselben erscheint. Im Glauben nimmt
die geängstigte, nach Frieden suchende Seele ihre Zuflucht zu
Christus, umarmt ihn, und sucht nun in Gemeinschaft mit

---

1) Am übersichtlichsten entwickelt TEELLINCK seine Lehre von der Liebe als dem
Wesen des christlichen Lebens in der Schrift: *Liefdendwanck*, ofte de vriendelijke
kracht der liefde Christi, daer door alle ware Christenen tot den dienst Christi
veerdigh gemaeckt werden (Middelb. 1620), welche Schrift mir in einem Dordrechter
Druck von 1651 (68 S. S. in 12°) vorliegt. Hier sagt TEELLINCK S. 33. De liefde
Christi doet sich dikwijls in weer-liefde gevoelen; — maar het gebeurt ook wel, —
dat de liefde Christi *in een herte waerlijck uijtgestort ist*, daer nochtans deselve
voor de tegenwoordige tijdt niet sterckelijck, maar seer flauwelijck, ofte *gantsch niet
gevoelt en weri.*" — Der Christ muss aber dennoch danach ringen, dass die Liebe
Christi ihn allmählig ganz erfülle, dass (S. 51) die Kraft derselben sich in alle seine
Kräfte und Glieder ergiesse, seine Gedanken und Herzensneigungen durchdringe, ja
selbst die Glieder des Leibes regiere, dass sie die Zunge christlich sprechen, die
Hände christlich arbeiten lasse u. s. w. — *Vom Glauben ist dabei nicht die Rede;*
vielmehr heisst es S. 52: „ten zij sake, dat ghij Hem oprechtelijken begint lief te
krijgen, soo zijt gij vervloeckt, ja vervloeckt met den alder-grootsten en schricke-
lijcksten vloeck, die bekent is. (1 Cor. 16, 22).

Christus erst zur lebendigen, wahren Erkenntniss ihres Sünden-
elendes und zum Gefühl des Besitzes Jesu Christi, zur Empfindung seiner Gemeinschaft, zur Erfahrung seiner heiligen
Liebe in der Form seliger Gegenliebe, welche das Herz von
allem Wohlgefallen am Irdischen und Zeitlichen frei macht,
zu gelangen, — was nur durch grosse innere Kämpfe, in denen die Seele sich oft wohl auf der Höhe ihrer Vereinigung
mit Gott in seliger Liebesglut, oft aber auch wieder in den
Abgründen gänzlicher Verlassenheit sieht, geschehen kann. [1]).

Es kann daher nicht auffallen dass sich in den Schriften
TEELLINCKS nicht wenige Ausführungen vorfinden, welche hart
an die Mystik streifen.

In der Schrift »*der gebahnte Weg zur Seligkeit*," welche
nach des Verfassers Tod von dessen Sohn MAXIMILIAN herausgegeben ward [2]), will TEELLINCK ausführen, wie die Erkenntniss des Evangeliums nothwendig sich in einem gottseligen
Leben ausprägen müsse. Er hebt daher (S. 8 ff.) hervor, dass

---

1) Diese Gedanken entwickelt TEELLINCK besonders übersichtlich in der Schrift
„Soliloquium ofte Betrachtingen eens sondaers, die hij gehad heeft in den angst sijner
we dergeboorte." Ich benutzte die Schrift nach dem mir vorliegenden Druck zu Middelburg 1653 (164 S. S. in 16º). Nachdem gezeigt ist, dass der Besitz der Liebe
Gottes das Ziel aller Kämpfe der bussfertigen Seele sein müsse, indem nur sie der
Seele ihren wahren und dauernden Frieden geben können, ruft er zum Schluss
(S. 125) aus: „O Herr, wann wird es doch geschehen, wann wird die Stunde kommen, wo Du Deinen unwürdigen Dienstknecht besuchen, wo Du kommen wirst, um
mich zu Dir zu ziehen, auf dass ich Dir nachfolge! Danach steht das Verlangen
und die Hoffnung meiner Seele, und in Erwartung dessen beginnt mein Herz schon
jetzt sich zu erheben. Schon diese Erwartung und Hoffnung erquickt meine Seele,
die schon jetzt auf den fröhlichen Hochzeitsklang hinsieht, an welchem Du dich
herablassen wirst den Geliebten meiner Seele, meinen himmlischen Bräutigam zu
mir, deinem unwürdigen Dienstknecht kommen zu lassen. O dass ich doch den
umarmen könnte, den meine Seele liebt, dass ich Dich möchte finden, — Dich,
den ich bei Tag und bei Nacht suche und den ich nicht aufhören will zu suchen, bis
dass ich Dich gefunden, und in meiner Mutter Kammer gebracht und dort umarmt habe!"

2) *Den gebaenden weech ter salicheijt*, ofte Trouwe onderrichtinge onses Saligmae-
kers, hoe de mensche in desen leven door de doende wetenschap soude mogen ver-
zekert worden van de jonste Godts enz. Vlissingen, 1632. (124 S. S. in 12º). Beigefügt ist: *Bewijs, dat de gherusticheijdt der conscientie van een werelts mensche
niet dan bedroch en is*, Vliss. 1632. (49 S. S. in 12º).

es zweierlei Erkenntniss des Evangeliums giebt, nämlich eine
menschliche und eine göttliche. Die letztere ist diejenige Erkenntniss, »welche Gott der Herr selbst durch eine übernatürliche Wirksamkeit des seligmachenden Geistes seinen Gunstgenossen so einflösst, dass sie zum Fühlen und Schmecken der
christlichen Dinge hindurchdringen können; wodurch in ihren
Herzen ein wunderbarer Liebeszug entzündet wird, — so dass
die Seele durch diese Erkenntniss der Dinge Christi die Form
und Gestalt derselben Dinge in sich ausgeprägt erhält.''

»Dieses bringt der Herr durch zwei Mittel zuwege, durch
die er sich dem Gemüth und der Seele seiner Gunstgenossen
kräftig offenbart. Erstens lässt er sie nämlich sehen dass die
Dinge Christi ganz sicher und gewiss sind. Er überzeugt sie
davon, dass das, was da in dem Worte des Herrn bezüglich
des Herrn Jesu und des Glaubens an ihn und der christlichen
Liebe gelehrt wird, so fest steht wie der Himmel. Er sagt
ihnen dann durch eine kräftige Einsprache des h. Geistes heimlich ins Ohr.: Diese Worte sind getreu und wahrhaftig (Apoc.
22, 6).'' — »Zweitens lässt es Gott seine Gunstgenossen sehen,
dass die Dinge Christi nicht allein sicher und gewiss und
wahrhaftig, sondern dass sie auch das höchste und herrlichste
Gut sind, welches dem Menschen zu Theil werden mag.''

Die nun, welche sich von der Gnade Gottes überströmt
fühlen »die sind durch das süsse Gefühl der Gnade Gottes in
kräftigster Weise von der Liebe zur Welt und zu irdischen
Dingen abgezogen, indem sie den Geschmack an fleischlicher
Lust ganz verloren haben; dagegen hängen sie ganz und gar
der Gnade an, durch welche sie es fühlen und empfinden dass
sie ebenso kräftig als freundlich erhoben und auf den Weg
der Gottseligkeit getrieben werden. — So haben auch dieselben
einen Vorschmack des ewigen Lebens hier auf Erden, indem
sie eine innere Gemeinschaft mit Christus gewinnen, der jetzt
ihres Herzens Trost und Freude ist. Darum richten sie auch

ihr ganzes Streben vor Allem dahin, dass sie ihr Herz und ihre Seele allezeit in der Gegenwart Gottes halten und sich der Süssigkeit des Herrn Jesu erfreuen möchten. Sie wünschen und begehren niemals etwas Anderes zu thun zu haben, als Christum anzuschauen und alles Andere zu vergessen" (S. 22—26) [1]).

Es ist zu beachten, dass es gerade die tiefsinnigsten und bezüglich ihrer Darstellung des inneren Lebens des Christen lichtvollsten Schriften TEELKINCKS sind, welche sich durch ihre Anklänge an die Mystik characterisiren. Dahin gehört z. B. dessen unter dem Titel »Die Kämpfe eines bekehrten Sünders" [2]) herausgegebener Commentar zum 7. Cap. des Römerbriefes. Das ganze Werk handelt von der Ertödtung des alten und dem Leben des neuen Menschen. Will der Mensch zu dem neuen Leben in Christo gelangen, so muss der alte Mensch absterben. Daher muss er seiner Natürlichkeit Alles versagen und entziehen wonach es diese gelüstet, und er muss seinen Menschen gerade das thun lassen und zu dem zwingen, was ihm widerstrebt. (S. 42 ff.). Indessen darf der Christ hierbei nicht stehen bleiben. Er muss vielmehr mit Aufbietung seiner ganzen innern Kraft in anhaltendem Gebet und Flehen darnach trachten, dass er mit dem Geiste aus der Höhe angethan werde, indem es der Geist allein ist, der das Fleisch zu tödten ver-

---

1) Gewissermaassen eine Ergänzung dieser Schrift von moraltheologischer Seite liefert TEELLINCK in seinem Tractate *„Den christelijcken leijtsman, aenwijsende de practijcke der waren bekeeringhe, onder de geleghentheijt van eenen religieusen vasten-biddagh voorghestelt;"* Middelb. 1618 (225 S. S. in 4o.), indem derselbe hier ausführt, was der *Mensch* zu thun habe um zur wirklichen Bekehrung zu kommen.

2) Schon i. J. 1620 hatte TEELLINCK unter dem Titel *„De clachte Pauli* over sijne natuerlijcke verdorvenheit"* zwei Predigten veröffentlicht, welche eine Auslegung von Röm. 7. 24 enthalten. Mit Benutzung derselben stellte nun der Sohn des Verfassers, MAXIMILIAN TEELLINCK, aus den hinterlassenen Papieren des Vaters die Schrift zusammen, welche (wie es scheint 1648 in ersten und 1650 in zweiter Auflage) unter dem Titel erschien: *„De worstelinge eenes bekeerden sondaers* ofte Grondige verklaringe van den rechten zin des VII. Capittels to den Romeijnen. (355 S. S. in 4o).

mag. Unterlässt dieses der Christ, so kommt er nur scheinbar
zur Bekehrung, indem dann nur seine natürlichen Kräfte in
ihm thätig gewesen sind, während die Erneuerung des Menschen
nur durch die übernatürliche Kraft des Geistes Gottes zu Stande
kommen kann. (S. 51 ff.)

Indessen geschieht dieses nicht unmittelbar, sondern durch
Mittel, vor Allem durch das Wort. Freilich geht die Gnadenwirksamkeit nicht von den Mitteln aus, sondern Gott selbst
wirkt hinter denselben, nicht als ob er an sie gebunden sei,
sondern weil er es so geordnet hat. Gott hat uns an bestimmte Mittel zur Erlangung der Seligkeit gewiesen, lediglich
»damit wir etwas haben um Gott unseren Gehorsam und
unsere Eherbietung zu bezeugen." (S. 224 ff.) — Die Klage
des Apostels in v. 24 ist als eine Klage über sich selbst aufzufassen (S. 330); denn je gottseliger der Christ ist, umso
mehr erkennt sich derselbe in seinem Sündenelend." (S. 332 ff.) [1]).

Mit am vollständigsten legt TEELLINCK seine mystisch-pietis-
tische Heilslehre in der Schrift »Schlüssel der Devotion" [2]) dar.
Unter »Devotion" versteht er, (wie im Vorwort bemerkt wird),

1) GIJSBERT VOET urtheilt (Vorrede zur Gesammtausgabe der Werke TEELLINCKS
vom 18. Oct. 1631) über diese Schrift „Ich kann es nicht unterlassen ein Wort des
Lobes über die Erkläring des 7. Kapitels an die Römer zu sagen. Ich habe dieselbe
in jeder Beziehung ganz ausgezeichnet gefunden. Die Analysis oder Auslegung des
Textes ist bündig und wohl getroffen. Die kurze und präzise Erklärung der Worte,
die der h. Geist gebraucht, ist gründlich und zugleich den Begriffen der Zuhörer
angepasst. Die religiösen Wahrheiten werden aus ihnen in sehr geschickter Weise
entwickelt, mit der nöthigen Erklärung und Begründung. Die Irrthümer der Socinianer, Koornhertisten und Remonstranten werden in sehr gelehrter Weise wider-
legt. Die Anwendung auf das Leben einerseits zum Troste, andererseits zur Besserung,
ist tiefsinnig, eindringlich und den Verhältnissen des Volkes angemessen. Die Darstellung und der Ausdruck ist deutlich und klar und den Sachen entsprechend welche
erörtert werden."

2) Sleutel der devotie ons openende de deure des hemels, Amsterd. 1624. Ich
benutze die Schrift nach der neuen Ausgabe derselben, welche die Enkel des Verfassers 1655 zu Utrecht erscheinen liessen. In derselben besteht die Schrift aus zwei
Theilen, deren erster 476 S. S., der zweite (mit einem „Aenhanghsel aen de sleutel
der devotie") 365 S. S. in 4o umfasst.

die Selbstübergabe des Menschen an Gott, welche der eigentliche Beruf des Menschen ist, indem dieselbe vor Allem die Pflicht hat, Gott dem Herrn nach seinem in der h. Schrift geoffenbarten Willen zu dienen. Hieraus folgt, dass der Christ mit dem Worte der h. Schrift vertraut sein muss. Es giebt aber eine zwiefache Kenntniss von göttlichen Dingen, eine natürliche, welche der Mensch durch seinen natürlichen Verstand und Fleiss, ohne übernatürliche Einwirkung des Geistes Gottes gewinnt, und welche den Menschen nicht bessert, sondern aufbläst, und eine geistliche Kenntniss, welche der h. Geist durch die übernatürliche Gnade den Auserwählten mittheilt und welche in den Herzen derselben eine wunderbare Liebe und einen tiefinnerlichen Zug zu Gott erweckt. (I, S. 22, 23).

Hierauf beruht der Glaube des Christen, ohne den es kein christliches Leben giebt (I, S. 32 ff.) Der Glaube kann aber nur dann lebenskräftig und fruchtbringend sein, wenn der Mensch zur wahren Selbstverläugnung gelangt ist, die derselbe vor Allem an seinem verderbten Fleische, durch Versagung von Lieblingsgenüssen, durch Bekämpfung von Gewohnheiten, durch Unterdrückung von Bedürfnissen auszuüben hat, die aber in Selbstdemüthigung, in geduldigem Ertragen von Verachtung und Spott, Armuth, Krankheit, Schmerz und sonstigem Elend, was über ihn kommt, zich zu bethätigen hat. Denn das Alles dient dazu die verderbte Natur des Menschen allmählich abzutödten und dagegen die Gemeinschaft Jesu Christi in demselben immer lebendiger und wirksamer zu machen (I, S. 61—65). Auch innere Anfechtungen und qualvolle Beunruhigungen der Seele, in denen dem Christen sein Gnadenstand zweifelhaft wird, muss derselbe in aller Stille tragen lernen, indem auch dieses dazu dient, das natürliche Wesen mehr und mehr zu brechen und zu überwinden (I, S. 67). Will aber der Christ wirklich zum Siege über das Fleisch kommen, so muss er fleissig alle die geistlichen Mittel gebrauchen, welche Gott hierzu geordnet hat, wozu insbesondere auch die inneren Erregungen gehören, welche der h. Geist in der Seele hervorruft. Denn es ist nicht mit Worten zu sagen, wie mächtig diese heiligen Bewegungen und Erregungen den ganzen Leib der Sünde niederdrücken. Dieselben sind pathemata des Geistes, welche sich den pathemata des Fleisches direct entgegenstellen und haben eine solche Kraft dass auch der allergottloseste und fleischlichste Mensch, der auf der Welt zu finden ist, wenn er je von diesem scharfen Schwerte des Geistes Gottes getroffen werden sollte, dadurch zu einem anderen Leben erweckt, und wenn auch nicht bekehrt, doch sicher für lange Zeit vom Sündendienst abgehalten werden würde. Für die Gottseligen aber sind diese Bewegungen des Gemüths ein Feuer Gottes, welches auf der einen Seite die fleischlichen Affecte und Lüste verbrennt, verzehrt, verschlingt, auf der anderen Seite das geistliche Leben des neuen Menschen ernährt, erwärmt und stärkt (I, S. 81—84). Wenn darum diese herrlichen und heiligen Bewegungen sich in dem Herzen des Christen erheben, so ist es nicht ungerathen dass der Christ nicht etwa zu anderen geistlichen Uebungen und Contemplationen übergehe, sondern dass er seinen ganzen Ernst anwende, und die geistliche Erregung und Bewegung durch andauerndes Seufzen und durch Stossgebete unterhalte und nähre. Denn durch dieses süsse Gefühl der Gnade werden in dem Christen alle Tugenden erweckt und belebt, weshalb der Christ, wenn seine Erregungen bei ihm längere Zeit hindurch ausbleiben, das Aeusserste aufbieten muss, um sie in seiner Seele wieder zu erwecken, wozu vier Mittel dienlich sind, nämlich die Uebung in guten Werken, fleissige Hingabe an solche Contemplationen, welche erfahrungsmässig am leichtesten die Seele zum Gefühle der Gnade führen, häufiges Lesen in der h. Schrift, und vor Allem eifriges Beten. (I, S. 86—87).

Uebrigens eifert TEELLINCK (II, 47 ff.) gegen Diejenigen

welche die h. Schrift nicht nach ihrem Wortsinn auffassen und nur einen geistlichen Sinn derselben gelten lassen wollen; und ebenso warnt er (II, 186 ff.) vor der Versuchung sich wegen der Mangelhaftigkeit der kirchlichen Ordnung und Zucht von der Kirche abzusondern, da der Christ zu Spaltungen in der Kirche unbedingt keinen Anlass geben dürfe.

§ 4.

DER PIETISMUS AUF DEN HOCHSCHULEN DER NIEDERLANDE.

a. *Wilhelm Amesius zu Franeker.*

Auf den Universitäten der Niederlande ist der Pietismus nicht als ein Product der eigenen Entwickelung der niederländischen, auf der belgischen Confession beruhende Theologie, sondern dadurch heimisch geworden, dass derselbe (in Utrecht mittelbar durch WILHELM TEELLINCK, in Franecker unmittelbar) von England her in die Niederlande übertragen ward. [1])

WILHELM AMESIUS [2]), 1576 zu Norfolk in England geboren, und in Cambridge von W. PERKINS gebildet, war, weil er als strenger Puritaner auf eine Anstellung im Vaterlande keine Aussicht hatte, mit einem Freunde nach Leiden gezogen, hatte späterhin nach allerlei Geschicken während der Dordrechter Nationalsynode (auf Kosten der Generalstaaten) in Dordrecht gelebt (wo er die Hauptstütze des Vorsitzenden der Synode, JOHANN BOGERMAN, war), worauf er erst die Stelle eines Inspectors über das Amsterdamer Alumnat in Leiden und schliess-

---

1) Es werden hier nur diejenigen academischen Lehrer namhaft gemacht, welche als die eigentlichen Begründer der pietistischen Theologie auf den holländischen Universitäten anzusehen sind.

2) A. J. VAN DER AA, Biographisch Woordenboek der Nederlanden, Deel 1 (Haarlem 1852) S. 78—79.

lich eine Professur der Theologie an der Universität Franecker
übertragen erhielt, welche er am 7. Mai 1622 mit einer Rede
über das Urim und Thummim antrat. Er starb zu Rotterdam,
als er eben den Ruf auf die Predigerstelle der dasigen anglikanischen Gemeinde angenommen hatte, erst 57 Jahre alt,
am 1ten November 1633 (nicht 1659).

AMESIUS trat in den Niederlanden durchaus als Jünger seines
frommen Lehrers PERKINS auf. In dem Compendium der Dogmatik, welches er unter dem Titel »Medulla theologica" zu
Leiden ausarbeitete, definirte er die Theologie ganz im Sinne
seines Lehrers: »Theologia est doctrina Deo vivendi." Denn die
Theologie bezieht sich unmittelbar auf das Leben (circa aliud
non potest proprie versari quam circa vitam) und zwar auf
das vivere Deo. Darum ist die Theologie eine wesentlich praktische Wissenschaft, welche, weil sie göttliches Leben im Menschen erwecken will, auch θεογονία oder θεουργία genannt werden könnte. Dieselbe zerfällt in zwei Theile: in die Lehre
von der fides (Glaubenslehre) und von der observantia (Sittenlehre). Die fides ist (S. 6.) die »acquiescentia cordis in Deo."
Die observantia ist (S. 194) diejenige Bethätigung des Menschen
»qua Dei voluntas in ipsius gloriam cum subiectione praestatur."

Als daher AMESIUS sein Lehramt in Franecker antrat, entschloss er sich alsbald, dem theologischen Studium daselbst,
wenn es möglich wäre, eine ganz neue Richtung zu geben
und den Geist in demselben heimisch zu machen, welchen als
Prediger, Seelsorger und Schriftsteller der fromme TEELLINCK
zu Middelburg vertrat. Daher richtete er schon i. J. 1622
Vorlesungen über praktische Theologie, die mit Uebungen verbunden waren, ein, durch welche er die Studenten von dem
Studium der Theologie in der scholastischen Form abzuziehen,
sie mit den Phänomenen des inneren religiösen Lebens vertraut
zu machen, sie zur Pflege des eigenen religiösen Lebens zu
erwecken und zur Beurtheilung und Behandlung der mannig-

fachen Seelenzustände und Gewissensfragen, die dem Prediger
in der Seelsorge entgegentreten, tüchtig zu machen suchte.
In einer Ansprache, welche er am 22. August 1623 an die
Theologiestudirenden der Hochschule Franecker hielt, sprach
er sich darüber aus, dass sie eben in diesen praktisch-theolo-
gischen Aufgaben und Interessen den Mittel- und Zielpunkt
ihrer Studien und ihrer Vorbereitung für das geistliche Amt
zu erkennen hätten. »Das Hauptübel, unter dem das Studium
der Theologie leidet," hielt Amesius seinen Zuhörern vor,
»ist der Mangel an Erkenntniss des wahren Zieles desselben.
Dieses alleinige Ziel der Theologie hat Paulus 1 Tim. 4, 16
mit den Worten angegeben: Habe Acht auf dich selbst und
auf die Lehre, beharre in diesen Stücken. Denn wo du solches
thust, wirst du dich selbst selig machen und die dich hören.
Wer darum Andere zum Leben in Gott will führen können,
der muss vor Allem darnach trachten, dass er selbst nur für
Gott und für die Ehre Gottes lebe. Die Förderung der eignen
Frömmigkeit muss das allernächste und wesentlichste Interesse
des Theologiestudirenden sein. — Das zweite Uebel, an
welchem das Studium der Theologie leidet, liegt darin, dass
es nicht mit heiligem Sinn gepflegt wird. Die Seele des Stu-
direnden muss ein reiner Spiegel sein, aus welchem das Bild
der ewigen Wahrheit hell und klar hervorleuchte. »Ad fortia
mittuntur fortes; ad pietatis officia mittendi soli pii." — Fliehet
darum das Laster, haltet an im Gebet und jagt eurer Heiligung nach. Denn richtig sagt Luther, dass drei Stücke nöthig
sind, wenn Iemand ein wahrer Gottesgelehrter werden will:
»lectio assidua, oratio und tentatio." Unsere Theologen aber
glauben für ihren heiligen Beruf vollkommen zugerüstet zu
sein, wenn sie nur die Dogmen kennen. Möchten sie dieselben
doch nur wirklich kennen! Leider aber kümmern sie sich nur
um die Dogmen, welche gerade controvers geworden sind, und
in der h. Schrift sehen sie nur auf die Stellen, welche zu ir-

gend einem locus communis gehören oder über deren Auslegung
gestritten wird. Vertieft euch darum in den ganzen und vollen Inhalt der Schrift, auf dass ihr wahre Gottesmänner werdet; und neben dem Worte Gottes studirt nur solche Bücher,
welche euch den Saft und das Lebensblut der Schrift gewähren
und euch zur Praxis der Frömmigkeit (praxis pietatis) führen.
Die Kenntnisse der Streitigkeit haben uns die Häretiker nöthig
gemacht; dagegen das Studium der Frömmigkeit macht uns
Gott selbst zur Pflicht." — Hierauf giebt dann AMESIUS seinen
Zuhörern zu bedenken, dass zum *Studium* der Theologie auch
das *Exercitium* derselben gehöre, und schliesst seinen Vortrag
mit der an die Zuhörer gerichteten Ermahnung, nicht nur den
homiletischen und katechetischen Uebungen obzuliegen, sondern
sich auch unablässig im Gebet, und zwar nicht nach Formeln,
sondern aus der Tiefe des eigenen Herzens und bei jedem
Anlass, in der Meditation, in der Erweckung des Glaubens,
der Liebe, der Hoffnung, der Selbstbesserung, Tröstung u. s. w.
ebenso bei Anderen als am eigenen Herzen sich zu üben und
so der wahren Tüchtigkeit zum Amte des Predigers und Seel-
sorgers in gottseliger Weise nachzustreben.

Das Collegienheft, welches AMESIUS ausarbeitete und wiederholt überarbeitete, um der Aufgabe, welche er in dieser
Ansprache an die Studenten sich selbst gestellt hatte, zu entsprechen, veröffentlichte er später unter dem Titel. *»De conscientia et eius iure vel casibus Libri V.*" In der an die Stände
von Seeland gerichteten Dedication bezeichnet er TEELLINCK als
seinen um die Förderung des inneren religiösen Lebens hoch-
verdienten Geistesverwandten. In dem Vorwort bekennt er
sich als einen Schüler des unvergesslichen PERKINS, durch den
er auf die Wege des inneren Lebens (zum studium pietatis)
geführt sei. [1])

---

1) Eine Gesammtausgabe der (sehr zahlreichen) Schriften des AMESIUS ist in fünf

b. *Gijsbert Voet zu Utrecht.*

Unter den Vertretern des Pietismus auf der Hochschule zu Utrecht war der hervorragendste und einflussreichste der (von TEELLINCK angeregte) grundgelehrte VOET, Professor der Theologie daselbst.

GIJSBERT VOET (latinisirt GISBERTUS VOETIUS [1]) am 3. Maerz 1585 zu Heusden in Holland geboren, hatte während seiner theologischen Studienzeit zu Leiden (seit 1604) — wo er zuletzt mit dem Ehrenamte eines Lectors der Logik für ausgezeichnetere Studirende betraut gewesen, — namentlich zu den Füssen des eifrigen Vertreters calvinisch-kirchlicher Rechtgläubigkeit, GOMARUS, gesessen, hatte aber auch die Vorlesungen des Gegners desselben, des ARMINIUS gehört, war dann schon 1607 Prediger der damals mit einander verbundenen Kirchspiele Vlijmen und Engeln, hernach (1617) Pastor seiner Vaterstadt Heusden geworden, und hatte sich in siebenundzwanzigjähriger Amtsführung — während welcher er die ehrenvollsten Berufungen nach Rotterdam, Haag, Haarlem, Dordrecht, Middelburg und Herzogenbusch erhalten und abgelehnt hatte, — als eifriger Verfechter des reformirten Bekenntnisses gegen die Arminianer und als Förderer des Protestantismus in theilweise katholischen Bezirken zu solchem Ansehen erhoben, dass man

---

Bänden (in 12°) — mit vorausgeschickter Lebensbeschreibung von MATTH. NETHENUS, Prof. zu Utrecht — 1658 zu Amsterdam erschienen. Unter denselben verdient hier insbesondere der kleine Aufsatz „Explicatio textus 1, Cor. 2, 4—5 quibusdam Theol. studiosis ad imitationem proposita" hervorgehoben zu werden. AMESIUS führt hier den Gedanken aus, dass die Predigt des Evangeliums wesentlich „Beweisung des Geistes und der Kraft" sein müsse, dass aber darum auch das Gemeindeglied, wenn es in den Gottesdienst gehen wolle, sich so vorzubereiten habe, dass es die Predigt als eine Beweisung des Geistes und der Kraft zu seinem Segen zu erfassen vermöge.

1) Vgl. über ihn CH. SEPP, Het godgeleerd onderwijs in Nederland, II S. 153 ff. und IJPEY Gesch. der christl. Kerk in de 18e eeuw. T. VIII, p. 122 — und V. D. AA, Biographisch Woordenbook, XI S. 89 ff.) — In Deutschland pflegt man seinen Namen fehlerhaft VOËTIUS zu schreiben. „Voet" ist „Fuss."

ihn 1634 [1]) auf die Stelle eines Professors der Theologie an
dem eben errichteten (1636 in eine Universität umgewandelten)
Gymnasium illustre zu Utrecht beförderte, neben welcher er
seit 1637 auch noch das Amt eines Pastors der Stadt verwal-
tete. Hier in Utrecht, wo Voet seine ganze übrige Lebenszeit
zubrachte, wo er — ein 86 jähriger Greis und der letzte der einst
auf der Nationalsynode Niederlands zu Dordrecht (1618—1619)
versammelt gewesenen Kirchenlehrer — am 1ten Nov. 1676
starb, hat derselbe mit seiner langjährigen Wirksamkeit seinen
Namen in starken, bleibenden Zügen in die Tafeln der Geschichte
eingetragen. [2])

Ausgerüstet mit einer ungewöhnlichen theologischen Gelehrsamkeit und in der Logik und Dialektik des damaligen Aris-
totelismus wie Wenige geübt, stand Voet — ein Character
durch und durch — allezeit als ein vom Scheitel bis zur Zehe
gewappneter Kämpfer auf der Wache, um jeden Angriff auf
das Haus des Herrn sofort niederzukämpfen. [3]) Doch waren
ihm hierin auch andere niederländische Gottesgelehrte jener Zeit
fast gleich. Was ihn aber vor allen Anderen, die wegen
ihrer Gelehrsamkeit und ihres Eifers für den reformirten
Glauben mit ihm verglichen werden konnten, auszeichnete,
das war 1, der Ernst und der Eifer, mit dem er nicht nur als
Prediger, sondern auch als academischer Lehrer die Erweckung
und Pflege *inneren religiösen* Lebens im Auge hatte, und 2,
die hiermit im Zusammenhang stehende Weite seines Herzens
und Freiheit seines theologischen Urtheils.

Es ist üblich geworden, in Voet nichts Anderes als den

---

1) Nicht i. J. 1637, wie Göbel in seiner Geschichte des Christlichen Lebens u.
s. w. B. II, S. 142 angiebt. Im Vorwort zu seinen „Exercitia pietatis" berichtet
Voet, dass er sein Amt an der schola illustris zu Utrecht i. J. 1634 angetreten habe.

2) Vgl. den Nachruf, den ihm sein Schüler, College und Freund Andreas Essenius am Grabe nachsandte: „Oratio funebris in obitum G. Voetii" (Utrecht, 1677, 4o).

3) Heidanus sagt von ihm (in Cocceji Opera anecd. II, S. 694) Ὁ δεῖνα, qui
a pede nomen habet, et ubique se ut caput gerit."

starren scholastischen Systematiker der reformirten Kirche zu
sehen, der nur die dürrste, unfruchtbarste Orthodoxie zu erfassen und zu verfechten, der nur in den Formen des Aristo-
lelischen Pedantismus damaliger Zeit zu denken, der nur in
dem barbarischen Latein des Mittelalters zu reden und der auch
nicht die geringste Abweichung von dem Dogma der Kirche
zu dulden vermochte. [1]) Nun haben allerdings Arminius, der
mit seiner Lehre von der Freiheit des Menschen die kirchliche
Lehre von der Gnade Gottes verdarb, Coccejus, der »den
Sabbath auflöste" und mit seiner neuen Schriftinterpretation
die Schriftwahrheit erst ermitteln wollte, während diese doch
nach Voet längst festgestellt war, Cornelius Janssonius zu
Löwen, der die Reformation als Gottlosigkeit und die Reformatoren als unberufene Neuerer verunglimpfte, Cartesius, dem
er mit dem prinzipiellen Satz die Spitze bot: »*Dubitatio* non
potest dici principium sapientiae theologicae, sive inchoans,
sive praeparans aut disponens sive fundans"[1]) und Maresius,
mit dem er anlässlich einer katholischen Brüderschaft in der
Stadt Herzogenbusch, die der dortige (reformirte) Magistrat
nicht aufheben wollte, 25 Jahre lang in Fehde lag, in ihm
allezeit einen Gegner gefunden, der sich in keiner Weise auf
irgendwelche Transactionen mit ihnen einliess. — Allein das
Latein Voets ist ganz dasselbe, welches seine Feinde und seine
Gegner sprachen und schrieben, — nur dass er der Scholastik
kundiger war als diese, weshalb ihm auch die technischen
Ausdrücke derselben geläufiger waren als Anderen, und neben
der Scholastik kannte er ein Gebiet des theologischen und re-

---

1) Dieses letzte Urtheil fällt z. B. auch van Oosterzee über Voet (in Herzogs theol.
Realencycl. Band XVII, S. 241) und doch ist Oosterzee's Beurtheilung Voets noch
immer die gerechteste und erfreulichste zu nennen! — Der mystische Pietist Lodenstein bezeichnet (im Vorwort seiner Schrift „Beschouwing van Zion") Voet als
den *hervorragendsten* unter den „Lehrern der Kraft der Gottseligkeit."

2) Wenig bekannt ist in Deutschland die Schrift: „*Disquisitio hist. theol. de pugna
Voetium inter et Cartesium. Lugd. Bat.* 1861.

ligiösen Lebens, um das sich die Anderen nie gekümmert hatten, nämlich die Mystik des Mittelalters und der folgenden
Zeit, und gerade die Stellung welche VOET zur Mystik und
zum Pietismus einnahm, hatte seinem eignen religiösen Leben
und seinem kirchlichen Wirken den Charakter aufgeprägt, der
dasselbe auszeichnete.

Das empfängliche Gemüth VOETS war zunächst durch den
Eindruck der Persönlichkeit und mehr noch der Schriften des
gottseligen W. TEELLINCK [1]) mächtig erfasst und zur Pflege
und Vertretung der »praktischen," der »ascetischen" Theologie, der »wahren Gottseligkeit," der »Praxis des Glaubens,"
des »innern Christenthums" angeregt worden. Infolge dessen
hatte sich seine Aufmerksamkeit auf die ihm zunächst liegenden Mystiker, auf THOMAS VAN KEMPEN und RUYSBROECK gelenkt, in deren Schriften er sich vertiefte und von denen aus

---

1) Ueber TEELLINCK spricht sich VOET namentlich in seinem Vorwort zu der Gesammtausgabe der Werke desselben vom 18. Oct. 1631 aus. Er berichtet hier, dass
er TEELLINCK zwar nur selten gesehen und gesprochen und dass er nur zwei oder
drei Predigten desselben gehört, dass er aber seine Schriften eifrig gelesen habe und
darum dieselben kenne. „In diesen Schriften hat er," sagt VOET, „in übersprudelnder
Weise gezeigt, wie sein Sinn in der h. Schrift geübt, sein Herz an ein tiefes Gefühl der göttlichen Dinge gewöhnt und sein Geist aus dem eiteln Gewühl der Welt
zu himmlischer Contemplation emporgehoben war, — so dass er mit Recht als ein
zweiter THOMAS A KEMPIS unserer Zeit (jedoch als ein reformirter) angesehen werden kann." — Hierauf legt VOET — im Hinblick auf die Bekrittelung, welche
TEELLINCK von manchen Seiten her erfahren hatte, — das Bekenntniss ab: „Was er
(nämlich TEELLINCK) in seinem Kopf und in seinem Herzen hatte, weiss ich nicht;
*aber Eins weiss ich wohl, dass er mit seinen Schriften neben unzähligen Anderen
auch mir die Augen geöffnet und das Herz durch Gottes Gnade gerührt hat,* um
viele Dinge besser zu verstehen und in Erwägung zu ziehen, an welche zuvor gar
nicht oder nur selten gedacht wurde." — Ebenso erklärt VOET in dem (vom 10 Juni
1639 datirten) Vorwort zum zweiten Theile von TEELLINCKS „Hausbuch" welchen
MAXIMILIAN TEELLINCK zur Vervollständigung des Werkes seines Vaters ausgearbeitet
hatte: „Ich weiss dass viele Liebhaber der Theologie längst gewünscht haben und
noch wünschen, dass eures Vaters Werk ergänzt werden möchte; weshalb nicht zu
zweifeln ist, dass Viele diese Euere Arbeit recht dankbar aufnehmen werden, namentlich Diejenigen, welche *mit mir* (neffens mij) *gern bekennen dass sie durch
Eueres Vaters Schriften wie durch allgemeine Morgenwecker der Gemeinden und
Prediger hier zu Lande in so vielen Dingen erbaut und angeleitet werden möchten."*

er den auch in der Mystik der katholischen Kirche liegenden Schätzen des religiösen Lebens nachging. Doch waren es schliesslich die Schriften des Thomas a Kempis und der seit Ende des sechszehnten Jahrhunderts zahlreich hervorgetretenen Pietisten Englands und Hollands, an die er sich hielt, und deren Lectüre er in seinen Kreisen heimisch machte. Bayly's »Practice of the piety" gab er 1643 in niederländischer Ueber-setzung (»Oeffeninge der Godzaligheid met aanteekeningen") selbst heraus. Eine andere in England erschienene Schrift gab ihm Veranlassung aus derselben sein »Biegtboeksken der Chris-tenen" herzustellen, welches er 1664 zu Amsterdam (12°) er-scheinen liess. Um sich aber selbst in den Pietismus der englischen Puritaner noch mehr einzuleben machte er 1636 mit seinem Sohne Paul eine Reise nach England, wo er sich freute, so viele Gottesmänner, deren Namen ihm längst theuer geworden waren, von Angesicht zu sehen, und wo er sich namentlich in das pietistische Familien- und Gemeindeleben recht vertiefte, so dass er innerlich reich befruchtet aus England in die Hei-math zurückkehrte.

Voet war schon als Prediger zu Heusden — wo er allwö-chentlich achtmal vor seiner Gemeinde und ausserdem von Zeit zu Zeit auf der Festung Hemert vor der Besatzung predigte — der »practijke der Religie" eifrigst ergeben gewesen, — nicht nur durch ununterbrochene Hinweisung auf dieselbe und uner-müdliche Ermahnung und Anweisung zu ascetischer »Uebung der Gottseligkeit" und durch Verbreitung dahin gehöriger Schriften in seiner Gemeinde, sondern auch schriftstellerisch. Im J. 1628 veröffentlichte er nämlich zu Heusden, gegen einen zu den Arminianern übergetretenen Prediger Daniel Tilenus (welcher behauptet hatte, dass die Dordrechter Orthodoxie eine für das Leben ganz unfruchtbare Doctrin sei) eine Schrift: »Prüfung der Kraft der Gottseligkeit," [1]) worin er auszuführen

---

1) „Proeve van de kraght der godzaligheid, tegen Tilenus," (Amsterd. 1628).

suchte, dass die zu Dordrecht gegen die Arminianer aufgestellten Artikel die bestimmteste Tendenz auf Erweckung eines
praktischen, inneren und lebendigen Christenthums hätten.

Nicht lange nachher schrieb er, nachdem er mit TEELLINCK
in Verbindung getreten war, ein (vom 18 Oct. 1631 datirtes)
Vorwort — das später auch der 1659 begonnenen Sammtausgabe der Werke TEELLINCKS vorgesetzt wurde. In demselben
erklärt VOET, dass die auf die »Praxis des Glaubens" bezüg-
lichen Werke mit Recht ganz besonders hochgehalten würden.
Er rühmt hier die Werke von BERNHARD, BONAVENTURA, RUIJS-
BROEK, TAULER, insbesondere aber des THOMAS A KEMPIS »imi-
tatio Jesu" und die im sechszehnten und siebzehnten Jahr-
hundert in England und Holland hervorgetretenen pietistischen
Schriftsteller, unter denen er PERKINS, P. BAYNE, DANIEL DIJCK,
PRESTON, ROBERT BOLTON, AMESIUS, JOHANN DOWNAME und
GOTTFRIED UDEMANS, sowie den Franzosen TAFFIN hervorhebt.
Als den bedeutendsten unter denselben stellt er aber TEELLINCK
hin, den er hier als den »zweiten, jedoch reformirten THOMAS
A KEMPIS" bezeichnet und dessen Werke er als die kostbarsten
Früchte des Geistes Gottes, die zur Erweckung und Befestigung innerer Gottseligkeit ganz besonders geeignet wären,
dringlichst empfiehlt. Diese Abhandlung wurde daher auch
späteren Auflagen anderer Schriften TEELLINCKS als Vorwort
beigegeben.

Drei Jahre später trat VOET sein academisches Lehramt zu
Utrecht an. In welchem Sinne er aber dies Amt übernommen
hatte, und was er als seine eigentliche Berufsaufgabe ansah,
darüber sprach sich derselbe in seiner Antrittsrede am 12ten
Septemb. 1634 aus, in welcher er sich *de pietate cum scientia
coniungenda* expectorirte. Staunend und tief bewegt hörte die
Versammlung, insbesondere die anwesende academische Jugend,
die wunderbare Sprache des ernsten Redners, der nicht über
Streitfragen der Theologie redete, sondern den Gedanken ent-

wickelte, dass nur derjenige Theologiestudirende wirklich dem
Studium der Theologie obliege, der dasselbe mit Frömmigkeit
betreibe, und die Förderung wahrer Frömmigkeit als seinen
eigentlichen Lebensberuf ansehe. Darum ermahnt er die Studenten, jeden Tag mit Gott zu beginnen und mit Gott zu
beschliessen, sich täglich im Studium der h. Schrift, im Gebet
und in anderen Exercitien der Frömmigkeit zu üben, sich
täglich in ernster Busse auf's Neue zu Gott zu bekehren, und
den Sonntag, mit Einstellung aller Studien, ganz und gar dem
Dienste Gottes, und der Contemplation zu weihen, indem die
fleissigste Uebung in der Gottseligkeit das eigentliche Vehikel
des Studiums sein müsse. [1]) Um nun das Seinige dazu beizu-
tragen, dass die Studenten der an sie gerichteten Mahnung
auch folgten, begann VOET alsbald Vorlesungen über ascetische
Theologie zu halten, worin er zeigte wie die Zuhörer in recht
erspriesslicher Weise ihre *exercitia pietatis* einzurichten hätten.
Und diese Vorträge VOETS fanden solchen Beifall, dass sich
derselbe i. J. 1636 genöthigt sah, einen Abschnitt seines Col-
legienheftes, welcher von den »geistlichen Verlassungen" handelte, unter dem Titel: »Selectarum disputationum ex posteriori
parte theologiae quinta, *de desertionibus spiritualibus*" zu ver-
öffentlichen. Diese Schrift las nun alsbald fast Jeder der der
lateinischen Sprache mächtig war. Aber auch Ungelehrte wurden auf dieselbe aufmerksam und wünschten, dass ihnen das

---

1) Quin sacra et publica ecclesiae exercitia, ruft VOET am Schlusse seiner Rede
den Studenten zu, assiduo et alacriter frequentamus? diem dominicum, sequestratis
ordinariis studiis, totum exercitiis pietatis et studio Scripturarum consecramus?
quotidianis insuper lectionibus, precibus, meditationibus, resipiscentiae et fidei reno-
vationibus tanquam studiorum nostrorum vehiculis, diem quemque feliciter inchoamus
et terminamus? — Frustra enim felicem et salutarem studiorum successum sperat,
qui Dei sui obliviscitur, qui illotis manibus h. e. sine debita sui sanctificatione ad illa
provolat. Ut in Deo vivimus, movemur et sumus, ita Deum in omnibus studiis
nostris quaeramus, bonitatem eius gustemus, mirabilia eius palpemus, ad illum eiacu-
latoriis precibus et aspirationibus crebro suspiremus, omnes lectiones, contemplationes
nostras illis condiamus tanquam mellitis suavitatibus u. s. w.

vielgerühmte Büchlein durch eine Uebersetzung zugänglich gemacht würde, weshalb Voet's College, der Professor der Theologie Joh. Hoornbeeck endlich eine solche veranstaltete, zugleich aber auch eine eigne, ausführliche Schrift über denselben Gegenstand ausarbeitete, und beide Schriften i. J. 1646 veröffentlichte. [1]

Inzwischen suchte Voet sein Manuscript immer mehr zu ergänzen und zu vervollständigen, indem er die Erweckung und Uebung der pietas unter seinen Zuhörern als seine heiligste Berufsaufgabe ansah. [2] Die katholischen Mystiker des Mittelalters und des 16. Jahrhunderts, sowie die pietistisch-mystische Literatur des reformirten Englands und Niederlands wurde von ihm ausgenutzt, bis er endlich einen vollständigen und ausführlichen Codex evangelischer Ascetik hergestellt hatte, den er 1664 unter dem Titel »Tὰ 'Ασκητικὰ s. *Exercitia pietatis*" veröffentlichte. [3]

Der Stoff des sehr weitläufigen Werkes ist in 25 Hauptabschnitte vertheilt, und zwar so, dass die Mystiker und Pietisten — der katholischen wie der evangelischen Kirche — welche sich über den betreffenden Punkt ausgesprochen haben, namhaft gemacht und deren Ansichten verglichen werden.

Voet definirt (S. 81) die *Ascetik* als diejenige »pars theologiae, quae continet methodum ac descriptionem exercitiorum pietatis." Sie kann daher auch (S. 12—13) als »*praxis pietatis*," als »*ars colendi Deum*," als »*theologia practica*" oder »*affectiva*"

---

1) Der Titel des Buches lautet: Gijsberti Voeti *Disputaty van geestelike verlatingen* verfolgt door Joh. Hoornbeeck." — De tweede Druck. Utrecht 1650. Voets Abhandlung umfasst 56 S. S. in 12º, die darauf folgende Schrift Hoornbeecks „Van geestelike verlatingen" umfasst 22 S. S. in 12º.

2) Gijsberti Voetii — Tὰ 'Ασκητικὰ sive *Exercitia pietatis* in usum iuventutis academicae nunc edita. Addita est, ob materiae affinitatem, oratio *de pietate cum scientia coniungenda*, habita a 1634. Gorichem, 1664 (879 S. S. in 8º).

3) Die damals von ihm herausgegebene Schrift: „*Exercitia et Bibliotheca studiosi theologiae* (Utrecht, 1644), habe ich leider nicht zu sehen bekommen.

oder »*contemplativa*" oder »*mystica*," auch als »*imitatio Christi*"
bezeichnet werden. Nachdem nun (S. 30 ff.) die Begriffe der
»devotio," der »compunctio" [1]) der »excitatio," der »vigilia
spiritualis," der »adhaesio Dei" oder der »familiaritas cum Deo,"
der »introversio" und der »contemplatio" [2]) entwickelt sind,
wird (S. 92 ff.) besonders eingehend vom Gebet gehandelt.
Die »*precatio*" wird (S. 115) einerseits als »*precatio formalis*"
(eigentliches Gebet) und »*eiaculatoria*" (Stossgebet) andererseits
als »*oratio mentalis*" und »*vocalis*" unterschieden. — Das Stossgebet ist (S. 125) eine »occasionata aspiratio." — Nachdem
hierauf die Akte der Resipiszenz (dabei auch das Lachen und
Weinen) die »Praxis des Glaubens," die »Praxis des Sabbaths"
u. s. w. besprochen sind, wird (S. 416 ff.) von den Mortifica-
tionen und ausserordentlichen Exercitien (Fasten, Wachen,
Schweigen, Einsamkeit) und sodann (S. 46 ff.) von der militia spiritualis gehandelt, worauf der Verfasser (S. 451) zu
den Versuchungen des Teufels, der Welt und des eignen
Fleisches und (S. 524 ff.) zu den geistlichen Verlassungen
übergeht, wobei natürlich ganz im Sinne des reformirten Systems zwischen den Erwählten und den Nichterwählten unterschieden wird. Die folgenden Kapitel handeln (S. 524) von
der »Euthanasia s. ars moriendi," (S. 610) vom Märtyrerthum,
von gemeinschaftlichen Uebungen der Andacht (im Gotteshaus
und Familienkreis) und (S. 621) von der christlichen Besuchung

---

1) Dieselbe wird definirt: „Vera devotio est bona voluntas, quae sponte ultroque
se tradit paratam ad omnia quae sunt ad gloriam, honorem, beneplacitumque Dei.

2) VOET fasst die „contemplatio" als mit der „meditatio" identisch auf und definirt dieselbe (S. 48) als „exercitium spirituale, quo Deum et res divinas cognitas,
intentâ, experimentali et affectuosa cognitione recordamur seu repetimus nobisque ap-
plicamus." Die Frage, ob es eine *„mystica contemplatio*" gebe, und ob ex ea expe-
rimentaliter demonstretur veritas christianae religionis" beantwortet VOET verneinend
(S. 76), und zwar aus dem Grunde, „quia attolitur ea et ponitur supra fidem;
atqui nec formaliter, nec fundamentaliter altior est cognitio veritatum supernaturalium
quam cognitio fidei, et non est alia contemplatio in hac vita quam usus et exercitium fidei.

(zur Belehrung, Warnung, Züchtigung, Tröstung u. s. w. Anderer). — Den Schluss des Ganzen bildet eine Abhandlung über die »ascetica specialis," worin allerlei Winke über die Einrichtung der »exercitia pietatis" in verschiedenen Ständen, Lebensverhältnissen, Berufsarten u. s. w. gegeben werden.

Dieses ist VOETS »practische Theologie," für die derselbe die ascetische Mystik der gesammten Kirche, ohne die confessionellen Trennungen zu beachten, als Unterlage benutzt hat. Daher begreift es sich wohl, das VOET, der selbst die Mystiker des Jesuitenordens als beachtenswerthe Vorgänger anerkennt und deren Schriften ausbeutet — bei aller Treue gegen seine Kirche und deren Bekenntniss — doch von confessioneller Engherzigheit frei war. Daher klagt VOET in seinem Vorwort (vom 18. Oct. 1631) zur Gesammtausgabe der Werke TEELLINCK's, über die Bornirtheit Derer, welche TEELLINCK über einzelne Lehreigenthümlichkeiten tadelten. »Werden doch," sagt er hier »die Schriften eines PISCATOR (zu Herborn) und Anderer von den Hochdeutschen und Schotten gebraucht und gepriesen, obschon sie über die »iustitia activa" Christi eine abweichende Lehre enthielten!" Derartige Aeusserungen finden sich in VOETS Schriften gar viele vor. Doch möge es genügen zur Berichtigung des Zerrbildes, welches die kirchengeschichtliche Tradition von VOET entworfen hat, hier hervorzuheben, dass VOET unter der »conversio" oder »resipiscentia" auch die Bekehrung des Menschen von der todten Rechtgläubigkeit zum inneren lebendigem Glauben, zur wahren inneren Frömmigkeit versteht. VOET spricht sich hierüber am klarsten eben in seinen »exercitia pietatis" aus, wo er (S. 180) den Gedanken ausführt, dass die »conversio" im allgemeinsten Sinne als Bekehrung vom falschen zum wahren Christenthum aufgefasst werden könne, dass sie aber genauer als Bekehrung" a formalitate s. $\mu o \rho \phi \acute{\omega} \sigma \epsilon \iota$ pietatis in christianismo orthodoxo ad genuinam pietatem et fidem salvificam" aufzufassen sei. — Allerdings kennt VOET eine noch höhere Stufe der Bekehrung, welche der Christ durch ascetische Mystik zu erreichen hat, — nämlich die Bekehrung »ab infantili, rudi et languida actuali conversione ad strictiorem, accuratiorem, perfectiorem interioris et exterioris hominis formationem;" allein hierdurch wird nur auch von dieser Seite her bewiesen, dass Voet die Christlichkeit nicht im Orthodoxismus sah.

d. *Johann Hoornbeeck zu Utrecht.*

Unter den Amtsgenossen, welche mit Voet in Utrecht zusammenwirkten, und welche wie er es sich zur Aufgabe machten, unter den künftigen Dienern der Kirche eine wesentlich auf der »praxis pietatis" beruhende Theologie erwachsen zu lassen, ist insbesondere Johann Hoornbeeck zu nennen, der, am 4. Nov. 1617 zu Haarlem geboren, nachdem er 1639—1642 eine Predigerstelle zu Mülheim bei Köln begleitet hatte, i. J. 1644 (nach dem Tode des Prof. Schotanus) eine Professur der Theologie zu Utrecht übertragen erhielt, die er zehn Jahre versah, worauf er 1654 einem Ruf nach Leiden folgte. Leider machte hier der Tod schon am 23. Aug. 1666 seiner gesegneten Wirksamkeit ein Ende. [1]

Hoornbeeck ist, (ähnlich wie Voet) als streitbarer Verfechter der reformirten Orthodoxie bekannt und ist als solcher von Zeitgenossen ebenso hoch gefeiert als bitter gehasst worden. Was aber ihm als Lehrer der Theologie vor Allem am Herzen lag, und was er als das Eine betrachtete, das seines Erachtens dem Theologen vor Allem noththat, das sprach er in seiner Antrittsrede aus, mit der er seine Professur zu Utrecht übernahm. [2] Ueber die Einrichtung des Studiums der Theologie

---

1) Eine Biographie Hoornbeecks findet sich vor der nach seinem Tode erschienenen Ausgabe seiner *„Libri duo de conversione Iudorum et gentilium"* abgedruckt.

2) Oratio inaugur. de studio S. Theologiae habita in academia Ultrajectina ad susceptionem professionis theol., die VI. Idus Julii, 1644.

sich äussernd, suchte er nämlich den Zuhörern klar zu machen,
dass die Theologie nicht in müssigem Speculiren und leerem
Erkennen von Dingen bestehen könne. Denn in der Theologie
könne Niemand eine wirkliche Erkenntniss der Dinge haben,
wenn die Erkenntniss in ihm nicht auch Leben (praxis) sei
und im Leben sich bethätige, weil die Theologie eine wesentlich practische Wissenschaft sei. Darum habe der Theologe
nicht nur gegen Irrthum und Ketzerei zu kämpfen, sondern
er habe auch für die Gottseligkeit (pietas) einzutreten und dem
Ueberfluthen der Laster, der Heuchelei und Gottlosigkeit zu
wehren. Daher war auch HOORNBEECK bemüht, durch eine
Anzahl von Schriften die »Praxis der Gottseligkeit" zu fördern.
Ausser seiner bereits erwähnten Schrift »von den geistlichen
Verlassungen" veröffentlichte er ein anderes Erbauungsbuch
unter dem Titel: »*Euthanasia* ofte Well-sterven" (Utrecht 1651,
346 S. S. in 12°), worin er über das gottselige Ableben von
Märtyrern und anderen Glaubenszeugen berichtete. — Um zu
zeigen wie die Predigt zu thunlichster Aufrüttelung des Sünders und zu Erweckung eines neuen Lebens in demselben einzurichten sei, schrieb er eine Homiletik[1]) und ausserdem gab
er, um künftigen und bereits fungirenden Predigern zur Ausübung der speziellen Seelsorge, zur Behandlung der verschiedenartigen Seelenzustände und zur Beurtheilung schwieriger Gewissensfälle Anleitung zu geben i. J. 1663 zu Utrecht eine
»Theologia practica" in zwei Bänden heraus. Doch war die
(auf drei Bände angelegte) Arbeit noch nicht vollendet, als
HOORNBEECK starb, weshalb zwei Schüler desselben, PETRUS DE
WITTE und WILHELM SALDEN später aus seinem Nachlasse
noch zur Veröffentlichung brachten, so viel sie in demselben
vorfanden. [2]) — HOORNBEECK handelt im ersten Buche vom allge-

---

1) Libellus de ratione concionandi, Ulraj. 1559 und 1682 (Francof. 1703).

2) Dieses opus posthumum erschien 1672 zu Utrecht unter dem Titel: Vetera et
Nova, s. exercitationum theologicarum Libri tres, quorum ultima ex parte complec-

meinen Character des christlichen Lebens, im zweiten von den
einzelnen Tugenden und Lastern, wobei er fünf practische
Hauptelemente des christlichen Lebens unterscheidet: die Busse,
die Bekehrung durch die Gnade des h. Geistes, den Glauben
an Christum, die Heiligkeit des Lebens, den Trost gegen alles
Kreuz. Jeder einzelne Paragraph ist mit einem vorangestellten
Bibelwort characterisirt. In der ganzen Ausführung macht sich
die Einwirkung der englischen Theologie auf Hoornbeeck sehr
bemerklich. [1])

Seitdem erschien in den Niederlanden eine Reihe von Schriften über die »practische Theologie," z. B. des Prof. Witsius
»Schediasma theologiae practicae," welches in vier Theilen
von den Pflichten des Christen gegen Gott, gegen Christum,
gegen sich selbst und gegen den Nächsten handelte, welches
indessen erst 1729 von v. Bijler, der es als ein specimen
theologiae cordis priess, herausgegeben ward; ferner des *Cam-
pegius Vitringa* » *Typus theologiae practicae* s. de vita spirituali
eiusque affectionibus commentatio" von 1716 u. a. m. — Seit
van Til's Zeit hörte man übrigens auf von der »practischen
Theologie" im bisherigen pietistischen Sinne zu sprechen.

§ 5.

DIE AUSBREITUNG UND DER CHARACTER DES NIEDERLÄN-
DISCHEN PIETITMUS.

Gottfried Udemans, Wilhelm Teellinck, Amesius und die
anderen Vertreter der »Uebung der Gottseligkeit" hatten sich kaum
erhoben und ihre Wirksamkeit begonnen, und alsbald war es

---

titur materias, quas auctor *tomo tertio theologiae suae practicae* destinaverat. Acce-
dunt eiusdem orationes quaedam.

1) Chr. Sepp, Het godgel. onderw. II, S. 404—405.

Unzähligen im Lande, als hätten sie die Stimme von Propheten gehört, die Gott gesandt habe um sein Volk aus dem Schlafe zu erwecken und die Mauern Zions neu aufzurichten. Das ganze Volksleben begann urplötzlich eine ganz neue Richtung auf das religiöse Lebensinteresse anzunehmen, indem Unzählige mit Furcht und Zittern — wozu die immer wieder hervortretende Kriegsnoth nicht wenig beitrug, — sich die Frage vorhielten: »Was muss ich thun, dass ich selig werde?" — Die aber, welche sich bewusst waren, dass sie das Eine gefunden hätten, was noth thue, waren dabei, indem sie auf das Volk, auf die Gemeinden und die Kirche des Landes blickten und den Widerspruch des kirchlichen Lebens mit den Ordnungen Gottes sahen, alsbald von dem Gedanken erfasst, dass wenn in dieser schweren Zeit dem Volke Rettung gebracht und es vor zeitlichem und ewigen Verderben bewahrt werden sollte, nothwendig das ganze Volk sich in neuer ernster Busse und in neuem lebendigen Glauben zu Gott bekehren und dass die Kirche Niederlands von aller Gottlosigkeit gereinigt werden müsste. Daher waren es nicht nur Prediger, die sich erhoben um durch Wort und Schrift die »Uebung der Gottseligkeit" im Lande zu fördern, sondern auch Laien traten auf, um als Herolde Gottes dem Volke Rath und Hülfe zu bringen.

Unter diesen ist insbesondere WILHELM TEELLINCKS Bruder, EWOUT TEELLINCK, Generaleinnehmer von Seeland. — ein eifriger Kirchenmann [1]), zu nennen. Fast in der Weise eines Calvin erhob derselbe unter dem Namen IRENÄUS PHILALETHIUS, namentlich 1615, in einer Reihefolge von Tractaten [2]) seine

---

1) GIJSBERT VOET bezeichnet ihn als „eximius et pius politicus, in Scripturis, si quisquam, potentissimus, vir, qui multos theologos docere potuit."

2) Ich theile hier die Titel der mir zu Gesicht gekommenen Abhandlungen (sämmtlich in 4°) mit, welche zugleich die spezielle Tendenz derselben andeuten, mit:

Querela ecclesiae ofte *Clachte der Kerke* aen de Overheden des Landts ende Dienaren des Goddelijcken woorts over hare teghenwoordighe swaricheden door Ir. Phil. (1617, 31 S. S.).

Stimme, sich bald an die Prediger und Aeltesten der Gemeinden bald an den Statthalter, bald an alle weltlichen Gewalt-
haber des Landes wendend, um Alle zum Gehorsam gegen
Gottes Wort zurückzurufen und dadurch eine Besserung des
Volkslebens und der öffentlichen Verhältnisse herbeizuführen.
»Kein Wohlergehen des Volkes ist denkbar, wenn Gott nicht
von demselben die Ehre gegeben und Gottes Haus rein gehalten wird." Darum will TEELLINCK, dass alle Ungläubigen und
Unreinen von der Gemeinschaft der Kirche fern gehalten und
dass in dieser eine strenge Zucht wieder aufgerichtet werde.
Die Prediger sollen das Wort mit Beweisung des Geistes und
der Kraft verkünden und die Kirchenräthe sollen darauf sehen,
dass in den Gemeinden nicht nur die reine Lehre erhalten,
sondern auch wahre Gottseligkeit gepflegt werde. — Dabei
warnt TEELLINCK vor der falschen »Verträglichkeit", indem
Reine mit Unreinen keine Gemeinschaft haben dürften, wie
auch vor den Verführungskünsten der Arminianer und der Papisten. An die weltliche Obrigkeit richtet er die Mahnung,
sich aller Eingriffe in die Freiheit und Selbstbestimmung der

---

Andere Clachte der Kercke aen eenighe voornemelijke Machten ende Overheden
des landts over den grouwel tot Alckmaer uijtgebroet ende eenighe andere verwerrin-
gen etc. (61 S. S.).

Derde Clachte der Kercke teghens den heijlloosen Kerk-stock der Remonstranten,
etc. (Amst. 1618, 84 S. S.).

Mizpa ofte Christelijck gespreck van het rechte gebruijck des algemeenen vasten-
biddaghs, leerende, hoe deselve behoorde aengeleijd te werden, om profijt daer mede
te doen voor de staat van de Kerke ende het Land. (Amst. 1620, S. S. 37).

Boheemsch geluijt ofte Christelijck gespreck over het teghenwoordich Boheemsche
wesen ende de oorloge daer omtrent ontstaen. Ingestelt tot waerschouwinge ende
moedgevinge van degene, die in deselve oorloge vermenght zijn. (Amst. 1620, S. S. 58).

De Wachter brengende tijdinge van de nacht dat is van het overgaen von Breda,
met eenen heijlsamen raet, wat daer over te doen staet. (Gravenhage 1625).

De tweede Wachter brengende tijdinge van de nacht, dat is van het overgaen
van de Bahia met eenen heijlsamen raedt, wat daer over te doen staet. (Grav. 1625.)

Den derden Wachter brengende tijdinge van de nacht, dat is van de verstroijinghe
van onse vlote voor Duijn-Kercken, met een woordt der Verantwoordinghe van den
Autheur teghens eenighe beschuldinge hem nae-ghegheven. (Grav. 1625, S. S. 32).

Kirche zu enthalten, in deren Gesetzgebung, namentlich betreffs der Lehre, nicht einzugreifen, die Conventikel und sonstigen freien kirchlichen Versammlungen, in denen einzelne Gemeindeglieder zusammenkommen »um das Baufällige zu bessern und das Unheilige von dem Heiligen zu scheiden," nicht zu hindern und den Gemeinden keine Prediger aufzudrängen, die deren Vertrauen nicht besitzen.

In der Schrift »*Philomater*" [1]) donnert TEELLINCK gegen die Landesregierung, welche statt die Reformation der reformirten Landeskirche durch Ausrottung der in ihr noch im Schwange gehenden Laster zu vollenden, die Arminianer und die Lehre vom freien Willen (die nur zur Wiederaufrichtung des Papstthums führen könne) dulde, ja begünstige und zu der immer mehr einreissenden Sabbathschändung schweige.

Oft warnt TEELLINCK vor der Verführung des Papstthums, in welchem er den wirklichen Antichristen sieht. In der Schrift: »Die Klaue des Thiers" [2]), welche mit einem Vorwort »an den Papst und an dessen Anhang" eingeleitet ist, zählt er aus der h. Schrift dreizehn Merkzeichen des Antichrists zusammen, die er alle an der katholischen Kirche nachweist. Auch gegen die Arminianer richtet sich seine Polemik zum öfteren. Doch hat er in seiner Schrift »Sulamith" [3]) für sie auch ein freundliches Wort, indem er sie zur verlassenen Kirche zurückzuführen sucht. Er sucht ihnen daher die Schriftmässigkeit der reformirten Lehre klar zu machen, hebt hervor, dass alle Mittel zur Förderung der Gottseligkeit (wozu auch die Disciplin gehöre) in ihr vorhanden und im allgemeinen Gebrauche wären, und zeigt ihnen dann, wie sie, falls ihnen die Form einzelner

---

1) *Philomater* ofte chr'stelicke 't samensprekinge van 't recht der kerken in kerkelicke saken. Middelb. 1616.

2) „*Klauwe van de Beeste* ofte blijckelijke teekenen des Antichrists", Amsterdam, 1619 (40 S. S.).

3) „*Sulamith*, ofte Baniere des vredes, opgeworpen om Japhet te locken, dat hij weder kome wonen in de hutten Sems." Amst. 1621 (69 S. S.)

Dogmen noch immer anstössig sein sollte, denselben doch eine
practische Seite abgewinnen und sich an die Bedeutung halten
könnten, welche diese Dogmen für das religiöse Leben hätten. — Auch die Schrift »Cleophas"[1]) hat eine wesentlich ire-
nische Tendenz, indem er darüber klagt, dass die kirchlichen
Parteien fortwährend über die Lehre mit einander hadern,
während sie einträchtig Busse und Bekehrung predigen und die
herrschenden Laster bekämpfen sollten.

Häufig nahm TEELLINCK an politischen Vorkommnissen und
Kriegsunfällen Anlass mit ernster Ansprache (in dialogischer
Form) vor die Obrigkeiten und vor die Gemeinden hinzutreten
und zu zeigen, was gerade jetzt zum Heile des Volkes noth
thue, und was Gott von dem Volke fordere. In dem »hin-
kenden Boten" von 1621[2]) rief es TEELLINCK der ganzen reformirten Christenheit zu, dass sie den Fall Prags und des
Königs von Böhmen und Kurfürsten von der Pfalz als ein
über sie gekommenes Strafgericht Gottes anzusehen habe, das
sie zur Busse mahne; und in der Schrift »Amos" von 1625[3])
beschwor er vor Allem die Generalstaaten, zu bedenken, dass
sie in den neuesten schrecklichen Vorgängen in der Pfalz die
Aufforderung Gottes zu einer ganz neuen Reformation der Kirche erkennen müssten, denn das Niederland sei mit Sünden
aller Art bedeckt, der Sonntag werde entheiligt und überall
stosse man noch auf Reste des päpstlichen Greuels, weshalb
sich die Obrigkeit nach dem Beispiel der alttestamentlichen
Könige zur Abstellung der Gottlosigkeit und zur Reinigung

---

1) „Cleophas ofte christelijk ghespreck van tween disciplen gaende nae Emaus
waerin gehandelt wert van het oochmerck deser kerckelijke geschillen ende van de
middelen om deselve te stillen." Amst. 1617.

2) De creupele bode, brengende seekere tijdinge uijt Boemen met een christelijke
waerschouwinge daer over (Amsterd. 1671, 27 S. S.).

3) Amos ofte de Siender Israels, ontdeckende de ghelegentheijt van het gereformeert
droavich Christen-wesen al de werelt door, ende insonderheijt onses lants ende der
kercke hier te Lande; Middelb. 1625.

der Kirche erheben müsse. Allerdings habe dieselbe in der
letzten Zeit, um die Herzen zur Einkehr in sich selbst zu ver-
anlassen, eine Reihe ausserordentlicher Fastenbettage angeordnet, allein so lange sich das Volk nicht bessere, könne Gott
an solchen Bettagen kein Wohlgefallen haben. —

Diejenigen beiden Schriften jedoch, in welchen sich TEELLINCK
über christliche Lehre und christliches Leben am vollständigsten
ausspricht, und aus denen er daher auch vollständig zu erkennen ist, sind seine » *Christliche Klage einiger gottseligen Leute
über ihre Unfruchtbarkeit im wahren christlichen Leben*" [1]) von
1618 und seine » *Feuer- und Wolkensäule*" [2]), von 1622.

In der erstgenannten Schrift führt TEELLINCK aus, die Unfruchtbarkeit im geistlichen Leben habe bei Vielen ihren Grund,
1, in der Verdorbenheit der Herzen, welche, von allen möglichen
Thorheiten beherrscht, Gottes Wort geringschätzten und die
nöthigen » Uebungen" vernachlässigten; 2, in der Ungebun-
denheit der Herzen, indem die Menschen ihre natürlichen Herzensneigungen nicht bekämpften und bändigten; 3, in der
Gleichgültigkeit gegen das zur Gottseligkeit Nöthige (z. B. gegen strenge Sonntagsfeier); 4, in dem Einfluss der Weltmen-
schen, mit denen die Gläubigen verkehrten; 5, darin dass
die Gläubigen sich zu wenig bemühten durch tägliche Betrachtungen der herrlichen Verheissungen Gottes, die Freude und
Wonne, welche durch den Besitz der Gnade Gottes und der
Erlösung in ihre Herzen gekommen sei, zu unterhalten und
zu erhöhen; 6, in der Trägheit, mit welcher so viele Christen

---

1) *Christelicke Clachte* van eenige godsalige luijden over hare onvruchtbaerheijdt
in het ware christelick leven, ende haer christelick verbondt daer tegens om de
selve te beteren; Middelb. 1618 (S. S. 110).

2) *Vijer-ende Wolck-Colomne*, lichtende nacht ende dach, om het Israel Godes
bij eenige algemeene regels nae gesette ordre ende mate in elck deel des daeghs ende
daed des levens van stap tot stap door de grousame woesteine deses werelts tot in
het hemelsche Canaan te leijden voor de ware Nazarenen opgesteeken. Amst. 1622
(252 S. S.)

es unterliessen, der Vollkommenheit nachzutrachten, indem sie meinten, sie hätten das Ziel schon erreicht, sich gehen liessen und darüber das Ziel ganz verfehlten. — Hierauf werden die Mittel gegen die Unfruchtbarkeit und den Verfall des geistlichen Lebens angegeben: Fasten und Beten, fleissiges Wachen des Christen über seine Wege, Gedanken, Worte und Werke, fleissige und geregelte Andacht und Contemplation, unablässige Prüfung des eignen Seelenzustandes und Besprechung desselben mit gläubigen Brüdern.

Seine Schrift »*Feuer- und Wolken-Säule"* leitet TEELLINCK mit den Worten ein: »Meines Herzens Wunsch und Gebet zu Gott für das Israel Gottes, das noch übrig ist, ist dieses, dass wir Alle, die mit dem Namen Israel und Christen genannt werden, ja, die wir sogar reformirte Christen heissen, nach einer bestimmten Regel und Lebensordnung auch christlich leben möchten und dass, wie wir durch Gottes Gnade reformirt sind in der Lehre, wir so auch im Leben reformirt sein möchten." Indem daher Gott uns sein Wort gegeben hat, das uns wie eine Feuersäule auf allen unseren Wegen leuchten soll, so will TEELLINCK zeigen, wie der Christ dem Worte Gottes gemäss sich sein tägliches Leben einzurichten und was er in den verschiedenen Beziehungen des Lebens zu thun und zu lassen habe. Zu diesem Zwecke führt TEELLINCK in den vier Hauptabschnitten, in welche das Buch zerfällt, aus 1, wie der Christ den Tag gottselig beginnen, wie er 2, im Laufe des Tages gottselig einhergehen, wie er 3, den Tag gottselig beschliessen und wie er 4, auch gestärkt und tüchtig werden kann, um im gottseligen Wandel zu beharren. Das Buch enthält daher eine vollständige Moral, welche von zwei Gedanken umrahmt ist: 1, Der Christ, den Gott durch seinen Gnadenrathschluss von Ewigkeit her ausgesondert hat, auf dass er zum ewigen Leben komme, muss sich selbst auch von der Welt und allem Zusammenhange mit den Kindern der Welt

absondern; und 2, der Christ muss durch eifrigste Uebung des
Gebets, durch tägliches Lesen in der Schrift, durch strenge
Feier des Sonntags, durch unablässige Betrachtung des Lebens
und Leidens Christi einen solchen ununterbrochenen Umgang
mit Gott unterhalten, dass ihm der selige Genuss der Gegenwart Gottes nie verloren geht. Dann ist der Christ in Wahrheit ein reformirter Christ und ein Gottes-Kind, das in voller
Freiheit in allen Stücken Gottes Willen thut. —

Schriften ähnlicher Tendenz erschienen damals in den Niederlanden in grosser Zahl und fanden überall Käufer und Leser.
Der Prediger FRANZISKUS DE WAEL zu Herzogenbusch schrieb
eine Anweisung zur »Praxis des Gebets,"[1]) welche auf dem Gedanken beruhte, dass der Christ sich nur dann seines Gnadenstandes gewiss sein könnte, wenn er das ernste Bestreben in
sich habe, Gott in einem unablässigen Gebetsleben zu dienen. — Nicht lange nachher veröffentlichte der Prediger DANIEL
SOUTER zu Haarlem eine Schrift unter dem Namen »Trostpo-
saune"[2]), worin ausgeführt wird, dass alle Plagen jener schrecklichen Zeit, Krieg, Theuerung, Seuchen u. s. w. nur in der
herrschenden Sünde ihren Grund hätten, und dass und wie der
Christ in denselben einen Mahnruf zur Busse und Bekehrung
finden müsse. — Anonym erschien 1646 zu Hoorn eine Schrift
unter dem Titel »Golden-Spiegel, ofte Opweckinge tot chrijste-
lijcke deuchden" in gebundener Rede und mit einer »tsamen-
spraeck tusschen den geest ende het vleesch" (140 S. S. in 8°).
Der Verfasser fügte zu dieser Schrift im folgenden Jahre 1647
noch einen zweiten Theil über »De goetheyt ende weldaden

---

1) *Reuck-Offer* ofte *Practijcke des gebeds*, waerin de gantsche gelegentheyt, angaende het wel ende gedurigh bidden vorgestelt ende aen de conscientie gebracht
word." Gesteld door FRANC, N. DE WAEL, Rotterd. 1837, 2 Teile 198 u. 67 S. S. in 4°).

2) *Troost-Basuijn* op alle klaegh-lieden der Christenen in allerleij verdriet, midden onder 't moortgeschreij der verwoestende oorloghe; — door DANIEL SOUTERIUS.
Emden, 1628 (152 Bl. in 8°).

Godts over den boetverdigen," (250 S. S.) sowie noch einen besonderen Tractat » *Thamars-Ontschaking* of de verdoolde liefde van Amnon" hinzu. Alles, mit Ausnahme der Gebete, ebenfalls in gebundener Rede.

Eine andere, von dem Buchhändler Franz Baltens zu Dordrecht verfasste und anonym i. J. 1648 veröffentlichte Schrift » *Samaritane ofte Spieghel der Godtsvreesentheit en eerbaerheijdt* ," enthielt eine Darlegung der Heilslehre auf Grund einer Auslegung von Joh. 4, mit welcher derselbe Verfasser noch in demselben Jahre eine zweite Schrift (De Eerlijckheydt des Heeren) erscheinen liess, worin derselbe eine practische Auslegung von Joh. 2 lieferte.

Der Prediger Jacob Hondius zu Hoorn veröffentlichte zwei schon durch ihre Titel sich kennzeichnende pietistische Schriften: » Swart register van duijsent sonden" (1679) und » Register van veelerlij vertroostingen" (1685), — beide von den Professoren v. Mastricht und Leydecker sehr empfohlen. In der ersten der beiden Abhandlungen stellt Hondius (den einer seiner Amtsbrüder als einen wackeren » Hund" zu bezeichnen pflegte, welcher die Sünder aus dem Schlafe aufrüttele) eintausend Sünden zusammen, gegen die der Christ anzukämpfen habe. Doch war er nicht der Meinung, dass er überhaupt *alle* Sünden aufgezählt habe.

Dazu kamen nicht nur die Schriften vieler anderer pietistischer Schriftsteller Niederlands (über welche theilweise im nächstfolgenden Paragraphen berichtet wird) sondern auch die zahlreichen niederländischen Uebersetzungen von Werken englischer Pietisten. Die berühmte » Uebung der Gottseligkeit" von L. Baily z. B. wurde von dem Prediger Eberhard Schutten unter dem Titel » De practijcke ofte oeffeninge der godtsaligheydt," in einer niederländischen Uebersetzung verbreitet, welche seit 1645 mit einem Vorwort Gijsbert Voets und erläuternden Anmerkungen desselben wiederholt aufgelegt ward.

Ebenso erschienen die Schriften JOHN DOWNAMES, GEORG DOW-
NAMES, BOLTONS, BUNYANS, WITTEWRONGELS, COTTONS u. s. w.
in holländischer Uebersetzung. Ganz Niederland war eben
damals mit pietistischer Literatur überfluthet, und in allen
Häusern wo man des Lesens kundig war, wollte man auch die
Schriften der Gottesmänner der Zeit lesen.

Daher konnte es nicht fehlen, dass das religiöse Leben in
zahlreichen Gemeinden und in vielen Volksschichten durch die
Einwirkung der pietistischen Literatur und der dem Pietismus
ergebenen Prediger ein ganz bestimmtes Gepräge erhielt. Die
Kirchen füllten sich in demselben Maasse als die häusliche
Andachtsübung in den Familien sich mehr und mehr befestigte.
In diesen letzteren wurde eine allmählich fast in alle Häuser ein-
kehrende Methodik üblich, die ein gewisses ascetisches Gepräge
hatte. Neben den öffentlichen Fastentagen pflegten sich Familien und Einzelne noch besondere Fasten aufzuerlegen. Auch galt
es als Zeichen wahrer Gottseligkeit Kirmessen, öffentliche Tänze,
das Kartenspiel und andere öffentliche Volkbelustigungen zu
meiden [1]), dagegen im stillen Zusammensein daheim im Haus
oder auch auf Spaziergängen über die zuletzt gehörten Predigten oder über religiöse Fragen, mit denen man beschäftigt
war, zu reden. Hin und wieder richtete sich das Interesse
bereits auch auf die Mission unter den dem holländischen Scepter
unterworfenen Heiden, worauf W. TEELLINCK zuerst hingewiesen hatte; mehr aber noch sprach man von den Bedürfnissen und Nothständen des eignen Volkes, von der Pflicht
die das Evangelium diesen gegenüber der Kirche und den Einzelnen auferlege, von der Pflicht der Fürsorge für Waisen,
für Kranke und Arme, denen man zu dienen habe, — um Gottes

---

1) Vor der Theilnahme an derartigen Belustigungen (als eines reformirten Christen unwürdig) hatte auch GIJSB. VOET in mehreren Abhandlungen gewarnt: „Over
het dansen" (12o), „Twiststrijding van de schouwspelen" (12o), „Register der
Sonden" (12).

willen. Diejenigen, welche in der »Uebung der Gottseligkeit"
schon weiter gefördert waren, theilten sich ausserdem gern mit,
was sie über innere Erfahrungen, über Verlassungen, über
vorgekommene Dürre des religiösen Lebens oder über den
Geschmack und die Süssigkeit desselben zu sagen wussten.

Im Allgemeinen war es also ein tiefer Ernst des religiösen
Lebens, mit welchem die Einzelnen ihre Seligkeit zu schaffen
suchten, und ein reges Interesse an allen religiösen Fragen
und Bedürfnissen, was die pietistischen Kreise characterisirte.
Das Denken und Leben in denselben hatte allerdings sein bestimmtes reformirt-kirchliches Gepräge, weshalb Alle, die der
»Praxis der Gottseligkeit" ergeben waren, einmüthig für die
volle Unabhängigkeit der Kirche von der Staatsgewalt und für
eine strenge Handhabung der Kirchenzucht eintraten. Zugleich
aber characterisirten sich diese Kreise durch eine Weitherzig-
keit und Freiheit des religiösen Denkens, welche es ihnen
möglich machte, sich auch jenseits des reformirten Kirchenthums mit aufrichtigen Bekennern des Herrn Jesu brüderlich
zusammen zu finden. Die Autorität Luthers ward hier ebenso
hochgehalten als die Calvins, und zwar gerade darum, weil es
die Herrlichkeit des Namens Jesu Christi war, welche dieses
religiöse Leben bis in seine innersten und geheimsten Regun-
gen hindurchstrahlte. Aeusserlich wahrnehmbar trat jedoch der
Pietismus hauptsächlich in drei Erscheinungsformen hervor,
nämlich 1, in der Strenge der Sonntagsfeier, 2, in der religiösen Gestaltung des Familienlebens und 3, in dem Conventikelwesen.

Das alttestamentliche Sabbathsgebot wurde von den Pietisten
ohne Weiteres auf den christlichen Sonntag übertragen, weshalb sie denselben, mit Einstellung jeglicher Arbeit, lediglich
dem Gottesdienst und der häuslichen, stillen Andachtsübung
geweiht wissen wollten, wobei Viele noch den Abend des Sams-
tags als eine zum Sonntag gehörige Rüstzeit betrachteten und

daher auch schon an diesen Abendstunden gänzlich feierten.
Dem (im folgenden Paragraphen zu erwähnenden) Prediger
THEODOR BRAKEL war die Arbeit am Sonntag ein solcher
Greuel, dass er lieber Sonntags ganz fastete, als dass er Brod
oder sonstige Speise zu sich genommen hätte, die nach acht
Uhr Abends (mit welcher Stunde er seine Sabbathruhe begann)
gekauft oder zubereitet war. [1])

Auf die Pflichtmässigkeit und Nothwendigkeit einer geord-
neten regelmässigen Andachtsübung in den Familien wiesen
alle Pietisten hin. TEELLINCK hatte zur Förderung und Regelung derselben sein »Hausbuch" geschrieben. Späterhin
machte es sich der eifrige Prediger PETRUS WITTEWRONGEL
zu Amsterdam zur ganz besonderen Aufgabe, das Familienleben ins Auge zu fassen und in diesem die Praxis
der Gottseligkeit recht heimisch zu machen, um von da aus
die »Reformation der Kirche" wirksamer anzubahnen. Insbesondere gab er zu diesem Zwecke 1661 zu Amsterdam seine,
aus einer Reihenfolge von Predigten hervorgegangene Schrift
»Oeconomia christiana [2]) heraus. — In der Dedication des Werkes an die »regierenden Bürgermeister" von Amsterdam, in
der darauf folgenden »Ansprache an die Diener, Aeltesten und
Diaconen der reformirten Gemeinde zu Amsterdam," sowie in
einer an dieselbe angeschlossenen »Ansprache an den bescheidenen
Leser und insbesondere an die aufrichtigen Glieder der wahren
reformirten christlichen Religion in der sehr blühenden Gemeinde zu Amsterdam," spricht es WITTEWRONGEL wiederholt
aus, dass er lediglich das Interesse einer Reformation der Kirche

---

1) ANNA MARIA VON SCHÜRMAN, die mit ihrem Bruder einige Tage bei BRAKEL
zubrachte, berichtet dieses aus eigener Wahrnehmung.

2) *Oeconomia christiana* ofte *Christelicke Huys-Houdinge*, vervat in twee boecken,
tot bevoorderinge van de oeffeninge der ware godtsaligheydt in de bysondere huys-
ghesinnen naar de regel van het suyvere Woort Godts te samen-gestelt. Amsterd.
1661 (840 S.S. in 4º).

im Auge habe, welche nothwendig im Familienleben bewirkt
werden und von diesem ausgehen müsse. Die Prediger, Aeltesten und Diaconen weist er dabei ganz im Sinne des Pietismus
darauf hin, dass » wir das Salz der geistlichen Gnade nothwendig erst in uns selbst haben müssen, wenn wir mit demselben wollen salzen können," — dass wir selbst fromm sein
und uns gern im Gebete, im Dienst seines Wortes und der
heiligen Sacramente dem Herrn nahen müssen, wenn wir
Andere zu denselben gottesdienstlichen Uebungen anleiten wollen. Das Werk selbst ist eine Darstellung der Moral eines
christlichen Hauswesens, in welche die ausführlichsten Excur-
sionen über alle wichtigeren Punkte der Heilslehre eingeflochten
sind. Der Gedanke der » Kraft und Praxis der Gottseligkeit"
ist der Mittelpunkt des ganzen Werkes, als dessen Schluss der
Verfasser (S. 799 ff.) eine Anleitung zur Uebung der Gottseligkeit im Familienkreise liefert. Als Mittel der Familienan-
dacht bezeichnet er die Katechisation, das Gebet, das Lesen
der h. Schrift, Besprechungen über das Wort Gottes, » heilige" Meditationen und Betrachtungen und das Singen der
Psalmen.

Diese Ermahnungen und Vorschriften WITTEWRONGGES waren
indessen nichts anders als eine Hinweisung auf das, was in
allen vom Pietismus erfassten Familien als selbstverständlich
galt und längst zur Sitte geworden war. In diesen Kreisen
hatte sich die Hausandacht so tief befestigt, dass man in ihr
ein wesentliches Moment des christlichen Familienlebens sah.

Eine der wichtigsten und bedeutsamsten Erscheinungen des
religiösen Lebens, welche ausserdem der Pietismus in den Niederlanden hervorbrachte, waren die *Katechisationen*, die zunächst
von den Predigern theils mit der zu confirmirenden und in die
Zahl der Gemeindeglieder aufzunehmenden Jugend, theils mit
Erwachsenen veranstaltet, aber auch in den Familien von den
Hausvätern mit den Kindern und dem Gesinde gehalten, bald

jedoch zu einem ganz selbständigen, von dem Pfarramt und
Kirchenrath unabhängigen Institute wurden. Man nannte diese
Katechisationen »oefeningen‚” Uebungen, und ihre Vorsteher,
die Katecheten, »oefenaars.” Dieselben traten hier und da auf,
richteten Conventikel ein, in denen sie Stellen der Schrift,
den Katechismus oder sonstige Bücher auslegten und darüber
katechisirten, auch über Seelenzustände und Erfahrungen des
geistlichen Lebens sprachen — und gaben dieser »Uebung”
bald eine das gottesdienstliche Leben störende Ausdehnung.
Die Synode zu Leiden sah sich daher i. J. 1629, nachdem der
Kirchenrath zu Rotterdam vergebens den Versuch gemacht
hatte, die Katecheten in ihre Schranken zu verweisen, dazu
veranlasst, eine bestimmte Ordnung für die »Uebungen” aufzurichten. [1]) In derselben wurde den Mitgliedern der Conventikel gestattet, zusammen zu kommen und »mit einander zu
gegenseitiger Belehrung, Tröstung und Ermahnung” sich zu
besprechen, aber nicht zur Zeit der kirchlichen Gottesdienste
und nur in kleiner Zahl. Auch sollten nur wirkliche (confir-
mirte) Gemeindeglieder in die Conventikel aufgenommen, die
Aufgenommenen sollten dem Kirchenrath angezeigt werden und
dieser sollte das Recht haben eins seiner Mitglieder in die
Conventikel, zur Führung des Vorsitzes in denselben, abzuord-
nen. Auch sollten in den »Uebungen” nur kirchlich anerkannte Lehrbücher gebraucht werden.

§ 6.

DAS EINDRINGEN DER MYSTIK IN DEN NIEDERLÄNDISCHEN PIETISMUS.

Der Pietismus war in der Kirche der Niederlande auf dem
Boden des reformirten Bekenntnisses erwachsen, und hatte die

---

1) v. BERKUM, de Labadie II, S. 191.

Tendenz, gerade das reformirte Bekenntniss im Leben recht wirksam und lebenskräftig zu machen. Indessen führte das Streben der Pietisten, dieses Ziel durch Verinnerlichung und Vertiefung des religiösen Geistes und Lebens zu erreichen vielfach dahin, dass deren Heilslehre einen gewissen mystischen Anflug erhielt, oder von bestimmten Punkten aus geradezu in die Gedankengänge der Mystik auslief. — Dieser mit der Mystik sich berührende und dieselbe theilweise in sich aufnehmende Pietismus blieb aber dabei immer noch das was er sein wollte, nämlich *Pietismus*, indem er 1, an der Tendenz festhielt, eine Reform der gesammten Kirche und des kirchlichen Lebens auf der Grundlage des kirchlichen Bekenntnisses bewirken zu wollen, und indem er 2, für die Gestattung der Grundlagen des Heilslebens die Anerkennung der Heilsvermittlung durch das Wort der Schrift, und zwar durch dieses nach seinem eigentlichen Sinne, sowie die sonstigen Charaktereigenthümlichkeiten des Pietismus festhielt.

Die hier zu nennenden hervorragenden Pietisten Hollands sind die Prediger JOHANNES TEELLINCK zu Kampen, THEODOR GERHARD BRAKEL zu Makkum, JODOCUS LODENSTEYN zu Utrecht und die einst weltberühmt gewesene Jungfrau ANNA MARIA VAN SCHÜRMAN.

a. *Johannes Teellinck zu Kampen.*

JOHANNES TEELLINCK (WILHELM TEELLINCKS Sohn) war anfangs Prediger zu Wemeldingen in Süd-Beveland, dann (seit 1646) bei der anglikanischen Gemeinde zu Middelburg, von wo er 1649 an die niederdeutsche Gemeinde zu Vlissingen berufen wurd. Ganz im Geiste seines Vaters trat er hier für die Einführung einer strengen Sonntagsfeier ein und setzte es auch bei dem Magistrat durch, dass Sonntags auf dem Markt kein Fleisch mehr verkauft werden durfte und die Thore der Stadt (mit Ausnahme eines Pförtchens) geschlossen gehalten wurden. Der Ruf, den er sich als hervorragender Kanzelredner erworben, brachte ihn im Anfang des Jahres 1655 auf eine Predigerstelle zu Utrecht, von wo er 1660 nach Kampen und von da 1663 nach Leeuwarden berufen ward, an welchem Orte er noch in demselben Jahre starb [1]).

JOHANNES TEELLINCK ist hier als Verfasser einer Schrift zu nennen, die er von Kampen aus i. J. 1660 in drei Büchern unter dem Titel »*Der fruchtbarmachende Weinstock Christus,*" veröffentlichte [2]). An das Gleichniss von dem Weinstock und den Reben anknüpfend führt der Verfasser in sehr eingehender Betrachtung im ersten Buche aus, was der Christ in allerlei Lebenslagen und Vorkommnissen seines inneren Lebens thun müsse, um in Christo zu bleiben; im zweiten Buche wird sodann gezeigt, wie der Christ an sich zu arbeiten habe, um auch die kräftige Wirksamkeit des Geistes Christi in seiner Seele sich dauernd zu bewahren, worauf TEELLINCK im dritten Buche darlegt, wie der Christ durch den Glauben und durch die Wirksamkeit des Geistes Christi zu guten Werken tüchtig und fruchtbar gemacht werde. Der Verfasser beginnt das Dedicationsvorwort des ersten Buches mit dem Satze: »Nichts ist in diesem Leben so nothwendig und wird doch von den Meisten am wenigsten beherzigt, als die rechte Fruchtbarkeit in guten Werken," und stellt damit den leitenden Gedanken seines ganzen umfangreichen Werkes dar. Er unterscheidet die Vereinigung Christi mit der gläubigen Seele und die kräftige Wirksamkeit des Geistes Christi in derselben. Jene bleibt in dem Gläubigen, der einmal wiedergeboren ist, unverändert

---

1) Vgl. V. D. AA, Biograph. Woordenb. XI, S. 10—11.

2) Das ganze Werk wird unter dem Titel: »*Den vruchtbaermakenden Wijnstock Christus*" mitgeteilt. Das erste Buch mit dem Titel: »Den Christen in Christo blijvende" zält 280 S. S. in 12⁰, das zweite Buch mit dem Titel: »Christus in den Christen blijvende" 382 SS. u. das dritte Buch unter dem Titel: »Den Christen uijt Christo vruchtbaerheijdt treckende" 304 S. S. in 12o.

dieselbe; diese dagegen hört zu Zeiten auf, so dass die Seele sich von Christus verlassen fühlt, und von der süssen Gemeinschaft mit ihm, von der Kraft des Geistes, von den seligen Antrieben zum Guten, die sie vorher geschmeckt, gar nichts empfindet. Indem es nun TEELLINCK als die ernsteste Pflicht jedes gläubigen Christen bezeichnet, darnach zu ringen dass er (wieder) in den süssen Genuss der Gegenwart Christi in seiner Seele gelange, so ist hier der Punkt, wo in seiner (bis dahin ganz orthodoxen) Lehrentwickelung die Mystik Platz greift. Er sagt (II, S. 190): »Die Kinder Gottes müssen, um Jesum mit seinem Geiste wieder zu sich zu ziehen, Ihn wie mit heiliger Gewalt zu zwingen suchen, dass er bei ihnen bleibe, wenn er weggehen will, oder dass er zu ihnen zurückkehre wenn er von ihnen gewichen ist," und bezeichnet als die »Waffen," mit denen der Gläubige »seinen Gott überwinden" soll, das Weinen und Beten. Zu beachten ist, dass von da an bei TEELLINCK der Gedanke an Christi Verdienst, der Gedanke an die von Christus objectiv vollbrachte Erlösung ganz zurücktritt und verschwindet. Der Gläubige soll, da allein die kräftige und fühlbare Wirksamkeit Christi in seiner Seele ihn zum Guten tüchtig machen kann und da daher an dem Besitze dieser Wirksamkeit Christi Alles gelegen ist, in eine Seelenarbeit eintreten, in welcher sich das Gebet und die Contemplation in dem Sinne auf Christum hin richtet, dass er sein Vertrauen nicht auf Christi hienieden vollbrachtes Versöhnungswerk, sondern auf *Christi Fürbitte im Himmel* gründet, von deren Wirksamkeit er den Empfang der *Gabe der Heiligmachung* erwartet [1]). Die von TEELLINCK so energisch ausge-

---

1) TEELLINCK sagt z. B. III, S. 53: Ende so siet de Christen dan, dat de Heere Jesus bij den Vader kan te wege brengen, dat hij ook de alder-onweerdigste ende sondigste, den geest der heiligmakinge geve, als hij maer sulcks van den Vader voor haar bidden wil. Ende dit maekt dan, dat de Christen verloochenende de kracht van sijne eijgene gebeden, tracht de voor-bede Christi deelachtigh te worden, opdat alsoo de Heere hem om de voorbiddinge Christi wille bequaem make tot oeffeninghe van goede wercken.

sprochene Mahnung, dass der Christ unablässig darnach ringen
müsse, dass er durch das fühlbare Einwohnen Christi in seiner
Seele zu guten Werken fruchtbar werde, war daher eine
Mahnung zur Uebung mystischer Religiosität.

Kaum wahrnehmbar tritt dieser mystische Zug in den Schriften des MAXIMILIAAN TEELLINCK hervor, der als Amtsnach-
folger seines Vaters in Middelburg in J. 1636 in einer Schrift
unter dem Titel »Corosyf tegen de in-etende pest-kole van 't
Pausdom" [1]), das gute Recht der evangelischen Obrigkeit zur
Beseitigung des katholischen Kultus in allen ihrer Autorität
unterworfenen Landestheilen vertrat, und in einer »Friedens-
predigt" die er 1648 herausgab, die öffentliche Meinung
Niederlands mit dem Verhalten der Stände auszusöhnen suchte [2]).
Ganz in der Weise des Vaters bemüht sich MAXIMILIAN TEEL-
LINCK hier dem niederländischen Volke klar zu machen, dass
die Segnungen des Friedens ihm nur durch Hebung seines reli-
giös-sittlichen Lebens zu Theil werden könnten.

b. *Theodor Gerhard van Brakel zu Makkum.*

THEODOR GERHARD (DIRK GERRIT) VAN BRAKEL war i. J. 1608
in der Stadt Enkhuizen geboren.   Bei seiner Geburt war der
Vater, der erst später in die reformirte Kirche übertrat, noch
katholisch.   Die Mutter verlor er frühzeitig durch den Tod,
worauf die Grossmutter (die Mutter der Entschlafenen) — eine
fromme gottesfürchtige Frau — die Erziehung des Enkels übernahm.   Indem derselbe früh zum Gebet angehalten wurde, begann sich in ihm alsbald ein reges religiöses Leben zu ent-

---

1) Die Schrift erschien in zweiter Auflage zu Amsterdam unter dem Titel: *»Een
grondigh bewijs, dat het een christelijcke magistraet ongeorlooft is, in plaetsen, daer
over zij te gebieden hebben, de paepsche superstitien ende afgoderijen toe te laten*
(178 SS. in 16º).

2) *Vrede-Predicatie*, uijt-gegeven voor de vrije Nederlanders. Amsterd. 1648 (102
SS. in 16˝).

wickeln. Kaum hatte er lesen gelernt, so fing er mit grösstem
Eifer an in der h. Schrift und in allerlei Gebetbüchern, die er
im Hause vorfand, zu lesen. Auch pflegte er zu Zeiten, um
dem Erlöser für sein bitteres Leiden zu danken, zu fasten. Der
kleine BRAKEL ging auch fleissig zur Kirche, konnte aber leider die Predigten nicht recht verstehen. Erst als er zehn oder
elf Jahre alt nach Vlissingen kam, und auch dort das Gotteshaus besuchte, sah er zu seiner Freude, dass ihm von den
Predigten die er dort hörte, kaum ein Wort entging. Seitdem
war der Kirchenbesuch seines Herzens Lust und Freude. » Es
war mir so süss," [1]) erzählt er uns, »so erquicklich in Gottes
Haus zu sein, ich hatte die Prediger so lieb, sie waren bei
mir in solcher Achtung, dass ich es nicht sagen kann." Da
geschah es eines Tages, dass er, das sechste Kapitel des zweiten
Korintherbriefes lesend, das Wort des Apostels, dass der Gläubige nicht an Einem Joche mit dem Ungläubigen ziehen solle,
wie ein schneidendes Schwert in seine Seele eindringen fühlte.
Noch ein Knabe, beschloss er doch jetzt ganz sich Gott zu
übergeben und allein für Gott zu leben. BRAKEL unterliess
es seitdem sogar Sonntags Morgens, seiner bisherigen Gewohn-
heit nach, andere Knaben zur Kirche abzuholen, weil dieselben
die Nachmittagsgottesdienste vernachlässigsten. Dagegen suchte
er jetzt die Einsamkeit auf, um dort in der Stille ungestört
beten zu können.

So wuchs der Knabe allmählich heran, hatte aber noch nicht
das Alter des Jünglings erreicht, als ein Vorkommniss ganz
eigner Art seinem religiösen Leben einen für die spätere Entwickelung desselben entscheidendes Gepräge gab. Der junge
BRAKEL hatte die Prediger auf der Kanzel oft von den » Freuden

---

1) BRAKEL spricht sich über seinen religiösen Entwickelungsgang eingehend in
seinen „Trappen des geestelijken levens" (8. Ausgabe von 1670) S. 121—129 und
S. 161—163 aus

des Geistes," von dem »Vorschmack des Himmels" sprechen
hören, und hatte infolge dessen öfters den Wunsch gehegt,
durch eigene Erfahrung sich über das, was damit gemeint sei,
in's Klare bringen zu können. Als er daher eines Tages im
Hause ganz allein war, warf er sich auf die Kniee, redete zu
Gott von der Verheissung, dass er dem Gläubigen gewähren
wollte um was derselbe ihn im Namen Jesu bitten würde und
betete dass Gott ihn den »Vorschmack des Himmels" wirklich
fühlen und erfahren lassen möchte. BRAKEL erzählt nun über
diesen Vorgang weiter: »So betend und dem Herrn seine Verheissung vorhaltend, wurde ich endlich in solche Freude versetzt
und mein Herz und meine Gedanken wurden so hinaufgezogen, dass ich, den Herrn mit dem Auge meiner Seele schauend,
mich mit Gott vereinigt, in Gottes Wesen versetzt und zugleich
mit solcher Wonne, Ruhe und Süssigkeit erfüllt fühlte, dass
ich es nicht sagen kann. Ich war wohl zwei oder drei Tage
mit meinem Geiste ganz im Himmel."

Ueber das, was nach diesem Vorkommniss in seiner Seele
vorging, spricht sich BRAKEL (S. 161—163) in folgender Weise
aus: »Die besonderen Gnaden, die Gott mir in dieser Zeit
verlieh, bestanden hauptsächlich in dem Gesicht und Gefühl
der Liebe Gottes zu mir und meiner Liebe zu ihm, bald auf
einer höheren, bald auf einer niederen Stufe, bald in dieser,
bald in jener Beziehung. Zuweilen wurde ich in meiner Contemplation (oeffeninge) von der Liebe Gottes so erfasst, dass
ich wie von dieser Liebe verschlungen war. — Ich fühlte die
Vereinigung mit meinem Gott und Seligmacher, mit meinem
Bruder und Bräutigam. Ich fühlte so seine ausnehmende
Liebe, — dass ich von diesem Gefühl der Liebe wie trunken
war. Dann umfing ich ihn wieder mit den Armen der Liebe,
und in diesem Stande der Liebe suchte meine Seele zu bleiben,
ja mehr und mehr überzuströmen, so dass ich vor Liebe krank
war. Ja, ich bin mit meinem Gott und Seligmacher so in

Liebe vereinigt gewesen, dass mein Leib darüber krank wurde." —
»Zuweilen liess es mich Gott schauen, dass er mir seinen Sohn
zum Mittler verordnet habe, auf dass ich seiner Seele theilhaftig
werden könnte und dass er mir seinen Sohn gesandt habe,
damit dieser mich durch seine tiefe Erniedrigung erlöse; er liess
es mich schauen dass er mir die Verborgenheit (seiner Rath-
schlüsse) enthüllt und mich gerechtfertigt habe" u. s. w. —
»Hierdurch entbrannte meine Liebe zu Gott oft sehr kräftig.
Ich klomm durch alle die einzelnen Wohlthaten als durch
Stufen, welche wieder zu anderen Gnaden führten, zum ewigen
Brunnquell der Liebe Gottes, von wo mir alle einzelnen Wohlthaten zuflossen, hinan, und dann sank ich durch dieselben
Wohlthaten der Liebe wiederum nieder zu mir selbst. In
diesem Auf- und Niedersteigen, mit solchen hohen, wunderbaren Gesichten wurde die Liebe auf beiden Seiten so entzündet, dass es schien, als wäre ich vor Liebe nicht bei mir
selbst. Mein Herz war zu klein, um das Meer von Gottes
Liebe zu umfassen, und die Seele schien nicht länger im Leibe
wohnen zu können."

In dieser überschwänglichen Mystik lebte der junge BRAKEL
geraume Zeit. Als er indessen sechszehn Jahre alt geworden
war, nahm er wahr, dass in seinem Gefühlsleben eine für ihn
sehr traurige Veränderung eingetreten war. BRAKEL berichtet
hierüber: »Die süsse Ruhe verschwand, und schwere Anfechtungen nahmen ihre Stelle ein. Meine Sünden waren mir zu
hohen Bergen geworden. Gott verschwand aus meinem Auge;
denn mein Herz war so fern von ihm, dass ich ihn weder
sehen noch finden konnte. Ich befürchtete, dass ich kein Kind
Gottes sei und dass es für mich keine Gnade mehr gebe. Es
erfasste mich der Gedanke, gegen den h. Geist gesündigt, und
darum alle Hoffnung auf Vergebung verwirkt zu haben. Es
war mir als hätte ich niemals zuvor die rechte göttliche Traurigkeit über meine Sünden gehabt und als gebe es auf der

ganzen Erde keinen Menschen der so verloren wäre wie ich. — Ich fühlte mich zum Beten, oft auch zum Schreien gedrungen und suchte daher die Einsamkeit ausserhalb der Stadt auf. Da rief, da schrie ich zu Gott um Hülfe, und las oft in den Psalmen, namentlich Ps. 143 (denn ich trug immer ein Psalmbuch und ein Gebetbüchlein bei mir). Wenn ich aber auch zu Zeiten einiges Licht empfing, so war mir der Herr doch nicht so nahe und so klar und ich fühlte nicht solche Süssigkeit, wie ehedem, wo der Herr bei mir wohnte, mich den ganzen Tag umfing und mich seine Liebe schmecken liess. Summa: die Empfindung der Gnade Gottes und die Klarheit des geistlichen Gesichts war hinweg und blieb viele Jahre hinweg. — Doch unterliess ich es nicht, fleissig zu Gott zu beten und nach Verlauf von vielen Jahren begannen die Kämpfe in meinem Innern aufzuhören. Mein Glaube wurde stärker, und war auch der Herr weit aus meinem Auge entfernt, so begann doch eine andere Freude in meine Seele einzukehren."

BRAKEL hatte sich also allmählich zum wirklichen Glauben an die Gnade Gottes in Christo und zur Freudigkeit des Glaubens an die ihm in Christo geschenkte Gerechtigkeit hindurch gearbeitet; aber der Drang seiner Seele nach innerer Erfahrung und Empfindung seiner Gemeinschaft mit Gott, nach unmittelbarer Berührung mit dem Erlöser blieb in ihm bis an das Ende seines Lebens. Denn ein Grundzug von Mystik durchdrang die Religiosität BRAKELS in ihrem tiefsten Innern.

Dieses zeigte sich namentlich als BRAKEL seine academischen Studien zu Franecker beendet hatte, und sich nun zur Uebernahme des Predigtamts prüfen lassen sollte. Vor der Frage ob er denn auch von Gott zum Predigtamt berufen sei, schrak BRAKEL so zurück, dass auch der ernsteste Zuspruch seiner academischen Lehrer, welche ihn seiner Tüchtigkeit, seiner Vorbereitung zum geistlichen Amte und der Wirklichkeit seines Berufes zu demselben versicherten, ihn nicht beruhigen konnte.

BRAKEL wollte von Gott *unmittelbar* berufen sein und entschloss sich daher erst dann in die Prüfung zu gehen und sich das Predigtamt übertragen zu lassen, als er von Gott eine unmittelbare Berufung zu demselben wirklich erhalten zu haben glaubte. [1]

BRAKEL übernahm nun im März 1638 zunächst die Pfarrei zu Beers und Jellum in Friesland, und folgte dann 1652 einem Ruf nach Burg auf der Insel Texel, von wo er jedoch schon 1653 nach Makkum in Friesland übersiedelte. Von seiner Gemeinde nicht nur, sondern auch von Unzähligen im Lande, die nach Makkum kamen, um die Predigt des allverehrten Gottesmannes zu hören, hochgefeiert, starb er hier am 14. Februar 1669. [2]

Sein Sohn WILHELM sagt von dem Vater: »Er trug einen langen Bart und war gediegenen, ehrfurchtgebietenden Wesens. Wenn er von der Kanzel herab strafte, schien er ein Donnerssohn zu sein, so dass ein kalter Schreck den Zuhörern durch die Glieder fuhr. Wenn er tröstete, so war es als ob man eines Engels Angesicht sähe. Im Umgang war er gediegen und freundlich, wenig redend. Die Glieder der Gemeinden, deren Hirt er gewesen, waren seine Lämmer. Ich weiss nicht, ob es jemals vorgekommen ist, dass Gemeindeglieder, die miteinander im Streite waren, unversöhnt von ihm hin-

---

1) Ueber das hierauf bezügliche Vorkommniss hat BRAKEL geschwiegen bis er auf dem Sterbebette seinem Sohne auf dringendes Bitten desselben Folgendes mittheilte: „Es geschah einst Nachts, dass der Himmel sich vor meinen Augen aufthat. Das war so herrlich, dass ich es nicht ausdrücken oder mit irgend etwas vergleichen kann. Aus dem geöffneten Himmel trat ein Licht hervor, das mit keinem anderen Lichte zu vergleichen war; denn es übertraf an Klarheit, Lieblichkeit und Herrlichkeit das allerhellste Sonnenlicht. Es war eben ein ganz anderes Licht, und aus dem geöffneten Himmel ertönte eine Stimme, welche rief: „Ich habe dich dazu berufen, ja, ich habe dich dazu berufen." — Ich wusste alsbald dass es der Herr war, der zu mir sprach; ich war nun froh und getrost und liess mich gern examiniren." Vgl. „De laetste uren van den autheur" am Schlusse von BRAKELS „Trappen des geestel. Levens."

2) Unrichtig wird in v. D. AA's Woordenboek II, S. 356 das Jahr 1692 als sein Todesjahr angegeben.

weggegangen sind. Und wie der Herr ihn in sein Amt gerufen und für dasselbe tüchtig gemacht hatte, so hat der Herr
seinen Dienst insbesondere dadurch gesegnet, dass er durch
ihn gar viele Seelen zur Bekehrung kommen liess."

Als Prediger, Katechet und Seelsorger unermüdlich thätig,
handhabte er zugleich eine strenge Kirchenzucht. Insbesondere
eiferte er für strenge Sonntagsfeier.

Zugleich war BRAKEL auch als erbaulicher Schriftsteller
thätig. Doch hat er selbst nur drei seiner Schriften herausgegeben und zwar zunächst (noch als Prediger zu Jellum)
1648 die Schrift »das geistliche Leben" [1]) die, kaum erschienen, so
rasch die weiteste Verbreitung fand, dass BRAKEL selbst noch
die dreizehnte Auflage derselben erlebte. Mit derselben gab
der Verfasser zugleich eine Abhandlung unter dem Titel heraus:
»Einige Kennzeichen, worauf ein gläubiger Mensch sich kann
versichern, dass er von Gott geliebt ist" [2]) wozu später noch
eine Sammlung von Meditationen und Gebeten zur Uebung
der Andacht am Morgen, Mittag, Abend, zur Nachtzeit und
bei besonderen Anlässen kam [3]), welche ebenfalls eine ganz
ungewöhnliche Verbreitung fand. Ausserdem hatte BRAKEL
noch eine Schrift unter dem Titel »Die Stufen des geistlichen
Lebens" [4]) verfasst, die von ihm als Manuscript hinterlassen
wurde, ohne dass es ihm möglich war, noch die letzte Hand

---

1) »Het geestelyke leven ende de stand eens geloovigen menschen hier op aarde,
met Gods heilig Woord vergadert en bijeen gestelt," (in der 13 Ausg. 398 S. S. in
12°). Von dieser Sehrift hat der Prediger C. BRINKMAN zu Dirksland noch i. J.
1717 eine neue — und zwar die fünfzehnte — Ausgabe (mit veränderter Orthographie und Ausdrucksweise) besorgt.

2) „Eenige Kentekens, waar uit een geloovig mensche hem kan verzekeren, dat
hij van God bemind is." Die Schrift gründet sich namentlich auf Röm. 8, 29—30.

3) Eenige christelijke meditatien, gebeden ende dankzeggingen om's nagt's, 's morgens, 's middags en 's avonds te gebruiken, mitsgaders bij andere gelegentheden ge-
maakt ende bijeen gesteld door TH. A BRAKEL. (Mir liegt die elfte Ausgabe dieser
Schrift vor).

4) De trappen des geestelijken levens, beschreven door PH. A. BRAKEL (achte Aufl.
427 S. S. in 12°).

an dieselbe zu legen (woher sich die hier und da wahrnehm-
bare stylistische Mangelhaftigkeit der Arbeit erklärt), deren
Veröffentlichung er jedoch noch auf dem Sterbebette seinem
Sohne WILHELM anbefahl, weshalb sie schon i. J. 1670 im Druck
erschien. Auch diese Schrift musste geraume Zeit hindurch
immer von Neuem aufgelegt werden, weil Jedermann sie haben
und lesen wollte.

Die Schrift vom »geistlichen Leben" beginnt BRAKEL mit den
Worten: »Wen es von Herzen verlangt Gottes Gnade und die
Vergebung seiner Sünden zu fühlen und zu schmecken dass
der Herr freundlich und süss ist, und zu wachsen in der Gemeinschaft Gottes und überfliessender zu werden in der Liebe
Jesu Christi, der muss vor Allem täglich einige christliche
Uebungen vornehmen. Unter diesen Uebungen verstehe ich
himmlische Meditationen, geistliche Betrachtungen und stille
Gespräche (alleen-spraken) mit Gott, wodurch man sein Herz
aufrichtig vor Gott untersucht und dasselbe in demüthigen
Geberden und Danksagungen sich ergiessen lässt und die Wohlthaten Gottes betrachtet. Denn ein wiedergeborener Mensch
ohne göttliche Uebung ist gleich einem Fisch ohne Wasser
und kann nicht lange ohne die Empfindung der Gegenwart
Gottes leben." — (S. 12) »Wollen wir, dass Gott uns mit
seiner Gnade erfülle und dieselbe auf uns herabfliessen lasse,
so müssen wir den Mund unserer Seele aufthun und uns in den
Uebungen an die von Gott vorgeschriebenen Mittel halten; nicht
als ob Gott an die Mittel gebunden wäre, dass er uns seine
Gnade und Gegenwart auf anderem Wege nicht mittheilen
könnte, sondern weil er es nach seiner Weisheit so geordnet
und in seinem Worte befohlen hat." — (S. 39) »Zu solchen
Uebungen ist aber Niemand aus eigner Kraft geschickt, weshalb der Mensch nur durch die Kraft Gottes zu denselben
tüchtig werden kann."

Nachdem nun BRAKEL gezeigt hat, wie und mit welchen

Mitteln der Christ seine geistlichen Uebungen oder Meditationen und Contemplationen anstellen soll, und welche Segnungen ihm dadurch zugeführt werden, bespricht derselbe S. 145—147 die höchste Stufe, auf welche sich die Seele mittelst dieser Uebungen erheben mag. »Es begegnet wohl auch einem Kinde Gottes, das die Gemeinschaft Gottes mit andauerndem Verlangen begehrt und gesucht hat, dass es hinaufgezogen wird und sieht, wie Gott es von Ewigkeit her lieb gehabt hat und in Ewigkeit lieb behalten wird. Dann wird die Seele so in diese Liebe hinaufgezogen, dass sie wie von derselben verschlungen ist. — Das ist die höchste Stufe, auf welcher der Mensch in den dritten Himmel und zum Springquell seiner Seligkeit gebracht ist. — Aber nicht Jedem ist es gegeben, so mit verklärtem Auge schauen zu können, und der, welchem es verliehen ist, sieht doch nicht immer so klar, indem oft wieder dunkele Wolken, nebelige Tage, ja dichte Finsternisse zwischen sein Auge und den Urquell seiner Seligkeit treten. Wer aber diese Gnade empfängt und sie geniesst, der bleibe darin mit Freuden zum Preise der Herrlichkeit seines Gottes, der ihn in die Binnenkammer seiner Geheimnisse geleitet hat, so lange er kann." — »Denn wer diese Gnade empfangen hat, der sieht mit dem Auge seiner Seele oft unaussprechliche Dinge und wird in wunderbarer Weise mit einer Erkenntniss Gottes und Jesu Christi und der Güterfülle, die er ewig geniessen wird, überschattet und hört unaussprechliche Worte. Der Mensch ist dann mit seiner Seele bei Gott in dem Himmel und in die Gemeinschaft und Gegenwart Gottes so hinaufgezogen, dass er kaum wieder zu sich selbst herabsinken mag."

BRAKEL fährt fort: »Ich will jedoch nicht dazu rathen, dass Jemand von dieser Höhe aus sich über seine Seligkeit in's Klare bringen wolle. Denn wer hoch hinauf zu steigen sucht, der beginnt leicht zu schwindeln und zu fallen. Darum beginne der Christ lieber von unten auf und lerne vor Allem Christi

Leiden und Sterben, unsere Sünde und Gottes Liebe erkennen und warte darauf, dass Gott ihn zum Anschauen seiner ewigen Liebe zu ihm erhebe." — »Und er lerne dann also wieder niedersteigen und mit seinem Herzen den Weg der Liebe durchwandeln, auf welchem ihn der Herr durch die tiefe Erniedrigung Christi geleitet hat und steige so mit Christo wieder hinauf zu dessen Erhöhung bis zu der ewigen und unbegreiflichen Liebe. Und wenn Gott ihn dann auf die höchste Stufe hinaufzieht, um den ersten Anfang seiner Seligkeit zu schauen, wird es ihn nicht so leicht schwindeln; denn er ist gewöhnt von der untersten Stufe sich nach oben zu erheben und dann wieder zu abermaliger Erhebung niederzusteigen. Doch das sind Geheimnisse, die nur der verstehen kann, dem das Verständniss derselben gegeben ist." —

Im zweiten Theil des Buches schildert Brakel »den Stand eines gläubigen Menschen hier auf Erden," und beginnt diese Ausführung (S. 191 ff.) so: »Der Gläubige kommt zuweilen mit Bekümmerniss und Niedergeschlagenheit zu seinem Gott, empfängt dann aber oft eine freundliche Antwort und einen besonderen Trost vom Herrn, der seinen Glauben so stärkt, dass er nicht allein fest vertraut, sondern seinen Gnadenstand auch fühlt und schmeckt. — Die Liebe Gottes und Jesu Christi wächst dann so in ihm an, dass sie mag mit dem Wasser, das der Prophet Ezechiel sah, verglichen werden. — So wächst die Wirkung des h. Geistes zuweilen an in seinem Herzen und wenn er oft auch anfangs nur wenig fühlt, so erfährt er doch, dass sie wächst und zu grossen Wassern wird, die er weder übersehen noch ergründen kann, in denen er aber schwimmt; ja, dass er in der süssen Gemeinschaft Gottes so weit gebracht und durch den Glauben und die lebendige Wirkung des h. Geistes in seiner Seele mit Ihm so eng vereinigt wird, — *dass er in der süssen und seligen Gemeinschaft mit seinem Gott und Seligmacher ruht, sich ganz still hält und*

Gott in seiner Seele wirken lässt. Dann wird er mit süssen Einströmungen und Wirkungen des h. Geistes im Innersten seiner Seele übergossen, dass er in seiner Wonne nichts anderes zu thun vermag, als mit Liebe seinen Gott und Seligmacher zu umarmen. — Wenn dann die Seele so über sich selbst hinausgeführt wird, dass sie von dem Anschauen Gottes und seiner Gnade trunken (Cant. 7, 10) spricht: »»Mein Freund ist mein und er hält sich auch zu mir,"" indem sie die fühlbare Gegenwart der Gnade Gottes erfährt, dann wird ihr hierdurch das ewige Leben versiegelt und sie empfängt ihre Brautstücke und Treupfänder, und sie verlangt alsdann, dass der Tag der Hochzeit bald komme und dass die Hochzeit hier oben in dem neuen Jerusalem möge gehalten werden." — »Das können die äusserlichen Menschen nicht begreifen, denn sie wissen nichts Höheres als das was die Natur mit sich bringt. Ja selbst die Kinder Gottes, wenn sie zu sich selbst zurückkehren, sind ausser Stande zu erklären, was sie ausser sich gesehen haben. Denn wenn wir von jenem hohen Stand zurückkommen, können wir das, was wir eben erst über uns sahen, nicht in voller Klarheit und Wahrheit in unseren Gedanken festhalten, viel weniger es aussprechen, obschon wir in unseren Gedanken etwas davon behalten und wie durch einen Vorhang oder eine Wolke sehen, bis wir wieder *von der Meditation zur Contemplation hinaufsteigen*, und Gott uns so wiederum in sich selbst aufnimmt und uns seine Süssigkeit schmecken lässt." —

In der Schrift »*über die Stufen des geistlichen Lebens*" handelt BRAKEL in der Form eines Gespräches eines Vaters und seines (fragenden) Sohnes zunächst von der wahren Gottseligkeit und von der Praxis derselben. Die wahre Gottseligkeit besteht in der Gemeinschaft mit Gott in Jesu Christo. Diese Gemeinschaft ist uns erworben durch Christus, wird uns zugebracht äusserlich durch das Wort, innerlich durch den h. Geist; wird genossen im Glauben, im geistlichen Schauen, Empfinden und Fühlen und bewirkt eine besondere Liebe und Heiligkeit. (S. 1—7). — Die Herrlichkeit dieser Gemeinschaft besteht darin, dass sie eine Vereinigung mit dem höchsten Gott und Brunnquell aller Seligkeit ist, in welcher der Mensch es fühlt, dass Gott alles was er ist für ihn ist, in welcher er Gott im himmlischen Lichte sieht, seine Liebe empfindet, seine Süssigkeit schmeckt, zu immer süsserer Gegenliebe sich erhebt und endlich in Gott ruht (S. 19—25). — Hierauf wird der Zustand der Gottentfremdung des Menschen besprochen und gezeigt, auf welchem Wege und durch welche Mittel der Mensch aus demselben erlöst werden kann. Der Mensch muss aber, wenn Gott sich finden lassen soll, Gott eifrig suchen. Denn ohne eifriges Suchen ist Gott nicht zu finden. (S. 16—116). — Im zweiten Theil werden sodann die drei Stufen der Kindheit, des Jünglingsalters und des Mannesalters in Christo besprochen, auf denen sich die Seele allmählig zu der vollkommensten Vereinigung mit Gott in Christo erhebt. — Das Ganze ist eine Darstellung des eignen inneren Lebensganges BRAKELS.

Es erhellt hieraus, dass, wie BRAKEL selbst wesentlich verschiedene Stufen im Leben des Gläubigen unterscheidet, so auch in seiner Heilslehre wesentlich verschiedene Stufen zu unterscheiden sind. BRAKEL hält die reformirten Grunddogmen — namentlich die Lehren von der Berufung und vom Glauben (unter welchem er Erkenntniss der Wahrheit und Vertrauen auf dieselbe versteht), von der Rechtfertigung und Heiligung — fest, aber doch nur für die erste und unterste Sphäre des Glaubenslebens, und für die höheren Stufen nur insofern als sie auf jener beruhen und als der geförderte Christ von dem Gipfel der Contemplation immer wieder auf dieselben zurückgehen muss, um sich von da aus von Neuem zur Contemplation erheben zu können. Für die letztere aber ist die Heilslehre geradezu ein überwundener Standpunkt, indem hier

statt derselben der ungebundene Subjectivismus der Mystik
eintritt.

c. *Jodocus van Lodensteyn zu Utrecht.*

JODOCUS VAN LODENSTEYN [1]), einem alten angesehenen Geschlecht zu Delfft in Holland 1620 entsprossen, hatte zuerst
in Utrecht bei VOET, dann zwei Jahre lang zu Franecker bei
COCCEJUS Theologie studirt, und sich unter der Leitung des
Letzteren mit besonderem Eifer in das Studium der h. Schrift
eingelebt, aber so, dass für ihn die ascetisch-practische Theologie VOETS das eigentliche Interesse war, in welchem er der
Schriftexegese oblag. — Eben im Begriff stehend eine Reise
nach England und Schottland anzutreten, wo er die puritanischen Pietisten kennen lernen wollte, wurde er 1644 als
Prediger nach Soetermeer und Zegwaert in Holland und später
(1650) nach Sluys in Flandern berufen, vonwo er jedoch,
nachdem er an letzterem Orte kaum anderthalb Jahre gewirkt
hatte, nach Utrecht überzog. Hier, wo er mit VOET, mit dem
frommen JUSTUS VAN DEN BOGAART († 1663) [2]), mit dem gleichgesinnten Professor ANDREAS ESSENIUS, mit der ANNA MARIA
VAN SCHÜRMAN und mit anderen geistesverwandten Persönlichkeiten in die glücklichste Lebensgemeinschaft, hernach auch
mit dem von ihm hochgehaltenen Labadie in den lebhaftesten
Verkehr trat, lebte und wirkte er fünfundzwanzig Jahre lang

---

1) Ueber den äusseren Lebenslauf LODENSTEYNS vgl. M. GOEBEL, Gesch. des
christl. Lebens u. s. w. B. II, S. 160 ff., über sein geistliches Leben und Werken
vgl. die Schrift: „Zions Wee-Klagen of droevige nagedachten over het leven ende
sterven van D. JOD. VAN LODENSTEYN (38 S. S. in 4°). Ein vollständiges Verzeichniss seiner Schriften s. bei v. D. AA, Biographisch Woordenboek XIII, S. 167—168.

2) Von dem Prediger JUSTUS VAN DEN BOGAART, der in Utrecht neben LODEN-
STEYN wirkte, rühmt THEODOR UNDEREIJK (der ihn sehr oft predigen hörte): dass
er Jesum mit unvergleichlichem Nachdruck eines heiligen Wandels so aufrichtig
und so zart geliebt, und mit heiligen und ungemeinen Gaben kräftig durch Gottes
Segen in sein eigenes Herz öffentlich und sonderlich gepredigt habe.

als »ein lebendiges Bild einer ungefärbten Gottseligkeit, ein
Zierrat der Kirche Gottes, ein Pflanzer so vieler guter Uebungen, ein Kämpfer im Gebet, ein wunderbar begabter Prediger,
ein kluger und beständiger Held im Glauben," bis er am 6.
August 1677 (erst 57 Jahre alt), in brünstiger Sehnsucht nach
seinem Heiland starb.

LODENSTEYN war als Prediger und Seelsorger eine wahrhaft
apostolische Erscheinung. Seine Busspredigt erfasste die Zuhörer oft mit einer Macht, dass sie sich im Angesichte des
letzten Gerichts stehend glaubten, und zur Zeit vertrat in Utrecht
kein anderer Prediger den Gedanken, dass die Reformation des
sechszehnten Jahrhunderts eine mangelhafte gewesen sei, dass
die reformirte Kirche, — die im Leben ganz deformirt sei —
einer neuen Reformation im Leben ihrer einzelnen Glieder bedürfe, mit solchem Eifer wie er. — Wie er selbst im Leben
durch und durch *ascetischer Pietist* war, — er war nie ver-
heirathet, war überhaupt ein Freund des ehelosen Standes,
weshalb er die gänzliche Abschaffung der Klöster in der Kirche
beklagte, und lebte in seinem Hause überaus kärglich, — so
suchte er den ascetischen Pietismus auch auf alle Weise dem
Volk einzupflanzen um dadurch eine Besserung des Lebens herbeizuführen. Namentlich hielt er zu diesem Zwecke, ausser
seinen Predigten, Freitags in seinem Hause Katechisationen
und erbauliche Besprechungen, an denen nicht nur Bürger
sondern auch Studenten fleissig theilnahmen. Da wurde von
Erfahrungen des inneren Lebens und von den wunderbaren
Wegen des Geistes geredet, und allerlei Gewissensfälle, welche
die Zuhörer zur Sprache brachten, wurden eingehend beleuchtet.
Die beiden Gedanken, auf welche LODENSTEYN hierbei immer
wieder zurückkam, waren, dass das geistliche Leben eine
ununterbrochene ernste und schwere Arbeit sein müsse, die der
Christ an seiner Seele ausführe, und dass die Gebrechen, an
denen das Leben der einzelnen Kirchenglieder, und das Ge-

sammtleben der reformirten Kirche, die öffentliche Sitte, leide, nicht geringzuschätzen, sondern als Grundschäden, die bei reformirten Christen gar nicht vorkommen dürften, auf das Ernstlichste zu bekämpfen wären. Literärisch sprach sich Lo-DENSTEYN über beides in der Schrift: »Wagschaale der Unvollkommenheiten" von 1664 aus. [1]) — Er sagt hier in der Einleitung (S. 5): Christus hat uns die Seligkeit, welche unter Anderem in Gottes Gunst und in unserer Heiligkeit besteht, verdient. Jene schenkt er uns, sobald wir im Glauben, unsere Zuflucht zu ihm nehmen," damit wir uns durch seine und Gottes Liebe bewegen lassen, der Heiligung selbst nachzujagen. Dies geschieht so (S. 10): Durch Gottes Gnadenverheissungen und Liebeserweisungen gezogen und gelockt, kommt der Mensch endlich dahin, dass er sich von seinem bisherigen Dienste des Fleisches und der Welt lossagt und sich dem Herrn zum Eigenthum hingiebt. Hierdurch ist er ein »Freund des Gesetzes" geworden, dem er nun aufrichtig und willig gehorcht. Allein dabei fällt es dem Menschen anfangs doch schwer, den rechten Gehorsam gegen das Gesetz, die rechte Tugend zu bethätigen. Um diese Tüchtigkeit zu gewinnen, muss der Mensch sich unter heissen inneren Kämpfen unablässig in der Gottseligkeit üben, und eben hierin besteht der Gnadenstand des Christen (S. 13). Unablässig muss darum der Christ mit dem ihm verliehenen Pfund wuchern, auf dass er geistlich wachse und zunehme und der Vollkommenheit immer näher komme. Das fällt dem Christen schwer wegen der vielen Mängel, mit denen er noch immer behaftet ist und über welche alle Helden Gottes, wie PAULUS, allezeit geklagt und geseufzt haben (S. 17). Leider aber ist in der reformirten Kirche die

---

1) *Weeg-Schale der onvolmaacktheden* ofte Bedenckingen nopende 't gewigte of de regt-matige agtinge te maacken van de gebreken en struyckelingen der geheyligden op de Aarden. Utrecht, 1664 (350 S. S. in 12⁰).

Meinung herrschend geworden, dass dieselben bei den Gläubigen durchaus nichts zu bedeuten hätten. Diese Geringschätzung der Gebrechen und Vollkommenheiten der Gläubigen ist aber (S. 199) ein gar grosses und verderbliches Uebel, indem sie den Menschen an seiner Demüthigung und Zerknirschung hindert und somit dessen Besserung unmöglich macht.

»Es muss anders werden im Leben der reformirten Gemeinden" — das war der Eine Gedanke, der unablässig die Seele des treuen Gottesmannes bewegte und ihn antrieb, auf die Begründung einer wahrhaft innerlichen Frömmigkeit, die allein fähig ist die Volkssitte zu bessern, in allerlei Weise hinzuarbeiten. Liess ihm daher die eigentliche Berufsarbeit eine freie Stunde, so sass er daheim auf seinem Zimmer, die eine oder andere Meditation über das was zur evangelischen Reformirung des Lebens noth thue, schreibend, wie z. B. die über die »Darbringung der zeitlichen Güter eines Christen an ihren Eigenthümer," [1]) worin er den Gedanken ausführt, dass der Christ Alles was er besitzt, als ein ihm von Gott zum Zwecke der Förderung des Reiches Gottes anvertrautes Gut anzusehen hat. In der Form eines Gespräches mit Gott lässt er daher in dieser Meditation den Christen in aller Form den Akt der Uebergabe aller seiner Habe an Gott, dessen »Rentmeister" er sein will, vollziehen. — Oder er benutzte die ihm vergönnte Ruhe zur Aufzeichnung lyrischer Ergüsse in denen sein Herz, von der überschwänglichen Empfindung der Herrlickkeit und der Gnade Gottes überwältigt, in jauchzender Lobpreisung Seines herrlichen Namens überquoll, nebenbei sich aber auch in warnenden, ermunternden, tröstenden und strafenden Worten — in unaussprechlicher Liebe — an die Brüder wendete. [2]).

---

1) *Opdragt van eens Christens tydlycke goederen aan haren Eygenaar*, ofte Schriften Recht-matig oordeel nopende der selver eygendom en bestel. — Tsamen-gestellt by maniere van alleensprake tot den Heere Godt." In Digt en in prose. Utr. 1673.

2) LODENSTEYN gab seine Dichtungen unter dem Titel: „*Uyt-spanningen* en andere

Aber die ihm anvertraute reformirte Gemeinde und die reformirte Kirche, der er angehörte, waren es nicht allein, die er auf seinem treuen Herzen trug: LODENSTEYN war auch einer der ersten Prediger der reformirten Kirche, welche an die Pflicht der *Mission* unter den Heiden und unter den Papisten dachten und zur Unterstützung derselben nachdrücklichst aufforderten. Auch in seiner Meditation »Darbringung der zeitlichen Güter eines Christen an ihren Eigenthümer," weist er darauf hin, dass der Christ die kirchliche Mission mit seinen Mitteln zu unterstützen durch das Evangelium verpflichtet sei.

Dies Alles hatte jedoch LODENSTEYN mit allen Pietisten Niederlands gemein, nur dass es in ihm stärker und gewaltiger als in vielen anderen hervortrat. Dabei aber lag Etwas in der Seele LODENSTEYNS, was ihn von der Menge der Pietisten unterschied, was ihn aus der Mitte derselben geradezu heraushob und ihn auf die Grenzlinie zwischen Pietismus und Mystik stellte, — nämlich seine Gedanken über die innere Erleuchtung des Gläubigen.

LODENSTEYN ist allerdings der reformirten Lehre, dass das Wort der Offenbarung durch den h. Geist im Herzen des Erwählten wirksam gemacht werden müsse, wenn es wirksam werden solle, niemals entgegengetreten, — wohl aber ist er über dieselbe hinausgetreten — indem er es als eine Pflicht auch des gläubigen und wiedergeborenen Christen hinstellte, dass derselbe Gott um die Gabe des geistlichen Verständnisses der Schrift, die er als gläubiger Christ noch nicht habe, anrufen müsse, bis sie ihm zu Theil geworden sei. Ueber den

Gedigten, verdeeld in vier deele" 1676 zu Utrecht 372 S. S. in 8º) mit Melodien heraus. M. GOEBEL hat ein Exemplar der *sechszehnten* Auflage des Buches (464 S. S.) in Händen gehabt. — Das irrthümlich dem GOTTFRIED ARNOLD beigelegte Lied „Heiligster Jesu, Heilungsquelle," welches der Prediger BARTH. CRASSELIUS zu Düsseldorf († 1724) aus dem Niederländischen übersetzt hat, findet sich bereits in der ersten Ausgabe der „Uytspanningen" S. 152 („Heyl'ge Jesu, hemelsch voorbeeld") vor und rührt also von LODENSTEIN her.

Unterschied der buchstäblichen und der geistlichen Schrifterkenntniss spricht sich darum LODENSTEYN ganz in der Weise der
Mystiker aus. So sagt er z. B. in der Schrift: »Waagschale"
S. 204: »Leibliche Dinge werden mit dem leiblichen, geistliche nur mit dem geistlichen Auge gesehen. Der Mensch muss
darum die Wahrheit und die Bedeutung geistlicher Dinge von
dem Vater selbst gelehrt werden, — weshalb wir unserer Seele
keine Ruhe gönnen, sondern unablässig in ernstesten Gebeten
anhalten müssen, bis wir dieses Licht haben." — Daher spricht
es LODENSTEYN wiederholt in stärkster Weise aus, dass das
Lesen in der Schrift ohne besondere Erleuchtung durch den
Geist Gottes ganz unnütz sei, indem der Christ nur so das
eigentliche Wesen, die Wahrheit des Wortes zu erkennen vermöge,
während er sonst, ohne das von Oben kommende Licht nur
das äussere Wort, die Hülle des Geistes sehe und die Schaale
statt des Kernes gewinne. [1]) — Wen aber das Licht von Oben

---

1) Vgl. sein Gedicht über die „Reformatie," p. m. 85:

> O Heere Jesu! aller ogen
> Op u syn, komt! komt onvertogen!
> En toont ons dat het letterrijk,
> Hoe konstig, hoe geleert verdedigt,
> Staat, staat het van uw geest ontledigt,
> Met Satans heerschappij gelijk.
>
> O Heer! bewaar ons voor de letter,
> Die duizenden vermoord! of set 'er
> Den stempel op van uwen Geest.
> Spreekt eens dat woord, dat geest en leven,
> En is, en aan den mensch kan geven,
> En zoo ons dorre ziel geneest.
>
> O Heyland! hoor u duifjes sugten!
> En brengt eens door uw ligt aan 't vlugten
> Des waarheyds flinke lettergreep
> Dat Heyden, Jood, Turk, afgodisten
> Als eenen man, als eenen Christen
> Den Koning volgen in syn sleep!

Ebenso sagt er in seinem Gedicht über die „letterkennis," welche die himmlische
Weisheit verdächtigt und als Schwärmerei schmäht:

erleuchtet, den führt es in der Weise in alle Wahrheit, dass es ihn die Herrlichkeit Gottes selbst schauen lässt. Vgl. »Waagschale" S. 206: »In unseren Herzen wohnt eine entsetzliche Geringschätzung der überschwänglichen Hoheit und Herrlichkeit Gottes, bis dass uns von Oben her die Augen erleuchtet und die Thore des Himmels geöffnet werden, so dass ein Strahl der göttlichen Hoheit auf uns niederfällt, durch den wir die Herrlichkeit Gottes einigermaassen schauen können. So lange wir diesen herrlichen Glanz nicht schauen, wissen wir von der Herrlichkeit Gottes nichts."

Dieser Gedanke von dem geistlichen Verständniss des Schriftwortes, welches der Geist dem Einzelnen unmittelbar gebe, war der innerste Kern in der Reformationsidee LODENSTEYNS. Klar und bestimmt findet sich daher derselbe in der berühmten Reformationspredigt ausgesprochen, welche er in der ernstesten Zeit seines Lebens und seines Vaterlandes hielt, — in einer Zeit wo eine tiefe und ernste Erregung durch das Volk ganz Niederlands ging. Nachdem am 12. April 1672 Frankreich und England, und kurz darauf auch der Bischof von Münster und der Kurfürst von Köln den vereinigten Staaten den Krieg erklärt hatten — in welchem dieselben auser Spanien nur Brandenburg auf ihrer Seite hatten, — brach LUDWIG XIV. mit einem Heere von 120,000 Mann in die Niederlande ein und hielt, nachdem sich die Provinzen Geldern, Oberijssel und Utrecht fast ohne Schwertstreich ergeben hatten, am 30. Juni seinen Thriumphzug in Utrecht, wo nun das Volk im alten Dom den »Gräuel der Verwüstung," das papistische Gepränge alsbald wieder eingeführt sah. Das ganze Staatswesen Niederlands schien dem Untergange nahe zu sein. Alle Geschäfte

---

O grijpt de schoors van Waarheyd net beleden
Voor waarheyd an; maar arme mens! gy dwaalt,
Dat wesen is de waarheyd, dat beneden
Van boven in het reed'lik schepsel straalt!

standen still, zahlreiche Familien flüchteten in die umliegenden Lande, die Gerichtshöfe feierten, ebenso die Universitäten, aber — die Gotteshäuser konnten die Menge Derer, die in diesem schweren Geschicke eine Mahnung Gottes an sein Volk sahen, kaum fassen. Ganz Niederland, so konnte es wenigstens scheinen, that damals Busse im Sack und in der Asche.

Zu denen, welche von dem Kriegsgeschick ganz besonders schwer betroffen wurden, gehörte auch der fromme Lodensteyn, der bei seiner Gemeinde treu ausgeharrt hatte. — Das Volk hatte sich, über die brutalen Forderungen Frankreichs erbittert, endlich ermannt, um den Prinzen Wilhelm von Oranien sammelte sich ein kleines aber wohlgerüstetes und kampfmuthiges Heer, und die Schleusen wurden höher gespannt, so dass fast alles von den Franzosen besetzte Land unter Wasser kam und diese eiligst auf ihre Rettung bedacht sein mussten. — Bei ihrem Abzuge von Utrecht führten sie aber als Geisel für die Bezahlung der geforderten Brandschatzung Lodensteyn mit in die Festung Rees, wo derselbe als Gefangener festgehalten wurde. Doch war ihm hier innerhalb der Festung ziemlich freie Bewegung gestattet, die er namentlich dazu benutzte, den reformirten Prediger Zeller aus Zürich (nachmaligen Generalsuperintendenten zu Detmold) — den Grossvater Friedrich Adolp Lampe's — auf die Wege der inneren Gottseligkeit zu führen.

Kaum aber war Lodensteyn aus seiner Haft entlassen, als er in Utrecht sofort wieder in der ernstesten und gewaltigsten Busspredigt (die er auf Grund von Ezech. 37, 7—8 hielt) dem Volke die Nothwendigkeit einer Reformation der Kirche, einer Belebung der todten Glieder derselben durch den Geist Gottes vorhielt.

Er sprach davon, dass unter dem Papstthum die Kirche erstorben, ein todter Leib geworden sei, in welchem statt des Glaubens und des Geistes nur Aberglaube und todte Werke

gewesen. »Da kam die Reformation. Man lehrte wieder, dass
Jesus der alleinige Heiland sei, und statt der Transsubstantiation
lehrte man eine geistliche Vereinigung zwischen Christus und
dessen Gliedern, kraft deren er in diesen als in seinem Tempel
wohne, als der wahrhaftige Jesus, Gott und Mensch, und dass
er sich durch den Glauben mit den gläubigen Seelen vereinige.
Da begannen sich die Gebeine wieder zu einem wirklichen
Leibe zusammenzufügen; es kamen Nerven und Adern dazu,
die waren die Gnadenlehre, aus welcher alle die Ströme der
Heiligung kommen, und die Schwachen gestärkt, die Traurigen
getröstet werden. Aber das Alles blieb doch nur Lehre, und
weil es bei der Lehre blieb, so hatte man nur den Buchstaben,
der da tödtet, nicht aber den Geist, der lebendig macht,
weshalb wir in vielen Stücken noch mehr im Tode sind als es
im Papstthum der Fall war." Doch war dieses eben damals der
»Oeconomie Gottes gemäss, dass ein Leib erstünde ohne den
Geist." Aber »ein reformirter Christ ohne Geist ist Atheist."
Darum fort mit dem Vorwurf der Schwärmerei (geestdrijverij)!
Der Stillstand ist nur darum erfolgt, weil man die buchstäbliche Erkenntniss anstatt des Geistes genommen hat, und die
davon etwas zu wissen glauben, für wahre Christen und Gottesgelehrte hält. Aber ich schwöre euch vor Gott, das dieses das
geistliche Leben nicht ist. Glaubt mir, die Buchstabenerkennt-
niss ist nicht der Geist. Darum gebet Acht auf Euch selbst
und betrügt Euch nicht, wie ihrer Viele gethan haben!" —

Dieses war das Thema aller seiner reformatorischen Schriften.
In seiner »*Betrachtung Zions*" [1]) z. B. führt er aus, die Reformation des 16. Jahrhunderts sei darum keine wirkliche

---

1) „*Beschouwing van Zion*, ofte aandachten en opmerkingen over den tegenwoordigen toestand van 't gereformeerde Cbristen-Volk, gesteld in eenige 't Samenspra-
ken." — Diese, aus zwölf Gesprächen bestehende Schrift, welche erst 1678 nach des
Verfassers Tod im Druck erschien, wird hier nach einer Amsterdamer Ausgabe von
1729 (250 S. S. in 4°) gebraucht.

Reformirung der Kirche gewesen, weil man viele Einrichtungen, die man zur Förderung des christlichen Lebens hätte beibehalten können (z. B. die Klöster, die Beichte, die Metten und Vespern), statt sie evangelisch zu reinigen und zu reformiren, kurzer Hand abgeschafft habe. Aber »das Reformiren ohne Geist ist nur ein noch ärgeres Deformiren" (S. 12). Man wollte nur die Lehre reformiren und dachte gar nicht daran, dass die Lehre ein Mittel zur Reinigung des Lebens sein müsse. Daher verstand man es auch nicht die Lehre von der Rechtfertigung im Zusammenhange mit der Lehre von der Heiligung zu erfassen. Von dieser kann aber nur der reden, der durch den Geist zu der Erkenntniss gekommen ist, dass die Heiligung wesentlich auf der Selbstverläugnung beruht, die den Menschen dahin führen muss, dass er Gott gegenüber gar keinen Willen mehr hat, auf dass er dann durch Gottes Geist und Willen vollkommen bestimmt und geheiligt werde.

Diese Unterscheidung des geistlichen und des buchstäblichen Verständnisses des Schriftworts und diese Erhebung des ersteren über das letztere musste, da LODENSTEYN das geistliche Schriftverständniss aus einem unmittelbaren Contact des Geistes des Menschen mit dem Geiste Gottes ableitete, nothwendig zu einer spezifisch mystischen Heilslehre führen. Schon die vorstehenden Mittheilungen aus LODENSTEYNS Schriften lassen es deutlich genug erkennen, dass dieses auch wirklich der Fall war. Der Verfasser der bereits erwähnten Schrift »Zions Wehklage" stellt in derselben (ohne dabei von »Mystik" zu reden) die von LODENSTEYN gelehrten »Grundwahrheiten" als ein »Spezereibündel" (S. 28—32) recht gut in folgenden zehn Sätzen zusammen,» welche Utrecht wohl im Gedächtniss behalten möchte."
»1, Ein Christ muss den unsichtbaren Gott kennen und deshalb so oft als möglich auf Ihn und alle Seine göttlichen Eigenschaften hinschauen, und so unablässig im Lichte des göttlichen Angesichts wandeln. Hierzu genügt aber die Buch-

stabenkenntniss nicht; vielmehr muss ein lebendiges Gesicht und eine heilige »wirksame Erkenntniss des schönen, herrlichen, unendlichen Wesens Gottes vorhanden sein, welche in dem Herzen einen brennenden Eifer für Gottes Ehre und Sache entzündet." — 2, »Durch das Anschauen Gottes soll der Mensch lernen vor dem Menschen klein und niedrig sein. Wer kann doch die Allheit sehen, ohne seine Nichtigkeit zu empfinden!" — 3, »Der Mensch muss aber Gott so beschauen, dass ihm alle Creaturen aus dem Gesicht verschwinden, — gleichwie, wenn man die Sonne sieht, sich alle Sterne verdunkeln." — 4, Aus der rechten, heiligen Beschauung des göttlichen Wesens muss in dem Herzen eine solche brennende Liebe zu Gott hervorgehen, dass die verderblichen Eigenheiten, die sündige Selbstliebe und die fleischlichen Lüste verdorren, absterben und verschwinden." — 5, »Wenn man Jehovah recht beschaut, so gewinnt die Seele durch diese Bespiegelung einen Eindruck von dem Bilde Gottes, gleichwie das Antlitz Mosis strahlte, als er von dem Berge herabkam, wo er Gott gesehen hatte." — 6, »Dieses Hineinschauen in Gott muss in uns den Glauben erwecken und stärken, indem man da eine unfehlbare Wahrheit, deren Verheissungen nicht unausgeführt bleiben können, und eine unendliche Macht sieht, die uns aus allen Nöthen helfen kann. Und wenn man Gott in dem Augesichte Jesu sieht, so sieht man ihn als barmherzigen Vater." — 7, »Durch dieses Schauen und Erkennen Gottes lernt der Mensch die grosse Majestät Gottes erkennen, dessen Willen er sich übergeben muss, um zu thun was er befiehlt, und zu leiden was er uns zusendet. — Dann sucht die Seele sich vor Allem mit dem Willen Gottes zu vereinigen und sie will was Er will." — 8, »Durch die auf Gott selbst gerichtete Contemplation soll der Mensch der Sünde ledig werden, indem er in Allem nur auf die Ehre Gottes und auf die Förderung derselben sieht. Solche Gottbeschauer sinken in die

Tiefe der Gottheit hinab, so dass dann Gott allein ihr Gott ist und dass all ihr Thun allein auf die Verherrlichung Gottes gerichtet ist." — 9, »Durch dieses Gesicht soll der Mensch so hinweggerückt werden, dass die Seele nun fest an Gott hängt und für immer bei ihm bleibt." — 10, »Das Alles steht aber nicht in des Menschen Macht. Soll man Gott sehen, so muss Er unsere Augen mit seinem Lichte aufthun und erleuchten. Darum muss die Seele sich vor Gott niederlegen und es in aller Stille abwarten, was Er mit ihr zu thun beliebt." —

Aus dieser sehr genauen Darlegung der Heilslehre LODEN-STEYNS [1]) welche der Verfasser mit den Worten schliesst: »Seht da LODENSTEYN im Kleinen!" begreift es sich, dass LODENSTEYN zwischen sich und den eigentlichen Vertretern der Mystik eine Wahlverwanntschaft fühlte und anerkannte, infolge deren seine Stellung zu vielen Vorkommnissen in der Kirche sich von dem Verhalten anderer Pietisten charakteristisch unterschied. Im Mittelpunkte seiner religiösen Gedankenwelt stand nicht die trostreiche Verkündigung von der Rechtfertigung des Sünders durch Christi Verdienst, sondern der Gedanke, dass der Christ berufen ist heilig zu sein wie Gott heilig ist, und dieses war es, was ihn von voncherein mit den Mystikern zusammenführte. — Mit LABADIE, sowie mit dessen Anhängern YVON und ANNA MARIA VON SCHÜRMAN ist er daher bis an seinen Tod in Verkehr geblieben. Auch wurde er in den Kreisen der Mystik als Geistesverwandter angesehen und verehrt. TERSTEE-GEN hat ihn jederzeit als einen Gottesmann gepriesen, dem er

---

1) Diese kann in allen Schriften desselben nachgewiesen werden. In der Schrift z. B. „Geestelycke Gedachten van 's menschen geluksaligheit" welche nach LODEN-STEINS Tod erschien, führt derselbe folgende Gedanken aus: Die wahre Glückseligkeit des Menschen kann nur in der Gottseligkeit und Heiligkeit bestehen; und diese Gottseligkeit muss vor Allem Selbstverlassung des Menschen sein, so dass dieser nicht sich, sondern durchaus nur Gott angehören will. Die Ruhe und Seligkeit des Menschen besteht dann nicht darin, dass er Gottes Willen erfüllt, sondern vielmehr darin, *dass er sich demselben vollständig unterwirft*. Dadurch kommt der Mensch zum wahren Geniessen Gottes, was seine Seligkeit in subjectiver Beziehung ist.

ganz besonders viel zu danken habe, und hat sein »geistliches Blumengärtlein" ganz nach LODENSTEYNS »Ausspannungen" eingerichtet; und SCHORTINGHUIS beruft sich in seinem »Innerlichen Christenthum" auf Aussprüche LODENSTEYNS zum Oefteren. Auch begreift es sich, dass derselbe von seiner mystischen Anschauungsweise sich der bestehenden Kirche gegenüber, wenn schon er selbst sich nie von ihr lossagte, zu Grundsätzen und Schritten gedrängt sah, von denen aus andere (nicht nur Labadie) die Wege zur Separation fanden. Es zeigte sich dieses namentlich in seiner Stellung zur kirchlichen Verwaltung der Sacramente.

Die Kirche sollte eine Gemeinschaft lebendigen Glaubens und wiedergeborenen, gottgeheiligten Lebens sein. Rings um sich her glaubte er aber fast nur todte Glieder zu sehen, und es erfasste ihn ein Grauen, wenn er daran dachte, dass er in dem Leben nach der bestehenden Ordnung der Kirche, mit »Unreinen" in Gemeinschaft trete, an denen nichts Anderes als das Gegentheil der Selbstverleugnung, Gleichgültigkeit gegen Gottes Wort, Verstockung der Herzen, Blindheit, unthätiger Glauben, Scheu sich offen zu dem Herrn zu bekennen, fleischliche Sicherheit und Leichengeruch wahrzunehmen sei. Er konnte es nicht ertragen, dass die Jugend, wenn sie 16—20 Jahre alt, zur Katechisation und zur Aufnahme in die Gemeinde erscheine, ohne Weiteres angenommen werde und das h. Abendmahl empfange, auch wenn sie ärger und verstockter als die Heiden sei." Am meisten aber folterte ihn der Gedanke, dass das h. Abendmahl, das »Heiligthum des Herrn für sich und seine Kinder in einen Pferdestall verwandelt sei, in welchen die unreinen Thiere kämen, wo es vor Fäulniss stinke, so dass Gottes Kinder es kaum aushalten könnten." — Seine einzige Hoffnung war: »*das gute Fleisch wird sich zuletzt separiren* (ich spreche nicht von einer ungeziemenden Absonderung) und das Uebrige wird dürr und trocken werden und von einander fallen." Aber dabei wurde es ihm doch immer klarer, dass er »Sünde" thue wenn er in dieser Gemeinschaft beharre, weshalb er endlich i. J. 1665 — nachdem er eben eine schwere Krankheit überstanden hatte — das Gelübde that, *dass er nie mehr das h. Abendmahl halten werde.* — Natürlich machte dieser Entschluss LODENSTEYNS (den derselbe seiner Gemeinde ankündigte) ganz ausserordentliches Aufsehen — nicht nur in der Stadt, sondern im ganzen Lande, und der Bürgermeister von Utrecht sah sich bemüssigt, ihn dessfalls zur Rechenschaft zu ziehen; LODENSTEYN aber hielt sein Gelübde bis zu seinem Tod.

Aber auch die kirchliche Verwaltung des Taufsacramentes bereitete LODENSTEYN die schwersten Bekümmernisse. Die erste Frage der niederländischen Taufliturgie war die an die Eltern und Pathen gerichtete Frage: »Bekennt ihr nicht, dass unsere Kinder, obgleich sie in Sünden empfangen und geboren und darum allerlei Elend, ja selbst der Verdammniss unterworfen sind, *in Christo gerechtfertigt sind und darum* als Gliedmaassen seiner Gemeinde getauft werden *müssen?"* Also sollte LODENSTEYN bei jeder Taufe, die er verrichtete, bekennen dass er den Täufling darum taufe, weil dessen Eltern Christen, Glieder am Leibe Christi, und dass darum auch deren Kinder Christo geheiligt wären, obschon in so vielen Fällen das Gegentheil der Fall war! Natürlich konnte er darunter die Kinder nicht leiden lassen, weshalb er die Taufe so verrichtete, dass er jene Frage entweder ganz hinwegliess oder die Worte »in Christo geheiligt *sind"* in die Worte »in Christo geheiligt *werden"* umsetzte. LODENSTEYN erklärte, dass er dieses »Gewissens halber" thun müsse, — und sofort zeigte es sich, dass das ernste Wort des gefeierten Predigers in den Herzen vieler Anderer, die es kaum gehört, einen Stachel zurückgelassen hatte.

Seitdem ging ein separatistischer Zug durch ganz Niederland hin und drang sogar bis in die Gemeinden am deutschen Niederrhein vor, indem hier überall Prediger und zahlreiche Gemeindeglieder in Conventikel sich zusammenfanden, in denen sie, ohne sich von der Kirche eigentlich separirt zu haben, doch dem äusseren kirchlichen Leben den Rücken kehrten, weil sie vor Allen nicht mit »Unreinen," mit »Namenchristen," mit »todten Gliedern" am Tische des Herrn Gemeinschaft haben und weil dieses bei dem Besuche des Abendmahls doch nicht zu vermeiden sei, lieber desselben sich ganz enthalten wollten. Selbstverständlich rief dieses Zurücktreten so Vieler vom Besuche des Abendmahles und das Conventikelwesen derselben sofort die heftigste Opposition, den lautesten Tadel, Hass, Hohn und Spott aller Anderen, die sich an der Separation nicht betheiligen mochten, hervor. LODENSTEYN selbst ward als Schwärmer verschrieen, der die Kirche verstöre und dem alles Predigen verboten werden müsse, und über seine Anhänger witzelte man als über die »LODENSTEYNER," über die »Ernstigen" und »Feinen," die etwas Besseres sein wollten als alle anderen Glieder der Kirche. Aber der Herausgeber der Predigten LODENSTEYNS, VAN DER HOOGHT, sagt von demselben: »Die sogenannten Lodensteynischen sind solche Menschen, welche den Heuchlern entgegengesetzt sind, die zwar nicht vollkommen sind, aber vollkommen zu sein verlangen; die mit weltlichem Zeitvertreib nichts zu thun haben wollen und mit dem gemeinen Schlendrian des heutigen Christenthums nicht zufrieden sind, die eine innerliche Besserung und Reformation suchen, die mit den Frommen gern umgehen und nicht sitzen wo die Spötter sitzen, weil die sich vor den weltlich und fleischlichgesinnten natürlichen Menschen und Namenchristen absondern, den geistlosen Kirchgängern ins Auge fallen und von denselben angefeindet werden als offenbar ärgerliche Menschen."

d. *Jungfrau Anna Maria van Schürman.*

ANNA MARIA VAN SCHÜRMAN [1]) wurde am 5. Nov. 1607 zu

---

1) Die hauptsächlichsten Quellen sind »MOLLERI Cimbria litterata," S. 805—817,

Cöln von reformirten Aeltern geboren. Ihre Vorfahren von väterlicher Seite hatten einem reichen und angesehenen Geschlecht zu Antwerpen angehört, vonwo der Grossvater 1568 vor dem Herzog Alba nach Deutschland geflüchtet war. Einige Jahre nach ihrer Geburt, vielleicht 1610, zogen die Eltern, da der reformirte Gottesdienst in Cöln nicht mehr geduldet wurde, in das Jülicher Land, wahrscheinlich in das Schloss Dreiborn oder Drimborn bei Schleiden, welches seit 1582 der Familie van HARF (aus der die Mutter der Kleinen stammte) gehörte und wo damals reformirter Gottesdienst stattfand. Hier begannen sich nun die ganz ausserordentlichen Geistesgaben des Kindes in überraschender Weise zu entfalten. Noch nicht völlig drei Jahre alt las die kleine ANNA MARIA schon in der h. Schrift und im Heidelberger Katechismus, dessen erste Frage und Antwort schon damals ihr Herz tief erfasste. Ueberhaupt war das religiöse Gefühl bei dem Kinde schon bei dem Anfange seiner inneren Lebensentwickelung stark angeregt. Als daher die elfjährige ANNA MARIA hörte, dass so Viele, die sie sah und mit denen sie verkehrte, Märtyrer des Glaubens wären, war es auch ihr sehnliches Verlangen, ebenfalls eine Märtyrerin zu werden. — Im J. 1615 zog sie mit den Eltern in die Niederlande, wo die Mutter sich, nachdem der Vater 1623 in Franecker gestorben war, 1623 in Utrecht niederliess.

---

die „Eucleria” und die sonstigen Schriften der SCHÜRMAN: „Opuscula hebraea, graeca, latina, gallica, prosaica et metrica” (1648, 3. Auflage 1652) sowie die Quellen der Biographie Labadies. Unter den Bearbeitungen des Lebens der SCHÜRMAN kann jetzt nur noch die vortreffliche Arbeit des holländischen Geistlichen G. D. J. SCHOTEL zu Tilburg „ANNA MARIA VAN SCHÜRMAN, met portret en facsimile” ('s Hertogenbosch 1853, 265 u. 147 S. S.) in Betracht kommen. Die Arbeit TSCHACKERTS „ANNA MARIA V. SCHÜRMANN, der Stern von Utrecht, die Jüngerin Labadies" (Gotha, 1876) — in welcher sich neben vielerlei unrichtigen Angaben (S. 23—24) über die Geschicke der Labadisten zu Wieuwerd, S. 12 bezüglich der SCHÜRMANN die Phrase findet: „die beseligende Gefahr der Gattenliebe schien ihrer Kunst nicht zu drohen" — ist schon in der „Kölnischen Zeitung” 1877 N°. 256 als „ungenügend” erkannt worden. — Uebrigens sei hier bemerkt, dass der Name nicht „SCHÜRMANN" sondern „SCHÜRMAN" zu schreiben ist.

Inzwischen hatte sich unter der sorgsamsten elterlichen
Leitung und Obhut in der jugendlichen Dame die Kraft ihres
Geistes nach der verschiedensten Seiten hin in wahrhaft blen-
dender Weise entfaltet. Es fehlte ihr auch nicht an äusseren
Vorzügen und infolge dessen auch nicht an Bewerbungen um
ihre Hand; aber kalt wiess sie die letzteren zurück, um nur
ihren idealen Interessen, — unter denen ihr, nachdem sie in
Franecker AMESIUS kennen gelernt und sich in den Pietismus
vertieft hatte, — der Dienst Gottes das idealste war, — ungehindert leben zu können. Und dieses that sie mit solchem
Erfolg, dass bald die Augen des gelehrten Europa auf sie
gerichtet waren. Denn sie schrieb und sprach nicht nur das
correcteste Latein, das eleganteste Französisch, das gewählteste
Italienisch und Englisch, sondern war auch des Griechischen,
des Hebräischen, des Syrischen, Arabischen und Koptischen —
trotz der gründlichsten Orientalisten ihrer Zeit — mächtig.
Ausserdem war sie nicht nur in anderen Wissenschaften, namentlich in der Geschichte und Mathematik, vollkommen zu
Hause, sondern sie besass auch in der Musik, im Zeich-
nen, Malen und in allerlei anderen Geschicklichkeiten,
wie im Sticken, Holzschnitzen, Wachsbilden die Fertigkeit
einer wahren Künstlerinn. Schon als zwölfjähriges Mädchen hatte
sie die prachtvollsteu Gobelins angefertigt, auf denen ganze
Landschaften in kunstgerechter Weise dargestellt waren. Die
junge Dame galt bald in allen Landen als das Wunder ihres
Geschlechtes, weshalb sie nicht nur von niederländischen sondern
auch von französischen, italienischen und deutschen Dichtern
in zahlreichen Oden, Epigrammen u. s. w. besungen und verherrlicht wurde. Man nannte sie »eine andere Pallas," die
»zehnte Muse," die »Jungfrau von Utrecht" das »Kunstorakel,"
die »Musenwonne," den »Gottesschein" der Zeit u. s. w. und
von allen Seiten pilgerte man herbei um die wunderbare Dame
zu sehen und kennen zu lernen.

In dem Voetiusgässchen in Utrecht steht dem Dome gegenüber ein alterthümlich aussehendes Haus, welches mit der
Aufschrift »de wooningh van juffrouw Schurmans" gekennzeichnet ist. Hier hat die weltberühmte Anna Maria den
grössten Theil ihres Lebens verbracht, hier hat sie ihre kunst-
reichen Schöpfungen mit dem Pinsel, mit dem Diamantstift,
mit der Sticknadel hergestellt, hier hat sie Nächte hindurch
den wissenschaftlichen Studien und — dem Gebete gelebt,
hier hat sie die Besuche von unzähligen Gelehrten und Künst-
lern empfangen, — daneben aber auch die Besuche vieler
frommen Seelen, die sich mit ihr Eins wussten in der Liebe
zum Herrn und in der Gemeinschaft des Gebets; hier war es
auch wo die Königinnen Anna von Polen und Christine von
Schweden sich zu ihr führen liessen und ihr ihre Huldigung
darbrachten. Nicht fern von diesem Hause befand sich die
Wohnung des grossen Gijsbert Voet, ihres »Vaters" und ihres
»Lehrmeisters in der griechischen, hebräischen und rabbinischen
Sprache," dessen Vorlesungen und Disputationen sie in einer
eigens für sie erbauten Loge seines Hörsaals mitanhörte, von
dem sie sich aber auch in der »Uebung der wahren Gottseligkeit," im wahren Gebetsleben Anleitung geben liess und dessen
religiöse Anschauungen sie sich vollständig aneignete. Daher
war ihre ganze religiöse Lebensführung das Spiegelbild der
ernsten, innerlichen und ascetisch strengen Theologie Gijsbert
Voets. Nicht nur hielt sie jeden Morgen und jeden Abend mit
den Ihrigen eine Andachtsübung, sondern sie zog sich an jedem
Tage dreimal in ihr Kämmerchen zurück, um hier ganz allein
dem Gebete zu leben. Der Sonntag war ganz ausschliesslich
dem Umgange mit Gott geweiht. Dabei stand im Mittelpunkte
ihres religiösen Bewusstseins schon damals der Gedanke, dass
das Leben des Christen die Nachbildung und Ausprägung des
Lebens Christi sein müsse. [1])

1) Schotel, S. 139.

Eine wesentliche Aenderung in der Lebensführung der Dame trat ein als ihre Mutter starb. Denn indem sie nunmehr nicht allein die Leitung des Hauswesens, sondern auch die Pflege zweier von ihr kindlich geliebten hochbetagten Schwestern der Mutter (die vor der Kriegsnoth in Deutschland nach Utrecht geflohen waren) zu übernehmen hatte, so liess sie ihre Studien und sonstigen Beschäftigungen ganz fallen und brach ihre gesammte bisherige ausgedehnte Correspondenz ab, um sich fernerhin ganz allein dem neuen Berufe widmen zu können. Indem sie daher die vielen Besuche, die sich nach wie vor bei ihr meldeten, jetzt als eine Last empfand und auch unter sonstigen Widerwärtigkeiten zu leiden hatte, so entschloss sie sich, Utrecht zu verlassen und mit ihren beiden Tanten, ihrem (einzigen) Bruder und zwei frommen Dienstmägden nach Leksmond bei Vianen zu ziehen. Hier lebte sie nun ausschliesslich an den Krankenbetten der beiden Tanten, dieselben mit der treuesten Liebe hegend und pflegend, bis beide, die eine 89, die andere 90 Jahre alt, starben.

Von allen ihren Familienangehörigen war ihr nur noch der Bruder JAN GOTTSCHALCK geblieben, mit dem sie sich auch durch die vollkommenste Uebereinstimmung und Gemeinschaft der religiösen Lebensinteressen verbunden wusste. Er hatte in Franecker Medizin studirt, hatte aber hernach das Studium aufgegeben, um sich in allerlei Weise der Förderung des Reiches Gottes zu widmen. Als daher der Bruder eine grössere Reise nach Basel und Genf antrat, kehrte die Schwester (1662) nach Utrecht zurück, wo sie nun alsbald wieder in den lebhaftesten und glücklichsten Verkehr mit GIJSBERT VOET und den anderen von ihr hochverehrten Gottesmännern, die daselbst lebten, eintrat. — Mit dem Bruder unterhielt ANNA MARIA dabei die lebhafteste Correspondenz. Derselbe berichtete ihr, was er hier und da auf der Reise gesehen und gehört, und namentlich mit welchen Christen von innerer wahrer Gottseligkeit er

bekannt geworden sei. In letzterer Beziehung erhielt sie von
dem Bruder manche überaus erhebende Mittheilung zugesandt;
aber den freudigsten Brief des Bruders las ANNA MARIA, als
ihr derselbe schrieb, dass er in Genf den berühmten LABADIE
gehört habe. Das sei »ein zweiter Reformator, ein Apostel
des Herrn, ein Mann, kräftig in Werken und Worten, der
Gnade voll."

Nicht lange nachher kam der Bruder von der Reise zurück
und eilte vor Allem nach Utrecht zu der geliebten Schwester,
der er gar Vieles zu erzählen hatte, bei der er aber als den
eigentlichen Gewinn seiner Reise seine Bekanntschaft mit LABA-
DIE, der an Muth und apostolischem Ansehen ein Ambrosius,
an Beredtsamkeit ein Chrysostomus, an Liebe ein Augustinus,
an geistlicher Salbung ein h. BERNHARD sei, — zu rühmen
nicht müde wurde. — Nach einem kurzen Aufenthalt in Utrecht
brach dann der Bruder wieder auf, um in den Niederlanden
hin und her zu reisen und bekehrte Seelen aufzusuchen. Doch
befiel ihn auf der Reise ein schweres Siechthum, das ihn auf's
Krankenlager warf, und das trotz der treuesten Pflege der her-
beigeeilten Schwester am 8. Sept. 1664 seinem Leben ein Ende
machte.

ANNA MARIA VAN SCHÜRMAN hatte nun auf Erden Niemanden mehr, mit dem sie durch die Bande des Blutes verbunden
war. Der Bruder aber hatte ihr ein Vermächtniss hinterlassen, mit dem sie unablässig beschäftigt war, von dem sie
täglich zehrte, — nämlich den Gedanken, dass der Prediger
LABADIE zu Genf das zur Reformirung der Kirche ausersehene
und ausgestattete Rüstzeug Gottes sei, mit dem kein anderer
Gottesmann dieser Zeit verglichen werden könnte, von dem
vielmehr alle anderen, selbst GIJSBERT VOET, selbst BRAKEL,
unendlich hoch überragt wurden.

DRITTER ABSCHNITT.

Die Foederaltheologie der reformirten Kirche.

§ 1.

DIE ENTSTEHUNG DER FOEDERALTHEOLOGIE.

Es gehört zu den Differenzen lutherischer und reformirter Kirchenlehre, dass nach jener Adam, so wie er von Gott ins Dasein gerufen war, das letzte Ziel der Schöpfung und das schlechthin verwirklichte Menschheitsideal gewesen sein soll, während die reformirte Kirche in dem ursprünglichen Zustand Adams noch nicht den vollendeten, idealen Zustand des Menschen sieht. Zu diesem letzteren sollte er, so lehrt die reformirte Kirche, erst noch kommen, wenn er sich das Recht zum Besitze dieser Vollkommenheit sittlich verdient haben würde. Dann sollte dem Menschen als Lohn für seinen treuen Gehorsam gegen den heiligen Willen Gottes die Gabe der Unwandelbarkeit seines Willens, der Perseveranz im Guten und das ewige Leben von Gott verliehen werden. [1] Indem nun die

---

1) Vgl. *meine* „Dogmatik der evangelisch-reformirten Kirche" (Elberfeld 1861). S. 162. u. 180—181.

reformirte Kirche die Vollkommenheit, in welcher Adam erschaffen war, darin findet, dass er das ihm von Gott vorgehaltene Ziel erreichen konnte, wenn er es wollte, so hatte die reformirte Theologie von Anfang an die Richtung darauf gehabt, dieses Verhältnis zu Gott, für welches der Mensch erschaffen war, als ein *Bundesverhältnis* aufzufassen.

Die Anwendung des Bundesbegriffs zur Darstellung dieses Verhältnisses konnte sich darum von vornherein empfehlen, weil ja im Menschen vor dem Falle das liberum arbitrium noch ungeschwächt und ungebunden vorhanden war. Hatte man aber einmal den Bundesbegriff hier, in der Auffassung des Urzustandes, Platz greifen lassen, so musste sich allmählich der Gedanke nahe legen, auch das Verhältnis, für welches die *Gnade* Gottes den *gefallenen* Menschen bestimmt hat, insofern auch in ihm ein Verhältnis von Pflicht und Verheissung hervortritt, unter dem Gesichtspunkt eines Bundes zu betrachten, so dass man dann einen Naturbund oder foedus operum und einen Gnadenbund, foedus gratiae zu unterscheiden hatte.

Bei CALVIN freilich, welcher, z. B. in seinem grösseren Katechismus, sagt: ob id ipsum nos creavit Deus, ut nos rediment, ist dieses noch nicht nachweisbar. Aber die Auffassung der Glaubenslehre unter dem Begriffe des Bundes des Menschen mit Gott beginnt doch schon ganz frühe in der Kirche durchzubrechen und zwar zunächst auf einem von dem strengen, praedestinatianischen Calvinismus unabhängigen Boden.

Bis über die Mitte des sechzehnten Jahrhunderts hinaus gab es nemlich Gebiete der reformirten Kirche, denen die calvinische Grundanschauung fremd war. [1]) Die Prediger der reformirten Freundengemeinden zu London z. B. erklärten bezüg-

---

1) Vgl. die Nachweisungen, welche BARTELS in der trefflichen Abhandlung „die Praedestinationslehre in der reformirten Kirche von Ostfriesland bis zur Dordrechter Synode" (Jahrb. f. d. Theol. V. S. 313—252) S. 317 ff. gegeben hat.

lich der Praedestinationslehre offen, »dass sie in diesem Punkte mit dem hochverehrten CALVIN nicht übereinstimmten," [1]) und die ostfriesische Kirche stand mit ihrem eigentlichen Reformator, *a Lasko*, und mit ihrer Bekenntnisschrift, dem Emdener Katechismus von 1554, auf geradezu universalistischem Boden [2]). Und dieser Boden ist es, auf welchem der Gedanke der Föderaltheologie zuerst erwacht ist.

In dem Lehrbuch der reformirten Dogmatik, welches JOH. HEINR. BULLINGER zu Zürich i. J. 1556 unter dem Titel »Compendium religionis christianae" herausgab, findet sich von CALVINS praedestinatianischen und deterministischen Anschauungen keine Spur vor, indem vielmehr (z. B. S. 105 der Ausgabe von 1563) der Universalismus der Gnade wiederholt und in bestimmtester Weise ausgesprochen wird. [3]) Dieses ist nun dasjenige Lehrbuch der reformirten Kirche, worin die föderalistische Auffassung der Heilslehre zuerst hervortritt. [4]) Wie sehr sich

---

1) BARTELS, S. 324.

2) BARTELS, S. 334. — Abgedruckt findet sich der Emdener Katechismus in *meiner* Ausgabe der „Bekenntnisschriften der reformirten Kirche Deutschlands" (ELBERFELD 1860). S. 295 ff.

3) Ein anderer von dem Praedestinatianismus CALVINS unabhängiger reformirter Dogmatiker war der Franzose MATTHAEUS VIRELLIUS, dessen Compendium 1587 erschienen ist.

4) BULLINGER beschreibt S. 26 das Wesen des Gnadenbundes, durch welchen Gott sibi obstrinxit homines ad salutem et cultum perpetuum, und fährt dann fort: „Atque hoc est illud foedus quod in sacris literis Deus cum humano genere percussisse dicitur, quod cum Adamo primo initum est, inde vero reparatum cum hoc et clarius cum Abrahamo, in libros relatum a Mose et demum a Christo sancitum et confirmatum. Hoc vero foedus cum hominibus Deus his legibus junxit, ut Deus noster sit, cuncta nobis suppeditet, ac per Christum plene omnia coelestia dona communicet: vicissim vero homines, nunc Deum solum et praeter eum nullos alios agnoscant, huic uni fidant, hunc invocent, venerentur, hunc adorent, huic fidi esse perseverent, illiusque leges in omni vita sua observent. Has vero divini foederis conditiones Deus suis verbis a servis suis mundo recitari voluit, et eadem in sacrarum literarum libros referri curavit; quibus a nobis fides tribuenda est. Tabulas autem huius foederis, sacrosanctis mysteriis, quae Sacramenta nominamus, tanquam sigillis quibusdam obsignat, quae et a nobis prout voluit usurpari recitarique debent.

Quicunque ergo haec observant, hi fideles Dei servi et foederati sunt, ac vera religione utuntur. Religio enim non tam a religendo, quam a ligando dicta videtur.

aber BULLINGER bereits in dieselbe eingelebt hatte, ist aus
einer anderen Schrift desselben, nemlich aus seinem »Hausbuch" (einer populären, practischen Glaubenslehre) zu ersehen,
welches schon 1568 in dritter Auflage erschien und welches
S. 106 ff. von der föderaltheologischen Idee ganz und gar getragen ist. [1])

Der Gedanke des Foederalismus war von BULLINGER kaum
ausgesprochen, als derselbe auch sofort bei zahlreichen anderen
Vertretern der reformirten Dogmatik Anklang fand und, wenn
er auch nicht als constitutives Princip des Systems hervortrat,
doch innerhalb desselben aunerkannt wurde. Dieses zeigt sich
z. B. in den Theologiae sincerae loci communes des STEPHAN
SZEGEDIN [2]) von 1585 und in den Loci communes theologiae
sacrae des Wolfgang Musculus von 1599, wo (bei beiden in
dem §. de foedere et testamento Dei) in völliger Uebereinstimmung zwischen dem foedus und dem testamentum sehr genau
unterschieden und ebenso der Unterschied zwischen dem foedus
generale Gottes mit der gesammten Schöpfung, die in Adam ihre
Krone hatte, (foedus terrenum, temporarium) und dem foedus
speciale ac sempiternum Gottes mit den Erwählten dargelegt
wird. Kraft der im Paradiese gegebenen Erwählung waren (nach
MUSCULUS) von Anfang an alle Erwählten in dasselbe aufge-

Deo vero obligamur et foedere iungimur, gratuita eius benignitate (ut dictum est)
per fidem. — Zu beachten ist ausserdem, dass BULLINGER alle Glaubenswahrheiten
geradeso wie die späteren Foederaltheologen und der Heidelb. Katechismus immer
nur in Beziehung auf den gläubigen Christen betrachtet.

1) Siehe die Nachweisungen bei SEPP, Het godgel. onderwijs p. S 221—222.

2) SZEGEDIN unterscheidet, das foedus generale, quod Deus pepigit cum universa
hac terrae machina omnibusque illam inhabitantibus, tam bestiis quam hominibus,
welches foedus nicht ultra mundi huius statum aliquando interiturum dauert; 2, das
foedus speciale ac sempiternum, quod cum electis ac credentibus saucire dignatus est.
In diesem letzteren foedus unterscheidet SZEGEDIN drei Perioden, ante legem, sub
lege und post legem, von denen jede ihre singularis religionis dispensatio hat. Aber
quod ad substantiam et salutem nostram veram et perpetuam concernit, ist der
Bund ein unicum foedus Dei, quo omnes electi ac credentes ad finem usque mundi
comprehenduntur.

nommen. Die Accessoria dieses Bundes (die dispensatio und die Sacramente desselben) sind ante legem, sub lege et post legem verschieden gewesen, aber die substantia foederis war von Anfang an dieselbe. — AMANDUS POLANUS handelt in seinem Syntagma theologiae christianae von 1609 (Lib. VI cap. 33, de foedere inter Deum et homines) vom Unterschied des foedus operum und foedus gratiae und von den verschiedenen Oeconomieen durchaus in demselben Sinne. Auch er spricht von einem ursprünglichen Bunde, in welchen Gott ausser dem Menschen auch die übrigen Creaturen mit aufgenommen habe — eine Anschauung, die damals ziemlich verbreitet war, weshalb JOH. WOLLEB in seinem Christianae theologiae compendium (Basel, 1626) S. 92 einen dreifachen Bund (1, cum universis creaturis, 2, foedus operum cum primis nostris parentibus initum und 3, nach dem Falle einen Bund ex mera misericordia) unterscheidet.

Inzwischen hatte jedoch die foederaltheologische Auffassung der Heilswahrheiten einen ganz neuen, fruchtbaren Boden in demjenigen Zweige der reformirten Kirche gefunden, der sich in Deutschland seit dem Andringen des exclusiven Luthertums auf der Grundlage der Melanchthonischen Theologie gestaltete. Hier hatten GERHARD ANDREAS HYPERIUS zu Marburg († 1564) und PETRUS BOQUINUS zu Heidelberg den Foederalismus zwar noch nicht vertreten, aber vorbereitet, und zwar jener in seiner Methodus theologiae s. praecipuorum christianae religionis locorum communium (Basel 1566), dieser in seiner Schrift Exegesis divinae atque humanae κοινωνίας von 1561. Das System des Hyperius ist von dem Gedanken getragen, dass der Mensch für die ecclesia d. h. für das regnum Christi geschaffen, bezüglich dessen durch alle Lehrpunkte hin die Perioden ante lapsum und post lapsum unterschieden werden. Bei BOQUIN wird genau in demselben Sinne der Begriff der κοινωνία mit Gott, für welche der Mensch erschaffen ist, verwerthet. Be-

stimmter treten die föderaltheologischen Gedanken schon bei
ZACHARIAS URSINUS [1]) in Heidelberg hervor. Als der eigentliche Begründer der ausgebildeten Föderaltheologie ist aber
KASPAR OLEVIAN anzusehen, von dessen Schriften hier namentlich dessen *Expositio symboli Apostolici* s. articulorum fidei, in
qua *summa gratuiti foederis aeterni inter Deum et fideles* breviter
et perspicue tractatur (v. 1576) und das Hauptwerk Olevians:
De substantia foederis gratuiti inter Deum et electos itemque *de
mediis*, quibus ea ipsa substantia nobis communicatur, Libri duo
(Genf, 1585) in Betracht kommen. [2]) Das letztere unterscheidet
sich allerdings von dem eigentlichen Coccejanismus, nicht aber
von der föderaltheologischeu Theologie des siebzehnten Jahrhunderts. So ist z. B. der auch von COCCEJUS vertretene Gedanke, dass der Gnadenbund auf der ewigen sponsio des Sohnes,
für die Erwählten das Werk der Genugthuung vollbringen zu
wollen und auf dem hierdurch begründeten ewigen Pact des
Vaters mit dem Sohne beruhe, nach welchem dieser die Erwählten
um des Verdienstes des Sohnes willen in seinen Gnadenbund
aufnehmen will, schon von OLEVIAN dargelegt. [3]) Bei OLEVIAN

---

1) URSIN beginnt z. B. seinen grösseren Katechismus (Summa theologiae per quaes-
tiones et responsiones exposita s. capita religionis christianae) mit der Frage:
Quam habes firmam in vita et morte consolationem? und antwortet: Quod a Deo ad
imaginem eius et vitam aeternam sum conditus, et postquam hanc volens in Adamo
amiseram, Deus ex immensa et gratuita misericordia *me recepit in foedus gratiae
suae*, ut propter obedientiam et mortem Filii sui missi in carnem donet *mihi cre-
denti* iustitiam et vitam aeternam; atque *hoc foedus suum in corde meo* per spiritum
suum ad imaginem Dei me reformantem et clamantem in me „Abba, pater" et per
verbum suum et signa huius foederis invisibilia *obsignavit.* — Ausserdem fügt URSIN
in seiner Explicatio catech. Heidelberg. S. 120—126 zur Einleitung der eigentlichen Soteriologie einen besonderen Abschnitt *de foedero Dei* bei.

2) Die Schrift, der Gnadenbund Gottes, erkläret in den Artikeln unseres allgemeinen ungezweifelten christlichen Glaubens — durch C. OLEVIANUM. Herborn, 1590
wird von WALCH in der bibliotheca theol. I. S. 258 irrtümlich als deutsche Bearbeitung dieser lateinischen Schrift bezeichnet. Jene erstere enthält nämlich eine
Sammlung verschiedener Schriften OLEVIANS, namentlich den „Vesten Grund." —
Die oben erwähnte Schrift OLEVIANS de subst. foed. grat. wurde um die Mitte des
Jahrhunderts von COPINGA in holländischer Uebersetzung verbreitet.

3) OLEVIAN sagt in der Schrift De substantia foederis grat. S. 23: Prout homo

tritt überhaupt der Bundesbegriff zum ersten Male als constitutives und gestaltendes Princip des ganzen Systems auf, nur in der Auffassung des Werkbundes ist sich derselbe noch nicht ganz sicher. [1])

Seitdem galt die föderaltheologische Auffassung der Heilslehre als ein Gemeingut der deutschreformirten Theologie. GEORG SOHNIUS, Professor zu Marburg, hernach zu Heidelberg, lieferte in seiner Methodus theologiae eine eingehende Erörterung des

---

duplex malum commiserat, — ita *Filius Dei* mediator foederis a Deo constitutus, *spondet pro duabus rebus*: 1, se satisfacturum pro peccatis omnium, quos Pater ei dedit; 2, se etiam effecturum, ut sibi insiti pace conscientiae fruantur atque in dies renoventur ad Dei imaginem. — Es ist also nicht richtig, wenn GASS (Gesch. der protest. Dogmatik B. II. S. 270) sagt, dass „die Anwendung des Bundesbegriffs auf die Personen der Trinität die eigentlich neue Zuthat COCCEJUS" zur Föderaltheologie sei. Wol aber begreift es sich hieraus, dass sich COCCEJUS im Vorwort zu seiner summa doctrinae auf OLEVIAN als auf einen Vorgänger berufen konnte, dessen systematische Methode er sich angeeignet habe.

1) Allerdings fasst OLEVIANUS den Begriff des Werkbunds (von ihm foedus legale, foedus naturae, f. creationis genannt) im Gegensatz zu dem Gnadenbund (foe gratuitum novum) schon ganz in derselben Weise auf, wie COCCEJUS; aber während OLEVIAN an einzelnen Stellen seiner Schriften das foedus legale richtig in dem Zustande der Protoplasten vor dem Sündenfalle nachweist, findet er es an anderen Stellen in der Publizierung des mosaischen Gesetzes; z. B. in dem ersten Satze seiner Schrift: de substantia foederis gratuiti, welche so beginnt: Deus promiserat per Jeremiam prophetam, se percussurum nobiscum foedus novum, non secundum foedus illud quod pepigerat cum patribus, cum educeret eos e terra Aegyptï, quia irritum fecerant pactum illud; sed hoc fore foedus: daturum se legem suam in medio nostri et in corde nostro inscripturum eam, et futurum nobis in Deum nosque ipsi in populum, quia propitiandus sit iniquitati nostrae et peccatorum nostrorum nolit recordari amplius. Jer. 31. Hebr. 8. Dass dagegen OLEVIAN da, wo er den Begriff des Gesetzesbundes als solchen erörtert, denselben genau so, wie es in der Föderaltheologie überhaupt geschah, auffasste, beweisen unter Anderm folgende Stellen in: de substant. foed. S. 13: *Foedus legale* erat *pactum* solenniter confirmatum, quo obligatur populus, ad praestandam *propriis viribus* (Mt. 22) *perfectam obedientiam* legi, cum sit *aeterna norma justitiae in mente divina*, cui vult omnes *rationales creaturas* esse conformes; ac a Deo promittebatur *vita aeterna perfecte observantibus*, *maledictio* vero denuntiabatur *transgedientibus*. Der Werkbund war also wesentlich eine natürliche Verpflichtung, zu welcher der Mensch als gottebenbildliche, persönliche Creatur Gottes verbunden war, und welche ihn als solche entweder zum Gehorsam verplichtete oder die Strafe der Verdammnis zu übernehmen zwang. Das Zeugnis dieser natürlichen Verpflichtung hat der Mensch einerseits in seinem Gewissen, andererseits in dem von Gott verkündigten Gesetz.

foedus gratiae und aller einzelnen Momente desselben. Der Superintendent GREGORIUS SCHÖNFELD zu Cassel schrieb Disputationes VIII *de gratuito Dei cum ecclesia foedere* et quidem de prima eius tabula s. doctrina evangelii (Cassel 1600 in 4°). Noch vollständiger entwickelte der Marburger Professor RAPHAEL EGLIN (genannt von GOETZEN, latinisirt ICONIUS, aus Rüssikon im Kanton Zürich gebürtig, † 1622 zu Marburg) in seinen Abhandlungen (Diexodus theologica de magno illo insitionis nostrae in Christum mysterio von 1609 und de foedere gratiae — in quo veluti *summa Evangelii comprehenditur* von 1613) alle Gedanken uud Anschauungen, welche der Föderaltheologie wesentlich angehören.

Mit besonderem Eifer wurde jedoch die Föderaltheologie auf der theologischen Academie zu *Bremen* gepflegt. Hier hatte der Superintendent (und Mitherausgeber der »Kryptokalvinistischen Bibel") URBAN PIERIUS († 1616) schon i. J. 1595 seine LXXII Aphorismi de foedere Dei cum hominibus veröffentlicht, worauf einer der angesehensten Professoren MATTHIAS MARTINIUS († 1630) in seinen Christianae doctrinae summa capita von 1603 eine vollständige föderaltheologische Dogmatik lieferte, die auf genauer Unterscheidung des foedus naturae, welches Gott im Paradiese abschloss uud des foedus gratiae cum quibusdam peculiariter electis, »ex quorum numero ego sum," beruhte. — Im J. 1618 edirte MARTINIUS noch ein zweites föderaltheologisches Werk unter dem Titel: »de foederis naturae et gratiae signaculis." — Dass diese Dogmatik den Geist und Character des damaligen Bremenser Studiums der Theologie wirklich repraesentirte, wird durch die Disputationes bewiesen, welche MARTINIUS in seiner Schrift »Summa theologiae" und in den derselben beigegebenen Abhandlungen mitteilt, indem über diese Disputationes auf der Hochschule zu Bremen von den Studenten der Theologie (welche MARTINIUS sogar namhaft macht) disputirt worden ist.

Schon damals war übrigens die Föderaltheologie auch in der reformirten Kirche der Niederlande heimisch geworden, — und zwar von Deutschland aus. Hier hatte der friesische Theologe JELLE HOTZES aus Sneek (GELLIUS HOTZENUS SNECANUS) schon 1584 zu Leeuwarden seine Schrift: Methodica descriptio et fundamentum trium locorum communium S. Script. 1, *De gratuito Dei foedere*, 2, sacramentalibus signis et 3, baptismo erscheinen lassen [1]), als der eifrige Calvinist FRANZ GOMARUS (1563 zu Brügge geboren), der in Heidelberg und in Neustadt an der Haardt studirt hatte, am 8. Juni 1594 zu Leiden seine academische Antrittsrede »de foedere Dei" hielt [2]), worin er einen vollständigen Abriss der Föderaltheologie gab. Gott hat zunächst im Paradiese mit den Protoplasten einen Bund aufgerichtet als mutua obligatio Dei et hominum de vita aeterna ipsis certa conditione danda. Die Bedingung war vollkommener Gehorsam. Unter dem Mittler Moses wurde dieses foedus wiederholt auf den Gesetzestafeln; doch ist es dem gefallenen Menschen unmöglich, Gott den schuldigen Gesetzesgehorsam zu leisten. Daher hat Gott zu diesem foedus naturale et vetus schon im Paradiese unmittelbar nach dem Falle ein foedus supranaturale et novum hinzugefügt, welches dem Menschen von Natur unbekannt und welches mere gratuitum ist. In diesem Gnadenbund bietet uns Gott aus Gnaden Christum und dessen Gehorsam an und verlangt dafür nichts als Glauben, den er aber selbst durch seinen Geist und Menschen wirkt. [3])

Von da an galt die Lehre von dem Natur- und Gnaden-

---

1) GELLIUS definirt den Gnadenbund als firma promissio gratiae, qua omnipotens misericors Deus iam inde ab initio Adamum et postea speciatim Abrahae semen — ex copiosa sua misericordia — assumpsit in gratuitam iustitiam et benedictionem, idque unico et sempiterno foedere, in Christum promissum benedictum semen fundato pp.

2) Auf diese Rede Gomar's hat zuerst *Diestel* in den Jahrb. f. deutsche Theologie X. S. 215 aufmerksam gemacht.

3) Es ist zu bemerken, dass GOMARUS den Decalog dem Gnadenbunde zuweist.

bunde in den Niederlanden als anerkannte Grundlage der reformirten Dogmatik. LUCAS TRELCATIUS (der Vater; † 1602
zu Leiden) entwickelte dieselbe in seiner Synopsis methodi
sacrae theologiae als Einleitung zur Lehre von der Praedesti-
nation. Dasselbe thaten dessen Sohn LUCAS TRELCATIUS in
seiner Scholastica et methodica locorum communium S. Theologiae institutio, die 1604 zu Leiden (und 1610 zu Hanau)
erschien; ferner der Professor VAN DER LINDEN (oder HENRICUS
ANTONIDES NERDENUS, wie er sich lateinisch nennt) zu Franeker
in seinem Systema theologicum von 1611; der Groninger Professor HERMANN RAVENSPERGER (der in Herborn, Heidelberg
und Marburg studirt hatte und aus der Grafschaft Tecklenburg-
Bentheim nach Groningen berufen worden war) in seiner Schrift,
»Wegweiser, d. i. Schlechte und rechte Erklärung aller notwen-
digen Lehrpunkte christlicher Religion" (in katechetischer Form)
von 1615, worin er die Glaubenslehre mit genauer Unterscheidung des Werk und- Gnadenbundes und der einzelnen Oeconomieen des letzteren entwickelt; sowie der namentlich in Friesland hochverehrte Professor JOHANN CLOPPENBURG, der anfangs
zu Harderwyck, [1]) hernach 1644—1653 in Franeker dozirte.
Auch er hatte auf deutschen Hochschulen studirt. CLOPPENBURG
entwickelte seine Föderaltheologie in elf Disputationes de foedere Dei et Testamento veteri et novo, die er in seinem syntagma exercitationum selectarum 1645 zu Franeker herausgab. [2])
Die wesentlichsten Sätze seiner Foederaltheologie sind folgende:
Gott errichtete mit Adam den Werkbund, in welchem er demselben als Lohn treuer Gesetzeserfüllung das ewige Leben verhiess. Der Mensch fiel nun zwar von Gott ab, aber das Gesetz

---

1) Vgl. die dankenswerten wörtlichen Auszüge, welche CHR. SEPP in Het godgeleerd onderwijs II. S. 271—276 aus CLOPPENBURGS elf Disputationen geliefert hat.

2) In der Gesammtausgabe der Werke CLOPPENBURGS, welche dessen Schwiegersohn
JOH. MARCK 1684 zu Amsterdam in zwei Quartbänden erscheinen liess, finden sich
die Disputationes in T. I. S. 487—570 vor.

und dessen Verbindlichkeit blieb in Kraft und machte den Menschen des Todes schuldig. Zur Abrogation des alten Bundes liess nun Gott aus Gnaden ein neues Bundesverhältnis für die Erwählten eintreten, dessen sponsor Christus ist. Die Zeit des alten Testamentes war eine Zeit, in welcher Gott mit seinem Volke »Geduld" hatte. Denn die Sühnung der Sünden war noch nicht vollbracht, weshalb die Frommen des Alten Testamentes sich wohl einer πάρεσις, aber nicht einer ἄφεσις, nicht jener *plena remissio* erfreuten, qua nunc praesenti tempore Novi Testamenti gaudemus. Im Alten Testamente war nur Typus, Verheissung, Schatten, nur Hoffnung der zukünftigen Güter; erst im Neuen Testamente ist uns der wirkliche Besitz derselben zu Teil geworden.

Somit hatte sich die foederaltheologische Gestaltung der Dogmatik in der reformirten Kirche der Niederlande (längst ehe Cocceius in ihr auftrat) oeffentliche Geltung verschafft. Dass dieses aber auch in England und in der gesammten reformirten Kirche überhaupt der Fall war, wird durch die Thatsache erwiesen, dass der Foederalismus in den beiden bedeutendsten Bekenntnisschriften, welche damals entstanden, nemlich in der *Westminster-Confession* [1]) und in dem dazu gehörigen grösseren

---

1) Die Westminster-Confession stellt in Cap. VII sechs Sätze de foedere Dei cum homine auf, darunter folgende:

2. Primum foedus cum hominibus initum erat *foedus operum*, quo vita Adamo promissa erat eiusque in eo posteris sub conditione obedientiae perfectae ac personalis.

3. Quum autem homo lapsu suo omnem sibi praestruxisset ad vitam aditum per illud foedus, complacuit Domino secundum inire, quod vulgo dicimus *foedus gratiae*, in quo peccatoribus offert gratuito vitam ac salutem per J. Christum, fidem in illum ab iis requirens, ut salventur; promittensque omnibus, qui ad vitam ordinantur, se Spiritum suum sanctum daturum, qui in illis operetur credendi cum voluntatem tum potentiam.

5. Hoc foedus sub lege ac sub evangelio administratum est modo alio atque alio. Unter dem Gesetz geschah dieses durch promissiones, prophetias, sacrificia pp., welche pro ratione illorum temporum *sufficientia* et per operationem Spiritus *efficacia* waren, weshalb die frommen des Alten Testaments durch den Messias, an dessen Zukunft sie glaubten, *plenam* peccatorum remissionem et salutem aeternam sunt consecuti. — Indessen heisst es weiter:

Katechismus von 1648 sowie in der *Formula consensus Helvetica* [1])
von 1675 symbolisch anerkannt wurde.

§ 2.

COCCEJUS, DIE COCCEJANER UND DER KAMPF DERSELBEN MIT DEN
VOETIANERN IN DER REFORMIRTEN KIRCHE NIEDERLANDS. [2])

Die »Bundestheologie" war in den Niederlanden in öffentlicher Geltung und allgemeiner Uebung, als i. J. 1636 sich in
derselben ein Kirchenmann erhob, dessen foederaltheologische
Lehrweise zu den verhängnisvollsten Streitigkeiten Anlass gab.

JOHANNES KOCH (latinisirt: COCCEJUS) hatte sich in seiner
Vaterstadt Bremen, wo er 1603 geboren war, in die dortselbst

---

6. Sub Evangelio praescriptae rationes, in quibus hoc foedus dispensatur, sunt
praedicatio verbi et administratio sacramentorum, baptismi nempe ac coenae Domi-
nicae, in quibus quidem utut numero paucioribus iisque simplicius ac minore cum
externa gloria administratis, cum *maiore* tamen *plenitudine*, *evidentia* et *efficacia*
spirituali populis cunctis tam Judaeis quam Gentibus exhibetur; diciturque novum
Testamentum. Non sunt ergo duo foedera gratiae, re atque natura discrepantia,
sed unum idemque licet non uno modo dispensatum. — In dem zu dem Westminster-
Bekenntniss gehörigen Catechismus maior wird der mitgetheilte Abschnitt der Westminster-Confession in Fragen und Antworten ebenfalls vollständig wiederholt. Vgl.
NIEMEYER's Collectio der reformirten Bekenntnisse, Anhang S. 51—53.

1) Die Form. conf. helv. lehrt (7): Deus — hominem — ad imaginem suam con-
didit, conditum *foederi operum* subiecit, et in eo suam ei communionem, amicitiam
et vitam, si quidem ad nutum eius se obedientem gereret, liberaliter promisit. (8)
Porro promissio illa foederi operum annexa, fuit non terrestris tantum vitae et
felicitatis continuatio, sed imprimis vitae aeternae et coelestis, in coelo videl, siqui-
dem in ea perstitisset, haereditaturo: ita Adamus tristi prolapsu non sibi dumtaxat
sed toti etiam humano generi — peccavit et bona in foedere promissa perdidit.
Hierauf wird (in 13. 24. 25) von dem foed. gratiae gehandelt, dessen sponsor
Christus ist. Die Lehre derer, welche *tria* foedera, *naturale*, *legale* et *evangelicum*
cudunt (d. h. die Lehrweise des JOH. CAMERO u. a. zu Saumur), wird verworfen.

2) Vgl. YPEY, Beknopte letterkundige geschiedenis der system. Godgeleerdheid.
(Haarlem, 1795) B. II. S. 68—256; GASS, Geschichte der protest. Dogmatik, B.
II. S. 253 ff.; DIESTEL, in den Jahrbüchern für deutsche Theologie, B. X, S.
209—276; VAN DER FLIES, De Coccejo, Ultraj., 1859 und vor Allem CHR. SEPP,
Het godgeleerd Onderwijs, B. II. S 219—358.

heimische Foederaltheologie eingelebt und war i. J. 1636 zunächst nach Franecker, dann 1650 nach Leiden berufen worden, wo er 1669 starb. In Franecker hatte er eine lange Reihe
von Jahren ebenso wie sein College Cloppenburg die Bundestheologie vorgetragen, ohne damit besonderes Aufsehen zu
machen; und auch als er 1648 seine Summa doctrinae de
foedere et testamento Dei herausgegeben, (mit welcher aus der
grossen Zahl seiner spaeteren Schriften hier seine Summa theologiae ex Scripturis repetita — eine vollständige Dogmatik —
sowie sein Commentarius in Catechesin Heidelbergensem zu
nennen ist), fiel es geraume Zeit hindurch Niemandem ein, an
dieser Schrift irgend etwas Auffälliges wahrzunehmen. Man
fand in dem Buche eine Lehre entwickelt, die man von anderen Lehrern und in anderen Büchern längst schon gehört
und gelesen hatte. [1]) Die Grundgedanken des von Coccejus
entwickelten Systems waren nemlich folgende:

Im Anfange schuf Gott den Menschen nach seinem Bilde
und richtete mit ihm den *Bund der Werke* oder *der Natur*
auf, d. h. Gott offenbarte dem Menschen das Gesetz seines
Willens in dem ihm angeschaffenen Gewissen, und bezeugte sich
ihm ausserdem unmittelbar, indem er von ihm Gehorsam forderte und unter der Bedingung eines vollkommenen Gehorsams
ihm das ewige Leben verhiess. Als Creatur war der Mensch
zur Annahme dieses Bündnisses verpflichtet. Allein der Mensch
brach dasselbe, indem er Gottes Gebot übertrat. Hierdurch
verlor der Mensch die Fähigkeit das Gesetz zu erfüllen; das Gesetz war daher von nun an für ihn nicht eine lebendig machende,

---

1) Sepp theilt S. 220 folgende Aussage Spanheims, des Nachfolgers des Coccejus,
über die Zeit des Auftretens des letzteren mit: Tum doctrina foederum, oecono-
miarum, testamentorum, si rem ipsam putamus et pauculos fortassis excipimus,
magno theologorum consensione — et voce et scriptis tradebatur, observato constanter
discrimine graduum, mensurae, modi, quibus suam Deus et lucem diffudisset et
dispensasset gratiam et ecclesiam docuisset pp. Und doch hat die Meinung aufkommen können, dass Coccejus der Urheber der Föderaltheologie sei!

sondern eine verdammende Macht. Indessen blieb für den Menschen die Pflicht des Gehorsams und der Annahme eines zweiten Bundes, wenn Gott ihn zu demselben berufen würde. Dieses geschah, indem Gott der Sohn von Ewigkeit her dem Vater gelobte, dass er für einen Theil der gefallenen Menschen das Gesetz erfüllen und dieselben zur Gerechtigkeit erwecken wollte. Da nun der Vater dieses ewige Gelöbnis und diese ewige Bürgschaft des Sohnes (sponsio, fideijussio) annahm, so beschloss der Vater dem Sohne einen Teil der Sünder zu erwählen und zu schenken und ihn als Erlöser derselben in die Welt zu senden. Hierauf gründet sich der *Gnadenbund* Gottes, dessen Bewährung Gott nicht, wie es mit dem Natur- oder Werkbund der Fall war, von dem Thun des Menschen abhängig sein lässt, indem er dieselbe vielmehr ausschliesslich sebst übernimmt. In den Erwählten, denen Gott den Glauben an Christum schenkt, richtet der Vater hierdurch den Bund der Gnade auf und erhält denselben immer und ewiglich. Die successive Offenbarung des neuen Bundes, welcher die successive Abrogation des Werkbundes (quoad possibilitatem vivificandi, quoad damnationem, quoad terrorem, quoad luctam cum peccato pp.) genau entsprach, (indem durch jene die Wirkungen der Verletzung des letzteren aufgehoben wurden,) erfolgte von der Verkündigung des Protevangeliums im Paradiese an stufenweise in den drei Oeconomieen ante legem (in der Zeit der Patriarchen), sub lege (von Moses bis zur Erscheinung Christi) und post legem (in der Kirche). Seitdem verläuft die Geschichte des Reiches Gottes in sieben Perioden, welche den sieben Briefen, Posaunen und Siegeln in der Apocalypse entsprechen.

Allerdings hatte COCCEJUS das von Alters her Bekannte in einer ganz neuen Form vorgetragen, und ausserdem fanden sich in dem Buche einzelne Gedanken vor, über die sich Manches sagen liess; vorläufig gab es jedoch darüber durchaus keine Irrung. Erst zehn Jahre nach dem Erscheinen der Summa doctrinae de foedere brach der verhängnisvolle Streit aus, mit dem jedoch derjenige Theolog, dessen Name in der Tradition zum Symbol der Gegnerschaft des COCCEJUS geworden ist, — nemlich GIJSBERT VOET — zunächst gar nichts zu thun hatte.

In dem genannten Jahre (1658) liess nemlich der Professor HOORNBEEK zu Leiden ein Lehrbuch der Dogmatik unter dem Titel erscheinen: Institutiones theologicae ex optimis auctoribus concinnatae (728 S. S. in 8⁰). HOORNBEEK konnte erklären, dass in dem Buche abgesehen von seiner Kapiteleintheilung und Inhaltsangabe nichts enthalten sei, was von ihm selbst herrühre, indem der Text lediglich aus Citaten bestand, welche er aus den Schriften anerkannter Autoritäten der reformirten Kirche, namentlich der Niederlande entlehnt hatte. Das Buch war also eine historische Dogmatik, eine Dogmatik der kirchlichen Tradition, — während die Summa des COCCEJUS eine von aller Tradition, von aller Autorität der Kirche und der kirchlichen Bekenntnisschriften durchaus unabhängige Dogmatik darstellen wollte.

In den beiden Lehrbüchern standen sich zwei grundverschiedene Geistesrichtungen einander gegenüber.[1] HOORNBEEK hatte im Vorwort seiner historischen Dogmatik erklärt, dass die Autorität der h. Schrift zwar über die der Lehrer der Kirche hoch erhaben sei, dass aber doch nach der Schriftautorität die ecclesiastica autoritas in Betracht komme, a qua haud leviter discedendum! — Dagegen war COCCEJUS in seinem innersten Bewusstsein von dem Gedanken erfüllt und beherrscht: der Kirche ist ein Wachsthum geistlicher Erkenntnis verheissen (profectus ecclesiae promissus est); dieses Wachsthum kann sie nur durch die Schrift, durch Vertiefung in den Geist der Schrift in voller Unabhängigkeit von dem, was Menschen bisher als Schriftinhalt bezeichnet haben, gewinnen. Das mit

---

1) CHR. SEPP, S. 224—225.

Gottes Geiste erklärte Wort Gottes muss darum die alleinige
Autorität für des Christen Glauben und Leben sein.

Es kann darüber gestritten werden, welche der beiden Anschauungen die dem Geiste der reformirten Kirche in Wahrheit
entsprechende ist; für Coccejus aber stand es fest, dass die
Freiheit der Schriftforschung, die nur von dem Glauben an die
Autorität der Schrift selbst getragen sei, als das hehrste Gut
des evangelischen Christen anerkannt werden müsste. Die Schrift
umschloss ihm alle Schätze religiöser Wahrheit. Nur aus ihr
konnte er daher Erkenntnis gewinnen wollen, indem er sich
in den Geist der Schrift vertiefte und jedes Einzelne durch das
Ganze erklärte. Die Schrift hatte ihm auch einen wesentlich
prophetischen Character. Daher ist in ihr nicht nur die Weissagung des Alten Testaments auf das Neue, sondern auch auf
die gesammte spätere Geschichte des Reiches Gottes (der Kirche
und deren Reformation) zu erkennen. Uebrigens mied Coccejus
die allegorische Interpretation, indem er nur den aus dem
Zusammenhang gerechtfertigten wörtlichen Sinn der einzelnen
Ausdrücke gelten lassen wollte.

Doch gab diese Eigenthümlichkeit einstweilen noch keinen
Anlass zum Streit, der vielmehr dadurch angefacht wurde, dass
Coccejus eine bereits vorgekommene Controverse, nemlich die
über die Sabbathfeier, aufs Neue anregte. Früherhin hatten Gomarus und Walaeus über diese Frage mit einander verhandelt,
indem der letztere behauptete, dass das Sabbathsgebot, insofern es eine Ceremonialvorschrift sei, durch das Evangelium
aufgehoben sei, weshalb die Feier des Herrntages nur als eine
sittliche Vorschrift angesehen werden könnte. Coccejus war
nun auf die Seite des Walaeus getreten, indem er (in seinem
Commentar zum Hebraerbrief) behauptete, das Sabbathsgebot
des Alten Testamentes enthalte wohl eine Weissagung auf den
Sabbath des Neuen, nemlich den Auferstehungstag Christi,
allein als Ceremonialgesetz, welches *jede* Arbeit untersage, und

welches vor Moses gar nicht bestanden habe, sei es durch das Evangelium aufgehoben, welches gebiete, dass nicht Ein Tag der Woche, sondern das ganze Leben Gott geweiht sei.

Gegen diese Auffassung des Sabbaths, welche der Prof. HEIDANUS zu Leiden i. J. 1658 in einer Reihe von Thesen De sabbatho et die dominica befürwortete, traten nun sofort (1658) die beiden Professoren HOORNBEEK und ESSENIUS auf, (letzterer mit der Schrift: De perpetua moralitate decalogi adeoque speciatim etiam de Sabbatho) die strengste Sonntagsfeier als eine auch den Christen gebotene Pflicht vertretend; und der Streit, der hiermit entbrannte, regte alsbald so tief gehende andere Streitfragen an, dass VOET (der übrigens dabei gar nicht auf den Schauplatz trat), schweren Herzens äusserte: Quaestio haec de Sabbatho non poterit nisi per schisma decidi! Glücklicher Weise kam es zu diesem Aeussersten nicht, indem die Stände von Holland durch Verfügung vom 7. Aug. 1659 die Erörterung der Sabbathsfrage auf den Synoden streng untersagten und durch Erlass vom 25. Novbr 1659 an die Universität Leiden die Erwartung aussprachen, dass sich die Professoren der Veröffentlichung von Streitschriften über diesen Punkt fernerhin enthalten würden.

Jahre lang glimmte nun das Feuer unter der Asche fort; aber HOORNBEEK, ESSENIUS und die Anderen, die auf deren Seite standen, erkannten es immer klarer, dass COCCEJUS mit seiner Lehre von wesentlichen Grundlagen des ganzen reformirten Systems abgetreten sei. — Schon anlässlich des Streites über die Sabbathfeier war die Frage zur Discussion gekommen, ob der Decalog zum Gnadenbund oder zum Naturbund gehöre. Allmählich aber trat es zu Tage, dass des COCCEJUS ganze Auffassung des Alten Testamentes zurückgewiesen werden müsse.

Es war ein Grundgedanke der reformirten Kirche, dass das Erlösungswerk Christi in dem ewigen Pacte des Vaters mit dem Sohne seine Grundlage habe, dass dieser Pact ein wesentliches Moment des absoluten ewigen Decretes sei, und dass dieses Decret Gottes die ganze Weltentwicklung, die ganze Geschichte des Reiches Gottes auf Erden einheitlich in sich begreife. Von diesem Zusammenhange des Erlösungswerkes Christi mit dem ewigen Decret aus sprach daher die reformirte Kirche von dem Agnus Dei *ab initio mundi* caesus, um nachzuweisen, dass auch schon im Alten Testamente wahre Sündenvergebung, Gerechtigkeit und ewiges Leben und wahrer Friede mit Gott, vollkommener Trost der Seelen und Ruhe der Gewissen bei allen Frommen vorhanden gewesen sei.

So lehrte die reformirte Kirche, nach deren Grundanschaüung also die ganze Heilsentwicklung von Ewigkeit her im absoluten Decret fertig vorhanden ist. Dieses aber bestritt Coccejus und darum haben wir gerade hierin den Hauptstreitpunkt, in welchen alle andern Streitfragen ihre Einheit hatten, zu erkennen.

Sein Gedanke war: der Gnadenbund ist in der Gestalt der Verheissung begründet, seine Verwirklichung ging zunächst in prophetischer und typischer Form vor sich, und zwar so dass in allmählichem Fortschritt aus der Verheissung die geschichtliche Wirklichkeit hervorwuchs. Für ihn war also die geschichtliche Heilsentwicklung nicht bloss äussere Erscheinungsform des kraft des ewigen Decrets schon vorher real Vorhandenen, sondern im eigentlichsten Sinne ein allmähliches *Werden*.

Hieraus ergab sich seine Auffassung des Alten Testaments. Dasselbe hatte allerdings seine Einheit mit dem Neuen, aber so dass jenes in exspectatione Christi futuri, dieses in fide Christi revelati seine geistliche Substanz besass. Das Gesetz, »die zehn Worte" des Decalogs, gehörte zum Gnadenbunde; nicht aber gehörten zu ihm die wesentlichen beneficia des Evangeliums, indem Christi Sühnwerk noch nicht vollbracht war. Darum lehrte Coccejus, dass im Alten Testamente noch keine »volle" Rechtfertigung, keine ἄφεσις der Sünden, sondern nur eine πάρεσις, ein Uebersehen derselben vorhanden gewesen, indem die ewige sponsio des Sohnes noch nicht die Kraft gehabt habe, die Sündenvergebung zu erwirken. Darum sei auch »die Beschneidung der Herzens" und »die Einzeichnung des Gesetzes in die Herzen" wohl im Alten Testamente verheissen, aber erst im Neuen wirklich gewährt. — Je geringer aber der Inhalt von Realität war, den Coccejus dem Alten Testamente zuerkannte, um so mehr musste derselbe hier überall Weissagungen und Typen wahrnehmen, was seiner ganzen Theologie den ihr eigenen Anstrich gab.

Unter diesen Gedanken nahm GISBERT VOET insbesondere an dem, was Coccejus zur Erklärung von Röm. 3, 25. über die alttestamentliche πάρεσις im Gegensatz zur neutestamentlichen ἄφεσις behauptete, Anstoss, zumal da diese Auffassung des Alten Testamentes mit der Irrlehre der Socinianer übereinstimmte. Daher veranlasste VOET einen ungarischen Studenten, STEPHANUS ESZEKI am 30 Septbr. 1665 unter seinem Praesidium in einer Disputation die Ansicht des Coccejus von der alttestamentlichen πάρεσις zu bestreiten, — jedoch nicht als Ansicht des Coccejus, sondern als Doctrin der Socinianer. Die Disputation machte natürlich das grösste Aufsehen — namentlich als der ungarische Student dieselbe am 7. October 1665 fortsetzte und VOET dabei seine Missbilligung über die Art, in welcher die πάρεσις und die ἄφεσις einander gegenüber gestellt würden, öffentlich aussprach. [1] — Noch in demselben Jahre schrieb Coccejus, der zu einem solchen Angriff nicht glaubte schweigen zu dürfen, [2] seine geharnischte Streitschrift: *Mose Nebochim*. Utilitas distinctionis duorum vocabulorum Scripturae πάρεσις et ἄφεσις, — und nunmehr nahm der Streit zwischen Coccejus und VOET seinen Anfang.

---

1) CHR. SEPP, Het godgel. onderwijs, II, S. 336 ff.

2) COCCEJUS schrieb am 9. Novbr. an einen Freund: Unus Hungarorum sub VOETIO disputavit in me duabus disputationibus. Ego non potui aliter facere, quam ut publice me defenderem. Feci quam lenissime.

Seit länger als zwanzig Jahren hatte VOET mit dem Prediger der wallonischen Gemeinde und Professor an der schola illustris zu Herzogenbusch SAMUEL MARESIUS in einem Streite gelegen, der durch den Fortbestand eines aus dem Mittelalter herrührenden geistlichen Stiftes zu Herzogenbusch veranlasst war. VOET hatte deshalb dem Magistrat zu Herzogenbusch, der diesen Rest des »Papsttums" nicht fortschaffen wollte, »idololatria indirecta" zum Vorwurf gemacht, während MARESIUS den Magistrat vertheidigte und seinem gelehrten Gegner nach und nach gegen hundert bedenkliche oder irrige Sätze in Anrechnung brachte. In diesem langen Streite hatte sich an VOET ein sehr zahlreicher Anhang angeschlossen, der für ihn und gegen MARESIUS Partei nahm. Diese Partei der Anti-Maresianer nannte man damals die VOETIANER, und indem nun VOET und COCCEJUS einander gegenüber traten, so sah sich dieser im weiteren Verlauf des Streites [1]) alsbald auch die alte Partei der VOETIANER gegenüberstehen. Im Gegensatz zu denselben nannte sich nun der kleine Anhang des COCCEJUS die COCCEJANER. Auch bezeichnete man den Gegensatz beider Parteien mit den Ausdrücken »altes" und »neues Studium," »altes" und »neues Licht." [2])

Theologische Namen von Ansehen und Gewicht waren auf beiden Seiten zu finden. COCCEJUS zur Seite stand der berühmte ABRAHAM HEIDANUS, wie er selbst eine Zierde der Hochschule zu Leiden; während der greise VOET in den Professoren ANDREAS

---

1) Sehr richtig sagt SEPP II, S. 336: Indïen niet de benaming van VOETIANEN reeds voor lang in gebruik ware geweest, zij zou wel niet gebezigd zijn geworden ter aanduiding van hen, die in de opvatting en voorstelling van de instelling des sabbaths met COCCEJUS verschilden. ESSENIUS heeft in dezen veel overvloediger dan VOETIUS gewerkt.

2) Dagegen war der Ausdruck „Föderalisten" (den man in Deutschland ganz verkehrt als Synonymum von „COCCEJANER" gebraucht) nicht als Parteibezeichnung üblich. Gebrauchte man ihn, so meinte man damit die Foederaltheologen, die sich in beiden Parteien vorfanden.

ESSENIUS zu Utrecht und JOHANN HOORNBEEK zu Leiden die angesehensten Stützen seiner Theologie und seiner Partei hatte. In Groningen galt damals HEINRICH ALTING als Führer der COCCEJANER, dessen bedeutendster Gegner der (inzwischen von Herzogenbusch nach Groningen berufene) Professor SAMUEL MARESIUS war. — Unter den nächstfolgenden COCCEJANERN sind zu nennen: Heidans Schwiegersohn FRANZ BURMANN zu Utrecht († 1681), WILHELM MOMMA († 1677), JOH. BRAUN zu Groningen († 1709), HERMANN WITSIUS zu Franeker, Utrecht und Leiden († 1708). Als einer der bedeutendsten Gegner derselben war der Utrechter Professor PETER VAN MASTRICHT, Verfasser der Theoretico-practica Theologia (Amsterd. 1682) angesehen [1]

Bei den Schülern des COCCEJUS gewannen manche Anschauungen desselben bald eine ganz andere Wendung, wie überhaupt unter denselben Gedanken und Bestrebungen heimisch wurden, die dem grossen Meister selbst, zu dem sie hielten, fremd waren. So war es nie des COCCEJUS Absicht gewesen die herkömmliche Sonntagsfeier irgendwie zu verdrängen. Seine Schüler aber schärften es den Leuten geradezu ein, dass sie nur während des Gottesdienstes die Arbeit einzustellen hätten. [2]

Zur wahren Manie wurde die unter den COCCEJANERN aufkommende Sucht, die »sieben Perioden" der Weltgeschichte zu enthüllen, zu welchem Zwecke man die angestrengtesten Versuche machte »Prophezei-Regeln" aufzustellen, die zur Aufdeckung der Geheimnisse der Zukunft führen sollten. — Das Auffallendste aber war die Amalgamirung mit den Cartesianern, welche die COCCEJANER anstrebten. COCCEJUS sebst wollte grundsätzlich mit

---

1) Ausser den weiter unten angezogenen Schriften ist hauptsächlich zu vergleichen: MELCHIOR LEYDECKER, Synopsis controversiarum, quae hodie de foedere et testamentis Dei in Belgio moventur. Traj. 1690.

2) So sagt z. B. WITSIUS in der Schrift „Twist des Heeren med synen Wyngaert" (Utrecht, 1710). S. 298. Hierop dringt men met grooten ernst, vermaenende de huyslieden van de predikstoel, dat zy eerst ter preecke geweest zijnde, onbeschroomt souden wederkeeren tot haer dagelycks werck, so het sonder aanstoot geschieden konde.

der Philosophie nichts zu thun haben, weshalb ihm einst in voller Senatssitzung einer seiner Collegen, de Raai, zurufen konnte: tu ignarus es omnis philosophiae. [1]) Für ihn war das geschriebene Wort Gottes der ausschliessliche Quell aller Erkenntniss. Indem daher seine Nachfolger das Unmögliche versuchten und die Cartesianischen Prinzipien mit ihrer Schriftforschung in Einklang bringen wollten, musste der Coccejanismus selbst dabei Schaden leiden.

Uebrigens ist wohl zu beachten, dass es sich in dem Streite der COCCEJANER und der VOETIANER niemals um die Frage handelte, ob die Föderaltheologie an sich zu vertreten oder zu verwerfen sei. Denn die Föderaltheologie an sich war von beiden Parteien anerkannt. Gestritten wurde nur über Einzelfragen, die sich auf den Bau des föderaltheologischen Systems bezogen.

So wurde z. B. der Begriff des *Testamentes* von den COCCEJANERN definirt als immutabilis Dei voluntas de danda fidelibus haereditate, während die VOETIANER den testamentarischen Character des Gnadenbundes darin fanden, dass derselbe auf den Tod des Mittlers gegründet war. [2]) MASTRICHT klagt daher (VIII, I, 35), dass COCCEJUS, um die Begriffe von Testament und Bund recht weit aus einander halten und um den Satz, dass das Testament wesentlich das foedus gratiae *diversimodo dispensatum* sei, bestreiten zu können, drei Testamente annehme, nemlich 1, ein testamentum universale, omnibus aevis commune, 2, ein testamentum vetus Israeliticum de danda Canaan, und 3, ein testamentum novum de danda etiam gen-

---

1) CHR. SEPP, II, S. 219.
2) Vgl. z. B. MASTRICHT VIII, I, 7: Haec dispensatio, quia bona foederis nonnisi intercedente sanguine seu typico seu vero praestat, *testamentum*, et bona promissa *haereditas* appellantur. Proinde testamentum non est nisi foederis gratiae dispensatio, quatenus nititur morte testatoris et duo haec complectitur: ipsum foedus gratiae et eius varios dirigendi et exequendi modos.

tilibus haereditate spirituali. Hierdurch sei Coccejus genöthigt
worden, den Erwählungsratschluss, den Gnadenbund und beide
Testamente dem testamentum universale als der aeterna Dei
voluntas de danda fidelibus haereditate vitae aeternae unter-
zuordnen, während doch alle reformirten Theologen bis zu
Coccejus hin einhellig gelehrt hätten, dass der Erwählungsratschluss Gottes die Grundlage des gesammten Erlösungwerkes
und dass der Gnadenbund als die Form der Ausführung des
Erwählungsratschlusses demselben untergeordnet sei.

Die übrigen Gegensätze, welche zwischen dem Coccejanischen
und dem sonst herrschenden Lehrsystem auf diesem Punkte
hervortraten, sind hiermit bereits angedeutet. Die Coccejaner
lehrten, dass das A. T. nichts anderes sei als die voluntas
dandi terram Canaan Israeli ut pignus coelestis patriae, während
die Uebrigen leugneten, dass die Verheissung Canaans ein besonderes foedus oder Testament begründet habe; die Coccejaner
behaupteten darum, was die Uebrigen bestritten, dass das A.
Test. erst mit der Gesetzgebung auf Sinai begonnen habe.
Während daher jene die ganze Periode von der Verkündigung des
Protevangeliums im Paradies bis zur Erscheinung des Herrn
als die Periode des A. Test. ansahen, und das A. Test. als
dispositio foederis gratiae per mediatorem *exhibendum* bezeichneten, unterschieden die Coccejaner die Periode vor der Mosaischen Gesetzgebung als eine periodus *promissionis* von dem
Alten Testament; und während die Coccejaner von dieser
letzteren d. h. von der Periode der Patriarchen bis zur μοσ-
χοποιία, nach welcher erst das Gesetz promulgirt sei, lehrten,
dass in ihr Gott ausser dem testamentum gratiae commune
oder der allgemeinen Verheissung nichts, also kein Gesetz und
kein Evangelium gegeben habe, (vgl. Cocceii Disput. de oecon.
temp. § 6 u. 7; und Momma, de statu ecclesiae I, 3), wurde
von den Uebrigen nachgewiesen, dass Gott auch den Patriarchen das Gesetz und das Evangelium mitgeteilt habe. Demge-

mäss wurde die Frage: an *sacrificia antemosaica* fuerint *non
imperata* a Deo, sed *liberi ritus* et exercitia, quae omissa
maledictionis reum nequaquam fecerint von Coccejus entschieden verneint (Cocc. de indag. sabb. 6. 7), und von den Jüngern desselben wenigstens mit der Behauptung beantwortet,
dass die Opfer in der Periode der Patriarchen zwar von Gott
geordnet, aber sine rigore et necessitate ac servitute postea
introducta geboten wären, während die übrigen Reformirten
lehrten, sacrificia, quae sub patriarchis obtinuerint, perinde
imperata adeoque eodem rigore et necessitate observari debuisse
ac postea sub Mose (Mastr. VIII, II, 52). Ebenso behaupteten die Coccejaner, dass während vor der idololatria vitulina
und der Aufstellung des Gesetzes ein dem neutestamentlichen
Zustand der Gläubigen vergleichbarer Zustand der Freiheit gewesen sei, Gott erst in Folge der Mosaischen Gesetzgebung
eine auch auf die Gläubigen bezügliche imputatio peccati habe
eintreten lassen, der auch die Frommen Israels aus dem Zustand
der Freiheit der Kinder Gottes in den der Knechtschaft gebracht habe, wogegen die Uebrigen lehrten, dass die Sünden-
schuld von den Erwählten aller Zeiten von Ewigkeit hinweg-
genommen sei, und dass die Kirche Gottes unter der Mosaischen
Gesetzgebung sich zwar nicht der vollen Herrlichkeit, aber doch
der vollen Heilsgewissheit wie in der neutestamentlichen Zeit
erfreut habe.

Mit diesen Controversen verbanden sich sehr bald noch vielerlei andere polemische Händel, weshalb der Streit, in welchem die Coccejaner von den Gegnern des Pelagianismus,
Arminianismus, Chiliasmus und sonstiger Verletzung der Rechtgläubigkeit schuldig erklärt wurden, sehr bald eine solche Erschütterung in die Kirche Niederlands brachte, dass einzelne
Lehrer derselben trotz ihrer eignen Parteistellung sich doch
verpflichtet erachteten, die Aussöhnung der in leidenschaft-
lichster Weise gegen einander verfeindeten Gemüter zu ver-

suchen [1]); jedoch ohne allen Erfolg. Bald ertönten nicht nur
die academischen Hörsäle, sondern auch die Gotteshäuser, in
denen die Prediger vor dem Trug der Gegner warnten, von
dem Hader der Parteien. In den zallosen Streitschriften, die
von beiden Seiten veröffentlicht wurden, warf man einander
die gemeinsten Schimpfworte zu. Die VOETIANER behandelten
ihre Gegner als »Cartesianische Böcke,'' »Advocaten des Teufels,'' »Pelagianer, Socinianer, Atheisten, Papisten, deren Lehre
nach Muhamedanismus rieche,'' während diese, wie sie ganz
offen erklärten, in ihren Gegnern nur Starrköpfe, elende Idio-
ten, plumpe Galiläer pp. sahen. Daher suchte endlich König
Wilhelm III mit einer Verordnung vom 18. Debr. 1694 die
immer drohender sich erhebende Bewegung niederzudrücken.
Die Parteien sollten sich vor Allem nicht bei den Gemeinden
gegenseitig verketzern. Die Professoren sollten die Aufstellung
von Sätzen vermeiden, welche den Studenten Veranlassung
geben könnten, die Glaubenslehre nach den Regeln der Philosophie zu behandeln, und bei der Berufung von Predigern
sollte man auf Persönlichkeiten von erbaulichem Wandel und
gemässigter Gesinnung, nicht aber auf deren Parteistellung
sehen.

Dieses Vorgehen der Landesregierung machte auch den Hader
für eine Reihe von Jahren verstummen. Allein die Verfeindung
der Gemüter blieb und steigerte sich noch auf Seiten der VOE-
TIANER, als diese die Partei der COCCEJANER mehr und mehr
anwachsen und sich ausbreiten sahen. Als daher der Prediger
der französischen Gemeinde im Haag, PIERRE JONCOURT, i. J.
1707 mit einer Schrift (Entretiens sur les différentes méthodes
d'expliquer l'Ecriture et de prêcher de ceux, qu'on appelle

---

1) Dieses war namentlich von dem Coccejaner VAN DER WAAIJEN 1677 in der
an die Gemeinde zu Middelburg gerichteten Vorrede zu seiner Uebersetzung der
Schrift des COCCEJUS „De leer van het verbond'' und von VAN TIL in einer Schrift
„Salems vreede'' geschehen.

Cocceiens et Voetiens dans les provinces unies) hervortrat, worin er die Coccejaner dem öffentlichen Spotte preiszugeben suchte, entbrannte der Kampf der Parteien alsbald aufs Neue. Die Professoren Salomo van Til zu Leiden, Jos. Braun zu Groningen und der Prediger Joh. d'Autrein zu Dordrecht traten sofort mit Gegenschriften zur Verteidigung ihrer Partei auf den Kampfplatz und setzten es durch — obschon Joncourt streitbare Verteidiger fand, — dass die Auslassungen des Letzteren von der französischen Synode zu Nymegen 1708 als Verleumdungen bezeichnet und Joncourt zu einem öffentlichen Widerruf genötigt wurde.

Die hierdurch gewaltsam herbeigeführte äussere Ruhe währte jedoch nicht lange, indem schon im folgenden Jahre 1709 ein leidenschaftlicher Voetianer unter dem Namen Diterich van Batenburg den Coccejanern eine neue Streitschrift »Aeltestenprotest” [1] entgegenschleuderte, worin denselben alle möglichen Ketzereien, unter anderen auch die des Cartesianismus zur Last gelegt wurden. Das Erscheinen dieses Pampflets hatte zunächst zur Folge, dass das von den Ständen von Holland schon 1656 erlassene Verbot der Cartesianischen Philosophie erneuert wurde. Indessen beobachteten die Coccejaner den Ausfällen des »Aeltestenprotestes” gegenüber das tiefste Schweigen, — weil es unter ihrer Würde sei, sich gegen landkundige Verleumdung zu verteidigen, — was auch von Vielen, die bis dahin noch keine Parteistellung genommen hatten, gebilligt wurde; und am Ende zeigt es sich, das gerade die Masslosigkeit des Angriffs dem Interesse der Coccejaner nur genützt hatte, indem deren Zal mehr und mehr anwuchs.

Der heftigste Schriftenwechsel der beiden Parteien erfolgte aber im folgenden Jahrzehnt. Im J. 1712 hatte man nemlich

---

1) Ouderlings-protest en raad tegen der Coccejaanen leer en leven, Franek. 1709, von Diderikus van Batenburg, J. V. Dr.

in der St. Peterkirche zu Leiden ein marmornes Brustbild des
Coccejus an einen Pfeiler aufgehängt. Hierüber entbrannte
aber, da die Voetianer zu diesem Vorkommnis unmöglich
schweigen zu dürfen glaubten, ein Kampf, der viele Jahre
hindurch die Gemüter erhitzte, namentlich als der streitbare
und starre Voetianer Jacobus Fruytier, Prediger zu Rotterdam,
1715 mit einer Schmähschrift [1]) auf den Kampfplatz trat, worin
er die Coccejaner als offenbare Feinde der reformirten Kirche
anschwärzte. Die Classe von Schieland hatte der Schrift ihr
Placet verweigert; allein Fruytier hatte nichts destoweniger
auf das Titelblatt die Worte setzen lassen »volgens kerken-
orde," weshalb er von der südholländischen Synode gemassregelt ward. Diesmal aber schwiegen die Coccejaner nicht;
vielmehr wiesen dieselben die ihnen gemachten Beschuldigungen
energisch zurück, so dass auch diese Fehde, die sich bis in
das Jahr 1720 hinzog, dem Coccejanismus eher förderlich als
nachteilig war.

Bis zum Jahre 1738 trat nun eine Zeit verhältnissmässiger
Ruhe ein, indem die Prediger der beiden Parteien einander
nur von den Kanzeln herab befehdeten. In dem genannten
Jahre erfolgte allerdings wieder eine lebhafte Erregung des
grossen Parteigegensatzes, aber in anderer Weise als vordem.
Der gelehrte, achtzigjährige Prediger Joh. Mauritius Mommers
zu Hemmen in Gelderland, der seit langen Jahren als Voetianer bekannt war, veröffentlichte nemlich i. J. 1738 eine
Schrift unter dem Titel »Eubulus," worin er aus den Schriften
des Cocceius nachwies, dass demselben eine Abweichung vom
Glauben der reformirten Kirche nicht zur Last gelegt werden
könnte, dass der Gegensatz der Parteien den Glauben selbst
gar nicht berühre, dass Voetianer und Coccejaner Söhne einer

---

1) Sions worstelingen of historische zamenspraaken over de verscheiden en zeer
bittere wederwaardigheden van Kristus Kerke.

und derselben Kirchengemeinschaft wären und dass sich die-
selben daher als Brüder die Hand zu reichen hätten. Von den
Coccejanern wurde natürlich das ernste und milde Wort des
ehrwürdigen Greises mit Freuden begrüsst und von den eigenen
Parteigenossen wurde es mit Respect hingenommen. Auf beiden
Seiten wurde es daher jetzt immer allgemeiner ausgesprochen,
dass Mommers vollkommen recht habe, und der Geist des
Friedens begann in beiden Lagern zum Niederlegen der Waffen
zu rufen. Man beschloss einander zu vertragen und in die
Gemeindevorstände, namentlich der grösseren Orte, drang mehr
und mehr der Gedanke ein, dass man beide Parteien als berechtigt nebeneinander anzuerkennen habe. Der Magistrat der
Stadt Groningen war der erste Ortsvorstand, der mit Zustimmung des Statthalters Wilhems IV, 1750 den Beschluss fasste,
dass fernerhin der Kirchenrat bei der Besetzung erledigter
Pfarreien abwechselnd einen Coccejanischen und einen Voetianischen Prediger berufen sollte. [1] Der Vorgang der Stadt
Groningen fand bald auch in anderen Städten Nachahmung
und wurde allmählich zu einer im ganzen Lande beobachteten
Sitte, namentlich da es auch in den theologischen Facultäten
des Landes zur Regel ward, das gleichzeitig beide Richtungen
in denselben ihre Vertreter hatten. In Leiden musste sogar
seit jener Zeit von den beiden Professoren der Philosophie der
eine ein Voetianer, der andere ein Coccejaner sein.

Wenn daher jetzt auch der Hader der Parteien aufgehört
hatte, so bestand doch der Gegensatz derselben fort, und zwar
so, dass dieser Gegensatz geradezu in *alle* Lebensverhältnisse
und Lebensbeziehungen eindrang und sich in denselben ausprägte. [2] Vielleicht hat es nie in der Kirche zwei getrennte

---

1) YPEY EN DERMOUT, IV, Anmerk. S. 1.
2) Ueber das zunächst Folgende ist zu vergleichen: YPEY, Geschiedenis van de
Kristlyke Kerk, VII, S. 252 ff.

Heerlager gegeben, in denen trotz aller Uebereinstimmung im
äussern Bekenntniss doch ein so tief gehender Gegensatz des
religiösen Bewusstseins und Lebens hervortrat wie zwischen
den beiden religiösen Parteien der reformirten Niederlande.
Auf der einen Seite nahmen die COCCEJANER den Ruhm
untadeliger, bibelfester Rechtglaubigkeit für sich in Anspruch,
eiferten für correcte Lehre, cultivirten die philosophischen Studien der Neuzeit, waren aber um das Leben, für welches sie
gänzliche Befreiung von den Fesseln der Sonntagsordnung in
Anspruch nahmen, wenig bekümmert. Die Kreise der COCCE-
JANER waren daher die Kreise der eigentlichen Orthodoxie, der
»Rechtsinnigkeit" der gelehrten und der vornehmen Welt.
Eine ganz andere Religiosität aber war da heimisch, wo der
Name VOET als höchste theologische Autorität galt. Schon in
der äusseren Erscheinung, in dem äusseren Auftreten, in der
Kleidung der Leute war dieses wahrzunehmen. Während die
Angehörigen der Voetianischen Partei in sehr bescheidener
Kleidung einhergingen, sich still verhielten und durchweg den
Eindruck der Solidität und Zuverlässigkeit machten, — die
freilich auch Scheinheiligkeit sein konnte und gar oft auch
war, — zeigten sich die COCCEJANER gern in modischer Kleidung, indem namentlich die Frauen auf geschmackvolle, ele-
gante Kleidung hielten, gern gesellig lebten und heiteren »Verkehr" suchten. Selbst die Coccejanischen Geistlichen erkannte
man an ihrer äusseren Erscheinung, indem sie dick gekräuselte
und schwer gepuderte Perücken zu tragen pflegten. Von den
Voetianen wusste man, dass sie den Gottesdienst nie versäumten, wenn sie einen Prediger ihrer Partei hören konnten, dass
sie an den Sonntagen Alles vermieden, was nur irgendwie als
Werktagsarbeit angesehen werden konnte, und dass sie gern
auch in den Häusern, im Familienkreise, der Andacht lebten,
wobei sie oft allerlei Andachtsbücher gebrauchten, die ausserhalb
ihrer Kreise als mystisch und schwarmgeisterisch galten. Die

COCCEJANER dagegen waren als gutmütige und oft leichtlebige Leute bekannt, die zwar auch das religiöse Interesse hochhielten, die es aber doch mit Kirchenbesuch und Sonntagsfeier nicht allzugenau nahmen, indem sie sehr geneigt waren, am Sonntag gar manches Werktagsgeschäft als eine unaufschiebliche Sache der Not und der Liebe gelten zu lassen. Indem nun die diesem Verhalten zum Grunde liegenden Anschauungen und Gedanken auch polemisch geltend gemacht wurden, so ergaben sich heraus für das religiös-sittliche Leben die traurigsten Folgen. Frauen z. B., die zur Coccejanischen Partei gehörten, pflegten sich Sonntags nach Beendigung der öffentlichen Gottesdienste zum Aerger der vorübergehenden Voetianer mit ihrem Näh-und Strickzeug vor die Fenster zu setzen und (oft nur anscheinend) fleissig zu arbeiten, auch wenn sie sonst auf derartige Arbeit gar nicht so versessen waren. Der Riss, der durch den Gegensatz der beiden theologischen Richtungen in das kirchliche Leben gekommen war, ging eben von den theologischen Facultäten und von den Spitzen der Regierung bis in die untersten Schichten der Gesellschaft und bis in die Familien und in das häusliche Leben hinein. Auf den Universitäten nahmen alle Studenten der Theologie entweder für einen Voetianischen oder für einen Coccejanischen Professor entschieden Partei. Zwischen Voetianischen und Coccejanischen Studenten (der Theologie) bestand auf der Universität gar kein Verkehr, und im späteren Leben wurde diese Schroffheit der Parteistellung, an die sich die Prediger während ihrer Studienzeit gewöhnt hatten, recht geflissentlich aufrecht erhalten. Voetianische und Coccejanische Prediger gingen überall einander aus dem Wege, weil beide sich durchaus verschiedenartigen religiösen Interessen und ganz verschiedenen Lebensrichtungen ergeben mussten. Auch pflegten die Coccejanischen Geistlichen ganz anders zu predigen als die Voetianer. Während nemlich jene in ihren Predigten mit thunlichster Gelehrsamkeit — nicht

selten lateinische, griechische und hebraeische Ausdrücke ein-
flechtend — den Text so hochtrabend als möglich interpretirten
und durch Allegorisiren und Typologisiren aus den Schriftworten
alle möglichen verborgenen Wahrheiten herausbrachten, vor
Allem in dem Alten Testament, in dem Ceremonialgesetz und
in der Geschichte des jüdischen Volkes ein sonnenhelles Vorbild Christi und aller Geschicke der Kirche bis zum jüngsten
Tage nachwiesen und dabei lediglich die orthodoxe föderaltheologische Dogmatik und deren Autorität im Auge hatten, richteten die Voetianer ihre Predigten mehr auf die Moral und auf
die Praxis des Christentums, oft in platter, oft aber auch in
einer das Gemüt ergreifenden und darum ansprechenden Rede.
Das, was man die »Sprache Kanaans" nannte, hörte man
vorzugsweise von den Kanzeln der Voetianer herab.   Daneben
sprach sich in den Predigten auch der Gegensatz der politischen Richtung beider Parteien nur allzu oft aus.   Die aris-
tokratisch-ständische Partei, welche früher dem Arminianismus
zugethan gewesen, hatte sich später den Coccejanern angeschlossen, während die Voetianer sich zu der 1672 wiederher-
gestellten Oranischen Statthalterschaft hielten. Die Voetianischen
Prediger, welche das Kirchenregiment mit der Statthalterschaft
in möglichst engen Zusammenhang bringen wollten, scheuten
sich daher nicht, auf den Kanzeln gegen die Stände, oft in
masslosester Weise, zu Felde zu ziehen, während die Coccejaner
die Gemeinden zum Gehorsam gegen Gesetz und Obrigkeit
ermahnten.   Es begreift sich daher, dass die Voetianer von
den Prinzen von Oranien begünstigt, die Coccejaner dagegen
oft zurückgesetzt, wol gar gemassregelt wurden.   Dafür galten
die letztern aber als die eigentlichen »Patrioten," wie sie andererseits als die eigentlichen »Gelehrten" und »Rechtgläubigen"
bezeichnet wurden, die namentlich bei der gebildeten und vornehmen Welt in besonderem Ansehen standen. Uebrigens hatte
auch die Voetianische Partei in der Mittelklasse nicht unbe-

deutenden Anhang, weshalb man sogar von Coccejanischen und
Voetianischen SCHUHMACHERN, SCHNEIDERN, ZIMMERLEUTEN,
SCHLÄCHTERN pp. zu sprechen pflegte. Und ebenso pflegte man
von Coccejanischen und Voetianischen Gemeinden zu reden,
deren Unterschied namentlich an den Sonntagen recht augen-
fällig wahrzunehmen war, indem in der einen alsdann Todten-
stille herrschte, während in einer anderen, vielleicht in nächster
Nähe gelegenen Dorfgemeinde, die sich zu COCCEJUS bekannte,
das geräuschvollste Treiben zu sehen und zu hören war.

§ 3.

DER COCCEJANER FRIEDRICH ADOLPH LAMPE ZU UTRECHT.

So geschlossen und schroff sich übrigens nun die beiden Parteien einander gegenüberstanden, so war innerhalb derselben
doch keineswegs immer volle Einmüthigkeit und Uebereinstimmung wahrzunehmen. Vielmehr traten in beiden Parteien
mannigfache Differenzen hervor, welche wieder zu besonderen
Parteibildungen führten. Unter den Voetianern machte namentlich der Gegensatz der »sauberen, Markianischen Voetianer"
(die es mit dem Prof. MARIK hielten), und der »Brackelschen
Voetianer," (deren Glaubenslehre die »redelyke godsdienst W.
BRACKELS war), viel von sich reden. Ebenso traten unter den
Coccejanern allerlei Schattirungen hervor, unter denen nament-
lick der Gegensatz der »Leidener" oder der »freien" und der
»steifen" oder »ernstlichen" COCCEJANER von Bedeutung geworden ist. [1]) Als das gefeierte Haupt der letzteren galt lange
Zeit hindurch FRIEDRICH ADOLPH LAMPE. [2])

---

1) Die Leidener hiessen auch *„heldere oder Kordaate Coccejanen,"* während deren
Gegner auch die *„Utrechter"* oder *„Masteluinen"* (= gemischtes Brot, weil sie zu
vermitteln suchten), genannt wurden. Eine Fraction der *Erastianer*, welche v. EINEM
in seine Kerkelyke geschied. III. S. 590 und JACOBI in *„Der neueste Religions-
Zustand in Holland"* S. 48 nennen, hat nie existirt.

2) Vgl. O. THELEMANN, F. A. LAMPE, sein Leben und seine Theologie, Bielef.

LAMPE, im Februar 1683 zu Detmold geboren und nach des Vaters Ableben (1690) von der Mutter in Bremen erzogen, hatte hier namentlich den Unterricht de Hase's, des Schülers und Nachfolgers des gottseligen Untereyck genossen und hatte dann, kaum dem Knabenalter entwachsen, 1702 die Universität Franecker bezogen, wo er sich unter der Leitung der Coccejanischen Professoren VAN DER WAAYEN, VITRINGA und ROËLL in die Coccejanische Theologie einlebte, aber auch die damals in Wieuwerd lebenden Labadisten näher kennen lernte. Vielleicht hat aber mehr noch als die Genannten der fromme Prediger DAVID FLUD VON GIFFEN in Friesland auf ihn eingewirkt, der allerdings als Vertreter der Lehre vom tausendjährigen Reiche Christi hin und wieder als nicht ganz rein in der Lehre angesehen ward, der aber mit grossem Ernste darauf drang, dass die biblische Wahrheit sich im Leben als Kraft der Wiedergeburt und gänzlichen Erneuerung des Menschen bewähren müsse.

LAMPE war ein Jüngling von zwanzig Jahren, als er die Universität verliess; aber das Evangelium hatte ihn bereits am Marke seines Lebens erfasst. Nachdem er zuerst (1703) Pfarrer in Wenze bei Cleve, dann, 1706, in Duisburg und hernach, 1718 zu St. Ansgari in Bremen geworden war, wurde er i. J. 1720 von Bremen nach Utrecht auf eine Professur der Theologie berufen, welche Stelle er bis 1727 bekleidete, in welchem Jahre er einem Rufe auf die Stelle eines Professors der Theologie, alternirenden Rectors der Academie und Predigers der St. Ansgarigemeinde zu Bremen folgte. Er starb hier am 8. Decbr. 1729.

LAMPE gehörte der Partei der COCCEJANER an; allein nach seiner ganzen Erscheinung, nach seiner Lehr- und Predigt-

---

und Leipzig 1868 (390 S. S. in 8°). M. GÖBEL, II, 398—435; und SEPP, JOH. STINSTRA en zijn tijd, Amsterdam 1865 und 1866, B. 1, S. 120 und sonst passim.

weise hätte er als entschiedener VOETIANER gelten können, indem die letztere — was schon aus den Titeln der Mehrzal seiner Schriften zu ersehen ist [1]), der reinste Pietismus war. Nach seiner Darstellung der Wiedergeburt des Menschen erfolgt dieselbe durch verschiedene Stufen hin. Zunächst muss der Mensch durch das Gericht des Gesetzes erschreckt, zermalmt werden. Dann folgt grosse Finsterniss, Not, Bedrängniss und Anfechtung des Teufels. Endlich tagt in der Seele ein wenig Licht auf, aber unter der schweren Sorge, dass es wol der Satan sein möchte, der sich unter der Gestalt eines Engels des Lichtes zeige. Allmählich wird das Licht heller und es stellen sich erquickliche Erfahrungen ein, die immer häufiger kommen und immer beseligender werden, bis sich die Seele endlich in das Meer der göttlichen Barmherzigkeit ganz eingetaucht fühlt. — Den Glauben unterscheidet LAMPE als schwachen und als starken Glauben. Die erste »Handlung" des schwachen Glaubens ist ein Verlangen nach Christus, die zweite, dass man sich zu ihm auf den Weg mache. Die erste Handlung des starken Glaubens ist dann die zuversichtliche Zueignung Christi an die eigne Seele, die zweite ist die Versicherung der Seele über ihren Gnadenstand.

Jndem daher LAMPE nicht nur in der Auffassung des Glaubens die Gegensätze zu vermitteln, sondern auch überhaupt das Gute, was er auf Seiten der VOETIANER fand, mit dem Coccejanismus zu vereinigen suchte, — weshalb er auch (1727) eine Coccejanische Sittenlehre (Delineatio theologiae activae, deutsch (1728) unter dem Titel: »Grundriss der thätlichen Gottesgelehrtheit") herausgab; indem er ferner eifrigst auf Erweckung

---

1) Gestalt der Braut Christi vor ihrem Ausgang aus Babel, Bonn 1710. — Geheimnis des Gnadenbundes, dem grossen Bundesgott zu Ehren und allen heilsbegierigen Seelen zur Erbauung geöffnet. Bremen, 1712 ff. (6 Bde). — Der heil. Brautschmuck der Hochzeitsgäste des Lammes an seiner Bundestafel. Bremen, 1720. — Ein Verzeichniss der Schriften LAMPES s. bei THELEMANN, S. 386—390.

eines lebendigen, innerlichen Christenthums hinarbeitete und
auf ernste Lebensführung drang, so erhielt durch ihn die Partei
der »Ernsten" ihren eigentlichen Character, durch den sich
dieselbe von den »Freien" ganz ebenso scharf unterschied, wie
die alten COCCEJANER von den VOETIANERN. Die Ernstlichen
eiferten nemlich für ein werkthätiges und lebendiges Christenthum, während die Gegner nur die Kenntnis der christlichen
Lehre verbreiten zu wollen schienen; jene legten im Gottesdienst die kirchlichen Formulare beiseite, und beteten frei,
während diese streng auf den Gebrauch der vorgeschriebenen
Formulare hielten; jene pflegten in der Predigt bei der Appli-
zirung des Schriftwortes auf die Zuhörer zwischen Bekehrten
und Unbekehrten und zwischen den verschiedenen Stufen des
Gnadenstandes zu unterscheiden, während die »Leidener" oder
»freien" Prediger hiervon ganz absahen und mit den Worten
»wir" und »uns" die Zuhörerschaft als Ein Subject anzusprechen pflegten. [1])

Der Gegensatz beider Richtungen des Coccejanismus hatte sich
kaum herausgebildet, als auch sofort zwischen den Anhängern
derselben der leidenschaftlichste Hader hervortrat. Die »Lampeaner," wie man jetzt die »Ernstlichen" nannte, wurden von
den »Freien" als verdorbene Mystiker, als Schwärmer, Gesetze-
prediger; »ernstliche Betrüger" pp., deren Haupt (LAMPE) ein
Leugner der Trinitätslehre und Chiliast gewesen sei, gescholten,
während diese in den Augen der Lampeaner notorische Uni-
versalisten waren, die es heimlich mit den Remonstranten hiel-

---

1) Vorübergehend kamen auch noch andere Differenzen hinzu. Namentlich ist
zu bemerken, dass LAMPE nicht nur Vertreter der Lehre vom tausendjährigen Reiche
Christi auf Erden, sondern auch der eigentümlichen Trinitätslehre und Christologie
des Professors HERMANN ALEXANDER ROËLL zu Utrecht (der den Begriff der Zeugung
verwarf und dem Logos nur im Hinblick auf den Erlösungsratschluss und die Incarnation das Prädicat des Sohnes beigelegt wissen wollte), zugethan war, weshalb
die »Ernstlichen" auch »Roëllisten" (oder Lampeaner) genannt wurden. Vgl. YPEY,
»Letterkund. gesch." II, S. 221 und den Nachtrag daselbst.

ten, und die man als Buchstabenknechte, Brotprediger, Lohn-
diener, welche sich um das wahre Seelenheil der Gemeindeglieder
gar nicht kümmerten, zu verachten habe. Auch die Gemeinden traten bald in die neue Parteistellung ein, und wie die
Prediger der beiden Coccejanischen Fraktionen einander jedwede
Gemeinschaft versagten, so pflegten nun auch die Gemeindeglieder sich ausschliesslich zu Predigern der einen oder der
andern Richtung zu halten. Diese Zerklüftung der Parteien
und die daraus hervorgegangene Verschiebung der Parteistellung hatte aber zur Folge, dass der ursprüngliche Parteigegen-
satz der Voetianer und Coccejaner schliesslich gar nicht mehr
zu erkennen war [1]), womit derselbe allmählich aus der Kirche
ganz verschwinden musste.

---

[1]) Vgl. Ypey en Dermout, IV, S. 4, wo zu der Periode von 1760—1775 gesagt
wird: Het kenmerkelyke van beide die Studiën was zijne oorspronkelijkheid geheel
kwijt geraakt. Het Voetianisme in het bijzonder was in de laatste tijden door de
eigendunkelyke voordragt van Holtius en Comrie lijnregt strijdig geworden met dat
van de vorige tijden. — Ook het Coccejanisme was gansch en al onkenbaar geworden.

VIERTER ABSCHNITT.

Jean de Labadie und die Labadistische Mystik. [1]

§ 1.

LABADIE'S MYSTISCH-RELIGIÖSE LEBENSENTWICKLUNG BIS ZU SEINEM SCHEIDEN VON DEN JESUITEN.

JEAN DE LABADIE wurde am 13ten Februar 1610 unweit von Bordeaux, zu Bourg, im französischen Departement Gironde, wo sein Vater JEAN CHARLES DE LABADIE als Militair-Gouverneur lebte, geboren. Wennschon der alte Herr, der Nachkomme eines altadeligen Geschlechtes, mit Leib und Seele dem militairischen Berufe zugethan war, so hielt es derselbe doch für heilsam, dass das, wie es schien, sehr glücklich begabte Söhnchen bei Zeiten eine tüchtige Schulbildung erhielt. Kaum

---

1) Die wichtigsten Quellen für die Lebensgeschichte LABADIE's sind: Die Schrift *Yvons*: „Oprecht verhaal — van het leven, gedragen, gevoelen van wijlen den heer JEAN DE LABADIE," welche ursprünglich französisch, hernach 1754 zu Amsterdam auch in holländischer Uebersetzung erschien. Sodann die „Εὐκληςία s. melioris partis electio der A. M. v. SCHÜRMAN, von welcher Schrift der erste Theil 1673 zu Altona, der zweite (jetzt sehr seltene) Theil 1685 zu Amsterdam edirt wurde. — Ferner: die (noch weiter unten anzuziehenden) Schriften KOELMANNS „Historisch verhaal nopens der Labadisten scheuring" von 1683 und DITTELBACHS „Verval en val der Labadisten" (Amsterd. 1692). Für die Periode LABADIES bis zu seinem Anschluss an die Reformirte Kirche ist dessen (bisher noch gar nicht benutzte) höchst

16

sieben Jahre alt wurde daher der kleine JEAN mit zwei Brüdern und einem Gouverneur nach Bordeaux geschickt, wo die
drei Brüder die Schule der Jesuiten besuchten. Diese erkannten
nun sofort die ungewöhnliche Geistesbegabung des kleinen und
etwas schmächtig aussehenden JEAN, den sie darum alsbald an
ihren Orden zu fesseln beschlossen. Mit diesem Plane kamen
die Jesuiten auch soweit zum Ziele, als es ihnen gelang LA-
BADIE in seinem fünfzehnten Lebensjahre zum Eintritt in das
Collegium zu bestimmen. Seitdem betrachtete dieser auch sich
selbst als Angehörigen der Gesellschaft Jesu. Doch hat er nie
Profess gethan. [1]) — Hier im Collegium der Jesuiten begann
sich nun alsbald die eigenthümliche religiöse Lebensentwickelung LABADIE's zu gestalten, die denselben allmählig zum Austritt aus der Gesellschaft der Jesuiten und aus der katholischen
Kirche drängen musste.

Es ist zu beachten, dass eben damals von Spanien her die
quietistische Mystik sich über die ganze romanische Welt verbreitete und namentlich in Frankreich in zahlreichen Klöstern
und in allen Schichten der Gesellschaft Eingang gefunden hatte.
Fast alle religiös angeregten Gemüther wendeten sich hier derselben immer entschiedener zu; in den weiblichen Ordensge-
sellschaften wurde es geradezu Modesache, sich mit ihr zu
beschäftigen, und hin und wieder bildeten sich auch Bruder-

---

wichtige *„Déclaration de* J. DE LABADIE contenant les raisons qui l'ont obligé à
quitter la communion de l'église romaine" von 1650 die bedeutendste Quelle. —
Unter den Bearbeitungen des Lebens LABADIES kommen jetzt nur noch in Betracht
die Schrift des Predigers v. BERKUM „De Labadie en de Labadisten" (2 Theile,
Sneek, 1831) und MAX GOEBELS Darstellung in der Gesch. des christlichen Lebens
in der rheinisch-westphälischen evangel. Kirche," B. II, S. 181 ff. Beide Werke
haben ihre Vorzüge, doch ist BERKUMS Auffassung de LABADIE's zutreffender. Die
Schriften LABADIES sind aber von beiden Verfassern nur sehr mangelhaft berück-
sichtigt worden.

1) In seiner „Déclaration." Ausg. von 1666 S. 98) sagt LABADIE: „La chose estoit
reciproquement d'autant plus facile, que je n'étois Profez (comment ils parlent) de
leur Compagnie."

schaften (confrèries), die sich die »Pflege des Innern" (l'intérieur) und des Herzensgebetes (oraison mental) zur Aufgabe
machten.

Die Hierarchie sah diese ganz neue Erscheinung des religiösen Geistes in der Kirche und segnete dieselbe mit der
ganzen Fülle ihres Segens. Denn nicht nur stattete dieselbe
alle die zahllosen Schriften, welche als Anweisungen zur Uebung
der Seele in der Meditation und Contemplation, in dem Suchen
nach der Gegenwart Gottes, in dem inneren Gebet, in der
Selbstvernichtigung, in der Vereinigung mit Gott erschienen —
mit ihrer Approbation aus; sondern das Oberhaupt der Kirche
verlieh den Autoritäten der quietistischen Mystik sogar den
Strahlenglanz der höchsten kirchlichen Herrlichkeit, indem es
dieselben selig und heilig sprach. [1])

Auch die Gesellschaft Jesu vermochte sich damals dem Eindringen dieser religiösen Erregungen in ihre Kreise nicht zu
verschliessen, und namentlich war auch das Jesuitencolleg zu
Bordeaux von der Mystik jener Zeit, wie es scheint, wenigstens
in einzelnen seiner Mitglieder nicht unberührt geblieben. Thatsache ist es wenigstens, dass LABADIE's innere religiöse Lebensentwickelung seit seinem Eintritt in das Jesuitencolleg sofort
von dem Gedanken der Mystik bestimmt und geleitet wurde
wobei insbesondere zu beachten ist, dass für ihn von Anfang
an zwei Quellen religiöser Erkenntniss vorhanden waren, nämlich das *äussere Wort* der heiligen Schrift und (nicht etwa die
Tradition oder Autorität der Kirche, sondern) das *innere Wort*,
die unmittelbare Erleuchtung der Seele durch den heiligen
Geist, die unmittelbare Gnade. [2])

---

1) Vgl. *»meine* Geschichte der quietistischen Mystik in der katholischen Kirche,
(Berlin 1875), insbesondere S. 58—110.

. 2) Die (bis jetzt leider vernachlässigste und unbeachtet gelassene) Hauptquelle für
die Geschichte des Lebens und des Entwicklungsganges LABADIE's bis zu seinem Austritt aus der Katholischen Kirche, ist die von ihm im J. 1650 zu Montauban ver-

LABADIE hatte hiermit die Wege der Mystik betreten, auf denen er allerdings das Wort der h. Schrift als Gotteswort, aber doch nicht als das alleinige Wort Gottes erkannte, indem ihm vielmehr das innere, unmittelbar durch den heiligen Geist empfangene Wort Gottes als die untrügliche Leuchte des Schriftwortes erschien. Die objective Autorität des letzteren, trotz aller Werthschätzung für dasselbe, preissgebend, zog sich daher LABADIE in sich selbst und in die Einsamkeit zurück, [1]) um den Geist und die Gnade Gottes unmittelbar empfangen und erfahren zu können, und in der Salbung des heiligen Geistes ein Licht zu gewinnen, das ihn im Gebrauche der heiligen Schrift in alle Wahrheit leite.

Bestärkt wurde LABADIE in dieser zur Mystik hinneigenden Richtung durch die ersten Meditationen, d. h. religiösen Uebungen, die ihm unmittelbar nach seiner Aufnahme in das Collegium der Jesuiten auferlegt waren, indem man ihm hierzu

---

fasste Schrift „Déclaration de Jean de Labadie, contenant les raisons, qui l'ont obligé a quitter la communion de l'église romaine pour se ranger à celle de l'église réformée, avec un recueil des premières maximes et vérités qu'il tenoit et enseignoit dans la communion romaine contraire à ses erreurs sur la grâce, l'écriture et les traditions humaines." — Ich benutze dieselbe hier nach einer zu Genf im J. 1666 erschienenen Ausgabe, in welcher sie 509 S. S. in 8º umfasst. In derselben sagt LABADIE S. 38: Ce narré va faire voir, que ces deux paroles, qui sont la grâce et son Escriture, l'une sa parole intérieure, l'autre sa parole extérieure, ont travaillé vingt-cinq-ans (seit 1625 im 15ten Jahre) à ma délivrance, et qu'enfin cette heureuse année, que l'église romaine appelle de Jubilé, c'est-à-dire d'affranchissement, m'a produit vrayement l'effet dont elle n'a que le nom, et m'a tiré comme un nouvel Israëlite de ses fers, en me retirant de sa maison."

1) Déclaration, S. 41—42: „J'ose dire, puisque j'y suis obligé, que Dieu m'a fait sentir les effets de cette parole tant par la grace intérieure de son esprit, que par celle de son Escriture, dès l'age auquel non seulement je ne semblois pas digne de les recevoir, mais je ne sentois pas mesme propre à les entendre. — De plus loin qu'il me souvienne, j'ai mémoire d'avoir senti les impressions de son Esprit, que mon enfance ne me permist pas de discerner quand je le receus, mais que j'ay parfaitement connu et senti depuis, n'estre et n'avoir esté que le sien. Les attraits delors à la prière et à la retraite, les gousts intérieurs de Dieu, les sentimens de sa grandeur, l'onction de son Esprit, et d'autres tel affects me l'ont prouvé principalement estats suivis du désir ardent de le servir en ce bas âge, touché de cette parole qu'il estoit bon à un enfant de porter le joug de Dieu de bonne heure.

eine Anzahl von Stellen der Schrift vorgelegt hatte, welche
den Gedanken enthielten, dass Gott Alles für sich selbst und
zu seiner Verherrlichung geschaffen habe, dass er wie der Anfang so auch das Ziel aller Dinge sei, und zwar durch Christus,
in welchem alle Beziehungen des Menschen zu Gott ihren Mittelpunkt hätten.

Diese Gedanken waren es, um welche sich von da an LABA-
DIE's ganzes inneres religiöses Leben bewegte, und zwar nicht
in der Form der kirchlichen Gebetsandacht, sondern in der der
Mystik, der unmittelbaren Erhebung der Seele zu Gott, der
Contemplation, des inneren Gebetes. [1])

In den Mittelpunkte dieser mystischen Religiosität LABADIE's
stellte sich aber alsbald der Name Jesu Christi, jedoch nicht
in dem Sinne des evangelischen Bekenntnisses, sondern wiederum
in dem der Mystik. Denn indem alle Gedanken LABADIE's sich
jetzt auf die Person Jesu Christi richteten, so geschah dieses
nicht so, dass er in gläubiger Zuversicht das Verdienst und
die Gerechtigkeit Christi erfasste und auf dieselbe sein ganzes
inneres Leben gründete; vielmehr war ihm die Person Christi
in der Weise das Ziel seines religiösen Lebens, dass seine Her-
zenstellung zu Christus nicht der Glaube, sondern die *Liebe*
war, und dass er in der *Nachfolge Jesu* das Leben und Leiden
desselben in sich *nachzubilden* und *darzustellen* suchte. [2])

---

1) „*Déclaration*," S. 44.

2) LABADIE sagt („*Déclaration*, S. 45—47); C'est que l'Esprit qu'il pleust à Dieu
de me donner et dont il me prevint — me gagnant à soi me gagnait tout à Jesus
Christ, — et fit que je le pris pour mon *exemplaire* en mesme temps que je le
pris pour mon *but*." Daher spricht sich LABADIE über das was er nunmehr als die
Grundwahrheit des Evangeliums ansah, in folgender Weise aus: „Tout se termina à
m'attacher à Jesus Christ et me faire voir ces veritez des Ecritures: Que Jesus et
la fin de la Loi et sa plénitude; que la vie eternelle est de le connoistre et de *l'aimer*
qu'il est *l'exemplaire* proposé sur la montagne, que tout oeil doit contempler et tout
coeur doit *copier*; qu'il est le novel homme, qu'il faut *revestir*, despouillant le viel;
que c'est le Fils, que le Père a commandé d'écouter; que lui mesme a obligé les
iens à le *suivre*, et qu'enfin il n'y a que lui à *uniter* tellement, qu'on est obligé

Hierzu musste er nun das äussere Leben und die Lehre Jesu
näher kennen lernen, weshalb er sich, da ihm eine Bibel nicht
zur Hand war, vorläufig an die Perikopen und sonstige Excerpte
aus den Evangelien hielt, die er im Brevier und in anderen
kirchlichen Andachtsbüchern vorfand. Hernach gelang es LA-
BADIE auch ein Exemplar der h. Schrift zu erhalten, in deren
Inhalt er sich nun vertiefte, jedoch so, dass er das innere
Wort, die Salbung des Geistes, die eigenen Empfindungen und
Gedanken, die er in stiller Gebetsandacht und in ununterbro-
chenem Streben nach Reinigung seines Herzens erfuhr und als
Wirkungen der Gnade ansah, als das Licht betrachtete, welches ihm die verborgene Wahrheit des Schriftwortes verständ-
lich machte. [1])

So gestaltete sich in LABADIE's Geist eine Gedankenwelt,
welche dem Augustinismus vielfach wahlverwandt war, indem
er namentlich über Sünde und Tod, über Gnade und Gnadenwahl ganz im Sinne und Geiste Augustins dachte. [2]) In einer
Reihe von Abhandlungen welche er schrieb (de la vocation
efficace; du néant humain; de la connaissance de Jesus Christ
et de ses mystères; de l'oraison; de la vie chrétienne u. s. w.)
legte er diese Anschauungen nieder, bezüglich deren er indessen
von mehreren Lehrern des Collegiums aufmerksam gemacht
wurde, dass dieselben sehr an den Calvinismus erinnerten. [3])

Es ist möglich dass schon damals der Orden die Hoffnungen

---

de porter sa mort et *manifester sa vie*." Er fährt dann fort: „*Voilà en somme les
veritez,* sur lesquelles cet Esprit de lumière et *d'amour vers Jesus Christ* m'esclaira
et ensuite m'attacha si fort à sa *conduite* et à sa *doctrine!*"

1) *Déclaration,* V. 50: Les voyes, dont j'eus impression de me servir, — furent
deux: l'une la lecture et la méditation des Escritures, l'autre la prière et l'espure-
ment de coeur; toutes deux pratiquées dans l'esprit et par l'esprit et grace de Jesus. —
V. 71: L'esprit d'onction de par le Saint, qui enseigne toutes choses, estoit celuy
que j'escoutoit au dedans, conformément à sa voix, qui au dehors m'instruisoit par
l'Escriture.

2) *Déclaration,* V. 52.

3) *Déclaration,* V. 53—54.

welche er einst von LABADIE gehegt (der übrigens inzwischen
zum Priester ordinirt worden war) [1]) fallen gelassen hat. Man
sah, dass in ihm der Geist, der den Jesuiten allein beseelen
soll, doch nicht lebte (was ihm auch geradezu gesagt wurde).
Dazu kam, dass LABADIE überaus schwach und sehr oft leidend
war, weshalb der Orden nie hoffen konnte, in ihm jemals einen
tüchtigen Arbeiter zu besitzen. Daher schlug ihm, als er einst
von schwerer Krankheit befallen war, der Superior der Provinz
vor, er möchte, da er nicht Profess gethan und da er die Last
einer ernsten Berufsarbeit nie werde ertragen können, den
Orden verlassen und in die Welt zurückkehren (de retourner
dans le siècle). Dieses Anerbieten wollte indessen LABADIE nicht
annehmen. Daher brachte er noch eine ganze Reihe von Jahren
im Jesuitencolleg zu.

Während dieser Jahre ging aber in dem inneren Leben LA-
BADIE's Vielerlei vor sich. Die fortgesetzte Vertiefung desselben
in die h. Schrift und in die Erfahrungen seines eigenen inneren
Lebens hatten es ihn allmählich erkennen lassen, dass die
katholische Kirche in Lehre und Leben verderbt, dass von ihr
an die Stelle des Glaubens in tausendfältiger Gestalt der Aberglaube gesetzt sei, — und plötzlich stand in seiner Seele der
Gedanke fest, (nicht dass Calvin oder überhaupt die Reformation

---

1) Sehr characteristisch spricht sich LABADIE im J. 1650 über sein religiöses
Gefühl, mit dem er die Ordination hinnahm, und überhaupt über seine ganze Religiosität aus: „Als ich von dem Bischof von Bazas, de Maroni, zu einem Priester
der römischen Kirche confirmirt und ordinirt wurde, habe ich bei dieser Handlung
empfunden, dass mir *Jesus Christus* vielmehr als der Bischof die *Hände auflegte*,
und ich wurde die *innerliche Salbung*, mit welcher die h. Dreieinigkeit in dem
Augenblicke mein Herz übergoss, viel kräftiger gewahr, als das Oel, mit welchem
der Bisschof meine Hände salbte, indem ich glaube dass ich *vom Mutterleibe angehei-
ligt* bin, um die *christliche Religion zu reformiren*, und dass ich von meiner Kindheit
an einige Wirkungen des h. Geistes empfunden habe, die ich (wie Samuel) um
meiner Jugend willen noch nicht erkannte. Ich lernte bei den Jesuiten *durch den
h. Geist* das rechte Beten und Meditiren, und konnte durch himmlische Eingebung
sehr erbaulich von den grössten Geheimnissen des Evangelii nach der Regel des
wahren Glaubens schreiben und reden."

des sechszehnten Jahrhunderts die Wahrheit vertreten habe,
sondern) dass die Kirche genau nach dem Vorbild der ursprünglichen apostolischen Kirche erneuert werden müsse. [1])

Von da an betrachtete sich LABADIE als von Gott zur Reformirung der Kirche berufen, und zugleich sah sich derselbe
seitdem in einem Verkehre mit dem Geiste Gottes stehend,
durch welchen er über diese seine Mission und über vieles Andere die bestimmtesten Offenbarungen und Inspirationen zu
erhalten glaubte. Wiederholt hörte er den Geist Gottes in
seiner Seele es aussprechen, dass er zur Wiederherstellung der
wahren Kirche ausersehen sei, wobei der Geist Gottes — zu
LABADIE's grösster Ueberraschung — denselben aber auch wissen
liess, dass er diese Mission nur dann ausrichten könne, wenn er
sich von Bordeaux entferne und sich von der Gesellschaft
Jesu lossage. [2])

LABADIE, der an der Wirklichkeit der ihm zu Theil gewordenen Offenbarung auch nicht den leisesten Zweifel hegte,
fühlte sich jetzt plötzlich vor dem Angesichte Gottes stehend,
vor dem er sich beugte und in seiner Seele sprach: Herr, siehe
ich bin dein Knecht.

Freilich, wie er das von Gott ihm übertragene Werk der
Wiederherstellung der wahren Kirche beginnen und ausführen,

---

1) *Déclaration*, S. 91: „Je vis — que pour faire une vraye copie ou un tableau
d'eglise chrestienne, il la faloit tirer sur son vif original, que ce vif original estoit
le premier christianisme, tel que Jesus Christ l'a fondé, et que les Apostres l'ont
promis, tel que l'Evangile le demande et que les Actes les describent."

2) *Déclaration*, S. 91. „Dieu, m'entretenant dans un grand désir de ce grand
oeuvre, me manifesta bientost après, qu'il m'en vouloit donner quelque effect; et que
son dessein était de me faire travailler à une chose, dont encore je fusse fort peu
capable, je ne laissoit pas d'estre amoureux. — *Il est vrai, qu'il y apposa une
clause, qui me causa d'abord de l'estonnement,* mais ne me jetta pas pour cela dans
une vaine deffiance. Ce fut, *que je ne servirois à ce dessein, que hors du lieu, où
je me trouvois, et separé de la Société à laquelle j'estois uni.*" LABADIE fährt sodann fort über noch weitere Offenbarungen Mittheilung zu machen: „En me décla-
rant ce ordre, il (nämlich l'Esprit) m'en decouvrist les raisons, qui furent som-
mairement u. s. w.

und wie er insbesondere aus der Fessel seiner Ordensangehörigkeit heraus kommen sollte, — das wusste er nicht. Daher übergab er sich Gott und dem göttlichen Willen so, dass er in einen Zustand »heiliger Passivität" verfiel, in welchem er Alles Gott überliess und auf seinen eigenen Willen ganz verzichtete, damit Gott ihn ganz nnd gar als sein Werkzeug gebrauchen könnte. Aber auch diese Selbstüberlassung an Gott sah LABADIE lediglich als ein Werk des Geistes Gottes in ihm an. [1]

LABADIE harrte also auf das, was Gott mit ihm vorhabe, in tiefster Stille und Ruhe, als es plötzlich, nachdem er sich längere Zeit hindurch ganz wohl befunden hatte, an einem Sonntag geschah, dass er vor den Augen mehrerer Ordensbrüder ohnmächtig zusammenbrach. Die Umstehenden hielten ihn bereits für entseelt; doch war es nur eine Ohnmacht gewesen, die LABADIE befallen hatte und aus welcher dieser, jedoch ganz entkräftet, allmählich wieder erwachte. Da durchzuckte ihn, wie ein Licht vom Himmel her, der Gedanke (»je fus comme soudainement frappé de son esclair"), dass die Krankheit und der Schwächezustand, der ihn in so überraschender Weise befallen, der Weg sein sollte auf welchem Gott ihn aus dem Jesuitencolleg befreien wollte. [2] Die zunehmende Verschlimmerung seines Zustandes bürgte ihm deshalb dafür, dass seine Befreiung aus dem Orden gerade dann erfolgen würde, wenn sein Leiden den Höhepunkt erreicht habe. — Mehrere Doctoren der Theologie und andere in den Wegen Gottes

---

1) *Déclaration*, S. 97—98: Lui mesme me portant à me tenir *dans un état saintement passif*, — *je fus inspiré de lui de commettre toute cette affaire à ses mains* et lui en laisser la conduite, puisqu'il en prenait le soin. — Me déposant donc entièrement entre ses mains du souci de cette affaire, j'attendis en patience qu'il l'execcutast; me contentant de le prier, qu'il y sanctifiast son nom, en y faisant sa volonté, et que comme il avait seul commencé, il achevast seul son oeuvre.

2) LABADIE spricht auch von anderen Offenbarungen, die er hierbei empfangen habe (*Déclaration* S. 101): „J'entendis lors aussi d'autres secrets, qui ne sont pas de ce sujet, et dont les effets arrivez depuis ont manifesté la verité."

wohlerfahrene Personen, denen er sich anvertraute, bestärkten ihn in diesem Gedanken. [1])

Inzwischen wurde jedoch LABADIE so leidend, dass an seiner Genesung allgemein gezweifelt ward. Vier Aerzte versuchten ihre Kunst an ihm ohne Erfolg. Allmählich wurde es allerdings besser mit ihm; allein die Aerzte waren der Ansicht, dass LABADIE's Leben nur ausserhalb des Ordenshauses und bei gänzlich veränderter Lebenseinrichtung erhalten werden könnte. Nothgedrungen mussten daher die Oberen des Collegs ihre Einwilligung dazu geben, dass LABADIE bei dem Ordensgeneral um Entlassung aus dem Orden einkam.

LABADIE erhielt nun ein besonderes Zimmer angewiesen, worin er seiner Gesundheit leben sollte, wo er aber in Wahrheit drei Monate lang nur dem Studium der h. Schrift und dem Gebete lebte, das ihm wiederum allerlei Offenbarungen und Inspirationen — auch bezüglich der ihm bevorstehenden Verfolgungen — zuführte. [2]) Nach Ablauf der drei Monate erschien dann unerwartet der ältere Bruder LABADIE's im Jesuitencolleg in Bordeaux, der den noch immer Leidenden mit sich in die Heimath nahm. Kurz nachher hatte LABADIE die Freude zwei Väter des Ordens bei sich empfangen zu können, welche, nachdem inzwischen der Ordensgeneral seinen Austritt aus der Gesellschaft genehmigt hatte, ihm seine Entlassung aus dem Orden verkündigten

---

1) Das Wunderbarste, was LABADIE hierüber mittheilt, ist Folgendes (*Déclaration* S. 102): Je ne dois pas taire ici, qu'une personne tenue pour aussi lumineuse que pieuse, aux prières de qui je n'avois fait en general que recommender en peu de mots une oeuvre de Dieu, qui me concernoit assez particulièrent, *me le découvrist en détail en mesme temps sans que personne luy en eust parlé*, et me fortifiant en esprit me dit: Faites ce que Dieu veut, que vous fassiez, et qu'il vous porte et pousse à faire, qui est, *que vous sortiez des Jesuites, car Dieu se veut servir de vous hors de chez eux en des choses importantes à sa gloire.*"

2) *Déclaration*, S. 106. „Je ne ferais pas mesme difficulté de découvrir, qu'il (nämlich Jesus Christ) me découvrit les grandes croix, qu'il me faudroit porter à sa suite, et les persécutions, qu'il me feroit essayer pour la prédication de son Evangile et le soutien de la vérité.

und ihm eine darauf bezügliche Urkunde vom 17. April 1639 einhändigten. [1]

§ 2.

LABADIE'S REFORMATORISCHE WIRKSAMKEIT IN DER KATHOLISCHEN KIRCHE FRANKREICHS.

Somit waren also die Fesseln, von denen sich LABADIE bisher gebunden gefühlt hatte, von ihm gefallen. Was der Geist ihm verheissen, sah LABADIE nunmehr verwirklicht, und an Leib und Seele neu gekräftigt beschloss nun derselbe sofort, mit der vollen Freudigkeit seines Herzens zur Ehre Gottes und zum Heile der Kirche das Amt eines Reformations-Predigers anzutreten.

LABADIE predigte daher zunächst in einem Hospital und auf einigen Dörfern. Mit Begeisterung redete er von dem Worte der h. Schrift, das den Christen zum inneren Worte des Geistes führen wolle, und mit der ganzen Wärme und Gluth seines mystischen Glaubenslebens verkündete er dem Volke die vergessenen Lehren von der Sünde und von der Gnade, dabei von dem Namen Christi in ganz ungewohnter Rede zeugend, und das Volk mit dem Ernste eines Predigers in der Wüste zur Busse und zur Besserung des Lebens ermahnend.

Da sahen die Jesuiten, welche Täuschung ihnen widerfahren war. Sie hatten gehofft, in LABADIE ein ganz besonders brauchbares Werkzeug ihres Ordens zu gewinnen; sie hatten dann denselben entlassen, weil er wegen Kränklichkeit

---

1) In der Urkunde wurde erklärt: „Ab omni vinculo liberum ob invaletudinem ipso petente dimisimus." In französischer Uebersetzung findet sich die Urkunde (in welcher ausdrücklich hervorgehoben wird, dass LABADIE zwar die Priesterweihe empfangen, aber nicht Profess gethan habe) bei v. BERKUM, I, S. 176 Anmerk. 2. mitgetheilt.

zu jeder Arbeit untauglich erschien, — und nun stand er als
der eifrigste und gefeiertste Prediger und Seelsorger da, den
man kannte, und arbeitete an dem Volke in einem den Tendenzen des Ordens geradezu entgegengesetzten Sinne! Also,
der Verdacht der Ketzerei, den man gegen LABADIE längst gehegt, war doch nicht unbegründet gewesen! Daher beschloss
man denselben sofort unschädlich zu machen. Auf einer Pro-
vinzialversammlung des Ordens kam die Angelegenheit zur
Sprache, und nach Beschluss derselben wurde LABADIE bei dem
Erzbischof von Bordeaux als Häretiker und als ein »vom bösen
Geist Besessener" angeklagt. , Das erzbischöfliche Consistorium
lud daher den Angeklagten vor seine Schranken, verhörte ihn,
konnte aber nicht das Mindeste, was die Denunciation der
Jesuiten hätte begründen können, herausfinden. Vielmehr war
die Art und Weise, in der sich LABADIE vor den versammelten
Prälaten aussprach, so überwältigend, dass einer derselben,
der nachherige Bischof GAUD von Marseille, in tiefster Ent-
rüstung ausrief: »Sind dieses etwa Worte eines Dämonischen?"
LABADIE wurde daher nicht nur von allem Verdachte der
Häresie freigesprochen, sondern es wurde ihm sogar für seine
fernere Wirksamkeit die Protection der erzbischöflichen Behörde zugesagt, so dass derselbe jetzt an den verschiedensten
Orten, in Städten, auf dem platten Lande, selbst auf Schiffen,
mit neuer Freudigkeit und unter unglaublichem Zulauf als
Volksprediger zu wirken fortfuhr [1]).

Diese überraschenden Erfolge seines Auftretens brachten

---

1) Man vergl. was L. hierüber in seiner Déclaration S. 114 mittheilt: ₁J'eus
tant de force d'esprit et de corps à le faire (nämlich à prêcher), que je preschois
souvent deux fois le jour en differens lieus et mesme éloignés. On prenait plaisir
de m'éscouter sur mer et sur terre, et changeant souvent la Nef d'un bateau en
celle d'un Temple j'y faisois faire la compagnie qui y estait, les excercices de la
parole de Dieu, que je faisois continuer dans les lieux où j'arrivois. Les bourgs et
les villages quittoient tout, dez que j'y passois pour y prescher, et il n'y avait tra-
vail des champs, qui les arrestast et les empeschast de se donner le loisir de m'escouter.

LABADIE auf den Gedanken, der allmählig (»après beaucoup d'inspirations et de prières") zum Entschluss wurde, dahin zu gehen, wo er das ausgedehnteste Feld seiner Wirksamkeit zu finden hoffte, nach Paris. Bereitwilligst ertheilte ihm der Erzbischof von Bordeaux (der ihn gerne an die ersten Kanzeln seiner Diöcese gefesselt hätte) die erforderlichen Dimissorialen, in welchen er bezeugte, dass LABADIE in seiner Erzdiöcese ebenso »pieusement" als »regulièrement" allen Obliegenheiten eines Priesters und Predigers nachgekommen sei, dass er nur aus heiliger Begeisterung für den Dienst Gottes nach Paris gehe, und dass er unbedenklich und an allen Orten zu jeder geistlichen Function zugelassen werden könne.

Mit diesem so empfehlenden Dimissoriale versehen, begab sich nun LABADIE nach Paris, wo er sich bei der erzbischöflichen Behörde zur Aufnahme in den Clerus derselben meldete, und im Auftrage des Erzbischofs von dem Syndicus der Sorbonne, Froger, mehrere Tage geprüft wurde, worauf seine Aufnahme in den Clerus der Erzdiöcese erfolgte.

LABADIE begann nun in *Paris* zu predigen, und der tiefe, volle Anklang, den seine Verkündigungen bisher an anderen Orten gefunden hatten, wurde alsbald auch hier laut, und zwar nicht nur im Volke, sondern auch im Clerus, selbst in den Spitzen der Hierarchie. Der hochangesehene General des Oratoriums, de Gondran, schloss sich ihm auf das Innigste an und übte sich mit ihm in der Erforschung der h. Schrift und im Gebet des Herzens [1]; der Bischof von Amiens (Sohn des verstorbenen Siegelbewahrers) DE COMMARTIN, welcher ihn in der Kirche St. Severin predigen gehört hatte, drückte ihm nach Beendigung der Predigt die Hand und beglückwünschte ihn wegen seiner ungewöhnlichen Begabung für die Kanzel,

---

1) Hieraus ist die Sage entstanden, dass LABADIE, nach Paris gekommen, sich zunächst den *Oratorianern* angeschlossen habe.

und der Cardinal RICHELIEU wendete ihm die ganze Fülle seiner Huld zu. Aber auch hier erhob sich sofort der bitterste
Unmuth der Jesuiten gegen den ihrem Ansehen hinderlichen
wunderbaren Prediger. Da sie bisdahin von LABADIE noch
gar nichts gehört hatten, so zogen sie aus seiner Heimath
Nachrichten über ihn ein, und setzten nun das Gerücht in
Umlauf, LABADIE sei wegen seiner Ketzereien und wegen seines leidenschaftlichen Hasses gegen den Cardinal RICHELIEU (!)
aus der Gesellschaft Jesu ausgestossen und sei nach Paris nur
zu dem Zwecke gekommen, um das Volk gegen den König
und gegen den Cardinal aufzuwiegeln, welche Gerüchte am
Hofe und in den Regierungskreisen namentlich durch den
Staatssecretär des Noyers (eine Creatur der Jesuiten) eifrigst
colportirt wurden. Allerdings war es LABADIE leicht, diese
Gerüchte als elende Verleumdungen zu erweisen; allein es schien
doch rathsam zu sein, die Erregung, welche durch dieselben
hier und da in Paris gegen ihn hervorgerufen war, dadurch
verschwinden zu machen, dass er sich für einige Zeit aus der
Hauptstadt entfernte, weshalb er das Anerbieten des Erzbischofs von Amiens, der ihm die Kanzel seiner Cathedrale zur
Verfügung stellte, dankbar annahm. Bevor jedoch LABADIE
nach Amiens übersiedelte, zog er sich mit dem Bischof in ein
demselben gehöriges, unfern von Paris gelegenes Haus zurück,
wo Beide eine Zeit lang in stiller Zurückgezogenheit der Gebetsandacht lebten.

In *Amiens* lebte LABADIE zunächst ohne kirchliche Stellung,
lediglich als Gast und Freund des Bischofs, in dessen Palais
er wohnte. Zunächst trat er nun hier als Prediger in der
Adventszeit auf, in welcher er in einer Reihenfolge von fast
dreissig Predigten die dreifache Ankunft Christi in der Welt,
im Fleisch, im Geist und in der Herrlichkeit, als Bruder, Vater
und Richter der Menschheit, zu deren Erlösung, Heiligung
und Verherrlichung oder Verdammung beleuchtete. Dabei trug

LABADIE seine Lehren von des Menschen Sündenelend und von
Gottes erwählender und erlösender Gnade, von dem Gebete
im Geiste, von der Nothwendigkeit der Erneuerung der Kirche
nach dem Muster der apostolischen Gemeinden, und von dem
Wesen der wahren Heiligung mit einer Begeisterung vor, dass
Alle, die für inneres christliches Leben nur einiges Verständniss und einige Werthschätzung hatten, alsbald sich um ihn
schaarten und, so oft er predigte, die weiten Räume der Cathedrale füllten. Ein Doctor der Sarbonne, Bourgeois, der zu
Jansens Anhängern gehörte, schrieb an seine Freunde zu
Paris, dass die Wahrheit, für welche der Abbé von St. Cyran
im Gefängniss zu Vincennes schmachte, in Amiens frei sei,
und dass man daselbst von den Dächern herab predige, was
man sich sonst nur in's Ohr zu flüstern wage [1]).

---

1) Es wird allgemein, z. B. von GÖBEL, II, S. 188 ff. und von BERKUM, I, S.
24 fl. gesagt, dass LABADIE in Paris sich an die JANSENISTEN angeschlossen habe
oder als deren Prediger berufen und unter den bestimmenden Einfluss des Abbé von
St. Cyran gekommen sei, und dass dadurch seine Theologie ihr eigenthümliches
Gepräge erhalten habe. Indessen ist diese Angabe ebenso unbegründet und unhis-
torisch wie die, dass LABADIE sich den Oratorianern angeschlossen und unter deren
Einfluss gestellt habe. In der Declaration erwähnt LABADIE die Jansenisten an folgenden Stellen und zwar, von ganz flüchtigen Erwähnungen abgesehen, *nur* an
diesen: — I, S. 133, sagt LABADIE, er habe den *Abbé von St. Cyran* bezüglich
der Stadt Paris einmal sagen hören: qu'il n'y avait rien à faire en ce lieu là, tant
tout y estoit deffait.

2, S. 138 berichtet LABADIE, bei Erwähnung des Eindruckes seiner in Amiens
gehaltenen Predigten, Dr. BOURGEOIS habe in seines Herzens Freude „à ses amis et
aux amis de l'abbé de St. Cyran (lors détenu prisonier dedans le bois de Vincennes)
geschrieben, que les véritez, pour lesquelles il estoit captif, estoient libres, et qu'on
disoit et publioit hautement ce pourquoy on l'avoit réduit à se taire; qu'en un mot
il oyoit prescher S. Paul et l'Evangile nettement, et que l'esprit du Seigneur
faisoit dire comme sur les toicts ce que l'Abbé et ses disciples n'osoient dire qu'à
l'oreille.

3, S. 154—155 theilt LABADIE mit, wie er bei Gelegenheit seiner Reise nach
Paris, welche die Befreiung seines jüngeren Bruders aus dem Gefängniss zum Zwecke
hatte, das Buch des Bischofs JANSEN von Ypern kennen gelernt, sich von der Uebereinstimmung desselben mit seiner eignen Lehre überzeugt zur Empfehlung und Verbreitung desselben entschlossen habe. Die Worte lauten: „J'y (à Paris) passay
quelque temps à voir des amis de la bonne cause et à y prescher çà et là pour leur

Die in Amiens zahlreich vorhandenen Ordensgeistlichen,
welche als Prediger fungirten, erkannten allerdings sofort, dass
LABADIE mit seinen Predigten ihre eigene Predigtweise tief in
Schatten stelle und dass dadurch, wenn derselbe in der Stadt
und der Diöcese längeren Aufenthalt nehmen sollte, vielleicht
ihre ganze bisherige Autorität untergraben und ihnen die
Herzen der Laien entzogen werden könnten. Indessen hoffte
man, dass LABADIE bald wieder abziehen würde, und man
beschloss daher, sich einer Anfeindung des ihnen so widerwär-
tigen Fremdlings umso mehr zu enthalten, als man denselben
mit dem vollsten Vertrauen des Bischofs beehrt wusste. Als
aber die Fastenzeit herankam und LABADIE nun wieder als
Prediger auftrat, als man hörte, dass derselbe Vielerlei, was von
ihnen eifrigst gepflegt und begünstigt werde, als Aberglauben
und schriftwidrige Unsitte bekämpfte, als sie insbesondere

édification; et comme l'excellent livre de JANSSENIUS, evêque d'Ipre, s'y réimpri-
moit, l'ayant feuilleté et veu entièrement conforme aux sentimens que je preschois,
je m'en pourveus avec dessein de l'autoriser où je pourrois et de l'appuyer de mes
discours particuliers et publics.

4, S. 155 erzählt LABADIE dass er damals, bei seinem ganz vorübergehenden
Aufenthalte zu Paris die *erste* Begegnung mit den dasigen Jansenisten gehabt habe,
indem er berichtet: Je fis aussi des lors connaissance avec quelques amis de l'abbé
de S. Ciran détenu au bois de Vincennes, non pour ses crimes, mais pour ses
dogmes, qui les Cepucins et les Jesuites faisoient passer pour des erreurs, par ce
qu'ils choquoient leurs sentimens. Ses accusations et ses défenses ont fait voir,
qu'il n'approuvoit pas tous ceux de Rome, et qu'en particulier il taxoit et le concile
de Trente de n'estre pas legitime, et ses decisions, de ne faire pas de bons articles
de foy.

S. 394 macht LABADIE ganz gelegentlich die Bemerkung, dass er mit der Verkündigung des reinen Evangeliums *vor* JANSSEN aufgetreten sei, indem er sagt: Je n'en
eu pas ouvert la bouche dès la première année que je preschai (devant que le grand
JANSSENIUS n'eust mit au jour son aussi saint que scavant livre) qu'un intendant de
justice s'en formalisa" u. s. w.

Indem dieses die einzigen Nachrichten sind, welche über die Beziehungen LABA-
DIE's zu den Janssenisten vorliegen, so ergiebt sich aus denselben, dass er zu den
Janssenisten niemals wirkliche Beziehungen gehabt hat, dass er von denselben nie-
mals beeinflusst worden ist, dass er vielmehr schon ehe er von JANSSEN und den
Jansenisten hörte, seine eigenthümliche Theologie in vollkommenster Unabhängigkeit
von denselben gewonnen hatte

erfuhren, dass LABADIE, nachdem ein Capuziner in einer Predigt einen Heiligen mit Christus verglichen (und zwar hinsichtlich der Wunderthätigkeit zum Vortheil des ersteren), diese Verherrlichung eines Heiligen, noch an demselben Tage und von derselben Kanzel herab als eine Lästerung und Dummheit bekämpft hatte, und als man gar erfuhr dass der Bischof, um LABADIE dauernd an sich zu fesseln, damit umgehe, demselben ein eben zur Erledigung gekommenes Canonicat zu übertragen, (was späterhin auch wirklich geschah) da kam der Sturm der Jesuiten und Capuziner und der Anhänger derselben zum Ausbruch. Man verfuhr dabei so, dass ein Beamter des Bischofs, der gar nicht Geistlicher war, veranlasst ward, als Bewerber um das erledigte Canonicat aufzutreten, und über LABADIE bei der Mutter des Bischofs zu Paris und am Hofe die ärgerlichsten Insinuationen anzubringen. Der Mutter und den Freunden wurde vorgestellt, dass der Bischof einen dahergelaufenen Ketzer als seinen Günstling im Hause hege, dass er sich dadurch den Hass der Jesuiten zuziehe, dass er bald den Zorn des Cardinals RICHELIEU empfinden werde u. s. w., — und der Wiederhall dieser zu Paris in Umlauf gesetzten Gerüchte klang in Amiens so bedenklich nach, dass LABADIE es für nöthig hielt, sich selbst nach Paris zu begeben, und namentlich die Mutter des Bischofs, den General GONDRAN und andere Freunde zu beruhigen. Dieses gelang ihm nun allerdings vollständig; allein um einer etwa beabsichtigten Verhaftung zu entgehen, hielt es LABADIE doch für rathsam, Paris so rasch als möglich wieder zu verlassen; und nach Amiens zurückgekehrt, hörte derselbe, dass es den Gegnern gelungen sei, ihn aufs Neue in der schändlichsten Weise anzuschwärzen und insbesondere den Cardinal RICHELIEU gegen ihn einzunehmen. LABADIE dachte daher schon daran heimlich zu entfliehen, namentlich da damals sein jüngerer Bruder, der im Dienste des Cardinals stand, wegen eines kleinen Vergehens auf Befehl desselben in Haft

genommen war. Indessen legte sich doch auch alsbald dieser
Sturm, indem der Bischof ihm die Versicherung gab, dass der
Cardinal in einem an ihn (den Bischof) gerichteten Schreiben
sich über LABADIE's Wirksamkeit sehr anerkennend ausgesprochen
habe und deren eifrige Fortsetzung wünsche.

Für LABADIE begannen daher jetzt Tage der Ruhe, die ihm
sogar die höchste Auszeichnung zuführten und ihn zu den
frohesten Hoffnungen für die Zukunft berechtigten. Infolge
der damaligen Kriegsverhältnisse kam nämlich König Ludwig XIII.
mit dem Cardinal RICHELIEU und mit einer zahlreichen Gefolg-
schaft (darunter Bischöfe und andere Würdenträger des Reiches
und der Kirche) nach Amiens, um daselbst eine Zeitlang Hof
zu halten. Hier konnte sich nun LABADIE alsbald von der
ausserordentlichen Werthschätzung überzeugen, deren er sich
in höfischen Kreisen erfreute. Selbst der König sprach sich
über ihn dem Bischof von Amiens gegenüber mit grosser
Anerkennung aus, indem er bemerkte, er wisse wohl, dass
LABADIE viele Feinde habe und namentlich von den Ordensgeistlichen gehasst werde; allein der Bischof möchte mit LA-
BADIE nur fortfahren, in der bisherigen Weise an der Hebung
des religiösen Lebens in den Gemeinden zu arbeiten, indem
es Beiden an Beweisen seiner Königlichen Freundschaft nicht
fehlen sollte.

Das half natürlich. Ohne irgend welche Belästigung zu
erfahren, konnte daher LABADIE jetzt in der Kirche, an der
er Canonicus war, seine immer zahlreicher besuchten Andachten
einrichten. Rosenkränze und katholische Andachtsbücher waren von denen, welche an diesen Andachten theilnahmen, bald
beseitigt; dagegen waren Exemplare des neuen Testaments in
französischer Uebersetzung, die LABADIE massenhaft verbreitete,
in Jedermanns Hand. In den Ansprachen und Gebeten hörte
man die Namen der Heiligen gar nicht, dagegen recht eifrig
den allerheiligsten Namen Jesu Christi nennen. Auf der Kanzel

pflegte LABADIE ganze Kapitel des neuen Testamentes vorzulesen, und über dieselben Homilien zu halten, und mit besonderem Eifer suchte derselbe die Zuhörer in das der Worte gar
nicht bedürfende Gebet des Herzens einzuführen, welches er als
den eigentlichen Lebensathem des wahren Christen bezeichnete.
Die Andachten wurden von den Angehörigen des Hofes und
von den angesehensten Familien der Stadt mit dem grössten
Eifer besucht, weshalb LABADIE mit denselben in den regsten
Verkehr kam, und man glaubte bereits, dass der König den
gefeierten Prediger ganz an seinen Hof fesseln würde, namentlich als dieser nach Peronne übergesiedelt war, und LA-
BADIE, der dort im Auftrage seines Domcapitels den Cardinal
ansprechen musste, von diesem ersucht ward, als sein Gast
bei ihm zu bleiben und seine Predigten in Peronne fortzu-
setzen. LABADIE wurde sogar von RICHELIEU aufgefordert, sich
von ihm eine besondere Gunst zu erbitten, infolge dessen derselbe die Freilassung seines Bruders begehrte, die der Cardinal
auch sofort zusagte.

Indessen fühlte sich doch LABADIE in den höfischen Kreisen
so fremd, dass er froh war, als der König Peronne verliess und
er die Gelegenheit benutzen konnte um nach Paris zu eilen
und auf Grund des ihm behändigten königlichen Rescriptes die
Freilassung seines jüngeren Bruders zu erwirken.

Uebrigens hielt sich LABADIE in Paris nur wenige Monate
auf, indem er von dem Bischof von Amiens beauftragt wurde,
sich nach Abbeville zu begeben und daselbst als Advents- und
Fastenprediger zu fungiren. In den Adventspredigten sprach
sich nun LABADIE über den Täufer JOHANNES und dessen Wirksamkeit, sowie über die jüdische Synagoge und deren Schrift-
gelehrte und Pharisaer in einer Weise aus, dass die Ordensleute
sofort hiermit den Gegensatz, der zwischen LABADIE's Lehre
und ihrem eigenen Treiben bestand, in einer für das Volk nur
allzu plausibeln Weise dargestellt sahen. Indem daher nun

auch hier, wie in Amiens, LABADIE's Auftreten alsbald von
dem ungewöhnlichsten Erfolge begleitet war, so waren es auch
hier die Ordensgeistlichen, welche ihm mit dem grimmigsten
Hasse entgegentraten. Von den Kanzeln herab wurde verkündigt, dass LABADIE notorisch à la Huguenotte predige (wobei
man hervorhob, dass er ebenso wie die huguenottischen Prediger seine Zuhörer mit den Worten »mes frères" anredete)
und dass er ebenso wie die ketzerischen Prediger die Bibel in
Jedermanns Hand zu bringen suche; auch wurde der fernere
Besuch der Predigten LABADIE's mit Verweigerung der Absolu-
tion bedroht. Allein diese Verdächtigungen und Drohungen
hatten doch nicht den beabsichtigten Erfolg, indem vielmehr
gerade seitdem der Enthusiasmus für LABADIE's Predigten in
der augenfälligsten Weise hervortrat. LABADIE's Predigten,
mit welchen regelmässig Gebetsübungen verbunden waren,
dauerten zwei bis drei Stunden lang, und manche Familien
pflegten mehrere Stunden vor dem Beginne derselben zur Kirche
zu kommen, um sich einen geeigneten Platz zu sichern, so
dass sie fast den ganzen Sonntag im Gotteshaus verbrachten.
Indem daher die Ordensgeistlichen ihre eigene Macht gegen
LABADIE vergeblich aufgeboten hatten, so suchten sie ihn
jetzt durch den Bischof unschädlich zu machen, dem sie
klagend vortrugen, dass LABADIE in seinen Predigten das Ordenswesen und die Andachten der Kirche verspotte, die Gläubigen vom Besuche des Beichtstuhles abhalte, durch Verbreitung
von Exemplaren des neuen Testamentes in der Landessprache
seine ketzerischen Meinungen auszubreiten und die Herzen zu
bethören suche. — Zur Untersuchung der bei ihm angebrachten
Klage begab sich daher der Bischof selbst nach Abbeville,
wohnte hier den Predigten LABADIES bei, überzeugte sich aber
sofort, dass LABADIE nicht gegen die Institutionen der Kirche
selbst, sondern gegen die bei denselben vorkommenden Missbräuche, gegen die Trägheit und den Müssiggang, gegen das

Scheinfasten und gegen die Habsucht der Ordens- und Weltgeistlichen predige und dass diese Predigten im Leben des
Volkes die besten Früchte brachten. Die Ankläger LABADIE's
wurden daher von dem Bischof zum Schweigen verwiesen.
Allerdings erhielt LABADIE zugleich die Weisung, nach Ablauf
der Fastenzeit sich nach Amiens zurück zu begeben, doch
sorgte derselbe dafür, dass nach seinem Abzuge von Abbeville
einige Gemeindeglieder, die hierzu besonders geeignet waren,
die fernere Leitung der von ihm eingerichteten Andachtsübungen übernahmen.

Das ununterbrochen fortgesetzte Studium der h. Schrift hatte
indessen LABADIE in der Erkenntniss der evangelischen Wahrheit weiter geführt und zwar so, dass derselbe, ohne dies zu
wissen, dem Bekenntnis der *reformirten* Kirche näher kam.
Die Predigten welche er zu Abbeville gehalten, hatten dies
bereits auf das Bestimmteste wahrnehmen lassen, weshalb LA-
BADIE, als er nach Amiens zurückkam, sich gerade wegen
seiner theilweisen Uebereinstimmung mit der reformirten Kirchenlehre ganz neuen Anfeindungen ausgesetzt sah. Man warf
ihm nemlich vor, dass er Gott zum Urheber der Sünde mache, dass
nach seiner Lehre Gott nicht dass Heil aller Menschen wolle
und Christus nicht für alle Menschen gestorben sei, dass er
also Gott den Vater als einen grausamen Vater und Christi
Mittlerthum als ein mangelhaftes Mittlerthum hinstelle, dass er
den freien Willen des Menschen zu einem unfreien mache, dass
er die Nothwendigkeit der guten Werke zur ewigen Seligkeit
läugne u. s. w. — Labadie sah ein, dass er sich gegenüber
diesen Verdächtigungen, welche man durch Carikirung seiner
Lehre zu begründen suchte, der öffentlichen Meinung gegenüber
nothwendig rechfertigen müsse, und war daher dem Bischof
von Amiens überaus dankbar, als ihm derselbe die eben zur
Erledigung gekommene Stelle eines Theological, d. h. eines
Lehrers der Theologie am Dom übertrug, so dass LABADIE nun

mit der Auctorität dieser hervorragenden Stellung als Prediger
und Lehrer auftreten konnte.

Zunächst machte es sich derselbe zur Aufgabe in einer Reihe
von Predigten die Augustinischen Lehren von dem Sündenfall
und dessen Wirkungen, von dem freien Willen des Menschen
und von der Gnade Gottes, von der Prädestination und von
der Erlösung vorzutragen. Die unmittelbare Wirkung dieser
Vorträge war, dass die grosse Masse seiner Zuhörer die katholische Lehre von der Verdienstlichkeit der Werke fallen liess.
Da aber hiermit auch die Grundlage fiel, auf welche das gesammte Ordenswesen der Kirche beruhte, so erhoben sich jetzt
die Ordens- und Weltgeistlichen zu Amiens im glühendsten
Hasse gegen LABADIE zu einem neuen Sturm, um den verwe-
genen Ketzer für immer unschädlich zu machen. Alle Beamte
der Stadt, die nicht zu LABADIE hielten, wurden in das Com-
plot hineingezogen; eine Berathung fand nach der anderen
statt; in Paris wurde am Hofe und bei den obersten Behörden
LABADIE als Volksaufwiegler hingestellt, dessen Treiben zu den
schlimmsten Unruhen führen werde, und der Gouverneur der
Provinz liess sich bereit finden, mit einer Anzahl von Briefen
und anderen Schriftstücken, durch welche die Strafbarkeit
LABADIE's erwiesen werden sollte, nach Paris zu gehen, um
vor Allem durch den Staatssecretair DU NOYER (den sogenannten
»*Jésuite de courte robe*") [1]) den Cardinal RICHELIEU zu einem
energischen Einschreiten gegen LABADIE bestimmen zu lassen.
Der Staatssecretair unterzog sich auch dem ihm gewordenen
Auftrag mit einem Eifer, den ihm der Wahn eingab, dass er
hier Gott einen Dienst zu thun habe, und in Amiens musste es
daher LABADIE bereits hören, dass man sicher darauf rechne, ihn

---

[1]) DU NOYER war kein Geistlicher, rechnete sich aber so sehr zum Jesuitenorden,
dass er von demselben nur mit dem Namen „unser Orden," „unsere Gesellschaft"
zu sprechen pflegte.

entweder verbannt oder eingekerkert oder auf dem Scheiter-
haufen zu sehen. Da hielt es derselbe doch für rathsam, seine
Angelegenheit selbst an seinen alten hohen Gönner zu bringen,
dem er daher in einer lateinisch verfassten Zuschrift (was RI-
CHELIEU gern hatte) zu seiner Rechtfertigung eine Reihe von
Schriftstücken übersandte.

Wie staunten daher DU NOYER und die anderen Ankläger
LABADIE's, als sie in feierlicher Audienz den Cardinal um Verban-
nung oder Einkerkerung LABADIE's gebeten hatten! RICHELIEU
erklärte sich weder zu dem Einen noch zu dem Anderen geneigt, vielmehr sprach derselbe bezüglich des Angeklagten das
günstigste Präjudiz aus; und als er hierauf mit Hülfe des
Bischofs von Renes die ihm von beiden Theilen überreichten
Papiere gelesen, verglichen und geprüft hatte, liess er den
Klägern eröffnen, dass LABADIE einer Verletzung der Lehre
der h. Schrift und der Väter der Kirche in keiner Beziehung
schuldig befunden werden könnte, weshalb eine Maassregelung
desselben ein schreiendes Unrecht sein würde. Nur wünsche
er, dass es wegen der schwebenden Lehrstreitigkeiten nicht zu
Parteiungen und Unruhen im Volke kommen möchte [1]).

Späterhin als die religiöse Bewegung, indem Labadisten und
Jansenisten sich die Hand reichten, in immer grösseren Schwingungen durch Frankreich hinwogte, dachte RICHELIEU (der
noch in demselben Jahre 1642 starb) anders; aber einstweilen
hatte doch LABADIE Ruhe, so dass er in den nächstfolgenden
Jahren seine Wirksamkeit in Amiens — freilich wie es scheint
unter fortwährenden Vexationen seitens seiner Gegner — fortsetzen konnte. Ihm zur Seite stand damals der ehemalige Jesuit
DABILLON. Allein schliesslich musste doch LABADIE mit demselben das Feld räumen. RICHELIEU's Nachfolger, der Cardinal

---

1) Bis hierhin reichen die Nachrichten, die LABADIE in der „Déclaration" über
sein Leben mittheilt.

MAZARIN erklärte, er glaube wohl, dass sie beide fromme und
tüchtige Männer wären, ihre Lehren und Predigten störten
aber die Ruhe des Staates und dem müsste abgeholfen werden.
Aus Amiens verwiesen, begab sich LABADIE nach Südfrankreich, zunächst in die Nähe von Toulouse, sodann in eine
Carmelitereremitage zu Graville, wo er selbst das Carmeliter-
habit anlegte und wo er unter den Mönchen begeisterte Anhänger fand.

Aber fortwährend sassen die Häscher seiner Verfolger, des
Erzbischofs von Toulouse und des Bischofs von Bazas, ihm auf
den Fersen; weshalb er sich unter fingirtem Namen, Jean de
St. Nicolas, hernach Jean de Jesus-Christ, zu verstecken suchte.
Zuletzt flüchtete er sich zu dem frommen Grafen von Favas
auf dessen Schloss Chaster, wo er unter dem Namen Sainte-
Marthe lebte. Aber auch hier vermochte er nur mit genauer
Noth den von dem Bischof von Bazas zu seiner Verhaftung
ausgeschickten Soldaten zu entgehen.

§ 3.

LABADIE'S UEBERTRITT ZUR REFORMIRTEN KIRCHE UND SEINE
WIRKSAMKEIT ZU MONTAUBAN.

Inzwischen war im religiösen Bewusstsein LABADIE's vielerlei
vorgegangen. Von dem Gedanken aus, dass nur das äussere
Wort der h. Schrift und das innere Wort des Geistes, nicht
aber die kirchliche Tradition religiöse Erkenntnissquelle sei
und dass die Schrift zur Erkenntniss der religiösen Wahrheit
vollständig ausreiche, hatte es LABADIE allmählich eingesehen,
dass nicht nur die groben Missbräuche, gegen welche er ursprünglich seine Stimme erhoben, zu beseitigen wären, sondern
dass auch gar vieles Andere im Dogma und in den Einrichtungen der Kirche, was mit der h. Schrift im Widerspruche

stehe, fallen müsse; bis es ihm endlich einleuchtete, dass er innerlich mit seiner Theologie vom Boden der katholischen Kirche ganz abgetreten sei [1]). Als er nun in Südfrankreich sich eingehender mit den Schriften Calvins und mit anderen Lehrbüchern der reformirten Kirche beschäftigte, war er sich bald darüber klar, dass er — abgesehen von seiner Mystik — sein eignes religiöses Erkennen in denselben wiederfinde, weshalb er sich zum Eintritt in die reformirte Kirche entschloss. Derselbe erfolgte zu *Montauban* am 16. Oct. 1650. Der reformirte Professor und Pfarrer Garissoles, vor welchem LABADIE sein Bekenntniss ablegte, erklärte hernach, dass er nicht glaube, dass seit Calvin und den ersten Reformatoren solch ein Mann zur Gemeinschaft seiner Kirche übergetreten sei.

Etwa anderthalb Jahre lebte nun LABADIE in *Montauban* als Privatmann, ganz in der Stille unter den neuen Glaubensbrüdern den Samen seiner Lehre ausstreuend. Er schrieb damals ein dem Grafen von Favas und Gattin desselben gewidmetes Gebetbuch, welches unter dem Titel »Elevation de l'esprit à Dieu" im Frühjahr 1651 erschien. Das Büchlein enthält drei lang ausgesponnene Gebete, für die Morgen-, Mittags- und Abendzeit, und ein viertes Gebet für eine beliebige Zeit des Tages. LABADIE bemerkt in der Dedication selbst, dass die Gebete nicht zum einfachen Lesen, sondern vielmehr zur Meditation bestimmt wären und insbesondere als Grundlage des Herzensgebetes dienen sollten [2]).

---

1) In der „Déclaration" spricht sich LABADIE S. 422 ff. darüber aus, wie ganz allmählich seine Erkenntniss der Schriftwahrheit gewachsen und seine innere Ablösung von der katholischen Kirche in ihm erfolgt, ohne dass er dabei durch die Lectüre von Lehrschriften der reformirten Kirche irgendwie bestimmt worden sei. Er sagt: Ceux qui ont dit, que j'avais dessein de faire une religion nouvelle, verront par ce recueil de veritez, que je n'ai *visé* qu'à rétablir selon mes petits pouvoirs la chrestienne: et leur découverte fera mesme, comme j'espère reconnoistre, que *sans y penser*, j'ai donné dans les vrais et purs sentimens de *l'Eglise reformée, sans que je les eusse ou pris ou appris de ses autheurs et de ses livres, lesquels* (comme je dirai en son lieu) *ma simplicité et sincerité me faisoient éviter de lire et de pratiquer.*

2) Das Büchlein liegt mir nur in einer holländischen Uebersetzung vor, welche

Auch in Montauban gewann sich LABADIE durch seinen Eifer, mit dem er am Krankenbette Seelsorge ausübte, durch die Macht seiner Rede, die er in Ansprachen vor kleineren und grösseren Versammlungen entfaltete, und durch den Ausdruck der tiefsten Innerlichkeit und des Ernstes seines religiösen Lebens bald die Herzen Vieler. Die Gemeinde berief ihn daher nach Ablauf von anderthalb Jahren zum ausserordentlichen Prediger. Bei seiner Ordination wurde in Montauban zum erstenmale der Ritus der Handauflegung angewandt. — Späterhin wurde er auch zum Professor der Theologie an der zu Montauban bestehenden reformirten Academie ernannt.

Somit hatte nun LABADIE die Stellung eines öffentlichen Lehrers in der reformirten Kirche gewonnen. Zweierlei war es, was ihn in die Gemeinschaft derselben hineingeführt hatte: 1. die Wahrnehmung der Uebereinstimmung der reformirten Kirche mit seinen eigenen Lehren von der Gnade und von der Gnadenwahl, und 2. der Eindruck, den das presbyteriale Gemeindeleben und der Ernst der reformirten Kirchenzucht auf ihn gemacht hatte. Allein gerade bei diesem letzteren Punkte fühlte sich doch LABADIE, seitdem er sich an die reformirte Kirche angeschlossen hatte, mit derselben in Widerspruch, indem er fand, dass die Kirchenzucht, die nach reformirter Lehre ausgeübt werden sollte, innerhalb der reformirten Gemeinden doch nicht ausgeübt würde, weshalb bei ihm von Anfang an der Gedanke feststand, dass die reformirte Kirche, so lange sie sich nicht zur Ausübung strengster Kirchenzucht entschliesse, ihren Namen gar nicht verdiene, indem sie, so wie sie sei, nicht eine *re*formirte, sondern vielmehr eine *de*formirte Kirche genannt werden müsste. Daher hat sich LABADIE im wirklichen inneren Einverständniss mit der reformirten

---

unter dem Titel „*Verheffingen des geestes tot Godt, op de drie voornaemste tijden van den christelijken dagh — nevens een allgemeene Oeffeningh der godtsaligheydt,*" zu Amsterdam 1667 (107 SS. in 12°), erschien.

Kirche nie gewusst. Vielmehr glaubte er nun in der reformirten Kirche dieselbe Mission eines Reformators ausüben zu müssen, für welche er früher in der katholischen Kirche thätig
gewesen war. Wie ein anderer Calvin eiferte er daher gegen
Theater, Putzsucht, Spiel, Trunk, Unzucht u. s. w. und hatte
die Freude, allmählig zu sehen, dass die Gemeinde zu Montauban selbst ihn in seinem Streben nach Besserung des Lebens
unterstützte. Der grosse Gedanke des reformirt-kirchlichen
Geistes, dass reines Leben der Kirche geradeso nothwendig
sei wie reine Lehre, wurde von LABADIE nach seinem ganzen
Ernste vertreten.

§ 4.

LABADIE ALS LITERÄRISCHER VERTRETER DER QUIETISTISCHEN
MYSTIK.

Unter den Schriften, welche LABADIE zu Montauban herausgab, verdient ausser der »Déclaration de la foi," die hochwichtige Schrift »la Practique de l'Oraison mentale et vocale,
en trois lettres," von 1656 hervorgehoben zu werden. [1])

Dieses letztere Buch umfasst drei Theile. Der erste Theil
ist der Frau von Chaussade, der zweite Theil dem Marquis
von Bougy und der dritte Theil der Marquise von Bougy,
Frau von Calonges, gewidmet.

Im ersten Buche wird zunächst das Wesen der *oraison men-*
tale, oder des Herzensgebetes, (im Unterschiede von der *oraison*

---

1) Diese bisher nur dem Titel nach bekannte, im Original vielleicht ganz verschwundene Schrift, habe ich nur in der holländischen Uebersetzung, welche unter
dem Titel „*Practyk des tweederleye gebeds*, bestaande in inwendige alleensprake der
ziele en uitwendige aansprake tot Godt, geschreeven in de Fransche taal door D. J.
DE LABADIE — en in het Nederduits overgezet door ABR. GODART," i. J. 1666 zu
Utrecht erschienen ist, gesehen. Nach dieser Uebersetzung, deren drei Theile 135
S. S. 201 S. S. und 205 S. S. (also zusammen 541 S. S.) in 12° umfassen, berichte ich.

vocale) beleuchtet. Die erstere ist die heilige Unterhaltung des menschlichen Geistes mit dem Geiste Gottes durch das Mittel eines Gott anrufenden Selbstgespräches, ohne den Ausdruck besonderer Bitten, welche der oraison vocale angehören. Durch das Herzensgebet tritt der Mensch in die Gegenwart Gottes ein, um Gottes Angesicht anzuschauen, ihn selbst zu sehen in seinen Personen, in seinen Vollkommenheiten oder in seinen Werken, ihn zu fühlen und zu schmecken und ihm die schuldige Pflicht der Anbetung und der Liebe darzubringen, sich mit ihm zu vereinigen und nicht sowohl zu ihm zu reden, als vielmehr nach ihm zu lauschen und die göttlichen und heiligen Eindrücke seines Wesens auf den Geist, auf die Sinne und auf die Zunge aufzunehmen, was aber Alles nur als Gabe und nur als Gnade Gottes möglich ist. Denn das rechte Beten ist eine übernatürliche That, die viele Gaben und Gnaden mit sich bringt, weshalb Paulus hierzu zwei Dinge hervorhebt: Das eine Allgemeine, dass wir von uns selbst nicht tüchtig sind etwas Gutes zu denken, sondern dass unsere Tüchtigkeit von Gott kommt; das zweite Besondere, dass wir selbst nicht beten können, sondern dass der Geist Gottes uns in unserer Schwachheit zu Hülfe kommen und uns mit unausprechlichem Seufzen bitten lassen muss.

Hiermit übereinstimmend lehrt der Apostel die Gläubigen, indem er sie zum Beten ermahnt, dass sie durch den heiligen Geist beten sollen, der allein der Werkmeister des Gebetes ist. Hieraus ergeben sich für das Gebet drei Regeln und Erfordernisse desselben: Das erste Erforderniss ist die Reinigung des Herzens und Lebens und die Meidung aller Sünde, welche den Menschen hindert sich mit Gott zu vereinigen und Gott zu sehen. Das zweite Erforderniss ist die Eingezogenheit des Lebens, in welcher die Seele in ihr eigenes Innerste einkehrt und von sich selbst Besitz ergreift. Das dritte Erforderniss ist, dass die Seele auf Gott und auf ihre Berührungen durch den

Geist Gottes aufmerkt, und jede Gelegenheit die sich ihr darbietet, sich mit Gott zu vereinigen und Gott zu schmecken,
mit Eifer ergreift.

Da nun allein der Geist und die Gnade Gottes eine solche
Gebetsübung möglich machen kann, so folgt daraus, dass man
die Anregung dazu abwarten muss. Darum ist dieselbe auch
nicht mit Gierigkeit anzustreben, weil dieses immer nur Selbstliebe sein würde, indem der Mensch sich vielmehr ganz Gott
und dem Willen Gottes zu überlassen hat. Wenn aber der
Gedanke an die Grösse und Majestät Gottes die Seele mit dem
Geiste der Ehrfurcht, der Liebe und Anbetung erfasst, und
wenn die Seele die Kraft und Süssigkeit dieses Gedankens
schmeckt, dann ist es nicht nöthig, dass sie nach irgend etwas
Anderem sucht um sich Gott zu nahen, vielmehr hat sie sich
dessen zu getrösten dass Gott selbst es ist, der sich und seinen
Willen in dieser ihrer Bewegung bezeugt.

Allerdings muss die Seele bei ihren ersten Versuchen zur
Vereinigung mit Gott zu kommen, erfahren, dass ihre Arbeit
unnütz ist und dass sie mit derselben nicht zum Ziele kommt.
Dann hat die Seele nichts zu thun, als sich in ihrer Nichtig-
keit zu erkennen, sich vor Gott zu demüthigen und nichts
Anderes zu begehren als dass Gottes Wille an ihr geschehe.

Das ist eine herrliche Art zu Gott zu beten, sich selbst in
der Gegenwart Gottes zu wissen und ebenso Gott zu erkennen;
und wie das Herzensgebet zu seinem Ziele die Vereinigung
mit Gott hat und wie die beste Vereinigung die der Gleichförmigkeit mit Gottes Willen ist, so muss man auch wissen dass,
in welchen Stand auch die Seele gebracht wird, derselben doch
Alles von obenher zu Theil wird, weshalb sie Alles als aus
Gottes Hand anzunehmen hat und ihr Alles zur Vereinigung
mit Gott dienen muss.

Der Geist hat aber auch sein Kreuz zu tragen, ebenso wie
der Leib dies zu thun hat. Wenn die Seele liebt und dabei

glaubt, dass sie von Gott nicht wieder geliebt wird, obschon
sie Alles thut, was sie thun kann um Gott zu gefallen; wenn
sie spricht und doch nicht gehört wird; wenn sie ruft und
keine Antwort erhält; wenn sie Gott umfassen möchte und Gott
ihr keine Hand reicht, wenn sie zu fliegen versucht und sofort
wieder niederfällt, — dann ist für sie die Zeit der grossen
Verwüstung und des Geheuls gekommen, indem sie Schmerzen
empfindet, die sie nicht ohne die grössten Bemühungen be-
wältigen kann. Und doch ist es aus drei Gründen nöthig,
dass die Seele diesen Zustand durchlebt: erstlich, damit das
Herz von aller Eigenliebe, von allem Hängen an geistlichen
Freuden, von der Liebkosung und dem Schmecken Gottes und
von den inwendigen Vertröstungen, die oft nur eine Nährung
der Eigenliebe und der geistlichen Begehrlichkeiten sind, frei
werde. Darum entblösst Gott eine reiche Seele von ihren
geistlichen Gütern und bringt sie in Armuth, um sie von einer
Gierigkeit zu säubern, die als geistliche Begierde nicht minder
strafbar ist als die des Leibes. — Der zweite Grund ist, dass
die Seele den königlichen Weg des Kreuzes und die zu demselben führenden Nebenwege sehen und wandeln soll. Dieselben sind nicht allein Leiden und Schmerzen des Leibes,
sondern vielmehr Leiden und Schmerzen der Seele. Denn
gleichwie Christus unsere Schmerzen sowohl als auch unsere
Sünden getragen und dadurch Gott für uns genuggethan hat,
so hat er nicht allein ein grosses und schweres Kreuz an seinem Leibe getragen, sondern er hat ein noch viel grösseres
und grausigeres Kreuz getragen, an welches er dem Geiste
nach geheftet war.

Wie nun ein Kind Gottes den Sohn Gottes in sich darzustellen und auszudrücken hat, so muss dasselbe, um Christi
Bild vollkommen zu tragen, auch aus seinem Kelche trinken;
und um selbst Theil zu haben an der Kraft seiner Erlösung,
muss es an den geistlichen Kreuzesschmerzen und an dem geist-

lichen Kreuze Christi Theil haben; es muss am Leibe und am
Geiste gequält und mortificirt werden, auf dass es zur vollen
Gleichförmigkeit mit Christus komme. — Die Nothwendigkeit
der Erreichung dieser Gleichförmigkeit mit Christus ist der
dritte Grund, weshalb die Seele den Stand der Verwüstung in
sich durchleben muss.

In dem zweiten Theile des Buches handelt LABADIE von dem
Gegenstande der *Meditation*, von den herrlichen Wirkungen
derselben und von ihrer Nothwendigkeit für den Christen. Die
wesentlichsten Gedanken welche hier entwickelt werden, sind
folgende: In der Meditation sieht die Seele Gott, die göttlichen Personen und deren Vollkommenheiten, und diese sind
der Gegenstand der *Contemplation* oder des inwendigen Gebetes.
Die Wirkung dieser Gebetsübung ist die, dass sie den Menschen dem Engel gleichmacht, dass sie ihn mit Gott vereinigt
und dadurch das Leben Gottes und des Engels in ihm nach-
bildet. Die Contemplation erhebt daher den Menschen auf
eine Stufe, über welche hinaus es nichts Höheres giebt. [1]) In
der Contemplation besitzt die Seele Gott, so wie Gott sich
selbst besitzt, sie hat Gemeinschaft mit seinen Personen, so
wie diese eine selige Gemeinschaft unter einander haben. Das
inwendige Gebet macht die Seele rein und heilig, gut und
gerecht, fest und stark und endlich selig, so wie Gott unwandelbar gut und heilig und vollkommen selig ist. Ebenso
gleichen die Thaten dessen, der in der Contemplation oder in
dem inwendigen Gebete lebt, den Thaten Gottes an Weisheit,
Gerechtigkeit, Barmherzigkeit und an tausend anderen guten
Eigenschaften, welche von Gott durch die Contemplation in
die Seele emfliessen. Der in der Contemplation lebende Christ
lebt von Allem entblösst, frei und erhaben wie Gott. Darum

---

1) S. 55: *De christelyke contemplatie maakt den mensch God gelyk, ende verheft
hem derhalven tot een trap, boven dewelke niets en is.*

ist die Contemplation der Quell des lebendigen Wassers, mit welchem das verwundete Herz geheilt werden soll; sie ist die Rüstkammer aus welcher die Seele ihre Waffen holt; sie ist endlich die Arche der Gnade, mit welcher die Seele auf dem Fluss in den Hafen einläuft.

Diese und viele andere Wirkungen bringt die Contemplation oder das inwendige Gebet in dem Herzen hervor, indem es dasselbe erneuert, Gott gleichförmig macht und endlich selbst vergottet.

Die Seligkeit welche die Seele in der Contemplation geniesst, beruht darauf, dass sie nicht allein das Auge, sondern auch das Ohr der Seele ist. Das nämlich, was die Töne und schönen Stimmen für das Ohr des Leibes sind, das ist die Stimme Gottes für das Herz. Diese geheime Stimme Gottes, welche die Seele in der Contemplation vernimmt, ist das Verständniss der Worte der Propheten und Apostel Gottes und Christi, deren Wahrheit allein die Contemplation, das Herzensgebet zu erfassen und der Seele mitzutheilen vermag.

So ist das inwendige Selbstgespräch der Seele der Quell oder wenigstens der Kanal aller himmlischen Süssigkeiten, welche Gott durch dasselbe in die Seele einströmen lässt.

Allerdings sind Gottes Wort und Sacramente die Mittel, welche uns die göttlichen Güter zuführen, indem wir durch das Wort als Kinder unterwiesen, und durch die Sacramente genährt werden; allein es steht dabei doch fest, dass ohne das Selbstgespräch und die Meditation die Kanäle sehr trocken sein würden und dass eigentlich nur durch sie reines Wasser und süsses Oel in die Seele einfliesst. [1])

Da das Selbstgespräch dem Menschen gemächlicher ist und

----

1) S. 159: *dat zonder de alleenspraak ende de meditatie die canalen zeer droog waren, ende dat het eigentlich door haar was, dat haar zuiver water en zoeten Oly heenen vloeiden.*

näher liegt als der Gebrauch der Sacramente und des Wortes, weil es ohne Lesen und ohne viel Mühe stattfindet, so hat es den Vortheil, dass wir das innere Auge nur aufzuschlagen brauchen um Gott zu betrachten und dass wir uns innerlich nur mit unseren Gedanken nach Oben zu erheben haben, ja dass wir, ohne uns in den Himmel zu erheben und ohne aus uns selbst herauszugehen, in uns selbst wieder eingehen, wo Gott wohnt und wo wir wirkliche Gemeinschaft mit Gott haben und wo Gott unser Besitz wird.

Der dritte Theil des Buches (dem noch ein Anhang beigefügt ist) handelt von dem äusseren Gebet und von den Erfordernissen desselben. LABADIE erkennt an, dass für den Gemeindegottesdienst die oraison vocale nothwendig ist und dass auch der Einzelne dieselbe mit Segen gebrauchen kann, aber er empfiehlt es, dass der einzelne Christ sich nicht mit dem aüsseren Gebet genügen, sondern sich durch dasselbe zur Uebung des inneren Gebetes führen lasse.

Der Anhang des dritten Theiles bezieht sich wieder lediglich auf das inwendige Gebet und hat zum Ausgangspunkte das Wort des Apostels, dass der Christ allezeit und ohne Unterlass beten solle. Als Zweck der Abhandlung wird daher hervorgehoben, dass in derselben gezeigt werden soll, wie eine Seele durch die Gnade Gottes zu einer lebendigen Vereinigung mit Gott gelangen und in derselben bleiben kann. LABADIE weist nun darauf hin, dass es hierbei auf den Grund des Herzens ankomme, das in der Gegenwart Gottes bleiben und eine andauernd kräftige Richtung zu ihm hin haben müsse, dass dieses der Glaube durch die Liebe hervorbringe und dass die Vereinigung der Seele mit dem Willen Gottes es sei, welche dieser ihre Richtung zu geben habe. Denn der Grund des Herzens wirkt von sich selbst, auch ohne thätige Gedanken und ohne eine besondere Reflexion auf das zu haben, was der Mensch thut. So ist auch der habituelle und kräftige Stand der Seele genügend, nicht allein in menschlichen, sondern auch in göttlichen Dingen, indem es durch denselben ganz von selbst geschieht, dass man zu Gott geht, auch wenn man nicht mit vollem Bewusstsein daran denkt.

Daraus folgt indessen nicht, dass eine Seele, die gewohnt ist, der Vereinigung mit Gott zu leben, in diesem Streben nachlassen dürfe, vielmehr hat dieselbe sich an jedem Tage gewisse Zeiten zu bestimmen, die nur dem Umgange mit Gott geweiht sein dürfen, in welchen sie sich von allen weltlichen Interessen und Dingen abzieht, sich gen Himmel erhebt, um dahin einen Strahl des Geistes schiessen zu lassen, den man darum ein Stossgebet (ein uitschietend gebed) zu nennen pflegt.

So kann ein Mensch, trotz aller äusseren, leiblichen Beschäftigung ohne Unterlass beten und einigermaassen den Engeln gleich werden, welche, obgleich sie im Dienste Gottes und seiner Heiligen beschäftigt sind, doch ohne Unterlass des Vaters Angesicht anschauen.

Die Vereinigung der Seele mit Gott, welche das Ziel und das eigentliche Wesen der »*übernatürlichen Contemplation*" ist, kann in verschiedener Weise geschehen, nämlich durch äussere Anregung und Einwirkung oder durch eine inwendige, von Gott ausgehende Erregung, welche letztere wiederum auf vielerlei Weise erfolgen kann.

Die erste ist die, dass die Seele von der Majestät und Herrlichkeit Gottes, der den Himmel und die Erde erschaffen hat, und in welchem wir leben, weben und sind, einen überwältigenden Eindruck empfängt, wobei die Seele von Innen nach Aussen gezogen wird, jedoch so, dass Gott es ist, der sie zieht, um sie mit seinem Wesen zu vereinigen, in welches sie sich versenken und verlieren soll.

Die zweite Weise der Andacht ist, wenn die Seele von Gott angerührt und gezogen wird, aber nicht sowohl von AUSSEN als vielmehr von OBEN her durch das Aufsteigen des Geistes

zu Gott, durch seine Erhebung gen Himmel und über den
Himmel, um Gottes ewige Herrlichkeit anzuschauen. Dies geschieht bei Vielen wie durch einen plötzlichen Schlag, durch
einen überraschenden Strahl, wodurch die Seele von der Welt
und von ihren eigenen Sinnen abgezogen wird, damit sie über
den Wolken und unter den Engeln und Heiligen sich heimisch
fühle. Da kommt sich die Seele wie dem Leib und dem Leben
entrückt, wie an dem Haar erfasst und gen Himmel fliegend
vor. Dieses kann nur unmittelbar durch Gott geschehen, der,
gleichwie der Adler ein kleines Vögelchen erfasst und wegträgt,
die Seele zu sich hinaufnimmt.

Die dritte Weise der Contemplation ist den beiden vorer-
wähnten geradezu entgegengesetzt, indem hier die Seele statt
aus sich selbst herauszugehen und sich über sich selbst zu erheben, sich ganz in sich selbst zurückzieht, was in zweierlei
Weise geschehen kann. Die erste ist die, dass die Seele sich
in ihr eigenes Innere zurückzieht, jede Beziehung zu den
Aussendingen fallen lässt, um in sich selbst nur das Anschauen Gottes zu haben und zu unterhalten. — Die zweite
Weise ist die, dass die Seele sich in sich selbst sammelt, sowie
Gott dieselbe zu sich zieht und in sich sammelt. Hierzu ist
wohl zu erwähnen dass die allgegenwärtige Gottheit nicht allein
nach der Natur sondern auch nach der Gnade im tiefsten
Grunde der Seele mächtig ist.

Die vierte Weise der Contemplation geschieht nicht durch
innerliche Einziehung und Sammlung, sondern dadurch, dass
Gott der Seele irgend etwas zuführt, einen Gedanken, ein
Gesicht oder ein sonstiges Mittel, durch welches er sie in der
Vereinigung mit sich unterhält. So bildet Gott oft im Innersten der Seele eine Anschauung seines Wesens oder ein heiliges
Zeichen, was sowohl im schlafenden wie im wachen Zustand, durch Gesichte oder durch Traüme möglich ist. Hierdurch wird der Seele irgend etwas Verborgenes abgebildet, zu

dessen Anschauung sie sich hingezogen fühlt, indem sie dieses
Verborgene viel vollkommener durch die Gnade, durch Offenbarungen, durch inwendige Salbung und Gefühl als durch Unterweisung und durch Studium erkennt. So wird selbst zu
Zeiten in der Seele irgend ein Wort gestaltet, durch welches
Gott dieselbe den rechten Sinn irgend einer Schriftstelle
erfassen lässt, oder durch welches er sie tröstet, stärkt und
befestigt.

Auf diesem Wege sind fast alle prophetischen und apostolischen Gesichte erfolgt, wie auch alle die ausserordentlichen
Offenbarungen von Wahrheiten und Geheimnissen Gottes, welche
einzelne Gläubige empfangen haben und noch empfangen,
damit sie die Offenbarung Gottes umso besser verstehen und
den Sinn derselben umso sicherer auslegen können.

Eine fünfte Weise der Contemplation geht nicht sowohl im
Verstand und Erkenntnissvermögen, als vielmehr im Willen
und Herzen vor sich. Dieses ist das Selbstgespräch, welches
durch göttlichen Eifer und durch aufschiessendes Seufzen,
sowie durch Thaten der Liebe geschieht, die dadurch hervorgerufen werden.

Endlich giebt es noch eine sechste Weise des inneren Gebetes, die in keiner Art gewaltsam aufgenöthigt erscheint, sondern vielmehr sanft und still und in tiefster Ruhe vor sich
geht. Diese erfolgt, wenn Gott die Seele ohne irgend ein
äusseres oder inneres Mittel, also durch unmittelbare Vereinigung mit sich, so wie er ist, über alle Wasser in sein eignes
reines Wesen erhebt. Hierbei gebraucht also Gott keine Gesichte, Worte und Eindrücke, sondern bewirkt eine Art unmittelbarer Vereinigung, durch welche die Seele sofort in Gott
und in sein reines Wesen versenkt wird.

Dieser Stand setzt alle anderen, oder wenigstens deren
frühere Erfahrungen voraus, welche die Seele zu ihrer Nichtigkeit gebracht, zu einer gänzlichen Entblössung und Ein-

fachheit geführt haben, so dass die Seele nun nichts hat, nichts will und nichts sieht als allein die Gottheit und es ihr nun durch sich selbst, durch ihren Stand auf übernatürliche Weise natürlich ist, in Gott zu sein.

Dieser Stand ist nicht vergänglich wie die anderen, sondern hat im Herzen einen unvergänglichen Bestand und hält darum die Seele in ihrer Einheit mit Gott unwandelbar fest. Dieses ist der Stand der Verklärung, der *Verwandlung in Gott selbst*, der freilich nur Wenigen zu Theil wird. —

Ziemlich gleichzeitig mit dieser bedeutsamen Schrift verfasste und veröffentlichte LABADIE eine andere, welche als Ergänzung derselben angesehen werden kann, nämlich seinen » *Abrégé du véritable christianisme.*" [1]) Dieselbe umfasst zwanzig Einzelabhandlungen, welche mit einer Erörterung des Wesens der Religion und des Christenthums im Allgemeinen beginnen und mit einer Beleuchtung der mystischen Einheit der Seele mit Gott schliessen. Seine Stellung zur reformirten Kirchenlehre characterisirt LABADIE hinlänglich durch seine Zurückweisung der Lehren von der verdienten Gerechtigkeit Christi und von der Rechtfertigung durch den Glauben. Christus ist ihm nicht sowohl unser *justificateur* als vielmehr unser *sanctificateur*. [2])

---

1) Die vollständige Titel der Schrift lautet in der zweiten Ausgabe: » Abrégé du véritable christianisme et théorique et pratique ou recueil de maximes chrétiennes tant de foi que de pieté et de conduite spirituelle," par JEAN DE LABADIE, pasteur. Seconde édition, Amsterd. 1670 (569 S. S. in 8°) — Diese Schrift is von LABADIE in erster Auflage höchst wahrscheinlich schon von MONTAUBAN aus veröffentlicht worden, indem mir schon aus dem J. 1666 eine zu Amsterdam erschienene Uebersetzung derselben vorliegt. In der (hier benutzten) zweiten Auflage, ist sie von LABADIE vielfach umgearbeitet und erweitert worden. Später, 1696, wurde sie auch in einer freilich freien, abgekürzten und darum für die Ermittelung der Lehreigenthümlichkeiten LABADIE's unbrauchbaren, deutschen Bearbeitung, die in Frankfurt am Mein erschien, in Deutschland verbreitet.

2) LABADIE sagt z. B. S. 223 (Abh. XI, § 12): »Plusieurs sont bien aises d'ouyr dire, qu'ils sont justifiés par Jesus-Christ, lavés de leurs péchés en son sang par la foi, par la repentance et par le baptême chrestien, et volontiers ils l'embrassent comme Justificateur, comme crucifié et mort pour eux; mais peu prennent part à sa croix, à sa mort, — pour se faire spirituellement mourir avec Luy, crucifier

Ihren Ausgang hat die ganze Lehrentwickelung in der Lehre von der Berufung und von der Gnade Gottes; denn nur der Geist Gottes kann in dem Innern des Menschen ein wahrhaft christliches Leben gestalten und nur in dem von der Gnade Erwählten und Berufenen entfaltet der Geist Gottes diese seine Gnadenwirksamkeit (Kap. II u. III). Diesem Gnadenrufe, durch welchen die Seele von der Welt zu Gott hingezogen wird, hat der Mensch durch Selbstverleugnung, Weltentsagung und Selbstertödtung zu entsprechen (Kap. IV—IX). Dadurch wird dem Menschen der lebendige Glaube möglich, durch welchen er Christum erfasst um das Leben desselben in dem eignen inneren Leben nachzubilden (Kap. X). Diese Nachahmung Jesu wird zur Aufprägung (Formation) und zum Wachsthum des Lebens Jesu in der Seele des Christen durch die Wirksamkeit des Wortes, der Sacramente und anderer göttlicher Mittel. Nicht alle Getaufte haben die wahre Taufe, die Taufe mit dem Geiste, empfangen, durch welche der Mensch in Christi Tod getauft und zu neuem Leben erweckt wird. Diese wahre Taufe wird nur den Erwählten zu Theil. Vorzugsweise wird aber das Wachsthum des Lebens Christi im Christen durch den Genuss des h. Abendmahls gefördert. Dasselbe ist ein geistliches Mahl, Brot und Wien sind Sinnbilder; die geistliche Speise, welche von ihnen dargestellt wird, ist Christus, der sich den Seelen der Gläubigen als Brot des Lebens durch den Glauben mittheilt. (Kap. XI). — Die Tugenden welche der Geist Gottes in der Seele wirkt, sind zunächst der Glaube, — ein übernatürlich eingegossener Zustand (habitude), welcher dem Menschen die rechte geistliche Erkenntniss möglich macht, — dann die Hoffnung, die das Herz mit lebendigem Verlangen

---

leur chair avec la sienne et porter en eux-mêmes les vives marques de sa croix et de sa mort. Peu le goutent comme Justificateur au dedans par l'Esprit consacrant et immolant le vieil homme à Dieu et par une Pratique vraiment sainte, laquelle dompte le péché u. s. w.

nach Gott erfüllt, und die Liebe, das Band der Vollkommenheit, d. h. der Inbegriff und die Einheit aller Einzeltugenden
(Kap. XII). Zur Gestaltung und Ausprägung des Lebens Christi
(la formation et l'expression de Jesus-Christ) in dem Christen
ist aber auch die Uebung in guten Werken erforderlich (Kap.
XIII). Dabei giebt es für den Christen zwei Wege, auf denen
er dem Ziele seiner Heiligung nachgehen kann, nämlich das
Leben in der Welt, und *das Leben in Absonderung von der Welt*
(Kap. XIV). Das letztere ist nicht ohne eine besondere Gnadenhülfe möglich, da die wahre Absonderung von der Welt
und die Heiligung ein und dasselbe sind. Die gegenwärtige
Verdorbenheit der Welt macht aber dem Christen die Absonderung von derselben geradezu zur Pflicht, so dass man sagen
kann, *dass ein wahrer Christ als solcher von der Welt separirt*
oder zur Separirung von derselben bestimmt ist, indem nur in ihr
das wahre innere Christenleben gedeihen kann. Doch kann
mit dieser Absonderung auch eine beschränkte Gemeinschaft
mit Anderen bestehen. (Kap. XV).

Das Ziel, zu welchem das wahre Christenthum hinstrebt,
ist die gänzliche Conformirung des Willens mit dem Willen
Gottes, weiterhin die gänzliche Vereinigung mit Gott. Auf
dem Wege zu diesem Ziele durchlebt die Seele oft Zustände
der Dürre, der Gottverlassenheit, der inneren Verwirrung und
Versuchung aller Art, welche den Christen zum heillosesten
Zweifel an seiner Erwählung und an der Sicherheit seines
Gnadenstandes treiben können. Dann kommt aber Alles darauf
an, dass die *Liebe des Christen* zu Gott wirklich *selbst-* und
interesselos ist und *dass er Gott liebt und verherrlicht*, auch falls
er sich sagen müsste, *dass ihn Gott den Verworfenen zuge-*
zählt habe. Das ist das Opfer des eignen Selbst, das grosse
Opfer der eignen Seele und des eigenen Seelenheiles, welches der
Christ Gott unablässig darzubringen hat. In dieser unablässigen
Selbstaufopferung *hat der Christ selbst seine guten Willensrich-*

tungen und Begehren, von denen er weiss, dass sie an sich gottwohlgefällig sind, *in vollkommenster Selbstverleugnung und Liebe Gott zum Opfer zu bringen.* [1]) (Kap. XVII).

So kommt die Seele durch die Wirksamkeit des Wortes und der Sacramente, durch den Fleiss in der Heiligung und durch die Uebung in guten Werken zu immer grösserer Reinigung ihrer selbst, zur Erhebung und zur Vereinigung mit Gott. Indessen giebt es noch ein anderes Mittel, welches dieselbe zur Erreichung ihres Zieles zu gebrauchen hat, nämlich das *beschauliche Gebet* (oraison), welches sich von dem gewöhnlichen Gebet (prière) dadurch unterscheidet, dass es nicht durch ein Einzelbedürfniss angeregt und auch nicht auf ein besonderes Verlangen gerichtet ist, sondern nichts anderes als Umgang mit Gott sein und haben will. Diese Gebetsandacht kann blose Herzensandacht (oraison mentale) sein und kann sich zugleich auch in Worten äussern (oraison vocale); in beiden Fällen aber ist sie die wahre Contemplation, welche den Christen zu einem über dem hohlen speculativen Wissen, wie über der träumerischen Meditation hoch erhabenen Erfahren und Empfinden des Göttlichen erhebt.

Dieses geschieht im Centrum der Seele, wo Gott wohnt, weshalb die Contemplation, um Gottes Willen und Thun zu erfahren, sich in die Tiefen der eignen Seele versenken muss. [2])

---

1) LABADIE sagt Kap. XNI, § 13—14 (S. 465—466): (Dans les tentations il faut) se conformer à la volonté de Dieu, s'abandonant tellement entre ses mains, que quand on scroit vraiment reprouvé — sans espérance, — on ne laissat pas d'adorer et d'aymer Dieu — de vouloir ce qu'il veut, puisqu'il le veut, — se condamnant soi-même après luy. — Il importe infiniment de faire ce grand sacrifice, sacrifice de soi-même à Dieu, sans lequel peu des Personnes spirituelles vivent et meurent en repos; c'est à savoir de sacrifier son ame, son salut et son éternité même à Dieu.— Le sacrifice de soi-même et de son salut temporel et éternel aux piés et aux mains de Dieu est l'acte souverain d'un vray et d'un grand amour. — V. 473: Il faut que l'ame soit toujours en l'esprit de sacrifice, non seulement pour immoler ses mauvais, mais encore *ses bons désirs.*

2) Kap. XVIII § 35 (S. 498) „Pour estre attentif à Dieu et à ses venues il faut estre attentif à soi et à tout ce qui se passe au *fond de soi.* C'est proprement en ce fond, que Dieu habite, et c'est aussi là, qu'il fait voir et sentir" u. s. w.

Dort wirkt Gott Finsterniss und Licht, Dürre und Salbung, geistliche Armuth und geistliche Fülle. Was aber auch Gott in der Seele wirke, wenn er sie berührt, sie zu sich zieht oder hebt, um sie mit sich zu vereinigen — der Mensch hat nichts zu thun als sich berühren, ziehen, erheben und sich mit Gott vereinigen zu lassen. Nur möge die Seele nie bei der Betrachtung und dem Genusse der Gaben (Erleuchtung, Gefühl der Seligkeit u. s. w.) verweilen, die Gott ihr mittheilt, weil sie dadurch an der wahren Vereinigung mit dem Gebet verhindert werden würde. Die Contemplation (l'oraison surnaturelle ou contemplation) muss daher immer weit mehr passiv als activ sein. Denn je mehr die Seele alle Bildnisse und Vorstellungen von sich fern hält, umso reiner ist sie und umso näher kommt sie Gott. (Kap. XVIII).

Es giebt Viele, die sich der Erleuchtung, welche die Contemplation gewährt, erfreuen, nicht um gute Christen, sondern um gelehrte Geistliche (savans spirituels) zu werden. Die Contemplation derselben ist aber gar keine Contemplation, indem sie nicht Gott selbst zu gefallen suchen. Immer muss die Seele auf Gott selbst, wie auf die Gaben Gottes gerichtet sein. Der Gott des Paradieses ist mehr werth als das Paradies Gottes. (Kap. XIX).

Ebenso sind wohl auch die Tugenden an sich gut; aber das Höchste, was alle Tugenden überragt, ist die Gleichförmigkeit des Willens mit dem Willen Gottes. Nothwendig muss daher der Christ dahin zu kommen suchen, dass er Gott gegenüber gar keinen Willen mehr hat, dass die Seele vor ihm eine tabula rasa oder ein Wachs ist, in welchem der Finger Gottes einzeichnet was er einzeichnen will. Wo die Seele noch eigne innere Erregungen und Begehren hat, da ist das Ich noch nicht erstorben, da ist die Indifferenz ohne welche es keinen Frieden giebt, noch nicht eingekehrt. *Die Seele muss, um Gott wirklich haben zu können, allem Anderen gegenüber wie ein*

Todter sein, der nichts sieht, nichts hört, nichts empfindet und nichts will. Für sie darf es keinen anderen Willen geben als den Willen Gottes, den sie liebt und preisst, *selbst wenn sie durch diesen Willen sich in die Hölle geworfen sähe.* Das ist die *reine Liebe*, (l'amour pur) der Seele zu Gott, durch welche diese zur wahren *Ruhe in Gott* kommt. [1])

Diese reine Liebe zu Gott ist das Mittel, welches der Christ zu gebrauchen hat, um mit Gott Eins zu werden. Durch sie wird die Seele einfach, stark, fest und unwandelbar, wie Gott einfach, stark, fest und unwandelbar ist, und durch sie nimmt die Seele sogar an der Unendlichkeit, Macht, Güte und Heiligkeit Gottes Theil. Das ist die Einheit der Seele mit Gott, die auf der Conformität des Willens mit dem Willen Gottes beruht. — —

Aus dieser Darlegung des Inhalts der beiden Schriften erhellt, dass dieselben sich gegenseitig ergänzen. Die zweite Schrift gewährt einen vollständigeren Ueberblick über die einzelnen Theile der Glaubenslehre LABADIES im Zusammenhange; die erstere Schrift liefert eine genauere Ausführung einzelner Abschnitte derselben. Zugleich aber ist aus dem Mitgetheilten zu ersehen dass die beiden Schriften von spezifisch reformirter Lehre gar nichts, dagegen die scharfste und vollständigste Darlegung des in den Klöstern der katholischen Kirche zur Entwickelung gekommenen und damals namentlich durch ganz Frankreich hin verbreiteten *quietistischen* Mystik enthalten. Der

---

1) LABADIE führt diesen Gedanken öfters, z. B. S. 566 aus: „Il nous faut estre contents de n'estre pas même contents, c'est-à-dire *acquiescer à la volonté de Dieu,* quand il veut, que la nôtre soit troublée, soit angoissée et malcontente de son état triste et affligé. *L'acquiescement en Luy* à la volonté divine est ce sec contentement, qu'il faut avoir dans ce mecontentement. Et quand même tout l'enfer y verseroit son amertume aussi bien que ses tenèbres et mesleroit ses tristesses à sa grande obscurité, *l'amour pur* en devrait faire la lumière et la douceur non pas sensible, mais réelle, y faisant voir et aimer Dieu et decouvrant en cet enfer un paradis, lequel consiste *à y faire* comme en Paradis *sa volonté.*

»*Abriss des waheren Christenthums*” bringt zu der Abhandlung über die »oraison mentale et vocale” noch den Gedanken hinzu, *dass zur Vollkommenkeit des christlichen Lebens auch die Absonderung, der Austritt aus der Wett erforderlich ist.* Beide Schriften stellen also das Ergebniss des in der Seele LABADIE's verlaufenen Processes dar, über welchen derselbe in seiner Declaration berichtet, und beweisen zugleich, dass wenn LABADIE auch von dem Gedanken der *separatio* aus den Augustinischen Gedanken der *electio*, weiterhin der *praedestinatio* finden konnte, derselbe sich doch, indem er in die reformirte Kirche eintrat, sich in derselben sofort als Fremdling fühlen musste.

§ 5.

LABADIE'S WIRKSAMKEIT IN ORANGE UND GENF UND SEINE BERUFUNG NACH MIDDELBURG.

LABADIE hatte das Rectorat an der Academie zu Montauban angenommen und vier Monate lang versehen, als er durch die von katholischer Seite gegen ihn erhobene (ganz unbegründete) Anschuldigung illoyaler Gesinnung und aufrührerischer Bestrebungen veranlasst wurde, Montauban im Juni 1657 zu verlassen, — zum tiefsten Leidwesen des Presbyteriums der Gemeinde, welches ihm über seiner Wirksamkeit und seinen Wandel das glänzendste Zeugniss ausstellte. — In der Absicht, nach Nismes zu gehen, wohin er eingeladen war, kam er im Juni 1657 nach Orange, der Haupstadt des kleinen, an der Rhone gelegenen Erblandes des reformirten Prinzen von Nassau-Oranien. Allein das Presbyterium der Gemeinde nöthigte ihn, in *Orange* zu bleiben und daselbst das Predigtamt zu übernehmen. Sofort begann nun LABADIE auch hier seine reformatorische Wirksamkeit zu entfalten, indem sein Streben

dahin ging, mit Hülfe der Gemeindeglieder die Gemeinde so
gänzlich umzugestalten, dass sie eben in der That und Wahrheit eine reformirte Gemeinde sei, in welcher nichts, was mit
der Lebensordnung des Evangeliums in Widerspruch stehe,
geduldet werde. Auch sah LABADIE mit Freuden, dass sein
Bemühen bei der Masse der Gemeindeglieder den gewünschten
Anklang fand. Indessen war seine Wirksamkeit in Orange
doch nicht von langer Dauer. Ein Jahr und zehn Monate
hatte er daselbst gewirkt, als die Bedrohung der Stadt durch
LUDWIG XIV. ihn veranlasste einen an ihn gelangten Ruf auf
die Predigerstelle der französischen Gemeinde zu London anzunehmen und Orange zu verlassen [1]).

Um sich nicht den Gefahren einer Reise durch Frankreich
auszusetzen, hatte LABADIE vor, über Genf, durch die Schweiz
und Deutschland hin nach London zu ziehen, als er in Genf
sich wiederum festgehalten sah, indem der Rath und die
Prediger ihn, den man längst als einen ganz ungewöhnlichen
Prediger kannte, dazu bestimmten, in *Genf* zu bleiben und
hier als Prediger zu wirken.

So entfaltete denn nun LABADIE seine (auch hier alsbald
von dem glänzendsten Erfolgen begleitete) Wirksamkeit, vom
Jahre 1659 an in der Stadt CALVINS, in der Metropole des
französischen Protestantismus. Noch bestand hier allerdings
die einst von CALVIN geschaffene Ordnung des kirchlichen
Lebens, aber ihre Handhabung war vielfach erschlafft und das
ganze Kirchenwesen bedürfte einer neuen Belebung. Daher
ging LABADIE auch hier alsbald gegen Alles was mit dem
Ernste calvinischer Kirchenzucht in Widerspruch stand, mit
vollem Eifer vor, und das Volk, das mit Begeisterung sich
um die Kanzel des grossen Predigers schaarte, beugte sich

---

1) Vgl. die über LABADIE's Leben in Montauban und Orange vielfach Aufschluss
gebende Schrift: *»Lettres d'adieu de monsieur de Labadie, pasteur, se retirant de
l'église d'Orange avec les reponses et les répliques, qui les ont suivies.* 1660.

vor der Macht seiner Rede, sodass Genf urplötzlich wieder eine Gottesstadt geworden war — ganz so wie in den Tagen seines grossen Reformators. Die Kirchen konnten die Schaaren der Andächtigen nicht mehr fassen, die Herbergen standen leer, die Sonntage wurden mit der alten Strenge gefeiert, Recht und Gerechtigkeit strenger gehandhabt, der Handel ehrlicher getrieben, frühere Frevel wurden gesühnt und ausgeglichen, die Prasser und Weintrinker wurden mässig und die Spieler gaben ihre Gewinne zurück [1]).

Eine besondere Wirksamkeit übte LABADIE ausserdem noch durch *Erbauungsstunden* aus, die er in seinem Hause hielt. Hier schloss sich eine Anzahl jüngerer Freunde an Labadie an, welche von demselben in sein inneres religiöses Leben tiefer eingeführt wurden und die von ihm den Samen einer religiösen Mystik empfingen, den sie späterhin mit vollen Händen ausstreuten. Dahin gehörten PIERRE YVON aus Montauban (1646— 1707), PIERRE DULIGNON und FRANÇOIS MENURET († 1670), sowie auch die Deutschen THEODOR UNTEREYK und FRIEDRICH SPANHEIM (Speners bekannter Freund [2]).

So arbeitete nun LABADIE (wie die Versammlung der Prediger und Professoren der Kirche zu Genf in ihrem, demselben unter dem 8ten März 1666 ausgestellten Zeugniss erklärte) »verständiglich an dem Aufbau dieser Gemeinde, mit den zwei Händen, welche sind die gesunde Lehre und der heilige Wandel, ein herrliches uud vortreffliches Vorbild von Eifer, Gottseligkeit, Liebe und Aufrichtigkeit gebend, und sich als einen ächten Jünger Jesu Christi, des obersten Hirten und Bischofs unserer Seelen bewährend.

Inzwischen hatten LABADIE's Schriften in den Niederlanden vielfache Beachtung gefunden und waren namentlich von VOET

---

1) SCHOTEL, A. M. v. SCHURMAN, S. 162—163.
2) SPENER hat LABADIE's Predigten öfters, LABADIE selbst jedoch nur Einmal besucht.

und dessen Anhängern, insbesondere von LODENSTEIN, auch von der gelehrten ANNA MARIA VAN SCHÜRMAN verbreitet werden. Der Bruder der letzteren hatte 1661 LABADIE in Genf persönlich kennen gelernt und hatte dessen Ruhm in der Niederländischen Gemeinde verkündet. Da geschah es, dass, als die niederländische Gemeinde zu Middelburg im J. 1666, nach dem Tode ihres Pastors JEAN LE LONG, eines Predigers bedurfte, der greise VOET, LODENSTEIN und die SCHÜRMAN die Wahl LABADIE's zum Prediger bewirkten.

Die Gemeinde in Middelburg, in welcher der selige WILHELM TEELLINCK einst in allen Schichten der Bevölkerung ein tiefgegründetes, ernstes und innerliches religiöses Leben erweckt hatte, galt seitdem in allen reformirten Landen als das Muster einer echt reformirten Kirchengemeinde. Indem es daher für LABADIE einen grossen Reiz hatte, sich auf das Arbeitsfeld TEELLINCK's versetzt zu sehen, so beschloss er — trotz alles flehentlichen Bittens der Prediger, Professoren und zahlreicher Gemeindeglieder zu Genf, welche ihn daselbst festhalten wollten, dem Rufe nach Middelburg zu folgen, weil, wie er sagte, Gott ihm dieses in's Herz gegeben habe.

Aber der Abzug von Genf hatte seine Schwierigkeiten, weil ihm von savoyischer Seite aufgelauert wurde. Um daher den ihn auf seiner Reise bedrohenden Gefahren zu entgehen, versteckte sich LABADIE mit seinem Freunden YVON und DULIGNON unter eine Schaar gerade damals in Genf sich aufhaltender Waldenser, welche sich zu Germersheim in der Pfalz niederlassen wollten, [1] und zog mit denselben von Genf ab. In Heidelberg vereinigte sich mit ihnen ein anderer Schüler LABADIE's, Menuret und diese vier Freunde schlossen nun hier einen Bund, in welchem sie sich (wörtlich) dazu verpflichteten:

---

1) Es war damals LABADIE und dessen beiden Freunden günstig, dass von den 80 Waldensern 3 in Genf erkrankten und daselbst zurückbleiben mussten, indem der Reisepass der Waldenser auf 80 Köpfe lautete.

1, sich selbst je mehr und mehr zu heiligen, die Welt und ihre Begierden, ihre Güter, Genüsse und Freuden zu verläugnen, um JESU CHRISTI arm, verachtet und verfolgt *nachzufolgen* und ihm *gleichförmig* zu werden, um sein Kreuz und seine Schmach ihm nachzutragen; und 2, Gott und seinem Dienst am Evangelium sich zu übergeben, *dass man zuerst es selbst ausübe* und dann auch Anderen dazu verhelfe, — soviel Gott dazu die Mittel gewähre, — um so nach seiner eigenen Reformation auch die anderer zu Herzen zu nehmen, und sich deshalb der Verfolgung, Armuth, Schande und Leiden auszusetzen und den Hass und den Widerspruch der Unheiligen und unchristlichen Welt auszuhalten.

Einer dringenden Einladung der SCHÜRMAN folgend, nahm nun LABADIE, der mit seinen Freunden in Mannheim zu Schiff die Reise fortsetzte, seinen Weg zunächst nach Utrecht, wo er zehn Tage im Hause derselben verkehrte und von VOET und ESSENIUS in herzlichster Weise begrüsst wurde. Auch predigte er hier mehrmals und der Eindruck seiner Predigten war ein ganz ausserordentlicher. LABADIE und dessen gewaltige Predigtweise war damals zu Utrecht das Tagesgespräch. — Aber während die SCHÜRMAN sich in diesen zehn Tagen an LABADIE mit unauflösslichen Banden gekettet fühlte, nahmen VOET und ESSENIUS es allmählig wahr, dass es doch kein zweiter TEELLINCK war, den man nach Middelburg gerufen hatte, dass vielmehr in demselben ein ganz anderer, ihnen fremder Geist lebte, mit dem sie schwerlich in Allem würden zusammen gehen können. VOET und LODENSTEIN bezweifelten es, dass die »Welt" jemals — namentlich mit der von LABADIE vertretenen Religiosität — ganz und gar aus der »Kirche" ausgetrieben werden könnte, während LABADIE dies nicht nur für möglich sondern auch für ganz sicher hielt, wenn man nur keine Mühe scheue, um das Unkraut aus dem Acker des Herrn auszurotten. — Ein Brief vom 6ten September 1666,

den LABADIE zunächst der SCHÜRMAN und durch diese den
Utrechter Predigern zuschickte, und worin er sich über die
Nothwendigkeit einer gänzlichen Erneuerung des so tief ge-
sunkenen religiösen Lebens durch der Pastorat, vor Allem
aber über das Erforderniss einer Neubelebung des Pastorats
durch mystische Frömmigkeit, Abtödtung u. s. w. aussprach,
trug noch wesentlich dazu bei das Misstrauen, mit welchem
man bereits zu Utrecht nach LABADIE hinsah, zu befestigen. [1]

§ 6.

ERSTES AUFTRETEN LABADIE'S IN MIDDELBURG. — DIE CONVEN-
TIKEL UND PROPHEZEIEN.

In Middelburg angekommen sah sich übrigens LABADIE in
den Hoffnungen, mit welchen er sich getragen hatte, bald
sehr getäuscht. Das religiöse Leben war sowohl in der französischen als in der niederländischen Gemeinde in tiefen Verfall gerathen. Die Kirchenzucht war erschlafft, das Volk war
verwahrlosst. Unwissenheit, Genussucht und Zügellosigkeit sah
LABADIE überall hervortreten, und die Gemeinde war daher in
keiner Weise, was sie nach LABADIES Idealen hätte sein sollen.
Daher machte sich dieser sofort die gänzliche Reformation
derselben zur Aufgabe. Die Mittel welche er hierzu gebrauchte,
waren die Predigt und Katechisation, die Kirchenzucht und die
Privatandacht in kleineren Kreisen. Das aber, was diese Mittel
in der Hand LABADIE's besonders wirksam machte, war der
Ausdruck seiner aufrichtigen Frömmigkeit und die strenge
Zucht, in die er sich selbst nahm. Um den Gemeindevorstand

---

[1] Den Inhalt dieses Briefes mit Beifügung desselben verarbeitete LABADIE kurz
darauf zu einer ausführlicheren Schrift, welche er unter dem Titel erscheinen liess:
„La reformation de l'église par le pastorat." Middelburg. 1667. — SPENER soll diese
Schrift i. J. 1674 bei der Ausarbeitung seiner *pia desideria* benutzt haben.

zu grösserem Eifer in der Handhabung der Kirchenzucht anzuregen, veröffentlichte LABADIE eine Schrift, [1]) welche, »den
Aeltesten und Diaconen des Consitoriums der wallonischen
Gemeinden zu Middelburg" dedizirt, beweisen sollte, dass das
Consistorium, welchem Christus den Binde- und Löseschlüssel
in der Gemeinde anvertraut habe, wenn es nach der von
Christus (Marc. 9, 29) gegebenen Anweissung verfahre, mit
voller Sicherheit das Leben der Gemeinde werde umgestalten
können. Unter dem Fasten, welches Christus mit dem Gebet
als einziges Mittel zur Austreibung der bösen Geister bezeichnet,
habe man die Enthaltung von allem Bösen, die vollständigste
Ertödtung der eignen Ichheit zu verstehen. In diese Selbst-
mortification, welche zur rechten Meditation und Contemplation führe, müsse daher das Consistorium vor Allem selbst
eingehen; dann werde es durch die Kraft des Gebetes und durch
die Ausrichtung seiner sonstigen Obliegenheiten der bösen
Geister in der Gemeinde Herr werden, sie aus derselben wirklich austreiben und aus der Gemeinde eine ganz neue Gemeinde herstellen.

Aus dieser Schrift und aus den Predigten LABADIE's war es
nun leicht zu ersehen, dass mit demselben ein ganz neuer Geist
in die Kirche Niederlands eingezogen war. LABADIE predigte
weder wie die Voetianer noch wie die Coccejaner. Allerdings
behandelte er die Schrift ebenso frei wie es die letzteren thaten, aber ohne die allegorisirende und typologisirenden Manier
derselben, und auf das Gemüth der Zuhörer wusste LABADIE
wenigstens in derselben Weise einzuwirken als es die Voetianischen Prediger thaten. Dabei machte sich aber in der Predigtweise und in der ganzen Behandlung des Gottesdienstes die
gewaltige Persönlichkeit LABADIE's oft in einer die hergebrachte

---

1) *Le veritable exorcisme* ou *l'unique effectif moyen de chasser le Diable du monde
Chrestien.* Donné par J. CH. au chap. 9 de S. Marc." Par JEAN DE LABADIE.
Amsterd. 1667. (146 S. S. in 12°.)

Form durchbrechenden Weise geltend. Alle liturgischen Gebete
beseitigend betete LABADIE immer frei, und in der Predigt verkündete er oft einen Weg der Vereinigung der Seele mit Gott,
der von der Heilsordnung der reformirten Kirchenlehre weit
ablag und den Zuhörern bis dahin ganz unbekannt gewesen war.

Zur Unterstützung dieser Wirksamkeit, welche LABADIE durch
seine Predigten und Katechisationen, durch sein Beten, das
oft die Herzen seiner Zuhörer mit unwiderstehlicher Gewalt
zum Himmel hinaufzog, und durch die Strenge seiner Kirchenzucht ausübte, benutzte derselbe insbesondere die altherge-
brachten, grossentheils aber in Abgang gekommenen Conventikel und die altreformirte »Prophezei." Zur Wiederbelebung
und allgemeineren Verbreitung derselben veröffentlichte er
i. J. 1668 eine Schrift,[1] worin er auf Grund von 1 Cor. 14
ausführte, dass in jeder wahrhaft christlichen, nur aus wirklichen Wiedergeborenen bestehenden Gemeinde neben der geistlichen Amtsthätigkeit, neben dem Gottesdienst mit seiner
Predigt, mit seiner Gebetsübung und seinem Gemeindegesang
und neben der Uebung des Catechismus auch die Uebung der
Prophetie vorhanden sein müsse. Unter der Prophetie sollte
jedoch nicht ein besonderes Charisma, nicht eine ausserordentliche Geistesgabe, wie sich deren die Propheten im alten Bunde
erfreuten, nicht Verzückung und verzücktes Vorherschauen und
Vorhersagen der Zukunft, sondern eine freie, ungezwungene
Auslegung der h. Schrift verstanden werden, zu welcher sich
ebensowohl wie der Prediger auch jedes (männliche) Gemeindeglied,
das sich im Geiste dazu gedrungen fühlt, in der gottesdienstlichen Gemeindeversammlung erheben kann. Hierzu mag sich
der Einzelne auch vorbereiten, aber nur dann, wenn er sich
innerlich dazu getrieben weiss, und nur ganz im Allgemeinen,

---

1) *„Traité ecclesiastique propre de ce tems,* selon les sentimens de JEAN LABADIE,
pasteur; *l'exercise prophétique* selon S. POL au Chapitre 14, de sa 1. lettre aux
Corinthiens, sa liberté, son ordre et sa pratique", par JEAN DE LABADIE, pasteur (1668).

indem Alles darauf ankommt, dass die *Prophetie* sich als *ganz freie Auslegung und Anwendung des Schriftworts* auf die Bedürfnisse der Gemeindeglieder ausspricht. *Im Allgemeinen ist daher zu wünschen dass der prophetischen Uebung des Wortes keine Vorbereitung vorausgehe.* Ist die Gemeinde noch nicht soweit herangereift dass sie neben den regelmässigen gottesdienstlichen Uebungen die Prophetie zu tragen vermag, so mögen Diejenigen, welche ein Bedürfniss derselben haben, in Privathäusern zu Conventikeln zusammenkommen und sich der freien Uebung des Schriftwortes unter sich erfreuen. — Für die erste äussere Einrichtung der Conventikel sollten folgende Vorschriften gelten: Einer muss die Versammlung leiten, welcher das Wort zu geben hat. Er hält eine kurze Ansprache mit Gebet, wozu natürlich eine Vorbereitung gestattet ist. Dann singt die Versammlung einen Psalm und ein Schriftabschnitt wird gelesen und eingeleitet. Hierauf beginnt die Uebung der Prophetie oder die Besprechung über die Schriftstelle und die in derselben enthaltenen Wahrheiten, kurz und praktisch. Jeder, (jedoch nur jeder Mann) darf sprechen und Zweifel, Bedenken und Einwendungen, deren Besprechung zur Erbauung dient, vorbringen. Schliesslich erfolgt eine kurze Zusammenfassung in einem Gebet (was auch ein stilles Herzensgebet sein kann) und der Segen.

Nach diesem Gedanken hatte LABADIE mit seinen drei Freunden YVON, DU MOULIN und MENURET schon 1666 zu Middelburg täglich stattfindende Hausgottesdienste, sowie wöchentlich zweimal stattfindende Hausversammlungen eingerichtet [1]), die schon in den nächstfolgenden Jahren an verschiedenen anderen Orten nachgeahmt wurden, — und der Erfolg seiner Arbeit in Middelburg war so gross, dass er, nachdem dieselbe nur

---

[1]) An derselben nahm auch die SCHURMAN Antheil, die sich zuweilen Monate lang in Middelburg aufhielt, und durch deren Einfluss hauptsächlich in Utrecht LABADIE's Ansehen immer fester begründet ward.

zwanzig Monate gedauert hatte, öffentlich seiner Gemeinde das
Zeugniss ertheilen konnte: »Ich sehe, dass unter Euch die
Grossen sich demüthigen, die Reichen freigebig sind, die Alten
ein gutes Beispiel geben, welches die Jüngeren nachahmen,
und selbst die Kinder werden weiser und umsichtiger. Die
Hausväter richten für sich und ihre Familien gute Ordnungen
ein; die Aeltesten und Diaconen erfüllen gegen die Glieder und
Arme ihrer Abtheilungen ihre Pflichten; die Richter lieben die
Gerechtigkeit, die Kaufleute handeln für den Himmel und die
Meister arbeiten für die Ewigkeit. Es herrscht, Gott sei
Dank! Eifer für die heiligen Versammlungen, Achtsamkeit
im Gotteshause, Aufmerksamkeit auf das Lesen des Wortes Gottes, Eifer und Fleiss für Lobpreissung und Gebet,
Sittsamkeit in der Kleidung, Vorsicht im Reden, Ehrbarkeit
in den Sitten, Weisheit im Wandel, Unterwürfigkeit im Ge-
horchen, Geduld im Leiden, Gerechtigkeit gegen sich selbst,
Barmherzigkeit gegen den Nächsten und Liebe zu Gott. Dieser
Anblick tröstet und ermuthigt mich, und wenn ich unter euch
ausserordentliche Arbeit habe, so darf ich sagen, dass ich auch
ausserordentlich gestärkt werde."

LABADIE konnte also damals frohen Herzens auf das Gedeihen
der Saat, die er in Middelburg ausgestreut, hinsehen. Freilich
war die Thätigkeit und die Arbeitslast, durch welche er als
Prediger, Katechet und Seelsorger diese Erfolge erzielt hatte,
eine ganz ausserordentliche; aber dabei fand er doch Zeit auch
schriftstellerisch zu arbeiten und seinen Idealen und Bestrebungen
weitere Verbreitung zu verschaffen.

Abgesehen von den zahlreichen Schriften polemisch-apologetischen Inhaltes, welche er in den Jahren 1667—1668 verfasste, sind aus dem Jahre 1668 insbesondere zwei Schriften
LABADIE's zu verzeichnen, welche desselben religiöse Eigenthümlichkeit im hellsten Lichte erkennen lassen. In der einen
Schrift (»*Le discernement d'une veritable église suivant l'Ecriture*

*Sainte, contenant trente remarquables moyens pour la bien con-
nôitre*", par JEAN DE LABADIE, pasteur) wird der Gedanke ausgeführt, dass die wahre Kirche nur als eine Gemeinde wirklich
Wiedergeborener gedacht werden kann, in welcher Alle durch
den h. Geist so zu einem Leibe vereinigt sind, dass alle Gemeindeglieder, durch Christi Geist getrieben, in der vollkommensten Hingabe aneinander leben und hierbei vor Allem ihr
Wachsthum in der Heiligung zu fördern suchen.

In der anderen Schrift entwickelt LABADIE wieder seine
Mystik, indem er zeigt, auf welchem Wege der Christ zur
wahren Heiligung zu gelangen hat. Die Schrift führt den
Titel: »*Manuel de piété, contenant quelques devoirs et actes re-
ligieux et chrétiens vers Dieu pour l'usage familier de l'église
Françoise-Walone de Middelbourg* par JEAN DE LABADIE, pasteur.
A Middelbourg 1668". Dieses (fast auf jedem Blatt an die
Tractate der quietistischen Mystik erinnernde) überaus wichtige
Werk enthält auf 144 S. S. drei Abhandlungen. Die erste
handelt (S. 3—11) von den *devoirs et actes chrétiens* vers Dieu.
Die verschiedenen Stufen und Formen in der mystischen Entwickelung des evangelischen Lebens werden so beleuchtet, dass
zu jeder einzelnen Besprechung ein darauf bezüglicher Act, d.
h. ein Gebet hinzugefügt wird. Das Buch beginnt mit den
Worten: »*Mettons nous humblement en la presence de Dieu*,"
indem zunächst von der »presence de Dieu," dann von der
»humiliation et confession des péchés" u. s. w., hierauf von
der »union et conformité à Dieu et à sa volonté" u. s. w.,
von dem »sacrifice" der Selbstvernichtigung und von der
»absorption", von dem »engouffrement" und der »sainte perte
de soy en Dieu" gehandelt wird. (»*Qu'est-il de faire et que
peut l'homme*," ruft LABADIE aus, »*que se perdre en Dieu et
s'y engrouffrer entièrement?*")

Hierauf folgt (S. 71—114) ein »Recueil de douze principaux
chefs ou maximes evangéliques" zur Förderung eines wahrhaft

christlichen Lebens. Die erste Maxime ist die, dass ein Jeder durch das Licht des Glaubens und der Gnade d. h. aus dem Worte der Schrift und durch unmittelbare übernatürliche Erleuchtung, sich selbst als ein Wesen erkennt, welches vonwegen seiner Natur und vonwegen der Sünde ein Nichts ist. Die siebente Maxime ist die der mystischen Vereinigung mit Gott, auf welche dann die des Lebens in der Gegenwart Gottes, der inneren Salbung, der Demuth, der Kindeseinfalt und schliesslich der Stille oder *Ruhe* (quietude) folgen. Es wird dabei anerkannt dass sich die Seele nicht immer auf dieser Höhe zu halten vermag, weshalb zur Unterhaltung ihres Zusammenhanges mit Gott unter der Arbeit und Sorge des Lebens der fleissige Gebrauch von Stossgebeten (oraisons jaculatoires) empfohlen wird. Ausserdem wird (ganz ebenso wie es seitens der Quietisten geschieht) für die beiden letzten und höchsten Stufen des mystischen Lebens der Gebrauch eines »directeur" oder Seelenführers empfohlen.

Den Schluss der ganzen Abhandlung bildet (S. 115—144) ein »Avis important sur la pratique de ces maximes et sur les diverses graces et communications divines, qui l'accompagnent et qui la suivent." — In offenbarer Anspielung auf die Schrift der Faru VON GUYON »*Moyen court"* u. s. w. wird die Abhandlung S. 115 als »*court et vray moyen"* u. s. w. bezeichnet. Von vornherein wird der Gedanke, dass ein bloss äusserliches Sichzurückziehen aus der Welt zum Zwecke der Meditation die Seele zur wahren Vereinigung mit Gott bringen könne, zurückgewiesen. Dieselbe kann nur durch den h. Geist bei innerlichster Selbstvertiefung der Seele bewirkt werden, wobei verschiedene Stufen der Gemeinschaft der Seele mit Gott zu unterscheiden sind. Die erste ist das (oft durch ein scheinbar zufälliges Vorkommnis bewirkte) »*touchement"* oder »*atouchement divin"*, auf welche die Stufen der »*illumination"* oder »*irradiation"*, der »*elevation"* oder des »*enlèvement"*, der »*union divine"*, der

»*quiétude*" oder »*sommeil divin*" u. s. w. folgen. Von der
Stufe der »quiétude divine" heisst es: »Dieu attire l'ame à soi
et la fait comme dormir sur son sein, entre ses bras et coule
en elle un si doux plaisir et repos, qu'on diroit, que son en-
tendement, sa volonté et toutes ses facultez spirituelles, et qui
plus est, même corporelles, dorment." Erst von dieser Stufe
aus gelangt die Seele zu ihrer wahren Vollendung in Gott
welche vollkommene »conformité" mit Gott ist und sich als
»enivrement divin ou plénitude de Dieu en l'âme," sowie als
»jubilation" oder »tressaillement divin" äussert. Bezüglich des
letzteren lehrt LABADIE: »Wenn Gott sich der Seele als ein
Gut und zwar als oberstes Gut und als höchste Wonne, Güte
und Schönheit fühlbar macht, so verursacht er ihr durch seine
Gegenwart, durch seine Besitzergreifung und durch eine grosse
Eingiessung seines Geistes und seiner Lieblichkeit in sie eine
Freude und ein Entzücken der Freude, ihren Verstand durch
die Anschauung seiner Gottheit, ihren Willen durch seine
wonnige Gemeinschaft, seine Liebkosungen und göttlichen Ge-
nüsse, ihr Herz durch seine zärtliche Freude, die ganze Seele
und selbst den ganzen Leib mit solchem Genusse erfreuend,
dass sie beginnt mit DAVID zu rufen: Mein Geist und mein
Leib schauern vor Freude (tressaillent d'aise) und werden sagen:
»Ewiger, wer ist Dir gleich?" und wie die Braut im Hohenlied:
»Ziehe uns und wir laufen, wir schauern und freuen uns in
Dir." — In diesem Stande kann sich die von Wonne entzückte
Seele nicht halten, sondern sie wird in heiliger Weise gezwungen
zu singen, zu lobpreissen, zu springen wie MOSES, AARON,
MIRJAM, DEBORAH, wie alle Propheten und wie alle Kinder der
Propheten, — wie auch DAVID vor der Bundeslade sang und
tanzte. — Im neuen Testamente waren MARIA, ELISABETH, JOHAN-
NES der Täufer und die Schaaren, die vor den Heiland kamen und
HOSIANNA dem Sohne DAVIDS riefen, unzweifelhaft in diesem
Stande, — ebenso wie in der Apocalypse die Seelen welche

überall hin dem Lamme nachfolgen wo es hingeht." [1]

Ausserdem gab LABADIE damals mehrere geistliche Dichtungen heraus, namentlich ein Lehrgedicht von neun Gesängen, welches er der SCHÜRMAN dedizirt hatte, unter dem Titel: »*Le triomphe de l'eucharistie* ou *la vraie doctrine de sainct sacrement avec les moyens d'y bien participer.*" (Amsterd. 1667, 113 S. S.) [2]

§ 7.

LABADIE'S AUFLEHNUNG GEGEN DIE KIRCHENORDNUNG UND SEINE DADURCH VERANLASSTE ABSETZUNG.

So gross indessen die Erfolge waren, die LABADIE mit seiner Wirksamkeit in Middelburg erzielte, und so gross auch die Zahl seiner Verehrer war, die er schon jetzt in allen Theilen der Niederlande gewonnen hatte, so konnte hierdurch doch nicht die Thatsache verdeckt werden, dass LABADIE in der reformirten Kirche ein Fremdling war, der allerdings wesentliche Grundlehren derselben mit Entschiedenheit vertrat, der aber dieselben nur gebrauchte um in die reformirte Kirche eine derselben ganz fremde Heilslehre einzuführen, und der ebenso die von der reformirten Kirche geforderte Strenge der Kirchen- zucht nur zu dem Zwecke handhabte, um einen dem reformir- ten Bekenntniss ganz fremden Kirchenbegriff zur Geltung zu bringen. In Utrecht hatte man dies bald herausgefühlt, und auch anderswo traten gegen LABADIE Antipathien hervor, welche sich allmählig zum leidenschaftlichsten Hass gegen ihn steiger- ten, — woran sein eigenmächtiges Vorgehen, sein schroffes, durchaus keinen Widerspruch vertragendes und über bestehende

---

1) Dieses Jauchzen und Hüpfen kam zwei Jahre später unter den Labadisten zu Herford wirklich zum Ausbruch. Siehe unten § 10.

2) Ueber andere geistliche Dichtungen LABADIE's. Vgl. GÖBEL, II, S. 317 ff.

Einrichtungen wie über die Rechte Anderer sich nur allzu leicht überhebendes Wesen nicht am wenigstens Schuld war. Schon dass LABADIE (wegen Krankheit) weder auf die Synode zu Heusden i. J. 1666, noch auf die Classenversammlung zu Amsterdam i. J. 1667 gekommen war, hatte keinen guten Eindruck gemacht. Daher konnte er erst auf der französichen Synode, die 1667 in Amsterdam zusammentrat, zur gesetzlichen Unterzeichnung der *belgischen Confession* aufgefordert werden. Hierzu wollte sich jedoch LABADIE durchaus nicht verstehen, indem er ja in dieser streng-reformirten Confession eine ganz andere Lehre vorfand als die war, welche er selbst vertrat. Die Weigerung Labadie's fiel natürlich im höchsten Grade auf. Man erinnerte ihn daran, dass er doch zu Montauban, Orange und Genf die französische Confession unterzeichnet habe, mit welcher ja die belgische durchaus übereinstimme. Allein LABADIE erklärte, dass er in einer ganzen Reihe von Artikeln die Ausdrucksweise nicht biblisch finde und dass er dieselbe darum unmöglich unterzeichnen könne. [1])

---

1) Von allen Biographen Labadie's, auch von GÖBEL und BERKUM, wird angegeben, derselbe habe die *belgische Confession* darum nicht unterschrieben, weil in ihr (Art. 21) gesagt werde, Christus habe sich für uns „auf dem *Altar*" des Kreuzes geopfert. Nun hat LABADIE allerdings auch diesen Satz beanstandet; allein es wollte mir doch nie einleuchten dass derselbe lediglich um dieses symbolischen Ausdrucks willen die Unterzeichnung der Bekenntnisschrift verweigert haben sollte. Die (alsbald genauer anzuführende) Schrift „*Modeste résolution de la Declaration*" bestätigte denn auch meine Vermuthung, indem dieselbe S. S. 139—140 folgende Aufkunft giebt: „Or cette malice Jesuitique de LABADIE se décrouve beaucoup mieux, si on prend garde aux articles et aux mots de *notre Confession, qu'il accuse de grande corruption et d'erreur*, et qu'il prend pour *le principal pretexte de son schisme*. D'abord il pretendoit de trouver en cette Confession *plus de vingt erreurs en la foy.* Beispielsweise werden nun zwei Ausstellungen angeführt, welche LABADIE an der Confession machte: „Par exemple il improuvoit, qu'en l'art. 18 on rejette l'hérésie des Anabaptistes, qui nient *que Christ ait pris chair humaine*, prétendant, qu'il ne faut point dire, que *Christ* s'est fait homme, mais que *Dieu* ou le Fils de Dieu c'est fait homme pour nous. — Ainsi il improuvoit en l'art. 19 par un erreur evident et une ignorance stupide de la véritable Théologie, que les deux natures en Jesus-Christ s'y décrivent tellement unies en unité personele, *qu'elles n'ont pas même été séparées par sa mort*. — LABADIE's Beanstandung des Art. 21 wird hier gar nicht erwähnt.

Allerdings unterliess es die Synode aus Achtung vor der Persönlichkeit und so reich gesegneten Wirksamkeit Labadie's denselben zu maasregeln; aber eine Verstimmung gegen ihn war doch nun vorhanden und auf der folgenden Synode kam nicht nur seine Zurückweisung der belgischen Confession, sondern auch vieles Andere, worüber man zu klagen hatte, zur Sprache. Man warf ihm vor, dass er seine Schriften ohne Einholung der kirchlichen Approbation herausgegeben habe, dass er sich über die Kirchenordnung hinwegsetze, dass er die vorgeschriebenen liturgischen Gebete nicht gebrauche u. s. w. Man beschloss daher, ihn auf der nächsten Synode, welche zu Vlissingen stattfinden sollte, definitiv zur Unterzeichnung der Confession und zur strikten Befolgnng der Kirchenordnung anzuhalten, und ihn, wenn er in seinen bisherigen Wiedersetzlichkeit beharre, vom Amte zu suspendiren. — Dieser Beschluss erregte jedoch in Middelburg solche Erbitterung, dass der Magistrat der Stadt alsbald in sehr energischer Weise für seinen gefeierten Prediger den Schutz der Stände von Seeland anrief, was zur Folge hatte, dass dieselbe Synode zu Vlissingen, welche LABADIE eventuell suspendiren sollte, gezwungen wurde, die in die Acten der Leidener Synode eingetragene Bedrohung desselben auszustreichen und unlesbar zu machen. —

Inzwischen waren aber Ereignisse vorgekommen, welche für den weiteren Gang der Verhandlungen und für LABADIE's Geschick von entscheidender Bedeutung waren.

Der Arzt LUDWIG MEIJER zu Amsterdam hatte i. J. 1666 anonym eine Schrift unter dem Titel heraus gegeben: *Philosophia s. Scripturae interpres*, in qua veram philosophiam infallibilem sacras litras interpretandi normam esse demonstratur; Eleutheropolis, 1665.

Nach der Meinung des Verfassers sollte die natürliche Vernunft des Menschen die Norm der Schriftauslegung, d. h. die Exegese sollte rationalistisch sein. Darüber aber wurde das ganze bibelgläubige Niederland mit Entsetzen erfüllt. Die Stände von Holland, welche erst vor zehn Jahren den durch das Auftreten des CARTESIUS veranlassten Streit zwischen Theologie und Philosophie gewaltsam beigelegt hatten, veranlassten alsbald die beiden hochangesehenen Professoren COCCEJUS und HEIDANUS, sich sofort gegen diesen grundstürzenden Irrthum zu erheben. Neben ihnen traten aber auch andere rechtgläubige Lehrer der holländischen Kirche zur Bekämpfung des Erzketzers in Amsterdam auf. Einer derselben war der gelehrte Prediger der französischen Gemeinde zu Utrecht, LUDWIG WOLZOGEN, der im J. 1668 eine Schrift unter dem Titel: »De Scripturarum interprete" veröffentlichte. Mit dieser Schrift hatte es jedoch ein eigenes Bewenden. WOLZOGEN hatte sich vorgenommen, die ketzerische Schrift zu widerlegen, war aber, indem er sich mit derselben beschäftigte, von dem Dogma der Kirche so weit abgekommen, dass allen Inspirationsgläubigen seine Schrift als eine Apologie des ärgerlichen Buches erscheinen konnte. Daher erschien alsdann eine grosse Anzahl von Gegenschriften, in welchen ein Sturm der Orthodoxie gegen den Irrlehrer hervortrat. Ausser den Predigern NETHENIUS, KOELMANN, VOGELSANG, DE HAAD, BROWN war es besonders der damalige Prediger zu Leuwarden und nachherige Professor zu Franeker VAN DER WAAIJEN, der für das kirchliche Dogma eintrat. Auch LABADIE glaubte seine Gemeinde vor dem verderblichen Buche warnen zu müssen; und der Kirchenrath der französischen Gemeinde zu Middelburg fand das was LABADIE zur Widerlegung der Schrift MEIJERS vorbrachte, so selbstverständlich, dass er auf Grund desselben bei der nächsten Synode zu Vlissingen einen Antrag auf Reprobirung des Buches einzubringen beschloss.

Dies geschah und die Synode beauftragte drei Kirchenräthe

---

1) Compendium animadversionum ecclesiae gallo-belgicae Medioburgensis in quasdam propositiones libelli L. WOLSOGEN, cui titulus est: De Scripturarum interprete. Mediob. (8 S. S. in 4°.).

(darunter den zu Middelburg) mit einer Berichterstattung über das Buch auf der nächsten Synode. Diese nächste Synode versammelte sich im September 1668 zu Naarden. Die drei mit der Prüfung der vielbesprochenen Schrift beauftragten Kirchenräthe trugen hier ihre Berichte über dieselbe vor, gingen aber in ihren Urtheilen weit auseinander. Dieselbe Dissonanz trat nun auch alsbald in den Versammlungen der Synodalen hervor, — zum Staunen LABADIE's, der aber schliesslich mit starrem Entsetzen erfüllt war, als die Synode zur Abstimmung über das Buch überging und dasselbe mit grosser Stimmenmehrheit für durchaus rechtgläubig erklärte und ausserdem LABADIE und dessen Kirchenrath dazu verurtheilte, durch eine Erklärung in öffentlicher Synodalsitzung WOLZOGEN Genugthuung zugeben.

LABADIE verliess alsbald die Synode um, wie er sagte, sich sofort nach Middelburg zu begeben, und wegen dieses Beschlusses der Synode mit seinem Kirchenrath in Berathung zu treten, womit aber auch die Stellung der Synode zu LABADIE entschieden war.

Die Verstimmung so vieler Prediger und Gemeindeglieder über LABADIE's ganze Eigenart hatte sich allmählig gesteigert. Dazu war gekommen, dass derselbe auch öffentlich, namentlich in Schriften die er im J. 1667 herausgab [1]) und in einer zu

---

1) Die hier hauptsächlich in Betracht kommende Schrift ist „*Le Héraut du grand Roy Jesus*, ou éclaircissement de la doctrine de JEAN DE LABADIE, pasteur sur le règne glorieux de Jesus Christ et de ses Saints et par ses Saints en la terre, aux derniers temps. Amsterd. 1667. — In sehr weitschweifiger Weise wird ausgeführt, wie sich Christus in der Geschichte des Reiches Gottes vom Sündenfall an bis an das Ende der Zeiten als Herrn und König manifestirt, dem Alles unterthan ist, dessen heiligen Absichten Alles dienen muss, und der auch endlich — trotz des Abfalls des Menschengeschlechtes — den Zweck der Weltschöpfung erreicht, indem der Weltlauf mit der Wiederbringung aller erschaffenen Dinge (rétablissement de toutes choses) in dem Stande, in welchem sie ursprünglich aus Gottes Hand hervorgingen, ablaufen wird. Dann erst wird das règne de gloire Jesu Christi in der Gestalt des tausendjährigen Reiches Christi beginnen, indem bis dahin nur das règne de grace besteht. — Ausserdem erschienen 1667 die Abhandlungen „L'Idée d'un

Amsterdam, auf WOLZOGEN's Kanzel gehaltenen Predigt im
Sinne des Chiliasmus und der Lehre von der Wiederbringung
aller Dinge ausgesprochen, und in anderen Schriften die fremd-
artigsten Gedanken über das Wesen der Kirche, über die
Reformation derselben u. s. w. ausgesprochen hatte. Daher
stand jetzt das Urtheil der Synode über LABADIE fest. Diese
sah in ihm einen Fremdling in der Kirche, gegen den mit
umso grösserem Ernste vorgegangen werden müsse, als die
seltene Begabung, die er besass, und die ungewöhnliche Wirksamkeit, die er ausübte, für die Kirche die grössten Nachtheile
befürchten liess. Man beschloss daher LABADIE provisorisch vom
Amte zu suspendiren und, falls er inzwischen nicht zum Gehorsam gegen die kirchliche Autorität zurückkehre, auf der
nächsten Synode seine definitive Amtsentsetzung in Antrag zu
bringen. Eine Commission der Synode, welche beauftragt war,
diesen Beschluss dem Kirchenrath zu Middelburg zu überbringen, war zugleich ermächtigt, alle Mitglieder des Kirchenrathes, welche sich unbotmässig zeigen würden, sofort zu suspendiren.

Der Erfolg dieses Vorgehens der Synode war vorauszusehen.
Fast alle Mitglieder des Kirchenrathes wiesen das Ansinnen
der Synode zurück, indem sie mit Recht hervorhoben, dass ja
LABADIE eines Abfalls von der Kirchenlehre und von der Kirchenordnung noch gar nicht überführt sei. Ohne Weiteres
erfolgte daher ihre Suspension und die Stände von Seeland
bestätigten das ganze Verfahren durch Verfügung vom 15.
Novbr. 1668 [1]) durch welche zugleich der Beschluss, den

---

pasteur et d'une bonne église, ou sermon sur les paroles Act. 20, 28" (128 S. S.),
worin man CHILIASMUS *fand* und mehrere andere, die bei BERKUM I, S. 182—183
verzeichnet sind.

1) Uber die hier berichteten und über die nächstfolgenden Vorgänge ist (ausser
der weiter unter anzuführenden Schrift der Gebrüder DES MARETS: „Histoire curieuse" u. s. w.) zu vergleichen: *„Les plaintes apologétiques de l'église Walone de
Middelbourg* sur un très-grand numbre de chefs importants contenu en trente articles,

die Synode des nächsten Jahres in dieser Sache treffen würde, für unwiderruflich erklärt und LABADIE alles fernere Predigen untersagt wurde.

Die Würfel waren also gefallen, denn an ein Nachgeben LABADIE'S, der sich als erkorenes und berufenes Werkzeug in der Kirche wusste, war nicht zu denken. Vielmehr bezeichnete derselbe das gegen ihn zur Anwendung gebrachte Verfahren öffentlich als eine schreiende Ungerechtigkeit, über welche er um der Sache Gottes willen hinwegzugehen habe, predigte nach wie vor und feierte sogar an einem Communionsonntage in aller Frühe vor dem ordnungsmässigen öffentlichen Gottesdienste, den ein zu seiner Vertretung herangezogener Classenbruder hielt, mit seinen zahlreichen Anhängern (unter welchen sich auch die SCHÜRMAN befand,) die Communion. Ausserdem veröffentlichte er zwei Schriften, in denen er es offen aussprach und zu rechtfertigen versuchte, dass er mit der ganz in Irrthum und Unsitte verstrickten wallonischen Synode durchaus keine Gemeinschaft mehr haben könne und dass er sich durch die, bezüglich seiner getroffenen Anordnungen in keiner Weise binden lassen könne und dürfe.

Die erste dieser beiden Schriften führte den Titel: »Déclaration chrétienne et sincère de plusieurs membres de l'Église de Dieu et de Jesus-Christ, touchant les justes raisons et motifs,

dont elle est grevée des Synodes Walons depuis l'an 1662 et principalement dans les trois derniers synodes tenus à Husden, en Amsterdam et à Leyde l'an 66 et 67." Amsterd. 1668, (für die Geschichte LABADIES und der Niederlande höchstwichtig, jedenfalls van LABADIE verfasst); ferner: *Fidèle recit de ce qui c'est passé au Synode de Naerden*, le 5. 6. u. s. w. de Septembre 1668 sur les affaires de l'église Walone de Middelbourg (Imprimé l'an 1667) und *„Suite de fidèle recit de ce qui s'est passé au Synode de Naerden"* u. s. w. Haye, 1669; und *„Les deux ennemis, amis* ou preuves de l'accord des sentimens du Sr. WOLZOGUE avec la plupart des erreurs de l'Exercitateur paradoxe, qu'il à feint de refuter" par PIERRE YVON, eleu Pasteur de l'église Walone de Middelbourg. Amsterd. 1669; und *„Avondt Discours tuschen een Raedts-Heer, een Doctor en een Walsch-Predicant, rakende D. JEAN DE LABA-DIE, alsook behelsende eenige andere noodige en in desen tydt dienstighe saken. t'Amsterd. 1669.

qui les obligent à n'avoir point de communion avec le Synode
dit Walon." An der Spitze dieser Schrift erklärt LABADIE, dass
es »trois grandes corruptions" der wallonischen Synode wären,
welche ihm die Ablehnung jeder Gemeinschaft mit derselben
zur Pflicht machten, nämlich 1, ihre »corruption en la foi et
en la doctrine;" 2, ihre »corruption en ses societés ou assem-
blées" und 3, ihr »corruption en sa conduite et son gouver-
nement." — Die hauptsächlichsten Lehrirrthümer der Synode
glaubte LABADIE vor Allem in der belgischen Confession erkennen zu müssen. Dieselbe lehre nämlich im Art. 8, »que
l'Essence divine est réellement et en verité distincte;" dass »le
Père, le Fils et le S. Esprit sont distincts par ses proprietez
incommunicables," und dass sie »sont d'une éternité égale,"
während man zu sagen habe, dass die drei es sind »qui sont
distincts par leur proprietez incommunicables" und dass dieselben »égaux en éternité," oder vielmehr dass sie »sont d'une
mesme éternité," oder »une mesme éternité," wie sie »une
mesme essence" sind. — Ebenso sei es schriftwidrig, dass in
Art. 14 der Bekenntnisschrift das »franc arbitre" des Menschen
geleugnet (il rejette tout ce qui se dit du franc arbitre) und dass
in Art. 2 gesagt werde, Christus habe sich »auf dem Altare"
des Kreuzes dem Vater dargebracht. — Ferner fand LABADIE
einen Beweis der Heterodoxie der Synode darin, dass sie auf
ihrer am 5. Septbr. 1668 zu Naarden eröffneten Versammlung
die Schrift WOLZOGEN's mit den zahlreichen in derselben enthaltenen Irrlehren (die LABADIE im Einzelnen aufzählte) approbirt
und dass sie erklärt habe, jedes Gemeindeglied des Synodalverbandes sei zur Beobachtung der von Synodalversamlungen
getroffenen Anordnungen in seinem Gewissen verpflichtet, so
dass Jeder, der dieselben nicht beachte, Sünde thue. Auch
habe die Synode die in 1. Corinth. 14. enthaltene Lehre des
Apostels ausdrücklich verworfen. Hierauf verbreitete sich LA-
BADIE über die angeblichen Gebrechen der kirchlichen Ver-

sammlungen, der Synoden, der Classenconvente und der Con-
sistorien oder Presbyterien, rügte den stereotypen Gebrauch
liturgischer Formulare, die gottesdienstliche Vorlesung von
Schriftabschnitten ohne Hinzufügung einer Auslegung, die
Verkehrtheiten in der Verwaltung der Sacramente, indem man
namentlich Unwiedergeborene als Taufzeugen und als Abendmahlsgenossen zulasse, die leichtsinnige Verrichtung von Trau-
ungen, indem man notorisch Gottlosen christliche Gelöbnisse
abnehme und ihnen Gottes Segen zusage, die Anmaassungen
des Kirchenregiments, welches sich eine päpstliche Autorität
beilege und mit seinen Anordnungen die Gewissen binden wolle,
u. s. w., u. s. w. — Hiermit glaubte nun LABADIE nachgewiesen
zu haben, warum er und die Seinen mit der wallonischen
Synode, so lange dieselbe nicht an sich die gründlichste Reformation vollzogen habe, unmöglich in Gemeinschaft stehen
könne.

Die zweite Schrift erschien unter dem Titel: » *La puissance
ecclésiastiqne, bornée à l'Ecristure et par Elle comme par
l'unique règle de la conduite et de la loi, aussi bien que l'unique
règle de la doctrine et de la foi*,'' par JEAN DE LABADIE, pasteur.
(1660). — LABADIE wollte mit diesem Buche im Interesse seiner
Middelburger Gemeinde aus der Schrift und aus der Geschichte
der Kirche (welche mit der Erschaffung des ersten Menschen
begann) beweisen, dass es in der Kirche keine andere Autorität
geben könnte, als die des Geistes und des Wortes Gottes,
d. h. des in der h. Schrift vorliegenden äusseren und des mit
demselben im innigsten Zusammenhang stehenden inneren Wortes
Gottes. Indem daher das christliche Gewissen nur durch die
Autorität Gottes, nicht aber durch Synodalbeschlüsse und
sonstige menschliche Anordnungen gebunden sein könne, so
sei die Zurückweisung der letzteren, wenn sie im Interesse un-
verkümmerter Wahrung der christlichen Freiheit geschehe, nicht
als Aufruhr anzusehen; vielmehr sei die christliche Gemeinde

verpflichtet, jedem Versuch der Wiederaufrichtung eines neuen Papstthums, das sich neben oder über Gottes Wort geltend machen wollte, durchaus jede Anerkennung zu versagen. —

In gespannter Erwartung sah man allgemein der nächstfolgenden Synode entgegen, welche im März 1669 in Dordrecht zusammentrat. Mit LABADIE erschienen daselbst die suspendirten Mitglieder des Kirchenrathes und einige Gemeindeglieder, um bei der Synode über das gesetzwidrige Verfahren, mit welchem man gegen sie vorgegangen sei, Beschwerde zu führen. Allein ihre Klagen fanden kein Gehör und LABADIE musste daher mit den Seinen, nachdem sie eine volle Woche in Dordrecht verweilt hatten, unverrichteter Sache wieder abziehen. — Die Synode bestätigte den Beschluss der letzten Synode und erklärte LABADIE, sowie dessen Anhänger im Kirchenrath für abgesetzt »weil sie sich gegen die Kirchengesetze, ungehorsam gezeigt und in Absicht gehabt hätten in der Gemeinde Spaltungen hervorzurufen." — Ausser LABADIE wurde auch PIERRE YVON, der (nach dem Abgange des zweiten Pastors MINUTOLI) zum Mitprediger LABADIE's berufen war, seines Amtes entsetzt, und ausserdem wurde den beiden Proponenten DULIGNON und MENURET, so lange sie in ihrer bisherigen Unbotmässigkeit beharren würden, die Kanzel verboten.

§ 8.

LABADIE'S SEPARATION ZU MIDDELBURG UND AUSWEISUNG DESSELBEN AUS DER STADT. — VORÜBERGEHENDER AUFENTHALT LABADIE'S UND DER GEMEINDE DESSELBEN IN VEERE.

LABADIE, der sich bewusst war, von Gott selbst die Mission zur Widerherstellung der apostolischen Kirche empfangen zu haben, war also des Amtes, das er in der reformirten Kirche

20

begleitete, entsetzt worden. Dieses Verfahren seiner kirchlichen
Obrigkeit gegen ihn war nicht sowohl durch ein einzelnes,
greifbares Vergehen LABADIE's, als vielmehr durch die gegen
ihn bestehende Antipathie und Verstimmung veranlasst; und
diese Antipathie war allerdings einerseits durch die Eigenart
desselben, durch die alle entgegenstehenden Schranken durchbrechen wollende Wucht seiner Persönlichkeit, andererseits
durch die Eifersucht und Missgunst mancher Amtsbrüder, die
doch neben einem LABADIE auch etwas sein wollten, herbeigeführt, hatte aber doch vor Allem in dem richtigen Gefühl
ihren Grund, dass derselbe in die reformirte Kirche nicht gehöre und dass mit ihm ein fremder Geist in die reformirte Kirche
des Landes gekommen sei, was namentlich, seitdem LABADIE
als Vertreter des Gedankens der endlichen Wiederbringung
aller Dinge zu Gott und des Chiliasmus hervorgetreten war,
von Unzähligen ausgesprochen wurde.

LABADIE hatte es also zuerst in der katholischen Kirche bis
zu seinem vierzigsten Lebensjahre, hernach fast zwanzig Jahre
lang in der reformirten Kirche, mit einer Begeisterung und
Freudigkeit, die auf einer einem Felsen gleichen Ueberzeugung
ruhte, versucht, seine ihm von Gott zugetheilte Mission zu
erfüllen, und der Versuch war ebenso in der reformirten wie
in der katholischen Kirche misslungen. Von der Wirklichkeit
seiner göttlichen Berufung zur Reformirung der Kirche und
zur Wiederherstellung der apostolischen Kirche in unerschütter-
licher Weise überzeugt, trat daher jetzt in dem Bewusstsein
LABADIE's, bezüglich des Weges, auf dem er seine göttliche
Mission zu erfüllen habe, ein für sein gesammtes nachfolgendes
Leben und Wirken entscheidender Umschwung ein. Er sagte
sich nämlich jetzt, dass eine *Reformirung der bestehenden kirch-*
lichen Körperschaften unmöglich und dass also *die Wiederher-*
stellung der apostolischen Kirche nur durch *Absonderung von*
denselben erreichbar sei; und kaum hatte er sich diesen Gedanken

klar gemacht·, als er auch denselben in seiner Gemeinde zu
Middelburg sofort zur Verwircklichung zu bringen beschloss.
Daher nahm jetzt die reformatorische Wirksamkeit LABADIE's
auf Grundlage des Gedankens der kirchlichen Separation ihren
Anfang.

LABADIE hatte zu Middelburg nicht nur im Kirchenvorstand,
sondern auch in der Gemeinde zahlreiche Anhänger, die ihm
mit Begeisterung und rückhaltlos ergeben waren. Die unmittelbare Folge der Entlassung LABADIE's aus dem Predigtamt
war daher der Austritt seiner zahlreichen Anhänger aus der
französischen Gemeinde, welche sich jetzt um den wie einen
Propheten angesehenen Prediger und Martyrer zu einem ganz
neuen Gemeindeverband zusammenschlossen. Die Organisation
desselben war rasch bewerkstelligt. — Diese separirte Gemeinde
zählte etwa dreihundert Mitglieder. An der Spitze derselben
standen die drei Pastoren und die Aeltesten. Gottesdienstliche
Versammlungen wurden täglich zweimal, Morgens und Abends,
und Sonntags dreimal gehalten. Das zu denselben gebrauchte
Local hatte nichts was es als solches erkennen liess; selbst
eine Kanzel war nicht vorhanden. Der Saal war mit Bänken
angefüllt, unter denen Eine etwas erhöht war. Auf dieser sassen
die Prediger und Aeltesten. Auch die letzteren pflegten hier
öffentlich zu reden. [1] — Zu bemerken ist, dass sich die neue
Gemeinde LABADIE's nicht als reformirte, sondern als *evangelische
Gemeinde* bezeichnete und dass sie sich als eine nur aus wirklich wiedergeborenen Christen bestehende Gemeinde ansah und
angesehen wissen wollte.

Es begreift sich leicht dass zwischen der alten reformirten,
im Verbande der französischen Synode stehenden und der neuen
separirten evangelischen Gemeinde allerlei Reibungen hervor-

---

1) LABADIE macht diese Mittheilungen in einer „*Lettre au Sr. Arondel à Bordeaux*,"
die 1669 zu Dordrecht in französischer und holländischer Sprache gedruckt ward.

traten, welche endlich das Einschreiten der Obrigkeit nothwendig machten. LABADIE und dessen Anhänger wurden daher
beschieden, dass sie die Stadt und deren Gebiet zu verlassen
hatten. [1])

Die Nachricht hiervon war kaum in das eine Stunde von
Middelburg entfernte Städtchen Veere gelangt, als man hier,
wo LABADIE die grösste Verehrung genoss, den Beschluss fasste,
innerhalb der eignen Mauern demselben und seiner Gemeinde
eine Freistätte zu gewähren. LABADIE und YVON wurden daher
von dem Magistrat des Städtchens eingeladen, nach Veere zu
kommen und hier ihre Gemeinde neu zu organisiren. Dank-
baren Herzens wurde die Einladung sofort angenommen und
im J. 1669 wanderten LABADIE und YVON mit einem grossen
Theil ihres Anhanges von Middelburg nach *Veere* aus, wo
nun neben der niederländischen reformirten eine französisch
redende evangelische Gemeinde bestand die, jedes Zusammenhanges mit dem französischen Synodalorganismus entbehrend,
allein von der Autorität LABADIE's getragen und beherrscht
wurde.

Kaum aber hatte sich LABADIE mit den Seinen in Veere
niedergelassen, als der Magistrat zu Middelburg einsah, welchen
Nachtheil er der eigenen Stadt bereitet hatte. Middelburg
verödete, während alle Verhältnisse zu Veere den blühendsten
Aufschwung nahmen. In jeder Woche sah man an zweien
Tagen die Strasse zwischen Middelburg und Veere von den
Massen Middelburger Bürger und Familien bedeckt, welche
nach Veere zu LABADIE's Predigten pilgerten.

Ueber die materiellen Nachtheile ärgerlich, die hierdurch
der eigenen Stadt erwuchsen, verlangte die Regierung zu Middelburg von dem Magistrat zu Veere die Ausweisung LABADIE's

---

1) Nach CHAUFEPIÉ hatte sich die Regierung darauf beschränkt, ihre Missbilligung
der Wühlereien LABADIE's öffentlich zu erkennen zu geben.

und YVON's und erwirkte von den seeländischen Ständen (denen die Middelburger vorstellten, dass LABADIE's Treiben zu Spaltungen in der Kirche und zu Unruhen im Volke führen könnte) einen gleichlautenden Befehl an den Magistrat zu Veere. Aber alsbald erhob sich ganz Veere wie Ein Mann, um den Mann Gottes, den es in seinen Mauern barg, zu schirmen; und als der Magistrat zu Middelburg — trotz der zahlreichen Anhanges, den LABADIE auch jetzt noch daselbst besass, den Entschluss fasste, mit Waffengewalt den Befehl der seeländischen Stände zur Ausführung zu bringen, griff die Bürgerschaft zu Veere sofort zu den Waffen um der Gewalt entgegenzutreten.

Der Bürgerkrieg schien also ausbrechen zu wollen, ein Krieg, dessen Ausgang nicht zweifelhaft sein konnte. Da trat in der elfter Stunde LABADIE dazwischen, indem er erklärte, dass um seinetwillen kein Blut fliessen sollte. Er sähe, dass Gott ihn von Veere hinwegrufe und er sei daher gewillt, mit den Seinen die Stadt zu verlassen und nach *Amsterdam* überzusiedeln. — LABADIE's Worte erfüllten den Magistrat und ganz Veere mit Bestürzung; aber der Entschluss desselben stand fest, und die Bürgerschaft beugte sich vor seinem Willen und legte die Waffen nieder. Doch erklärte der Magistrat in dem Abschiedsbrief, welchen er LABADIE ausfertigte, dass er denselben »sehr ungern und nur aus Gründen der äussersten Nothwendigkeit" gestattet habe die Stadt zu verlassen.

§ 9.

LABADIE'S HAUSGEMEINDE ZU AMSTERDAM.

Am letzten Tage des August i. J. 1669 traf LABADIE mit seinen Freunden YVON, DULIGNON und MENURET und einem Theile seiner Anhänger in *Amsterdam* ein, wo dieselben von

der Regierung und dem Magistrat, insbesondere dem Bürgermeister CONRAD VON BEUNINGEN, mit grosser Zuvorkommenheit
aufgenommen wurden und volle Religionsfreiheit, sowie Schutz
und Schirm zugesichert erhielten.

Inzwischen hatte aher LABADIE's Reformidee eine sehr wesentliche Wandlung erlitten. Bisher hatte derselbe sein Ideal
eines apostolischen Gemeindelebens durch Hebung und Reinigung bestehender Ortsgemeinden zu verwirklichen gesucht, und
so gewaltig auch die Einwirkung gewesen war, die er dabei
auf das religiöse Leben an einzelnen Orten und in weiten
Kreisen ausgeübt, so hatte er doch das Ziel, welchem er entgegen gestrebt, an keinem Orte und mit keiner Gemeinde
erreicht. Denn auch die Schaar der Getreuen, die ihm von
Middelburg nach Veere nachgefolgt, war noch lange nicht das,
was er sich unter einer Gemeinde wirklich Wiedergeborener,
unter einer reinen und wirklich reformirten Gemeinde dachte.
Indem daher LABADIE allmählich eingesehen hatte, dass er mit
einer *Stadt-* oder *Ortsgemeinde* nimmermehr zum Ziele kommen
werde, so beschloss er jetzt, es mit einer *Hausgemeinde*, d. h.
mit der Constituirung einer Gemeinde zu versuchen, deren
Mitglieder ihm als wiedergeborene Christen bekannt waren, die
er zu einer Hausgenossenschaft, zu einem Familienverband
vereinte, so dass in ihr der Unterschied des Gemeindeverbands
und der Familie und Hausgenossenschaft ganz hinwegfiel, indem diese von jenem absorbirt, oder jene zu dieser geworden
war. In dieser Hausgenossenschaft sollte eine von LABADIE
aufgerichtete Ordnung des äusseren Lebens bestehen, welche
ihm die Möglichkeit gab, die Einzelnen und die Gesammtheit
durch seine Mystik zu einer immer volkommeneren Nachfolge
und Nachbildung des Lebens Jesu und dadurch die Seelen Aller
dem Ziele ihrer Vereinigung mit Gott immer näher zu bringen.

Die Hausgemeinde sollte nun für die evangelische Kirche
ganz dieselbe Bedeutung haben, welche für die katholische

Welt das Kloster hatte, d. h. sie sollte ein Vereinigungspunkt für alle die sein, welche mit Ernst nach der wahren Vollkommenheit des christlichen Lebens trachteten und deshalb mit der Welt gebrochen und ihr den Rücken gekehrt hatten, und sollte nach Aussen hin der Ausgangspunkt einer zum Streben nach christlicher Volkommenheit erweckenden Wirksamkeit werden, indem es die Absicht LABADIE's war, von seiner Hausgemeinde aus eine von den bestehenden alten Kirchen ganz unabhängige und grundverschiedene »neue Kirche" erstehen zu lassen, die lediglich *Wiedergeborene* umschliesse, und welche für jene das wahre Salz werden sollte, das dieselben vor gänzlicher Fäulniss bewahre.

Indem nun LABADIE den rechten Weg zur Wiederherstellung der wahren Kirche erst jetzt gefunden zu haben glaubte, und seine reformatorische Wirksamkeit demgemäss von vorn beginnen wollte, so schien die Zeit seinen Projecten nicht ganz ungünstig zu sein. Denn das Verlangen nach einer inneren Reformation der Kirche wurde damals im ganzen Umfange der Kirche Niederlands von Allen getheilt, die überhaupt ein Herz für die Kirche hatten. Der frohesten Hoffnungen voll begann daher LABADIE sein Werk, indem er zu Amsterdam ein geräumiges Haus mit einem Saale und vielen Zimmern miethete, in welchem er mit etwa vierzig Anhängern seine »neue Kirche," wie man sie nannte, einrichtete. Da wurden nun ausser den eigentlichen Predigtgottesdiensten täglich Morgen- und Abendandachten und sonstige religiöse Uebungen gehalten, und Mittags waren ausserdem alle Hausgenossen zu der gemeinsamen Mahlzeit versammelt. An dem gottesdienstlichen Leben des Hauses nahmen sehr bald auch zahlreiche Einwohner von Amsterdam Theil, denen, was LABADIE französisch vortrug, durch einen Dolmetscher in der Landessprache mitgetheilt ward.

Ausserdem gingen YVON, DULIGNON und MENURET noch vor Ablauf des Jahres 1669 auf Reisen, um überall im Niederland

und am Niederrhein für die »neue Kirche" zu missioniren.
Das Thema aller der zahlreichen Ansprachen, welche dieselben
an den verschiedensten Orten hielten, war die Klage über
die Verdorbenheit der Kirche, und die Ermahnung, dass die
Wiedergeboren sich von derselben und von jeder Abendmahlsgemeinschaft mit den Weltkindern lossagen, sich daher bis zu
erfolgter Reinigung der Kirche des Abendmahlsgenusses ganz
enthalten und sich an die Hauskirche LABADIE's anschliessen
sollten.

Von da an hellte sich aber auch das wahre Verhältniss,
welches zwischen LABADIE's Reformationsideen und der reformirten Kirche bestand, auf und die Scheidung der Geister
trat ein.

ANNA MARIA VAN SCHÜRMAN zog nach Amsterdam über,
liess sich im Hauze LABADIE's (im untersten Stock desselben,
wo eine Wittwe aus Middelburg mit zwei Dienstmägden wohnte)
nieder [1]) und brach jetzt mit ihren früheren geistlichen Vätern
zu Utrecht und mit der reformirten Kirche. Aber die Kunde
hiervon — die Kunde, dass die weltberühmte ANNA MARIA VAN
SCHÜRMAN sich der Secte LABADIE's angeschlossen habe, durchzog
alsbald die Lande und von allen Seiten erhielt sie Zuschriften,
welche sie zu der verlassenen Kirche warnend und strafend
zurückriefen. Diese aber frolockte, dass sie jetzt endlich den
alten Menschen wirklich abgelegt und den neuen angethan,
und dass sie das bessere Theil erwählt habe, das Niemand
wieder von ihr nehmen sollte. Denn sie sagte sich nun, [2])

---

1) Der von GÖBEL II, S. 230 mitgetheilte Brief YVON's an die SCHÜRMAN, durch
welchen der Ueberzug nach Amsterdam veranlasst sein soll, ist apocryph. Vgl.
BERKUM I, S. 106. Anmerk 5.

2) So spricht sich die SCHÜRMAN in ihrer Eucleria aus. GÖBEL hat nun (II, S. 279)
die bezüglichen Aeusserungen ganz verkehrt vom evangelischen Gesichtspunkt aus aufgefasst. Er meint, sie habe bis dahin wirklich noch dem Götzen eitler Ehre, der
Selbstsucht gefröhnt uud sei erst jetzt zur wahren Selbstverläugnung gelangt. In
Wahrheit ist die Sache aber die, dass die SCHÜRMAN hier von der Bekehrung im

dass sie bisher neben der Ehre Gottes doch noch ihre eigene
Ehre gesucht habe, während es ihr jetzt gegeben war, vor
Gott nichts sein und nur für die Ehre Gottes leben zu wollen. — Kurzer Hand verkaufte sie daher Alles was sie in
Utrecht hatte und gab es an LABADIE hin, dem sie fernerhin
ganz angehörte. VOET aber erkannte nunmehr die Gefahr mit
der die Kirche von LABADIE's separatistischer Mystik bedroht
war, und beschloss daher, sich jetzt offen gegen dieselbe zu
erheben.

Bei einer am 30. October und am 13. November 1669 zu
Utrecht stattfindenden academischen Disputation, für welche
VOETIUS ein Reihe von Thesen unter dem Titel: *De ecclesiarum
separatarum unione et syncretismo* [1]) — aufgestellt hatte, vertheidigte nämlich derselbe die Sätze: 1, dass Niemand deshalb
die Kirche verlassen dürfe weil in ihr Böse, Laue und Schwache
gefunden würden; 2, dass Niemand deshalb die Kirche verlassen dürfe, um in abgesonderter, klösterlicher Vereinigung
allein mit gottesdienstlichen Uebungen sich zu beschäftigen;
3, dass Niemand die Kirche verlassen und sich unvorsichtig
zu einer Vereiniging verheiratheter Männer und Frauen verleiten lassen dürfe, wäre es auch nur, um den Schein des
Bösen und Aergernis zu vermeiden.

Diese Schrift, welche alsbald (ohne des Verfassers Vorwissen)
auch in holländischer Uebersetzung erschien [2]) und die weiteste
Verbreitung fand, machte ausserordentliches Aufsehen. Hatte
man doch bisher nicht anders gewusst, als dass VOETIUS ein
Gönner LABADIE's und der Bestrebungen desselben war, und
sah man doch nun in ihm die erste theologische Autorität des

Sinne der Mystik redet. Nachdem sie erkannt, dass sie vor Gott ein Nichts sei,
wollte sie nun auch vor Gott *nichts* sein und wollte nun ganz Gott angehören, aus
der Welt fliehen und in diesem Sinne allein der Ehre Gottes leben.

1) Abgedruckt in G. VOETIUS Politica Ecclesiastica, (Amsterd. 1663 ff.) p. 488.

2) Unter dem Titel: Godgelerde vragen en antwoorden wegens de scheidingen en
afweikingen van de kerken. Amst. 1669.

Landes sich gegen denselben erheben! Die Ueberraschung welche
man über dieses Vorkommnis weithin empfand, steigerte sich
aber noch, als man kurz nachher eine unter dem Titel »Nouvelle Condition de calomnies" u. s. w. anonym erschienene
Gegenschrift sah, in welcher VOETIUS als Lästerer, Pharisäer und
Ehrabschneider in unwürdigster Weise gebrandtmarkt wurde [1])
und man erfuhr, dass LABADIE ihr Verfasser sei! VOET beant-
wortete das Pamphlet mit einer sehr ruhig gehaltenen Gegenschrift, — und der Nimbus, mit welchem LABADIE bis dahin
bekleidet gewesen, war in den Augen Unzähliger verschwunden, weshalb jetzt eine ganze Reihe von Streitschriften gegen
ihn erschien [2]). Die bedeutendsten derselben waren die von
den Predigern JOH. VAN DER WAAIJEN und HERMANN WITSIUS
zu Leeuwarden verfasste » *Ernstliche Bezeugung der reformirten
Kirche an ihre irrenden Kinder* " und die Publicationen der
Gebrüder DES MARETS.

Die erstgenannte Schrift [3]) hat zum Thema (S. 20) die
Frage: »ob der Zustand der reformirten Kirche in Niederland
jetzt so verdorben ist, dass eine heilige und zarte Seele ohne
Verletzung ihres Gewissens und ohne Schädigung ihrer Seligkeit
mit derselben im Gehör des Wortes und im Gebrauche des h.
Abendmahles keine Gemeinschaft zu haben vermöge." Die
Verfasser suchen nun zu beweisen, dass die reformirte Kirche
der Niederlande in ihrer Lehre fest am reformirten Bekenntniss
halte, dass sie die Sacramente genau in Gemässheit ihrer

---

1) Der Verfasser hatte es sogar auszusprechen gewagt, dass VOET die SCHÜRMAN
in ihrer Jugend, sozusagen, angebetet und sie zu seinem Abgott gemacht habe, während er sie jetzt, wo sie alt und hässlich geworden, mit Füssen trete.

2) Vgl. BERKUM, I, S. 127—128 und KOELMAN, Historisch verhael u. s. w. S. 78.

3) Der vollständige Titel der Schrift lautet: *Ernstige betuiginge der gereformeerde
kercke aen hare afdwalende kinderen*, meest voorgestelt met de woorden van de
oudste en voornaemste leeraers, dienende tot wederlegginge van de gronden van Sr.
JEAN DE LABADIE en de sijne, door JOH. V. D. WAEIJEN en HERM. WITSIUS, Predicanten tot Leeuwarden. Amsterd. 1670 (378 S. S. in 12).

Stiftung nnd Einsetzung verwalte, dass sie nicht ohne Beweisung des Geistes und der Kraft sei, dass sie vielmehr die
Frucht des Evangeliums reichlich sehen lasse und dass also
Niemand aus der h. Schrift einen Rechtsgrund zum Austritt
aus der reformirten Kirche herleiten könne.

Die Gebrüder HENRI und DANIEL DES-MARETS, Prediger der
wallonischen Gemeinden zu Delft und im Haag, veröffentlichten
zur Rechtfertigung der von den Synoden bezüglich LABADIE's
gefassten Beschlüsse zunächst eine sehr eingehende (freilich
auch sehr einseitige) Beleuchtung der Thätigkeit LABADIE's von
seiner Berufung nach Middelburg an, bis zu seiner Amtsentsetzung, arbeiteten sodann eine auf alle einzelnen Sätze der
»Déclaration chrétienne" LABADIE's eingehende Widerlegung
derselben aus, und liesen beide Schriften mit einem Abdruck
der »Déclaration chrétienne" und einem Abdruck zweier zur
Biographie LABADIE's gehöriger Briefe i. J. 1670 im Haag als
Ein Werk erscheinen. [1])

---

1) Die erste Schrift führt den Titel: *Histoire curieuse de la vie*, de la conduite
et des vrais sentimens de Sr. JEAN DE LABADIE, dont le nom et la réputation font
tant de bruit parmy les gens de bien." A la Haye, 1670 (106 S. S. in 16°).
Daran reiht sich: *„Modeste Résolution de la Déclaration* en forme de manifeste,
publiée par JEAN DE LABADIE, pour justifier ses desseins, ses resolutions schismatiques,
qui luy ont attiré une juste déposition (304 S. S.) Hierauf folgt dann noch ein Abdruck der „Déclaration chrétienne" und eine „Copie de deux lettres, qui se doivent
joindre à l'histoire curieuse de la vie ou des sentimens de Sr. DE LABADIE." Als
Verfasser dieser Schrift wird von den Literatoren allgemein irrthümlich der
Groninger Professor SAMUEL DES-MARETS (MARESIUS) angegeben, indem dieselbe vielmehr von dessen Söhnen verfasst ist, was aus den ersten Worten des dem Werke
vorgesetzten „Avertissement de l'imprimeur" erhellt: „Les Sieurs *Des-Marets frères*
pasteurs dans les églises Walones de Delft et de la Haye, ayant été instamment priés
par leurs amis, il y a six semaines, de justifier le procédé des Synodes contre le
Sieur de Labadie, de lever le voile à son mystère d'iniquité, de découvrir son
hypocrisie, et surtout de réfuter le Manifeste de son schisme, qui porte pour
titre: „la *Déclaration chrestienne*" u. s. w. — Uebrigens ist die Schrift „Histoire
curieuse de la vie" u. s. w. sehr wenig bekannt; selbst NICERON und GOUJET
kennen sie nicht. In dem der Bibliothèque royale zu *Brüssel* gehörigen Exemplar
derselben findet sich die etwa aus der Mitte des 18. Jahrhunderts herrührende Ein-
tragung vor; „à peine est-il connu en Hollande; les disciples de LABADIE à force
d'argent l'ont extrêmement rarifié."

Je tiefer nun vor Aller Augen die Kluft gähnte, die zwischen LABADIE und der reformirten Kirche zu Tage getreten war, umso enger und fester schlossen sich alle Diejenigen, die von der Mystik des Ersteren und von dem Gedanken, dass der Wiedergeborene mit den Nichtwiedergeborenen keine Gemeinschaft haben dürfe, wirklich erfasst waren, an ihren Seelenführer an. Sie alle bestätigten, was die SCHÜRMAN von sich selbst bezeugte, »dass sie gewonnen waren, nicht durch andere Mittel, sondern dadurch, dass die getreuen Diener Jesu Christi ihren Zuhörern einschärften: Verschmähung aller Dinge dieser Welt und die Liebe zu dem wahren inwendigen Christenthum, nach der Kraft des Amtes des Geistes, durch welche sie mit Wort und Vorbild die Schafe Jesu Christi weideten, die Gott ihnen gesandt hatte.'' Zu ihnen gehörten insbesondere die Geschwister ANNA, MARIA und LUCIA D'AERSSEN DE SOMMELSDIJK aus Friesland, sowie zwei andere unverheirathete Damen LUISE HUIJGENS aus Rhynsburg und AEMILIE VAN DER HAAR aus dem Haag, ferner der Bürgemeister von Amsterdam CONRAD VON BEUNINGEN [1]) — ein gelehrter und staatskluger Herr und unbeugsamer Charakter, — der junge Candidat HEINRICH SCHLÜTER, der — rasch im Urtheilen, Reden und Schreiben — eine Zeit lang zu Wesel im Sinne LABADIE's wirkte, jede Berührung mit den »Unreinen'' vermeidend [2]) und lange Zeit als sehr thätiges Organ der »neuen Kirche'' angesehen; und endlich der Prediger ADRIANUS DE HERDER zu Rijswijk, der als unbotmässiger Reformer seiner Stelle entsetzt wurde und dann zu Rotterdam

---

1) GÖBEL theilt (II. S. 235) über ihn mit: Noch in seinem höheren Alter wurde BEUNINGEN ein eifriger Anhänger Böhmes und Gichtels, und gerieth in seiner mystischen und chiliastischen Schwärmerei, nach welcher er den Anfang des 1000 jährigen Reiches in das Jahr 1689 setzte, i. J. 1684 in wirklichen tobsüchtigen Wahnsinn. Später genesen, starb er 1693.

2) Vgl. die „22 Irrlehren'' SCHLÜTERS. die KOELMAN in seinem „Historiseh verhael'' S. 68 ff. aufzählt.

eine aus achtundzwanzig Mitgliedern bestehende labadistische Gemeinde leitete.

Bezüglich Anderer dagegen, die sich ebenfalls von der Kirche separirt hatten, und sich in manchen Beziehungen zu LABADIE hingezogen fühlten, wollte es ihm doch nicht gelingen, sie zum Anschluss an seine Hausgemeinde zu vermögen. Der evangelische Mystiker CHRISTIAN HOBURG († 1673), der als Prediger zu Lathum in der Classe Zutphen in Verdacht kam, dass er den Ansichten SCHWENKFELDS und des DAVID JORIS huldige und deshalb vom Amte suspendirt und in Untersuchung genommen wurde, liess sich allerdings während seiner Suspension dazu bestimmen, mit seiner Frau nach Amsterdam zu kommen und in LABADIE's Haus zu ziehen; als er hier aber zwei oder drei .Wochen verbracht hatte, fühlte er sich von dem Leben in demselben so unangenehm berührt, dass er es verliess und alle Beziehungen zu LABADIE abbrach. —

Der Prediger JACOB KOELMAN zu Sluis in Flandern war lange Zeit ein Bewunderer LABADIE's gewesen; als er aber hörte dass derselbe sich von der reformirten Kirche separirt hatte, verwandelte sich seine Sympathie für den eifrigen Reformator der Kirche in die heftigste Antipathie gegen den Schwärmerischen und hoffärtigen Separatisten, dessen eifrigster Gegner und Bestreiter er nun wurde. — Auch den Theosophen JOH. GEORG GICHTEL; [1] († 1710) und die geistesverwandte ANTOINETTE BOURIGNON († 1680), die damals beide zu Amsterdam lebten, suchte LABADIE zu sich heranzuziehen, jedoch ohne allen Erfolg. — Nur vor jeder Berührung — und Verwechselung — mit den Quäkern glaubten sich LABADIE und dessen Anhänger sorgfältigst hüten zu müssen. — —

---

1) GICHTEL konnte sich namentlich mit dem Streben der Labadisten nach Broterwerb durch Arbeit, mit der Gestattung der Ehe, sowie auch mit dem geschlossenen Sektenwesen derselben nicht zurechtfinden, indem er selbst durchaus nicht eine Sekte bilden wollte.

LABADIE hatte nun durch seine eifrige und energische Wirksamkeit zu Middelburg, Veere und Amsterdam einen zwiefachen
Erfolg erzielt. Zunächst hatte er nämlich an den genannten
Orten, und sodann durch die Thätigkeit der nach allen Seiten
hin dirigirten Sendboten in vielen anderen Städten sich eine
beträchtliche Anzahl von Anhängern erworben, welche ihn als
ihr geistliches Oberhaupt verehrten, welche zu regelmässigen
Conventikeln zusammentraten, aus LABADIE's Schriften sich ihre
religiöse Nahrung holten und auf dem Wege seiner Mystik, in
strenger Absonderung von allen Weltkindern, in der Nachfolge
Jesu zur Vereinigung mit Gott und zu ihrer religiösen Vollkommenheit zu gelangen trachteten. Sodann war durch ihn
der Gedanke der Reformation der Kirche, der Gedanke dass,
dieselbe in der Masse ihrer Mitglieder ganz verweltlicht und
daher einer inneren Erneuerung bedürftig sei, in ganz Niederland und in den reformirten Bezirken des Niederrheins in
einer Stärke angeregt, dass, wonn dieser Gedanke auf die
rechten Wege gelenkt ward, davon eine wirkliche und dauernde
Hebung, Reinigung und Kräftigung des Lebens der Kirche
mit Sicherheit erwartet werden konnte. Leider war dieses aber
von LABADIE nicht zu hoffen, und zwar aus dem einfachen
Grunde, weil dessen kirchliche Tendenzen zu dem gesammten
reformirten Kirchenthum in einem solchen Gegensatz standen,
dass dieselben auf Unterwühlung und Auflösung des letzteren
gerichtet sein mussten.

Dieses trat zunächst in Amsterdam in der Weise hervor,
dass LABADIE, um die der Kirche und dem Evangelium entfremdeten Gemeindeglieder ganz unbekümmert, lediglich die
besten Kräfte der reformirten Gemeinde an sich zu ziehen
suchte, sie der Kirche innerlich entfremdete und sie von der
Theilnahme am h. Abendmale abhielt, und dass er mit dieser
seiner Proselytenmacherei in zahllosen Familien Uneinigkeit
und Zwietracht hervorrief. LABADIE wirkte also auf das Ge-

meinde- und auf das Familienleben zerrüttend ein. Zählte man doch damals zu Amsterdam, wie die ANNA MARIA V. SCHÜRMAN versichert, sechsigtausend Gemeindeglieder, welche sich zu LABADIE hielten, und darum nicht mehr zur Abendmahlfeier kamen![1] Aehnliches war aber in allen grösseren Gemeinden des Landes wahrzunehmen.

Nothwendig musste daher die Kirche ihre Gemeinden gegen diese verderbliche, alles kirchliche Leben zersetzende Einwirkung zu schützen suchen, weshalb zunächst die Kirchenräthe der holländischen und der wallonischen Gemeinde zu Amsterdam die Regierung um Abhülfe angingen. Ausserdem wurde die Regierung aber auch auf den Synoden des Jahres 1670 auf das Dringendste ersucht, gegen LABADIE's Wühlereien und gegen die »neue Kirche" einzuschreiten.

Hierzu konnte sich freilich die Regierung welche (unter JOH. v. WITT) das Princip der Religionsfreiheit vertrat, nicht sofort entschliessen. Indessen ereigneten sich zu Amsterdam einige Vorkommnisse, infolge deren die »neue Kirche" in der öffentlichen Meinung plötzlich so sehr sank, und der Unwille der Massen gegen dieselbe so stark hervortrat, dass dem Treiben LABADIE's nothwendig Schranken gesetzt werden mussten.

Ein in der Hauskirche LABADIE's vorgekommener Todesfall hatte das seltsame Gerücht veranlasst, dass die Gestorbene (eine Wittwe) im Hause todtgeschlagen worden sei, und nun im Garten eingescharrt werden sollte. Dieses Gerücht fand sonderbarer Weise Glauben, und bald war LABADIE's Haus von dichten Volksmassen umstellt, welche dasselbe zu stürmen drohten, weshalb die Regierung dass Haus drei Tage lang militärisch besetzt halten musste. Alle Verständigen lachten natürlich über den Unverstand, aber das Volk wollte von der »neuen Kirche" nichts mehr wissen.

---

1) EUCLERIA, Bl. 252.

Hierzu kam ein anderer Vorfall, der sich in der Hauskirche selbst zutrug. MENURET, den LABADIE wie einen Sohn liebte, wurde vom Wahnsinn befallen und starb in Raserei. Einige Hausgenossen LABADIE's kamen hierüber auf eigene Gedanken. Sie meinten nämlich, dass, wenn die neue Kirche wirklich das Werk der Gnade und wenn sie wirklich Gottes Hausgenossenschaft sei, — dass dann ein solches Ende mit Schrecken bei keinem Angehörigen derselben vorkommen könnte. LABADIE hörte hiervon, stellte eine Untersuchung nach dem Urheber des Geredes an, und ermittelte hierbei, dass von zweien seiner Hausgenossen der eine dem Socinianismus, der andere dem Quäkerthum zugethan war. Da nun LABADIE dieselben hierüber in einer Versammlung der Hausgemeinde scharf tadelte, so beschlossen beide sich dadurch zu rächen, dass sie gemeinschaftlich mit zweien anderen Brüdern, die sie für ihr boshaftes Project gewannen, einen Bericht über das Ableben MENURET's aufsetzten, in welchem gesagt ward, dasselbe sei durch einen Fusstritt LABADI'E auf die Brust des Kranken herbeigeführt oder beschleunigt worden. Diese Schrift wurde dem (in der Nähe LABADIE's wohnenden) Prediger der deutschen Gemeinde zu Amsterdam, JOH. SYLVIUS und von diesem dem zuständigen Richter mitgetheilt. In der Untersuchung, welche alsbald angestellt ward, erwies sich allerdings das Ganze als eine elende Lüge und Verläumdung; allein man hatte dabei erfahren, dass LABADIE in seiner Hausgemeinde notorische Ketzer hege, und der Respect, den man bis dahin noch vor ihm gehabt, sank daher mehr und mehr, zumahl da eine ganze Reihe von Streitschriften gegen ihn erschien [1]) unter denen namentlich

---

1) Eine der ersten war der „Recueil de pièces, concernantes la déposition de Arch. JEAN DE LABADIE, arrêtée par le synode wallon assemblée à Dordrecht en Mars 1669. (Hier wird LABADIE mit dem „imposteur Simon" und dem Tartüffe Molières zusammengestellt.) Die entsetzlichsten Calumnien finden sich in der Schrift: „Le départ apostatique de JEAN DE LABADIE hors de ces provinces unies" von 1670 (191 S. S.) vor.

das von dem Professor MARESIUS i. J. 1670 herausgegebene
»Propempticon ad J. LABADIUM Exjesuitam Autocraticon et
Heautontimoroumenon" ganz ausserordentliches Aufsehen machte.
LABADIE's Name war jetzt zu Amsterdam in Jedermanns Munde
und über dessen Hausgemeinde kamen die wunderlichsten Ge-
rüchte in Umlauf. Zugleich wurde jetzt die Regierung von
allen Seiten her von dem Verlangen bestürmt, dass sie LABADIE
unschädlich machen sollte. Daher erlies diesselbe endlich die
Verfügung, durch welche es allen denen, die nicht im Hause
LABADIE's wohnten, verboten war die Predigten und geistlichen
Uebungen desselben zu besuchen.

Diese Verfügung erfolgte zu einer Zeit, wo eine Anzahl von
Middelburger Familien im Begriffe stand, zu LABADIE nach
Amsterdam überzusiedeln. Die Uebersiedelung unterblieb nun,
LABADIE war nach Aussen hin gänzlich abgesperrt und der
Hausgemeinde, die damals gegen einhundert Seelen zählte, war
jede Aussicht auf Vergrösserung genommen.

Tief betrübt machte die SCHÜRMAN ihrer alten Freundin,
Aebtissin des reichsfreien Fräuleinstifts Herford, Prinzessin
ELISABETH (einer Tochter des Kurfürsten FRIEDRICH VON DER
PFALZ) Mittheilung hiervon und diese — eine hochgebildete,
ernste und fromme Dame, die es einst verschmäht hatte, die
Gemahlin des Königs WLADISLAUS IV. von Polen zu werden,
die aber stolz darauf war, sich eine Schülerin und Freundin
des grossen Philosophen CARTESIUS nennen zu können, und
die mit der von ihr sehr verehrten SCHÜRMAN seit vierzig Jahren
im herzlichsten Verkehr stand, — fasste sofort den Entschluss,
der Hausgemeinde LABADIE's in ihrem kleinen Stiftslande eine
Freistätte zu eröffnen, weshalb sie einen angesehenen Herrn
aus Gravenhaage beauftragte, ihre Einladung zur Uebersiedelung
persönlich nach Amsterdam zu überbringen. Allerdings vollzog
derselbe den ihm ertheilten Auftrag nicht, indem ihm eben
damals zwei der gegen LABADIE erschienenen Streitschriften

die »Histoire curieuse de la vie de Sr. DE LABADIE" und die
»Modeste refutation de la declaration") zu Gesicht gekommen
waren, welche er, über den Inhalt erschreckt, der Prinzessin
zuschickte. Auf diese machten jedoch die Schmähschriften nicht
den mindesten Eindruck, da ihr der gottselige Character LA-
BADIE's und der Hausgemeinde durch die Zugehörigkeit der
SCHÜRMAN zu derselben vollkommen verbürgt war, weshalb sie
nun die Einladung zur Uebersiedelung der Hausgemeinde in
ihr Land an LABADIE unmittelbar gelangen liess.

Das war für LABADIE ein Ruf Gottes, dem er dankbar und
willig zu folgen hatte. Auch seine Hausgenossen frohlockten,
dass Gott ihnen in so überraschender Weise eine neue Thüre
aufgethan habe, durch welche sie zur Ruhe und zum Frieden
eingehen könnten. Sofort wurde daher Dulignon nach Herford
geschickt, um mit der Aebtissin wegen der für die Hausgemeinde erforderlichen Räumlichkeiten und sonstiger Verhältnisse (namentlich die nöthige Cultusfreiheit der Hausgemeinde
betr.) das Nöthige zu vereinbaren, und nachdem hierauf die
Aebtissin ihrem Vetter, dem Kurfürsten FRIEDRICH WILHELM
VON BRANDENBURG, dem Schutzvogt des Stiftes, unter dem 21.
Aug. 1670 die Anzeige gemacht, dass ihre Freundin A. M. v.
SCHÜRMAN und andere holländische Jungfrauen zu Amsterdam
mit zwei Predigern, die in Holland verfolgt würden, in Herford ein niederdeutsches geistliches Stift, in der Weise des
daselbst auf dem Berge bestehenden hochdeutschen Stiftes,
errichten wollten, rüstete sich LABADIE zum Abzuge von Amsterdam. Etwa fünfzig Hausgenossen entschlossen sich ihm zu
folgen. Damit aber die in Amsterdam ausgestreute Saat nicht
wieder verloren gehe, liess sich zur Fortsetzung der geistlichen
Uebungen mit den Zuruckbleibenden ein (nicht im Hause LA-
BADIE's, sondern in der Stadt wohnender) Freund desselben,
der Kaufmann BARDOWITZ — der bisher als Dolmetscher LABA-
DIE's für die nur der holländischen Sprache Kundigen fungirt

hatte — bereitfinden. Die Amsterdamer Hausgemeinde verwandelte sich daher jetzt in einen Conventikel, dessen Haupt BARDOWITZ war, worauf LABADIE mit seiner zahlreichen Begleitung gegen Ende des September 1670 zu Schiffe von Amsterdam abzog.

§ 10.

DIE LABADISTEN IN HERFORD. [1])

LABADIE war mit den Seinen zu Schiff nach Bremen gekommen, durfte sich aber daselbst nur zwei Tage aufhalten, nach deren Ablauf die kleine Gemeinde ihre Reise zu Wagen fortsetzen musste. Von Minden in den Wagen der Prinzessin ELISABETH abgeholt traf die Gemeinde endlich im Anfang des October in Herford ein, wo der grössere Theil derselben anfangs in Hütten bei dem Jülicher Hofe, später (mit alleiniger Ausnahme der drei Fräulein VAN SOMMELSDIJK, die sich in einem besonderen Hause einrichteten) in dem Amtmann Steinmeyer'schen Hause wohnte. — Als die Häupter der etwa 50 Seelen zählenden Genossenschaft traten hervor die »Pastoren" LABADIE, DULIGNON, YVON, die »Prediger" HEINRICH und PETER SCHLÜTER aus Wesel, ferner die SCHÜRMAN, die Frau des PETER SCHLÜTER, geb. DE VRIES, die WILHELMINE VON BUYTENDYK, die drei Schwestern ANNA, MARIA und LUCIE VAN SOMMELSDIJK aus Friesland, LOUISE HUYGENS aus RHIJNSBURG und AEMILIE VAN DER HAAR aus dem Haag. Doch waren die eigentlichen Autoritäten der Gemeinde LABADIE und die alte ehrwürdige SCHÜRMAN, — jener insgemein »Papa," diese »Mama" genannt.

---

1) Ausser den bei VAN BERKUM, II, S. 203—204 und bei GÖBEL II, S. 236 Anmerk. angegebenen Quellen ist hier die nach bisher noch unbekannt gewesenen Quellen ausgeführte Abhandlung HÖLSCHERS „Die Labadisten in Herford" (in dem Herforder Gymnasialprogramm von 1864) benutzt.

Die Prinzessin suchte nun allerdings den Fremdlingen, an denen ihr Herz hing, förderlich zu sein, wie sie nur konnte; allein die Aufnahme, die dieselben in Herford fanden, war doch geradezu eine trostlose zu nennen. Denn Bürgerschaft, Rath und Geistlichkeit in Herford waren über das Eindringen, der »Holländer" in ihre lutherische Stadt mit der grössten Erbitterung erfüllt. Man meinte, dass sie nichts anderes als eine Abart von Quäkern wären, und darum innerhalb des heiligen Reiches gar nicht geduldet werden dürften. Der Superintendent NIFANIUS ZU BIELEFELD wollte auch von arger Unsittlichkeit wissen, die unter den Eindringlingen heimisch sei, weshalb der Magistrat den Bäckern und Brauern verbot, ihnen etwas zu verkaufen, und neu ankommende Jungfrauen, die in LABADIE's Gemeinde eintreten wollten, vor den Thoren der Stadt abweisen liess, während der Pöbel den Fremden auf den Strassen alle möglichen Insulten erwies, in ihren Häusern die Fenster einwarf u. s. w. — Zum Glück besass jedoch Labadie's Schaar nicht nur die Huld der Prinzessin, sondern auch die besondere Gunst des kurbrandenburgischen Generalmajors und Landdrosten von Ellern, der auf dem nahen Sparenberg commandirte. Derselbe hatte wiederholt die Gottesdienste LABADIE's besucht, hatte sich an diesen sehr erbaut und unterstützte daher die Vorstellungen, welche die Prinzessin zu Gunsten LABADIE's bei dem Kurfürsten erhob, so kräftig, dass der Letztere für den Fall fortgesetzter Bedrückungen der Fremden durch den Rath und den Pöbel die Stadt mit Einquartirung bedrohte.

Der Umstand nun, dass das Gemeinschaftsleben der Labadisten in Herford ganz neu geordnet wurde und hier einen ganz neuen Anfang nahm, und dass dies im fortwährender Kampfe mit Anfeindungen aller Art, mit einem bis dahin noch nie laut gewordenen Hasse, Hohn und Spott der »Welt" geschehen musste, veranlasste es, dass sich im Leben und in den Einrichtungen der kleinen Gemeinde der Gedanke einer aus

der »Wellt" (wozu man auch die allgemeine Kirche rechnete)
ganz herausgehobenen, zu ihr im schroffsten Gegensatze stehenden, in sich selbst abgeschlossenen und zur Pflege einer
von dem kirchlichen Christenthum ganz unabhängigen Religiosität vereinten Genossenschaft immer characteristischer und
prägnanter ausprägte.

Labadie richtete seine Andachten ein, indem er wöchentlich
zweimal, Sonntags und Mittwochs Vormittags in der Stiftska-
pelle öffentliche Gottesdienste (die oft von 300—400 Personen
besucht waren) in französischer und deutscher Sprache, und
ausserdem täglich zweimal in dem von der Hausgemeinde gemeinschaftlich benutzten von Cornberg'schen Hause (auch der
Münzhof genannt) gottesdienstliche Uebungen hielt.   In diesen
Predigten und Uebungen sprach er von den nothwendigen
Voraussetzungen und wesentlichen Merkmalen des inwendigen
Christenthums, dabei vor Allem zur Geduld und Ergebung,
zur Abkehr von der Welt, zur vollkommen Selbstverläugnung
und Selbstüberlassung an Gott und zu unablässiger Selbstmortifizirung ermahnend. »Diese Uebungen waren," wie die Schürman
bezeugt, »so himmlisch, dass sie uns der Welt und uns selbst
ganz entrückten, und uns zu Gott und unseren Seligmacher so
entführten, dass wir uns selbst und all das Unsrige durch eine
sehr feurige Liebe ihm als unwiderufliches Opfer übergaben,
und dass wir uns seiner göttlichen Leitung durch Sein Wort
und Seinen Geist und durch Seinen heiligen Dienst, durch den
er sich geoffenbart und in Christo uns sich zu eigen gemacht
hat, ganz weihten. Daher erschien es uns nicht unangemessen,
die Geburtszeit unserer Kirche von dieser Zeit an zu rechnen,
und darum wollten wir auch, dass dieses durch die Feier des
h. Abendmahls der Welt bekannt würde." —

Aus diesen Worten der Schürman — die wohl als Ausdruck
der die gesammte Genossenschaft damals bewegenden Gedanken
angesehen werden müssen, — erhellt, dass dieselbe von dem Be-

wusstsein erfüllt war, jetzt erst zur rechten inneren Gemeinschaft und Einheit des Lebens in Christo, und zum vollen Bruche mit der Welt und dem eigenen Selbst gelangt zu sein. Natürlich musste diese Thatsache des inneren Lebens in irgend einem neuen Moment des Gemeinschaftslebens seinen Ausdruck finden, und dieses geschah in der Verzichtleistung aller Mitglieder der Hauskirche auf allen eigenen Besitz, in der *Einführung der Gütergemeinschaft.* Erst hiermit schien das Erste und Wesentlichste, was die Hauskirche von allen ihren Angehörigen forderte, nämlich die Verleugnung und Hingabe des eigenen Selbst, auch von dem Ganzen der Genossenschaft äusserlich bestimmt verkündet, und in dem Lebensorganismus derselben dargestellt zu sein.

So war also eine Einrichtung getroffen, an der es, wie man annahm, von Jedermann erkannt werden konnte, dass man sich als Brüder und Schwestern mit der Liebe Jesu untereinander liebte, weshalb zur Weihe der ganz neubegründeten Verbrüderung die Feier des h. Abendmahls beschlossen ward.

In den Nachmittagsstunden eines Wochentages trat daher LABADIE's Gemeinde zusammen. Man setzte sich zu Tische, betete, las die Einsetzungsworte des Abendmahls, und Brot und Wein ward zur Verkündigung des Todes Christi, aus welchem das Leben und die Liebe Christi geboren ist, gereicht und genossen. Da fühlten sich plötzlich Einige in ihren Herzen wunderbar gehoben und erregt. Es war wie ein Zungenreden, das man aus dem Munde Einzelner vernahm — bis ein Lied angestimmt ward, das die ganze Versammlung sang, das aber die bis dahin nur an Einzelnen wahrgenommene Erregung des Geistes sofort auf alle Abendmahlsgenossen mit einer solchen Stärke übergehen liess, dass sich erst einige, dann mehrere, zuletzt alle, darunter auch der alte LABADIE und die noch ältere SCHÜRMAN — erhoben und einander zu umhalsen, zu küssen und mit lautem Jubel zu tanzen begannen. Und dieser

seltsame geistliche Jubel währte fast eine ganze Stunde. Das
Ergebniss desselben war aber für LABADIE's Genossenschaft das
jetzt fast in allen Gliedern derselben felsenfest stehende Bewusstsein, dass man nunmehr in Wahrhéit Ein Herz und Eine
Seele in dem Herrn geworden sei. [1])

Allerdings war eine derartige mystische Abendmahls- und
geistliche Liebesfeier doch gerade nicht nach dem Sinne aller
Anhänger LABADIE's, weshalb einige. derselben sogar einen solchen Anstoss daran nahmen, dass sie sich von der ganzen
Genossenschaft lossagten. Auch verbreitete sich die Kunde von
dem seltsamen Vorkommniss sehr bald nach allen Seiten hin
und rief aller Orten neuen Hohn und Spott, neuen Hass und
Zorn gegen LABADIE wach, weshalb dieser sich veranlasst sah,
seine Abendmahlsfeier in einer Schrift zu vertheidigen. [2]) Aber
zunächst brachte das Geschehene der Genossenchaft darum keinen Schaden, weil dieselbe dadurch in ihrer ganzen Eigenart
und in ihrem inneren Zusammenhange sich wesentlich gekräftigt fühlte. Dazu kam, das die Gemeinde immer noch von
Aussen her Zuwachs erhielt, und daher trotz des Austritts
Einzelner numerisch wuchs. [3]) Auch waren LABADIE und dessen
Freunde in den Jahren 1671 und 1672 schriftstellerisch aus-
serordentltch thätig und wussten durch ihre von Herford aus
verbreiteten Schriften im weitesten Umkreis alle empfänglichen
Gemüther an sich zu ziehen. LABADIE bediente sich hierzu

---

1) Späterhin soll LABADIE's Gemeinde etwa noch fünfmal das Abendmahl in ähnlicher Weise gefeiert haben.

2) Gegen LARADIE's Abendmahlsfeier waren mehrere Schriften vou J. BORSTIUS
(„Over het Dansen en kussen der Labadisten"), BROWN u. s. w. erschienen, welche
LABADIE in seinem „Geestelijk gejuich" zu widerlegen suehte.

3) ADRIAN DE HERDER hatte sich schon entschlossen, mit seinem Anhang nach
Herford überzusiedeln, änderte aber seinen Entschluss. Daher zogen seine Anhänger
ohne ihn nach Herford ab, nachdem sie zuvor einen der Ihrigen, THOMAS SERVAASZ,
der bis dahin als Knecht auf einer Schiffszimmerwerfte gearbeitet hatte und später
in LABADIE's Gemeinde einer der „sprechenden Brüder" ward, zu ihrem Führer
gewählt. J. v. BERKUM, II, S. 15.

einer eigenen Druckerei, die er von Amsterdam mitgebracht hatte. Der Drucker LAURENTIN AUTEIN, in dessen Verlag alle diese Schriften erschienen, nannte sich, »Drukker van de Fransche en Nederduitsche Kirche op de Vorstelikhe Vreiheidt tot Herford" oder »Bibliopola in libertatis Abbatialis urbis Herfordiae districtu" oder »Imprimeur de l'église françoise et flamande recueillie en la franchise d'Herford." Doch wird auf einzelnen dieser Schriften Amsterdam als Druckort bezeichnet.

Unter denselben sind hier insbesondere drei hervorzuheben, zunächst die Schrift »*Points fondamentaux de la vie vraiment chrétienne nécessaires, premièrement à mediter et ensuite à pratiquer, recueillis des Ecritures et mis en ordre*" par JEAN DE LA-BADIE, pasteur. Amsterd. 1670. — LABADIE stellt hier auf 344 S. S. (in 12°) 30 »points fondamentaux" auf. Zunächst wird erörtert, dass die Welt — welche ebenso in uns wie ausser uns ist, — sich im Zustande gänzlicher Corruption befindet, dass von dieser Corruption nicht nur die Seele sondern auch der Leib des Menschen erfasst und dass eine Hingabe des Herzens an Gott nur bei gänzlichem Bruche mit der Welt möglich ist. Der natürliche Mensch muss daher, um zu Gott gelangen zu können, vor Allem ernstliche Reue über seine Sünden empfinden. Diese Reue ist aber dem Menschen nur dann möglich, wenn derselbe den Ruf Gottes innerlich empfunden und erfahren hat; denn nur Gottes Geist vermag den Menschen zu der wahren Reue zu erwecken, welche sich vor Allem in Selbstentsagung und in Mortifizirung des Fleisches bethätigt und welche die Voraussetzung der Wiedergeburt ist. Diese letztere ist einerseits Ablegung des alten Menschen und andererseits ein Anziehen (revêtement) Jesu Christi. Erst durch das letztere wird der Mensch zu einem wahrhaft christlichen Leben befähigt, welches wesentlich Nachfolge (Nachahmung, imitation) Christi ist. (Nous sommes obligez de le — nämlich Jesus-Christ — copier, représenter et par conséquence aussi imiter sa vie en ses vertus u. s. w.). Indem daher das Leben des Christen auch eine *expression de Christ et ses souffrances* sein muss, so gehört zu demselben auch das »pur sacrifice et abandon de soy et de toutes choses entre les mains de Dieu." In diesem Opfer hat der Christ zur Verherrlichung Gottes auf Alles, *auch auf seine ewige Seligkeit zu verzichten.* Durch eine solche Nachfolge Jesu wird der Christ zu einem solchen Leben in Gott erhoben, dass er in Allem Gott sieht, und ein wahrhaft innerliches Christenleben (l'intérieur) zu führen vermag. Dieses innerliche, geistliche Leben ist zunächst Contemplation, sodann die fortwährende Ausübung der Tugenden der Selbstverläugnung und der rückhaltlosen Hingabe an den Willen Gottes und endlich eine Liebe zu Gott, durch welche die Seele endlich in das Wesen Gottes so einströmt, wie die Bäche und Ströme sich in das Meer ergiessen (Dieu est la mer et nous sommes les fleuves et les ruisseaux). —

Es bedarf keiner weiteren Nachweise, dass LABADIE hier von der Nachbildung des Lebens und Leidens Jesu von der (»uninteressirten") Liebe, welche zur Ehre Gottes auch auf die ewige Seligkeit zu verzichten jeder Zeit bereit ist, und von dem Sichverlieren der Seele in die unendlichen Tiefen der Gottheit ganz in derselben Weise wie die quietistischen Mystiker jener Zeit redet.

An die vorgenannte Schrift schliesst sich ein anderes Elaborat LABADIE's an, welches ein Jahr später unter dem Titel erschien: *» L'empire du S. Esprit sur les âmes , ou la justification entière de sa Conduite dans les fidèles avec celle de sa communication , possession , demeure , présence et opérations en eux et en elles , —* par JEAN DE LABADIE, pasteur," Amsterd. 1671 (634 S. S. in 12⁰). — — LABADIE entwickelt hier seine Mystik von dem Gedanken aus, dass der Gläubige lediglich ein Werkzeug des in ihm wohnenden und in ihm lebenden h. Geistes ist, wofür er aus der Reihenfolge des Schriften des A. und des N. Testaments Belege beizubringen sucht. Auch hier ist in das christliche Leben wesentlich Nachbildung des Lebens Christi, weshalb er auch hier darauf dringt, dass der Christ dasselbe Opfer, welches Christus dem Vater dargebracht, in sich darbringen müsse. [1]) Die dritte hierher gehörende Schrift ist LABADIE's *Traité du Soi et des diverses sortes de soi, ou le renoncement à Soi Même*, par JEAN DE LABADIE, pasteur." Herford 1672. — LABADIE betrachtet hier das Ich des Menschen 1, im Stande der Unschuld, 2, im Stande der Schuld, 3, im Stande der Verworfenheit und Verlassenheit und 4, im Stande der Erneuerung und der Wiedervereinigung mit Gott. Die Erneuerung des Ich (réparation du soi) geschieht durch das grosse und allgemeine Mittel, welches Christus vorbildlich gegeben hat, nämlich 1, durch ein »détachement de toutes elles et de soi pour n'avoir que Dieu et se n'attacher qu'à lui." Dadurch wird der Mensch tüchtig gemacht im Glauben Christum so zu ergreifen dass er das Leben und Leiden Christi nachzubilden, also auch seine Seele, seinen Leib, seine Sinne, seine Neigungen am Kreuze Christi zu mortifiziren vermag. Hierdurch wird das Ich allmählich ein wahrhaft christliches Ich, nämlich das Ich Christi und Gottes (*le soi chrétien, le soi qui est de Christ et de Dieu.*) —

Diese in den Jahren 1670—1672 erschienenen Schriften beweisen also, dass LABADIE damals ganz derselben Mystik zugethan war, für die er sich schon zwanzig Jahre früher erklärt

---

1) LABADIE sagt S. 550: Non seulement nous sommes destinés à estre *sacrificateurs*, mais destinés à estre des *sacrifices*, et en nous comme en Jesus. — Nous debvons donc nous offrir tous à Dieux et à Jesus même, leur offrir nôs âmes et nos corps, nos entendements et nos volontés, nos estres, vies et toutes choses, comme Jesus offrit pour nous estre, personne, corps, âme, vie, oeuvres, souffrances et toutes choses. — Hierauf legt sich L. die Frage vor: Or par qui fairons nous cette feste et cette offrande? — Qui sera la bon esprit à nous y mouvoir? Quelle main nous aydera même à nous y egorger, puisqu'l n'est point sacrifice sans egorgement? L. antwortet: Certes il n'est Esprit propre à faire cela en nous et par nous, que le même qui l'a fait en Jesus Christ. — Il faut, que l'Esprit, qui a meu et animé à cela le Chef, y meuve et dresse les membres; il nous faut tous mourir de même main et bruler de même feu u. s. w.

hatte. Ein eigentlicher Umschwung in den Gedanken desselben
trat aber während dieser Zeit bezüglich seiner Auffassung der
Ehe ein.

Ebenso wie alle quietistischen Mystiker jener Zeit hatte
LABADIE ursprünglich eine sehr geringe Meinung von dem sitt-
lichen Werthe der Ehe gehabt. Im ehelichen Leben sah derselbe ein
Hinderniss oder wenigstens eine Erschwerung des wahren Got-
teslebens, und bei der Errichtung der Hausgemeinde zu Amsterdam hatte er den (freilich nicht geradezu ausgesprochenen)
Gedanken, dass alle Angehörigen der Genossenschaft, wo möglich, unverheiratet sein und bleiben sollten.   Allein es scheint
gerade das enge Zusammenleben beider Geschlechter zu Herford,
welches nothwendig zu Vertraulichkeiten und Inclinationen
führen musste, bei LABADIE und dessen Freunden eine Aenderung der früheren Meinung veranlasst zu haben. Dieselben
traten nämlich jetzt in Ansprachen an die Gemeinde mit der
Lehre hervor, dass die Ehe eine heilige Stiftung Gottes, und
dass sie eben darum von Gott nur für Heilige, für wirklich
Wiedergeborene bestimmt sei, welche ihre Ehe als Organe
Gottes führen sollten. Denn der Zweck der Ehe sei die Erhaltung und Mehrung des Reiches Gottes, weshalb die Ehe-
schliessung von Weltkindern sowie auch der Geschlechtsumgang
von Wiedergeborenen, der nur die Befriedigung der Sinnenlust
zum Zwecke habe, allerdings ein Missbrauch der Stiftung Gottes und darum Sünde sei. Indem nun die Ehe sofort und
vollständig unter das Gesetz des Gemeinde gestellt wurde, so
traten auch alsbald die bedenklichsten Folgerungen der neuen
Lehre hervor. Die Ehen einzelner Genossen der Hausgemeinde,
deren Gatten ausserhalb derselben lebten und als nicht heilig
galten, wurden für aufgelöst erklärt, und ebenso wurden die
Eheschliessungen unter Gliedern der Hausgemeinde ganz und gar
von dem Ermessen der Oberen abhängig gemacht, während
die öffentliche, den Landesgesetzten entsprechende Schliessung

der Ehe umgangen wurde. Auch machten die drei Häupter
der Gemeinde sofort für sich selbst von der neuen Lehre Gebrauch, indem sie heimlich die drei reichsten Fräulein, welche
zu derselben gehörten, heiratheten. LABADIE heirathete nämlich
die LUCIE VAN SOMMELSDIJK [1]), YVON [2]) deren Schwester MARIA und
DULIGNON die MARIA VAN DER HAAR. Die aus den Ehen der
Hausgemeinde hervorgehenden Kinder betreffend wurde jetzt von
LABADIE gelehrt, dass dieselben, als aus heiligem Samen hervorgegangen, *von der Erbsünde* frei und darum, auch ohne Schmerzen
geboren werden würden. — Geschähe dieses nicht, so sei damit
bewiesen, dass die Aeltern noch nicht ganz rein wären. Auch
wären diese Kinder nicht als Eigenthum der Aeltern, sondern
als ausschliessliche Angehörige Gottes und des Reiches Gottes
d. h. der Gemeinde, anzusehen und zu erziehen.

Alle diese Dinge, die seltsame Abendmahlsfeier, die Einführung der Gütergemeinschaft, die neue Lehre von der Ehe,
die heimliche Eheschliessungen der Pastoren (welche bekannt
wurden) und die Wochenbetten ihrer Frauen [3]) — regten nicht
nur die Erbitterung der zahlreichen Gegner der Gemeinde auf's
Neue an, sondern veranlassten auch im Innern derselben Zer-

---

1) Noch v. BERKUM hat (II, S. 18) die Angabe DITTELBACHS (eines ursprünglichen
Anhängers und nachherigen Gegners LABADIE's), dass sich LABADIE verehelicht habe,
bestritten. Indessen wird dieselbe durch die Mittheilungen Gichtel's (s. GÖBEL, II,
S. 234) als vollkommen sicher erwiesen.

2) YVON hat die neue Lehre von der Ehe später in seiner Schrift „*Le mariage
chrétien. Sa sainteté et ses devoirs*," Amst. 1685, ausführlich zu entwickeln und zu
begründen versucht. Uebrigens sagt YVON in derselben nichts davon, dass Ehen
zwischen Bekehrten und Unbekehrten aufzulösen seien. Er beklagt (S. 354 ff.) ein
solches Verhältniss nur als eine von den zur Bekehrung gelangten Gatten mit Geduld
zu tragende Calamität. Den Zweck der Ehe findet er in der Kindererzeugung. Doch
sollen bekehrte Ehegatten nicht sowohl von dem Verlangen nach Kindersegen als
vielmehr von dem Wunsche erfüllt sein (S. 344), dass aus ihrer Ehe künftige Bekenner des Namens Christi, Genossen des Gnadenbundes hervorgehen möchten, —
zur Mehrung der Ehre Gottes.

3) Des alten LABADIE Frau gebar in Herford ein todtes Kind und YVON's Frau
kam schon einige Monate nach der auf Geheiss der Prinzessin vollzogenen öffentlichen
Trauung desselben nieder.

würfnisse, welche den Austritt einzelner Gemeindeglieder aus
LABADIE's Hause zur Folge hatte. Auch die Prinzessin ELISA-
BETH hörte mit Bestürzung von den heimlichen Eheschliessungen
und erzwang deren öffentliche Einsegnung durch ihren Kaplan.
Im Uebrigen freilich liess sich dieselbe in ihrem Glauben an
LABADIE durch Nichts irre machen.[1] — Inzwischen waren
jedoch bei dem Kurfürsten von Brandenburg so bedenkliche
Berichte des Magistrats zu Herford über das Treiben der Laba-
disten eingelaufen, dass dieser sich endlich veranlasst sah, zur
Constatirung des wirklichen Thatbestandes im December 1670

---

[1] Dieses zeigte sich namentlich, als die Prinzessin im Mai 1671 den Besuch
ihrer geistreichen Schwester, der Kurfürstin SOPHIE VON HANNOVER und ihres, Nef-
fen, des Kurprinzen KARL VON DER PFALZ, sowie der Begleiter derselben, des Superintendenten von Osnabrück und des gelehrten aber leichtfertigen kurpfälzischen
Historikers PAUL HOHENBERG erhielt. Die Gäste waren des Spottes über LABADIE
und dessen Gemeinde voll; aber die Prinzessin wies alle Anschuldigungen und Verdächtigungen derselben energisch zurück.

Interessant ist, was HOHENBERG (der über diese Zusammenkunft berichtet hat)
hierbei über das was er in LABADIE's Hause sah, mittheilt. „Den anderen Morgen,"
so erzählt HOHENBERG „begaben wir uns alle nach LABADIE's Hause. Gleich vor
der Thüre erschien in einem sehr schlechten Anzuge FRL. VON SCHÜRMAN, welche
die Hereintretenden mit einem kalten Grusse empfing. Man führte uns in ihr Zimmer, wo viele schöne Gegenstände unsere Blicke auf sich zogen: Gemälde von der
Hand der sehr gelehrten Jungfrau, welche mit der Natur um die Wahrheit stritten;
desgleichen Holz- und Wachsbilder von sprechendem Ausdruck, welche unsere Bewunderung erregten. Inzwischen kam mit langsamen und bescheidenen Schritte ein
alter Mann in's Zimmer. Sein Gesicht schien durch Leiden abgehärmt, und seine
Miene verkündigte, dass seine Seele, ich weiss nicht was für, göttliche Gedanken
hegte, übrigens von unansehnlichem Aeusseren. Kurz, dass sah man bald: *er war
einer der Sterblichen, welche ein besserer Geist angehaucht und nach ihrer Erhebung
über die Erde dem Umgange mit Gott nahe gebracht hat.* Er grüsste mit freund-
lichen Worten unseren Prinzen und sprach sehr beredt von der Frömmigkeit seiner
Tante und den Verdiensten des pfälzischen Hauses um die Religion. Hierauf ging
er zu einer ordentlichen Predigt über und sprach ein Langes und Breites von der
göttlichen Liebe und von dem Verderben und der Unwissenheit des Menschengeschlechtes. Dass der LABADIE war, war nicht zu verkennen; denn Aller Augen waren
auf ihn gerichtet, und Jeder sah auf ihn wie auf den vom Dreifuss redenden Apollo.
— — LABADIE predigte über Math. 6, 24 ergreifend und mit besonderem Andringen
an den Prinzen, wodurch die ganze Gemeinde mit ausserordentlichen Andacht erfüllt
wurde. Einige erhoben kläglich ihre Augen gen Himmel, andere schlugen sich
seufzend und ächzend an die Brust, ja einige weichherzige Mädchen vergossen Ströme
von Thränen."

eine Deputation nach Herford zu schicken. Allerdings glaubte die Prinzessin gegen dieses Verfahren, in welchem sie eine Nichtachtung und Verletzung ihrer Hoheitsrechte sah, protestiren zu müssen, was (wie es scheint) auch zur Folge hatte, dass die Deputation nicht nach Herford kam und insbesondere auf eine persönliche Vernehmung LABADIE's verzichtete; [1]) dagegen wurde dieser durch das Vorgehen des Kurfürsten, auf dessen Gunst und Schutz er bis dahin mit der vollkommensten Zuversicht gebaut hatte, so erschreckt, dass er sich zur Wahrung seines kirchlichen Rufes zu einem Schritte veranlasst sah, oder vielmehr zur Wiederholung eines Schrittes, der als der dunkelste Punkt seines Lebens angesehen werden kann.

Schon früher hatte LABADIE von Middelburg aus unter dem 1. Febr. 1669 eine Schrift unter dem Titel herausgegeben »*Protestation de bonne foi, de pure et saine doctrine réformée et de general orthodoxie.*" Diese Schrift wurde nun am 21. Jan. 1671 durch Unterzeichnung der Pastoren LABADIE, YVON und DULIGNON und der beiden Prediger der Gemeinde, H. SCHLÜTER (der also damals Herford noch nicht verlassen hatte) und P. SCHLÜTER und durch das zustimmende Zeugniss der SCHÜRMAN erneuert. — Zugleich aber arbeitete LABADIE eine Art von Commentar und Apologie seiner Protestation aus, welche Schrift als genaue Darlegung seiner Lehre gelten sollte, und welche nun, mit der Protestation an der Spitze, in deutscher, holländischer und lateinischer Sprache verbreitet ward. Der Titel der deutschen Bearbeitung lautet: *Declarationsschrift* oder eine nähere Erklärung der reinen Lehre und des gesunden Glaubens JOHANNIS DE LABADIE, PETRI YVON, PETRI DU LIGNON (Pastores) HENRICI SCHLÜTER, PETRI SCHLÜTER (Prediger); bei LAURENZ AUTEIN, Drucker der französischen und niederländischen

---

1) Ueber diese und die nachfolgenden Verhandlungen wird in HÖLSCHER's Abhandlung S. 10 ff. zum ersten Male aktenmässiger Aufschluss gegeben.

Kirche auf der Fürst Freiheit zu Herford, 1671." — In dieser
Schrift bezeugt LABADIE (in Gemeinschaft mit seinen Freunden)
seine Uebereinstimmung mit den von ihm unterschriebenen
Bekenntnisschriften der reformirten Kirche, sowie mit Calvin's
Institutionen, mit des PETRUS MARTYR LOCI communes, mit
den Lehrbüchern des POLANUS VON POLANDSDORF, des AMESIUS
u. s. w., und spricht sich darum über die Grundlehren des
Systems im Einzelnen ganz im Sinne der reformirten Dogmatik
aus.   Die mystischen Anschauungen LABADIE's werden ganz
verschwiegen.   Aber auf Einem Punkte tritt derselbe doch geradezu vom Boden der reformirten Lehre ab, indem er (S. 37)
als die Wurzel des neuen Lebens des Gerechtfertigten die von
dem h. Geist in das Herz desselben, nach erfolgter Rechtfertigung eingegossene Liebe hinstellt, also die Einheit, welche die
Rechtfertigung und die Heiligung nach reformirter Kirchenlehre
im Wesen der insitio in Christum haben, nicht anerkennt.
Daher liegen ihm auch die Begriffe von Glauben und Liebe so
weit auseinander, dass er (S. 38) sagt: »Diese Liebe ist eigentlich
das geistliche Herz der neuen Creatur, gleichwie der Glaube
derselben Haupt ist, wovon sie in Allem geführt und regiert
wird." — Aber gerade unter diesem Begriffe der »eingegossenen
Liebe" liegt die mit der reformirten Heilslehre unverträgliche
Mystik LABADIE's versteckt.

Am Schluss der »Protestation" LABADIE's findet sich eine
zustimmende Erklärung der auf dem Titelblatte genannten
Anhänger desselben abgedruckt, auf welche sodann der zweite
Haupttheil des Buches, nämlich eine »Erklärung, was wir
halten von der Kirche ins Gemein und ins Besondere," folgt.
Dieselbe ist von den Vorgenannten zu Herford am 17. Sept.
1671, von der ANNA MARIA von SCHÜRMAN schon am 17 Febr.
1671 unterzeichnet.   Auch hier suchen die Verfasser sich als
die entschiedensten Vertreter der reformirten Kirchenlehre zu
geriren, indem sie von dem Werk- und Gnadenbund, von

dem ewigen Gnadenrathschluss u. s. w., ganz so wie es in der reformirten Dogmatik geschieht, lehren. Auch wollen sie ausdrücklich Angehörige der reformirten Kirche sein. Allein auch diese Erklärung ist doch nicht ganz lauter. Die reformirte Kirche wird immer nur so erwähnt dass (mit Reserve) von der »*recht* reformirten" oder der »wahren reformirten Kirche" geredet wird. Der von allen Labadisten vertretene Gedanke, dass neben der mittelbaren Wirksamkeit des h. Geistes durch das Wort auch eine unmittelbare Wirksamkeit stattfinde, wird (S. 52) verschwiegen, und bei der Erwähnung der drei Kennzeichen der wahren Kirche wird das zweite, nämlich »die reine Bedienung der Sacramente, wie Christus dieselben hat eingesetzt", in dem Sinne aufgefasst, dass kein Unreiner, kein Ruchnoch Gottloser (d. h. kein Unwiedergeborener) in deren Bedienung und Ausspendung gefunden werde." — Daneben wird vielfach die eigentliche Meinung durch allerlei Redewendungen thunlichst verdeckt. Von der Kindertaufe wird gesagt, dass dieselbe, da sie einmal bestehe, nicht zu verwerfen sei, dass aber auch die Meinung Derer, welche die Taufe als göttliches Siegel der Wiedergeburt bis zu erfolgter Wiedergeburt verschoben haben wollten, Vieles für sich habe. — Die Ehe betreffend wird mit ersichtlichem Interesse ausgeführt, was Alles der Gedanke, dass ein gläubiger Gatte sich von einem ungläubigen trennen könnte, für sich habe und hinterher dann freilich die Missbilligung dieses Gedankens ausgesprochen.

Als Beilage ist dem Buche der Abdruck einer ganzen Sammlung von Zeugnissen (aus Montauban, Orange, Genf, Ter Veer) welche die Rechtgläubigkeit, die moralische Integrität und die eifrige und gesegnete Wirksamkeit Labadie's documentiren, beigefügt.

Die holländische Bearbeitung der Schrift erschien unter dem Titel: » *Verklaeringe van de suiverheid des Geloofs en der Leere von* DE LABADIE, PIERRE YVON, PIERRE DU LIGNON, *herders,*

als ook mede van veele andere geloovigen, die God met malkanderen vereenigt heeft, om ware kerken te maken, gereformeert soo wel in Leere als in Leven, Bestier ende Leydinge
u. s. w. Herford, 1672. Ebenso wie diese holländische war
auch die lateinische Bearbeitung der Schrift durch Beifügung
einzelner Abhandlungen polemisch-apologetischen Inhalts erweitert. Die letztere erschien unter dem Titel: *Veritas sui vindex, seu solemnis fidei declaratio* JOH. DE L. u. s. w. *pastorum*; —
Herford 1671 und neu überarbeitet 1672. Als Anhang sind
zwei Abhandlungen beigegeben, in deren ersterer LABADIE zu
beweisen sucht, dass seine Lehre von der des Quäkerthums
grundverschieden sei, während die letztere (*tractatus de sabbatis-
mo*) die Ansicht desselben von der Bedeutung der Sabbathsfeier
darlegt. Seine Meinung ist die der Coccejaner, nach welcher
im Leben des Christen alle Tage und alle Werke dem Dienste
und der Verherrlichung Gottes geweiht sein sollen, und also
nicht ein einzelner Wochentag als solcher hierzu bestimmt
sein kann, weshalb der Christ am Sonntag ebenso zu leben
berechtigt und verpflichtet ist wie an jedem anderen Tage der
Woche.

Mit diesen Publicationen glaubte nun LABADIE seinen kirch-
lichen Ruf einfürallemal sichergestellt und fernere Vexationen
unmöglich gemacht zu haben. Allein er irrte sich. Der Hofprediger JOH. HUND zu Cleve und der Professor der Theologie
PAULI am academischen Gymnasium zu Hamm verfassten im
Auftrage der Commission des Kurfürsten von Brandenburg, ein
Gutachten welches unter dem Titel veröffentlicht ward: »*Anti-
Labadie* d. i. Herrn JOHANN DE LABADIE und seiner Gesellschaft
Protestation und kurze Erklärung oder Glaubensbekenntniss,
französisch und hochdeutsch und dagegen Herrn JOH. HUNDII
kurbrandenb. Hofpredigers in Cleve und ADRIAN PAULI, der
h. Schrift Doctor — Gutachten und Bedenken — auf Ver-
ordnung der kurf. brandenb. Herrn Commissarien, auch Gut-

befinden der Generalsynode von Jülich, Cleve, Berg und Mark
in Druck gegeben. Hamm, 1671 (224 S. S. in 4⁰.)" — Sechs
schottische Prediger, die aus der Heimath geflüchtet nach
Rotterdam und Utrecht gekommen waren, veröffentlichten eine
sehr energische Streitschrift gegen LABADIE's Lehre von der
Kirche; auch LABADIE's früherer Freund, HEINRICH SCHLUTER,
der mit seiner Frau und mit einigen anderen Angehörigen der
Hausgemeinde am 5. Apr. 1672 Herford verliess und LABADIE
für immer den Rücken kehrte, trat als Gegner desselben auf,
und endlich glaubten auch die Synoden von Jülich—Cleve—Berg
und Mark die Gefahren, von denen die Landeskirche bedroht
war, nicht länger übersehen zu dürfen. [1])

Daher musste LABADIE zur Vertheidigung seiner angeblichen
reformirten Rechtgläubigkeit abermals vorgehen. Gegen die
sechs schottischen Prediger veröffentlichte er eine Schrift: »*Den
Tabernakel Gods ontdeckt*, of de ware Leere van de Kerke,
tonende, dat sy een Geheel ander Lichaam is als de Werelt,
en ganschelik van haar is afgescheiden. — Herfordt, 1672
(254 S. S. in 12⁰.)," worin er seltsamer Weise zu begründen
suchte, die reformirte Kirche lehre — mit gänzlicher Beseitigung
der von den Gegnern gebrauchten Unterscheidung der Begriffe
einer sichtbaren und einer unsichtbaren Kirche — 1, dass nur
die Wiedergeborenen Kinder der Kirche wären, und 2, dass
sie unter »Kirche" lediglich die sichbare Kirche verstehe. —

---

1) Im Auftrage der Provinzialsynode zu Duisburg und einer ausserordentlichen
Synode zu Hamm, erliess der Prof der Theol. und Pfarrer ADRIAN PAULI zu Hamm
unter dem 10. Aug. 1671 ein Schreiben an LABADIE, worin er über das Aergerniss
klagte, welches derselbe durch seine Separation von der reformirten Kirche allen
Kirchengemeinden gebe, und ihn aufforderte, zur verlassenen Kirche zurückzukehren. — LABADIE antwortete sehr gereizt von Herford den 8. Sept. 1071: Er sei
sich durchaus keiner Secession von der „ecclesia *vere* reformata" bewusst; nur mit
der Sünde wollten er und die Seinen keine Gemeinschaft haben, indem er der Ansicht sei, dass, da der Christ den Beruf habe, sich immer mehr von der Sünde zu
reinigen, eine wirklich reformirte Gemeinde daran erkannt werde, dass sie unabläs-
si an sich reformire, um in allen ihren Gliedern immer vollkommener zu werden.

Gleichzeitig ging YVON mit der Veröffentlichung einer Schrift vor, [1]) worin er den Gedanken ausführte, dass zwar in einer wahren Kirche auch Heuchler und überhaupt auch Nichtwiedergeborene sein könnten, so lange sie als solche nicht erkannt worden wären, dass aber die wahre Kirche nur solche Glieder umfassen dürfe, deren Wiedergeburt man mit gutem Grunde annehmen und glauben könne, und dass der Christ auch nur mit ihnen christliche Gemeinschaft haben könne. —

Inzwischen hatten aber der Magistrat von Herford und die lutherisehen Geistlichen daselbst nicht aufgehört in allerlei Weise bei der Prinzessin gegen die »Holländer" zu machiniren. Man hatte von Amsterdam, Bremen und Wesel die nachtheiligsten Gerüchte über ihre Vergangenheit, und von der theologischen Facultät zu Duisburg ein sehr ungünstiges Gutachten über ihre Lehre beigebracht, und ausserdem hatte man der Prinzessin vorgestellt, dass durch diese Sectirer die Bürgerschaft in Gewerbe und Nahrung beeinträchtigt werde. Auch wurde der Versuch gemacht, den Kurfürsten von Brandenburg durch seine Schwester, die Landgräfin HEDWIG SOPHIE von Hessen-Cassel zu beeinflussen; allein Alles war bis dahin erfolglos gewesen. Daher rief der Magistrat endlich die Hülfe des Reichskammergerichtes zu Speier an, von welchem er auch sehr rasch ein Mandat vom 31. Oct. 1671 erwirkte, worin — mit Bezugnahme auf den Reichsabschied von 1529 gegen die Wiedertäufer, auf den 17. Artikel des westphälischen Friedens und auf die Transaktion zwischen Stadt und Stift Herford von 1643, welche den Schöffen der Stadt die Criminaljustiz über das Stiftsgebiet zugewiesen hatte, — der Prinzessin bei Strafe von 30 Mark löthigen Goldes und unter Androhung der Reichs-

---

1) Examen der 21 Artikulen, rakeude de staat der ordinare gereformeerde Kerken dewelke men heeft toegeschreven aan JEAN DE LABADIE en PIERRE YVON, herders Door PIERRE YVON, herder. Herf. 1672.

acht aufgegeben ward, LABADIE, YVON, DULIGNON und die beiden SCHLÜTER als Sektirer, Wiedertäufer und Quäker aus ihrem Gebiet zu verweisen, weil durch ihren Aufenthalt im Reiche »grosse Weiterung, Aufruhr, Empörung und Blutvergiessen entstehen möchte, auch das Zusammenwohnen beider Geschlechter unter Einem Dache der Ehrbarkeit, gemeinem Besten, Nutz und Wohlfahrt, auch allem Rechte zuwider sei. — Zugleich wurden die Aebtissin und die fünf Ausgewiesenen zu persönlichem Verhör binnen 60 Tagen vor das Reichskammergericht vorgeladen.

Die Prinzessin staunte, als sie sah, was der Magistrat hinter ihrem Rücken in Speier fertig gebracht hatte. Entschlossen, sich um das Kammergerichtsmandat gar nichts zu kümmern, theilte sie dasselbe sofort ihrem Bruder, dem Kurfürsten, mit, klagte, dass der Magistrat dasselbe durch die schändlichsten Lügen und Verläumdungen erschlichen habe und bat in einer Sache, die sowohl seine eigene als ihre fürstliche Lehre angehe, gegen den anmaasslichen Magistrat energisch einzuschreiten. Der Kurfürst erliess auch alsbald an den Magistrat einen scharfen Verweiss; allein auch der letztere machte sich um denselben nicht viele Sorge, und die Feindseligkeiten des Magistrates und der Prediger gegen die Labadisten hatten nach wie vor ihren Fortgang. Um daher die letzteren einigermaassen sicher zu stellen, liess die Prinzessin dieselben, oder wenigstens den grösseren Theil, nach der, eine Stunde von Herford entfernt liegenden Domäne *Sundern* (welche nicht unter Herforder, sondern unter Ravensbergischer Jurisdiktion stand) übersiedeln und begab sich selbst im Januar 1672 nach Berlin, um hier für die Interessen der Gemeinde persönlich zu wirken.

Ehe indessen die Prinzessin zurückkehrte, hielt es LABADIE — wegen der Fährlichkeiten, die der zwischen Frankreich und Kurköln einerseits und den Niederlanden anderseits ausgebrochene Krieg bringen konnte, und vonwegen der unsicheren rechtlichen

Lage der Hausgemeinde für rathsam, mit den Seinen Sundern und Herford zu verlassen. Der Abzug der Gemeinde erfolgte ganz still vom 23. Juni an, nachdem dieselbe vorher in einem an die Prinzessin gerichteten Danksagungsschreiben die Gründe ihres Weggehens dargelegt hatte. PETER SCHLÜTER und einige andere Angehörige LABADIE's blieben noch kurze Zeit zurück, um die Geschäfte der Gemeinde abzuwickeln und insbesondere für die Fortschaffung der Druckerei und der Bibliothek Sorge zu tragen. — Das Ziel der neuen Wanderung war im Allgemeinen Dänemark, indem man gehört hatte, dass dort die freie Ausübung der reformirten Religion gestattet sei. Wie es scheint, wollte man in Hamburg nähere Erkundigungen einziehen. Hier angekommen entschloss sich jedoch LABADIE, zunächst in Altona für einige Wochen ein Haus zu miethen und da abzuwarten, wohin ihn Gott. mit den Seinen rufen würde.

§ 11.

DIE LABADISTEN IN ALTONA. — LABADIE'S TOD.

Die Gemeinde hatte sich kaum in Altona niedergelassen, als alle Pläne, mit denen sich dieselbe für die nächste Zukunft trug, durch LABADIE's plötzliche Erkrankung durchkreuzt wurden. Volle vier Monate hindurch schien es zweifelhaft zu sein, ob LABADIE je wieder gesunden könnte, bis endlich der fünfte Monat eine glückliche Wendung seines Befindens brachte.

Inzwischen waren die in der früheren Heimath zurückgebliebenen Brüder, nachdem sie alle ihre Geschäfte erledigt, ebenfalls aufgebrochen, um sich wieder mit der Gemeinde zu vereinigen. Da es jedoch in dem Hause zu Altona an Raum fehlte, mussten die Nachzügler sich in Bremen niederlassen und daselbst so lange verweilen, bis die Nachricht kam, dass man jetzt zu Altona ausserhalb der Stadt zwei geräumige

Häuser [1]) erworben habe, welche Raum genug für Alle böten. Hier lebte nun die Gemeinde — die wiederholt neuen Zuwachs erhielt und allmählich über 150 Mitglieder zählte — in glücklichster Ruhe. LABADIE schrieb damals, — gewissermaassen als seinen Schwanengesang — sein *Justum iudicium de iusta bonorum a malis quod ad unionem communionemve ecclesiasticam attinet*, *secessione*, *ex ore Dei h. e. ex Scriptura Sacra prolatum*, [2]) und die SCHÜRMAN arbeitete ihre ebenso liebliche als für die Geschichte des Labadismus hochwichtige Schrift » Eucleria" aus. [3])

Nicht lange nachher, am 6. Febr. 1674, erkrankte LABADIE abermals und er fühlte es jetzt, dass der Herr vor der Thüre stehe, um ihn abzurufen. Sein Testament hatte er schon während seiner letzten langen Krankheit aufgesetzt. Dasselbe lautete: [4])

»Ich, JEAN DE LABADIE, durch Gottes Gnade ein Christ

1) Das Haus, in welches LABADIE einzog, liegt in der Johannisgasse und war 1791 von dem Commerzienrath Schwers bewohnt. Die SCHÜRMAN wohnte in der Reichengasse. (GÖBEL, II, S. 273.)

2) LABADIE gab die Schrift pseudonym heraus, indem es auf dem Titel heisst: ‚auctore DANIELE JONA BEDA, separato Gal—Bel—Germ—Anglico. Neapoli 1673. — Diese Schrift sollte ein Compendium seiner Gedanken sein, welchen er durch die lateinische Sprache in der ganzen Welt Verbreitung verschaffen wollte. Die Grundgedanken, welche hier entwickelt werden, sind: Jede wahre Kirche ist eine sichtbare Gemeinde Erwählter, welche wirklich wiedergeboren und gereinigt sind. — Zur Welt steht die Kirche in demselben Gegensatz, wie Christus zum Antichrist, — darum muss der Bestand jeder wahren Kirche, wie einerseits auf der ewigen göttlichen Erwählung, so andererseits auf gänzlicher Abtrennung von der Welt beruhen. — Die Reinigung und Erneuerung des Menschen kommt zu Stande durch Abtödtung des eigenen Selbst, durch Selbstaufopferung an Gott u. s. w. — Die reformirte Prädestinationslehre ist also der Ausgangspunkt der Gedankenentwickelung. Die Mystik LABADIE's wird nur hier und da angedeutet, indem er z. B. S. 85 als Erforderniss der Vereinigung mit Gott hervorhebt: spiritus sacrificium, mortificatio, destructio, exspoliatio veteris hominis, carnis et carnalium affectuum crucifixio, novi hominis indutio u. s. w.

3) Das Buch erschien unter dem Titel: „A M. à SCHÜRMAN ΕΥΚΛΗΡΙΑ seu melioris partis electio. Tractatus vitae eius delineationem exhibens. Altonae ad Albim; ex officina CORNELII VAN DER MEULEN, a. 1683 (207 SS. in 12°), mit dem Motto: Luc. 10, 41—42: Unum necessarium; Maria optimam partem elegit." — In Wiewerd arbeitete sie dann einen zweiten Theil der „Eucleria" aus, welcher die Fortsetzung ihrer Biographie enthält, und der nach ihrem Tode 1685 zu Amsterdam bei v. D. VELDE (206 SS. in 12°.) erschien. Dieser zweite Theil ist ausserordentlich selten.

4) Die SCHÜRMAN hat Labadie's Testament im zweiten Theil ihrer Eucleria veröffentlicht.

und durch dieselbe Gnade Hirt seiner Gemeinde, da ich
nach seiner Vorsehung zwar nicht gesund am Leibe, sondern
vielmehr ernstlich krank und sehr entkräftet, aber nach derselben Güte gesund an Sinnen und Verstand bin, habe geglaubt, ehe ich zuletzt und auf ewig mich Ihm und Seiner
Hand übergebe, mit eigener, wenn auch schwacher und zit-
ternder Hand, Folgendes bezeugen zu müssen."

»Zuerst bezeuge ich, dass ich auf ganz besondere Weise
meinem Gott zu Dank verpflichtet bin wegen der unzähligen,
mir Unwürdigem nach seiner Gnade erwiesenen Wohlthaten,
für welche ich Ihn anbete und Ihm von ganzem Herzen danke,
und, wie ich es schuldig bin, ewigen Dank und Lob zu bringen begehre, und vornehmlich dafür, dass Er mich durch
Seinen Geist und Seine kräftige Gnade zu einem Christen gemacht und zu Seiner Erkenntniss als des Vaters, des Sohnes
und des h. Geistes gebracht hat, auf den ich traue und dem
ich mich ganz und gar aufrichtig ergeben habe und ergebe;
ferner dafür, dass durch Seine Leitung und Führung Er mich
zur Erkenntniss der Wahrheit zur Gottseligkeit und zu Seiner
wahren Verehrung und Anbetung *im Geiste* gebracht hat, so dass
ich mich sowohl im Glauben als in meinem Wandel, soweit er
sich auf die Wahrheit bezieht, von allem Irrthum frei glaube."

»Ich bezeuge zweitens, dass ich glaube an Gott den Vater,
Sohn und h. Geist und an sein *göttliches Wort*, sowohl das
innerliche als das *äusserliche*, wie es Ihm wohlgefällig gewesen
ist, sich sowohl in der ganzen Bibel als insbesondere in dem
Evangelium Jesu Christi oder dem Neuen Testament zu offenbaren, welche das aufrichtige Bekenntnis und Erklärung meines
Glaubens ist, die ich von ganzem Herzen als das Wort Gottes
unterschreibe, das durch Ihn und Seinen Geist diktirt, verstanden und ausgelegt ist. Insbesondere aber, um mich deut-
licher auszusprechen, bekenne ich, dass das mein Glaube ist,
welchen ich in den vorhergehenden letzten Jahren meines

Lebens bekannt habe und noch bekenne. Und da ich im Begriffe bin, meinem Gott bald wiederzugeben was Er mir gegeben hat, nämlich Seele und Leben, so bezeuge ich, dass ich dass thue in dem wahren Glauben, den meine Brüder und Schwestern an mir gesehen, von mir gehört und in meinen letzten Schriften und Büchern gelesen haben, in welchem Glauben ich sie bestärke und ermahne dass sie darin beharren als in gewisser und zweifelloser Wahrheit."

»Drittens, zwar sehr schwach am Leibe, jedoch stark genug am Geiste, *übergebe ich mich Gott*, und zu Allem bereit, was Er mit mir vorhat, lebe und sterbe ich zufrieden und *ruhe sanft in Seinem Willen*. Was mich aber betrifft, so erkenne ich an, dass ich nichts bin als *Nichts* von Natur und von Sünde und bitte demüthig um Vergebung aller meiner erkannten und unerkannten Sünden, indem ich auf Seine Gnade und Erbarmung in Jesu Christo meinem Herrn und Heiland hoffe, auf welche ich vertraue, wie auch seiner Gerechtigkeit und *Seinem gerechten Willen ich mich mit Leib und Seele in Zeit und Ewigkeit übergebe und gänzlich opfere und weihe;* wie ich auch bezeuge, dass ich allein danach getrachtet habe, Gott zu suchen und zu finden in Wahrheit und Liebe, und dass ich keine Seele jemals auf ihren Wegen habe irre führen wollen, sondern im Gegentheil durch Seine Gnade und durch Seinen Geist immer dahin gestrebt habe, dass ich selber Seine Wege recht erkannte und allein befolgte, und auch die Andern sie ebenso kennen und befolgen lehrte. Was aber die Welt betrifft und ihre Anhänger, so hat mich, was ich mit dankbarem Herzen anerkenne, *Gott von ihnen abgesondert* und mich der Welt zuwider gemacht, wie die Welt mir, der ich lebe und sterbe zufrieden, dass sie mir zuwider gehandelt, mir Alles gethan, was sie gewollt hat, oder vielmehr was Gott gewollt hat, Gott mit Recht, die Welt mit Unrecht. Ich lege auch so wie lebend so auch jetzt sterbend Zeugniss gegen sie ab, dass sie nicht aus Gott ist, dass sie arg ist und im Argen liegt, dass sie weder den Vater, noch den Sohn, noch den h. Geist erkennt, und sie und die ihnen eigen sind, nicht aufnehmen kann, weshalb es unmöglich ist dass sie nicht untergehe und ich glaube *dass ihr Ende nahe ist*, wie auch *der Anfang des Reiches Gottes und Jesu Christi, den ich erwartet und bekannt habe, erwarte und bekenne.*"

»Ich bezeuge endlich dass ich, wie ich Gottes bin und mich Ihm ganz schulde, so ich mich Ihm und Seiner Verfügung übergebe, sowie auch der meiner Brüder und Schwestern, die mit mir Glieder Seiner Gemeinde sind, dass sie mit meinem Leibe, wie es ihnen gutdünkt, verfahren, wenn sie nur auf die unter uns gewohnte Weise in möglichster Armuth und Einfachheit seine Beerdigung besorgen; es sei den dass sie, da ich grossen körperlichen Leiden, die an den Männern, welche dem Studium der Wissenschaften und den Arbeiten der Seele und des Geistes sich geweiht haben, nicht ungewöhnlich sind, unterworfen gewesen bin, es ihnen nützlich sein könnte, dass mein Leib geöffnet würde, damit sie davon nach meinem Tode zur Erhaltung ihres Leibes Nutzen haben. Da es aber auf den zur Erde zurückkehrenden Leib wenig ankommt, und der Geist zu Gott zurückkehrt, indem er dem ihm einst folgenden Leibe vorangeht, *so übergebe ich diesen von ganzem Herzen meinem Gott* und stelle ihn wie einen *Wassertropfen* seiner *Quelle* zurück, und vertraue ihn Ihm an, Gott, meinen Ursprung und *Ocean* bittend, *dass er mich in sich aufnehme* und mich gleichsam *in dem göttlichen Abgrund seines Wesens ewiglich verschlinge.* Mehr würde ich hiervon sagen, wenn noch Kräfte zum Schreiben da wären. Aber dieses Wort reicht hin: Ich bleibe vereint mit Gott und eins mit den Heiligen in Gott, dem anzuhangen Alles ist und mir Alles ist."—

Auch in seinem letzten Willen hielt also LABADIE die mystische Religiosität, die er durch sein ganzes Leben hin ver-

treten hatte, fest, und in dem unerschütterlichen Bewusstsein,
dass er in derselben den einigen Weg der vollkommenen Reinigung seiner Seele und der vollkommenen Vereinigung derselben mit dem Wesen Gottes in Christo gefunden habe, starb
er an seinem 64ten Geburtstag, am 13ten Februar 1674, um-
geben von seinen treuesten Freunden, in den Armen der ANNA
MARIA VAN SCHÜRMAN. — Jammernd und wehklagend bestatteten
die Brüder den theuern Leichnam in dem Garten, der das Haus
umgab.

Die Leitung der verwaisten Gemeinde übernahm nun YVON;
doch war die Seele derselben die fromme SCHÜRMAN, ohne
deren Gutheissung nichts im Hause geschah. Die gottesdienstlichen Uebungen und die Einrichtungen, die LABADIE angeordnet hatte, wurden unverändert fortgeführt, und still und
friedlich verlebte die Gemeinde noch ein ganzes Jahr in Altona.
Da erscholl plötzlich die Kunde von einem zwischen Dänemark
und Schweden ausbrechenden Kriege, was die Gemeinde veranlasste, abermals ihre Hütte abzubrechen und den Wanderstab
zu ergreifen, um anderswo ungefährdet ihr stilles Klosterleben
fortsetzen zu können.

§ 12.

DIE LABADISTEN IM SCHLOSS WALTHA BEI WIEUWERD.

Unfern von Leeuwarden in Westfriesland, an der nordöst-
lichen Seite des Dorfes Wieuwerd, erhob sich ehedem ein fes-
tes, mit Thürmen und doppelten Gräben wohlverwahrtes
Schloss, *Thetinga* oder *Waltha* oder auch *Waltha-Haus* genannt.
Ein ausgedehnter Park mit vielen uralten, hochstämmigen
Bäumen umzog und verdeckte den mächtigen Bau, der etwa
um die Mitte des vorigen Jahrhunderts niedergebrochen wurde
und seitdem mit der ihn umgebenden Waldespracht von der
Erde verschwunden ist. Nur die Reste der ehemaligen Gräben

deuten noch die Stätte an, wo einst das stolze Schloss gestanden.

Als der letzte Herr VON WALTHA gestorben war, fiel das Schloss mit vielen anderen Besitzungen den Kindern der einzigen Tochter des Burgherrn, LUCIA, zu, die an den i. J. 1662 verstorbenen Gouverneur von Nymegen, CORNELIS AERSENS, Herrn VON SOMMELSDIJK UND SPIJK verheirathat gewesen war. Aus dieser Ehe waren vier Kinder hervorgegangen, die drei Schwestern, ANNA, MARIA und LUCIA, die zu LABADIE's Hausgemeinde gehörten und deren Bruder CORNELIS VON SOMMELSDIJK, Gouverneur von Surinam. Der letztere, welcher die labadistische Frömmigkeit ebenfalls sehr hoch schätzte, hatte das Schloss Waltha seinen Schwestern zum alleinigen Besitz überlassen, und diese stellten dasselbe bald YVON und der Hausgemeinde zur Verfügung. Das schien eine göttliche Fügung zu sein, welche der Gemeinde eine neue, frohe Zukunft verhiess!

Fast dreimal so stark, als sie nach Altona gekommen, nämlich 162 Seelen zählend, zog alsbald die Gemeinde, im Frühling 1675 von da ab, und traf schon im Mai desselben Jahres auf Schloss Waltha ein, wo sie sich in den zahlreichen Räumlichkeiten der Burg einrichtete, alsbald aber auch, da es im Schlosse selbst doch an Platz für Alle fehlte, zwischen den Gräben desselben noch neue Gebäude aufführte.

Die Landleute zu Wieuwerd sahen bald ein, welche Vortheile ihnen die grosse Colonie im Schlosse brachte, weshalb zwischen ihnen und den »Buschleuten" (wie man die Labadisten nach dem das Schloss umgebenden »Busch," d. h. Park, nannte) der beste Verkehr unterhalten wurde. Sehr bedenklich war dagegen die Stellung, welche die reformirte Kirche des Landes zu ihnen einnahm. Kaum hatten sich nämlich die Labadisten in dem Schlosse eingerichtet, als auch die am 1ten Juni 1675 zu Leeuwarden zusammengetretene friesische Synode die Aufmerk-

samkeit auf sie lenkte und auf Untersuchung ihrer Lehre drang.
Infolge dessen befahlen die friesischen Stände, dass zwei ständische Deputirte mit Abgeordneten der Synode die Untersuchung
gemeinschaftlich, und zwar in einem mündlichen Gespräch mit
den Häuptern der Hausgemeinde vornehmen sollten. Eine ge-
mischte Commission trat daher zusammen; YVON und DULIGNON
wurden vorgeladen und mit der Vernehmung derselben wurde
der angesehene Professor der Theologie, HERMANN VITSIUS beauftragt, — obschon derselbe zur Synode nicht gehörte.

Die Commission legte den Vorgeladenen zunächst die Frage
vor, ob von ihnen die in dem niederländischen Glaubensbekenntniss, im Heidelberger Katechismus und in den Beschlüssen
der Dordrechter Synode von 1618 und 1619 enthaltene Lehre
in allen Stücken als biblisch anerkannt werde. — Ausweichend
antworteten YVON und DULIGNON, die christliche Lehre welche
in den angegebenen Schriften enthalten sei, werde von ihnen
ausweislich ihrer im Druck erschienenn Declaratio fidei, in aller
Aufrichtigkeit als biblische Lehre anerkannt, — welche Erklärung
die Commissare indessen völlig genügend fanden, worauf dieselben
noch eine Reihe von Fragen über die inneren Einrichtungen
und Tendenzen der Hausgemeinde vorlegten, welche von den
Vorgeladenen ebenfalls mit grösster Vorsicht, aber wiederum
zur vollsten Zufriedenheit der Commission beantwortet wurden.
Dass YVON und DULIGNON die Worte »in allen Stücken" ab-
sichtlich in ihrer Erklärung ausgelassen und dass dieselben bereits eine (eventuell noch während dieser Verhandlungen vor-
zulegende) Schrift, worin ihre von dem reformirten Dogma
abweichende Lehrweise dargelegt ward, verfasst und unterzeichnet hatten, wussten die Commissare nicht. [1]) Das Proto-

----

1) YVON giebt in seiner Schrift „*Besluyt van Schriften sedert eenige tyd aen 't
licht gegeben* (Amsterd. 1686) S. 7—9 über diese Vorgänge Auskunft, wobei er selbst
gesteht, *dass sich die Commissare von ihm und Dulignon hatten täuschen lassen.* Er
erzält hier nämlich: „*De eerste van de beschuldigingen, die onse partye — dwalin-*

coll welches man über das (in lateinischer Sprache geführte) Gespräch aufgenommen hatte, wurde hierauf von YVON und DULIGNON unterzeichnet und den friesischen Ständen zugesandt, welche sich aus demselben überzeugen zu können glaubten, dass die Angeklagten durchaus harmlose, fromme und fleissige Leute wären, weshalb sie den bis in das Jahr 1679 fortdauernden, auf Vertreibung der Labadisten gerichteten Anträgen und Anläufen der Synoden und Classenversammlungen durchaus kein Gehör gaben. Endlich wurde es auch auf den Synoden stille, und von der Staatsregierung erfuhr die Labadistengemeinde mannigfache Begünstigungen, die anderen kirchlichen Genossenschaften, z. B. Katholiken und Wiedertäufern nicht ertheilt wurden. Sie durften öffentlich ihre Gottesdienste halten, durfte dieselben mit Glocken einläuten, die von ihren Predigern eingesegneten Ehen wurden anerkannt u. s. w. Auch waren die Beziehungen der Gemeinde zum Staate insofern vollständig geregelt, als dieselbe, da bei ihr Gütergemeinschaft bestand, eine bestimmte Steuersumme bezahlte, anfangs 1200, späterhin 1500 Gulden. Literärische Anfeindungen, welche die Gemeinde erfuhr [1]), berührten eigentlich diese selbst nicht,

---

gen noemt, bestaet daerin, dat wy in een seker geschrift, overgegeven in handen van de heeren Commissarissen deser Provintie souden hebben verklaert, dat wy de Nederlantse Geloofs-Beleydenis, de Heydelbergse Catechismus en de Acten van 't Dordrechtse Synode *in alle hare deelen* toestemden, en dat dit echter niet soo en is. Dese woorden *»in alle hare deelen"* zyn niet uyt onse penne gekomen; — in 't tegendeel soo hebben wyse — expres en met voordacht uytgesloten. Men vraegde ons of wy de Leere in de voorseyde boeken begrepen *ten opsicht van alle hare deelen* niet erkenden het woort Gods gelykformig te zyn? Waerop wy alleen antwoordden, *dat wy hooglich en in oprechtigheyt de geseyde leere approbeerden.* — — Wy hebben se in onse antwoort expresselick uytgelaten; en *geloofden selfs doenmals, dat dit daerna noch door de gedeputeerde van 't Synode soude voorgesteld zyn geworden.* Daerom als wy tot de tweede conferentie gingen, — soo hadden wy een geschrift met ons genomen, waerin wy in 't kort hadden opgestelt hetgene waermede wy geen eygentliche vereeniging vonden. — Ik sou dat voorseyde geschrift noch konnen toonen, zynde onderteykent van my én van myn weerde broeder DULIGNON saliger, 't welck wy niet hebben vertoont, omdat men ons daertoe geen aenleyding gaf.

1) JACOB KOELMANN schrieb: *Historisch verhael* nopens der Labadisten scheuringh

indem die Zurückweisung derselben dem Oberhaupte der Gemeinde überlassen war.

Allerdings erlitt die Gemeinde in den nächstfolgenden Jahren manchen Verlust. Am 4. Mai 1678 starb, 71 Jahre alt, die fromme und geistvolle ANNA MARIA VAN SCHÜRMAN, die treue und verständige Rathgeberin YVON's — und im folgenden Jahre schloss auch DULIGNON die Augen, nachdem dessen Gattin (eine der Schwestern VAN DER HAAR) kurz vorher entschlafen war. Auch kam es wiederholt vor, dass Mitglieder der Gemeinde oder Freunde derselben (wie WILHELM VAN BRAKEL) sich von derselben wieder lossagten und (wie der ehemalige ostfriesische Prediger PETER DITTELBACH) deren heftigste Gegner wurden. Allein diese Verluste wurden nicht nur ersetzt, sondern es nahm sogar die Zahl der Hausgenossen zu Schloss Waltha in den ersten zehn Jahren ihres dasigen Aufenthaltes fortwährend zu. Der Duisburger Prediger REYNER COPPER z. B. schloss sich der Hausgemeinde nicht nur mit seiner Familie, sondern auch mit einer ganzen Schaar (gegen 25) seiner Anhänger aus dem Clevischen und Bergischen an. Auch in Wieuwerd und in dem benachbarten Britswerd traten viele Familien in die Hausgemeinde ein oder nahmen wenigstens an deren Gottes-

---

en velerley dwalingen met wederleggingh derzelver, 1683 (welche Schrift mit zuzätzen des Predigers HILDEBRAND JANSSONIUS 1770 zu Leeuwarden nochmals erschien,) und die Schrift: *Der Labadisten dwalingen* grondig ontdekt eu wederlegd, Amst. 1684 (gewissermassen der zweite Teil der erstgenanten Schrift. — Der Prediger WILH. v. BRAKEL zu Leeuwarden veröffentlichte namentlich die Schrift: *Trouwhartige war-schuwinge* u. s. w. voor de Labadisten en hunne dwalingen u. s. w. — Gegen dieselbe schrieb YVON: *Leere van den H. Doop* en deszelfs zuivere bediening u. s. w. ferner: *Preservatif* tegen de Vorleiding und: *W. Brakel's Onbillijke en verkeerde handelingen geopenbaard.* — Ausserdem erschien eine Masse von kleineren Streitschriften gegen die Labadisten, z. B. ein Sendschreiben an dieselben unter dem Titel: Een kort ver-hael van een gedaute reys u. s. w. (Leeuwarden, 1675 in 4°.) von dem Prediger THEODOR COUPER zu Werga. Dieses Sendschreiben wurde zwar alsbald von YVON beantwortet, aber ebenso rasch stellte Couperus dieser Antwort YVON's eine neue Streitschrift unter dem Titel entgegen: Een nootwendige verdediginge en bewaringe van de vorige letteren aen de discipulen van D. JEAN DE LABADIE overgesonden, ende daerby de brief van D. PETRUS YVON. (Leeuwarden, 1675).

diensten Theil. Bald zählte daher die Hausgemeinde weit über dreihundert Hausgenossen, und an Sonntagen sah man, weither auf allen Strassen zahlreiche Wagen nach Schloss Waltha fahren, in denen die Freunde der Hausgemeinde massenweise zu deren Gottesdiensten eilten. Die Gemeinde erfreute sich daher jetzt ihrer höchsten Blüthe, weshalb ihre innere Organisation und ihr Gemeinschaftsleben gerade in Wieuwerd zur vollen Entfaltung ihrer ganzen Eigenthümlichkeit gelangten.

§ 13.

DER LABADISMUS ZU WIEUWERD IN LEHRE UND LEBEN.

a. Die Lehre der Labadisten.

Die in der Hausgemeinde zu Schloss Waltha gültige Religionslehre [1]) war im Wesentlichen dieselbe, welche LABADIE in

---

1) v. BERKUM theilt B. II, S. 86—110 einen Abschnitt über die „leeringen der Labadisten" mit, den er mit der sehr richtigen Bemerkung einleitet: Het is geene gemakkelijke taak, die wij op ons nemen, als wij de leeringen der Labadisten naar waarheid en zoo als zij ze zelven hebben verkondigd, trachten te vermelden. Wij hebben daarin wel voorgangers, maar de opgaven, die wij elders hebben gevonden, zijn meestal onvolledig, oppervlakkig, zonder zamenhang, of partijdig. Denn in der That hat vor BERKUM noch Niemand die Lehre der Labadisten auch nur annähernd richtig dargestellt. GÖBEL sagt II, S. 240: „LABADIE und seine Gemeinde waren in allen wesentlichen Glaubenslehren durchaus rechtgläubig und konnten sich daher wiederholt in allen ihren schriftlichen und gedruckten Erklärungen ohne Falsch zur reformirten Religion, zum Heidelberger Katachismus, zu CALVIN's Institution und zur Dordrechter Synode bekennen. Nur in der Lehre oder eigentlich nur in der Anwendung und Ausübung der Lehre von der Kirche als dem Leibe Christi oder der Gemeinschaft der Gläubigen weichen sie von der bestehenden öffentlichen reformirten Kirche ab." — GÖBEL trägt daher sogar kein Bedenken. (II, S. 196) LABADIE als den „zweiten Reformator der französischen reformirten Kirche nach Calvin" zu bezeichnen, und auch SCHOTEL sagt (A. M. v. SCHÜRMAN, S. 162) „zoo was dan LABADIE de tweede herformer der fransch-gereformeerde Kerk na CALVYN." — TSCHACKERT (in seiner Schrift über die A. M. SCHÜRMAN, S. 19) nennt LABADIE gar einen „biblischen Radikalisten". (?) Die in den früheren Abschnitten von mir gelieferte quellenmässige Beleuchtung des Lebens und Wirkens LABADIE's beweist, wie verfehlt diese Urtheile sind. Von der Mystik LABADIE's und der Labadisten hat GÖBEL keine Ahnung. BERKUM erkennt

Wort und Schrift von jeher verkündet hatte. Im Ganzen und
Grossen wurden die in der reformirten Kirche jener Zeit üblichen
Lehr*formen* gebraucht, um in deren Umrisse die Gedanken
LABADIE's einzutragen. Doch liessen die Schüler des Letzteren
die eigentliche Mystik desselben in ihren Schriften weniger
hervortreten. Daher ergab sich eine gewisse Aehnlichkeit der
Lehrweise eines YVON und DULIGNON mit der Lehre der reformirten Kirche, von der sie sich doch sehr bemerklich unterschied. Soweit sich aber die Lehre der Labadisten an die Dogmatik der reformirten Kirche anlehnte, zeigt sich durchweg
eine gewisse Einwirkung des *Coccejanismus* auf dieselbe. [1]) Dieses
ist vor Allem aus der Labadistischen Auffassung des Gnadenbundes und des alten Testamentes zu ersehen.

---

allerdings (II, S. 120) an, dass LABADIE ein „Mysticus" war, aber nur ganz nebenbei
indem auch er der Ansicht ist (II, S. 87), dass die Labadisten „in de meeste jopzig-
ten overeenstemden met die der gereformeerde kerk, zoo als zij in die dagen werd
opgevat en begrepen. Alle Abweichungen wären nur auf eine einzige zurückzuführen;
zij verschilden van de godgeleerden van hunnen tijd in het leerstuk van de kerk van
Christus." — Dieses ist überhaupt das althergebrachte Urtheil, indem z. B. C. VAN
VELZEN in seiner Introd. ad hist. eccles. III, p. 725 sagt: Professi sunt Labadistae
— — doctrinam receptam, ne praedestinatione quidem excepta, sed *solo articulo de
ecclesia — excipiendo*. Dieses Urteil ist unrichtig; richtig ist dagegen, was BERKUM
II, S. 171 von der Labadistengemeinde sagt: Zij stelde zich tegen over de gereformeerde kerk als eene *vijandin.*

1) Zur Darstellung der Lehre der Labadisten sind hier (abgesehen von der früher schon
erwähnten Literatur) benutzt worden: *Essentia religionis christianae patefacta* seu
doctrina genuina ac plena foederum omnium Dei, imprimis vero novi et evangelici
ab antiquo essentialiter distincti — auctore P. YVON, pastore. Prope Hamburgum,
1673 (352 S. S. in 12⁰.) — *Ontdecking van de ware religie* en van de verscheide
merktekenen of eygenschappen derselve onder 't oude en nieuwe verbont, door
P. YVON. — Uyt het Frans vertaelt, Amsterd. 1685 (149 S. S. in 12⁰.). — *Petri
Yvonis epistola de praedestinatione* et gratia Dei ad S. R., Augustanae confessionis
theologum (12³.). — L'homme pecheur, proposé selon tous ses caractères et surtout,
selon son amour propre criminel par P. YVON, Amsterd. 1683 (492 S. S. in 12⁰.). —
Emmanuel ou *la connoissance de Jesus Christ* notre seigneur, selon divers de ses
principaux états par P. YVON (441 S. S. in 12⁰.) Amsterd. 1683. — Van de rechtvaerdigmakinge door 't geloove, door P. YVON. Amsterd. 1675. (80 S. S. iu 12³.). —
„*W. Brakel's onbillijke en verkeerde handelinge* geopenbaert, ofte billicke en nodige
reflexion en consideration over syn laetste boekje, t' onrecht genaemt: Leere en
Leyding der Labadisten ontdeckt, — door PETRUS YVON, herder der gereformeerde
en van de Werelt afgesonderde gemeynte, nu ten deele vergadert tot Wiewuerd in

YVON unterscheidet (Essentia relig. christ. Cap. XIII) *foedera Dei particularia*, nämlich das foedus Noachicum, Abrahamiticum, Leviticum und Davidicum, und *foedera Dei generalia*. Nur die letzteren kommen hier in Betracht. Zu denselben gehörte das foedus naturae s. Adamicum und das foedus gratiae in Christo Jesu constitutum. Zwischen beiden wird ganz im Sinne der reformirten Dogmatik unterschieden.

Nun stellt aber YVON (ähnlich wie COCCEJUS) neben den Gnadenbund, der unmittelbar nach dem Sündenfalle aufgerichtet ward, oder in denselben hinein das foedus Israeliticum oder das Alte Testament, das mit jenem gar keinen inneren Zusammenhang hatte. Den Gnadenbund hatte Gott nur mit den

---

Vriesland." Amsterd. 1685. — *„Preservativ tegen de verleyding* in ses tractaten, nevens de bevestiging der waerheden daerin behelft, door P. YVON", (Amsterd. 1684). Diese Schrift enthält zum Schluss auch einen Abdruck der Abhandlung *„Gelykformigheyt onser Leere met de Leere vervat in de Nederlantsche Belydenis des Geloofs* en hoe verre die gat", unterzeichnet von P. YVON, HERMANN STRAUCH, REINERUS COPPER und JOH. HESENER. — *„Leere van den H. Doop en desselfs suyvere bedieninge*, volgens het gevoelen der gereformeerde en van de werelt afgesonderde gemeynte, tegenwordig vergadert te Wieuwerd in Vrieslant. Door P. YVON herder. Uyt de Fransche in de Nederduytsche tale overgezet." Amst. 1683 (12°. S. 115). — *Het Heylige voor de Heyligen* of van het wettig ontfangen en recht uytdeelen des h. Avondtmaels alsmede van de herstellinge der kerkelicke discipline of tucht na den Geest en aert des nieuwen verbonts door P. YVON. Uyt het Fransche, u. s. w Amsterd. 1687. — *Le mariage chrétien*, sa sainteté et ses devoirs, selon les sentiments de l'église reformée, rétirée du monde u. s. w. par P. YVON. Amsterd. 1685 (410. S. S. in 12°.) — *De Weg ten Hemel* of *Tractaet van 't gebed* — door P. YVON (Amsterd. 1583, 471 S. S. in 12°.), Uebersetzung der ursprünglich französisch erschienenen (von mir jedoch im Original nicht aufgefundenen Schrift: *Traicté de la prière*, où divers poincts considerables de la foy et de la pieté chrétienne sont proposez et éclaircis. — *Catechismus*. Christelyke onderwyzinge in 't koort, voorstellende de voornaemste waerheden des geloofs en de meeste gewichtige gronden der godsaligheyt en des christelicken levens door P. DULIGNON (8°.). —

Folgende beide Schriften YVON's habe ich vergebens gesucht: *L'impieté convaincue*, in holländischer Uebersetzung: *De goddeloosheyt ontdeckt*, in twee tractaten, waarvan 't eerst klaerlick beweert tegen d'Atheisten d'existentie of wesentlicbheyt Gods, — en 't tweede behelst de verdediging der H. Schrifture door de wederlegginge van 't goddeloos boek van BENED. SPINOZA, genoemt Tractatus theologico-politicus; — und: *Getrouw verhael* van den staet en de laetste woorden en dispositien somiger persoonen, die God tot Hem genomen heeft uyt dese gemeynte.

Erwählten, das Alte Testament dagegen für alle Angehörige
des Volkes Israel angerichtet. In demselben hatte Gott durch
Aufstellung des Gesetzes dem jüdischen Volke den uranfäng-
lichen Naturbund wieder in Erinnerung gebracht. Aber Heil
konnte das Alte Testament nicht spenden. Die Frommen in
Israel sind nicht durch ihre Werke sondern durch ihren Glauben an den Messias gerecht und selig geworden. Das Alte
Testament, in welchem das Heil nur typisch und im Schatten-
bilde dargestellt war, war daher nichts anderes als (Cap. XVI)
ein foedus legale, externum, carnale, typicum, temporaneum,
ad salutem inefficax, durissimum ac servile, weshalb es zum
Neuen Testamente im schroffsten Gegensatz steht. Das letztere
ist eine neue Form des Gnadenbundes. [1])

Da im Neuen Testament das levitische Gesetz wieder beseitigt
ist, so folgt daraus, dass auch das alttestamentliche *Sabbathsgebot* in der Kirche des Neuen Testaments hinfällig geworden
ist. Denn die Angehörigen der letzteren haben alle Tage des
Jahres ein sabbathliches Leben im Sinne des Evangeliums zu
führen. Das vermögen freilich nur Diejenigen, welche erwählt
und durch die Gnade Gottes so zu neuen Creaturen geworden
sind, dass das alte Ich in ihnen ganz erstorben ist, und nur
Gott, nur Christus in ihnen lebt, und sein Leben in ihnen an
Leib und Seele ausprägt. [2]) Daher ist die Zal der Angehörigen

---

1) YVON sagt Cap. XVI: Primo igitur considerandum proponimus, foedus novum —
unum idemque esse cum gratiae foedere, — essentiam eius cum essentia generalis
foederis gratiae coincidere. — Tertio clarum est, illud (nemlich das foedus oder test.
novum) a veteri realiter et essentialiter esse distinctum.

2) YVON beschreibt (Cap. XVIII) das Wesen des Wiedergeborenen: Nullum esse
foederis novi participem, qui non sit interne renovatus, spiritui Dei serviens, in
corpore et anima immutatus, peccato mortuus, vitam Dei et Christi spirans et expri-
mens, Deum in omnibus quaerens, lumine fidei mysteria eius cognoscens et vivide
credens, caritatis sincerae affectu eum prosequens, spiritu Christi repletus, possessus
ac ductus, lubens et spontaneo motu ipsi obtemperans et Dei voluntate totus quoad
omnia sua tum externa tum interna, spiritualia corporeave, momentanea vel aeterna
dependens; demum: nullum esse nove foederatum, qui non sit interne cum Deo
conjunctus et reapse regenitus.

des Gnadenbundes und der wahren Kirche immer nur sehr klein. Zur richtigen Beurtheilung aller übrigen Lehrsätze der Labadisten ist deren schriftwidrige Lehre von der *Wirksamkeit des heil. Geistes* wohl zu beachten. Man las in Wieuwerd allerdings die h. Schrift, aber doch nur, um in ihr die Erkenntnisse, die man aus unmittelbarer Erleuchtung des h. Geistes gewonnen haben wollte, vorzufinden oder an das Schriftwort anzuknüpfen. War doch den Labadisten der Gedanke nicht fremd, dass, auch wenn die Bibel nicht mehr vorhanden wäre, die christliche Wahrheit und deren Erkenntniss ihnen durch die unmittelbare Wirksamkeit des h. Geistes im Herzen der Erwählten doch nicht fehlen würde! [1] Die Labadisten lehrten daher, dass der h. Geist nicht nur mittelbar durch das Wort, sondern auch unmittelbar wirke. — — Indem nun dieser Gedanke mit der Lehre von der Gnadenwahl und von der Kirche in den genauesten Zusammenhang gebracht wurde, so konnte weder die Prädestinationslehre noch der *Kirchenbegriff* der Labadisten mit der Lehre der reformirten Kirche übereinstimmen. Man nahm nämlich an, dass die »Kirche" mit den Confessionskirchen als solchen gar nichts zu thun habe, dass vielmehr die Erwählten Gottes, die Gott bald unmittelbar bald mittelbar durch das Wort zu sich ziehe, sich ebensowohl in jeder anderen Confessionskirche wie in der reformirten Kirche vorfänden, dass also die *wahre* Kirche nur durch Ausscheidung der wirklich Wiedergeborenen aus den verschiedenen Confessionskirchen zu Stande kommen könne und dass darum die Kirche in beharrlicher Absonderung von allem ihr Fremden ihr Gemeinschaftsleben auszuüben habe. Geschieht es, dass Gott die in den Confessionskirchen im Verborgenen

---

1) Mit Berufung auf einen Ausspruch des Irenäus spricht YVON z. B. in der Schrift „W. BRAKELS onbillicke handelinge" S. 101 von den Vielen „dewelcke het geloove van Jesus Christus hebben aengenommen sonder *lettern en inct*, hebbende de leere der saligheyt *geschreven in hare herten door den Heiligen Geest*."

lebenden Erwählten und Wiedergeborenen zu einer Gemeinde
zusammenruft und vereinigt, wie es in Wieuwerd der Fall war,
dann ist aus der unsichtbaren Kirche eine *sichtbare Kirche* geworden, deren Haupt Jesus Christus in Wirklichkeit ist. [1]).

Die Confessionskirchen, in welchen die Massen der Ungläubigen vorhanden sind, gehören als solche zur Welt. Nur die
Erwählten, welche durch den h. Geist wahrhaft wiedergeboren
und erneuert sind, gehören zur wahren Kirche und haben sich
daher von Allem was zur Welt gehört, auszusondern. Gegen-
wärtig liegt diese wahre Kirche unter dem Kreuz, aber es wird
einst die Zeit kommen, wo sie als *tausendjähriges Reich* hier
auf Erden triumphirt. [2])

Da zur Kirche des neuen Bundes nur die Erwählten gehören, so gehören auch die Siegel des neuen Bundes, die *Sacramente*, nur den Erwählten, den Wiedergeborenen. Indem
daher die *Taufe* nur für die Letzteren ein Siegel ihrer Sünden-

---

1) YVON sagt in der Schrift „Het heylige voor de heyligen" Amst. 1687, Bl. 724:
Wij gelooven eene heilige algemeene kerk, welke is zamengesteld uit alle uitverkorenen, die er van den aanvang der wereld geweest zijn en er tot het einde der wereld zullen wezen. — Wij gelooven dat de leden dezer kerk overal zijn, waar God
zijne uitverkorenen in kinderen heeft, in het oosten en westen, zuiden of noorden.
het zij dat zij genoemd worden Grieken, Moscovieten of Latijnen, Gereformeerden
en Protestanten, Independenten, of dat ze andere namen aannemen of ontvangen"
u. s. w. — In der Schrift W. BRAKEL's Onbillicke en verkeerde handelinge geopenbaert, S. 21 sagt YVON: Wy seggen, dat alle die God waerlick wederbaert, onder
wat gesintheit het ook is, syne kerke uytmaken, doch dickwils seer *verborgen, on-
sichtbaer en verstroyt*. Maar wanneer God haer tot malkanderen doet naderen,
tezamen vereenigt, uyt de verstroyinge brengt, uyt het midden van 't gros syner
vyanden treckt, en haer tot vergaderingen formeert, waerin Hy door syn Geest,
Waerheyt en Liefde dadelick heerscht, alsdan is 't eerst, dat men *ware particuliere
en sichtbare kerken Jesu Christ* siet, die dan in waerheyt het hooft derselve is.

2) Der Gedanke des *tausendjährigen Reiches* ist (abgesehen von LABADIE's „Le
heraut du graud roy Jesus) namentlich in DULIGNON's Catech. III, cap. 18, in
YVON's „Tractact vom Gebet" und in den Schriften des HEINRICH V. DEVENTER,
„Laatste monarchie" und „De Openbaring von J. Ch." ausgeführt. YVON sagt von
diesem Reiche Christi auf Erden am Ende der Zeit: (Tractact vom Gebet, S. 257)
„Das ist eigentlich das Reich, das wir erwarten, wenn wir zu Gott sagen „Dein
Reich komme". Alle die ersten Christen haben dasselbe erwartet und die ganze alte
Kirche hat es fest geglaubt."

vergebung und ihrer Wiedergeburt sein kann, so ist die Taufe Kindern nicht eher zu ertheilen, als bis sie sichere Anzeichen des Glaubens und der Wiedergeburt wahrnehmen lassen, aus denen man auf ihre Erwählung schliessen kann, wennschon nicht zu leugnen ist, dass Gott seine Gnade auch dem unmündigsten Kinde mitzutheilen vermag. Daher kann der Gebrauch der Kindertaufe doch nachgesehen werden. [1])

Ebenso gehört das *Abendmahl* mit seinen Verheissungen nur den wirklichen Gliedern der Kirche des neuen Bundes. Mit grösstem Eifer sollen die Hirten und alle Glieder der Kirche darüber wachen, dass an ihrer Abendmahlsfeier Niemand theilnimmt, der nicht mit der Welt und mit sich selbst wirklich gebrochen und sich Gott und dem Willen Gottes ganz überlassen hat. Denn es ist besser, sich des Abendmahlsgenusses ganz zu enthalten als das Abendmahl in Gemeinschaft mit Unwürdigen zu feiern.

Yvon führt diese Gedanken namentlich in der Schrift »Het Heylige voor de Heyligen" aus. Er sagt hier (Theil II, Cap. 1.), man wende gewöhnlich gegen die in Wieuwerd heimische Lehre, dass nur wirkliche Gläubige zur Abendmahlsfeier zuzulassen seien, ein, dass man ja gar nicht wissen könne, wer ein wirklich wiedergeborener Christ sei, — womit freilich ausgeführt werde, dass die Einrichtung von Presbyterien eigentlich gar keinen Zweck habe. Indessen beruhe jener Einwand doch auf einem Irrthum. Unter der Masse Derjenigen, welche zum Tische des Herrn gehen wollten, könne man nämlich fünf leicht und sicher erkennbare Classen von Leuten unterscheiden: 1, die wahren Gläubigen, die ihren Glauben durch die Liebe und gute Werke bewiesen; 2, die Weltleute, welche ganz

---

1) Vgl. Yvon, „Leere van den H. Doop", wo im ersten Abschnitt die „Gronden" entwickelt werden, „welke toonen, dat het niet alleen geoorlooft, maer ook veel rechtmatiger en betaamelyker is, den Doop der kleyne Kinderen uyt te stellen, als die aen haer te bedienen in dien staet en soo jong als men ordinarie doet.

öffentlich dem Zuge dieser Welt folgten; 3, die Zeitgläubigen, die auch leicht zu erkennen wären; 4, Gläubige, welche zeitweilig wieder in den Sündendienst gerathen wären und 5, Heuchler, die jeder, der selbst gläubig sei, als solche sofort erkenne. — Allerdings könnte nun weiterhin eingewendet werden, dass bei der bestehenden Organisation der Gemeinden, die Hirten und Aeltesten gar nicht im Stande wären, alle ihre Gemeindeglieder kennen zu lernen. Allein, da doch einmal dem Presbyterium die Pflicht obliege, das Mahl des Herrn vor Entweihung zu hüten, so folge daraus, dass die bestehende Organisation der Gemeinden unevangelisch sei, und so bald als möglich so reformirt werden müsste, dass den Hirten und Aeltesten die Erfüllung ihrer Pflichten möglich würde. — Nun könnte man freilich noch sagen, dass doch jeder Mensch irren, dass also niemals eines Menschen Urtheil unfehlbar sein könnte, und dass es also für das Urtheil eines Presbyteriums über die Beschaffenheit der Gemeindeglieder keine Sicherheit gebe. Allein damit werde zu viel gesagt. Denn wenn es keine andere Sicherheit eines Urtheils als die auf Unfehlbarkeit der Urtheilenden beruhende gäbe, so würde unter Menschen überhaupt von Sicherheit des Urtheils nicht die Rede sein können, womit dann freilich alle Bande menschlichen und kirchlichen Gemeindelebens aufgelöst wären. Es gäbe aber ausser der absoluten Sicherheit noch eine andere, die moralische Sicherheit des Urtheils und diese sei es, welche hier zur Geltung zu kommen habe.

Das Abweichende der labadistischen Verwaltung des Sacraments bestand also vor Allem darin, dass die Selbstprüfung, welche der Apostel den Abendmahlsgenossen zur Pflicht macht, in einen Prüfungsakt des Gemeindevorstandes umgewandelt war. In diesem Prüfungsakte wurde aber thatsächlich das Urtheil der »Hirten" und »Lehrer" als ein untrügliches geltend gemacht. Wer von denselben des Abendmahlsgenusses würdig befunden war, dessen wirkliche Wiedergeburt war hiermit für alle Anhehörige des Hauses in unzweifelhafter Weise festgestellt. Die Hirten uud Lehrer aber pflegten bezüglich der Würdigkeit oder Unwürdigkeit der angemeldeten Communicanten Gott im Gebete zu befragen, und zweifelten darum nicht daran, dass Gottes Geist ihnen das rechte Urtheil eingebe.

Bezüglich der Heilsordnung und Heilsaneignung sprechen sich YVON und DULIGNON sehr oft scheinbar ganz im Sinne der reformirten Kirche aus, allein in Wirklichkeit war im Kreise der Labadisten doch eine ganz andere Lehre heimisch. Als unerlässliche Voraussetzung der Erhebung des Menschen in den Gnadenstand und dsr Vereinigung desselben mit Gott und Christus wurde die *Selbstverläugnung* und *Selbstertödtung* gepredigt. In Schloss Waltha hörte man kaum von etwas Anderem soviel reden als von der Mortifizirung des Menschen, und »der Kopf muss ab", war ein fast täglich zu hörendes Sprichwort. Als nächstes Ziel der Selbstertödtung ward das Aufhören aller Begierden und das Eintreten völliger Apathie und Gleichgültigkeit gegen alle von Aussen kommenden Reizungen bezeichnet. Dieses galt als die Vorauszetzung (nicht »Vorbereitung") der *Bekehrung*, die man als ausschliessliches Werk Gottes in dem Erwählten ansah. YVON sagt (»Preservatyf tegen de verlyding Tract. II, Cap. II): »Es ist keineswegs hier unsere Absicht, von irgendwelcher natürlichen Vorbereitung zur Bekehrung und Wiedergeburt zu reden, da es eine solche gar nicht giebt. Es ist genugsam bekannt, dass wir die Meinung, der Mensch könne sich durch sich selbst oder aus sich selbst heraus disponiren und vorbereiten, um zu Christus und in das Königreich Gottes zu gelangen, absolut verwerfen. Die Vorbereitungen zur Wiedergeburt sind übernatürlicher Art, indem sie übernatürlich durch den Geist Christi in der Seele gewirkt werden." Als die alleinige Wurzel der Wiedergeburt und des neuen Lebens wurde der *Glaube* bezeichnet.

Doch wurde von den Labadisten (ebenso wie von einzelnen
Reformirten jener Zeit) geläugnet, dass der Gaube unmittelbar
das Bewusstsein der Heilsgewissheit in sich selbst habe, indem
dieses vielmehr die Frucht des Glaubens sei. Das wirkliche
Wesen des Glaubens [1]) besteht noch YVON darin, dass der
Mensch 1, in vollkommenster Selbstverläugnung seine Zuflucht
zu Christus nimmt, sich ihm als seinem einigen Seligmacher,
und seinem göttlichen Willen als Eigenthum hingiebt und überlässt, und dass er 2, Christum, der durch den h. Geist zu ihm
kommt, in sein Innerstes aufnimmt und sich auf das Innigste
und Innerlichste mit ihm vereinigt. Zu diesem Glauben an
Christus gelangt der Mensch »wenn Gott ihn innerlich erfasst
und erregt und es in ihm durch seine allmächtige Gnade bewirkt hat, dass ihm der Verstand geöffnet ist, um sehen, und
das Herz um empfangen zu können, so dass Gott nun übernatürlich einen ganz neuen Lebensanfang in ihn einströmen lässt,
dass der Vater ihn zum Sohne zieht, dass er ihm offenbart,
wer derselbe ist, dass der h. Geist ihn ergreift und mit seiner
göttlichen Kraft erfüllt, ihn aus sich selbst, aus seinem eigenen
Verstande, aus seinen eigenen Gedanken und Wegen heraus-
zuziehen, ihn erhebend über sich selbst, und ihn mit einem
Lichte erhellend, vor welchem aller falsche Schein der eigenen
Vernunft erlischt, und sein Herz mit einem göttlichen Verlangen erfüllend, das er zuvor nie gefühlt hat, und wodurch
dasselbe befähigt wird, Christus in sich aufzunehmen. [2]).

---

1) YVON sagt (van de rechtvaerdigmakinge, S. 15): Uyt dit alles blykt genoegsaam,
dat het wesen en de nature van het ware en levendige geloove, hetwelk alleen recht-
vaerdig- en salig-makende is, niet en bestaat in het vaste of versekerde getuigenisse,
dat God wil onsen vader zyn in Christo Jesu, noch in de overredinge, die men
heeft, dat onse sonden ons vergeven zyn, of in het vertrouwen, dat Jesus onsen
saligmaker is, en dat wy sekerlik door hem sullen behouden worden. — — (S. 22):
Deze dwalinge word omverre geworpen door de bewysen, die wy van te vooren
hebben bygebracht, om te toonen, dat de *verzekertheid* of dat *vertrouwen* niet anders
was dan *een vrucht des geloofs*, en noch *geen geduursaame en heerschende vrucht*. —
Denselben Gedanken führt YVON in der Schrift „Preservatyf" S. 50 ff. aus.

2) YVON, »Van de rechtvaerdigmakinge", S. 30—33.

Das war nach labadistischer Lehre der Glaube und die rechtfertigende und heiligende Kraft des Glaubens. Zu beachten ist dabei vor Allem das Verhältniss, in welchem nach dieser Auffassung des Glaubens Rechtfertigung und Heiligung zu einander stehend erscheinen. Zwischen beiden wurde in Wahrheit nur begrifflich unterschieden, indem man beide als durchaus zusammenfallend betrachtete. [1]) Dieses begreift sich aus der Fehlerhaftigkeit der labadistischen Auffassung des Glaubens. Denn nach derselben war der Kern des Glaubens nicht das Vertrauen [2]) sondern die selbstlose, reine Liebe, durch welche sich der Mensch Gott und Christo zum Eigenthum übergiebt und Ihn in das Herz aufnimmt. [3]) Indem man es daher betonte, dass Niemand die Rechfertigung haben könnte, der nicht im Besitze der Heiligung sei, so sprach man von dem durch die Liebe thätigen Glauben in einem Sinne, nach welchem (aehnlich wie im katholischen System) der Glaube erst durch die Liebe seine fruchtbringende Kraft erhielt. [4])

In der labadistischen Auffassung der *Liebe* tritt nun wieder

---

1) Yvon führt in „Brakels onbillicke handelinge" S. 40—43, den Gedanken aus: „Dadelicke rechtveerdigmakinge en heyligmakinge gaen so tesamen, dat men absoluyt en eigentlick niet seggen kan, welcke voorgaat."

2) In dem „*Tractat van 't gebet*," S. 289, führt Yvon aus, dass der Geist Gottes in den Auserwählten wirke, sie Christo zu Füssen werfe, sie in der Gemeinschaft Jesu Christ erneuere u. s. w. und fährt dann fort: „Alle ziele, in dewelke dese dingen zyn — is gerechtveerdigt, *al geloofde en gevoelde sy het noch niet*, het Gode niet behagende, haer de versekeringe daervan te geven.

3) Yvon sagt („Brakels onbill. handel. S, 210): Wanneer de bekeering volkomen en uyt de gront der herten is, soo is de ziele gerechtveerdigt en ook in de gront geheyligt. — Is het geloove, welck de ziele bekeert, t'welk haer rechtvaerdigt en t'welck haer heyligt; *maer verstaet het geloove dat werckende is door de liefde*. — Ebenso sagt Yvon in dem „Tractat van 't gebet" S. 305: „Wanneer de heerschappye Gods, synes willens en syner liefde in een herte is opgerecht, dat is een teeken, dat de ziele waerlick gerechtveerdigt en met Jesu Chr. vereenigt is. En *alsdan* is 't ook, datse de dadelyke vergevinge van alle hare voorgaende sonden deelachtig wordt en rechtveerdig wordt verklaert.

4) Yvon ebendas. S. 214: Alles dat wy seggen is, — dat een ziele niet mag gelooven, dat Christus haren saligmaker is, en dat sy hem als soodanig met een levendig geloof heeft aengenomen, ten zy ter zelver tyt met waerheyt kan gesegt worden, *dat sy hem aengenomen heeft met een ware liefde*. — Het Geloof is door

die Mystik in ihrer ganzen Eigenthümlichkeit hervor. Ganz so
wie die Quietisten redeten auch die Labadisten vom Gegensatze
der reinen, uneigennützigen Liebe und von der unreinen
Selbstliebe. Denn auch Gott könne, so lehrte man zu
Wieuwerd, in unreiner, selbstsüchtiger Weise geliebt werden, wenn man ihn nämlich nicht um seiner selbst, sondern um seiner Verheissung und Gnadengaben willen liebe.
Man meinte sogar, dass gerade in ihrer Richtung auf die
geistlichen Güter die Selbstliebe in ihrer grössten und gefähr-
lichsten Stärke hervortreten könne. [1]) Genau so wie die Anhänger der quietistischen Mystik lehrten daher auch die Labadisten, dass die Seele, um zur vollen Selbstertödtung und
somit zur vollen Vereinigung mit Gott zu gelangen, zur Ehre
Gottes auch das Opfer ihrer Seligkeit zu bringen habe, indem
sie bereit sein müsse, zur Verherrlichung der Gerechtigkeit
und des souveränen Willens Gottes auch in die ewige Verdammnis einzugehen, wenn Gott es wolle. [2])

Indessen wurde hervorgehoben, dass dieses Letztere nur auf
der höheren Stufe des geistigen Lebens möglich sei, auf welche
nicht alle Gläubige erhoben würden. Man unterschied nämlich
in Wieuwerd *zwei Stufen des Glaubenslebens*, nämlich die

---

de liefde werkende. Beide zyn onafscheydelick aen malkanderen verknocht, soo dat
de gene, die het rechtveerdigmakent geloof meynen te hebben sonder de hebben *de
reyne en heyligmakende* liefde haer bedriegen.

1) *„L'homme pecheur"*, 8. 342: *„*Nous pouvons dire ici, — que les plus criminels
auteurs d'eux-mêmes sont ceux, dont l'amour propre s'est principalement appliqué
aus objets spirituels."

2) Dieser Gedanke findet sich in allen Labadistischen Schriften, welche das Wesen
der Liebe erörtern, ausdrücklichst hervorgehoben, z. B. in YVON's Schrift über
*„*Brakels onbillicke handelinge," S. 187—188. 220, 215 (*„*God en syn wil moet de
geloovige ziele meer zyn dan alles; sy moet hare salygheyt en verheerlicking alleen
beminnen om God te verheerlicken") S. 230, insbesondere aber in dem *„*Tractat van
de reyne en onreyne liefde," worin ausgeführt wird, dass wenn die Seele ihre Seligkeit begehrt, um selig zu werden, und Gott liebt um selig zu werden, hierin nur
Selbstliebe hervortritt, während die reine Liebe ihre Seligkeit nur will, damit Gott
und Gottes Wille in ihr verherrlicht werde.

Stufe des *einfältigen blossen Glaubens* an den Herrn, und die
des *inneren Schmeckens und Fühlens* der Gemeinschaft mit ihm. [1])
Dem entsprechend wurde auch das in Worten sich aussprechende
und auf einzelne Anliegen gerichtete *gewöhnliche Gebet* und
und die höhere Stufe des Gebets, die Contemplation, (das
Herzensgebet) unterschieden. Von dieser letzteren wurde gesagt, dass sie die Ausserung des Glaubens und der Liebe [2])
aber wesentlich eine Wirkung des Geistes Gottes in den Heiligen sei. [3]) Die Contemplation sei nämlich ein »Stehen der
Seele vor Gott, ein Leben in Seiner Gegenwart, und eine
Blosslegung seines Herzens und des Gemüthes vor Seinem
Angesicht. In der Contemplation erfahre es der Gläubige,
dass Gottes Geist sein Gesicht von allen anderen Dingen ab-
ziehe". — »Denn wer zu dem grossen, erhabenen und herrlichen Wesen Gottes hinankommen wolle, der müsse die Erde
ganz aus dem Gesicht verlieren und hoch hinaufliegen, sich
in die Luft Gottes erheben und müsse darum alle Niedrigkei-
ten und Nichtigkeiten dieser Welt ganz vergessen". Indem die
Seele so vor dem Glanze des Angesichtes Gottes sich nieder-
werfe und Gott in seiner Herrlichkeit schaue, bringe sie ihm
den rechten Dienst und die rechte Huldigung dar, indem sie
ganz in der Anbetung seiner Herrlichkeit aufgehe. [4]) — Am
eingehendsten werden diese Gedanken von YVON entwickelt,
aber auch von allen anderen Labadisten, z. B. von der A. M.
VAN SCHÜRMAN wurden dieselben vertreten. [5])

---

1) In YVON's Schriften wird diese Unterscheidung zum Oefteren hervorgehoben,
z. B. in dem „Tractat van 't gebet", S 4: „'t zy ein bloot en eenvoudig geloove,
't zy met smaek en gevoelen."

2) YVON, „Tractat van 't gebet" S. 1: „Het woort *Gebet* — — wort oock genomen voor alle *Beschouwinge Gods*, voor de vereenige des geestes met Hem, ge-
schiedende *door 't geloof en de liefde*, en voor alle heylige bezigheit en onderhout
der ziele met haren God.

3) YVON, ebendas. S. 3.

4) YVON, ebendas. S. 3—4.

5) Dieselbe sagt z. B. in der „Eucleria", I, S. 55: Ideo necesse est, spiritum

b. *Die Lebenseinrichtung der Labadisten.*

Der Lehre der Labadisten entsprachen die Einrichtungen und das Leben in Schloss Waltha auf das Genaueste, so dass jene sich in diesem vollkommen abspiegelte.

Die Gemeinde oder »Kirche" — welche keinen bestimmten Namen führte, indem sie von ihren Oberen bald als »de gemeynte Christi vergadert tot Wieuwerd", bald als »de gereformeerde en van der werelt afgesonderde gemeynte", »l'église réformée, retirée du monde et recueillie en partie maintenant à Wieuwerd," oder auch anders bezeichnet ward, — hatte damals ihre Angehörigen nicht nur in Schloss Waltha und Wieuwerd; vielmehr waren dieselben zerstreut in Holland, Friesland und an vielen anderen Orten, wohin zu Zeiten »sprechenden Brüder" aus Waltha kamen, um die vereinzelt wohnenden Angehörigen der Gemeinde zu stärken und das Gemeinschaftsbewusstsein derselben neu zu beleben. Aber der Kern der ganzen Genossenschaft war die Hausgemeinde zu Waltha.

Als die Oberhäupter, als die eigentlichen »Hirten" derselben galten YVON und DULIGNON, denen die »Prediger" oder »Lehrer" (STRAUCH, COPPER, COLERUS, HESENER, welche fast ausschliesslich und zwar in holländischer Sprache predigten) und die vornehmeren Frauen als ASSEMBLÉE oder Gemeindevorstand zur

---

Christi esse in nobis, ut in nobis et per nos precetur et nos precari faciat mentemque et cor nostrum uniat *eiusque infinito Divinitatis oceano* immergat. Sie lehrt S. 83—84, der lebendige Christ werde nothwendig *divinae naturae particeps*, und werde *in diesem Sinne* eine neue Creatur. Darum findet sie auch den wahren Gottesdienst nicht in einzelnen geistlichen Akten, die äusserlich hervortreten, sonderm in der Contemplation, in der oratio mentalis in der unmittelbaren Gegenwart Gottes. — Vgl. Eucleria I, S. 84: Porro eius cultum optimum in quibusdam singularibus, qui extrinsece magis spirituales videri possint, constituere non oportet, sed potius in peculiari Dei praesentia u. s. w.

Seite standen. Trat die ASSEMBLÉE mit den Brüdern und Schwestern zu einer Berathung zusammen, so wurde dieselbe die *Grande Assemblée* genannt.

Die offizielle Sprache war die französische, wennschon zumeist holländisch, von Vielen auch deutsch gesprochen wurde. Die Mitglieder der Gemeinde nannten sich daher untereinander »frère" und »soeur", und Ehegatten pflegten sich mit »mon frère" und »ma soeur" anzureden. Die in die engere Genossenschaft noch nicht aufgenommenen Hausgenossen dagegen wurden »seigneur" und »monsieur" oder einfach bei ihren Namen genannt.

Die ganze Hausgenossenschaft theilte sich nämlich in zwei auf das schärfste voneinander abgegränzte Classen. Die eine umfasste die wirklichen Brüder und Schwestern, von denen man zu sagen pflegte, dass sie nicht nur »in dem Hause" sondern auch »von dem Hause" wären, die andere umfasste alle diejenigen Hausgenossen, deren Tauglichkeit zur Aufnahme in den Brüder- und Schwesternbund in einem (oft sehr lange dauernden) Noviziat erst noch zu erproben war. [1]) Schon die Aufnahme in die allgemeine Hausgenossenschaft und die Zulassung zum Noviziat war an bestimmte Bedingungen geknüpft. Wer nicht, (nach der Meinung der Hirten und Vorsteher) von der Gnade Gottes bereits erfasst und in die Heilsordnung Gottes eingetreten war, und wer es nicht auf sein Gewissen als seine Ueberzeugung aussprechen konnte, dass Gott ihn zu dieser Gemeinschaft ziehe, dem war das Haus Gottes zu Wieuwerd verschlossen.

---

1) Ich berichte hier nach einer Schrift, welche v. BERKUM (II, S. 215) vergebens gesucht hat, die ich jedoch antiquarisch zu erwerben so glücklich war. Es ist dieses die „Korte onderrichtinge rakende den staat en de maniere van leven der Persoonen, die God t'samen vergadert en tot synen dienst vereenigt heeft door de Bedieninge synes getrouwen Dienstknechts JOANNES DE LABADIE en syner broeders en mede-arbeiders PETRUS YVON en PETRUS DULIGNON. Aan sekere Persoonen op haar verzoek onlangs in geschrift gesonden. — Uit het Frans vertaalt. Amst. 1675."

War nun Jemand in den weiteren Kreis der Hausgemeinde (als »Pönitent") aufgenommen, so nahmen alsbald allerlei Exercitien der Selbstmortifizirung ihren Anfang. Zunächst hatte er, wenn er bessere Kleider trug, dieselben abzulegen und eine geringere Kleidung anzuziehen; sodann wurde ihm der prünktlichste Gehorsam gegen die Oberen, denen gegenüber er keine eigne Meinung und keinen selbstständigen Willen haben durfte, zur heiligsten Pflicht gemacht, und alsbald wurde er angewiessen, die niedrigsten Dienste zu thun. Daher war es in Schloss Waltha nichts Ungewöhnliches, wenn man einen früheren Prediger am Waschfass stehen, einen Jüngling von vornehmer Herkunft Steine tragen oder die Schafe hüten sah. Nahmen dann die Oberen wahr, dass der »Geist" sich in dem Pönitenten zu regen begann, so wurde er zu gewissen Dienstleistungen zugelassen, mit denen man nur Diejenigen betraute, von denen man hoffen durfte, dass sie einst wirkliche Brüder und Schwestern, werden würden. Es wurde ihnen z. B. der Dienst des Vorlegens bei Tisch, oder, wenn es eine Frau war, das Decken des Tisches und das Waschen der Schüsseln und Teller übertragen. Bei weiterem Fortschritt des inneren Lebens rückten dann die Betreffenden zu höheren Dienstleistungen auf. Zeigte sich aber Jemand in der Erfüllung der Pflicht des Gehorsams oder in anderer Beziehung lässig und eigenwillig, so wurde derselbe mit Strafen gemaassregelt, indem man ihn in Holzschuhen und schlechten Kleidern gehen liess, ihn an einen geringeren Speisetisch verwiess, ihm besonders schwere Arbeit auferlegte oder ihn auch mit Ausweisung bestrafte.

Sollte aber Jemand, der bis dahin nur der äusseren Hausgenossenschaft angehört hatte, in den eigentlichen Bruderbund aufgenommen werden, so mussten ebensowohl die Brüder und Schwestern als die Hirten und Lehrer des Hauses die Ueberzeugung gewonnen haben, dass die betreffende Person »der Welt, dem Fleische und sich selber abgestorben sei und dagegen für Gott in Jesu Christo lebe," dass sie also »von Gott erwählt, von Christus erkauft, vom h. Geiste versiegelt und dass sie zum ewigen Leben verordnet sei." War dieses festgestellt, dann hatten die Betreffenden das *Gelübde abzulegen* (belijdenis doen, Profess thun) dass sie »mit allen Brüdern und Schwestern Ein Herz und Eine Seele sein, im vollkommensten Vertrauen mit ihnen zusammenleben uud sie in Jesu Christo auf 's Innigste lieb haben wollten," — worauf die Aufnahme erfolgte.

Der Aufgenommene galt nun als Bruder (oder Schwester) in dem Herrn, als wirkliches Kind Gottes und als zur Anrufung Gottes als seines »Vaters," d. h. als zur Theilnahme an dem Gebet des Herrn berechtigt. indem er jetzt mit allen Brüdern und Schwestern in Wahrheit zu Gott rufen konnte: »Unser Vater!" Den übrigen Hausgenossen dagegen war diese Anrede Gottes untersagt. [1]) Übrigens mussten sich die Brüder und Schwestern von Zeit zu Zeit einem „Examen" unterwerfen, in welchem Jeder über das, was er an einzelnen Brüdern oder Schwestern rügen zu müssen glaubte, sich öffentlich auszusprechen verpflichtet war. Diese Selbstcensur der Genossenschaft wurde von den Vorstehern des Hauses geleitet.

Abgesehen nun von der Eigenartigkeit des Verkehrs und Gesprächs der Hausgenossen untereinander, in welchem man täglich von inneren Erfahrungen und von Wirkungen des Geistes reden hörte, welcher Dieser und Jener heute, gestern oder irgend einmal erlebt haben wollte, und abgesehen von den täglich stattfindenden religiösen Uebungen [2]) — in denen

---

1) Vgl. das Vorwort zu YVON „Tractat van 't gebet."

2) Der Reisende *Stolle* berichtet über einnen Gottesdienst der Hausgemeinde, dem er bei seinem Aufenthalt in Wieuwerd i. J. 1703 beiwohnte, Folgendes (Goebel, II, S. 164): „Ihre Uebung (oefening d h. Andachtsübung) fand in einer Stube Morgens 9 Uhr statt. Diesmal hielt sie Bruder THOMAS (SERVAES), früher ein Brauer, jetzt ein Spinner, ein Mann, der Witz und Ingenium hat, um eine andächtige Miene zu machen. Er machte den Anfang mit einem langen Gebete aus dem Kopfe, wobei

man die Psalmen gleichzeitig in holländischer, französischer und deutscher Sprache sang, in denen die Hirten und Lehrer fleissig predigten und katechisirten und fast immer frei, ohne Formular, beteten, — hatte das Gemeinschaftsleben der Hausgemeinde vor Allem darin seinen Charakter, dass es 1, auf *gänzlichem Verzicht auf Eigenthum*, und 2, *auf unbedingtester Obedienz* gegen die Oberen beruhte.

In ersterer Beziehung musste Jeder, der in die Hausgemeinde eintrat, seine ganze Habe in die Hände der Oberen geben, welche das ihnen etwa entbehrlich Erscheinende (Hausgeräth u. s. w.) verkauften und das Uebrige zum Nutzen der Gesammtheit verwendeten. In letzterer Beziehung war jeder Hausgenosse verpflichtet, die Freiheit des Willens den Oberen in der Weise zum Opfer zu bringen, dass jede Lebensregung in der Hausgemeinde schlechthin durch den Willen der Hirten und Lehrer bestimmt war, weshalb für dieselben die Wohnzimmer aller Hausgenossen jederzeit offen gehalten werden mussten. Jeder that gerade die Arbeit, die ihm von den Pastoren angewiesen war. Ebenso war die Kleidung, sowohl der Männer als der Frauen, von denselben genau vorgeschrieben. Aller Prunk und Putz war auf das Strengste untersagt. Die Vorsteher der Hausgemeinde assen mit den wirklichen Brüdern und Schwestern an Einer Tafel zusammen. An jeder

---

sowohl er als die ganze Versammlung aufstand und die Mannspersonen die Hüte abzogen und alle zusammen sich nicht eher setzten als bis es verrichtet war. Hernach ward von THOMAS Psalm 24 angekündigt und nach einer Melodie zugleich in drei Sprachen (nieder- und hochdeutsch und französisch, jedoch am meisten in ersterer) gesungen Doch merkte man, weil Alles gar douce vorging, keine Confusion. Nun las THOMAS den Text aus dem Evangelium Johannis und discutirte fast eine Stunde (in niederdeutscher Sprache), welches alle Zuhörer sitzend und mit grosser Attention anhörten." „Er machte in seiner Betrachtung (soviel Stolle verstehen konnte) viele Wiederholungen, aber er brachte doch viele ausbündige Gedanken und dergleichen Dinge vor, die man von einem gemeinen und ungelehrten Manne sich nicht leicht einbilden wird. — Als dieser aufgehört, folgte ihm ein Anderer nach, der es ebenfalls nicht schlimm machte. Hernach ward die Uebung von THOMAS mit einem langen und andächtigen Gebete geschlossen."

der Tafeln führte einer der Lehrer den Vorsitz. Vor dem
überaus einfachen Mahl hielt derselbe eine kurze Ansprache
mit Gebet, worauf ein Psalm oder ein anderes geistliches Lied
gesungen wurde.

Zur Unterhaltung der grossen Hausgemeinde waren natürlich
bedeutende Mittel erforderlich. Dieselben flossen zum Theil aus
dem von den begüterten Damen und anderen wohlhabenden
Gemeindegliedern zugebrachten Vermögen. Doch musste zu
diesen Erträgnissen noch Vieles hinzu erworben werden. Daher
wurde im Schloss Waltha fleissig gearbeitet. Man trieb nicht
nur auf den zum Schlosse gehörigen Ländereien Ackerbau und
Viehzucht, sondern man beschäftigte sich auch mit allerlei
anderem Gewerbe. So hatte man hier eine Weberei, worin
grobes wollenes Zeug von vorzüglicher Güte — noch jetzt
unter dem Namen der Labadistenwolle in Holland bekannt —
zubereitet wurde; man hatte eine Seifensiederei, man fabrizirte
Leder, eiserne Pfannen u. A. Auch war eine Buchdruckerei
vorhanden, die fortwährend arbeitete. Nur die dem Luxus
dienende Industrie war streng verpönt.

Auch die sonstigen Einrichtungen im Schloss Waltha standen
mit der daselbst heimischen Lehre im genauesten Zusammenhange. Statt der Kindertaufe hatte man einen Weiheakt eingeführt, in welchem man die Neugeborenen vor versammelter
Gemeinde Gott darbrachte und Gottes Segen über sie erflehte.
Das Abendmahl wurde höchst selten gefeiert und eine Sonntagsfeier kannte man nicht. Allerdings wurde zur Vermeidung
von Aergerniss jede *öffentliche* Arbeit am Sonntag unterlassen;
dagegen war es etwas ganz Gewöhnliches, dass Frauen und
Mädchen während der Predigt sich mit Handarbeit beschäftigten — eine Erscheinung, in welchem sich wiederum der mäch-
tige Einfluss erweist, den der Coccejanismus auf den Labadismus
ausgeübt hatte.

24

§ 14.

VERFALL UND UNTERGANG DES LABADISMUS.

Die Hausgemeinde zu Schloss Waltha hatte i. J. 1680 ihre höchste Blüthe erreicht, als eben damals auch bereits ihr Verfall begann.

Der Umstand, dass die niederländische Colonie *Surinam* zum dritten Theil in den Bezitz des den Labadisten sehr zugethanen Herrn CORNELIS AERSSENS VAN SOMMELSDIJK gekommen und dieser nun Gouverneur der ganzen Colonie geworden war, hatte die Häupter der Hausgemeinde auf den Gedanken gebracht, mit einem Theile der vielen Hausgenossen *eine Niederlassung in Surinam* zu gründen und dadurch die Mehrung der wahren Kirche auf heidnischem Gebiet zu versuchen. Der Plan kam auch i. J. 1680 zur Ausführung. Ein beträchtlicher Theil der Hauseingesessenen wurde mit allem möglichen Material nach Surinam übergesiedelt und daselbst zu einer neuen Gemeinde organisirt. An der Spitze derselben stand HESENAER als Hirt. Doch ging die Oberleitung der Colonie — die man »la Providence" nannte — von dem Vorstande der Muttergemeinde aus. Allein das ganze Project hatte keinen Erfolg, und als der Gouverneur VAN SOMMELSDIJK von seinen aufrührerischen Soldaten ermordet ward, verliessen alle Labadisten ihre Niederlassung und kehrten nach Schloss Waltha zurück.

Späterhin glaubte YVON das, was in Surinam missglückt war, in Nordamerika mit besserem Erfolge nochmals versuchen zu können. Hier war nämlich die holländische Colonie Neu-Amsterdam 1667 an England abgetreten worden, seit welcher Zeit die Colonie den Namen New-York führte, und der englischen Regierung war daran gelegen, Colonisten in's Land zu ziehen. Ohne grosse Mühe erwarb daher YVON hier ein beträchtliches

Stück Landes, und abermals zog aus Schloss Waltha, wo die Menge der Hausgenossen kaum noch Raum finden konnte, eine nicht geringe Anzahl derselben ab, um ganz nach dem Vorbilde der Muttergemeinde eine Tochtergemeinde zu bilden, welche unter der Oberleitung der ersteren in der neuen Welt sich auszubreiten versuchen sollte. An der Spitze der Colonisten standen Schlüter und dessen überaus rigorose (und darum nicht sehr beliebte) Gattin. Aber auch dieses Unternehmen schlug gänzlich fehl, — und zwar vor Allem darum, weil die Labadisten in Nordamerika wie in Surinam gar nicht daran dachten, unter den Heiden zu missioniren und die Herrschaft des Evangeliums unter ihnen aufzurichten, sondern nur unter den dortigen Christen sich Anhang verschaffen, sich selbst ausbreiten wollten. [1]) Indem daher die Labadisten in Nordamerika sofort ihre feindselige Stellung zur reformirten Kirche herauskehrten und sich in sich selbst abschlossen, so hatten sie die Erweiterung der Gemeinde selbst unmöglich gemacht, und die neue Colonie verkümmerte darum ebenso wie die frühere verkommen war.

Von der Zeit dieser gänzlich verfehlten Unternehmungen datirte der Verfall des Labadismus. Dieselben hatten enorme Geldsummen verschlungen und hatten zunächst eine Störung der öconomischen Verhältnisse der grossen Hausgemeinde zur Folge, die noch durch andere Verhältnisse vergrössert wurde. Allmählich war nämlich in der Gemeinde eine grosse Anzahl von Kindern aufgewachsen, die ernährt werden mussten, und auf der anderen Seite hörte der Eintritt neuer Mitglieder, welche arbeiten und Geld erwerben konnten, seit jener Zeit

---

1) Göbel verkennt auch hier den Character des Labadismus, wenn er (II, S. 266 ff.) in jenen beiden Colonisationen Versuche einer beabsichtigten Missionsthätigkeit sieht. ie Labadisten waren zum Missioniren geradezu unfähig und hatten auch gar keinen Sinn lürdie Mission, weil es ihnen nicht um Ueberwindung der Welt durch das Christenthum, sondern nur um die Sammlung Einzelner und deren gänzlichen Abschluss gegen die Welt zu thun war.

fast gänzlich auf. Dazu kam, dass die Gemeinde die Aussicht
vor sich hatte, nach dem Tode der Fräulein VAN SOMMELSDIJK
das Schloss Waltha verlassen zu müssen, indem dieses dann
gesetzlich deren Erben zufiel. Unter denen nun, welche für die
gemeinschaftliche Kasse das Meiste erwarben war der Arzt
HENDRIK V. DEVENTER, der sich allmählich darüber klar wurde,
dass es ihm seine Vaterpflicht nicht länger gestatte, in diesen
Verhältnissen zu bleiben. Er stellte daher den Oberen vor,
dass er nothwendig für seine Kinder sorgen müsse, dass deren
Zukunft in der Hausgemeinde nicht gesichert sei, und dass er
von jetzt an seinen Erwerb für die Seinen zurückbehalten, also
Aufhebung der Gütergemeinschaft beantragen müsse.

Zwanzig Jahre lang hatte bereits die Gütergemeinschaft unter
den Labadisten bestanden, und alle Lebensverhältnisse und
Einrichtungen zu Wieuwerd hingen mit derselben so genau
zusammen, dass auf ihr geradezu der ganze Bestand der Hausgemeinde beruhte. Daher rief der Antrag auf Aufhebung der
Gütergemeinschaft eine Erregung der Gemüther hervor, wie
sie in Schloss Wultha noch nie gesehen worden war. Wiederholt traten der Gemeindevorstand und die Assemblée zu Be-
rathungen zusammen. Vorschläge aller Art wurden zur Um-
gehung des gestellten Antrags eingebracht, doch fand keiner
derselben Beifall, so dass YVON endlich in einer Grande Assemblée des Jahres 1688 allen Hausgenossen den Beschluss
verkündigen musste, dass die Gütergemeinschaft aufgehoben
werden sollte. »Gewichtige Gründe," so sprach YVON zu den
Versammelten, »haben uns nach längerem Ringen mit uns
selbst zu dem Entschluss gebracht, die unter uns bestehende
Gütergemeinschaft aufzuheben. Der Herr will, dass sich unsere
Gemeinde über die Welt ausbreite und darum ist es nöthig,
dass die Mitglieder derselben in die Welt zurückkehren, um in
derselben als ein Sauerteig zu wirken. So lange die erste Gemeinde zu Jerusalem versammelt war, hatten deren Mitglieder

Alles miteinander gemein. Als die Kirche sich aber ausdehnte,
hatte in den Gemeinden Jeder sein Eigenthum. Daher wird
auch hier jeder sein Eigenthum zurückerhalten, um mit demselben in die Welt zu gehen und in derselben Gottes Reich
aufzuerbauen."

Die Versammlung war von Schrecken dnrchzuckt, als sie den
für Viele so verhängnisvollen Beschluss verkündigt erhielt,
obschon sie denselben schon längst hatten kommen sehen.
Denn gar viele Mitglieder der Hausgemeinde hatten gar kein
Eigenthum, und Diejenigen, welche dem Hause Eigenthum zugebracht hatten, mussten sich bei der Rückerstattung ein Vier-
theil des Zugebrachten kürzen lassen, — weil die oeconomischen
Verhältnisse der Gemeinde geschädigt waren. Daher waren es
wohl nur Wenige, die von dem verkündeten Beschlusse nicht
in empfindlicher Weise berührt wurden. Gar Viele, die entweder gar nichts besassen, oder die in dem langjährigen Aufenthalte zu Waltha zu einer selbständigen Lebensführung in
der Welt ganz ungeschickt geworden waren, standen da ohne
zu wissen was aus ihnen werden sollte.

Das grossartige, gemeinschaftliche Hauswesen ward also aufgelöst, und die Mehrzahl der bisherigen Hausgenossen zog unter Weinen und Wehklagen von Schloss Waltha ab. Nur ein
Theil der bemittelten Glieder der Gemeinde blieb daselbst zurück. Doch musste jetzt Jeder seine Wohnung ebenso wie
alles Andere, was er zum Leben nöthig hatte, bezahlen.

Allerdings wurde von den Zurückbleibenden unter der Leitung
Yvons (dem die »sprechenden" Brüder ROBIN, DANKERS und
THOMAS SERVAES zur Seite standen) das religiöse Leben der
Genossenschaft in der bisherigen Weise fortgesetzt, allein die
Gemeinde hatte doch sich und dem Labadismus das Todesurtheil
gesprochen. Die in die Welt zurückgekehrten und nun ganz
vereinzelt lebenden Mitglieder der Gemeinde verschwanden daher
bald oder schlossen sich — nach YVON's ausdrücklichem Rath, —

an die reformirte Kirche an. In Schloss Waltha starb Yvon im Jahre 1707, womit die Säule, die bisher den ganzen Bau getragen hatte, gebrochen war. An seine Stelle traten zwei sprechende Brüder, Thomas Servaes und Conrad Bosman die nun im Hause das Hirtenamt ausübten, aber keine Taufe spendeten und kein Abendmahl mehr hielten, weil sie nicht ordinirt waren. So vegetirte die gar klein gewordene Hausgemeinde in Schloss Waltha etwa bis zum Jahre 1725 weiter, ohne dass neue Mitglieder in dieselbe aufgenommen wurden. Inzwischen starb von den Gemeindegliedern eins nach dem anderen hinweg, Schloss Waltha kam nach dem Tode der letzten Frl. van Sommelsdijk in andere Hände und musste geräumt werden, und zuletzt waren in Wieuwerd nur noch wenige Reste der Gemeinde, deren einziger sprechender Bruder Conrad Bosman (ein treuer Freund Tersteegen's) jedoch i. J. 1732 von Wieuwerd nach Leeuwarden zog, womit die gänzliche Auflösung der Gemeinde erfolgt war. — Auch die von Bardowitz geleitete Tochtergemeinde zu Amsterdam hatte sich inzwischen aufgelöst. — Labadie's Schöpfung war somit von der Erde verschwunden.

FÜNFTER ABSCHNITT.

Erscheinungen der Mystik und des Pietismus in den Niederlanden neben dem Labadismus.

§ 1.

DIE VERSCHOORISTEN UND HATTEMISTEN. — WILHELM DEURHOFF. — FRIEDRICH VAN LEENHOF. — DIE KNOBBELHAUER.

In den beiden letzten Decennien des siebzehnten Jahrhunderts erhoben sich in den Niederlanden zwei, ursprünglich von einander ganz unabhängige Separationen, die jedoch bald in einander übergingen und in vielen Kreisen die Religiosität der Mystik heimisch machten, oder derselben wenigstens den Boden bereiten halfen. Es waren dieses die Sekten der *Hebräer* und die der *Hattemisten*, jene hauptsächlich auf der Insel Walchern, diese in Seeland heimisch. [1] Der Stifter der Hebräer war JACOB VERSCHOOR aus Vlissingen, [2] der mit seiner Bewerbung um die theologische Candidatur in den Classen Walchern und Südheveland zurückgewiesen war, — weil er als Anhänger Spinozas galt. Indessen waren es ausser dem »Spinozismus" noch andere ganz eigenthümliche Gedanken und Bestrebungen, welche für VERSCHOOR den Eintritt in den Dienst der reformirten Landes-

---

1) YPEY, Geschiedenis van de Kristelijke Kerk in de achttiende eeuw II, S. 290—302.
2) Ueber dessen Schriften vgl. YPEY, Letterk. geschied. der system. God. II, S. 294.

kirche zur Unmöglichkeit machten. Er war nämlich der Meinung, dass für jeden Christen, für Männer und für Frauen,
die Kenntniss der hebräischen Sprache zum rechten Verständniss
der Offenbarungswahrheit unerlässlich sei. Daher nannte man
den Anhang, den VERSCHOOR seit 1680 gewonnen, und dem
derselbe auch noch andere seltsame Ueberzeugungen beibrachte,
Hebräer, sonst auch *Verschooristen* oder *Schooristen*. Bedeutung
gewannen dieselben aber erst, als sie mit den Anhängern des
1683 wegen seiner Abweichung von der Kirchenlehre entlassenen
Predigers PONTIAAN († 1706) von Hattem, einer kleinen Stadt
in Gelderland, den *Hattemisten*, sich vereinigten, was im folgenden
Jahrhundert geschah. — Einstweilen waren es hauptsächlich
folgende Sätze, welche die Verschooristen, seit dem sie sich
als Secte abgeschlossen hatten, vertraten: »Alles was geschieht,
geschieht nach einem unabänderlichen Schicksal und mit
Nothwendigkeit. Gott selbst ist nicht frei, indem sein Wille
durch die Natur seines Wesens mit Nothwendigkeit bestimmt wird. — Einen Unterschied von Gut und Böse
giebt es in Wahrheit nicht, und von einer Verpflichtung
des Menschen, sein Herz vom Bösen zu reinigen und seinen
Wandel zu bessern, kann nicht geredet werden. Gott zürnt
nicht über die Sünde, denn seine Ehre wird durch den Sünder
nicht geschädigt. Christus hatte also auch nicht der Gerechtigkeit Gottes Genüge zu geben. Durch Christi Tod wollte
Gott der Wellt nur zeigen, dass er die Sünde gern vergebe.
Nach Christi Tod werden von den zur Seligkeit Verordneten
eigentliche Sünden gar nicht begangen, weshalb sich der Christ
über seine Sünden keine Sorge zu machen braucht. Glaubt er
noch Sünde zu thun, so ist dieses ein Beweis seines Unglau-
bens; denn vor Gottes Gericht ist er schon, ehe er in's Leben
trat, gerechtfertigt gewesen. Der wahre Glaube und die wahre
Bekehrung bestehen darin, dass der Mensch, der ein Sünder zu
sein glaubt, von diesem Wahne zurückkommt, ein unerschüt-

terliches Vertrauen auf die durch Christi Tod gewährte Sündenvergebung gewinnt, und sich somit seiner Sündlosigkeit
getröstet. — Das Wesen des wahren Gottesdienstes ist nicht
ein Thun, sondern ein Leiden, indem der Mensch unter allen
Widerwärtigkeiten und Schicksalsschlägen des Lebens sich
resignirt und ergeben zu verhalten hat."
Indem VERSCHOOR und dessen Anhänger mit diesen wunder-
lichen Gedanken öffentlich hervortraten, erachtete es sofort
eine Anzahl von Geistlichen (namentlich die damaligen Prediger
von Middelburg) für ihre Pflicht, ihre Gemeinden vor der Irrlehre zu warnen. Indessen wuchs VERSCHOOR's Anhang auch
noch nach dem Tode desselben (1700) unter der Leitung seiner
Freundin GRIETJEN VAN DIJCK, während nach HATTEM's Tode
(1706) die »Jungfer DINA" zu Zierikzee die Prophetin war, zu
welcher alle Anhänger HATTEM's alljährlich wenigstens Einmal
pilgerten, um deren Offenbarungen zu hören. Allmählich jedoch,
je mehr sich die beiden Separationen einander näherten und
sich schliesslich zu gemeinsamen Conventikeln vereinigten, trat
in denselben einerseits das Verschooren'sche Element vor dem
eigentlichen Hattemismus mehr und mehr zurück und andererseits liess der letztere viele seiner ursprünglichen Excentritäten
allmählich fallen. Nach HATTEM's Tode suchte im Kreise der
Hattemisten der 1711 seiner Stelle entsetzte Prediger GOSWIN
VAN BUITENDIJK zu Schorn in Suidheveland, rastlos im Lande
umherziehend, in Conventikeln das wahre Christenthum des
Geistes zu fördern. Aber schon i. J. 1714 hatten die Stände
von Seeland diese Versammlungen verboten, und BUITENDIJK
sah sich daher unzähligemal von den Magistraten mit Ausweisung gemaassregelt. Allein der Hattemismus gewann dennoch
einen mehr und mehr wachsenden Anhang, und die Conventikel, in welchen man einen eigenen Katechismus [1]) gebrauchte,

---

1) Der Katechismus findet sich unter dem Titel „Leiding in der Verzameling der

dauerten fort. Bald traten auch in Amsterdam, in Dordrecht,
Utrecht und fast in allen grösseren Städten des Landes Hattemisten hervor, und seit 1718 erschien ein von J. ROGGEVEEN
veranstaltetes literärisches Werk, [1]) worin der Hattemismus aus
HATTEM's Schriften als geschlossenes System dargestellt ward,
und welches mit der Zeit solche Beachtung und Verbreitung
fand, dass 1732 die Stände von Holland und 1733 die Generalstaaten die Unterdrückung des Buches anordnen mussten.
Auch gegen die Conventikel wurde jetzt energischer einge-
schritten. Ueberall mussten dieselben geschlossen werden.

Diese Maassnahme war jedoch ein zweischneidiges Schwert,
von dem ebenso die Landeskirche als der Hattemismus getroffen
wurde. Die Hattemisten, die bisher sich als Angehörige eines
festen, in sich geschlossenen Verbandes, als besondere Reli-
gionsgenossenschaft betrachtet hatten, traten jetzt in die reformirten Gemeinden des Landes zurück und trugen durch den
religiösen Eifer, den sie im Verkehr mit anderen Gemeindegliedern entwickelten, ihre eigenthümlichen Gedanken in die
Gemeinden hinein. Dabei ist jedoch zu beachten, dass infolge
der andauernden Verfolgungen seitens der bürgerlichen Obrigkeit, und mehr noch infolge der vielseitigen literärischen Bestreitungen, welche der Hattemismus erfahren, die Gedanken
desselben sich allmählich geklärt hatten, so dass es schliesslich
folgende drei Sätze waren, die man als Hattemismus bezeichnete: 1, Das Wesen des wahren, seligmachenden Glaubens
bestehe in einem vollkommen versicherten Vertrauen, das durch
keinen Zweifel mehr erschüttert werden könne; 2, der erwählte

---

werkjens van den heer JACOB VERSCHOOR en eenigen zijner discipelen." (Amst. 1731).
S. 133—206.

2) Dasselbe erschien unter dem Titel: *Val van 's werelds afgod of het geloof der
heiligen*" seit 1718 in 4 Bänden. Zur Widerlegung des Buches veröffentlichte der
Professor CREMER zu Harderwijk 1733 seine Schrift *„Val tegen val"* u. s. w. —
Andere literarische Bestreitungen des Hattemismus aus jener Zeit werden von YPEY
S. 296 namhaft gemacht.

Sünder sei vor Gottes Gericht in seinem Bundeshaupte Christus schon durch dessen Tod und Auferstehung gerechtfertigt, ehe er noch zum Glauben gelange, der die unausbleibliche Folge jener Rechtfertigung des Erwählten sei; 3, der gerechtfertigte und gläubige Mensch habe nichts zu fürchten, vielmehr alles Gute passiv von Gott zu erwarten. Christus sei in ihm und er in Gott, so dass der Mensch nichts und Gott Alles in ihm sei. Der Mensch ruhe, schlafe in Gott, den er für Alles sorgen lasse. Gott sei Alles, der Mensch sei ein Nichts." — Diese, nachweisbar noch i. J. 1760 in Holland und Seeland von Vielen vertretenen Gedanken waren es, welche man als Hattemismus bezeichnete und als eine auf pantheistischer Grundlage beruhende Mystik verwarf. Welche Verbreitung aber diese mystische Denkweise in den Gemeinden des Landes gefunden hatte, erwiess sich aus den zahlreichen Erscheinungen mit denen dieselbe mehr oder weniger folgerichtig oder in der einen oder anderen Modification von Anderen selbständig vertreten ward.

In Amsterdam z. B. machte in dieser Beziehung ein Handwerker, WILHELM DEURHOFF, [1] ein Korbmacher, oder nach der Angabe Anderer, ein Schreiner, — viel von sich reden. Obschon aller wissenschaftlichen Vorbildung baar, hatte er sich doch in der Philosophie des CARTESIUS umgesehen und stand unter seinen Mitbürgern als ein Mann von besonderer Erleuchtung des Geistes in hohem Ansehen. Etwa seit dem Jahre 1680 pflegte er vor einem Kreise von Freunden und Anhängern in seinem Hause öfters zur Abendzeit Vorträge über allerlei philosophische und theologische Fragen zu halten, aus denen eine beträchtliche Anzahl von Schriften hervorging, die er im Laufe der Jahre veröffentlichte. [2]

---

1) YPEY, Geschiedenis van de Kristl. Kerk in de achtt. eeuw, VII, S. 338—343 und X, S. 405.

2) Er gab heraus: „Beginselen van waarheid en deugd, (Amsterd. 1684); Grond-

Er starb am 10. October 1717. — Ueber seine eigentliche Weltanschauung spricht er sich namentlich in seiner Schrift »*Bespiegeling*" u. s. w. S. 116—117 so aus: »Alles was reale Existenz hat, ist von Gott von Anfang an geschaffen, und Alles was im Laufe der Zeit in's Dasein tritt, hat darum die Wurzel seines Seins in dem Anfange der Schöpfung. Da nun das von Gott Erschaffene wesentlich entweder Ausbreitung oder Denken ist, so sind alle Menschen ihrem wirklichen Sein nach die Eine Ausbreitung und der Eine Geist, den Gott uranfänglich erschaffen hat. Alles was im Laufe der Zeiten nach und nach zur Existenz kommt, ist nicht eine neue Wesenheit, sondern nur Modification der Einen uranfänglich erschaffenen Menschheit. Selbständige und von dem ursprünglich Erschaffenen unabhängige Existenzen sind nicht möglich. Der individuelle Menschengeist ist nur eine Modification, eine besondere Erscheinungsform des Einen Geistes, den Gott überhaupt geschaffen hat." — Von diesen Gedanken aus baute sich nun DEURHOFF eine Heilslehre auf, die wesentlich der Mystik angehörte und die ihm die lebhafteste literärische Befehdung — namentlich seitens des Predigers TAKO HAJO VAN DEN HONERT zu Amsterdam und des Professors RUARD ANDALA zu Franeker zuzog. Indessen fand und behielt er auch trotz aller Bestreitung seiner Schriften entschiedene Anhänger, unter denen namentlich der Prediger der Taufgesinnten zu Amsterdam HERMANN OVERWIJK zu nennen ist. — Noch um die Mitte des 18. Jahrhunderts war von den im Lande zerstreut (und sehr

---

vesten van de christl. godsdienst (Amst. 1690); Ontwerp der heil-godgeleerdheid Bespiegeling van de heil-godgeleerdheid (Amst. 1697). Im J. 1715 veröffentlichte er eine Sammtausgabe seiner Schriften unter dem Titel: Overnatuurlijk en schriftuurlijk zamenstel der heil. godgeleerdheid, afgeleid uit het kennelijke Gods, uit de weezenlijke genadegifte en uit de Heil. Schrift. — Nach seinem Tode erschien noch aus seinem Nachlass: De denkbeeldige wijsgeer, vertoond in W. DEURHOFF's beginselen van waarheid.

still und eingezogen) lebenden »Deurhoffianern" viel die Rede, namentlich in Friesland.

Als ein Gesinnungsgenosse DEURHOFF's wurde von Vielen der Prediger FRIEDRICH VON LEENHOF zu Zwol angesehen. [1]) Indessen hatte derselbe doch seine ganz eigenartige, ihn auch von DEURHOFF unterscheidende Theologie, die er in einer Reihe von Schriften, namentlich aber in seinem 1703 erschienenen Buche »der Himmel auf Erden" [2]) entwickelte. Seiner Meinung nach war die Religion wesentlich Frohsinn, Freude (blijdschap), was er so begründete: Von Gott ist Alles, was existirt, schlechthin abhängig. In Ihm, dessen Eigenthum wir sind, leben wir, in Ihm bewegen wir uns mit Leib und Seele und in Ihm ruht unsere Seligkeit. Um diese zu erlangen, muss der Mensch an seinen Sünden ernstliches Missfallen haben, und sich in Demuth Gott so überlassen, dass es Alles was da kommt, in vollster Ruhe hinnimmt, und in dieser Ruhe sich seine Freudigkeit bewahrt. Diese Freudigkeit hat der Mensch an sich zu pflegen, indem er auch alles Unglück, was über ihn kommt, als eine Wirkung des göttlichen Willens zur Ehre Gottes völlig passiv erträgt, und so die Liebe bewahrt, in welcher keine Furcht ist. Der wahre Christ, der sich Gott ganz überlassen hat, ist daher allezeit fröhlich und getrost.

LEENHOF's Schrift war kaum bekannt geworden, als dieselbe auch von allen Seiten her Widerspruch fand. Man wollte in ihr den baarsten Spinozismus finden, mit dem vor Allem die kirchliche Lehre von der Reue und Busse als unerlässliche Voraussetzung des Glaubens unvereinbar sei. Dieser Widerspruch, den das Buch fand, hatte für dieses selbst zunächst

---

1) YPEY, VII, S. 344—351.
2) Der Titel lautet vollständig: »Hemel op aarde of korte en klaare beschrijving van de waare en standvastige blijdschap." — Van den früheren Schriften LEENHOFF's hatte das Buch „De geest en conscientie des Menschen" i. J. 1700 schon die vierte Auflage erlebt.

die Folge, dass es schon i. J. 1704 neu aufgelegt werden
musste, indem alle Welt es lesen wollte. Auch vertheidigte sich
LEENHOF in einer neuen Schrift (De Hemel op aarde, opgehel-
derd van de nevelen van misverstand), die er in demselben
Jahre erscheinen liess. Allein die Polemik gegen LEENHOF
wuchs mit den Jahren, weshalb er, von allen Seiten her als
Ketzer verschrieen, zunächst vor dem Kirchenrath zu Zwoll,
hernach vor der Classe und endlich vor der Overijssel'schen
Synode Verhöre bestehen musste. Allerdings traten nun der
Magistrat zu Zwoll und die Stände der Provinz, deren Abgeordneten der Synode zu Deventer beiwohnten, für ihn ein,
allein gegen diesen Eingriff der weltlichen Macht in eine kirchliche Angelegenheit bäumte sich der Unmuth der nord- und
der südholländischen Synode mit solcher Heftigkeit auf, dass
LEENHOF es für das Gerathenste hielt, statt des Schutzes der
bürgerlichen Obrigkeit den Frieden der Kirche zu suchen. Vor
der Synode der Provinz gab er daher die Erklärung ab, dass
er alle Sätze seiner Schriften welche als spinozistisch aufgefasst
werden könnten, als gefährlich und verderblich verwerfe, indem er der Lehre der reformirten Kirche von Herzen zugethan sei.

Mit dieser Erklärung LEENHOF's glaubte sich die Overijssel'sche
Synode vollkommen beruhigen zu können. Anders aber dachte
die nord-holländische Synode, welche auf die Confiscation
und Vernichtung aller Schriften LEENHOF's drang. Von ihren
Propinzialständen gestützt, lagen nun die beiden Synoden
miteinander im Streit, was die ganze Kirche des Landes, insbesondere aber die kirchlichen Verhältnisse zu Zwoll in die
bedenklichste Verwirrung brachte. Da sah endlich der Magistrat
von Zwoll ein, dass nur LEFNHOF's Rücktritt dem Hader und
Streit ein Ende machen könnte. Dieser liess sich auch dazu
bereit finden, hielt am 1. Januar 1711 vor seiner Gemeinde
seine Abschiedspredigt, in welcher er betheuerte, dass er in

seiner vierzigjährigen Amtsführung nur die Lehre der reformirten Kirche habe verkünden wollen, und trat, mit seinem vollen Gehalt entlassen, ehrenvoll in's Privatleben zurück.

Derartige Erscheinungen zeigten sich in einer Zeit allgemeiner Gährung noch mehrere, die zumeist aber den Charakter
einer an pantheistische Anschauungen erinnernden Mystik hatten
und insgemein als *Hattemismus* bezeichnet wurden. Dahin gehörte z. B. der sogenannte *Eswylerianismus*, der von dem
Waisenhausvater JOHANNES ESWIJLER zu Hoorn den Namen
hatte. Derselbe hatte 1685 eine mystich-ascetische Schrift[1]
herausgegeben, die in engeren Kreisen ausserordentlich viel
gelesen wurde. Als indessen das Büchlein i. J. 1734 abermals,
und zwar mit Approbation der Classe Schieland, aufgelegt und
verbreitet ward, nahm die inzwischen in der Kirche erwachte
Opposition gegen die Mystik an demselben solchen Anstoss,
dass die Schieländische Classe sich 1738 genöthigt sah ihre
dem Buch ertheilte Approbation zurückzunehmen. — Es wird
berichtet, dass es namentlich Voetianer waren, welche sich des
Eswijlerianismus verdächtig machten.[2]

Eine andere mystische Fraction tauchte zu Rotterdam und
Umgegend auf. Man nannte sie *Knobbelhouwers*.[3] Ueber dieselbe ist freilich wenig bekannt; doch ist anzunehmen, dass sie
eine Erscheinungsform der im Niederland damals in zahllosen
Gemüthern herschenden Mystik eines passiven Christenthums
war, welche, ohne sich eines Gegensatzes zur Kirchenlehre
bewusst zu sein, sich fast durchgängig in Gleichgültigkeit
gegen Alles was im äusseren Leben vorging, in Geringschätzung
des äusseren Schriftwortes als eines todten Buchstabens, in
einer gewissen Scheu vor der Theilnahme an der Abendmahls-

---

1) Der Titel der Schrift lautete: „Nuttige zamenspraak tusschen een Heilbegeerigen
en Evangelist, of Zielseenzame Medidation.
2) YPEY, VII, S. 257 und X, S. 427.
3) YPEY, X, S. 427.

feier, in dem Suchen nach innerem Lichte durch unmittelbare
Erleuchtung, in der Forderung, dass der Mensch sich Gott
als Werkzeug zur Verherrlichung seines Namens willenlos
überlasse, in der Neigung zum Conventikelwesen, in dem
Reden von inneren Erfahrungen, von den mannigfachen Ständen des inneren Lebens, von dem Geniessen Gottes, von der
Vollkommenheit des christlichen Lebens u. s. w. aussprach. —
Zwischen diesen Vertretern des »passiven Christenthums, und
denen welche auf »pracktisches" Christenthum (im Gegensatz
zu dem einseitigen Kultus der Lehre) drangen, war vielfache
Berührung vorhanden; aber doch waren beide wesentlich von
einander verschieden.

§ 2.

ANTOINETTE BOURIGNON, PETER POIRET UND GERHARD TERSTEEGEN. [1])

So erhoben sich in der reformirten Kirche der Niederlande
allerlei eigenthümliche Richtungen des religiösen Lebens, welche
neben der herrschenden Orthodoxie und neben dem Pietismus
die Tiefen der Mystik und aus denselben einen befruchtenden
Born in das Leben der Kirche einströmen lassen wollten. Mit
denselben trafen nun, zum Theil durch den Labadismus vermittelt, allerlei Gedanken zusammen, welche aus dem mystischen
Lager der katholischen Kirche herübergekommen waren, und
erzeugten eine Mystik, welche theilweise eigenartig, theilweise
aber auch mit dem was man Quietismus nannte, durchaus
wahlverwandt oder geradezu identisch war. Selbst auf den
academischen Lehrstühlen hörte man Anschauungen aussprechen,

---

1) Der theosophische Ascet JOH. GEORG GICHTEL, welcher 1710 in Amsterdam
starb, hatte mit der Mystik der reformirten Kirche gar keine Fühlung und war
überhaupt dem hier dargestellten historischen Verlauf fremd, wesshalb derselbe hier
nicht besprochen wird.

welche dieser Mystik angehörten, z. B. von dem Cartesianischen Philosophen ARNOLD GEULINX, Professor der Moral zu Leiden († 1669), der aus der katholischen in die reformirte Kirche übergetreten war; [1]) ebenso von dem (ebenfalls aus der katholischen Kirche herübergekommenen) Theologen ELIAS SAURIN zu Amsterdam († 1703).

Wir begegnen in der Geschichte Niederlands um diese Zeit freilich auch einzelnen Erscheinungen, welche sich in vollster Ursprünglichkeit ihre eigene Mystik schufen. Unter denselben ist insbesondere ANTOINETTE BOURIGNON DE LA PORTE [2]) die, am 13. Jan. 1616 zu Rijssel in Flandern von katholischen Aeltern geboren, ihre Kirche verliess, aber nicht in die evangelische Kirche übertrat, weshalb sie auch nur wegen ihrer engen Beziehungen zu (dem reformirten) POIRET hierher gehört. — Ueberall umherschwärmend gewann sie allmählich einen Anhang, von dem sie als ein höheres Wesen angesehen ward. Anfänglich war sie von einem ehemaligen katholischen Priester CHRISTIAN DE CORDT aus Mecheln (der daselbst Superior der Oratorianer gewesen war) begleitet. DE CORDT hatte erst um ihre Hand angehalten, jedoch umsonst. Der Gedanke an die Leiden, welche sie ihre Mutter hatte in der Ehe tragen sehen, liess ihr den Eintritt in die Ehe unräthlich erscheinen. DE CORDT starb 1669; seit dem verkehrte sie allein mit POIRET.

Ihre erste Offenbarung wollte sie 1662 zu Gent empfangen haben. Von da folgten Visionen auf Visionen und Offenbarungen auf Offenbarungen, durch welche sie ganz neue Einblicke in das Wesen des inneren wahren Christenthums empfangen zu haben glaubte.

Sie legte dieselben in ihren zahlreichen Schriften nieder, in denen sie auf Grund derselben vor dem falschen Gottesdienste

---

1) Vgl. *meine* Geschichte der quietistischen Mystik, S. 495—495.
2) Vgl. ANTOINETTE BOURIGNON, een beeld uit de kerkelijke geschiedeniss der XVIIde eeuw, door H. VAN BERKUM. Sneek, 1853. (308 S. S. in 8°.)

warnt, der in allen Kirchen heimisch sei, indem nur ein auf
völliger Weltentsagung, auf unbedingter Selbstüberlassung an
den göttlichen Willen beruhender innerer Wandel in der Gegenwart Gottes, innere unmittelbare Erleuchtung und inneres
Herzensgebet, das keine Worte suche, die Seele zur Vereinigung mit Gott, zum wahren Leben und zur Vollkommenheit
bringen könne.

Bei ihrer ungewöhnlichen wissenschaftlichen Bildung — sie
war der lateinischen, der französischen und der hochdeutschen
Sprache ebenso mächtig wie der niederländischen, und war in
der theologischen Literatur, insbesondere in der Mystik, sehr
zu Hause, — hatten einst die Professoren BURMAN und HEI-
DANUS den Versuch gemacht, sie für die Cartesianische Philosophie zu gewinnen. Allein der Gedanke, dass des Menschen
Vernunft irgendwie als Quelle der Erkenntniss und als Norm
des Denkens gelten sollte, war in ihren Augen geradezu ein
Frevel, der nothwendig zum Atheismus führen müsse, weshalb
sie dem Cartesianismus (in der Schrift: La sainte visière) auch
literärisch entgegentrat. [1] —

Die Bedeutung, welche sie durch ihre Schriften für einzelne
Kreise gewann, beruhte übrigens wesentlich auf dem Interesse,
welches POIRET an denselben nahm.

PETER POIRET [2]) war am 15. April 1646 als Sohn eines
Schwertfegers zu Metz geboren. Der Vater hatte ihn für die
Bildhauerkunst bestimmt; die eigne Neigung fesselte den Sohn
jedoch an die wissenschaftlichen Studien. Nachdem er den nö-

---

1) Eine Ausgabe ihrer zahlreichen, in französischer Sprache geschriebenen Werke
(von denen sie selbst nur einzelne veröffentlichte) veranstaltete POIRET seit 1679 zu
Amsterdam in 19 Quartbänden unter dem Titel: „Toutes les oeuvres de Mlle. AN-
TOINETTE BOURIGNON." Schon seit 1680 erschien aber auch eine holländische Uebersetzung, wozu nicht lange nachher auch lateinische. deutsche und englische Ueber-
tragungen kamen.

2) Vgl. Comment. de vita et scriptis Poireti, in der Präfation zu den Opera
posth. desselben.

thigsten Schulunterricht genossen, lebte er eine Zeitlang als
Lehrer der französischen Sprache im Hause des Statthalters und
Grafen von Hanau-Lichtenberg, eines Herrn von Kirchheim,
worauf er seit 1664 Prediger zu Heidelberg wurde. Von da
wurde er 1672 auf die französische Pfarrei zu Anweiler im
Zweibrücker Lande berufen. Hier geschah es nun dass er, von
schwerer Krankheit befallen, das Gelübde that, falls Gott ihm
Gesundheit und Leben wieder schenke, zur Verherrlichung
Gottes ein Werk zu schreiben, in welchem der Glaube philo-
sophisch gerechtfertigt, und durch welches allem Zweifel und
Hader in der Kirche ein Ende gemacht werden sollte. POIRET
genass wieder und ging alsbald an die Ausführung der Gott
gelobten Arbeit, welche 1677 zu Amsterdam unter dem Titel
»Cogitationes rationales" an das Licht trat.

Der Gedanke POIRET's war also, durch dieses Werk Glauben
und Wissen mit einander auszusöhnen, weshalb er in demselben (Lib. III, cap. 8.) unter anderem auch mit einem (und
zwar seit geraumer Zeit mit dem ersten) Versuche einer philosophischen Deduction der Trinitätslehre hervortrat. Gegen Spinoza
macht POIRET durchweg Front. Wichtiger jedoch als dieses war
der Umstand, dass sich POIRET damals schon mit grossem Eifer
in die Schriften TAULERS, des THOMAS VAN KEMPEN und anderer
Mystiker vertiefte, und mit ANNA MARIA VAN SCHÜRMAN brieflichen Verkehr angeknüpft hatte. Kurz nachher — noch
während des Druckes der »Cogitationes rationales" — kamen
ihm einige Schriften der BOURIGNON in die Hand, namentlich
der »Traité de l'aveuglement des hommes et de la lumière née
en ténèbres," und der Tractat »Le tombean de la fausse théo-

---

1) Der vollständige Titel des Buches lautet: Cogitationum rationalium de Deo,
anima et malo Libri IV, in quibus quid de hisce Cartesius eiusque sequaces boni
aut secus senserint, omnisque philosophiae certiora fundamenta atque imprimis tota
metaphysica verior continetur (in 4º.). — Neu überarbeitet und vermehrt gab POIRET
das Werk noch zweimal in den Jahren 1685 u. 1715 heraus.

logie, exterminée par la véritable, venant du S. Esprit."
Poiret las dieselben, las sie wieder und — war von ihnen
überwältigt. Der speculirende Denker war zum contempliren-
den Mystiker geworden, der seine Heimath nicht mehr in der
französisch reformirten Gemeinde, sondern bei der Bourignon
hatte, in welcher er das Werkzeug einer ganz neuen Offenbarung des Geistes Gottes sah. Er legte daher seine Predigerstelle
nieder und machte sich auf, um die Bourignon in Holland,
wo er sie vermuthete zu suchen. Hier hörte er jedoch, dass
dieselbe seit einiger Zeit, um den Nachstellungen ihrer Gegner
zu entgehen, sich nach Hamburg zurückgezogen habe, wo sie
ganz im Verborgenen lebe. So rasch er konnte, eilte er daher
nach Hamburg und hatte hier wirklich das Glück, die von
ihm wie ein Wesen höherer Art verehrte Greisin aufzufinden
und an sein Herz zu drücken. Er sprach mit ihr und was er
aus ihrem Munde hörte, das waren Blitze des Geistes und
sprühende Funken, welche ihn erkennen liessen, welches wunderbare Licht der Welt in dieser Dienerin Gottes aufgegangen
war. Sein Entschluss stand daher fest, sich niemals wieder
von ihr zu trennen, weshalb er zunächst mit ihr in Hamburg
wohnte und sie hernach auf ihren Wanderungen nach Bremen,
nach Oldenburg, nach Ostfriesland und schlieslich nach Franeker begleitete, wo er bis zu ihrem Tode i. J. 1680 bei ihr
blieb. Später hielt sich Poiret eine Zeitlang in Amsterdam
auf, zog dann, 1638, nach Rhijnsburg bei Leiden über und
lebte hier noch volle dreissig Jahre in tiefster Stille und Zurückgezogenheit, bis er am 21. Mai 1719 starb. —

Seit seiner Vereinigung mit der Bourignon hatte Poiret es
sich zur Aufgabe gemacht, mit unermüdlichstem Eifer als Herold
der mystischen Religiosität zu wirken. Zu diesem Zwecke wurden von ihm die Nachfolge Jesu, die deutsche Theologie
(mit Beifügung eines noch immer zu beachtenden »Catalogue
des écrivains mystiques"), die Schriften der h. Katharina

von Genua in französischen Uebersetzungen, und die Schriften der
Frau von Guyon, der Bourignon und Anderer mit Vorreden
neu herausgegeben. Auch die Grundgedanken Jakob Böhmes
gab er in übersichtlicher Zusammenstellung lateinisch heraus.
Daneben verfasste er aber auch als selbstständiger Schriftsteller
eine ganze Anzahl von Schriften, [1] z. B.: »La paix des bon-
nes âmes dans toutes les parties du Christianisme, sur les ma-
tières de religion et particulièrement sur l'Eucharistie," (Amsterd. 1687), auch eine pädagogische Arbeit: »Les principes
solides de la religion et de la vie chrétienne, appliqués à l'é-
ducation des enfants," (Amsterd. 1705 in 12°.). Die bedeutendste und hier am meisten in Betracht kommende seiner
selbstständigen Arbeiten ist jedoch die Schrift: »L'oeconomie
divine ou Système universel et demontré des oeuvres et des desseins de Dieu envers les hommes." (Amsterd. 1687 in 8⁰.). In
sieben Theilen handelt Poiret hier von der Schöpfung und
den Geschöpfen, von der Sünde und von dem Ursprung des
Bösen, von der Wiederherstellung des Menschen vor der
Menschwerdung Christi und nach derselben bis zur Vollendung
der Welt, von der Wirksamkeit Gottes und von der Mitwir-
kung des Menschen und schliesslich von der Vorsehung Gottes. — Aeusserlich lehnt sich Poiret hierbei an die Coccejanischen
Lehrformen an, in Wahrheit liefert derselbe jedoch nichts
Anderes als eine systematisch gruppirte Darlegung der Anschauungen, welche er von der Bourignon und aus den Schriften älterer Mystiker in sich aufgenommen hatte. Gegenüber
den »Cogitationes rationales" repräsentirt daher die »Oeconomie
divine" den Gegensatz der Mystik zur Theologie der Kirche
und Wissenschaft.

---

1) Ein vollständiges Verzeichniss der Schriften Poiret's findet sich in der Bibl.
Brem. Cl. III, f. I, p 83—91, und in der dritten Ausgabe seiner „Cogitat. ration."
2) Die Schrift erschien lateinisch zu Leipzig 1705, englisch zu London 1713 und
holländisch zu Delft 1723.

Der Grundgedanke nämlich, auf welchem die ganze ausführliche Schrift beruht, ist dieser (I, S. 113) [1]: Alle Erkenntniss, pie der Mensch aus seiner Vernunft auf philosophischem Wege gewinnt, ist nur eine Scheinerkentniss; wahre, wirkliche Erkenntniss vermag der Mensch nur so zu erlangen, dass sie ihm von Gott durch unmittelbare Erleuchtung eingegossen wird, was zur Voraussetzung hat, dass der Mensch sich von Gott zur wirklichen inneren Vereinigung mit Ihm hat erheben lassen. Diese wahre Erkenntniss ist daher nicht die Sache der Vernunft und des Verstandes, sondern des Gefühls. — Gott ist ein thätiges, absolut freies Wesen, voll Licht und Seligkeit (II, S. 634). — In der Anschauung seiner eignen Herrlichkeit vollkommen befriedigt, hat Gott sich doch entschlossen, Wesen zu schaffen, in denen sein Bild strahlen sollte. Zu diesen Wesen gehört auch der Mensch. — Die Seele ist ein zum Licht und zur Seligkeit hinstrebender Gedanke (I, S. 210). — Die menschliche Natur mit ihren Eigenschaften ist der göttlichen ganz ähnlich, ganz gleichartig (I, S. 138 omnia utrolique sunt eadem). — Der Seele des Menschen wohnt ein natürliches, wesentliches, unauslöschliches Verlangen ein, das in ihr mit Nothwendigkeit eine innere, unendliche Erregung hervorbringt, durch welche sie, ohne sich Ruhe gönnen zu können, mit Nothwendigkeit zum Licht und zur Liebe hingetrieben wird (I, S. 214). — Denn Gott hat den Menschen erschaffen, nicht damit er mit seiner Vernunft grübele und seinen Geist mit eignen Denkakten erfülle, sondern dass er Gott selbst durch den Glauben in dem unendlichen, göttlichen Grunde der eigenen Seele umfasse und habe (I, S. 133). — In sich selbst hat der Mensch nur Finsterniss, Unruhe und Angst. Um daher zur Ruhe und Seligkeit zu gelangen, muss

---

1) Das Buch wird hier nach der lateinischen Ausgabe (*Oeconomiae divinae libri VI*) von 1705 citirt. — POIRET führte diesen Gedanken später in der Schrift „*de eruitione solida, superficaria et falsa*" von 1692 weiter aus.

der Mensch sich selbst ganz fallen lassen, damit er nur in
Gott lebe und in Ihm seine Ruhe und Seligkeit finde (I, S. 28). —
Ist die Seele durch die sie beherrschenden Bestrebungen und
Zerstreuungen zur Aufnahme der Wirksamkeit Gottes untauglich geworden, so ist, damit ihr geholfen werden könne, die
Aufhebung jener Untauglichkeit nöthig. Wenn daher das
Streben der Seele sich von der Betrachtung ihrer Wahngebilde
und von ihren natürlichen Neigungen abzuwenden beginnt,
wenn sie an nichts mehr hängt, was nicht Gott ist, und wenn
sie anfängt, so in sich zu ruhen, dass sie gegen alles Aeussere
und Fremde verschlossen, in ihrem innersten Grunde sich nur
auf Gott hin richtet, um die Ausströmungen (emanationes)
Gottes in sich aufzunehmen, dann kann Gott nicht anders,
er theilt ihr sein Licht, sein Leben und seine Seligkeit mit
(I, S. 686).

Diese Gedanken waren die Grundlage, auf welcher POIRET's
eigentliche Mystik, seine eigenthümliche Heilslehre (wie er sie
z. B. in seiner »Herzenstheologie [1])" dargelegt hat) sich erhob.

POIRET war auch der erste Theologe, durch den man in
Deutschland von Frau VON GUYON und von deren Werken
Kunde erhielt. Derjenige Freund POIRET's indessen, der als
der eigentliche Herold dieser für die Geschichte der Mystik und
des religiösen Lebens so bedeutenden Frau und ihrer quietistischen Mystik in den Niederlanden und in Deutschland angesehen werden kann, war der liebenswürdige, schwärmerisch-
fromme GERHARD TERSTEEGEN, [2]) der, am 25. Nov. 1691 zu
Meurs geboren, vom Niederrhein aus nach allen Seiten hin
den Samen seiner mystischen Religiosität ausstreute und am 3.
April 1769 starb. TERSTEEGEN hatte sich im Knabenalter für
die akademischen Studien vorbereitet, war jedoch nach dem

---

1) Vgl. über dieselbe *meine* Geschichte der quietistischen Mystik, S. 501—502.
2) Vgl. G. KERLEN, Geerhard Tersteegen, Mülheim a. d. Ruhe, 1853; GÖBEL,
III, S. 289—447.

Tode des Vaters, eines frommen Kaufmanns, durch die Mutter veranlasst worden, sich dem Kaufmannsstande zu widmen. Schon damals hatte er in frommer Umgebung die Wege der mystischen Frömmigkeit gefunden. Er entsagte bald wieder dem ruhelosen Kaufmannsleben, wurde Bandwirker und lebte in stiller Einsamkeit der strengsten ascetischen Entsagung. Von da an war sein ganzes inneres und äusseres Leben ein Abbild dessen. was sich in der Lebensführung der quietistischen Mystiker als gemeinsamer Charakter derselben darstellte. Am Gründonnerstage 1724 verschrieb er sich dem Erlöser mit seinem eignen Blute zum ausschliesslichen bleibenden Eigenthum. Vier Jahre später legte er sein Handwerk nieder, um fernerhin für die Vielen, welche sich ihm anvertraut hatten, als »Seelenführer" ungestört thätig sein zu können. Ausser Mülheim, wo TERSTEEGEN lebte, war das zwischen Mülheim und Elberfeld gelegene Ackergut Overbek der Sammelpunkt seiner Anhänger. Hier hatte ein Freund TERSTEEGEN's, dem das Gut gehörte, eine »Pilgerhütte" errichtet, in welcher eine Anzahl erweckter Brüder unter einem Vorsteher in ascetischer Strenge dem Gebet und der Arbeit lebten, um zu immer volkommener Reinigung ihrer Seelen zu gelangen. Ihr Seelenführer war TERSTEEGEN. Andere Mittelpunkte seiner Wirksamkeit waren Elberfeld, Barmen, Crefeld (wo er in der Mennonitenkirche einmal die Kanzel bestieg) und Solingen. Längst war er an den an diesen Orten stattfindenden Conventikeln als ein mit den wunderbarsten Gaben ausgestatteter Prediger bekannt geworden. Aber auch im Siegener und Wittgensteiner Lande, in Franken, in der Wetteran und Pfalz, sowie in Holland unter den einsam lebenden Jüngern POIRET's, zählte er begeisterte Anhänger in grosser Zahl, ja selbst nach Ostfriesland, Dänemark, Schweden und Pensylvanien hin stand er mit geistlichen Freunden und Verehrern als Seelenführer im brieflichen Verkehr. In Veranlassung des ausserordentlichen Auf-

sehens, welches seine Wirksamkeit machte, wurde der Ober-
consistorialrath HECKER von Berlin zu TERSTEEGEN gesandt um
sein Treiben zu untersuchen. HECKER untersuchte auch dasselbe genau, wurde aber infolge dessen TERSTEEGEN's innigster
Freund. — — In die Ehe ist TERSTEEGEN (den Anschauuugen
der Mystik jener Zeit getreu) nie getreten.

TERSTEEGEN erkannte es als evangelischer Christ, dass, »wenn
wir keinen Jesum *für* uns hätten, wir nie einem Jesus *in* uns
bekommen würden," und bemühte sich darum der evangelischen
Lehre von der Rechtfertigung ihre Stellung in der Lehre vom
christlichen Heile zu sichern; aber die Mystik hat ihn doch
übermannt, und darum konnte er sich mit den Herrnhutern,
welche zwischen Rechtfertigung und Heiligung unterschieden,
nicht zurechtfinden. Er ist nie aus der reformirten Kirche
ausgetreten, aber er hat die Theilname an deren Abendmahlsfeier beharrlich verschmäht, weil, wie er sagte, sein Gewissen
ihm verbiete, mit Weltkindern und Gottlosen zum Tische des
Herrn zu gehen. Seine erste Veröffentlichung war sein »Hand-
büchlein der wahren Gottseligkeit" (von 1726), eine Uebersetzung des »*Manuel de Piété,*" welches LABADIE herausgegeben
hatte. Seine übrige schriftstellerische Thätigkeit gehörte fast
ausschliesslich der quietistischen Mystik an. Noch in demselben
Jahre 1726 edirte er eine Uebersetzung der Hauptschrift des
Quietisten Bernières-Louvigny unter dem Titel; »Das verborgene
Leben in Christo mit Gott; auf eine recht evangelische Weise
entdeckt." In den folgenden Jahren beschäftigte ihn vorzugsweise die Uebersetzung von Biographien quietistischer (und
anderer) Mystiker, deren Originale aus POIRET's Nachlass in
seine Hände gekommen waren. Als Frucht dieser Arbeit erschien in den Jahren 1733—1753 das Werk (welches schon
1754 eine zweite Auflage erlebte): »*Auserlesene Lebensbeschrei-
bungen heiliger Seelen*, in welchen nebst derselben äusseren
Lebenshistorie hauptsächlich angemerkt werden die inneren

Führungen Gottes über sie und die mannigfaltigen Austheilungen seiner Gnaden in ihnen," — ein Werk, welches jedoch mit Vorsicht zu gebrauchen ist.

§ 3.

DER PIETISMUS IN DEN NIEDERLANDEN NACH DEM EINDBINGEN DES LABADISMUS IN DIESELBEN.

Die beiden Phänomene des Pietismus und des Labadismus stellten allerdings, wie sich gezeigt hat, einen Gegensatz dar, nicht nur in der Lehre, sondern auch (wie namentlich auch in der Auffassung des Sabbaths zu ersehen war) im Leben. Indessen war doch das Dringen auf Innerlichkeit und innerliche Lebendigkeit der Religiosität beiden gemeinsam, und dieses legte es nicht nur den Pietisten wie den Labadisten nahe, gewisse Lehrpunkte in demselben Interesse und unter demselben Gesichtspunkte anzusehen und aufzufassen, sondern es erklärt sich daher auch, dass beide in der Wahl der zur Erweckung inneren Frömmigkeitslebens führenden Wege und Mittel vielfach zusammentrafen. Indem daher in den Niederlanden fortwährend Berührungen von Elementen stattfanden, welche ihrer Grundrichtung nach entweder dem Pietismus oder dem Labadismus angehörten, so, kam es nicht nur zu Reibungen der beiden Richtungen aneinander, in denen sich der Gegensatz derselben anscheinend aufhob, sondern es mussten auch Einwirkungen der einen Richtung auf die andere stattfinden, die, da der Labadismus weit mehr in sich abgeschlossen und concentrirt war als der Pietismus, vorzugsweise dieser von jenem zu erfahren hatte. Daher begegnen wir allerlei Erscheinungen religiösen Lebens und Strebens der verschiedensten Art, die nur in dem Zusammentreffen des Pietismus mit dem Labadismus ihre Erklärung finden.

Die stärkste Berührung des Pietismus mit dem Labadismus fand in den *Conventikeln* statt.

Schon als LABADIE in die Niederlande kam, hatten das Conventikelwesen und die Privatkatechisationen der »oefenaars" die allgemeinste Verbreitung gewonnen. Seit LABADIE's Auftreten in Middelburg nahmen aber diese Conventikel und Katechisationen — welche neben dem Confirmandenunterricht und den kirchlichen Kathechismusübungen der erwachsenen Jugend bestanden, — nicht nur numerisch in auffallender Weise zu, sondern wurden auch vielfach die Pflanzstätten einer in die Gemeinde eindringenden Mystik, welche das kirchliche Leben aufzulösen drohte. Allerdings wurden viele dieser Conventikel [1]) von Pastoren geleitet, die hier im Sinne des Pietismus die »Praxis der Gottseligkeit" zu fördern suchten, weshalb sie die Versammelten über das was ihre Seele beschäftigte, sich aussprechen liessen, ihnen Winke zur Beurtheilung ihrer inneren Erlebnisse gaben, schwierigere Gewissensfälle besprachen und sonst in allerlei Weise tröstend und erbauend auf die Zuhörer einzuwirken suchten. Allein es gab auch viele Prediger, Candidaten und Katecheten die, zu LABADIE sich haltend, im Lande umherzogen und in den Conventikeln die labadistische Mystik unter die Leute zu bringen suchten. Oft waren diese Katecheten ganz unwissende Menschen, die es sich aber doch herausnahmen, in den Conventikeln eigentliche Predigten zu halten.

---

1) W. BRAKEL characterisirt in seiuem „Redel. Godsd., I, S. 661 die (von dem Schulunterricht, von dem Confirmandenunterricht und von den Katechisirübungen der erwachsenen Jugend zu unterscheidende) vierte Classe der Katechisationen so: De vierde is een Catechisatie over de *oeffeninge der godtsaligheyt*, om de handelingen Godts met de zielen in hare bekeeringe ende voortgang te ontdekken, om gevallen van conscientie, ende allerleye staten der ziele in blydtschap ende droefheyt, in yver ende traegheyt, in stryt ende overwinninge voor te stellen, ende bestier‍ingen te geven — — in den wegh tot godtsaligheyt Dit geschiet of door vrye t'saemenspraken, in welke een yeder vraeght ende antwort onder het bestier van de leeraer, ofte dat het geschiedte by wege van formeel catechiseren, t'zy dit geschiet in openbare plaetsen, t'zy in particuliere byeenkomsten van eenige weynige.

Auch Frauen traten auf und expectorirten sich über die Gottseligkeit. Zugleich zeigte es sich, dass in vielen Gemeinden
einzelne Gemeindeglieder den Besuch des kirchlichen Gottesdienstes ganz einstellten und in anderen Gemeinden die daselbst
bestehenden Conventikel besuchten. In diesen machten es dann
die Frommen sich zur Aufgabe, in recht langem, lautem Beten
das Mögliche zu leisten und alle Anderen zu übertreffen. Da
gefiel man sich darin, sich selbst als »Jesu Kinder,'' »Jesu
Lehrlinge,'' »Kinder des Lichts'' wohlgefällig zu bezeichnen
und über die reformirte Kirche zu klagen, dass in derselben
die wahre Lehre ohne die Kraft der Gottseligkeit gelehrt werde,
dass man in ihr das Abendmahl »selbst mit Judas'' empfangen
müsse, dass es in derselben so viele unwiedergeborene Prediger
gebe, denen darum das Licht und die Kraft des Geistes fehle,
und dass es daher ganz zufällig sei, wenn in ihr Jemand selig
werde.

Um diesem Unwesen zu steuern traf die Synode zu Schoon-
hoven i. J. 1669 auf Anregen der Classe vom Haag folgende
Bestimmungen: 1, Die Namen Aller welche sich an Conventikeln betheiligen, müssen dem betreffenden Kirchenrath der
Gemeinde bekannt gegeben werden. 2, Alle Katechisationen müssen öffentlich sein. 3, Alle, das Conventikelwesen betreffende
Anordnungen stehen dem Kirchenrath der Gemeinde zu. 4,
Die Versammlungen werden von dem Pfarrer geleitet, wo
nöthig, mit Hinzuziehung eines Aeltesten. 5, In denselben
darf nur der Heidelberger Katechismus gebraucht werden. 6,
Dem präsidirenden Prediger darf Niemand in die Rede fallen.
7, Diese Uebungen dürfen nicht länger als Eine Stunde dauern.
8, Fremde Prediger, welche diese Conventikelordnung durchbrechen wollen, sind ihren Kirchenräthen, Classen und Synoden zur Anzeige zu bringen. 9, Proponenten, die sich desselben Vergehens schuldig machen, sollen von den öffentlichen
Propositionen ausgeschlossen und suspendirt werden. 10, Gegen

Gemeindeglieder, welche es sich herausnehmen sollten, im Widerspruch mit diesen Bestimmungen Uebungen zu halten, haben die betr. Kirchenräthe einzuschreiten. — Auf den Antrag der Classen von Dordrecht und Delft wurden später zu diesem Statut noch die beiden Bestimmungen hinzugefügt: 1, Dass die Beurtheilung der Prediger und der eben gehörten Predigten unbedingt verboten sein und dass es 2, Niemandem gestattet sein sollte, derartige Versammlungen während der öffentlichen Gottesdienste zu halten [1]). Auf den Synoden der folgenden Jahre, namentlich auch auf den friesischen seit 1675, wurden diese Bestimmungen, mit Hinweisung auf die Gefahr, welche der reformirten Landeskirche von LABADIE drohe, wiederholt.

Indessen war damit das Conventikelwesen doch lange noch nicht geregelt oder unterdrückt. Auch der Hattemismus hatte seine Sendboten gefunden, welche Conventikel um sich sammelten, in denen sie das Evangelium des Geistes verkündigten. Auf fast allen Synoden wurden daher »oefenaers" namhaft gemacht, welche wie GOSSWINUS VON BUITENDIJK, JAKOB BRIL, HEINRICH WOUTELAAR, der Schuhmacher MARINUS BOOMS, der Knopfmacher HEINRICH JANS (letzterer zu BEERTA) u. A. die Leute vom kirchlichen Gottesdienste abwendig machten und ihnen verwerfliche Lehren beibrachten. Endlich kam man auf den Gedanken, die Privat-Conventikel dadurch lahm zu legen, dass man *kirchliche Bibelstunden* einrichtete, in denen der Pfarrer irgendein biblisches Buch im Zusammenhang erklärte, wobei aber auch, ganz ebenso wie es in den Conventikeln der Fall war, sogenannte »Antworter" zugelassen wurden, welche sich über einige den erklärten Bibelabschnitt betreffende Fragen auszusprechen hatten. Dadurch aber wurde das Uebel nur noch schlimmer gemacht. Denn die »Antworter" (sehr oft waren es Schulmeister) welche hierdurch im freien

_____

1) v. BERKUM, DE LABADIE, S. 193 ff.

Vortrag und in der Behandlung religiöser Dinge geübt wurden, gefielen sich allmählig darin, ganz selbstständig an der Spitze solcher Versammlungen zu stehen und richteten sich eigne Bibelstunden ein. Daher wuchs die Zahl der Conventikel jetzt noch mehr an und die Gemüther wurden noch mehr erregt und in Verwirrung gebracht. Denn der eine Lehrer bemühte sich, möglichst lang und mit möglichst läuter Stimme zu beten; der andere suchte, mit möglichst salbungsvoller Sprache von seinen »inneren Erfahrungen und Stunden" zu reden; ein dritter gefiel sich darin, die Schrecken der Hölle und die Qualen der Verdammten den staunenden Zuhörern mit möglichst grellen Farben vorzumalen; ein vierter redete ihnen von den wunderbaren Gesichten und Offenbarungen vor, die ihm der h. Geist verliehen habe, um ihm den verborgenen Sinn des Schriftwortes zu erschliessen; ein fünfter imponirte durch die Gabe der Geisterprüfung, mit der er zwischen Erweckten, Bekehrten, Begnadigten u. s. w, so fein zu unterscheiden wusste. — Namentlich war dieses Unwesen in der Provinz Groningen heimisch, weshalb die Classen von Lippersum und Oppingadam dasselbe auf der Synode des Jahres 1722 zur Sprache brachten. Nachdem daher über den Umfang, den das so gefahrdrohende Uebel erlangt und über die zur Bekämpfung desselben geeigneten Mittel längere Zeit verhandelt worden war, wurde endlich folgender Beschluss vereinbart: 1, Nur solche Privatübungen sollten fernerhin gestattet werden, zu denen der Ortspfarrer jederzeit ungehinderten Zutritt habe. 2, Die Prediger sollten mit grösstem Eifer darauf sehen, ob etwa in den Conventikeln irgend etwas gelehrt werde, das mit der Kirchenlehre im Widerspruch stehe. 3, Sollte der Ortspfarrer wahrnehmen, das in einem Conventikel Irrlehren verbreitet würden, so habe er denselben sofort, nöthigenfalls mit Hülfe der Obrigkeit, aufzulösen. 4, Zeige es sich dagegen, dass in dem Conventikel nur die reine Lehre vorgetragen

werde, und dass die Angehörigen desselben nur zusammen-
kämen, um sich gegenseitig in der Uebung der Gottseligkeit
zu fördern, so habe der Pfarrer auf thunlichste Belebung und
Unterstützung des Conventikels bedacht zu sein. [1] — Ein
späterer Synodalbeschluss von 1711 erneuerte diese Bestimmungen. Seitdem wurden daher Conventikel, die sich der
Cognition des Pfarrers und des Kirchenrathes entziehen wollten,
unbedingt nicht mehr geduldet. Wollten die Mitglieder der
Conventikel ihre Versammlungen fortsetzen, so mussten sie sich
ihren Predigern unterwerfen, mussten deren Gottesdienste besuchen — auch wenn sie in den Predigern glaubten »Unbegnadigte" erkennen zu müssen, durften sich kein ungebührliches
Wort gegen sie erlauben und durften sich auch nicht über
Land an andere Orte begeben um dortige Conventikel zu besuchen. Gegen Alle, welche es versuchten sich über diese Bestimmungen hinwegzusetzen, schritten jetzt auch die weltlichen
Behörden mit unnachsichtlicher Strenge ein, — freilich, ohne damit
doch vollständig zum Ziele zu kommen. Denn vereinzelt bestanden Conventikel, in denen sich Anhänger der Labadistischen
und Hattemistischen Mystik und andere Sektierer zusammen
fanden, noch immer fort. —

Wie nun die Conventikel der Boden waren, auf welchem
sich ganz gewöhnlich Pietisten, Labadisten und Hattemisten
die Hand reichten, so trat eine gewisse Zusammenstimmung
derselben in mancherlei Eigenheiten des religiösen und gottesdienstlichen Lebens hervor. So war es z. B. ebenso den Pietisten
wie den Labadisten eigenthümlich, dem Gebrauche von gedruckten Gebeten in den privaten Andachtsübungen und im
öffentlichen Gottesdienste, gegenüber dem freien Gebet, nur ge-
ringen oder gar keinen Werth beizulegen, woher es kam,
dass viele Prediger im Gottesdienste die agendarischen Gebete

---

[1] v. BERKUM, Schortinghuis, S. 76—77.

ganz bei Seite legten, indem sie nur das freie Gebet eines gläubigen Predigers und einer christlichen Gemeinde würdig hielten. Es führte Dieses dahin, dass Viele, die am Geiste recht arm waren, nach einer Gebets-Virtuosität trachteten, durch welche sie öffentlich ihren Gnadenstand in einem möglichst imponirenden Phrasengeklingel documentiren wollten. Manche Prediger machten auch ein Geschäft daraus, Andere im freien Beten zu unterrichten; und das zur Modesache gewordene freie Beten steigerte in Einzelnen die Abneigung gegen den Gebrauch von Formularen zu einer solchen Leidenschaftlichkeit, dass dieselben erklärten, lieber sterben zu wollen als — ein »Unser Vater" zu beten. [1]

Zu einer lebhaften Discussion gab der von LODENSTEIN wie von den Labadisten nachdrücklichst behauptete Satz Anlass, dass der wirklich wiedergeborene und erleuchtete Christ nothwendig die *Gabe der Geisterprüfung* besitzen müsse. LODENSTEIN gab auf die Frage, ob er denn ein Herzenskenner sei, die Antwort, dass er die Herzen der Gemeindeglieder zwar nicht unmittelbar sehen, dass er aber aus gewissen äusseren Zeichen der Lebensführung mit voller Sicherheit auf die Beschaffenheit der Herzen schliessen könne. Seitdem kam daher auch in den Kreisen des Pietismus die Frage zur Verhandlung, ob der Christ über Andere »urtheilen" könne und solle, ob er Begnadigte und Unbegnadigte, Bekehrte und Unbekehrte mit Sicherheit zu unterscheiden vermöge. Einzelne Pietisten verneinten die Frage, während andere — namentlich diejenigen, welche mehr oder weniger der Mystik zuneigten, — sie bejahend beantworteten. Dieselben pflegten daher in ihren Predigten, namentlich wenn es zur »Application" des explicirten Bibelwortes kam, hierbei die subtilsten Unterschiede hervorzuheben. LAMPE z. B. unterschied unter den Unbekehrten die Unwissenden, Ruchlosen,

---

1) YVON in seinem „Tractat van 't gebet." S. 200—205, *klagt* über diese Verkehrtheiten.

Namenchristen, Heuchler und Ueberzeugten, während er die
Bekehrten als Schwachgläubige und Geübte, — auch als
»Jakob" und »Israel" — oder in anderer Weise distinguirte. [1])

Die Frage nach der Möglichkeit der Geisterprüfung wurde
regelmässig im Zusammenhange mit der Frage, ob nur wirklich
Wiedergeborene oder auch Andere *zur Communion zuzulassen*
wären, erörtert. Auch hier traf der Pietismus mit dem Laba-
dismis zusammen. LODENSTEYN erklärte sogar, dass ein Com-
munionsgenosse nicht nur von Allem, was mit dem wiedergeborenen Leben in Widerspruch stehe, frei sein, sondern auch
die positiven Beweise seiner Wiedergeburt an sich tragen müsse,
indem das Bundessiegel unmöglich einem Fremdlinge des Bundes aufgedrückt werden dürfe.

Auch der von den Labadisten vertretene Gedanke, dass da
Gott nur der »Vater" der Bekehrten sei, *das Unser-Vater nur*
von wirklich Bekehrten gebetet werden dürfte, fand in den pietistischen Kreisen Eingang, weshalb viele pietistische Prediger
es untersagten das Unser-Vater (in den Häusern, Schulen
u. s. w.) mit Kindern zu beten.

Eine Einwirkung des Labadismus auf den Pietismus machte
sich auch in der langen Fortdauer des Streites über das *Tauf-*
formular wahrnehmbar. Da Streit hatte sich, wie schon mitgetheilt wurde, an der ersten Frage der niederländischen Taufliturgie entzündet, in welcher die Aeltern und Pathen gefragt
werden: »Bekennet ihr nicht, dass unsere Kinder, obgleich sie
in Sünden empfangen und geboren und darum allerlei Elend,
ja selbst der Verdammnis unterworfen sind, *in Christo geheiligt*
sind und darum als Gliedmaassen seiner Gemeinde getauft wer-

---

1) So auch der Prof. C. VAN VELSEN in einer Predigt über Joh. 7, 24, und in
der Schrift „De geestelijke mensch", S. 205 ; — J. C. BRUCHER zu Emden (in einer
von Schortinghuis, „Het innig Christendom", S. 157 angezogenen Schrift); Salden
in seinem „Toetsteen van eens Christen oordeel", auch VITRINGA in seiner Kirchengeschichte, S. 296.

den müssen?'' Diejenigen welche — wie »Vater LODENSTEIN,''
den Gedanken, dass das zur Taufe gebrachte Christenkind als
solches bereits in Christo geheiligt, der Sündenvergebung und
des Anfangs der Heiligung theilhaftig sei — als mit der Schrift-
lehre von der Busse und vom Glauben in Widerspruch stehend
ansahen, suchten sich so zu helfen, dass sie in den Worten
»in Christo geheiligt sind,'' das Wort »sind'' nicht lasen,
oder es in das Wort »seiend'' verwandelten, (so dass die
Worte »in Christo geheiligt'', zu dem Folgenden hinzuge-
zogen wurden) oder dass sie die Worte »äusserlich'' oder
»bundesweise'' hinzusetzten (indem dann die »Heiligung in
Christo'' von den Täuflingen als eine denselben ertheilte Verheissung prädizirt werden sollte).

Im Anfange des achtzehnten Jahrhunderts verständigten sich
die vier Prediger zu Utrecht BRAKONIER, VAN DER PUT,
KELDERMAN und VOS, sogar über eine Abänderung des Tauf-
formulars. Allerdings versuchte es die Synode dagegen einzuschreiten, allein die Provinzialstände beschlossen i. J. 1729,
dass zur Vermeidung weiteren Aergernisses »hierin ohne ferneren Streit Alles so bleiben sollte, wie es sei'', weshalb die
vier Prediger ihr verändertes Formular nach wie vor gebrauchten, [1] was der Professsor VENEMA zu Franeker vollständig bil-
ligte. Da . aber wo die Prediger das Taufformular unverändert
zur Anwendung brachten, kam es nicht selten vor, dass die
Taufpathen sich weigerten, die an sie gerichtete Frage mit
dem vorgeschriebenen »Ja'' zu beantworten.

Auch in der Scheu einer Begehung der Abendmahlsfeier mit
Unbekehrten traf der Pietismus mit dem Labadismus zusammen. Unzählige Gemüther erbebten damals bei dem Gedanken
des Eingehens einer Abendmahlsgemeinschaft mit Gottlosen

---

1) Vgl. die Abhandlung: »De heiliginge van de Kinderen der geloovigen in Christus'' (Leiden 1729) und die Schrift des Friesen VENEMA: »De infantum in parentibus
statu gratiae relativo.''

und hin und wieder gab es ganze Gemeinden, welche sich
darum der Abendmahlsfeier ganz enthielten.

Auf das Tiefste war ausserdem das religiöse Leben der Gemeinden von zwei Controversen erfasst, die leider nicht nur
literärisch, sondern auch in den Predigten verhandelt wurden,
deren eine sich auf den Begriff des Glaubens, die andere sich
auf die Lehre von der Rechtfertigung bezog.

Der Streit über den *Begriff des Glaubens* entspannen sich,
als der Prediger THEODOR VAN THUINEN zu Dokkum i. J. 1722
mit seiner Schrift: *Korte uitlegging van het gereformeerd geloof*"
hervortrat. In derselben erklärte sich nämlich THUINEN sehr
scharf gegen den, wie er sagte auch bei den bessten Kirchenlehrern vorkommenden Gedanken, dass das Wesen des Glaubens
in dem Vertrauen bestehe, mit welchem der Sünder in Christus aus Gnaden seine Seligkeit suchen und finden könne, welches
Vertrauen sich dann in dem Herzen als ein Zufluchtnehmen zu
Christus, und zu dem *bittenden Verlangen* gestalte, dass er durch
Ihn aus Gnaden gerechtfertigt und geheiligt werden möchte.
Der Glaube sei vielmehr (nach Anleitung des Heidelberger
Katechismus) als ein wirkliches Umfassen des Heilandes zu
definiren, zu welchem der Sünder seine Zuflucht nehme, als
ein unwandelbares Vertrauen und als ein volkommenes Ver-
sichertsein, dass uns Christus zum vollkommenen Erlöser geworden sei, der uns durch seinen Tod mit dem Vater versöhnt
habe. So lange daher der Mensch sich selbst nicht vollkommen darüber gewiss sei, dass Gott sein versöhnter Vater geworden, und so lange aus dieser Zuversicht nicht durchaus jeder
Zweifel gewichen sei, so lange habe der Mensch noch keinen
rechtfertigenden Glauben.

Gegen diese Auffassung des Glaubens erhoben sich alsbald
viele Stimmen, namentlich die der Prosessoren DRIESSEN und
LAMPE, von denen jener in einer besonderen Schrift (»Het
zaligmaakend geloof tegen de verbastering van het gereformeerd

geloof"), dieser in vier lateinischen Disputationen den Gedanken vertrat, dass der Glaube nur als ein Zuflucht nehmendes
Vertrauen aufgefasst werden dürfe, indem das zweifellose Ver-
sichertsein nicht ein Moment des Glaubens selbst, sondern
vielmehr eine (jedoch nicht immer eintretende, auch nicht
immer andauernde, bleibende) Wirkung desselben sei.

In dem heissen Kampfe, der nun aller Orten entbrannte [1])
zeigte es sich, dass die Definition van THUINEN's, welche von
den Gegnern als Hattemismus verdächtigt ward, von der über-
wiegenden Mehrzal der Prediger vertreten wurde.   Leider wurden aber in diesen Hader auch die Gemeinden hineingezogen, die
zu den Predigten über den siebenten Sonntag des Heidelbergi-
schen Katechismus besonders zahlreich zu kommen pflegten,
um zu hören, wie es um die Rechtgläubigkeit des Predigers
bestellt sei. Namentlich geschah dieses in dem südlichen Theile
von Friesland, wo der »Hattemismus" viele Gemeinden so erfasst hatte, dass sie den Predigern, welche den von LAMPE
vertretenen Glaubensbegriff verwarfen, [2]) und davon sprachen,
dass der Glaube, ein von Ferne Stehen," ein »Hungern und
Dürsten" sei, gar kein Vertrauen schenke.

Der *Streit über die Lehre von der Reehtfertigung* [3]) begann
als der Prediger NICOLAAS HOLTIUS zu Koudekerk 1750 seine
Abhandlung »über die Rechtfertigung durch den Glauben" herausgab, worin er den Gedanken ausführte: dass der Glaube
die Frucht und Folge der Rechtfertigung sei. Alsbald erschien
eine beträchtliche Anzahl von Streitschriften für und wider
diese Auffassung der Rechtfertigung, wobei es sich zeigte, dass
dieselbe in Seeland, wo der Hattemismus sehr zu Hause war,
zahlreiche Vertretung hatte.   Man lehrte hier über die Recht-

---

1) Näheres hierüber s. in meiner „Dogmatik der evangelisch-reformirten Kirche
dargestellt und aus den Quellen belegt." (Elb. 1861) S. 387 ff.

2) YPEY, Gesch. van de christl. Kerk in de 18. eeuw, B. VII, S. 310.

3) YPEY, Christl. Kerk in de 18. eeuw, B. VII, S· 302—323.

fertigung ziemlich allgemein so, dass man annahm, Gott
schenke dem erwählten Sünder unmittelbar die Sündenvergebung
zu dem Zwecke, damit dieser dann die Gabe des Glaubens
passiv in sich aufnehme. Die hiermit zu Tage tretende Einwirkung Labadistischer Anschauungsweise ist unschwer zu erkennen. Daher erklärt sich die ungemeine Heftigkeit, mit
welcher dieser Streit vonseiten der Gegner dieser Lehrweise geführt wurde, weshalb die Staaten von Seeland 1761 endlich
dem Hader durch ein strenges Verbot mit Gewalt ein Ende
machten. — —

Alle diese Discussionen und Streitfragen gewannen nun dadurch
ihre besondere Bedeutung, dass der Pietismus nicht eine eigenthümliche Tendenz Einzelner, sondern eine die niederländische
Kirche fast beherrschende Geistesmacht geworden war. In
allen Provinzen, in allen Classenverbänden hatte der Pietismus
seine zahlreichen Vertreter, und in allen Gemeinden gab es
zahlreiche Familien, welche der »Uebung der Gottseligkeit"
nach Vorschrift der pietistischen Prediger mit Eifer ergeben
waren und die an allen kirchlichen Bestrebungen und Controversen den lebhaftesten Antheil nahmen.

Zu den eifrigsten literärischen Vertretern des Pietismus gehörte der Prediger FRANCISKUS RIDDERUS, der (1620 geboren)
nach Beendigung seiner Studien in Utrecht zunächst (1644)
Prediger in Schermerhorn in Brielle, dann (1656) zu Rotterdam war, wo er am 11. Januar 1683 starb. [1] Sein Zeitge-
nosse, JACOB BORSTIUS (geb. 1612) der, nachdem er zehn Jahre
als Prediger in Dordrecht fungirt hatte, 1653 nach Rotterdam
berufen wurde, wo er mit grossem Segen bis zu seinem Tode
(1. Juli 1680) wirkte, ist hauptsächlich als Verfasser seiner
»Geistlichen Heilkunst" bekannt [2] — Ein Geistesverwandter Beider

---

1) Das Verzeichnes seiner zalreichen Schriften s. bei v. v. D. AA, Biographisch
Woordenb. X, S. 98.

2) *Geestelijke Geneeskonst*, inhoudende Raedt tegen de Doodt en de Middelen tot

war der Prediger Simon Oomius zu Kampen (1628—1706),
dessen »*Pracktyck der Godtgeleertheid*" 1672 zu Utrecht erschien. [1]) — Begreiflicher Weise wurde daher der Same des
Pietismus von Vielen, die auf niederländischen Universitäten
studirten und in anderen reformirten Ländern sich niederliessen,
in diese übergetragen. Der bedeutendste unter denselben war
Benedikt Pietet, der (am 30. Mai 1655) in Genf geboren, in
Leiden bei Spanheim (dem Nachfolger des Coccejus) studirt
hatte, hierauf nach England ging und dort den puritanischen
Pietismus kennen lernte, worauf er nach Genf zurückkehrte,
daselbst 1702 eine Professur der Theologie übernahm, in dieser
Stellung sehr bald der Mittelpukt der frommen Kreise Genfs
wurde und 1724 starb. [2]) Unter den Predigern der Niederlande
selbst sind aber die hervorragendsten Vertreter der pietistischen
Theologie in dieser Zeit Wilhelm Salden, Wilhelm van Brakel, Iohann Verschuir, Johann Eberhardi und Sicco Tjaden
zu nennen, von denen die beiden letzteren die Einwirkung der
Mystik auf ihr religiöses Denken bestimmt genug erkennen
liessen.

a. *Wilhelm Antonius Salden im Haag.*

Wilhelm Antonius Salden, 1627 zu Utrecht geboren, ein
Schüler Voets und Hoornbeeks, war anfangs Prediger zu

---

een eeuwighdurende gesondtheydt. Dord. 1651, 1652. Rotterd. 1736. — Ausserdem
schrieb Borstius: *Het nieuwe Zion* met de nieuwe Hemel ende nieuwe aarde, Rotterd.
1664. — *De sugtende Bruyd over den Bloedtbruydegom* ofte korte Bedenkingen en
gebeden over het lijden en sterven J. Christi. Rotterd. 1664. — Vermaakelijke
Wandeling naar den Hemel, Rotterd. 1672. — Andere Schriften u. Predigten des
Verf.'s siehe bei v. d. Aa, Biographisch Woordenboek, II, S. 298.

2) Die übrigen Schriften des Verfassens s. in v. d. Aa's Biographisch Woordenboek, IX, s. v. Oomius.

3) Seine hier zu erwähnende Schriften sind: Quatuor dissertationes de magno pietatis mysterio, 1690. — Medulla Theologiae, 1711. — L'art de bien vivre et de
mourir, 1705. — Elévations de l'âme fidèle à son Dieu, 1622, — Prières sur tous
les chapitres de l'Ecriture sainte, 1725. —

Renswoude, dann (1652) zu Kockengen (1635), Enchuysen,
(1664) Delft und zuletzt (1677) in Haag, wo er lange Jahre
bis zu seinem Tode (am 8. Febr. 1694) wirkte. SALDEN gehörte zu den gelehrtetesen pietistischen Theologen jener Zeit
und war von GIJSBERT VOET besonders hoch geschätzt. Seine
zahlreichen Werke sind von ihm theils in lateinischer theils
in niederdeutscher Sprache verfasst; zu den ersteren gehören seine
Homiletik [1] und seine als Anhang zu derselben veröffentliehte
Schrift über das »Recht der Eiferer," worin die Schranken
dieses Rechtes nach der Schrift festgestellt werden, [2] und seine
»Otia theologica" [3] — eine Reihe von theologischen Abhandlungen über allerlei theologische Fragen und Anderes. In niederdeutscher Sprache sind herausgegeben »der Weg des Trostes, [4]
welcher von dem geistlichen Tod, vom Rückfall des Wiedergeborenen in die Sünde, von den Verlassungen, Zweifeln und
Anfechtungen, die der Gläubige erleidet und von dem Troste,
an welchem er sich wieder aufzurichten hat, handelt; ferner
»der geistliche Honigseim", »Prüfstein des chrislichen Urtheils",
»das geistliche Abendmahl", »Das Leben aus dem Tode", »der
Weg des Lebens", [5] »die Klage der Heiligen" u. a. m.   Alle
diese und andere Schriften [6] waren, wie SALDEN im Vorwort

---

1) *Concionator sacer* s. de concionibus ecclesiasticis tum concipiendis, tum habendis
artis directiones. Hag. 1678.

2) *Dissertatio de iure zelotarum.* Hag. 1678.

3) *Otia theologica*, exercitationum subcisivarum varii argument. S. S. IV. Amstel.
1684) 822 S. S. in 3º.).

4) *De Weck des troostes*, geopent voor alle boetvaerdige Christenen, onder de
titelen van de droevichste staet eens Christens, ende een Christen vallende en opstaende, handelende van dry van de voornaemste swarigheden der ziele u. s. w.
Unter diesem Gesamttitel fasste S. 1662 zwei verschiedene Schriften zusammen, von
denen die eine unter dem Titel: *De droevigste staet eens Christen,* bestaende in de
doodigheydt ofte ongevoeligheydt synes herten omtrent geestelyke dingen 1661 zu
Utrecht (1664 in 2ten Aufl.), die andere unter dem Titel: *Een Christen vallende en
opstaende*, 1662 zu Utrecht erschienen war.

5) Ein vollständiges Verzeichniss der Schriften SALDEN's s. bei v. D. AA, Biographisch Woordenboek, X s. v. SALDEN.

6) Diese Schrift, welche von SALDEN 1682 in neuer Bearbeitung herausgegeben

zu den »Otia theologica" bemerkt, zu dem Zwecke geschrieben,
damit dadurch »die Kraft der Gottseligkeit kräftig gefördert, den
durch geistliche Versuchungen bekümmerten Gemüthern Hülfe
gebracht, und Alle zu einem seligen Scheiden aus dem Leben
vorbereitet würden."

b. *Wilhelm Brakel zu Rotterdam.* [1])

WILHELM VAN BRAKEL, (des DIRK GERRITS BRAKEL SOHN)
am 10. Jan. 1635 zu Leeuwarden geboren, lebte nach Beendigung seiner Studien zu Franeker und Utrecht als Prediger
zuerst (1662) zu Exmorra in Friesland, dann (1663) zu Stavo-
ren, hierauf (1670) in Harlingen hernach zu Leeuwarden und
schliesslich (seit 1683) in Rotterdam, wo er am 30. October
1711 starb. — BRAKEL gehört zu denjenigen Predigern der
Voetianischen Partei jener Zeit, deren Andenken noch heutigen
Tages von Unzählichen gesegnet wird. Mit dem grössten Eifer
trat er für die Notwendigkeit einer Erweckung inneren thätigen
Christenthums (was ihn vorübergehend mit LABADIE in Zusammenhang brachte) und für die Unabhängigkeit der Kirche von
der Staatsgewalt ein. Seine Theologie erhält am vollständigsten
aus seinem Hauptwerk »Vernünftiger Gottesdienst", [2]) — einer

---

wurd, erschien 1682 zu Cassel auch in deutscher Uebersetzung, und war damals bereits in zweiter Auflage unter dem Titel „Der Weg des Lebens oder kurzer und
einfältiger Unterricht von der wahren Kraft der Gottseligkeit dem blossen Schein
desselben entgegengestetzt." Der Grundgedanke der Schrift ist (S. 182), „dass alle
Diejenigen, die recht gottselig sein wollen, Jesum Christum müssen ergreifen und in
allem ihrem Thun die Kraft desselben lebendig müssen wirken lassen." Um diesen
Gedanken klar zu stellen, handelt der Verf. in 20 Kapiteln von der heiligen Verzweiflung, von dem innerlichen Ursprung der Gottseligkeit, vom Geiste des Gebets,
vom Leben des Glaubens, von der Vollkommenheit, von der Verachtung der,
Welt u. s. w.

1) Vgl. YPEY en DORMOUT, „Geschiedenis der Nederl. Kerk", I, Anteeck. S. 217
III, S. 115, 302—305, 354. 355, 379, 380.

2) Dasselbe erschien unter dem (mit Beziehung auf Röm. 12, 1, gewühlten) Titel
»Λατρεια, dat is *Redelijke Godsdienst*, in welke de goddelyke waerheden des genaden-,,

aus drei Theilen bestehenden Schrift, welche im ersten Theile
den Glauben, im zweiten das Leben des gläubigen Christen
darstellt, im dritten Theile noch speziell von der göttlichen
Verwaltung des Gnadenbundes im A. und im N. Testamente
handelt und mit einer Auslegung der Apocalypse abschliesst.
Das Ganze war von dem Verfasser zunächst für gebildete Gemeindeglieder bestimmt; indessen eignet dem Werke doch zugleich ein entschieden wissenschaftlicher Charakter, weshalb
dasselbe eine ganz ausserordentliche Verbreitung gewann und
über ein Jahrhundert lang im allgemeinsten Gebrauche war. [1]
BRAKEL stellt hier die Glaubenslehre ganz nach dem Dogma
der reformirten Kirche dar. Das Wesen des seligmachenden
Glaubens ist ihm (S. 772 ff.) nicht Sache des Wissens, nicht
Erkentniss und Zustimmung, sondern Sache des Willens, nämlich (S. 783) »Vertrauen des Herzens auf Christus um durch
ihn gerechtfertigt, geheiligt und zur Seligkeit gebracht zu
werden", ein »Hungern und Dürsten", ein »Zuflucht nehmen
zu Christus" um »an ihm Theil zu haben", woraus die »Versicherung als Frucht des Glaubens hervorgeht. Von dieser
Auffassung des Glaubens aus giebt BRAKEL (B. I, S. 398) auf
die Frage, ob ein Schwachgläubiger, der von seiner Gottes-

---

verbondts worden verklaert, tegen allerleye partyen beschermt ende tot de practyk
aengedrongen", zunächst 1700 zu Rotterdam in erster, 1701 in zweiter, 1715 in
sechster, 1733 in zwölfter, 1749 in sechzehnter Auflage und lag (ausweislich einer
buchhändlerischen Ankündigung in den »Couranten van Wintermaand") 1795 damals
sogar in zwanzigster Auflage vor. Ich benutze hier die Ausgabe von 1750, in welcher
das Werk 3 Theile in 2 Bdn. in 4⁰. (1134, 774 und 360, SS.) umfasst. Ausserdem
veröffentlichte BRAKEL »Hallelu-Ja ofte Lof des Heeren over het genadenverbondt
ende desselfs bedieninge in het Oude en N. Testament (Rotterd. 1687, S. S. 584
in 12⁰.) — eine aus einer praktischen Erklärung des achten Psalms hervorgegangene Schrift —, mehrere polemische Schriften gegen die Labadisten in 8⁰., P. YVON,
overtuigt van veele dwalingen, in 8⁰. De scrupuleuse Communicant, Predigten
u. s. w. — Vgl. v. D AA, Woordenboek der Nederl. II, S. 356.

1) YVON bemerkt in seiner »Gesch. — in de achtt. eeuw", B. X, S. 416, nächst
der Bibel sei im Niederland kein Buch so viel gelesen worden als BRAKEL'S Redel,
Godsd.

kindschaft nicht versichert sei, doch Gott als Vater anrufen
könne, die Antwort: »Kein Gebet ist Gott angenehm und soll
erhört werden, das nicht im Glauben geschieht. Der Glaube
aber besteht nicht in der Versicherung, sondern in dem Vertrauen der Seele zu Jesus als des Menschen Lösegeld und
Gerechtigkeit. Der Schwachgläubige weiss, dass es keinen anderen Weg zu Gott giebt als Christus, er erwählt denselben
und richtet, indem er sich Gott nahen will, sein Auge fest auf
Christus, umfasst ihn, nimmt ihn an sich, giebt sich an ihn
hin und erfährt es dabei, dass er sich innerlich von der Sünde
abgewendet und dass er ein ernstliches Verlangen hat, um in
Liebe und kindlicher Furcht Gott gehorsam zu sein. Sollte
nun der Suhwachglaubige über einen Anderen, in welchem
dieses vorgeht, sein Urtheil abzugeben haben, so würde er
denselben sicher als einen wirklich Gläubigen anerkennen, der
wohl Gott Vater nennen dürfe; aber er selbst, indem er auf
seine Finsterniss, Trägheit und sein immerwährendes Sündigen
hinsieht, wagt dieses nicht zu thun. Aber dennoch ist in
ihm vorhanden, was zum Glauben gehört, und gerade jenes
innere angstvolle Ringen ist ein Erweis von Glauben und
Leben; und weil in einem solchen Menschen nicht allein Liebe
zu dem Herrn Jesus, sondern auch zu allen Gliedern desselben
und zur Kirche ist, so kann er sie Alle in sein Gebet ein-
schliessen und kann nicht allein »mein Vater", sondern auch
»unser Vater" sagen. — Diese nnd andere Gedanken hat
BRAKEL mit vielen angesehenen Kirchenlehrern Niederlands in
damaliger Zeit gemein; dabei eignet ihm jedoch ein Character-
zug, mit welchem ebensowohl der ungewöhnliche Anklang den
sein »vernünftiger Gottesdienst" bei Unzähligen fand, wie
auch das ungünstige, schiefe Urtheil Einzelner über ihn zu-
sammenhängt. BRAKEL, ein erklärter Voetianer, hat eifrig
gegen die Labadisten (denen er sich früher angeschlossen und
mit welchen er lange verkehrt hatte) zu Felde gelegen und

hat dem ersten Bande seines »Vernünftigen Gottesdienstes"
als Schlussabhandlung noch eine »Waerschouwende bestieringe tegen de Pietisten, Quietisten en dergelijke afdwalende" u. s. w. beigefügt, und dennoch wird behauptet,
dass er innerlich, wissend oder unwissend, vielen Lehrsätzen
der Labadisten zugethan gewesen sei, und dass gerade durch
sein Hauptwerk die Gedanken der Mystik die weiteste Verbreitung gefunden hätten. [1]) Dieses ist insofern richtig, als
BRAKEL den Labadistischen Begriff des Glaubens vertreten hat
(was auch andere als rechtgläubig geltende Lehrer der reformirten
Kirche thaten); im Uebrigen beruht jedoch dieses Urtheil auf
einem Irrthum, indem dabei zwei ganz verschiedene Dinge, Mystik
und Pietismus, miteinander verwechselt werden. Gegen die
erstere erklärt sich BRAKEL nämlich ebenso klar als entschieden, indem er sich z. B. des Gegensatzes der mystischen und
evangelischen Contemplation vollkommen bewusst ist. [2]) Nun
spricht sich BRAKEL allerdings sehr scharf auch gegen den
Pietismus aus; allein es ist zu beachten, dass er darunter
(T. I, S. 1083—1084) allerlei Separatisten, Joristen, Böhmis-
ten, Mennoniten versteht, von denen er die »wahren Gottseligen" oder Pietisten wohl unterscheidet, indem der Character
seiner eigenen Lehrweise gerade der ächte Pietismus ist, weshalb er alle Lehrsätze der Dogmatik (in deren keinem er von

---

1) So urtheilt z. B. YPEY in der „Beknoopte letterkundige geschiedenis der system.
godgelaerdheid", T. III, S. 111—112. — Es ist insbesondere hervorzuheben, dass
BRAKEL die Spendung der Taufe an Kinder auch ungläubiger Eltern vertheidigt,
weil die den Eltern in der Taufe gewährte Aufnahme in den Gnadenbund sich auch
auf die Kinder erstrecke und nicht durch den Unglauben der Eltern unwirksam gemacht werden könnte.

2) BRAKEL sagt in seinem „Redel. Godtsd. I, S. 1083: „Der Unterschied zwischen
der Selbstverläugnung, Liebe, Beschauung Gottes u. s. w. der Mystiker und der
wahren Gottseligen besteht darin, dass die Mystiker Alles erfassen — durch den
natürlichen Verstand, durch Phantasie und Einbildung, — ohne von Christus, als
dem einigen Wege zu Gott und zur Heiligung Gebrauch zu machen; die wahren
Gottseligen leben im Glauben, nicht im Anschauen, — und kennen keine andere
Betrachtung Gottes als im Angesichte Jesu Christi, u. s. w.

der herrschenden Kirchenlehre abweicht, [1]) so behandelt dass
die Beziehung derselben auf das religiöse Leben, die Nachwei-
sung der Bedeutung, welche sie für die innere und thätige
Religiosität haben, die eigentliche Spitze seiner Lehrentwicklung
erkennen lässt. Diese pietistische Auffassung und Behandlung
des Dogmas, welche durch BRAKEL's Schrift in weiten Kreisen
heimisch ward, war es daher, die ihn, da sie in der Ausdrucksweise oft Anklänge an die Mystik erkennen liess, in den
Verdacht eines inneren Zusammenhanges mit der letzteren
brachte.

c. *Johann Verschuir zu Zeerijp.*

JOHANN VERSCHUIR, im J. 1680 als Sohn eines sehr geach-
teten Bürgers zu Groningen geboren, fasste frühzeitig den
Entschluss sich den theologischen Studien zu widmen, mit
denen er jedoch zugleich das Studium der Mathematik und
Naturwissenschaften verband. Nach glücklich bestandener Prüfung (1705), trat er zunächst in Loppersum (wo ihm eine
Lehrerstelle übertragen war) und Umgegend als Conventikel-
Prediger auf, erlangte als besonders begnadigter »oefenaar"
grosses Ansehen, erhielt auch eine Berufung auf eine Professur
zu Paris (die er ablehnte) bis er endlich 1714 auf die Predigerstelle zu Zeerijp berufen wurde, auf welcher er bis an
seines Lebens Ende — er starb 1737, Nachts 12 Uhr, zwischen dem 19. und 20. August — treulich ausharrte. —
Frühzeitig hatte sich in ihm eine tief innerliches Glaubensleben
gestaltet, welches im Fortschritt der Jahre zu einem immer
lebendigeren Umgange mit dem Erlöser wurde, den er in fleis-

---

1) BRAKEL hat z. B. in der Auffassung des Alten Testamentes durchaus nichts mit
den Labadisten gemein. Auch missbilligt er (I, S. 597) die Meidung des Abendmahlsgenusses; er will nur (S. 1031). dass Jeder vor der Abendmahlsfeier *sich selbst*
prüfen soll, dass auch die Schwachgläubigen zu demselben kommen sollen u. s. w.

siger Contemplation und Gebetsübung eifrig pflegte und der
für ihn allmählig der eigentliche Quell seiner religiösen Erkenntniss ward. Daher war es sein Gedanke, dass alle religiöse
Erkenntniss, wenn sie zum Leben führen sollte, eine Erkenntniss der Erfahrung und der Contemplation sein müsse. Von
diesem Gedanken war wie seine pastorale Wirksamkeit, die er
in Predigten, Katechisationen und Hausbesuchen mit unermüd-
lichem Eifer uud mit dem gesegnetsten Erfolge ausübte, —
so auch seine schriftstellerische Thätigkeit [1]) getragen, durch
welche VERSCHUIR weit über die Grenze seiner Kirchspiels und
seines Lebens hinaus eine Fackel des Evangeliums aufrichtete.

Der Charakter des religiösen Denkens VERSCHUIR's ist am
klarsten und vollständigsten aus dem Hauptwerke desselben
»*Bevindelijke Godtgeleertheid*" (»Theologie der Erfährung") zu
erkennen. Dasselbe ist eine Zusammenstellung von vierzehn
Gesprächen, welche ein »starker Christ" (der bekehrt und in
den Wahrheiten Christi, so wie dieselben in der Contemplation
und insonderheit durch Erfahrung erkannt werden müssen,
geübt ist) ein »bekümmerter Christ" (auch bekehrt, der
aber oft durch Unglauben und Zweifel sich hindurchkämpfen
muss) ein »Gelehrter", (der unbekehrt, jedoch in den Wahrheiten nnterrichtet und geübt ist, aber freilich ohne sie durch
Erfahrung und in ihrer Kraft zu kennen") und ein »Unkundi-

---

1) VERSDHUIR veröffentlichte folgende Schriften: *Kcrt onderwys der Kleinwetende*
(in 12³.); *Honigraatje van gesaugen* (in 8º.); *De zegepralende Waarheit vergeselschapt
met godtvrugtigheit* (in 8º.); *Het historisch Tafereel; Belydenis predikatie over de
waarheden Christi so als deselve in de gereformeerde kerke geleert en van desselfs
belyders moeten ondervonden worden tot saligheid;* und sein hauptwerk: *Waarheid in
het binuenste of bevindelyke godtgeleerdheit, hoe de Waarheden Christi in zyn ko-
ningryck van deszelfs onderdanen beschouwelyk en bevindelyk moeten gekent worden
tot saligheit.* — Von diesem Werke — einer Reihenfolge von Gesprächen — liegt
mir die dritte Auflage, Rotterd. 1739, 552 S. S. in 4º. vor (Der vierte Druck erschien 1761). Dieselbe enthält zugleich (S. 564—571) eine Biographie des Verfassers, sowie dessen „Bekenntnisspredigt" und ein nach seinem Tode aus seinem literärischen Nachlass herausgegebene, Schrift „Heilige oeffeninge of alleensprake der
ziele in de schole von Jesus", — ein an die Contemplationen der Mystik erinnerndes, aber bibelfestes, liebliches Selbstgespräch einer heilsbegierigen Seele.

ger" (der zugleich unbekehrt ist, der sich jedoch gelehrig zeigt
und von natürlichen Dingen ein ziemliches Verständniss hat)
mit einander führen. Bei der Abfassung des Buches hatte sich
VERSCHUIR von dem Gedanken leiten lassen, dass ein rechter
Lehrer des Evangeliums auf drei Wegen in die Geheimnisse
des Reiches Jesu Christi eingeführt werden müsse, nämlich 1,
durch das Wort Gottes, 2, durch die Erfahrung der Wahrheit
des Wortes in dem eigenen Inneren und 3, durch die Erfahrungen anderer Gläubigen, die nur durch Gespräche mit denselben ermittelt werden können. Darum hatte auch VERSCHUIR
seiner Schrift die Form des Gesprächs gegeben, in welcher er,
zur Darstellung des christlichen Heilsweges nicht sowohl eine
biblische Theologie als vielmehr eine »Theologie der Erfahrung"
liefern wohlte. VERSCHUIR sucht deshalb vor Allem (mit Berufung auf Röm. 5, 3) den grossen Unterschied zwischen einer
nur auf der Anerkennung der Schriftautorität und einer auf
eigner innerer Erfahrung beruhenden Erkenntnis der Schriftwahrheit klar zu machen. Nur die letztere ist eine »Kraft"
der Erkenntniss, die zum Leben führt, indem sie nicht nur
Erkenntniss sondern zugleich Besitz der Wahrheit ist. Indem
sich nun VERSCHUIR anschickt, von diesem Gedanken aus die
evangelische Heilslehre als eine erfahrungsmässig zu gewinnende
Erkenntniss zu entwickeln, bekennt sich derselbe auf das Bestimmteste zum Dogma der reformirten Kirche, insbesondere
zum Heidelberger Katechismus und legt seiner Ausführung die
Unterscheidung des Natur- und des Gnadenbundes ganz im
Sinne der reformirt-kirchlichen Dogmatik zu Grunde, bekennt
aber zugleich auch, dass im eigentlich Wesen der Heilslehre
zwischen der reformirten und der lutherischen Dogmatik kein
Unterschied sei. [1])

---

1) Nameutlich S. 66—67 hebt VERSCHUIR hervor, dass sich zwar die Evangelischen
in Lutheraner und Reformirte getheilt hätten, dass sie jedoch »in het wesen der
sake geen verschil hebben."

Mit mystischen Anschauungen ist VERSCHUIR durchaus un-
verworren. Alle Heilsaneignung ist nach ihm (S. 168) von
der göttlichen Berufung abhängig, welche nur durch das ge-
offenbarte Wort erfolgt, das den h. Geist im Herzen des Erwählten kräftig macht. Durch diese kräftige Berufung wird
(S. 184) in dem Erwählten die Wiedergeburt gewirkt, indem
»ihm das lebendig machende Wort als Samenkorn dieser zweiten Geburt" mitgetheilt ist. Zwischen Rechtfertigung und
Heiligung wird (S. 240) auf das Bestimmteste unterschieden,
»denn das Erste ist freisprechen und das Andere ist besser
machen"; und es wird (S. 83) hervorgehoben, dass der Trost
des Christen nicht auf seiner Heiligung, sondern allein auf
seiner »Rechtfertigung in Jesus, die vollkommen ist", beruhe.
Auch wird (S. 330) bemerkt, dass die Berufung des Christen
zur Nachfolge Jesu sich nicht auf das beziehe »was der Heiland
als Mittler gethan habe," sondern nur auf seinen heiligen
Wandel, auf seine Tugenden. Ganz im Geiste der reformirten
Kirche führt VERSCHUIR daneben (S. 284 ff.) den Gedanken
aus, dass die Heiligung des Gerechtfertigten wesentlich ein
zunehmendes Wachsthum, oder wenigstens ein ernstliches Verlangen nach Wachsthum in der Heiligung sein müsse.

Sehr eingehend wird (S. 199 ff.) das Wesen des Glaubens
erörtert. Der Glaube umfasst dreierlei, nämlich Erkenntniss,
Zustimmung zur erkannten Wahrheit und Vertrauen. Erkenntniss und Zustimmung dürfen aber nicht etwas Aeusser-
liches, nur auf Autoritat des Schriftwortes Beruhendes sein,
sondern sie müssen zugleich auf eigner Erfahrung beruhen,
indem der Geist Gottes dem Geiste des Menschen innerlich
bezeugt, dass das Object des Glaubens wirkliche Wahrheit ist
(S. 206—209). Das Vertrauen aber ist nicht ein »versichertes
Vertrauen" (das vielmehr »eine Frucht des Glaubens ist',")
sondern ein »Zuflucht nehmendes Vertrauen", und dieses letztere macht das »eigentliche Wesen des Glaubens" aus, indem

die geängstigte Seele im Glauben ihre Zuflucht zu Christus nimmt
und in ihn dem zuversichtlichen Vertrauen ergreift, dass sie
in Christo Gerechtigkeit und ewiges Leben findet. Der Anfang
des Glaubens ist daher ein Hungern und Dürsten nach Christus
(S. 211—213). Dass dagegen die innere Versicherung nicht
zum Wesen des Glaubens gehört, erhellt daraus, dass 1, nicht
Alle welche wahrhaft gläubig sind, jene Versicherung besitzen
und dass 2, viele Gläubige, welche dieselbe besitzen, sie zeitweilig wieder verlieren. Wohl aber ist zu beachten dass es
einen Unterschied schwachen und starken Glaubens giebt, der
doch das Wesen des Glaubens nicht berührt. Beide verhalten
sich zu einander wie Suchen und Finden, indem die erste
Regung des wirklichen Glaubens immer ein »eifriges Verlangen
nach Christus" ist.

d. *Johann Everhardi zu Emden.* [1])

JOHANNES EVERHARDI, 1672 zu Emden geboren, studirte in
Leiden, wo er zur Bekehrung kam, wurde dann zweiter Prediger zu Pilsum, (dem grössten Dorfe Ostfrieslands) hernach zu
Leer (nächst Emden der grössten Gemeinde Ostfrieslands) und
schliesslich (1702) zu Emden, wo er 24 Jahre bis zu seinem
Tode am 26 Mai 1731 mit grossem Segen wirkte. Er gehörte
zu den tiefinnerlichen Naturen, welche damals, oft ohne dass
sie es wussten, von der Mystik mächtig erfasst und bewegt
wurden. Daher redete auch er gern von dem »bevindelijken
christendom" (d. h. von dem nur auf innerer Enfahrung beruhenden Christenthum), von »Umhalsungen und Wirksamkei-
ten Christi" in der Seele des Gläubigen, von geistlichen Verlassungen, von »Gestalten und Ständen" des inneren Lebens

---

1) E. MEINES, Levens-beschrijvinge van den eerwarden Heer JOH. EVERHARDI, in
zijn leven predikant te Pilsum" u. s. w. Gronlngen, 1785.

u. s. w. Der Glaube war ihm wesentlich ein Zufluchtnehmen zu Christus als dem höheren Bürgen. Von dem Glauben unterschied er die Versicherung und Freudigkeit des Gnadenstandes, deren er sich nicht immer rühmen konnte. — Sein Leben war ein fast unablässiges Beten. — Die Verwaltung des Taufsacraments betr. veranlasste er den Kirchenrath zu Emden zu dem Beschluss »dass Kinder ganz unwissender und Aergerniss gebender Aeltern einige Zeit sollten ungetauft liegen bleiben, bis dass die Aeltern bezüglich der nöthigsten Wahrheiten unterrichtet oder zur Bussfertigkeit erweckt wären. Würden sich indessen die Aeltern hierbei halsstarrig zeigen, se sollten ihre Kinder als Söhne und Töchter der Gemeinde getauft werden.

e. *Sicco Tjaden zu New-Pekela* [1]).

SICCO TJADEN ward am 12. Dec. 1693 zu Westerlee — einem durch die Niederlage, welche die Spanier am 24. Mai 1668 erlitten hatten, bekannten Orte, — als Sohn des dasigen Predigers HEINRICH TJADEN geboren. Da seine beiden Aeltern frühzeitig starben, so übernahm der Grossvater (der auch SICCO TJADEN hiess) die Erziehung Siccos und der Geschwister desselben. Seine academischen Studien machte er zu Groningen und Leiden, an welchem letzteren Orte er schon am 5. Nov. 1824 als Proponent der Classe von Leiden und Niederrheinland rezipirt wurde, warauf er sich in die Heimath zurück begab, dann eine Zeitlang in Groningen und anderswo lebte, bis er i. J. 1719 Prediger der Gemeinde zu Neu-Pekela (Nieuwe Pekel-A) wurde,

---

1) Vgl. die aus den lateinisch geschriebenen Tagebüchern Tjadens von dem Hofprediger JOH. HOFSTEDE zu Groningen hergestellte Biographie, welche unter dem Titel „Eenige aanteekeningen en alleenspraken, betreffende meest het verborgen leven voor den Heere van — SICCO TJADEN" 1827 zu Groningen erschien. Eingefügt sind zahlreiche Excerpte aus dem Tagebuche Tjadens, und ausserdem sind noch 15 Briefe und eine Predigt desselben über Ps. 42, 12 beigedruckt.

wo er — erst 33 Jahre alt, am 28. Maerz 1726 starb. Eine
Berufung nach Groningen, welche er 1725 erhalten, hatte er
aus Liebe zu seiner Gemeinde abgelehnt.

TJADEN, in welchem mit einem männlich schönen Äusseren
ungewöhnliche Geistesgaben vereinigt waren, gehörte zu den
hervorrgendsten und verdientesten Predigern seiner Zeit. Frühzeitig, schon während seiner academischen Studienzeit, war
derselbe von dem Gedanken, dass in den Gemeinden ein innerliches, lebendiges Christenthum wieder erweckt, und dass die
Kirche von allem Unheiligen gesäubert werden müsse, mächtig
erfasst und auf die Wege der Mystik geführt worden. Er selbst
bezeichnete das Jahr 1716 als das »Wunderjahr" welches ihn
mit dem rechten Lichte von Oben erfüllt habe. Seitdem fühlte
er sich unablässig vor dem Angesichte Gottes stehend, mit dem
er umging, dessen Gemeinschaft in Christo er in sich erfuhr,
und dessen Gnadengaben er wirklich zu empfinden und zu
schmecken glaubte. Sein ganzes Leben war jetzt dem Gebete
und der Contemplation geweiht, in welcher letzteren er oft sich
zu unmittelbarer Vereinigung mit Gott und zum Anschauen der
Geheimnisse der Ewigkeit erhoben wusste [1]).

Dabei pflegte er gewisse Stunden und Tage aus seinem bürgerlichen und Berufsleben geradezu herauszunehmen, um sie
ganz der Contemplation zu weihen. Als er z. B. nach seiner
Berufung auf die Predigerstelle zu Pekela, eben erst von einem
Fieber genesen, am 7. Nov. 1719 in Winschoten zur Prüfung

---

1) HOFSTEDE theilt z. B. S. 106 aus den Aufzeichnungen Tjadens folgende Vision
mit, welche derselbe auf einer Reise in Utrecht erlebte: „Ik had toen de kamer voor
mij alleen, en, O zoete tijd! 't heugt mij nog, wat ik daar gezien hebbe: Ik zag
mijnen onsichtbaren Leidsman en ik aanbad Hem: ik zag Jehovah als die Souveraine,
en verheugt, al wenende, keurde ik zijn beleid omtrent mij goed. Ik roemte dien
Alderhoogsten, en wenschte inkomstig te swijgen. Ik kon Hem alles, wat het ook
was, met gulle blijdschap opdragen, overgeven en toevertrouwen, onder een zoet be-
rusten in Hem. *Ook weet ik niet, dat ik immer zulk een levendig gezicht gehad
hebbe van Gods Souvereinheid.*

erscheinen musste, legte er sich am Abend des 5. Nov. (an einem Sonntag) schriftlich das Gelübde auf, dass er in den folgenden sechs Jahren hindurch jeden 7. November ganz und gar Gott weihen, dass er an diesem Tage Gottes Angesicht suchen, Gott loben und danken, Gottes Barmherzigkeit betrachten und sich durch diese Contemplation innerlich stärken wollte [1]).

Mit dem, was man als »verdorbene Mystik" bezeichnete, wollte Tjaden allerdings durchaus nichts zu thun haben. Er betonte es, dass alle höhere Erleuchtung, welche der Gläubige in der Contemplation gewonnen zu haben glaube, sich am geschriebenen Worte Gottes prüfen und bewähren lassen müsse. Aber dabei stand es doch auch für ihn fest, dass der Gläubige durch den Geist Gottes zu einer unmittelbaren Vereinigung mit Gott erhoben werden könne, dass ihm erst hierdurch das Evangelium wahrhaft innerlich und sein wahrer Besitz werde, und dass demselben hierdurch erst eine lebendige Erkenntniss und ein wirkliches Leben in Gott zu Theil werde, durch welches Gott in dem Menschen Alles und der Mensch Gott gegenüber zu einem — Nichts werde. Als er auf dem Sterbebette lag, liess er sich LODENSTEINS »geistliches Mailied" vorlesen und frohlockend rief er aus:

> »O seliges, seliges Sinken,
> O seliges Ertrinken
> In dem ewigen, seligen Licht!"

Der innere religiöse Lebenslauf Tjadens streifte daher hart an die Grenzlinie einer Mystik, welche von der Heilsordnung des Evangeliums abwich. Aber dennoch konnte von ihm mit vollem Rechte gesagt werden (was HOFSTEDE S. 328 ihm nachruft): »Sein Herz war eine Schatzkammer von allerlei geist-

---

1) Die (lateinisch verfasste) Urkunde, in welcher sich Tjaden diese Verpflichtung auferlegt (mit der Ueberschrift: In nomine Domini. Sit hoc memoriae sacrum) wird von HOFSTEDE S. 157—158 mitgetheilt.

lichen Gaben und Gnaden. Seine Seele war eine rechte Korn-
scheuer, worin die Saat des Wortes reichlich versammelt und
zur Ernährung heilsbegieriger Seelen aufbewahrt und zu seiner
Zeit gespendet wurde; eine Kelter voll Oeles und Weines zur
Heilung verwundeter Seelen und zur Herzstärkung und Freude
des Volkes Gottes."

Der Mittelpunht aller seiner Predigten (die er nach seinem
Amtsantritt frei nach blossen Entwürfen hielt) war der Name
Jesu Christi. Der Eindruck derselben war oft überwältigend.
Namentlich aber war es das Gebet Tjadens, was die Herzen
der Zuhörer mit Gewalt noch Oben hinaufzog. Mit dem
grössten Eifer hielt Tjaden auch an Wochentagen Katechisationen und zwar nicht nur in der Kirche, sondern auch in
Privatwohnungen. Hierdurch und mittelst der durch ihn ganz
neu belebten Kirchenzucht, welche der Gemeindevorstand jetzt
mit grossem Eifer handhabte, suchte Tjaden allmählig eine ganz
neue Gemeindebildung herbeizuführen, welche auf strenger
Abscheidnng aller Gläubigen und der Wirksamkeit des Evangeliums sich hingebenden Glieder von der dem Evangelium und
der kirchlichen Ordnung Entfremdeten beruhen sollte [1]).

1) HOFSTEDE, S. 332.

SECHSTER ABSCHNITT.

Die Mystik des Predigers Wilhelm Schortinghuis [1]).

§ 1.

DER ENTWICKELUNGSGANG UND DAS ERSTE AUFTRETEN
DES SCHORTINGHUIS.

Die mystische Richtung, welche durch den Einfluss des Labadismus und Hattemismus namentlich in den Provinzen Groningen und Ostfriesland heimisch geworden war, gewann in
dem zweiten Viertel des achtzehnten Jahrhunderts einen neuen
Mittelpunkt in dem eifrigen und reich begabten Prediger SCHOR-
TINGHUIS zu Mitwolda.

---

1) Die erste gute Bearbeitung des Lebens Schortinghuisens hat der Prediger zu
Nieuw-Beerta, H. VAN BERKUM geliefert: *„Schortinghuis en de vijf Nieten.* Eene
bladzijde uit de geschiedenis van het kerkelijk leven in 't Oldamt 1730—1750 (Utrecht
1859, 258 S. S. in 8°). Indessen ist demselben eine Hauptquelle unbekannt geblieben,
nämlich der „Nodig berigt van het geene voorgevallen is in de jaare 1740—1745
omtrent het boek van D. W. SCHORTINGHUIS, genaamd het Innig Christendom enz.
uitgegeven door DIONYSIUS VAN DER KEESSEL, predikant te Deventer. (Deventer 1746,
164 S. S. in 8°.). Ausserdam ist BERKUM eine ganze Reihe von Schriften SCHORTING-
HUISEN's sowie der Anhänger und Gegner desselben, welche ich so glücklich war zu ermitteln, nicht zu Gesicht gekommen. Daher bedurfte die ausführliche Geschichtserzählung
BERKUM's sowohl nach diesen Schriften als nach den zahlreichen Aktenstücken, welche
v. D. KEESSEL mittheilt, auch in dieser kürzeren Darstellung doch mannigfacher
Ergänzung und Berichtigung.

WILHELM SCHORTINGHUIS war am 23. Februar 1700 zu Winschoten geboren. Sein Vater JURGEN WILLEM SCHORTINGHUIS,
ein ehrbarer Bäcker und Kaufmann daselbst, starb, als der
Kleine erst zwölf Jahre alt war. Die Mutter hatte er schon
früher verloren. Da die Aeltern kein nennenswerthes Vermögen hinterlassen hatten, so beschlossen die Vormünder dass
der verwaiste Knabe ein Handwerk erlernen sollte, weshalb sie ihn der lateinischen Schule, in die ihn der Vater geschickt hatte, entnahmen, und ihn zu einem Silberschmied in
die Lehre thaten.   Mit widerstrebendem Herzen verbrachte er
hier volle fünf Jahre. Endlich aber liess es ihn nicht mehr
bei dem Handwerk: er beschloss trotz des Widerspruchs seiner
Vormünder zu studiren, fand Gönner, die sich seiner annah-
men und ihm zu der nöthigen Schulbildung verhalfen und bezog sodann, neunzehn Jahre alt, die Universität Groningen,
wo er drei Jahre lang mit grossem Eifer Theologie studirte.
Nach Beendigung seines Studiums wurde er 1722 Proponent
bei der Classe von Oldamt und Westerwoldingerland und schon
im folgenden Jahre 1723 zweiter Prediger zu Weener (Ween-
der) in Ostfriesland.

Dieses Letztere war für seinen ganzen späteren Lebensgang
entscheidend. Als erster Prediger fungirte nämlich zu Weener
ein eifriger Vertreter der mystischen Richtung, JOHANN KLUG-
KIST. Ihm trat SCHORTINGHUIS anfangs als Verfechter der reformirten Orthodoxie entgegen. Allein die warmen Herzenser-
giessungen KLUGKIST's, welche er so oft hörte und welche von
dem gottseligen, ernsten und strengen Wandel KLUGKIST's in
so überzengender Weise beglaubigt wurden, waren für ihn überwältigend. Schon im Februar 1724 begann SCHORTINGHUIS sich
als begeisterter Herold des »inwendigeu Christenthums" zu erheben, ebenso gegen die kalte und unfruchtbare Rechtgläubigkeit der Gemeinden als gegen die herrschende Zuchtlosigkeit
des Lebens eifernd. Alsbald dünkte Vielen die Predigt SCHOR-

TINGHUISENS wie die Stimme des Predigers in der Wüste zu ertönen, sein Anhang wuchs weit über die Gränze seiner Gemeinde
hinaus von Woche zu Woche und sein Ruf erscholl mehr und
mehr durch ganz Niederland.

Da geschah es, dass durch den Tod des greisen Pastors JACOB
SPARRINGA am 5. Juni 1733 die Predigerstelle zu Mitwolda
in der Provinz Groningen zur Erledigung kam. Auch in dieser
Gemeinde war der Hattemismus längst heimisch geworden. Auch
hier bestand ein fest in sich abgeschlossener Conventikel der
»Frommen" oder »Begnadigten" wie sich dessen Mitglieder
selbst, oder der »Feinen" wie sie von der Gegnern genannt
wurden; und kaum war die Frage der neuen Pfarrwahl angeregt, als sich der Blick der »Frommen" sofort auf SCHORTINGHUIS
richtete, dessen Name als der des gefeiertsten Predigers der ganzen
Provinz genannt ward.   Allerdings hatten viele Mitglieder der
Gemeinde, die nicht zu dem Conventikel gehörten, gegen die
Wahl Schortinghuisens eben darum ihre Bedenken, weil derselbe von den letzteren in Vorschlag gebracht war; allein eine
zahlreiche Abordnung der Gemeinde, welche an einem Sonntag
nach Weener hinüberzog, um den in Vorschlag Gebrachten
selbst zu hören, wurde von der Predigt und von der Persönlichkeit des Predigers so überwältigt, dass am 26. Mai 1734
die Wahl einstimmig auf SCHORTINGHUIS fiel, worauf derselbe
am 1. August desselben Jahres in Mitwolda eingeführt wurde.

Die Klasse von Oldamt und Westerwoldingerland hatte also
jetzt das Haupt der mystischen Richtung der Niederlande unter ihren Predigern aufzuweisen.   Ihm zur Seite standen als
die angesehensten Vertreter des »inwendigen Christenthums"
die Prediger LUBBERS zu Beerta, EYSSONIUS zu Finsterwold und
KLUGKIST (seit kurzem) zu Ostwold, an die sich noch etwa elf
gleichgesinnte Prediger anschlossen; aber hoch ragte über sie
alle SCHORTINGHUIS hervor, der, vier und dreissig Jahre alt,
mit der Fülle der Manneskraft des Feuer der Jugend verband,

dessen zur Beherrschung der Geister angelegte Persönlichkeit
bald fast die ganze Gemeinde an sich kettete und von dessen
Lippen die zahlreichen Fremden, welche allsonntäglich in seine
Gottesdienste pilgerten, »die Sprache Kanaans" in einer Salbung und Kraft ertönen hörten, wie man sie bisher noch bei
keinem Prediger gehört hatte.

Indessen umfasste Schortinghuisens Anhang doch nur die
kleinere Zahl der Prediger der Klasse. Die Mehrzahl derselben,
unter denen DOEDENS zu Blyham, STEGNERUS zu Noordbroek und
PHÖBUS THEMMEN hervorragten, waren der Mystik entschieden
feind, und auf den Klassenversammlungen trat daher der Gegensatz der beiden Parteien sofort in schroffster Weise hervor.
Wiederholt wurde vonseiten der Ortodoxen gegen SCHORTINHUIS
und dessen Anhänger die Anschuldigung der Ketzerei erhoben,
namentlich in Betreff der Lehre vom Glauben, weshalb die
letzteren den Schutz der Synode zu Groningen anrufen zu müssen glaubten. Infolge dessen brachte THEMMEN bei der Synode
den Antrag ein, dieselbe möchte sich bestimmt darüber aussprechen, »ob Hungern und Dürsten bereits das Wesen des
Glaubens ausmachten, ohne dass man Jesum mit seinen verheissenen Wohlthaten annehme und sich persönlich aneigne
und niemals einiges Vertrauen auf Gottes Gnade setze." — Die
Synode, welche aus Anhängern und Gegnern der Mystik bestand, sollte also die so lange Zeit verhandelte Streitfrage zur
definitiven Erledigung bringen. Die mit der Berathung derselben betraute Synodalcommission sah sich daher in nicht geringer Verlegenheit. Endlich beschloss sie, durch eine Erklärung, welche die Wahrheit als in der Mitte der Gegensätze
liegend hinstellte, ausweichend zu antworten, infolge dessen
THEMMEN die Antwort erhielt, Hungern und Dürsten sei zwar
nicht das Essen und Trinken selbst, sei aber doch ein »anfäng-
liches Essen und Trinken." — Die Hoffnung der Synode war,
dass SCHORTINGHUIS und dessen Anhänger in dieser Formel den

eigentlichen Sinn ihrer Lehre anerkennen, und dass daraufhin ihre Gegner ihre Anklagen und Beschuldigungen zurücknehmen sollten.   Das erstere geschah nun auch alsbald, THEMMEN jedoch erklärte, dass ihn diese Erklärung, in welcher die eigentliche Streitfrage umgangen werde, nicht befriedigen könnte.   Da drohte die Synode mit Suspension von Amt und Abendmahls- gemeinschaft; und mit dieser ernsten Bedrohung erreichte die- selbe endlich ihren Zweck.   THEMMEN schickte nach Beendigung der Synode an die Deputirten derselben eine Erklärung ein, worin er die Lehre der Gegner in dem von der Synode ange- gebenen Sinne als rechtgläubig anerkannte; und in der Classe Oldamt und Westerwoldingerland galt nun die ganze Contro- verse als beigelegt. — SCHORTINGHUIS betrachtete sich als den Sieger. [1])

Inzwischen war aber dieselbe Classe von einer anderen Contro- verse beunruhigt worden, deren Ausgang ebenso wie der über das Wesen des Glaubens geführte Streithandel zur Förderung der mystischen Separation nicht wenig beitrug.   Es war dieses die Controverse über die Zulässigkeit oder Unzulässigkeit der *Con- ventikel.* [2])

In Blyham wo Aliko (oder Aejelko) DOEDENS seit 1724 als Pastor fungirte, war das Conventikelwesen im grössten Flor. An der Spitze desselben standen hier drei Katechisierer, welche in den Versammlungen der »Frommen” den Samen der Mystik aus vollen Händen streuten.   Nur sich selbst als die »Wieder- geborenen” anerkennend, sahen die Angehörigen der Conven- tikel auf alle Anderen, insbesondere auf ihren Pastor, (dem jegliche Art von Mystik ein Greuel war) mit Geringschätzung und Bedauern herab, was zu Unruhen in der Gemeinde Veran- lassung gab, die immer bedenklicher wurden.   Daher sah sich

---

1) VAN BERKUM, Schortinghuis, S. 54—59.
2) VAN BERKUM, S. 74—100,

der Kirchenrath der Gemeinde endlich veranlasst, gegen einen
der Katechisierer, WOLTER JANS, mit Verhängung der Sacra-
mentssperre einzuschreiten; und die Klasse, an welche JANS
gegen das Verfahren des Kirchenraths Berufung einlegte, be-
stätigste dasselbe. Die Folge davon war jedoch, dass JANS
jetzt seinen Anhängern als Märtyrer erschien, und die Erbitterung derselben gegen den Pastor und den Kirchenrath überall
in der lautesten Weise hervortrat. Statt in die kirchliche
Ordnung sich zu fügen, hielten die Katechisierer gerade von
jetzt an ihre Conventikel nach wie vor nicht nur in nächster
Nähe der Kirche, sondern auch zur Zeit der öffentlichen Gottesdienste. Der Kirchenrath lud daher die drei Katechisierer
vor und verbot ihnen alles fernere Katechisiren. Alsbald aber
begaben sich alle drei nach Wedde, wo damals (im September
1636) die Klassenversammlung tagte und klagten über will-
kührliche Störung ihrer »Uebungen". — Die Situation war hier
für die Interessen der Conventikel günstig, indem eine beträchtliche Anzahl der Gegner derselben nicht anwesend, und daher
SCHORTINGHUIS mit den Seinen in der Majorität war. Doch
trat die Erbitterung der Orthodoxen, welche in den Vorgängen
zu Blyham eine Bedrohung der gesammten kirchlichen Ordnung sah, auch hier laut genug hervor und nur nach den heftigsten Kämpfen kam der Beschluss zu Stande: Die Kläger
haben den Kirchenrath um die Gestattung ihrer Katechismusübungen anzugehen, und derselbe hat diese Gestattung zu ertheilen, es sei denn, dass der Kirchenrath wegen der Lehre und
des Wandels der Katechisierer Bedenken hätte, die dann der
Klasse anzuzeigen sein würden. Indessen dauerten nicht nur
die Unruhen zu Blyham fort, sondern auch an anderen Orten
rief das Conventikelwesen eine immer bedenklicher werdende
Verwirrung hervor. Die Klassenversammlungen waren Kampf-
stätten geworden, auf denen die wüstesten Leidenschaften tob-
ten. Da suchten die Stände Ruhe zu schaffen, indem sie durch

Verordnung vom 20 Febr. 1740 den Synodalbeschluss von 1722 erneuerten. Die Katechisierer sollten die Gottesdienste und Katechisationen ihrer Seelsorger fleissig besuchen, die Erlaubniss zu ihren Katechisationen bei dem Kirchenrath nachsuchen, und dieselben niemals zur Zeit der oeffentlichen Gottesdienste halten, Ort und Zeit ihrer Uebungen dem Prediger anzeigen, damit dieser und der Kirchenrath dieselben beaufsichtigen könnten u. s. w. Aber auch das half nichts, indem namentlich in Blyham die Spannung zwischen dem Kirchenrath, der eine gänzliche Absorbirung des kirchlichen Gemeindelebens durch das Conventikelwesen befürchtete, und den »Frommen", die mit den Kindern dieser Welt keine Gemeinschaft haben wollten, fort dauerte und zu immer wiederkehrenden Reibungen Anlass gab; bis endlich die zu Appingadam versammelte Synode des Jahres 1741 — wenigstens für einige Zeit — den Frieden dadurch herstellte, dass sie eine vermittelnde Anordnung traf, welche auf der einen Seite das Recht des Kirchenraths und des kirchlichen Lehramts anerkannte, und auf der anderen Seite zugleich den Fortbestand und die Freiheit des Conventikelwesens garantirte. Die Synode decretirte nämlich (unter Bestätigung der bezüglichen früheren Anordnungen): Die Mitglieder der Conventikel sollten sich ihren ordentlichen Predigern unterwerfen und sollten deren Gottesdienste und Katechisationen fleissig besuchen. Sie sollten sich alles dessen enthalten, was eine Verunehrung des öffentlichen Predigtamtes sein würde, sollten nicht an fremde Orte gehen, um dort Conventikel zu halten, sollten Niemanden, der im Gebrauche der kirchlichen Gnadenmittel sich lässig zeige, an ihren Versammlungen theilnehmen lassen, dagegen den Predigern nicht nur ungehinderten Zutritt zu denselben gewähren, sondern ihnen auch gestatten das Wort zu ergreifen und Ausprachen an die Versammelten zu halten.

§ 2.

SCHORTINGHUISEN'S SCHRIFT »VOM INNERLICHEN CHRISTENTHUM."

Inzwischen gährte es in der Provinz Groningen fort und fort. SCHORTINGHUIS war das Haupt einer Partei geworden, die sich als die alleinige Vertreterin des wahren, auf innerer Frömmigkeit beruhenden Christenthums betrachtete und auf die drausssen Stehenden und auf deren »todte" Rechtgläubigkeit mit Verachtung herabsah. Allein je mächtiger der Anhang des gefeierten Predigers anwuchs, um so stärker und feindseliger trat auch die Erbitterung der Orthodoxen gegen ihn hervor, die ihn jetzt aller Orten als einen notorischen Irrlehrer kennzeichnen und die Gemeinden vor dem trügerischen Scheine seiner Worte verwarnen zu müssen glaubten.

Dadurch aber liess sich SCHORTINGHUIS nicht im Mindesten beirren, vielmehr fuhr er ruhig fort, durch Wort und Schrift sein innerliches Christenthum im Volke und vor Allem an der ihm anvertrauten Gemeinde nach Kräften zu fördern.

Im J. 1738 hatte er ein Büchlein — ein Compendium populärer Dogmatik in katechetischer Form — unter dem Titel: »*Nöthige Wahrheiten für das Herz eines Christen*" [1]) herausgegeben, welches mit grossem Geschicke zu dem Zwecke ausgearbeitet war, um auch den weniger gebildeten Gemeindegliedern alle wesentlichen Punkte der christlichen Heilslehre im Zusammenhange vom Gesichtspunkte der Religiosität des Verfassers aus zum Verständniss zu bringen. SCHORTINGHUIS bemerkt näm-

---

1) Der Titel dieser Schrift (welche v. BERKUM vergebens gesucht hat, weshalb sie ihm nie zu Gesicht gekommen ist) lautet: »*Nodige waarheiden in 't herte van een Christen, tot dienst van de hem toevertrouwde gemeynte opgesteld door* W. SCHORTINGHUIS." Ich benutze das Büchlein nach der vierten Auflage, die 1765 zu Groningen (142 S. S in 12º.) erschien.

lich in seinem an die Gemeinde zu Mitwolda gerichteten Vorwort, dass seiner Absicht nach die Schrift »zur Herzensverän-
derung und wesentlichen Heiligmachung" dienen sollte, weshalb
er am Schlusse jedes einzelnen Abschnittes die betreffende
Wahrheit im Sinne »der Praxis der Gottseligkeit" beleuchtet
hatte. Nachdem er sodann zunächst von dem Wesen der religiösen Erkenntniss gesprochen, welche er als eine wörtliche
und erfahrungsmässige (letterlijke en bevindelijke leere) unterscheidet, geht er, mit der Lehre von der h. Schrift beginnend,
alle Hauptabschnitte der reformirten Glaubenslehre durch.
Von der h. Schrift wird gesagt, dass sie an sich ganz klar
sei, dass sie aber von dem Unbegnadigten nur buchstäblich
und allein von dem Begnadigten nach ihrem geistlichen Sinne
verstanden werden könne. Die Wiedergeburt ist eine gänzliche
Veränderung des Menschen, in welcher derselbe durch innerliche Bewirkung des h. Geistes aus dem Tod zum Leben übergeht. »Aus der Wiedergeburt fliesst der wahre seligmachende
Glaube, wodurch man mit Christus vereinigt wird und Christus in das Herz kommt." Doch gehört das »völlig versicherte
Vertrauen" nicht zum Wesen des Glaubens, indem es vielmehr dessen Frucht ist. Das Wesen des Glaubens an sich ist
ein »herzliches Wollen, Hungern und Dürsten — ein Annehmen des Herrn Jesu, ein Sichübergeben an ihn, um durch
ihn versöhnt, geheiligt und beseligt zu werden." Der erwählte
Sünder glaubt daher dann wirklich an Christus, wenn er »im
Lichte des Geistes" sich und alle Geschöpfe als verloren erkennt; und mit vollkommener Selbstverläugnung Christum
als den alleinigen Grund alles Heils umfasst und annimmt.

Die eigentliche Mystik Schortinghuisens trat in dem Schriftchen somit nur hier und da in einzelnen Andeutungen hervor.
Die Grundlehren der reformirten Dogmatik, namentlich die
Lehren vom Werk- und Gnadenbunde, von der Rechtfertigung
und Heiligung, von den Sacramenten, waren ganz im kirchlichen

Sinne entwickelt. Allein zwei Jahre später trat SCHORTINGHUIS mit einer Schrift — seinem Hauptwerke — hervor, worin er seine hattemistische Mystik vollständig und unverhüllt darlegte und deren kirchliche Correctheit nachzuweisen suchte. Es war dieses die Schrift: »*das innerliche Christenthum*". [1]

Zu ihrer Veröffentlichung bedurfte die Schrift gesetzlich der Prüfung und Genehmigung entweder seitens der Classe oder seitens einer der theologischen Facultäten Niederlands. Legte SCHORTINGHUIS sein Werk der Classe zur Prüfung vor, so hatte er zu befürchten, dass bei dem unter den Classenbrüdern bestehenden Turnus der Geschäfte, die Censur diesmal in die Hände seiner Gegner kommen möchte; daher übermittelte er das Buch nicht der Classe sondern der theologischen Facultät zu Groningen mit der Bitte um Ertheilung des Imprimatur.

In der theologischen Facultät zu Groningen (welche unter dem 20. Januar 1738 den »nöthigen Wahrheiten" des Verfassers die Approbation ertheilt hatte) ragte damals ein Professor VAN VELZEN als eifriger »Voetianer" hervor. Auch VERBRÜGGE war derselben Richtug zugethan, wogegen DRIESEN und GERDES als entschiedene Gegner jeder Art von Mystik galten. Daher ist es begreiflich, dass die beiden Letztgenannten an dem Manuscript gar vielerlei auszusetzen hatten. Ein Erlass der Facultät vom 13. April 1740 machte SCHORTINGHUIS auf eine Anzahl ungewöhnlicher und auffallender Sätze und Redeweisen seiner Arbeit aufmerksam, und bat um nähere Erläuterung derselben — die SCHORTINGHUIS (der sich damals gerade in Groningen aufhielt) in einem noch an demselben Tage abgefassten, sehr ausführlichen Schreiben an die Facultät gelangen liess. Allein für

---

[1] Der vollständige Titel lautet: „*Het innige Christendom* tot overtuiginge van onbegenadigde, bestieringe en opwekkinge van begenadigde zielen, in deszelfs aller-innigste en wezenlikste deelen gestaltelik en bevindelik vorgestelt in t'zamenspraken. Groningen, 1740." Ich benuzte hier die zweite Ausgabe (von 1740) in welcher das Buch 666 SS. in 4º umfasst. Ein neuer Abdruck derselben ist i. J. 1858 bei T. T. Malga's in Nijkerk erschienen.

DRIESEN und GERDES waren die von SCHORTINGHUIS gegebenen Erläuterungen in keiner Weise befriedigend. Derselbe hatte in seiner Schrift die Gedanken durchgeführt, dass der Gläubige den wahren Inhalt der h. Schrift nicht durch diese selbst, sondern nur mitttelst des von Gott ihm unmittelbar verliehenen Lichtes zu erkennen vermöge, und dass in dem wirklich Begnadigten und Wiedergeborenen das neue Leben nicht dessen eigenes, sondern das Leben Gottes in ihm sei, indem der Mensch Gott gegenüber ein reines Nichts sein müsse, damit Gott in ihm, als seinem reinen Werkzeuge, Alles sein könnte. Da DRIESEN und GERDES namentlich in dem zweiten Gedanken den entschiedensten Hattemismus versteckt glaubten, so sah sich die Facultät bemüssigt, unter dem 15. April 1740 eine Reihe von Fragen bezüglich der wahren Schrifterkenntniss und des Lebens im Gnadenstande aufzusetzen und an SCHORTINGHUIS zur Beantwortung gelangen zu lassen. [1] SCHORTINGHUIS, der mit seinem Briefe vom 14. April sich vollständig gerechtfertigt zu haben glaubte, war über diese zweite Zuschrift der Facultät nicht wenig betroffen, sah jedoch die Nothwendigkeit ein, die an ihn gerichteten Fragen beantworten zu müssen. Dieselben waren durchaus im Sinne der reformirten Dogmatik gestellt, und in der Erwiederung, welche die Facultät am 19. April vorgelegt erhielt, erklärte SCHORTINGHUIS, dass er dieselben »mit einem feierlichen Ja und Amen" beantworte, indem er nichts anderes vertreten wolle als die »theuere Lehre der reformirten Kirche, wie sie in Gottes Wort gegründet und durch den h. Geist in den Herzen ihrer geheiligten Bekenner versiegelt sei." In einem zweiten Theile dieses Briefes erklärte SCHORTINGHUIS, dass wenn Iemand in seinem Buche eine andere Lehre finden sollte, er mit ihm darüber nicht streiten, vielmehr ihm sein Urtheil frei lassen wollte. Mit der Lehre der Spino-

---

1 V. D. KEESSEL, S. 3—21.

zisten, Hattemisten, Pietisten, Labadisten u. s. w. habe er
nichts zu schaffen, indem er sich vielmehr seiner Uebereinstimmung mit anerkannten (von ihm namhaft gemachten) Kirchenlehrern bewusst sei.

Angesichts dieser Erklärung hatte nun die Facultät keine
Veranlassung mehr mit ihrer Approbation des Werkes zurück
zu halten. Dieselbe wurde am 22. April 1740 von DRIESEN,
VELSEN und GERDES unterzeichnet. Die Facultät erklärte, dass
sie allerdings an vielerlei mystisch lautenden Ausdrücken und
Sätzen des Buches Anstoss genommen, dass jedoch der Verfasser erklärt habe, mit denselben nur den Sinn der Kirchenlehre
darstellen zu wollen, weshalb sie das Buch approbire. — Ohne
SCHORTINGHUISEN's Vorwissen liess aber die Facultät mit ihrer
Approbation zugleich auch die zwischen ihr und demselben geführten Correspondenzen an der Spitze des Werkes abdrucken.
Nur von dem letzten Briefe des Verfassers war der zweite Theil
(wegen der darin genannten Namen hochangesehener Autoritäten der reformirten Kirche) auf Geheiss der Facultät nicht
mit abgedruckt worden.

Hierüber war jedoch SCHORTINGHUIS auf das Höchste entrüs-
tet, weshalb er alsbald seinen ganzen Brief vom 12. April mit
einem »kleinen Vorbericht an den Wahrheit und Gottesfurcht
liebenden Leser" auf einem halben Bogen abdrucken und (als
Einlage seines Buches) verbreiten liess, was alsbald zu einem
heftigen Schriftenwechsel zwischen SCHORTINGHUIS und der
Facultät Veranlassung gab. [1])

---

1) Zunächst veröffentlichle GERDES als zeitiger Decan der Facultät eine Schrift:
*„Historisch verhaal aangaande de akademisch Approbatie van de hoogeerw. theol.
Faculteit — over een seker boek uitgegeven door D. Wilh. Schortinghuis u s: w.*
(Groning. 1740), welcher Bericht von SCHORTINGHUIS mit einer *„Zedig antwoord
op het historisch verhaal"* erwidert und hernach von GERDES mit *„Noodige aanmerkingen"* vertheidigt ward. — Unter diesen Schriften ist die zweite von besonderer Wichtigkeit, indem SCHORTINGHUIS in derselben (S. 4—28) alle auf seine Verhandlungen mit der Facultät bezüglichen Artenstücke (auch die Approbation und den

Derselbe war noch im vollen Gange als SCHORTINGHUIS auf einer Versammlung der Classe Oldamt zu Wedda (zu welcher er als Pfarrer gehörte) am 24. Aug. 1740 sich die Entscheidung und Beantwortung der beiden Fragen erbat: 1, Ob eine Schrift, wenn sie neu überarbeitet oder vermehrt werde, auch für den zweiten Druck einer Prüfung und Approbation bedürfe und 2, ob, wenn dieses der Fall sein sollte, die von der Classe bestellten Censoren vor der Ausgabe des Werkes über dasselbe Bericht zu erstatten hätten. Einstimmig wurde die erste Frage bejahend, die zweite verneinend beantwortet, und nunmehr trat SCHORTINGHUIS mit dem Ersuchen an die Classe hervor, dass dieselbe zur Prüfung einer » veränderten und vermehrten" Ausgabe seiner Schrift über das » innerliche Christenthnm" eine Commission bestellen möchte. — Schon damals war nämlich das rasch zur Berühmtheit gelangte und von der Autorität der Groninger Theologen einigermassen gedeckte Werk vergriffen. SCHORTINGHUIS hatte nun dasselbe in der Weise » überarbeitet", dass er einige Texte hinzugefügt, und das letzte Zwiegespräch um etwa zwanzig Zeilen verlängert hatte. Das war die ganze » Veränderung und Vermehrung."

Uebrigens hatte SCHORTINGHUIS die Verhältnisse richtig durchschaut: Er glaubte annehmen zu dürfen, dass diesmal die Censur in gute Hände kommen würde, und wirklich waren es seine drei entschiedensten Anhänger, die Pastoren LUBBERS zu Beerta, EYSSONIUS zu Finsterwold und KLUGKIST zu Oostwold, welche mit der Prüfung der neuen Auflage seines Buches betraut wurden.

Schon unter dem 26. Septbr. 1740 erfolgte (von Beerta aus) die Approbation des Werkes, das von den drei Censoren nicht allein mit dem » theuren Worte Gottes" und mit der » Lehre

---

vollständigen Brief vom 19. April) mittheilt. BERKUM scheint diese Abhandlung nicht gesehen zu haben, weshalb in seiner Darstellung dieser Vorgänge (S. 129—130) nicht Alles klar ist. — Vgl. auch v. D. KESSEL, S. 12—81.

und den Bekenntnisschriften der reformirten Kirche" übereinstimmend gefunden, sondern auch als ein unvergleichliches Werk,
das vor Allem zur Erkenntniss der Truggründe und Trug-
schlüsse unbegnadigter Bekenner und zur Leitung suchender
Seelen nützlich sei, als eine »köstliche Vorrathskammer von
allerlei geistlichem Rüstzeug" verherrlicht wurde. — Mit Beseitigung der Censur der theologischen Facultät zu Groningen
und der anderen Schriftstücke, welche der ersten Auflage des
Buches beigefügt waren, liess nun SCHORTINGHUIS sein »innerliches Christenthnm" in der neuen Auflage lediglich mit der
glänzenden Approbation der von der Classe bestellten Censur-
Commission erscheinen. —

Das Buch besteht aus fünfundzwanzig Gesprächen, in denen
sich ein »Unbegnadigter", ein »Kleingläubiger", ein »Begnadigter" und ein »Geübter" miteinander unterreden. Im Vorwort
bemerkt der Verfasser, dass er hier ein Werk zur »praktischen
Theologie" liefern wolle, dessen »grössten Theil" er »aus dem
reinen Quell des göttlichen Worts und aus der Bibliothek seines
Herzens und eignen Erfahrungen geholt und aufgetischt" habe. —
In dem ersten Gespräch erinnert SCHORTINGHUIS daran wie im
Niederland das Christenthum und hernach die Reformation zur
Einführung gekommen ist, was ihm Anlass giebt (S. 9) sich
über den Verfall des Christenthums daselbst auszusprechen.
»Wie Viele sind doch in Wahrheit aus dem einen Babel in
ein anderes übergegangen, indem sie die Gründe der reformirten Lehre nicht einmal äusserlich, geschweige denn erfahrungsmässig kennen, oder ihnen widersprechen, oder ihre Seligkeit
auf falschen Gründen, die dem Worte Gottes fremd sind, aufzubauen suchen, oder die, wenn sie auch im Bekenntniss der
reformirten Lehre orthodox erscheinen, doch nicht im Leben
reformirt siud, sondern die Lehre von der freien Gnade auf
Muthwillen ziehen, und dadurch beweisen, dass sie die Wahrheit nicht geistlich verstehen!" Denn (S. 10) »ein wahrer Christ

ist nur der, welcher die Wahrheiten Gottes im Angesichte Christi
1, erfahrungsmässig (bevindelik) kennt, 2, sie herzerwärmend
(gemoedelik) geniesst und 3, ihrer würdig wandelt." Hierauf
sucht nun SCHORTINGHUIS ausführlich klar zu machen, was
unter einem buchstabenmässigen Erfassen (letterlik begrip) der
Wahrheiten, wie es bei einem Unbegnadigten vorkommen kann,
und unter dem Erfassen der Wahrheit durch eigene innere Erfahrung (bevindelik begrip), die nur dem Begnadigten gegeben
ist, verstanden werden müsse (S. 11—12). Ein Mensch, der
die göttlichen Wahrheiten buchstabenmässig begreift, ist ein
ganz Unkundiger, in dem er sich nur nach den Sylben, Buchstaben und dem Klange der Worte Vorstellungen von der
Dreieinigkeit Gottes, von seiner eignen Sündhaftigkeit und von
dem gottmenschlichen Wesen des Erlösers bildet, die doch alle
nicht zutreffend sind, nicht das wahre Wesen der Wahrheiten
darstellen. Denn der Unbegnadigte kennt und betrachtet sie
nur nach dem Klange der Worte, aus denen er, auch wenn
er diese noch so fest glaubt, doch nur eine äussere und falsche
Vorstellung der Wahrheiten gewinnt, — ebenso wie Jemand,
der von irgend einer Stadt Europas erzählen hört, sich eine
Vorstellung von derselben macht, die, sobald er selbst in die
Stadt kommt, sich ihm als eine irrige darstellt. Denn (S. 13)
»die göttlichen und geistlichen Wahrheiten werden nicht durch
Hören, Disputiren, Raisonniren und vieles Studiren, sondern
allein durch Gefühl und Erfahrung richtig erkannt — nach
der bekannten Regel: Nihil est in intellectu, quod non prius
sit in sensu." — Indem daher »die Gottesgelahrtheit eine
wesentlich übernatürliche Wissenschaft ist, so kann sie nicht
anders als durch ein übernatürliches Licht richtig erfasst werden." Auch ist leicht einzusehen (S. 14), dass die buchstäbliche
Erkenntniss wahre Frucht nicht schaffen kann, »denn sie
macht keinen Eindruck auf's Herz, weshalb durch sie der Mensch
nicht umgestaltet wird."

Nachdem diese Gedanken in dem zweiten Gespräch noch weiter ausgeführt sind, wird in den folgenden der innere Stand
der wahren Christen als der einer »Obrigkeit" besprochen, worauf SCHORTINGHUIS in den fünf folgenden Gesprächen den Christen als »Lehrer" beleuchtet, und zwar zunächst (S. 72—79)
von der Vorbereitung auf das Lehramt, dann (S. 80 ff.) von
der äusseren und inneren Berufung handelt. Wer der letzteren
entbehrt, der ist ein Feind Christi und der wahren Gottseligkeit und lästert die welche von ihren inneren Erfahrungen
sprechen, als »Schwarmgeister, Mystiker, Pietisten und was
nicht sonst." — Das sechste Gespräch (S. 98 ff.) ist der Schilderung »eines treuen Lehrers in seinem geistlichen Fleiss und
Eifer, in seinem Handel und Wandel in und ausser dem Hause,
in seiner Sprache und Gesellschaft" gewidmet. Der »treue
Lehrer übt sich in Sprachen, in der Geschichte, in Alterthü-
mern und in den himmlischen Wahrheiten, von himmlischem
Lichte bestrahlt. Er wandelt in der Furcht Gottes und ist
überall bei dem Volke Gottes zu finden. In seinem Hause ist
er ein rechter Bischof" u. s. w. Im Gegensatz hierzu wird ein
anderes, nicht sehr erbauliches Bild von dem »unbegnadeten
Lehrer" entworfen, wabei unter Anderem die »geistlichen, eite-
len, weltlichen und fleischlichen" Classenversammlungen im
übelsten Lichte vorgeführt werden.

Das siebente Gespräch handelt (S. 123 ff.) von dem »gestalt-
lichen Beten, Predigen, Katechisiren, Visitiren und Annehmen
der Gemeindeglieder eines geheiligten Lehrers," im Gegensatz
zu dem unbegnadigten. Der letztere predigt so flau, ungeschickt, unnütz, wesenlos, langweilig;" die Erklärungen werden so breitspurig über Texte ausgeholt, die an sich ganz klar
und deutlich sind, so dass die zu einer erbaulichen Anwendung
zu verwendende Zeit unnütz vergeudet wird, und der Prediger
mit einem »»Geliebte, wir hoffen von euch Besseres," oder mit
einem »»Lasst uns, lasst uns" " in aller Kürze schliesst."

Im folgenden Gespräch »vom rechtmässigen Urtheilen der begnadigten Lehrer über den geistlichen Stand ihrer Zuhörer" spricht sich SCHORTINGHUIS (S. 156 ff.) ganz im Sinne des Labadismus aus. Der Lehrer muss es (nach Matth. 7, 15—20) beurtheilen können, ob seine Zuhörer »bekehrt oder unbekehrt, wirklich begnadigt oder noch unbegnadigt" sind. Doch urtheilt er nicht »unmittelbar", sondern »mittelbar", was darum möglich ist, weil (S. 176) ebenso die Liebe als der Hass gegen Gott, Gottes Wort und Volk sich immer klar zu erkennen geben. Indessen wird dabei doch anerkannt, dass das Urtheil auch des Begnadigten nicht unfehlbar sei.

Die nächstfolgenden Gespräche handeln (S. 107 ff.) von den verschiedenen Ständen und Zuständen, die der Christ von seinem »Naturstand" an bis zum Stand der Gnade und zu seiner seligen Gemeinschaft mit Christus durchläuft. — Die Unbegnadigten werden (S. 188) unterschieden als »Unkundige, Buchstabengelehrte, Sorglose, Gottlose, Verächter der theuern Gnadenmittel, Feinde und Spötter der Gottesfurcht und der Gottesfürchtigen u. s. w. Des Unbegnadigten Herz ist böse, sein Verstand verdunkelt, sein Urtheil verkehrt, sein Wille unheilig und alle seine Neigungen sind unsauber und ungeregelt. Er ist (S. 190) ein Feind Gottes, wesshalb all sein Thun verflucht und er selbst eine Beute der Hölle ist. — Die Buchstabengelehrten können wohl in ihrem äusseren Leben fromm und ehrbar, (S. 210), sie können segar »Eiferer für Wahrheit und Gottesfurcht," »begabte Prediger und wohlsprechende, kluge Lehrer" sein, und gehen doch für die Ewigkeit verloren; denn ihre Erkenntniss ist ohne herzverändernde Erfahrung der Gnade, wesshalb sie wohl (S. 211) »die Worte der Wahrheit aber nicht die Wahrheit der Worte" haben. Daher sind auch die Unbegnadigten von den thörichtsten Vorurtheilen gegen das innerliche Christenthum und gegen die innerlichen Christen erfüllt (S. 226 ff.). Sie wähnen, es sei eine neue Lehre, welche den

Weg zum ewigen Leben gar zu eng mache, welche den Menschen zum Wahnsinn treibe, die Bekenner des Glaubens ver-
ächtlich mache und in der Kirche Unruhe und Spaltung her-
vorrufe.

Allerdings giebt es unter den Unbegnadigten auch solche,
die man Beinahchristen (nabij-Christenen) nennen möchte, weil
sie dem Reiche Gottes nicht ferne stehen. Dieselben können
(S. 273 ff) »eine grosse, klare und genaue Kenntniss der Wahrheiten des Evangeliums haben, durch welche sie die Worte des
Evangeliums oft besser als ein aufrichtiger Christ zu unterscheiden vermögen. Von diesen Erkenntnissen kann der Bei-
nahchrist zur Verwunderung Anderer reden. Er kann diese
Erkenntniss erlangt haben nicht nur durch fleissiges Studium
und Durchforschung der göttlichen Wahrheiten, sondern auch
durch Erleuchtung des h. Geistes. Er kann die Göttlichkeit
der h. Schriften erkennen und Alles für wahr halten, was Gott
in seinem Wort geoffenbart hat. Ja er kann die geistlichen,
himmlischen und übernatürlichen Dinge höher stellen und schätzen als alles Irdische und Natürliche. Beinahchristen können
sogar einen süssen Geschmack von den erkannten Wahrheiten
und einen grossen Eifer für deren Verkündigung haben. Sie
können es auch zu einer »merklichen Reformation" ihres äusseren Menschen bringen, können betrübt sein über ihre Sünden, können dieselben öffentlich und demüthig zu ihrer Schande
bekennen, können sich von ihren Sünden abwenden und gegen
dieselben kämpfen. Sie können sogar eine Art von inneren
Erfahrungen (contrefeytselen van bevindingen) haben, können
von hohen Erfahrungen reden." Aber dennoch sind sie nur
»Scheingläubige", indem sie kein neues Herz empfangen haben,
denn es fehlen ihnen drei wesentliche Dinge, die zur Gottseligkeit und Christlichkeit gehören (S. 281): 1, Sie sind nicht
einfürallemal verzweifelt und verloren in sich selbst und haben keinen wahren Ekel an sich selbst; 2, niemals haben sie

Christum als die Eine Perle ergriffen, weshalb sie auch niemals von Herzen in den Gnadenbund Gott eingestimmt haben; 3, niemals nehmen sie das ganze Joch Christi ohne Vorbehalt auf sich.

Es ist auch wohl zu beachten (S. 283) dass die »Ueberzeugung" von der Wahrheit der Offenbarung, die sich bei Unbegnadigten vorfindet, keine seligmachende Ueberzengung ist. Die letztere wird in und mit dem Gebrauche der Gnadenmittel begründet. (S. 287 ff.) Doch sind es nicht die Mittel selbst, die dieses bewirken. Im Gebrauche derselben werden indessen die Seelen aufmerksam. Sie begehren dem Worte nachzuspüren, und dieses überzeugt sie von ihrem elenden Zustand. Sie erhalten allmählich einen ganz anderen Begriff von dem Worte und von allen Dingen. Doch sind da immer noch (S. 292) »viele Hammerschläge auf einander folgender Ueberzeugungen und viele Tropfen der Gnade nöthig, um ein steinernes Herz zu brechen und die dürre Wüste des Herzens zu bewässern," bis er in seinem innersten Gemüth erfahren und sagen kann (S. 303):

> Es muss Jesus, Jesus, Jesus sein,
> Soll ich erlöst sein von der Pein!

Hierauf handelt nun SCHORTINGHUIS im dreizehnten Gespräch (S. 314 ff.) »von der erfahrungsmässigen Ueberzeugung des innerlichen Christen aus dem Stand der Natur und der Ueberzeugung in dem Stand der Gnade". Durch diesen wird der ganze Mensch ein anderer, indem er nicht mehr in sich, sondern ganz allein in Christo lebt, so dass alle seine Glieder Waffen der Gerechtigkeit werden.

Die unaussprechliche Seligkeit des unmittelbaren Auschauens der Herrlichkeit Christi, welche dem wahren Christen im Stande der Gnade gegeben ist, wird in folgendem Gespräch (S. 329 ff.) geschildert. Die Seele staunt jetzt darüber, dass sie früher hat so thöricht sein können, solch einem Herrn nicht zu dienen

(S. 341). Indem sie sich nun aber ganz in den Herrn versetzt
sieht, und allein in ihm und durch ihn lebt, kommt ihr eben
dadurch erst ihre eigene Nichtigkeit zum Bewusstsein. Sie erkennt jetzt, dass sie vor Gott eben in jeder Beziehung ein
Nichts ist, indem sie sich sagen muss (S. 349): »Ich will nichts,
ich weiss nichts, ich habe nichts, ich tauge nichts." Darum
sagt der Begnadigte: »Immer war es mein Verlangen, dass Gott
Alles und ich Nichts möchte sein;" denn es giebt keine höhere
Seligkeit, als so vernichtigt zu werden." Auch dem Schwachgläubigen wird das Gefühl dieser Seligkeit zwar nicht vollkommen, aber doch im Wesentlichen zu Theil (S. 350), weshalb
er sagt (S. 352): »Wie seltsam war es mir doch, dass ich mit
Leib und Seele in eine andere Form umgesetzt wurde, unter
der unaussprechlichen Anschauung Desjenigen, der auf dem
Thron sass und der sich meiner niederen Seele so barmherzig
offenbarte! Meine Seele erhob sich nach Oben; mein Antlitz
empfing eine andere Gestalt, indem es von dem Glanze der
Sonne der Gerechtigkeit umstrahlt wurde. — Die Augen richteten sich auf, Thränen schmückten wie Perlen meine Wangen.
Die Kniee beugten sich und die Zunge konnte nicht schweigen."
Dabei kommt dann aber Alles darauf an, dass man den Gnadenstand festhält und bewahrt. (S. 354).

Die ganz neue Beziehung zur Geburt, zum Leiden und Sterben Christi, in welche der Begnadigte eintritt, wird im fünfzehnten Gespräch (S. 358 ff.) geschildert. Die Seele schaut
»durch des Geistes Licht" die Herrlichkeit der Erscheinung Jesu
auf Erden und spricht: »O gesegneter Heiland, mache dir doch
mein Herz zu einer Wiege und meine Arme zu Deinen Win-
deln, um mich ewig mit Dir zu vereinigen und mich zu er-
quicken!" Das Heil ist aber nicht für Alle gekommen, (S. 364),
sondern allein für bussfertige und sich ganz verloren gebende
Sünder. Diese aber werden durch Christum nicht erst im Tode,
sondern schon hier auf Erden selig, indem Christi Tod sie »in

ihre Nichtigkeit und in den Ocean der unerfasslichen Liebe wegschmelzen lässt."

In den beiden folgenden Gesprächen (S. 381 ff.) wird diese Erörterung fortgeführt und zwar so, dass sich SCHORTINGHUIS (S. 385) gegen die Auffassung seiner Lehre als Mystik oder Pietismus auf das bestimmteste zu verwahren sucht. Denn die Aussagen derer, welche der Mystik zugethan sind, über ihre hohe Erleuchtung sind nur Einbildungen. Mit dem Worte Gottes und mit den Gnadenmitteln überhaupt wollen sie nichts zu thun haben; vielmehr rühmen sie sich, dass sie über dem Worte stehen, indem sie ein verborgenes Wort zu besitzen und zu geniessen glauben. »Aber wie verschieden hiervon ist der Begnadigte, der auf den seligen Weg der Versöhnung Jesu, als dem Grunde alles Heils und aller Seligkeit geführt ist, als Schibboleth der Wahrheit, dass Gott Alles und das Geschöpf Nichts ist!" Dabei aber rühmt doch SCHORTINGHUIS (S. 391), dass es einzelnen Begnadigten zuweilen verliehen werde, den Erlöser nicht nur mit dem Auge des Glaubens von ferne, sondern ihn auch in nächster Nähe bei sich zu sehen. Ein solches Anschauen des Allerschönsten der Menschenkinder verursacht (S. 393) »ein Sichverlieren, Anbeten und Verwundern über den Ocean der göttlichen Liebe und die Ströme von Wassern des Lebens, die von dem Throne bis in das Innerste der Seele hineinfliessen." Ebenso erweckt dieses Anschauen Jesu (S. 396) eine Brunst der Liebe zu Ihm, in welcher sie, trunken vor Freude über die liebreichen Umhalsungen Jesu alles Andere vergisst und verachtet.

Die eigentliche Frucht der Anschauung Jesu ist daher die, dass die Seele sich ganz an Jesum übergiebt (S. 402). Dieses Sichübergeben an den Herrn ist aber nicht ein solches, wie es bei den Beinahchristen vorkommt, die, wenn sie sich in ihrem Elend erkennen, muthlos zu sich sagen: Ich kann mir nicht helfen, und übergebe mich darum an Jesum, der mit mir thun mag wie es ihm gefällt. Auch ist es nicht ein »eindringendes Sichübergeben aus eigener Kruft und mit schwerer Arbeit"; vielmehr erfolgt »das herzliche Sichübergeben einer bussfertigen und aufrichtigen Seele in einer innigen, willigen, geneigten Richtung und Stimmung des Herzens, wodurch die Seele mit einer lieblichen Bewegung und innigen Hinneigung des Willens sich ganz und gar, ohne einigen Vorbehalt, dem Erlöser darbietet und überlässt." Indem sich so die Seele zu dem Heiland »übergebogen" hat, »lässt sich der Herr Jesus aus in Liebe, Erquickung, Umhalsung, Bezeugung seiner Nähe, Rath, Licht, Leitung und anderen Gnaden, die er der Seele schenkt" (S. 405). Der »Begnadigte" erklärt hierzu (S. 407): »Durch Gottes unendliche Güte wurde ich einst gewürdigt, den Herrn herzlich und anhaltend anzuflehen, dass er sich meinem Herzen entdecken und offenbaren und mir die Versöhnung in seinem Blute geben möchte. Da gefiel es ihm, mich zu sich zu ziehen, dass ich Alles was ich an Leib und Seele hatte, seinem Dienste zu opfern wünschte. O welch eine liebliche Gemeinschaft und süsse Unterhaltung mit Jesus genoss ich da u. s. w.!" Der »Begnadigte" bekennt weiter, er habe, einst in dem unendlichen Ocean der göttischen Leibe so viel gesehen, dass er sich selbst wie in Verzückung verlor, ja eine geraume Zeit von den Fluthen des h. Geistes ganz überschüttet, bitten musste: »O Herr, meine Seele ermattet, und kann deine unendliche Barmherzigkeit nicht fassen noch ertragen!" Das ist die »Versicherung", welche die begnadigte Seele empfängt. Doch haben Viele solche Augenblicke nur selten und Manche est auf dem Sterbebett.

Die vier nächtsfolgenden Gespräche handeln (S. 430—540) von den Missgestaltungen (ontstalten), welche im Leben der Christen vorkommen (Zweifel, Zaghaftigkeit, Kleingläubigkeit, Anfechtungen, geistliche Verlassungen u. s. w), warauf im zweiundzwanzigsten Gespräch (S. 541 tt.) »die Wiederherstellnng des innerlichen Christen" auf dem Wege der inneren

Erfahrung besprochen wird. Hierzu ist nöthig, dass der Christ
der früheren Tage gedenkt, wo es ihm vergönnt war, in dem
Lichte und Angesichte des Herrn zu wandeln (S. 544). Hat
doch der gefallene Christ vor dem natürlichen Menschen das
voraus, dass er den Unterschied von Natur und Gnade kennt
und an seiner Missgestalt kein Gefallen hat! Es ist nun nöthig,
dass der Gefallene sich mit brünstigem Verlangen nach Wiederherstellung im Heilsbesitz sich an Christus wendet, zu ihm
ruft und schreit; dann wird die Wiederherstellung des Gnadenstandes nicht ausbleiben. — Hierauf wird in folgendem Gespräch
(S. 560) der Gedanke ausgeführt, dass die Begnadigten zwar
noch nicht heilig leben, aber doch darnach streben, es allmählich zu werden, weshalb es ihr ernstetes Verlangen ist,
Gott getreu zu bleiben, Gott zu verherrlichen, den Nächsten
zu erbauen und das eigene Seelenheil zu fördern.

In dem vierundzwanzigsten Gespräch (S. 601 ff.) verbreitet
sich der Verfasser über »die herzliche Sehnsucht des innerlichen
Christen, dem Rathschlusse Gottes in seinem Leben getreulich
zu dienen und getrost zu sterben," worauf die ganze Abhandlung mit dem letzten Gespräch »von dem unglückseligen Ende
der Unbegnadigten, und von dem herrlichen und seligen Ende
der Begnadigten und innerlichen Christen (S. 623—666) abgeschlossen wisd. —

Dieses ist der — in kurzen Zügen dargestellte — Inhalt des
Buches, welches wie eine brennende Fackel in die reformirte
Kirche Niederlands hinein fiel, von den Einen als ein ganz
neues Licht, dass von Oben gekommen sei, begrüsst und gepriesen, von den Anderen als eine Brandfackel, welche die Kirche
und alles kirchliche Leben zu zerstören drohe, gehasst und
verabscheut.

SCHORTINGHUIS giebt in seinem Buche eine Darstellung der
evangelischen Heilslehre, welche — wie er auf jedem Blatte
derselben sagt — nur »bevindelik" und »gestaltelik" zu ge-

winnen ist. Unter der »befindlichen Erkenntniss" versteht er
eine solche, die auf inneren Lebenserfahrungen beruht, und
die »gestalltliche Wahrheit" ist ihm eine solche, welche der in
der Entwickelung des inneren Lebens gewonnene »Stand" derselben von selbst mit sich bringt. Jede andere Erkenntniss
der Wahrheit ist ihm, und wenn sie auch auf unbedingtester
Anerkennung des Schriftinhaltes beruht, eine leere, wesenlose
und verderbliche Erkenntniss, die kein Heil mit sich bringt.
Selbstverständlich mussten aber in dieser Auffassung des »inneren"
Christenthums alle kirchlich Gläubigen eine Herabwürdigung
und Verläugnung der Autorität des Schriftwortes finden. Denn
hiernach war die eigentliche Quelle der Erkenntniss das dem
Begnadigten und Erwählten zu Theil gewordene Licht des h.
Geistes, welches demselben das rechte Verständniss der h. Schrift
erschloss, welches aber für denselben das Schriftwort in Wahrheit überflüssig machte. Dem natürlichen Menschen war aber
das Schriftwort schlechthin unverständlich und unnütz; folglich
verlor die h. Schrift überhaupt die Bedeutung des wahren und
ausschliesslichen Quelles der Heilserkenntniss.

Unzählige Male wiederholt es SCHORTINGHUIS, dass Gott Alles
und der *Mensch* ein *Nichts* ist, und zwar das letztere in fünf-
facher Beziehung: Der Mensch »in seinem Naturstand" *will* das
Göttliche nicht; er *kann* es nicht begehren und nicht thun, er
weiss auch nicht den Weg zu ihm, er *hat* auch nichts von ihm,
und er *taugt* auch nicht für das Göttliche, — so sehr er auch
für evangelische Wahrheit und christliches Leben in grösster
Aufrichtigkeit eifern mag. Nur wenn der Mensch »in die
Tiefe seines Elendes einsinkt" und der Geist Gottes in sein
Innerstes einströmt, dann »fühlt er eine himmliche, selige
Erleuchtung in sein Herz einstrahlen, durch welche er wie ein
Blinder geleitet wird" (S. 89, 90, 93). Daher tritt für den
Christen (was SCHORTINGHUIS immer wieder hervorhebt) an die
Stelle des »Lesens, Studirens und Meditirens" das unmittelbar

zu empfangende Licht des h. Geistes, durch welches der Christ auch im Schriftwort diejenigen Wahrheiten wiederfindet, die er unmittelbar bereits in sich selbst hat. Daher kann die Schrift für SCHORTINGHUIS — trotzdem dass er fortwährend auf sie hinweist — eine wirkliche Bedeutung für das religiöse Erkennen und Leben nicht haben. Die »Begnadigten" sehen einerseits durch ihre unmittelbare Erleuchtung, andererseits durch ihre »gestaltelike vorregten" Alles in einem anderen Lichte als die »Unbegnadigten". Sie sehen da eine andere Bibel, andere Wahrheiten, einen anderen Jesus, eine andere Lehre. Sie sehen Gott und Jesus unmittelbar bei sich indem sie »über die Wolken hinausgehoben und von himmlischen Lichte umflossen, in ihren Seelen von der Herrlichkeit Jesu erhellt werden und mit dem zärtlichsten Liebesgenuss Ihn schmecken und geniessen". (S. 396).

Daher lässt SCHORTINGHUIS auch die evangelische Heilsordnung vollständig fallen. Er redet allerdings mit Begeisterung von dem Verdienste Christi, von der Gnade, von Busse und Glauben und von der dadurch zu gewinnenden Gerechtigkeit; allein das Alles ist doch durch seine mystische Anschauung verdunkelt. Denn an der Stelle der klaren evangelischen Lehrsätze von Busse und Glauben, Bekehrung und Wiedergeburt, Rechtfertigung und Heiligung treten die buntesten Expositionen über Rührungen und Verzückungen, Lichter und Gesichte, über das Verlieren seiner selbst, über Erschütterungen, welche selbst den Körper erfassen, über die Fluth der Thränen, über Verzweiflung und inneres Schreien und bald darauf erfolgendes Jauchzen, u. s. w. Das religiöse Leben entbehrt dann allen Haltes, den es im Wort, in der Heilsordnung Gottes und in der Persönlichkeit des Menschen haben soll. Denn in letzterer Beziehung kommt wieder in Betracht, dass Gott Alles, der Mensch ein Nichts ist, dass sich daher der Mensch gegenüber dem Geiste Gottes durchaus passiv, als Werkzeug in der Hand

Gottes zu verhalten hat. Das religiöse Leben sollte durchaus kein persönliches Leben sein, welches einerseits ebenso auf dem Gewissen des Christen, wie andererseits auf dem Worte und dem Geiste Gottes beruhe; darum war durch diese Religiosität der ethische Lebensnerv des Christenthums ganz und gar unterbunden.

§ 3.

BEGINN DES STREITES ÜBER DAS »INNERLICHE CHRISTENTHUM"
UND VERURTHEILUNG DESSELBEN.

Die zweite Auflage des Buches »vom innerlichen Christenthum" war kaum erschienen, als auch die theologische Facultät zu Groningen den Beschluss fasste, wegen des ihr dabei gebotenen Hohnes sich Genugthuung zu verschaffen. Namens der Facultät erliess daher Prof. DRIESEN an die Predigerclasse von Oldamt und Westerwoldingerland eine Zuschrift, worin sie über das ganz unzulässige Verfahren der Classe bezüglich der Approbirung des Buches Beschwerde führte. Dieses Schreiben der Facultät veranlasste jedoch in der am 4. April 1741 stattfindenden Classenversammlung einen so stürmischen Hader, dass es zu einem Classenbeschluss nicht kommen konnte. Daher wendete sich die Facultät jetzt an die (in diesen Jahre zu Appingadam zusammentretende) Synode, der sie klagend vortrug: Die Classe von Oldamt habe es sich herausgenommen, die von der Facultät für Schortinghuisens Buch gegebene »verclausuhirte" Approbation bei der neuen Ausgabe desselben zu entfernen und an deren Stelle eine unbedingte Approbation zu setzen, ohne sich um die höchst bedenklichen Ausdrücke und Sätze, welche in dem Buche vorkämen, zu kümmern. Ja dieselbe habe dem Buche das überschwänglichste Lob ertheilt, obschon dasselbe Lehren enthalte, die anerkannter Maassen in der reformirten Kirche Niederlands als Irrlehren gälten. Ein

desfalls von ihr an die Classe von Oldamt gerichtetes Schreiben
sei leider unbeantwortet geblieben.

Die Synode sah ein, dass die Classe in ihrer Approbirung
des Buches die der theologischen Facultät schuldige Rücksicht
ausser Acht gelassen und dass sie sich nothwendig bei derselben zu entschuldigen habe, weshalb der Scriba der Synode
beauftragt ward, der Classe von Oldamt zu ihrer Nachachtung
dieses mitzutheilen.

Schon hatten nun innerhalb der Classe wegen der Beschwerde
der Facultät wiederholte Besprechungen statt gehabt, als die
entscheidende Versammlung der ersteren am 12. Septbr. 1742
eröffnet ward. Es kam dabei zur Sprache, dass Schortinghuis den
Mitgliedern der Facultät gegenüber sich in völlig genügender
Weise persönlich darüber erklärt habe, dass es niemals seine
Absicht gewesen sie, die Facultät zu beleidigen oder zu ver-
kleinern, und die Classe erklärte daher, dass die Herrn Professoren keine Ursache zur Beschwerdeführung hätten.

Schortinghuisens Anhänger frohlockten, als sie die Classe in
dieser von ihnen kaum erwarteten Weise vor den hochverehrten
Mann Gottes ihren Schuld halten sah. Aber wie erschraken sie als
unmittelbar nachher die Classe in die Berathung wegen der von
den drei Censoren ausgestellten Approbation des Buches selbst
eintrat und diese Approbation verwarf! Die drei Censoren
zeigten sofort ihre Berufung an die Synode an.

Die Synode »von Stadt und Land" wurde i. J. 1742 vom
7. Mai an in Groningen gehalten [1]). Zur Prüfung des von
den drei Censoren eingereichten Protestes gegen den Beschluss
der Classe wurde eine Commission niedergesetzt. Unter den
Mitgliedern derselben befand sich auch Prof. Gerdes, dem es
nicht schwer wurde, den übrigen Commissaren die Correctheit

---

1) Alle auf diese Verhandlungen in den Jahren 1741 uud 1742 bezüglichen Akten-
stücke sind von v. d. Keessel in dem „Nodig berigt" S. 25 ff. mitgetheilt.

seiner eigenen Auffassung der Sache klar zu machen. Einstimmig erklärte daher die Commission vor versammelter Synode: Die drei Censoren wären allerdings zur Approbirung der zweiten Auflage des Buches, aber nur insoweit es »vermehrt und verändert" worden, autorisirt, nicht aber zur (indirecten) Verwerfung der »clausulirten" Approbation der Facultät berechtigt gewesen; und ebenso habe die Classe als eine inzwischen plenius informirte und instruirte Versammlung, das Recht gehabt, die Approbation der drei Censoren umzustossen. Nach dem wohlbegründeten Urtheil der Facultät enthalte das Buch viele Ausdrücke und Sätze, welche der Mystik angehörten. Bevor daher das Buch von diesen Fehlern nicht vollständig gesäubert sei, dürfe es zum dritten Male nicht ausgegeben werden. — So berichtete die Commission am 10. Mai, und die Synode erhob den Bericht zum Beschluss.

Die Würfel waren somit gefallen. »Die Frommen sind ins Angesicht geschlagen" sprachen Alle, die es mit Schortinghuis hielten, und mehrere Mitglieder der Synode — namentlich die Deputirten der Classe von Loppersum (in welcher die Mystik von jeher einen besonders ergiebigen Boden gefunden hatte) — verweigerten ihre Unterzeichnung des Synodal-Protokolls. Bürgermeister und Rath zu Utrecht aber gaben dem Synodalbeschluss alsbald in sehr drastischer Weise Folge, indem sie durch Verfügung vom 8. Juni 1742 den Verkauf des »innerlichen Christenthums" untersagten; und die Provinzialstände bestätigten nicht nur durch Decret vom 7. Febr. 1743 den Beschluss der Synode, sondern erklärten auch das Verhalten der Prediger, welche die Unterzeichnung des Protokolls verweigert hätten, für durchaus unstatthaft und liessen dieses Decret in die Akten der vom 13. Mai 1743 zu Appingadam versammelten Synode eintragen. Zugleich wurde beiden Parteien bezüglich des »innerlichen Christenthums" und der durch dasselbe hervorgerufenen Differenzen, immerwährendes Stillschweigen auferlegt.

§ 4.

ERNEUTER KAMPF DER ORTHODOXIE GEGEN DIE MYSTIK — DAS ENDE SCHORTINGHUISENS.

Ueber SCHORTINGHUIS war also nun das Gericht der Kirche und des Staates ergangen, seine Lehrweise war als Irrlehre verworfen und ein »perpetuum silentium" sollte den bisherigen Hader begraben und allmählich ganz vergessen machen. So hofften wenigstens Viele; aber es sollte doch anders kommen.

Noch im J. 1742 war das »innerliche Christenthum" trotz des entgegenstehenden Verbotes der Synode und der Stadt Groningen — fast ohne alle Veränderungen und wieder mit der glänzenden Approbation des zweiten Drucks — in neuer (dritter) Auflage erschienen, und zwar mit der auf der Kehrseite des Titelblattes angebrachten Bemerkung, dass der Verfasser nur diejenigen Drucke und Exemplare seines Werkes anerkenne, die er mit seiner eigenen Namenschrift versehen habe.

Die rasche Folge, in der diese drei Auflagen des Buches nacheinander erschienen, bewies die ausserordentliche Verbreitung, die es gefunden hatte und die Verehrung, die dem Verfasser in den Herzen Unzähliger zur Seite stand. Mit schwerer Sorge sahen daher alle Diejenigen, welche den wahren Charakter des »innerlichen Christenthums" zu durchschauen vermochten, in der zunehmenden Verbreitung desselben für die Kirche eine Gefahr heranwachsen, welche, wenn nicht die gänzliche Auflösung aller kirchlichen Ordnung und alles kirchlichen Lebens erfolgen sollte, nothwendig beschworen werden müsste. Trotz des von der Staatsregierung gebotenen »immerwährenden Stillschweigens" erhob sich daher eine ganze Reihe ernster Prediger, welche nicht nur von der Kanzel herab, sondern auch in Schriften gegen die gefährliche Mystik des »innerlichen

Christenthums" eiferten und vor dem Lesen des Buches warnten. [1])

Zunächst hatte schon im J. 1741 ein anonymer Schriftsteller in einer periodischen Schrift »Republik der Gelehrten" (im Mai- und Juniheft) auf allerlei bedenkliche Eigenheiten des Buches (namentlich auf die von SCHORTINGHUIS gemachten Wortbildungen »bevindelijk, gestaltelijk" u. s. w.) hingewiesen. Weit bedeutender und gewichtiger war aber das Auftreten des gelehrten und allgemein hochverehrten Predigers NICOLAAS HARTMANN zu Zwolle, der gleichzeitig (bei GERRIT V. STRATEN zu Zwolle) eine Schrift unter dem Titel »Anmerkungen gegen das innerliche Christenthum" herausgegeben hatte. In ernster und klarer Sprache wies HARTMANN nach, dass Schortinghuisens Buch wegen seiner verkehrten Anwendung der Schriftworte, wegen seiner ungesunden mystischen Ausdrucksweise, wegen der darin geführten Behauptung, dass das äussere Schriftwort keine wahre Erkenntniss des Evangeliums gewähren könnte, wegen seiner Lehre von der unmittelbaren Erleuchtung und Erfahrung der Begnadigten und wegen seiner Darstellung des Christenthums als einer rein passiven Frömmigkeit ein verderbliches Buch sei, vor dem Iedermann gewarnt werden müsse. — Allerdings suchte SCHORTINGHUIS den tiefen Eindruck, den die Worte des gefeierten Predigers auf Alle machten, die nicht gerade erklärte Anhänger der Mystik waren, durch Veröffentlichung einer Gegenschrift [1]) zu verwischen, welche den erschütterten Ruf seiner »Rechtgläubigkeit" wiederherstellen sollte. Aber kaum war diese Schrift erschienen, als HARTMANN derselben mit einer zweiten Streitschrift [2]) entgegentrat, worin er klärlich zeigte, dass Schor-

---

1) BERKUM sagt selbst, dass er nur ganz wenige dieser Streitschriften gesehen habe, weshalb sie von ihm auch (mit mangelhafter Titelangabe) in unrichtiger Reihenfolge aufgezählt werden.

2) *De regtzinnigheid van het innige christendom*, vertoont en verdedigt tegen de ongegronde en nutteloze *Aanmerkingen* van den eerw. en zeer geleerde Hr. N. HARTMANN (Groning., 1742).   •

3) *Naadere Aanmerkingen* op het *Antwoord* van den Eerw. Hr. W. SCHORTINGHUIS (Zwolle, 1742, 103 SS.)

tinghuisens Vertheidigung seines Buches nur eine schlechte Be-
mäntelung seiner Irrthümer sei, und schliesslich hervorhob, dass
er das »innerliche Christenthum" aus zwei Gründen verwerfen
müsse, 1, weil es lehre, dass das Wort Gottes, so wie es in
der Schrift vorliege, nicht die Wahrheit enthülle, und 2, wegen des darin aufgestellten Satzes, dass Niemand anders als
durch unmittelbare Erleuchtung und Erfahrung von seinem Gnadenstande versichert werden könnte.

Gleichzeitig (im Frühjahr 1742) trat aber ein anderer Gegner aus derselben Classe hervor, nämlich der Prediger HERMANN
STEGNERUS zu Nordbroek — seiner Zeit im Niederland als ein
streng orthodoxer Coccejaner bekannt. In seiner sehr gehar-
nischten Schrift [1]) suchte er nachzuweisen, dass SCHORTINGHUIS
ganz und gar in die Irrthümer des Quietismus und Labadismus
verstrickt sei, dass er in lieblosester Selbstüberhebung alle rechtgläubigen Lehrer verlästere, dass er selbst die apostolische Ausdrucksweise corrigiren zu wollen sich herausnehme, dass er das
academische Studium der Theologie herabwürdige, dass er zwischen einer Offenbarung aus Gottes Wort und einer Offenbarung aus Gott selbst zum Nachtheil des Schriftworts unter-
scheide und dabei das Schriftwort verdrehe, dass er alle Litur-
gien und Gebetsformulare als kalt und geisttödtend verwerfe
und dadurch die gottesdienstliche Ordnung zerstöre, und dass
er die Kenntniss der Grundwahrheiten des Evangeliums, die
Zustimmung zu denselben und die Bewährung derselben durch
einen gottseligen Wandel noch nicht als genügende Vorbedin-
gung der Zulassung zum h. Abendmahl gelten lassen wolle.

Die Lage des Angegriffenen war bedenklich und das »innerliche Christenthum" schien in der neuen (dritten) Auflage wel-

---

1) Der Titel lautet. „Eenige weynige gemoedelijke en vrijmoedige *Vragen van Bezwaarnis* met de Redenen van Wederlegging nopens het zogenaamde Innig Christendom van D. Sch. — te gemeen Waarschouwing opgegeven. Groningen, 1742.

che gerade jetzt verbreitet ward, nicht den glücklichsten Lauf
nehmen zu sollen — als SCHORTINGHUIS plötzlich eine Fürsprache
fand, die, wenigstens in den Augen aller Derer die nicht seine
erklärten Gegner waren, alle gegen ihn erhobenen Anschuldigungen mit Einem Schlage unwirksam machte. In Emden und
Ostfriesland nämlich, wo der Hattemismus und der Labadismus
zahlreiche Anhänger unter den Predigern und in den Gemeinden hatte, hörte man mit tiefem Schmerze von den Angriffen,
denen »Bruder Schortinghuis" drüben im Niederland ausgesetzt
sei, und denen mit einer energischen Vertheidigung desselben
entgegen getreten werden müsse. Gegen das Ende des Jahres
veröffentlichten daher die vier Prediger zu Emden, H. G. SWARTTE,
E. MEINERS (der bekannte Geschichtsschreiber der ostfriesischen
Kirche) G. SWARTTE und J. C. BRUCHERUS eine »sittige Fürsprache", [1]) mittelst deren sie SCHORTINGHUIS von allem Verdachte der Irrgläubigkeit reinwaschen wollten.

Die Stadt *Emden* war von Alters her hochangesehen im ganzen Niederland. Sie gehörte nicht zu der politischen Union,
und darum auch nicht zum kirchlichen Organismus derselben;
aber gerade darum schätzte man die Beziehung zu der Stadt,
mit der man nicht nur in der Gemeinschaft des Bekenntnisses,
sondern auch in der vieler kirchlicher Erlebnisse stand, umso
höher, und die »Fürsprache" der Emdener Geistlichen, die bis
dahin von den mit dem Namen »SCHORTINGHUIS" im Zusammenhang stehenden kirchlichen Parteistellungen und Parteibestre-
bungen Niederlands gar nicht berührt worden waren, musste
sich in der Auffassung gar Vieler als der Spruch eines durch-

---

1) *Zedige Voorspraak voor de regtzinnige Waarheid*, uitgegeven tot Verdediging
van Waarheid en Godvrucht, alsmede tot Herstelling en Bewaring van Vrede en
Eenigheid door zommige Predicanten van Emden, met betrekking op de Schriften
van den eerw. Heeren D. N. HARTMANN en D. H. STEGNERUS — tegen het boek
van — SCHORTINGHUIS — onder de naamen van *Nadere Aanmerkingen* en *Gemoedelijke Vragen* van Bezwaarnis in het Licht gegeven. Embden, 1742.

aus unbefangenen Gerichts über die mit einander hadernden Parteien Niederlands darstellen. Selbstverständlich beobachteten SCHORTINGHUIS und dessen Anhang das tiefste Stillschweigen, während deren Gegner, insbesondere die Prediger HARTMANN und STEGNERUS sich zu einer ernsten, männlichen Schilderhebung aufgefordert sahen. Der erstere veröffentlichte daher i. J. 1743 eine Gegenschrift [1]), worin er den Emdener Predigern vorhielt, dass sie, um seine Beurtheilung des Schortinghuisischen Buches als Unterlage zu einer Polemik gegen ihn benutzen zu können, die Differenzpunkte ganz falsch dargestellt hätten. Denn es handele sich SCHORTINGHUIS gegenüber nicht um die Frage, wie Jemand eine solche Erkenntniss des Schriftwortes gewinne, durch die er zum seligmachenden Glauben gelangen könnte; vielmehr sei die Frage die, ob die seligmachende Wahrheit im Schriftwort so aufgedeckt vorliege, dass man jene aus diesem mit Sicherheit zu erkennen vermöge — welche Frage von ihm mit Ja, von SCHORTINGHUIS dagegen mit Nein beantwortet werde. Auch handele es sich nicht um die Frage, ob die Schriftwahrheit innerlich zu erfahren sei, (was kein Mensch läugne) sondern es frage sich vielmehr, ob die Erfahrung, durch die man sich seines Glaubens und Gnadenstandes gewiss werde, eine unmittelbare sei oder ob sie an Gottes Wort geprüft werden müsse.

Gleichzeitig trat auch STEGNERUS mit einer noch weit umfangreicheren Arbeit zur Vertheidigung seines kirchlichen Rufes in die Schranken, [2]) worin er bezüglich der Lehre von der Wirk-

---

1) *Bekentmaking*, betrekkelijk op het boekjen genaamd de *Zedige Voorsprake* voor de regtzinnige Waarheid, onlangs uitgegeven door vier Predikanten van Embden. Amsterdam. 1743.

2) *Korte Aanmerkingen op de zedige Voorspraaken* voor D. W. SCHORTINGHUIS *Innige Christendom*, uitgegeven door een Viertal *Embder Predikanten* met betrekking op de bezwarende Schriften daar tegen. Gron. 1743. Die vier Emdener Prediger antworteten alsbald mit einer *Zedige Verdediging* — tot wederlegging van de voornaamste der Korte Aanmerkingen van D. H. STEGNERUS — tegen hun Zedige Voorspraak,

samkeit des h. Geistes, des geistlichen Schriftverständnisses, der
Erfahrungen, des Uebergangs aus dem Natur- in den Gnadenstand, von der inneren Berufung zum Predigtamt, von der
Beurtheilung des Seelenzustandes Anderer u. s. w. den Gegensatz der kirchlichen Lehrweise zur Doctrin des SCHORTINGHUIS
auf das Schärfste präcisirte.

Ausserdem hatte aber das Vorgehen der Emdener Prediger
zur Folge dass ein Theil der Classen und Synoden Niederlands
sich jetzt mit der Frage, was dem Buche Schortinghuisens
gegenüber zu thun sei, auf das Ernstlichste beschäftigte. Zunächst kam es auf einer Versammlung der Classe von Zwolle
zur Sprache, dass nicht nur HARTMANN, sondern auch die anderen Prediger, welche als bestellte Censoren dessen Buch approbirt hätten, von den Emdenern öffentlich der Irrgläubigkeit
beschuldigt wären, und dass man zu einer solchen Vermehrung
wohlverdienter und allgemein hochangesehener Prediger des
Landes unmöglich schweigen könne; — und die Classe beschloss,
auf der nächsten Synode zu Overijssel einen dessfalsigen Antrag
einzubringen, damit ähnliche Ungebühr für die Zukunft nicht
wieder vorkommen könnte. — Die Provinzialsynode zu Oberijssel, welche vom 9. Juni 1744 an in Steenwijk tagte, erkannte
auch die Beschwerde der Classe als wohlbegründet an und genehmigte die Abfassung einer Declaration, welche zur öffentlichen »Wahrung der Ehre HARTMANNs und der Approbatoren"
in den »Boekzaal" eingetragen werden sollte (was auch geschah) [1]).
Gleichzeitig machte auch die Classe von Kampen die Anzeige,

Emden, 1743. Aber noch in demselben Jahre 1743 trat STEGNERUS den Emdenern
mit einer zweiten Streitschrift entgegen: *De Viermannige Zedige Verdediging* der Zedige Voorspraak, door de bekende Heeren Embder Predikanten onlangs uitgegeven,
Kortelijk beantwoort. (Gron. 1743). Ausserdem sah sich damals der Prediger ARNOLD
VAN GENNEP zu Ethen und Drougelen bemüssigt, in seiner (zu Dordrecht 1743 edir-
ten) Schrift „*Onpartijdig opstel* over de Zamenkomsten en Oeffeningen der particuliere ledematen" wenigstens nebenbei (S. 73—95) die Lanze einzulegen.

1) Siehe die Erklärung in V. D. KESSEL's „Nodig berigt" S. 56.

dass das ärgerliche Buch Schortinghuisens von ihr bereits re-
probirt sei, und dass zur Abwehr fernerer Irrungen, die e
noch anrichten könnte, eine öffentliche Verwerfung des Buche
durch die Stände des Landes sehr zu wünschen sei. Allerdings
konnte es bezügleich des »innerlichen Christenthums" zu einer
definitiven Beschlussfassung der Synode nicht kommen, weil
die Abgeordneten mehrerer Synoden erklärten, dass sie desfalls
ohne alle Instruction wären. Dagegen erfolgte in der nächstfolgenden Synode zu Oberijssel, die vom 22. Juni 1745 an in
Deventer versammelt war, der entscheidende Schritt, indem die
Synode durch Stimmenmehrheit den Beschluss genehmigte: Was
die Synode von Stadt und Land in Betreff des Buches Schortinghuisens gethan hat, ist vollkommen zu billigen, und dieses
letztere wird hiermit von der Synode verworfen [1]). Als Motive
des Beschlusses wurden angegeben: 1, die in dem Buche vorkommenden Verdrehungen von Schriftstellen; 2, des Verfassers
lieblose Verurtheilung von allerlei Staats- und Standespersonen,
die seiner Ansicht nicht wären: 3, seine versteckte Verachtung
der gottesdienstlichen Formulare und der Liturgie; 4, seine
vielfachen Abweichungen von der Lehre der Kirche; 5, seine
bedenkliche Unterscheidung und Leitung (bestuuring) der Begnadigten und Unbegnadigten und 6, seine Hinneigung und
Verleitung Anderer zum Mysticismus, Quietismus und Separatismus. — Die Stände von Oberijssel, welche kurz nachher zu
Kampen tagten, erklärten sich über den ihnen vorgelegten
Beschluss der Synode sehr erfreut und vereinbarten am 22. Juli
die Publication eines Edikts (abgedruckt bei V. D. KEESSEL,
S. 60—61), worin sie den ferneren Druck und Vertrieb des
»innerlichen Christenthums" im ganzen Lande verboten. Die
Uebertretung dieses Verbots ward mit eiuer Busse von 100

---

1) Der Synodalbeschluss ist bei V. D. KEESSEL S. 58—59 abgedruckt. — Ueber
die Verhandlungen auf den der Synode vorausgegangenen einzelnen Classenversammlungen giebt V. D. KEESSEL S. 103—110 genaue Auskunft.

Goldgulden und mit der Confiscation aller noch vorhandener Exemplare des Buches bedroht.

In den beiden Kirchenprovinzen von Stadt und Land und Oberijssel hatten also die kirchlich Gesinnten über SCHORTING-HUIS den vollständigsten Sieg davon getragen, weshalb es kaum zweifelhaft zu sein schien, dass die anderen Synoden Nieder-lands, wenn dieselben nur dazu Anregung erhielten, in die Verwerfung des ärgerlichen Buches einstimmen würden. Der besten Hoffnung voll wendete sich daher die Synode von Ober-ijssel i. J. 1746 an die Synoden von Groningen, Gelderland, Nordholland, Utrecht und Südholland mit dem Ersuchen, dass auch sie der Verwerfung der Schrift des Predigers SCHORTING-HUIS beitreten möchten. Da aber zeigte es sich, welche Macht der Name SCHORTINGHUIS geworden war. Sämmtliche Synoden wiesen nämlich das Ansinnen der Synode von Oberijssel zu-rück, — und zwar, da die Synode von Oberijssel ihren Antrag wiederholte, *zweimal*.

Die Disputation der Synoden über Schortenhuisens Buch war nun also geschlossen, aber nicht zu allseitiger Befriedigung, weshalb die durch jene unterbrochene literärische Fehde von Neuem ihren Anfang nahm. Zunächst trat der Prediger JACO-BUS IMMINK zu Enschedé mit einer Schrift [1]) gegen SCHORTING-HUIS auf, worin derselbe zu beweisen suchte, dass dessen Buch 1, unnütz und seinem auf dem Titel angegebenen Zwecke in keiner Weise entsprechend, dass es 2, wegen der in ihm ent-haltenen Irrlehren schädlich sei, und dass es 3, zu mystischen und separatistischen Irrungen führen müsse. — Im folgenden Jahre 1747, als man sich im Synodalbezirk von Oberijssel längst klar darüber geworden war, dass sich keine andere Synode Niederlands zur Reprobirung des »innerlichen Christen-

---

1) Theologische, ontledende end oordeelkundige Tegen-bemerkingen over het boek van d. W. SCHORTINGHUIS, genaamt het Innig Christendom. (Deventer 1746).

thums" herbeilassen werde, stellte die politische Commission
auf der zu Zwolle versammelten Synode den Antrag, dass zur
Ehrenrettung ihrer selbst und der Stände eine Apologie des
über das Buch Schortinhuisens gefällten Urtheils publizirt werden möchte, — was auch geschah [1]).

SCHORTINGHUIS sah also nun, dass das Gericht der Kirche
seiner Vaterlandes über ihn ergangen war. Das aber machte
ihn an der Wahrheit seiner Lehre vom »innerlichen Christenthum" auch nicht im Entferntesten irre, — was hinlänglich
aus der von ihm 1746 unter dem Titel »*der geborene Christus*"
veröffentlichten Schrift [2]) zu ersehen war. Um daher — wenn
es möglich wäre, — noch durch ein letztes Wort der Wahrheit
zum Siege zu verhelfen, trat er jetzt mit seiner letzten Schrift »über
den alten, orthodoxen Glauben der reformirten Kirche hervor [3]).

Da aber erhob sich gegen SCHORTINGHUIS ein neuer Gegner,
der ihn und sein »innerliches Christenthum" von allen Seiten
her mit einer so wuchtigen, scharfen und sieghaften Polemik erfasste, dass er von da an für immer schweigen musste.
Dieser letzte Gegner war der gelehrte und scharfsinnige Prediger
DIONYSIUS VAN DER KEESSEL zu Deventer, Verfasser der beiden
Schriften »Nöthiger Bericht" [4]), den er 1746 veröffentlichte

---

1) Die Schrift erschien unter dem Titel: *» Toetsing van D. Schortinghuis belijdenis"*,
im Namen der Synode von Oberyssel, 1747.

2) Der Titel dieser Schrift, welche sich bei BERKUM nicht erwähnt findet, lautet:
*» De geborene Christus, of geestelike Aandenkingen over de verborgentheit der godsa-
ligheid die groot is, God geopenbart in den vleesche, tot ontdekkinge van onbegna-
digde, opwekkinge en vertroostinge van begnadigte zielen."* Groningen 1746 (564
SS. in 8o.) Das Ganze ist ein Gespräch zwischen einem Opregte, Natuirling und
Godgelierde, in welchem auf Grund von Luc. 2, 1—20 Alles was bei Christi Geburt
vorgekommen ist, in allegorisirend-praktischer Weise ausgelegt wird.

3) *Het oude regtzinnige geloof en leer der Dordsche vaderen, en de overeenkomst
van de belijdenis en leer van W.* SCHORTINGHUIS *met dezelve en derzelver canones
tot afwering van ongegronde verdenking en bevestiging der regtzinnige waarheid, die
naar de godzaligheid is, openhartig, verstaanbar en woordelijk opgegeven door*
W, SCHORTINGHUIS.

4) *Nodig berigt* van het geene voorgevallen is in den Jaare 1740—1745 omtrent
het boek van D. W. SCHORTINGHUIS, genaamd het *Innig Christendom*, enz. Deven-

und »die festgestellte Lehre und Praxis der Kirche Niederlands bezüglich Gottes besonderer, allgenügsamer und kräftiger Gnade in Christus, gesäubert von dem Missbrauch", welche er i. J. 1749 nachfolgen liess '). In dieser letzteren (dem Prinzen-Erbstatthalter WILHELM CARL HENDRIK FRISE gewidmeten) Schrift wies der Verfasser in einleuchtendster Weise nach, dass das »Innig Christendom" darum verworfen werden müsse, weil SCHORTINGHUIS in demselben die Bibel nicht als den letzten Grund des Glaubens und des innerlichen Christenthums anerkenne; weil er als letzten Grund derselben Gefühlsbewegungen und Erfahrungen durch unmittelbare Erleuchtung des h. Geistes hinstelle, und weil er, da ihm Gott das All und der Mensch ein Nichts sei, die persönliche Selbständigkeit, Sittichkeit, Verantwortlichkeit und die Selbstbethätigung des Menschen ausschliesse.

Die Polemik van der Keessels war der härteste Schlag, von dem sich SCHORTINGHUIS getroffen fühlte. Er erwiderte auf dieselbe kein Wort, beschränkte sich vielmehr seitdem auf seine pastorale Wirksamkeit in seiner Gemeinde, und in dieser arbeitete er mit grosser Treue und mit reichem Segen. Seine Gemeinde sah mit schwärmerischer Verehrung an ihm hinauf und war stolz darauf, dass allsonntäglich zu den Predigten ihres Hirten ganze Schaaren fremder Gemeindeglieder aus Nah und Fern kamen.

Daher war ganz Mitwolda voll Jammerns und Wehklagens als man am 20. Nov. 1750 hörte, dass der theuere Seelsorger soeben — erst fünfzig Jahre und acht Monate alt — entschlafen sei. Sein treuer Freund KLUGKIST zu Oostwold, der bei

---

1746 (16+ vv. in 8°.). Beigegeben sind zwei wichtige Abhandlungen: 1, Een nader Vertoog tot wegneming van voorgekomen Bedenkingen enz. wegens de plegtige Groningse en Overijsselse Handelingen over hetselve und 2, Eene korte Afbeelding van D. SCHORTINGHUIS Innig Christendom en zijne Verklaring.

1) *De vastgestelde Leer en Practijk van Neêrlands* kerk omtrent Gods bijzondere, algenoegzame en kragtdadige genade in Christus, gesuiverd van het misbruik derzelve.

seiner Beerdigung die Leichenpredigt hielt, konnte in derselben
mit Recht von ihm rühmen, »dass der Entschlafene seines
Amtes gewartet habe mit vieler geistlichen Weisheit, mit uner-
müdlichem Eifer, mit grosser Demuth und mit herzlichster Hingabe an alle ihm anvertrauten Seelen, als ein treuer Wächter
auf den Mauern Zions, der seine Lehre zierte mit einem gottseligen Leben und der ein wahres Vorbild seiner Gemeinde
war, in Entsagung und Mässigkeit, in Gottesfurcht und Recht-
schaffenheit, der im Verkehr mit Gemeindegliedern und Anderen sich immer demüthig, freundlich, bescheiden, sanftmüthig
und barmherzig erwies — der überhaupt ein treuer Diener Christi,
geziert mit Gnaden und Gaben, und ein Arbeiter war, der nicht
zu Schanden geworden ist." —

§ 5.

DIE DURCH DIE MYSTIK SCHORTINGHUISENS HERVORGERUFENE RELI-
GIÖSE ERREGUNG DER NIEDERLÄNDISCHEN GEMEINDEN.

Ganz Amsterdam wurde i. J. 1745 eines Tages durch die
von Mund zu Mund gehende Nachricht aufgeregt, dass in der
dortigen niederländischen Kirche während einer Predigt, die
ein noch ganz junger Proponent GERHARD KUYPERS aushülfs-
weise gehalten, die seltsamsten Dinge vorgekommen wären.
Der Proponent habe von der Sünde geredet, habe zur Busse
ermahnt — und zwar in so eindringlicher, erschütternder Weise,
dass einzelne Zuhörer den tief in 's Herz dringenden Mahnruf
desselben durch lautes, angstvolles Rufen und Schreien unwill-
kührlich erwidert hätten. Diese Nachrichten veranlassten alsbald Unzählige die Gottesdienste des sofort in allen Kreisen
der Stadt besprochenen Candidaten zu besuchen; und man sah
hier nicht nur, dass die Dinge, von welchen man gehört hatte,
sich wiederholten, sondern gar Viele, die nur zur Befriedigung

ihrer Neugier gekommen waren, fühlten sich von der Rede des
gewaltigeu Predigers, der auch die innersten Falten des Herzens aufzudecken und ebenso ergreifend von Christi Herrlichkeit als von des Menschen Sündenelend zu reden wusste, in
wunderbarer Weise erfasst. [1])

Eine religiöse Erregung, welche namentlich darin hervortrat, dass in allen Häusern die Unterhaltung über Fragen des
religiösen Lebens, über innere Erfahrungen, Stände, Verlassungen u. s. w., allgemeine Sitte wurde, ging alsbald durch
die ganze Stadt hin. Indessen zeigte es sich nicht lange
nachher, dass diese überraschende Erscheinung doch nur der
Oberfläche des Gemeindelebens angehört hatte. Denn als KUY-
PERS Amsterdam verliess, um die ihm übertragene Predigerstelle zu Jutfaas anzutreten, war in der grossen Stadt sofort
Alles wieder ruhig.

In seinem neuen Wirkungskreise suchte nun KUYPERS die
Gemüther in ähnlicher Weise wie in Amsterdam aufzurütteln
— allein hier ohne allen Erfolg, indem sich die Gemeinde
aus ihrer bisherigen religiösen Lebensweise nicht herausbringen
liess.   Daher war KUYPERS froh, als er kurze Zeit darauf auf
eine erledigte Predigerstelle der (im Zuydersee gelegenen und
zur Provinz Geldern gehörigen) Stadt *Nieukerk* (Nijkerk op de
Weluwe) berufen ward, indem hier die Mystik des SCHORTING-
HUIS, der er selbst zugethan war, durch die eifrige Wirksamkeit des anderen daselbst fungirenden Predigers J. J. ROLDANUS
bereits die tiefsten Wurzeln geschlagen hatte. KUYPERS trat
daher hier sein Amt mit dem festen Entschlusse an, in Gemeinschaft mit seinem Amtsbruder vor Allem das Sünden-
bewusstsein der Gemeinde in ganz neuer Weise anzuregen, um
dann in ihr ein Glaubensleben, wie es SCHORTINGHUIS gelehrt

---

1) Vgl. YPEY en DERMOUT, Geschiedenis der nederlandsche hervormde kerk,
4de deel, S. 8 ff.

hatte, mit Gottes Hülfe zu begründen. Mit dem ersteren kamen nun auch die beiden Prediger bald zum Ziel. Als einst
(im November des Jahres 1749) ROLDANUS die Gemeinde mit
einer Busspredigt in besonders gewaltiger Sprache andonnerte,
geschah es, dass eine alte Frau plötzlich während der Predigt
laut auffuhr, sich der ewigen Verdammniss schuldig erklärte
und zu Gott um Gnade und Erbarmen hinaufschrie. Dieses
war der Beginn eines allmählich fast die ganze Gemeinde
erfassenden Busskrampfes. Zunächst zeigte sich dieses in den
Katechisationen, die KUYPERS an jedem Montag Abends zu
halten pflegte, um, wie er sagte, die »beschauende Erkenntniss zu einer praktischen" (beoeffende Kennis) zu erheben.
Als KUYPERS in einer am 17. November 1749 in der Kirche
stattfindenden Katechisation die Worte Ps. 72, 16 auslegte,
fuhr plötzlich eine Erschütterung durch die ganze zahlreiche
Versammlung hin. Es begann ein allgemeines Schluchzen,
Weinen und Wehklagen; einzelne Gemeindeglieder brachen
zusammen und lagen entweder ohnmächtig darnieder oder geriethen in Zuckungen und stiessen die seltsamsten Töne aus;
und als KUYPERS das Gotteshaus verliess, umringte ihn eine
Menge Gemeindeglieder fortwährend mit dem Ausdruck der
qualvollsten Erregung rufend und schreiend: »Was müssen
wir thun, damit wir selig werden?!" — Bald aber trat die
seltsamste Erregung der Gemüther auch in den Häusern und
auf den Gassen hervor. Ueberall hörte man lautes Schluchzen
und Wehklagen; oft lagen ganze Gruppen auf den Knieen
die Hände ringend und allerlei Gebetsworte zum Himme
rufend. Oft hörte man die Einen rufen: »Was sollen wir
thun, dass wir selig werden!" während Andere schrieen:
»Wir müssen Jesum haben! Ausser Jesu giebt es kein Heil!"
u. s. w.

In diese das ganze Leben der Stadt in seinem tiefsten Grunde
aufrüttelnde Gährung suchten nun die beiden Prediger mit der

ganzen Macht einer mystischen Verkündigung des Namens Jesu einzugreifen, und es gelang ihnen auch der krankhaft gewordenen Bewegung in einzelnen Gemüthern in der Weise Herr zu werden, dass sich eine beträchtliche Zahl der Gemeindeglieder zu einer engeren Gemeinschaft zusammenschloss, welche jetzt in aller Stille und mit grossem Eifer in der Nachfolge Jesu sich zu üben begann. Bei diesen war nun viel die Rede von dem Durchbruch der Gnade, der bei diesen und jenen heute oder gestern erfolgt sei, von der Süssigkeit Jesu, die man schmecke, von Bekümmernissen, die der Eine, von Erleuchtungen, die der Andere, von Erfahrungen, die der Dritte erlebt habe u. s. w. und Alle waren dabei Ein Herz und Eine Seele. Bei einer grossen Zahl der Gemeindeglieder dauerten aber die Eruptionen desperater Angst, die Ohnmachten, die Krampfanfälle u. s. w. fort und verursachten nicht selten Störungen des Gottesdienstes.

Endlich sahen daher die beiden Prediger die Nothwendigkeit ein, gegen das Unwesen, welches fast in jedem Gottesdienste hervortrat, mit bestimmten Maassnahmen einschreiten zu müssen. Hatte man doch allmählich die Ueberzeugung gewonnen, dass die Convulsionen, welche bei Einzelnen so oft hervortraten, ein rein physisches Leiden waren, das sich bei denselben eingestellt und das mit religiösen Erregungen gar nichts zu thun hatte! Auf den Antrag des Predigers KUIJPERS wurde daher in einer Sitzung des Kirchenraths vom 29. October 1750 beschlossen: 1, Alle Diejenigen, welche während der Predigt von Krämpfen befallen würden, sollten auf Geheiss der Prediger sofort aus der Kirche geschafft, 2, diesselben sollten ersucht werden, bei dem Beginne des Gottesdienstes nicht inmitten der Kirche, sondern in der Nähe der Thüren Platz zu nehmen, damit sie, wenn ihre Convulsionen wieder erfolgten, möglichst bequem aus der Kirche herausgetragen werden könnten, und 3, die Conventikelhalter sollten angewiesen werden, in ihren Versammlungen in derselben Weise zu verfahren. Indem dieser Beschluss des Kirchenraths sofort in strictester Weise zur Durchführung gebracht wurde, so hörten die bisherigen Störungen der Gottesdienste allmählich auf und die Gemüther begannen sich zu beruhigen. Auch konnte KUIJPERS wirklich die erfreulichsten Erfolge aufweisen, die er durch seine Wirksamkeit in Nijkerk erzielt hatte. [1]) Aber durch die Lande hin erscholl damals das Gerücht, dass in Nijkerk der wüsteste Fanatismus quietistischer und labadistischer Sektirer sein Unwesen treibe, und der angesehene Professor VAN DEN HONERT zu Leiden, dessen Schüler einst KUIJPERS gewesen war, trat mit einer ganzen Reihe von Streitschriften gegen denselben auf, die Gemeinden vor der Verführung des Schwärmers eifrigst warnend. Allein die Warnung ward überhört, denn schon hatte die religiöse Erregung, welche die beiden Prediger in Nijkerk hervorgerufen, auch in den umliegenden Landgemeinden die Gemüther erfasst, und drang unaufhaltsam immer weiter nach Aalten, Amersfoort, Rotterdam, Gorinchem, Dordrecht, Pernis und in die benachbarten Dörfer vor. In Groningen fuhr im Mai 1751 eine Seelenangst, wie man sie noch nie gesehen, namentlich in die jüngeren Leute hinein, weshalb auch hier dasselbe convulsivische Klagen und Schreien nach Rettung und Erlösung gehört ward wie in Nijkerk. Bald war denn auch Ostfriesland in zahlreichen Gemeinden von demselben Busskrampf durchzuckt, der allmählich in allen Provinzen der Niederlande zu sehen war. Die bedenklichsten Erscheinungen zeigten sich aber während des Sommers 1751 in Hoogeveen und Zwartsluis.

---

1) In der Schrift: „Getrouw verhaal en apologie of verdeediging der zaaken, vorgevallen in der gemeente te Nieuwkerk op de Veluwe (Amst. 1750) sagt KUIJPERS S. 36: De geheele plaats heeft als eene andere gedaante gekregen. In den geheelen winter zijn de herbergen leedig geweest, en de Kerk bijna te klein. In plaats van kaarten en dobbelsteenen ziet men den Bijbel. In plaats van vloeken hoort men bidden en psalmengezang. In plaats van haat en nijt herleeft de onderlinge liefde en eendragt enz.

In Hoogeveen wurde das Wehklagen und Schreien in der Kirche, wenn der dortige Prediger F. C. DE VRIES seine Predigt begonnen hatte, regelmässig so arg, dass von der Predigt gar nichts gehört werden konnte. Gleichzeitig war das Hervorbrechen von Convulsionen so sehr an der Tagesordnung, dass innerhalb des Gemeindevorstandes der Gedanke aufauchte, es sei hier bei sehr Vielen ein Unfug anzunehmen, indem sich dieselben, wenn sie den Ausdruck innerer Erschütterung bei Anderen wahrnehmen, sich geflissentlich ebenfalls in Convulsionen und Krämpfe hineinzuarbeiten suchten. Als es einst während des Gottesdienstes gar zu arg wurde, trat der Prediger DE VRIES von der Kanzel herab in die Kreise der lautesten Schreier um Ruhe zu stiften, musste aber dafür die harten Fäuste derselben schmerzhaft fühlen. Hier wie in Zwartsluis hatte die Aufregung geradezu den Charakter einer Aufruhrs, eines Kirchentumults angenommen. Daher sah sich die Classe Meppel endlich zu einem gewaltsamen Einschreiten gegen den Unfug genöthigt. Durch Classenbeschluss vom 29. Sept. 1751 wurden zunächst die Anstifter und Wortführer der Tumulte zu Hoogeveen von der Abendmahlsgemeinschaft ausgeschlossen und die zu Assen versammelte Provinzialsynode ordnete durch Beschluss vom 10. Nov. für alle Theilnehmer an den Aergernissen öffentliche Kirchenbusse an. Zugleich wurde beschlossen, zur Herstellung der Ordnung die Hülfe der weltlichen Obrigkeit anzurufen. Dieses geschah und zwar mit dem bessten Erfolge. Ebenso hatten sich die Prediger-Classen und die Behörden auch in den anderen Provinzen endlich erhoben, um die immer zuchtloser werdende Bewegung verschwinden zu machen, weshalb dieselbe schon mit dem Anfange des Jahres 1752 überall in sich selbst wieder verkommen war. — Das Feuer, welches die Mystik angefacht hatte, war nicht das Feuer, welches anzuzünden der Herr der Kirche in die Welt gekommen war; darum musste es wie Rauch dahingehen.

SIEBENTER ABSCHNITT.

Der Pietismus und die Mystik in der reformirten Kirche Deutschlands.

Seitdem durch die Einwanderung zahlreicher niederländischer Familien an den Niederrhein (in den Jahren 1545, 1553, 1555 und namentlich 1566) sich daselbst ein Kirchenwesen mit Presbyterien und Synoden gestaltet hatte, aus welchem, nachdem die meisten Niederländer 1580 in die alte Heimath zurückgekehrt waren, der presbyterial-synodale Organismus der evangelischen Kirchen von Jülich, Cleve, Berg und Mark erwuchs, [1]) betrachtete sich die reformirte Kirche dieser Lande als einen innerlich zur reformirten Kirche der Niederlande gehörigen Theil derselben. Insbesondere geschah dieses seitens der Clevischen Synode, welche lange Zeit hindurch die niederländischen Generalsynoden beschickte und die niederländischen Kirchenordnungen (namentlich die von den Synoden zu Dordrecht 1578 und Middelburg 1581 aufgestellten) in Gebrauch nahm. Daher bestand durch das ganze siebzehnte Jahrhundert hindurch der regste kirchliche Verkehr zwischen beiden Kirchengemeinschaften und ebenso zwischen deren theologischen Faculäten und

---

1) Vgl. *meine* Geschichte der evangel. Kirche von Cleve-Mark und der Provinz Westfalen (Iserlohn, 1867) S. 105 ff.

Academieen in Utrecht, Leiden, Harderwijck, Duisburg (1655
gestiftet) Hamm u. s. w. Die künftigen Diener der reformirten Kirche von Jülich, Cleve und Berg wanderten zahlreich
auf die niederländischen Hochschulen, um sich daselbst ihre theologische Ausbildung zu holen, und die Literatur der Niederlande war in jenen Territorien fast ebenso gebräuchlich und
bekannt, wie in diesen. Die Verfassung, das Bekenntniss, die
Organisation des Gemeindelebens u. s. w. waren hier ganz dieselben wie dort, und es begreift sich daher, dass die pietistische
Erregung, nachdem sie im Niederland Boden gewonnen und
sich daselbst ausgestaltet hatte, sofort auch in den reformirten
Gemeinden des Rheinlands Eingang fand. Unter den Kirchenmännern, welche hier als Führer der pietistischen Bewegung
hervortraten, sind namentlich zwei zu nennen, nämlich SAMUEL
NETHENUS und THEODOR UNDEREYK.

SAMUEL NETHENUS [1]) am 18. Mai 1628 zu Rees am Niederrhein geboren, hatte die Geldern'sche Hochschule zu Harderwijk
besucht und sich hier ganz in die Theologie des Pietismus eingelebt. Namentlich durch die Schriften der Engländer BALTON
und BAXTER und der Niederländer W. TEELLINCK und LODEN-
STEYN erweckt, suchte er, nachdem er 1650 Prediger zu Baerl
(in der Meurser Classe) geworden war, durch öffentliche Katechisationen mit den älteren Gemeindegliedern, durch sorgfältige
katechetische Unterweisung der Jugend vor der Confirmation,
durch Hausbesuche, durch Einrichtung von Conventikeln, sowie auch schriftstellerisch auf eine Reform des kirchlichen Lebens im Sinne des Pietismus hinzuwirken. Ganz ebenso wie

---

1) Vgl. über ihn MAX GÖBEL, B. II. S. 367—397, der indessen in seiner Auffassung des NETHENUS, UNDEREYK, NEANDER u. s. w. insofern ganz fehl gegangen ist,
als er, da er den englischen und niederländischen Pietismus nicht kannte, in der
Eigenart der Genannten die Einwirkung LABADIES auf dieselben erkennen zu müssen
glaubt! NETHEN stammte von dem NETHENSHOF bei Waldniel. Vgl. die Zeitschrift des
Bergischen Geschichtsvereins, B. XI, S. 124 ff., wo (von Pfarrer CUNO) eine Biographie des JOH. NETHENUS (des Vaters SAMUELS) mitgetheilt wird.

es einst TEELLINCK gethan hatte, drang er daher in den Classenversammlungen auf Abstellung von allerlei Missbräuchen, auf Einführung einer fast alttestamentlichen Sabbathsordnung, auf die strengste Handhabung der Kirchenzucht, auf fleissigen Katechismus-Unterricht u. s. w. Eine Reise, die er 1669 in die Niederlande machte, wo er sich namentlich auch in Utrecht aufhielt und daselbst mit VOET und LODENSTEIN verkehrte, brachte in ihm den Gedanken, dass nothwendig durch Erweckung eines innerlichen, lebenskräftigen Christenthums eine vollständige Reformation der gänzlich deformirten reformirten Kirche herbeigeführt werden müsse, zur Reife. Von der Reise zurückgekehrt, schrieb er daher in diesem Sinne den zweiten Theil seiner Schrift; »Lux in tenebris; Van de nootzakelikheit der geheyligde Kennysse", — deren ersten Theil er schon 1657 hatte erscheinen lassen. Es ist zu bemerken, dass er sich in diesem Büchlein (welches vollständig 1671 ans Licht trat) ganz bestimmt gegen die Irrthümer des Labadismus erklärt. Ausserdem legte er im Frühjahr 1671 dem Classenconvent neue Propositionen vor, deren erste lautete: »Die ehrwürdigen Herrn Brüder werden im Namen Jesu Christi gebeten, dass sie in der Furcht des Herrn betrachten, *ob nicht eine Reformation des Lebens in unseren Kirchen* nöthig sei?" Die Classe erklärte hierauf: »Die Nothsachlichkeit der Reformation des Lebens wird von jedem Pastor approbirt." Gleichwohl zog er sich durch sein Auftreten, sowie durch mancherlei Willkührlichkeiten, die er sich erlaubte, vielerlei Aufeindung seitens der Prediger der Classe zu, weshalb er jetzt in einem Tractat unter dem Titel: »Seufzendes Turteltäublein und Zions Thränenklage" seine Polemik gegen die »heuchlerischen, unwiedergeborenen, todtgläubigen, weltgesinnten, lassen, lauen, politischen Maulprediger" richtete, und den Satz aufstellte: »Unwiedergeborene Prediger können weder selbst selig werden noch ihren Zuhörern ein Mittel zur Seligkeit sein." Zugleich ging er jetzt ganz nach

LODENSTEYN's Grundsätzen praktisch vor. Er stellte den öffentlichen Gebrauch des Unser-Vaters ein, damit es nicht seitens Unbekehrter entweiht werde, er veränderte (»erklärte") die ihm bedenklichen Formeln der Taufliturgie, indem er namentlich in dem Gebetswort: »Du wollest dieses *Dein* Kind gnädiglich ansehen" das »Dein" bei der Taufe von Kindern unbekehrter Eltern hinwegliess, und am Weihnachtsfest 1682 sich weigerte das Abendmahl öffentlich auszutheilen, weil von vier (mit ihm einverstandenen) Mitgliedern des Presbyteriums abgesehen, die Gemeinde des Abendmahlsgenusses unwürdig sei. Die Folge dieser Eigenmächtigkeiten war, dass er am 15. Febr. 1683 seines Amtes entsetzt ward.

Indessen hatte NETHENUS doch nicht nur in seinen Gemeinden, sondern auch in weiteren Kreisen an vielen Seelen mit grossem Segen gewirkt. Die Zahl seiner Verehrer war nicht gering und an vielen Orten wurde sein Name als der eines besonders begnadigten Rüstzeugs Gottes, eines Reformators der Kirche genannt. Kaum aus seiner Stellung entlassen, wurde er daher von der Mastrichter Classe einstimmig auf die Pfarrei Gülpen in der Grafschaft Falkenburg berufen, wo er erst wenige Jahre gewirkt hatte, als ihm die Gräfin von Ysenburg und Büdingen zu Birstein (bei Hanau) die Stelle eines Hofpredigers, Inspectors und Consistorialraths in Birstein antrug. Freudigen Herzens folgte NETHENUS dem Rufe, indem er hoffen zu dürfen glaubte, in dieser ihm ungesucht zu Theil gewordenen Stellung seine Idee einer Kirchenreform zur Verwirklichung zu bringen. Auch zeigte die Landesherrschaft seinen Projecten sich recht geneigt, weshalb er sofort in der ernstlichsten und gründlichsten Weise zu Werke zu gehen beschloss. In dem ihm zur Bearbeitung aufgetragenen Entwurfe einer Dienstinstruction der Pfarrer der Grafschaft schlug er nämlich vor: »*dass zum Anfang und zur Fortsetzung der Reformation die Austheilung des h. Abendmahls ein halbes Jahr aufgeschoben* und unterdessen die Gemeinden mit allem Eifer von ihren Lehrern zur nöthigen Erkenntniss Gottes und Jesu Christi gebracht und zur fruchtbaren Geniessung des h. Abendmahls vorbereitet werden sollten," — Diese Proposition wurde auch anfangs von der Landesherrschaft genehmigt, dann aber verworfen, weshalb NETHENUS trotz des Widerspruchs des regierenden Grafen das Reformationswerk selbständig in die Hand zu nehmen beschloss. Hierdurch aber regte er den Grafen zu solchem Zorn gegen sich auf, dass ihn derselbe sofort suspendirte und ihm dann auf Grund eines Gutachtens der theologischen Facultät zu Marburg i. J. 1696 seines Amtes ganz entliess. — NETHENUS zog nun nach Amsterdam, wo er nur noch einige Jahre lebte, indem er um 1700 starb.

Das Wirken des NETHENUS war, trotz seines Umgestüms, ein reichgesegnetes. In vielen Kreisen ist der Eifer für Erweckung und Pflege eines gottseligen Lebens durch ihn erregt worden. In der Grafschaft Ysenburg und Büdingen z. B. waren infolge der von ihm gegebenen Anregung fast aller Orten Conventikel entstanden, in denen sich die Erweckten die Hand reichten und sich in einem thätigen lebendigen Christenthum zu fördern suchten, [1]) und in Baerl lebt sein Name noch hente in gesegnetem Andenken; — allein ungleich bedeutender als er war doch der ziemlich gleichzeitig mit ihm lebende THEODOR (DIETRICH) UNDEREYCK [2]).

Am 15. Juni 1635 zu Duisburg als Sohn eines dasigen Kaufmanns geboren, und schon 1637 durch den frühzeitigen Tod siner beiden Aeltern verwaist, bezog er 1654 die Universität Utrecht, wo er an Voet und Essenius hinaufsah und die oft Mark und Bein erschütternden Predigten LODENSTEYNS und BOGAARTS hörte. UNDEREYK erschrak einst über sich selbst,

---

1) Vgl. meine „Kirchengeschichte beider Hessen" B. II. S. 425 ff.
2) Vgl über ihn MAX GÖBEL II, S 302—312.

als er hier das Wort verkünden hörte, dass auf den leiblichen Tod das ewige Gericht folge, und dass der Baum so zu liegen komme, wie er einmal gefallen sei. Durch seine Seele fuhr es damals wie Todesnoth und er rang mit sich selbst, um zu neuem Leben hindurchzudringen. Da zeigten ihm die beiden frommen Prediger, dass seine Todesangst mit all ihrer Bitterkeit vertrieben werden könnte, wenn er nur sich selbst, der Sünde und Welt in seinem Herzen absterbe und Den vollkommen in sich wirken lasse, der durch seinen Tod den Tod getödtet, und Dem der des Todes Gewalt hatte, die Macht genommen habe. Von da an gehörte UNDEREYCK durchaus der Kirche Derer an, unter denen die »Uebung der Gottseligkeit" als wesentliches Merkmal wahrer Christlichkeit angesehen ward. Von Utrecht begab sich UNDEREYCK 1657 nach Duisburg, wo er die Coccejanischen Professoren HUND und CLAUBERG hörte, und sodann über Frankfurt a. M. im Mai 1638 abermals in die Niederlande, hauptsächlich um in Leiden mit COCCEJUS und dessen Lehrweise bekannt zn werden. Aus den Niederlanden zog er hierauf nach Genf, und von da über Paris 1659 nach England, wo er sich viel in den Kreisen der puritanischen Pietisten bewegte und bis zu seiner Rückkehr in die Heimath blieb, in welcher dem fünfundzwanzigjährigen Jüngling die Predigerstelle zu Mülheim a. d. Ruhr übertragen ward. In dieser seiner pastoralen Stellung begann nun UNDEREYCK — von seiner glaubenseifrigen Gattin MARGARETHE, einer Tochter des französischen Predigers HULS zu Wesel, unterstützt — alsbald in der ganzen Eigenartigkeit seines Wesens die rührigste Thätigkeit zu entfalten.

UNDEREYCK war der erste Prediger, der in Deutschland die Foederaltheologie im Geiste und Sinne des Pietismus, und zwar in einer Maassthaltigkeit, und mit einer auf dem tiefsten Einblick in die wahren Bedürfnisse des religiösen Lebens beruhenden praktischen Geschicklichkeit vertrat, durch die er sich von NETHENUS auf das Vortheilhafteste unterschied. Auf seinen ausgedehnten Reisen hatte er an so vielen Orten die Wahrnehmung gemacht, dass » das gemeine Christenthum mehr ein kraftloser Schein als wahres Christenthum" sei. Darum hatte er sein Predigtamt zu Mülheim in der festen Absicht angetreten, in der ihm anertrauten Gemeinde durch die Gnadenhülfe Gottes nun die » Kraft der Gottseligkeit" zu erwecken. Um an die einzelnen Gemeindeglieder näher heranzutreten, machte er häufige Hausbesuche, richtete öffentliche Katechisationen ein und hielt ausserdem (etwa seit 1665) allwöchentlich in Privathäusern Versammlungen, Conventikel, in welchen » Uebungen" über Stücke aus der h. Schrift vorgenommen wurden.

Der Erfolg dieser Wirksamkeit war ein bedeutender, und bald lenkte sich an vielen Orten die Aufmerksamkeit auf den gewaltigen Prediger, der in wenigen Jahren in seiner Gemeinde ein ganz neues religiöses Leben erweckt hatte. Nachdem er mehrere Berufungen abgelehnt, folgte er endlich dem Rufe der Landgräfin HEDWIG SOPHIE von Hessen-Cassel (einer Schwester des grossen Kurfürsten von Brandenburg), welche ihm 1668 die Stelle ihres Hofpredigers übertrug [1]).

Damals hatte er bereits eine seiner Hauptschriften: » Halleluja, d. i. Gott in den Sündern verklärt, oder des Sünders Wanderstab zur Erkenntniss, Geniessung und Verklärung Gottes als des höchsten Gutes" u. s. w. (Hanau 1668; Herborn 1722; 600 S. S. in 4°.) geschrieben. In Cassel arbeitete er zur Förderung eines lebendigen Christenthums die Schrift aus: Die Braut Christi unter den Töchtern zu Laodicäa, d. i. Ein hochnöthiger Tractat in diesen letzten Tagen, darinnen die lebendige Kraft des seligmachenden Glaubens von allen Schmähreden der

---

1) Vgl. darüber meine „Kirchengeschichte beider Hessen", B. II, S. 379.

in dieser Zeit christscheinenden Spötter gereinigt und vertheidigt wird." (Hanau 1670) [1]).

Zu jener Zeit (1669, 1670) erscholl die Kunde von Labadies
seltsamer Separation in Amsterdam und in Herford, und Undereyck musste es alsbald erfahren, dass sein eigenes Wirken
von Vielen mit dem labadistisehen Treiben identifizirt und
dadurch verdächtigt und dem Spotte der Welt preissgegeben
ward. Auf des Entschiedenste erklärte er sich daher gegen
Labadies Separation sowie gegen Lodensteyns Einstellung der
Abendmahlsfeier. »Wer eine wahre Liebe zu der Bekehrung
seiner Brüder hat, der muss sich so lange nicht trennen noch
absondern, bis er aus Gottes Wort wahrhaftig und klärlich
überzeugt ist, *dass er ohne ausdrückliche Sünde zu begehen, bei
solcher Gemeinde nicht bleiben kann,*" das war der Grundsatz,
an den sich Undereyck in vollkommener Uebereinstimmung
mit dem englischen und niederländischen Pietismus hielt.

Wie richtig Undereyck das eigentliche Wesen des christlichen
Geistes und das Eine, was noth thut, erkannte, ist hinlänglich aus einem Gedanken zu ersehen, den er in seinem »Hal-
lelujah" entwickelt, indem er sagt, der gerecht- nnd seligmachende Glaube bestehe darin, »dass wir Gott in Christo *mehr*
begehren als die Welt, dass aber auch *nichts weiter erforderlich*
ist, als dieses *Mehrbegehren.*" —

Undereyck lebte nun etwa zwei Jahre in Cassel. Er scheint
sich dort nicht recht heimisch gefühlt zu haben. Allerdings
lehnte er die ehrenvolle Berufung, die er von der Königin
Charlotte Amalie von Dänemark (einer hessischen Prinzessin)
auf die Stelle eines Hofpredigers zu Copenhagen erhielt, ab;
als aber die St. Martini-Gemeinde zu Bremen, am 12. April

---

1) Andere Schriften Undereyck's, welche derselbe später herausgab, sind; „Der
närrische Atheist," „der einfältige Christ, durch wahren Glauben mit Christo vereinigt", u. m. a.

1670 ihn an Stelle ihres altersschwachen Predigers WILHELM
SNABELIUS zum Pastor Primarius — und zwar unter sehr an-
nehmbaren Bedingungen — [1]) begehrte, beschloss er dem Rufe
zu folgen [2]).

Aber das erste Erlebniss, welches er in Bremen (unmittelbar
nach seiner Ankunft daselbst, am 29 Juli) hatte, war nicht
erfreulich. Man wollte nämlich wissen, dass UNDEREYCK Labadist sei, und das geistliche Ministerium der Stadt richtete daher
an den Rath das Ersuchen, die »Prüfungspredigt", welche der
Berufene odrnungsmässig zu halten habe, um drei Wochen
verschieben zu dürfen, damit man inzwischen UNDEREYCK's
Beziehung zu Labadie feststellen könnte. Auch wurde derselbe
darüber in einer Sitzung des geistlichen Ministeriums vernommen. Allein UNDEREYCK stellte jede Beziehung zu Labadie in
Abrede [3]). Die Gemeinde bestand auf sofortige Einführung ihres
berufenen Predigers, und auf Anordnung des Raths wurde
daher derselbe am 7. Aug. zur Predigt »coram Ministerio" zu
Unserer-Lieben-Frauenkirche, und am 14 August zur Antritts-
predigt vor seiner eigenen Gemeinde zugelassen.

Es begreift sich, dass nach diesem Vorkomniss die Stellung
UNDEREYCKS zu dem geistlichen Ministerium nicht die beste war.
Er betrachtete dasselbe mit Misstrauen, sah in ihm einen
Gegner der Bestrebungen, die er zum Heile der ganzen Stadt
zur Ausführung zu bringen gedachte, und glaubte darum,
unbekümmert um die Widersacher, das Werk der Kirchenreform
in Bremen allein in die Hand nehmen zu müssen. Die an-

---

1) Da der bisherige Primarius SNABEL noch lebte, so hatte man für UNDEREYCK
ein gutes Haus ausserhalb des Kirchspiels gemiethet. Auch wurden ihm ausser dem
festen Gehalt von 300 Rth. als Reisegeld 80 Rth. angeboten.

2) Sämmtliche Nachrichten über UNDEREYCKS Leben und Wirken in Bremen ver-
danke ich der gütigen Mittheilung des Herrn Pastor IKEN zu Bremen, der dieselben
dem Bremer Ministeriumsprotecoll und Staatsarchiv entnommen hat.

3) Auf die ihm vorgelegte Frage: »An ipsaliqua notitia cum Labadie intercedat?"
antwortete UNDEREYCK: »Se nunquam ipsum vidisse" — was man ihm jedoch nicht
glauben wollte.

geborene Neigung UNDEREYCKS zur Eigenwilligkeit musste denselben daher bald mit den anderen Predigern in Conflict bringen.
Zunächst beschränkte sich jedoch UNDEREYCK mit seiner
Wirksamkeit auf seine Martinigemeinde, von welcher allerdings
vor dreissig Jahren die Neustadt abgetrennt, mit der aber die
Landgemeinde Bablinghausen damals noch verbunden war. Das
erste was er hier that, um das religiöse Leben neu anzuregen,
war die Einrichtung und Leitung von Privatversammlungen,
wobei ihm seine Gattin treulich und eifrig zur Seite stand.
Nach einer offiziellen Berichterstattung vom 22. Dec. 1680 war
die Einrichtung dieser »sonderbaren (d. h. »abgesonderten") Versammlungen des Herrn UNDEREYCK und seiner Hausfrauen" folgende: Sonntags nach Beendigung der Gottesdienste versammelte
UNDEREYCK die Männer und jungen Gesellen in seinem Hause, um
sich mit ihnen in vertraulicher Weise über Aussprüche der h. Schrift
zu unterreden; ebenso an anderen Tagen die Frauen und Jungfrauen. Seine Gattin aber liess an allen Werktagen von 11—12
Uhr die jüngeren Mädchen zu sich kommen, um mit ihnen
die Artikel des christlichen Glaubens durchzugehen. Mitwochs
und Sonnabends Nachmittags kamen ausserdem die kleineren
Schulkinder zu ihr, um von ihr auf die nächste Katechisation
vorbereitet zu werden, während an anderen Tagen die Dienst-
mägde und sonstige geringeren Leute von ihr in den fünf
Hauptstücken des Katechismus unterrichtet wurden. Diese Versammlungen, zu denen Jeder Zutritt hatte, der sich aus »christlichen Gründen" anmeldete oder angemeldet wurde, fanden bald
grossen Zulauf und zwar allmählich nicht nur aus der St.
Martins —, sondern auch aus anderen Gemeinden der Stadt, was
sehr bald von den übrigen Geistlichen unangenehm vermerkt
wurde. Allein die Dictate der Frau UNDEREYCK gingen von
Hand zu Hand und wennauch UNDEREYCK selbst sich später-
ihn genöthigt sah, die Privatversammlungen eingehen zu
lassen, so hatten doch die seiner Frau bis an deren Lebens-

ende ihren, wie es scheint, ununterbrochenen Fortbestand. Von grossem Segen war eine Einrichtung, die UNDEREYCK in allen Kirchspielen BREMENS in's Leben rief, nämlich der pfarramtliche Confirmandenunterricht und dessen Abschluss, die Confirmation. Freilich wagte er nicht persönlich mit einem hierauf bezüglichen Antrag vorzugehen, — weil er im geistlichen Ministerium zu wenig Sympathien hatte. Daher schob er 1671 die Stephani-Bauherrn vor, welche zuerst bei ihren eigenen Pastoren den Wunsch aussprechen mussten, dass man doch für Unterweisung der Jugend vor ihrer Zulassung zur Communion Sorge tragen möchte. Infolge dessen wurde in Bremen 1672 die Confirmation und der Confirmandenunterricht eingeführt.

Diese Einrichtung konnte aber dem zum Kirchspiel St. Martini gehörigen Landvolk nicht viel helfen, weil dasselbe keine Schule hatte. Daher beschloss UNDEREYCK in Bablinghaussen eine Schule zu errichten. Das dazu erforderliche Capital hatte er bald zusammengebracht, weshalb 1690 die Schule errichtet werden konnte. Leider kam dabei aber doch nicht Alles, was UNDEREYCK vorhatte, zur Ausführung. Der Rath wollte sich das Recht des Beaufsichtigung der Schule nicht nehmen lassen, weshalb sich UNDEREYCK grollend zurückzog und dabei mehrere hundert Thaler des für die Schule gesammelten Kapitals zurückbehielt.

Bei seinen Amtsbrüdern hatten diese und andere Bestrebungen, mit denen UNDEREYCK hervorgetreten war, demselben längst den Spottnamen des »Neuerers" eingetragen, weshalb es sich begreift, dass derselbe bei jedem Schritt, den er in seinem Reformeifer vorwärts thun wollte, auf Hindernisse stiess, die ihm das geistliche Ministerium bereitete. — Frühzeitig war daher UNDEREYCK darauf bedacht, bei Berufungen sein Ansehen und seinen Einfluss bei den Gemeinden geltend zu machen und jüngere Prediger von pietistischer Richtung nach Bremen zu zie-

hen. Seinen treuesten Freund und seine festeste Stütze gewann er
auf diesem Wege in dem aus Frankfurt a. M. gebürtigen Lehrer
an der lateinischen Schule zu Cassel CORNELIUS DE HASE (des
berühmten THEODOR DE HASE Vater), der auf sein Betreiben
zunächst an das Gymnasium in Bremen berufen ward, vonwo
er 1676 auf die Stelle eines ausserordentlichen, 1617 auf die
eines ordentlichen Pfarrers zu St. Martini überging.

Mit allem, was UNDEREYCK dachte und anstrebte, war HASE
ohne Weiteres einverstanden. Daher beschlossen beide i. J.
1679 zum Beginne einer eigentlichen Kirchenreform im Sinne
des Pietismus vorzugehen. Unter dem 27. Juni dieses Jahres
legten sie nämlich dem Rathe eine Denkschrift vor, worin sie
um die Ermächtigung baten 1, alle unwürdigen Mitglieder der
Gemeinde von der Communion ausschliessen und 2, allen notorisch unchristlichen Aeltern die Taufe ihrer Kinder verweigern
zu dürfen. Zugleich brachten sie die Einführung einer strengen Kirchenzucht und in deren Interesse, die Einrichtung von
Presbyterien, wie sie in anderen reformirten Städten und Ländern vorhanden wären, in Antrag. Die Genehmigung dieser
Anträge sollte den beiden Predigern die Mittel an die Hand
geben, um die Martinigemeinde und die ganze Stadt allmählich in ein ganz neues christliches Gemeinwesen, in eine wahre
Gottesstadt umwandeln zu können; — der Rath aber lehnte
die Anträge der Prediger ab.

Auch mit einem anderen Antrag, welchen UNTEREYCK und
DE HASE 1679 dem Rathspräsidenten vorlegten, erging es denselben nicht viel besser. Derselbe war auf die Abstellung des
»nach dem Papstthum schmeckenden" Beichtpfennigs gerichtet,
den die Communicanten damals noch zu entrichten hatten. Der
Rathspräsident übergab den Antrag dem geistlichen Ministerium
der Stadt zur Berichterstattung, wobei sofort die Frage, wie
der durch die Abschaffung des Beichtpfennigs in der Einnahme
der Prediger entstehende Ausfall zu decken sei, zur Sprache

kam. Darüber entspannen sich lange Verhandlungen, weshalb
UNDEREYCK die Angelegenheit 1684 mit seiner Gemeinde, welche eine Entschädigung aufbrachte, selbst ordnete. [1])

Vielleicht würde UNDEREYK mit seinen Reformplänen bei dem
Rath mehr Gehör gefunden haben, wenn er nicht fortwährend
mit dem geistlichen Ministerium im Hader gelegen hätte. Da
er in der Mehrzahl seiner Amtsbrüder wirkliche Diener Christi
und Werkzeuge des Geistes Gottes gar nicht anzuerkennen vermochte, so glaubte er auch die Gemeinschaft mit denselben
geradezu meiden zu müssen. In die Sitzungen des geistlichen
Ministeriums kam er fast nie, was um so mehr zu allerlei Unzuträglichkeiten führen musste, als er in seiner Eigenschaft als
Primarius in jedem zweiten Jahre während des ersten Halb-
jahres die Geschäfte des Ministeriums zu leiten hatte. So oft
er auch aufgefordert wurde in den Sitzungen zu erscheinen, so
oft entschuldigte er sich in der einen oder der anderen Weise.
Ueberhaupt geneigt, Alles auf eigene Hand zu erledigen, fiel
es ihm schwer sich in eine ihm lästige Ordnung zu fügen.
Dazu kam, dass er kein Bedenken trug, selbst in seinen Predigten Bemerkungen zu machen, von denen Jedermann wusste,
dass sie gegen dass Ministerium gerichtet waren. Sein Busen-
freund DE HASE äusserte sogar einmal (1677), das Ministerium
gleiche denen, die Steine in's Wasser würfen um die Fische zu
vertreiben, welche treue Seelenhirten zu fangen trachteten. Der
Rath bot Alles auf, um zwischen den ewig hadernden Parteien
den Frieden herzustellen und UNDEREYCK zu einem kirchenord-
nungsmässigen Verhalten zu bewegen. Einmal, i. J. 1681,
als UNDEREYCK seine Hausversammlungen eingestellt hatte,
brachte er auch einen Waffenstillstand fertig. Bald hernach

---

1) In den drei anderen reformirten Gemeinden Bremens kam es später (hauptsächlich durch die Bemühungen Lampes) zur Abstellung des Beichtpfennigs, an dessen Stelle die Communionkassen traten.

aber brach der Hader von Neuem aus. Selbstverständlich hatte
Undereyck auch in den Gemeinden der Stadt nicht wenig An-
thipatien; Die aber, welche ihm zugethan waren, feierten in
ihm einen Patriarchen der Bremer Kirche, einen Prediger, der
von den Thaten Gottes zu zeugen und die Herzen zu erfassen
wisse wie kein anderer, und einen Seelsorger, der in Bremen
einen ganz neuen Eifer für das Evangelium, eine ganz neue
Zucht des kirchlichen Lebens erweckt und Unzählige, die dem
Reiche Gottes ferne standen, auf die Wege zu demselben geführt habe, was — wie aus der ehrenden Bemerkung erhellt,
mit welcher das am 1. Januar 1693 erfolgte Ableben Undereycks in den Protocollen des Ministeriums notirt ward, [1]) —
selbst von seinen Gegnern anerkannt wurde. —

Unter den Vielen zu Bremen, welche Undereyck's ernstes
und scharfes Predigtwort tief in's Herz hineintraf und in ihnen
den alten Menschen zum Sterben brachte, so dass der Geist
Gottes einen neuen schaffen konnte, war i. J. 1670 auch ein
erst zwanzigjähriger Student, der nachherige Liederdichter Joachim Neander [2]) (etwa 1650 zu Bremen geboren), der einige
Jahre später (am 1. Mai 1674) die Stelle des Rectors der lateinischen (reformirten) Schule zu Düsseldorf übernahm, und hier
alsbald in der Weise Undereyck's Conventikel einrichtete. Da
er in denselben von dem Genusse des Abendmahls in Gemeinschaft mit Unbekehrten abmahnte, so sah sich das Presbyterium
allerdings veranlasst, ihn zu verwarnen und ihn sogar mit
Dienstentlassung zu bedrohen. Allein in der mit ihm ange-
stellten Untersuchung erklärte er sich auf das Bestimmteste
gegen Labadie und dessen Separation, und sprach seine ent-

---

1) In dem Protocoll wird nämlich am 2. Januar 1693 das Ableben Undereyck's
mit den Worten erwähnt, dass er 23 Jahre lang in Bremen als „Pastor fidelissimus
et laudatissimus" gewirkt und dass darum das Ministerium die Nachricht von seinem
Tode „non sine singulari dolore" vernommen habe.

2) Vgl. über ihn Max Goebel II, S. 323—358.

schiedene Anerkennung der kirchlichen Ordnung aus, weshalb er im J. 1679 einen Ruf als ausserordentlicher Professor und dritter Prediger an die St. Martinikirche zu Bremen erhalten konnte, welchem Rufe er, von dem Presbyterium in Düsseldorf auf das Ehrenvollste verabschiedet, freudigen Herzens folgte. Hier gab nun NEANDER seine in Düsseldorf gedichteten und in Musik gesetzten Bundeslieder und Dankpsalmen heraus, starb aber leider schon am 31. Mai 1680.

Seitdem galt Bremen in allen frommen Kreisen der reformirten Kirche Deutschlands und Niederlands als eine wahrhaftige »Herberge Gottes," in welcher eine Gemeinde von wiedergeborenen, bekehrten Seelen wohne, die mit der Welt gebrochen hätten, und sich ernstlichst in der »Gottseligkeit" übten. Zur eigentlichen Metropole des reformirten Pietismus wurde aber Bremen, als der weltberühmte Utrechter Professor FRIEDRICH ADOLPH LAMPE, [1]) der schon früher zehn Jahre lang (1709—1720) als Pastor zu St. Stephani in Bremen gewirkt hatte, im J. 1727 in seine Vaterstadt zurückkehrte und hier als Professor der Theologie und Pastor zu St. Ansgari die durchgreifendste Wirksamkeit auszuüben begann. Unter allen einflussreichen reformirten Kirchenmännern war er in Deutschland (nach UNDEREYCK) der zweite, der den Voetianismus mit dem Coccejanismus verbindend, die Foederaltheologie im Geiste des Pietismus auffasste und behandelte, weshalb er auch ebenso TEELLINK, LODENSTEYN, BRACKEL und UNDEREYCK wie COCCEJUS als seine Vorbilder bezeichnet, dabei aber ganz besonders der Erweckung und Förderung seines inneren Lebens gedenkt, [2])

---

1) Siehe oben S. 236—240.

2) In seinem „Nothschrei", den er 1713 zu Bremen pseudonym (als Piladelphus Photius) veröffentlichte: „Grosse Vorrechte des unglückseligen Apostels Judas Ischarioth, allen ungetreuen Lehrern zum Schrecken und allen über den heutigen Kirchenverfall verwirrten Seelen zur WARNUNG vorgestellt."

die er den englischen Pietisten HALL, HOWE, RIDDERFORT, BAX-
TER zu danken habe. —

LAMPE konnte allerdings eines Mangels an » Rechtgläubigkeit"
angeklagt werden; denn er war nicht nur (wie Spener und wie
so viele andere Pietisten Englands und Hollands) Chiliast, sondern er war auch dem, was man in den Niederlanden Roëlla-
nismus nannte, [1]) zugethan. Auch ging LAMPE in seinem Eifer
für Herstellung einer reinen Gemeinde wirklich Bekehrter, in
seiner Begünstigung des Conventikelwesens und in seiner Zurückweisung aller unbekehrten Prediger (weil der Tod kein Leben hervorbringen könne) fast bis zum Gedanken der Separation var. Dabei war aber doch das Herz Lampes unendlich
weiter als das so manches seiner orthodoxen Gegner, indem er
(namentlich 1719) den Gedanken der Union der beiden Kir-
chenkörper des Protestantismus vertrat, die Trennung derselben
als eine » unselige Spaltung" beklagte und seine Freude darüber
aussprach, dass jetzt in beiden Kirchen sich viele Fromme auf
der Grundlage gemeinsamen Eifers für eine thätige Frömmigkeit die Hand reichten. Auch machte LAMPE auf die Heiden-
mission als auf eine der Kirche von dem Herrn selbst gebotene
Pflicht aufmerksam, [2]) und in Bremen, wie überall wo die Schriften des grossen Gottesmannes Verbreitung fanden, sind durch
ihn Unzählige auf den Weg des ewigen Lebens gebracht worden.

Im reformirten Hessen war damals der Repräsentant dieses
foederaltheologischen Pietismus der gottselige CONRAD MEL, [3])
der, am 14. Aug. 1666 zu Gudensberg in Niederhessen geboren und in Bremen und Groningen gebildet, eine Zeit lang
Prediger in Memel, hernach Prediger und Professor der Theo-

---

1) Siehe oben S. 239, Anmerk.
2) M. GOEBEL, II. S. 427.
3) Vgl. VIAL, Dr. CONRAD MEL (Hersfeld 1864) und *meine* Kirchengesch. beider
Hessen, B. II, S. 330—334.

logie in Königsberg war und am 3. Mai 1733 als geistlicher Inspector, Pfarrer und Gymnasial-Rector zu Hersfeld in Hessen starb. Unermüdlich ist MEL den Seelen nachgegangen, die er durch seine trefflichen Predigten, durch Katechisationen, durch Hausbesuche, durch Ansprachen in Conventikeln und durch seine erbaulichen Schriften für das Himmelreich zu gewinnen suchte. — Das Waisenhaus zu Hersfeld ist von ihm begründet worden und an die Missionspflicht der Kirche hat selbst LAMPE nicht mit solchem Nachdruck erinnert wie er. Sein Gebetbuch, welches 1715 unter dem Titel erschien: »Die Lust der Heiligen an Jehovah" — das sogenannte »Doctor-Mellenbuch" — ist noch heute ein Segen Gottes in vielen Häusern, namentlich in Hersfeld und dessen Umgegend.

Mit dieser pietistischen Erregung, welche die reformirte Kirche Deutschlands von den Niederlanden und weiterhin von England her durch die massenhaft verbreiteten deutschen Uebersetzungen der pietistischen Literatur dieser Lande [1]) erfuhr, und welche aus dem reformirten Deutschland auch in die Schweiz vordrang, wo sich schon am Ende des 17. Jahrhunderts zahlreiche pietistische Conventikel bildeten, (gegen welche die Cantonal — Obrigkeiten in der unverständigsten Weise vorgingen,) [2]) erhob sich in der reformirten Kirche eine Bewegung, die ihr ähnlich sah, aber doch ganz andere Ausgangspunkte und darum

----

1) Diesses geschah schon sehr früh. JOH. TAFFIN's Schrift „von Busse und Besserung des Lebens. Kennzeichen der wahren Kinder Gottes" erschien zu Herborn, 1608. — JEREM. DIJKE's „Grosses Geheimniss des Selbstbetrugs," Basel 1638. — PERKINSII Tractatus de linguae regimine, Honoviae, 1614. — PERKINS, die recht edle Kunst wol zu sterben, Basel, 1605. Ausserdem erschienen unzälige andere Uebersetzungen holl. u. englischer Werke.

2) Vgl. die Abhandlung des Pfarrers im Baselland. J. R. LINDER: „Die reformirte Kirche der Schweiz im Kampfe mit dem Pietismus u. Separatismus während des siebzehnten Jahrhunderts," in KAHNIS' Zeitschr. fur die histor. Theologie, 1869, S. 273 ff.

auch einen ganz anderen Charakter hatte. Es war dieses der
Separatismus der labadistischen und der quietistischen Mystik
von denen jene aus den Niederlanden, diese von Frankreich
her in die reformirte Kirche Deutschlands eindrang.

Der Labadismus hatte sich in Deutschland zuerst in Mülheim
a. d. Ruhr festgesetzt, wohin sich YVON schon 1669 begeben
hatte, um hier für die »Kirche" zu sammeln ¹). Im folgenden Jahre erschien dann der Labadist HEINRICH SCHLÜTER (aus
Wesel) daselbst, richtete regelmässige Andachten ein und verbreitete die labadistische Schrift »Kennzeichen der Wiedergeburt" in hochdeutscher Übersetzung und mit einer Vorrede,
welche die heftigsten Ausfälle gegen die angeblich ganz verderbte und verunreinigte reformirte Kirche enthielt, mit welcher ein Wiedergeborener durchaus keine Gemeinschaft haben
dürfe. Das wiedergeborene übernatürliche Leben sei aber ebenso
erkennbar wie das natürliche. — In den niederen Volksschichten gewann SCHLÜTER alsbald beträchtlichen Anhang, den er
zu einem Conventikel sammelte, dessen Leitung er dem ehemaligen Schneider und nunmehrigen Schulmeister JOH. BACKHAUS
zu Ebbinghofen übertrug. Bald aber wurden auch ausserhalb
Mülheims viele Stimmen zu Gunsten seiner Verkündigung laut.
Von besonderer Bedeutung war es, dass sich auch die junge
Gräfin CHARLOTTE AUGUSTE von Dhaun-Falkenstein auf Schloss
Broich bei Mülheim für dieselbe gewinnen liess.

Neben SCHLÜTER wirkte am erfolgreichsten der Prediger
REINER COPPER ²) (1645 zu Mörs geboren) zu Gunsten des
Labadismus. Als reformirter Prediger zu Wesel, Mülheim und
Duisburg drang er überall auf strengste Handhabung der Kir-
chenzucht zum Zwecke der Herstellung wirklich reiner Gemein-
den. In Duisburg, wo er sich bei seinen Hausbesuchen von

---

1) Vgl. MAX GOEBEL, S. 312 ff.
2) Vgl. ebendus. S. 359—367.

der gänzlichen Verkommenheit der Gemeinde überzeugt zu haben
glaubte, erklärte er, dass er mit derselben unmöglich fernerhin
das h. Abendmahl feiern könnte. Infolge dessen im Febr.
1683 durch Beschluss des Presbyteriums seines Dienstes entlassen, zog er mit seiner Familie zunächst nach Crefeld, wo er
in den Versammlungen der dortigen Labadisten Vorträge hielt,
und sodann zu seinem Freunde Yvon (mit dem er stets in
brieflichem Verkehr gestanden hatte) nach Wieuwert. Nach
Aufhebung der Gütergemeinschaft begab er sich nach Mörs
und Crefeld, kehrte dann nach Wieuwert zurück und starb auf
einer Reise nach Bielefeld in Emden am 18. Dec. 1693, von
Unzähligen tief betrauert.

Denn weithin am Niederrhein und in Ostfriesland hatte die
labadistische Bewegung die Gemeinden durchdrungen und an
unzähligen Orten Separationen hervorgerufen, in denen Labadie
als der eigentliche Erneuerer der wahren Kirche Gottes gepriesen, seine Sendboten mit gläubiger Hingabe gehört und seine
Schriften als die lautersten Zeugnisse des Geistes Gottes gelesen
wurden. In dem Gemeindeleben schien in diesen Gegenden
ein immer bedenklicher werdender Zersetzungsprozess vor sich
zu gehen. Dabei gingen pietistische und labadistische Bestrebungen, beide in Conventikeln und in, einander sehr ähnlich
aussehenden »Uebungen" hervortretend, in den Gemeinden
vielfach durcheinander und gar manches Gemeindeglied mochte
sich wohl einer »Versammlung" in dem guten Glauben angeschlossen haben, dass es in denselben in der rechtgläubigen
»Praxis der Gottseligkeit" werde Förderung finden können,
während in Wahrheit in denselben die Lehre Labadies verkündet und verherrlicht ward.

Die Synoden von Jülich, Cleve, Berg und Mark wurden
von dieser in die Kirche gekommenen Bewegung zum ersten
Male i. J. 1674 berührt, indem auf der Generalsynode dieses
Jahres die Frage zur Erörterung kam, wie sich das Kirchen-

regiment und Predigtamt zu den neuerdings aufgekommenen
» *Uebungen*" (oeffeninge) oder »Zusammenkünften der Gottseligkeit" zu verhalten habe. Die Synode erkannte an, dass sich
in denselben ein vollkommen berechtigtes Verlangen nach Erweiterung der von der Kirche bis dahin gebotenen Mittel der
Erbauung kund gebe, weshalb sie diese Zusammenkünfte im
Allgemeinen mit Freuden begrüsste. Aber auf das Nachdrück-
lichste forderte die Synode zugleich, dass die Zuzammeukünfte in
keiner Weise die kirchliche Ordnung beeinträchtigen oder sich
der pfarramtlichen Beaufsichtigung und Leitung entziehen dürften. Daher gab dieselbe den Presbyterien auf, gegen alle Diejenigen »welche dem Labadismo anhangen und daher abson-
derliche Versammlungen wider den Willen der Prediger und
der Consistorialen anstellen" nöthigenfalls mit allen Mitteln
der Kirchenzucht einzuschreiten [1]). Allmählich aber leuchtete
es den Synoden ein, dass sie der in immer grösserem Wogenschlag fortgehenden Bewegung gegenüber doch in anderer
Weise Stellung zu nehmen hätten. Schon die märkische Synode von 1676 beschloss daher, was von der clevischen Synode
und von der Generalsynode von 1677 bestätigt und für den
ganzen reformirten Synodalverband angeordnet wurde, dass
jedes Synodalmitglied fernerhin nicht nur orthodoxiam sondern
auch studium *pietatis* geloben sollte. Hiermit hatten sich die
Synoden über die Wege, die sie zu gehen hatten, in's Klare
gebracht. Der reformirten Generalsynode war schon 1674
ein »christliches Bedenken" eingereicht worden »über Verbes-
serung der in der Kirche eingerissenen Mängel und über Aufmunterung der Prediger zu fleissiger Verrichtung ihres Amtes
und zu gottseligerem Wandel, damit beide, Gottes Ehre und
der Menschen Seligkeit befördert und allerlei Widersachern der

---

1) Vgl. *meine* Gesch. der evang. Kirche von Cleve-Mark, S. 246—247 und über
die weiteren Vorkommnisse M. GOEBEL, II, S. 323 ff.

Mund gestopft werde [1]). Infolge dessen gab die Generalsynode den Vorständen der Provinzialsynoden auf, ihre Erinnerungen zur Abstellung der eingerissenen Mängel und zur Aufmunterung der Prediger und Glieder der Gemeinden zur wahren Gottseligkeit aufzusetzen und einer besonderen, von ihr ernannten Commission einzureichen, deren Werk dann im Namen der Synode als Kirchengesetz erscheinen sollte. Ein solches Synodalwerk kam nun freilich nicht zu Stande, indessen veröffentlichte der fromme Prediger (zu Herford, Detmold, Lippstadt und Solingen) WILHELM DIETERICI 1677 (mit Approbation der märkischen Synode) eine dasselbe vertretende Schrift, »Der wahre inwendige und auswendige Christ," [2]) — die erste in deutscher Sprache verfasste Schrift, in welcher der pietistische Gedanke des innerlichen und thätigen Christenthums eingehend entwickelt ward. — Diese i. J. 1680 auch von der theologischen Facultät zu Herborn approbirte Schrift DIETERICIS [3]) welche ausserordentlich viel gelesen ward, trug wesentlich dazu bei, dass die der »Praxis der Gottseligkeit" ergebenen kirchlichen Kreise sich des Gegensatzes, der zwischen ihnen und der labadistischen Separation bestand, recht bewusst wurden. Als daher auf der Generalsynode von 1683 die durch REINER COPPER in Duisburg hervorgerufenen Irrungen zur Sprache kamen und dabei die Frage aufgeworfen wurde, »wie und auf was Weise solcher Trennung in unseren Kirchen am besten zu begegnen und in's Künftige zu wahren sei?" gab die Generalsynode die

---

1) Ueber dlesen Punkt wird hier nach GOEBEL' II, S. 329—331 berichtet.

2) Der Titel lautet weiter: — „klare und gründliche Abbildung eines rechtschaffenen Christen, vorstellend in zwei Theilen, wie ein wahrer Christ sowohl innerlich beschaffen sein als äusserlich in Thun und Wandel sich verhalten müsse, in diesen letzten, verderbten Zeiten allen Mund- und Heuchelchristen zur Prüfung, allen wahren Christen aber zu Trost und Aufmunterung aus heiliger Schrift und eigener Erfahrung gestellt. 2. Bde. Frankf. 1680. 1690.

3) Es ist zu beachten, dass DIETERICI in seinem Buche sehr fleissig die *englischen* und *niederländischen Pietisten* anzieht, und zwar ganz besonders häufig AMESIUS und TEELLINCK.

Antwort: »Weil die Abweichenden sonderlich Klage führen *über das unordentliche Leben und Wesen, die grosse Unwissenheit, so durchgehens in unseren Gemeinden gefunden werde* so will nöthig sein, dass 1, wider alle Sünden und Laster mit Ernst geeifert, auch *Kirchenzucht* mehr geübt, 2, *die Katechisationen* fleissig getrieben und die Iugend in rechter Erkenntnis Gottes und *wahrer Gottseligkeit* emsig unterwiesen und treulich angeführt, 3, auch der Abweichenden Irrthümer und Unfug ihrer Absonderung in den Predigten öfters klärlich dargestellt und kräftiglich bewiesen, und dann Diejenigen, welche in einigen Verdacht des Irrthunes kommen, möchten fleissig besucht, erinnert und gewarnt bleiben." — Zur Ergänzung dieses Beschlusses verordnete hierauf die Jülicher Synode von 1685, dass in Anbetracht der allgemeinen Unwissenheit des Volkes die Prediger neben den Sonntags-Katechisationen auch an Wochentachen Katechismusübungen halten, auf die Einrichtung eines ordentlichen Schulunterrichts Bedacht nehmen und den Gemeindegliedern die »Uebungen" im Hause recht eindringlich empfehlen sollten. Die übrigen Provinzialsynoden fassten ähnliche Beschlüsse, die namentlich auch auf die Einführung einer strengen Sonntagsfeier gerichtet waren, worauf die Generalsynode von 1686 nochmals alle Prediger und Presbyterien des grossen Synodalverbandes an die Nothwendigkeit einer gründlichen Reform des kirchlichen Lebens mahnte. Die Generalsynode erklärte nämlich: »Synodus hat auch mit grossem Leidwesen betrachtet und zu Herzen genommen den gar elenden und erbärmlichen Zustand der Kirchen Gottes, indem diesselbe nicht allein auswendig von den offenbaren Feinden aufs grausamste geplagt und verfolgt, sondern auch innerlich zerrüttet und verdorben wird, da theils Atheïsterei, Ruchlosigkeit, Sorglosigkeit und allerlei Sünden, Schanden und Laster in vollem Schwange gehen, theils auch allerlei Trennungen und Spaltungen gemacht werden: so werden alle Prediger mit ihren Gemeinden Gott inniglich anzurufen wissen, um Vergebung der vielfältigen und einreissenden Sünden und um Abwendung seines Zorns, der wirklich schon angegangen und weiter zu fürchten ist, werden auch desto mehr alle Sünden und Trennungen sowohl mit Gottes Wort als anderen möglichen und zuträglichen Mitteln ernstlich trachten zu wehren. —

Alle diese Vorkommnisse beweisen, dass die reformirte Kirche von Jülich, Cleve, Berg und Mark sich seit 1674 (und schon vorher) ebenso entschieden für den Pietismus als gegen den Labadismus erklärt hatte. Mit dem letzteren erkannte sie das Bedürfniss einer neuen Reformation der Kirche vollkommen an; aber das Mittel hierzu sollte nicht die Separation und die Mystik Labadies, sondern die »Uebung der Gottseligkeit" innerhalb der kirchlichen Ordnung, der Pietismus sein, und die Kirche rang darnach, *mittelst des Pietismus den Labadismus zu überwinden.*
— Eine weit schärfer ausgeprägte Mystik als der Labadismus war, trat übrigens fast gleichzeitig in der reformirten wie in der lutherischen Kirche (namentlich in der Wetterau und in Württemberg) in allerlei Sektirern hervor, welche mit ihrem Anhang die Ehe mieden, die Kindertaufe und die Feier des Abendmahls in der Gemeinschaft mit Weltkindern verwarfen, an eine nahe bevorstehende Wiederkunft Christi und an die unendliche Wiederbringung aller Dinge glaubten, welche wenig von dem »Christus *für* uns," um so mehr aber von dem »Christus *in* uns" dachten und sprachen, die Rechtfertigung mit der Heiligung identifizirten und die »vollkommene Reinigung" der Seele durch mystische Verschmelzung derselben mit dem Wesen Gottes als das letzte Ziel bezeichneten, das der Mensch schon hier auf Erden erreichen könne und müsse.

In Hessen machten sich der Herborner Professor HEINRICH HORCHE [1]) und theilweise auch der Marburger Professor HEIN-

---

1) Vgl. *Hochhut*, „Heinrich Horche und die philadelphischen Gemeinden in Hessen". Gütersloh, 1876.

RICH HOTTINGER [1]) als Vertreter dieser Richtung bemerklich,
die in der von dem ersteren mit mehreren Freunden hergestell-
ten *Marburger Bibel* von 1712 ihren ersten bedeutsamen Ausdruck erhielt. In den reformirten Grafschaften Wittgenstein
und Ysenburg-Büdingen trafen mit diesen mystischen Separatisten die *Inspirirten* zusammen, — ursprünglich Franzosen,
welche, nachdem sie im Camisardenkrieg (1702—1704) die
letzten Todeszuckungen des Protestantismus in ihrer Heimath
gesehen, 1706 nach London geflohen, und von da über England nach Deutschland gekommen waren. Aus einer Mischung
dieser verschiedenartig mystischen, theilweise auch pietistischen
Elemente gingen die *philadelphischen Societäten* hervor, welche
im Verhältniss zu dem bestehenden Kirchenthum der drei Confessionen den Gegensatz des Geistes zum Fleische darstellen
wollten. In einer dieser Societäten, der sogenannten *Buttlar-
schen Rotte* (deren Führerin *Eva van Buttlar* war,) die sich
eine Zeitlang in Hessen und im Wittgensteiner Lande umher-
trieb, endigte freilich im Fleische, was im Geiste begonnen
war [2]). Indessen war doch das Wittgenstein-Berleburger Land
mit seinen einsamen Waldthälern gerade der Boden, auf welchem sich etwa vom J. 1700 an die bis dahin ganz sporadisch
aufgetretenen Erscheinungen des theosophisch-mystischen und
chiliastischen Separatismus zu einer geschlossenen Gemeinschaft
consolidirten, namentlich seitdem PETER POIRET die Schriften
der Frau VON GUYON und deren quietistische Mystik auch in
Deutschland bekannt gemacht hatte. Die *Berleburger Bibel*
welche (auf Grundlage der Marburger Bibel) in den Jahren
1726—1742 in acht Foliobänden zu Berleburg erschien, war
die grossartigste Codifizirung des aus dem katholischen Frankreich in das protestantische Deutschland hereingedrungenen

---

1) Vgl. *meine* Kirchengeschichte beider Hessen, B. II. S. 335 ff.

2) *Hochhut*, Geschichte und Entwickelung der philadelphischen Gemeinden (in
Niedners Zeitschr. für die hist. Theol. 1865 ff.)

Quietismus. In geläutertster Gestalt fand aber die Mystik ihre Vertretung in dem liebesinnigen, schwärmerisch-frommen GERHARD TERSTEEGEN zu Mülheim (+ 1769). Aber auch noch später lebte diese Mystik in einzelnen reformirten Territorien, namentlich im Siegener und Wittgensteiner Lande und ausserhalb Deutschland in der französischen Schweiz fort. Ihr letzter (auch literärischer) Vertreter war der Prediger JEAN PHILIPPE DUTOIT-MEMBRINI zu Lausanne (+ am 21 Januar 1793 [1]).

---

1) Ueber alle diese Erscheinungen s. das Nähere in *meiner* „Geschichte der quietistischen Mystik in der katholischen Kirche." (Berl. 1875) S. 495—522.

ACHTER ABSCHNITT.

Die Anfänge des Pietismus in der lutherischen Kirche.

Nachdem alle reformirten Territorien Deutschlands von der Macht des Pietismus berührt worden waren und die Schriften englischer und niederländischer Pietisten in denselben durch deutsche Uebersetzungen weithin Verbreitung gefunden hatten, konnte es nicht ausbleiben, dass diese Schriften auch im lutherischen Deutschland bekannt und gebraucht wurden und dass, namentlich infolge des Elendes, welches der dreissigjährige Krieg gebracht hatte, auch hier die Gemüther von denselben angezogen und zur Pflege eines innerlichen thätigen Christenthums erweckt wurden. Daher sehen wir schon in der ersten Hälfte des siebzehnten Jahrhunderts in den lutherischen Theilen Deutschlands sich eine Anzahl Prediger erheben, welche ganz in der Weise der englischen und niederländischen Pietisten, zum Theil mit ausdrücklicher Bezugnahme auf diese, und mit eindringlichster Empfehlung der Werke derselben, auf die Nothwendigkeit einer Reform des kirchlichen Lebens durch Erweckung eines innerlichen und im Leben sich wirksam bethätigenden Christenthums in ernster Sprache hinweisen.

Allerdings dürfen dahin nicht Alle gerechnet werden, welche

mit dem bestehenden lutherischen Kirchenthum unzufrieden, damals als Herolde einer neuen geistlichen Weisheit auftraten und oft in mystisch-schwärmerischer Weise Anhänger um sich zu schaaren suchten. Kirchenverbesserer dieser Art, wie z. B. FRIEDRICH BRECKLING (1629 im Schleswigschen geboren + 1711) LUDWIG FRIEDRICH GIFTTHEIL (Sohn eines württembergischen Abts, + 1661) u. A. suchten allerdings, wenn ihnen daheim der Prozess gemacht wurde, gern eine Zufluchtsstätte in Holland, namentlich in Amsterdam, hatten aber mit den dortigen Pietisten in der Regel keine Gemeinschaft. Ebenso wenig ist hier auf den gottseligen Generalsuperintendenten JOHANN ARNDT in Celle (1550—1621) zu verweisen, dessen »Wahres Christenthum," »Paradiesgärtlein" und sonstige Schriften nur Erbauungsbücher sein wollen und ohne alle reformatorische Tendenz abgefasst sind. Auch der grosse Dogmatiker JOHANN GERHARD zu Jena (1582 + 1637) gehört nicht hierher, indem dessen ascetische Schriften [1]) sich nicht sowohl durch eine pietistische Tendenz als durch einen Anflug von Mystik auszeichneten. Dagegen gab es damals in der lutherischen Kirche eine nicht geringe Zahl ernster und erweckter Prediger, welche den holländischen Pietisten wirklich verwandt waren, indem sie dieselben Ziele wie diese und auf denselben Wegen zu erreichen suchten.

Dahin gehört z. B. der frommen JOACHIM BETKINS aus Berlin, der nach Beendigung seiner Studien zu Wittenberg, Pfarrer der Dorfgemeinde Linum bei Fehrbellin war, in welcher er dreissig Jahre lang bis zu seinem Tode (1663) wirkte. Sein Wahlspruch war: »Herr, du weisst, dass ich dich lieb habe"

---

1) *Meditationes sacrae* ad veram pietatem excitandam et interiorem hominis profectum promovendum accommadatae, Jen. 1614. — *Exercitium pietatis* quotidianae quadripartitum, Jen. 1622, — Gern betrachtet GERHARD das Christenleben unter den Gesichtspuncten der Vermählung der Seele mit Christus, des mystischen Gastmals, der Nachfolge Jesu u. s. w.

und nicht wenige Seelen sollen durch ihn zu wahrer Frömmigkeit erweckt worden sein. — In seinen Schriften klagt er darüber,
dass das Christenthum zu einem Antichristenthum geworden
sei, *weil ganz unchristlich gelebt werde*, wofür er vor Allem die
Prediger verantwortlich macht, weil deren so viele unbekehrt
seien und ein unbekehrter Prediger, der die Sünde nicht kenne
und nicht hasse, unmöglich einen Sünder zur Busse und zum
Glauben bringen könne. Die Privatbeichte will er als ein ganz
geistloses, nur zur Einschläferung der Seelen führendes Institut
abgeschafft wissen. Auch sollen die Prediger ihre Bücher nicht
in lateinischer, sondern in der Landessprache schreiben, damit
das Volk sie lesen könne. In den Gemeindegliedern sollen die
Prediger das allgemeine Priesterthum anerkennen und dieselben
anregen, »dass sie auch neben uns Gottes Wort lesen, betrachten, dasselbe unter sich verkündigen, sich strafen, ermah-
nen u. s. w." — »Wie viele Tausende von Christen giebt es
doch, die nie eine Bibel gelesen haben!" — »Auch in der
Sitte der verschiedenen Stände muss Vieles anders werden."
Vor Allem müssten sich dabei die Geistlichen vor einer unvor-
sichtigen Darstellung der Lehre von der Rechtfertigung hüten.
Denn viele sprächen von derselben ohne der Heiligung je zu
gedenken. »Den möchte ich sehen," ruft er aus, »der in den
Conventen von Christi Nachfolge je gesprochen hätte!" Dagegen sollen die Prediger mit Ernst den Bindeschlüssel gebrauchen und eine strenge Kirchenzucht handhaben [1]).

---

1) S. den Artikel *„Betkins"* in Herzogs theol. Realencyclop B. II. Unter den
Schriften desselben sind hervorzuheben: *„Mysterium crucis"*, Berol. 1637 — *„Sacer-
dotium, h. e. Neutestamentliches, königliches Priesterthum, aus dem Typischen
fleissig herausgesucht und unserem fast priesterlosen Christenthum zum Unterricht
nnd Nutzen aufgesetzt"*, 1640. — *„Mensio Christianismi et ministerii Germaniae,
d. i. geistliche Abmessung unseres heutigen Christenthums und Predigtamts, ob beides
christlieh und apostolisch sei,"* 1636 (6. Auflage 1648) — *„Antichristenthum"*,
Amsterd. 1650 — *„Irenicum s. fortitudo pacis oder treuherzige Vermahnung an das
ganze Christenvolk von dem gegenwärtigen Türkenkrieg."* — *„Göttliche Leidens-
gemeinschaft wahrer Christen mit ihrem Haupte,"* Amsterd. 1660. — *„Excidium
Germaniae,"* Amstel. 1666.

Wie von BETKINS so wird aber auch von anderen gleichzeitigen Predigern und akademischen Lehrern der lutherischen Kirche der Gedanke einer Reform des kirchlichen Lebens energisch vertreten.

Der Professor der Theologie JOHANN QUISTORP zu Rostock (1584—1684) ein mildgesinnter und (den Traditionen der theologischen Facultät zu Rostock entsprechend) den Interessen des religiösen Lebens mit Eifer zugewandter Kirchenmann, hinterliess eine Reihe von Aufzeichnungen, welche von seinem gleichgesinnten Sohne JOH. QUISTORP 1659 als *pia desideria* mit einer Epistola antistitis Mecklenburgensis (deutsch 1665) herausgegeben wurden. In denselben waren allerlei Gebrechen in Kirche, Schule und Haus gerügt. Aus dem Gottesdienst müssen die Instrumental- und Figuralgesange, die sämmtlich aus dem Papstthum herrühren, entfernt, der Sonntagsentheiligung muss gesteuert, die Predigten müssen praktisch eingerichtet, die Beichtpfenninge abgesehafft, ein Kirchenakt muss eingeführt werden, in welchem die mündig gewordenen Kinder, katechetisch gehörig vorbereitet, selbst das Glaubensbekenntniss ablegen, in jeder Gemeinde sind Kirchencollegien in der Weise der reformirten Presbyterien einzurichten, mittelst deren der Pfarrer die Kirchenzucht handhaben kann u. s. w. [1]).

Der Professor der Theologie BALTHASAR MEISNER zu Wittenberg (1587 + 1626) der das Gebet, die Meditation und die Tentation als die eigentliche Schule des Theologen ansah, und welcher in dem Dedicationsvorwort seiner Meditationes über die Evangelien bekennt; »Ich habe ein *Volksprediger* sein wollen und daher Alles auf *Erweckung der Frömmigkeit und der guten Werke*, welche beide bei so Vielen vernachlässigt werden und eines beständigen Antriebes bedürfen, hinzuleiten gesucht'', —

---

1) *Tholuck*, „Lebenszeugen der lutherischen Kirche aus allen Ständen vor und während der Zeit des dreissigjährigen Krieges." Berl. 1859. S. 197—202.

hielt gegen das Ende seines Lebens eigne Vorlesungen über
die »theoretischen und practischen Gebrechen der Kirche,"
deren Herausgabe er auch beabsichtigte. Der Hamburger Prediger JOHANN MÜLLER schreibt hierüber 1631 an Saubert:
»Wie einst ein Luther zur *Reformation der Lehre* nöthig war:
so jetzt des *Lebens*. Der sel. MEISNER, einst mein theurer
Lehrer und späterer College, beabsichtigte ein Werk zu schreiben über die *Lebensreformation in allen Ständen*, aber durch
seinen frühzeitigen Tod wurde er an der Ausführung gehindert." — Indessen erschien das Manuscript doch 1674 unter
dem Titel »B. Meisneri *pia desideria* — de quibusdam defecti-
bus in et ab ecclesia Evangelicorum tollendis" im Druck. Der
Verfasser unterscheidet also theoretische und practische Mängel
der Kirche. In ersterer Beziehung bezeichnet er als dringendes Bedürfniss der Kirche: »Ein kurz Tractätlein, was ein
jeder Christ zu seiner Seligkeit nöthig habe;" »ein Erbauungs-
büchlein gegen die herrschenden Sünden der Zeit;" (ein Tractat
über) »die zu grosse Bitterkeit in den Streitigkeiten dieser
Zeit;" (sowie über) »ein zu grosses Gewichtlegen auf Neben-
fragen und nicht fundamentale Artikel." Zu den praktischen
Mängeln werden z. B. gerechnet: 1, Die Unfrömmigkeit und das
anstössige Leben der meisten Geistlichen; 2, ihre zu grosse
Sorge für das Oeconomische; — — 6, der Mangel an solennen
Festen bei ausserordentlichen Begebenheiten: — 8, *Mangel an
Missionen unter Juden, Türken und Heiden* [1]); 9, die Unge-
schicklichkeit vieler Prediger, welche die Meditation oder die
Andacht nicht üben und sich mit fremdartigen Dingen abgeben; — 13, dass man sich nicht genug bemüht, die Sitten
des Volkes zu bessern. — Eine andere Abhandlung Meisners

---

[1] *Tholuck* sagt hierzu S. 208: „Dies die erste Stimme in der lutherischen Kirche, welche die Verpflichtung der Kirche zur Missionsthätigkeit anerkennt." — In
der reformirten Kirche hatten die Pietisten diese Anerkennung bekanntlich längst
ausgesprochen.

„De vero christiano eiusque natura, praestantia et unione"
wurde 1697 zu Strassburg auf's Neue aufgelegt ¹).

JOHANN MATTAEHUS MEYFART aus Waltershausen in Thüringen,
seit 1616 Professor, hernach Rector des Casimirianums zu
Gotha, seit 1633 Professor der Theologie zu Erfurt (+ 1692),
dessen theologische Schriften »ein einziger starker Wächterruf
an die schlummernde Christenheit" sind, trat zuerst 1626 mit
seiner » *Tuba novissima* d. i. von den vier letzten Dingen des
Menschen, vom Tode, jüngsten Gericht, ewigen Leben und
Verdammniss, vier Predigten, gehalten zu Coburg" auf, deren
dritte mit dem berühmten Maifartschen Liede schliesst: »Jerusalem, du hochgebaute Stadt." Im J. 1627 folgten die Schriften: »Von dem himmlischen Jerusalem auf historische Weise
ohne alle Streitsachen aus den holdseligsten und fröhlichsten
Contemplationen gelehrter Väter und Männer beschrieben;"
1630: »Das höllische Sodoma oder die ewige Verdammniss,
auf historische Weise ohne alle Streitsachen;" 1632: »Das
jüngste Gericht auf historische Weise ohne alle Streitsachen." — Zu den eigentlich reformatorischen Schriften Mey-
farts kann schon dessen i. J. 1636 veröffentlichte »Christliche
Erinnerung an gewaltige Regenten und gewissenhafte Prä-
dicanten, wie das abscheuliche Laster der Hexerei mit Ernst
auszurotten, oder in Verfolgung desselben auf Kanzeln und in
Gerichtshäusern sehr bescheidentlich zu handeln sei," gerechnet
werden. Seine beiden bedeutendsten Schriften sind jedoch die
zum Zwecke der Besserung des Lebens der Studenten, nämlich
sein »Bildniss eines wahren Studenten der h. Schrift, genommen aus dem ehrlichen Leben des Propheten Daniel auf der
königl. Academie zu Babylon," von 1634 und seine »Christliche Erinnerung von denen aus den evangelischen hohen Schulen in Deutschland an manchen Orten entwichenen Ordnungen

---

1) *Tholuck*, a. a. O. S. 202—209.

und ehrbaren Sitten und bei diesen elenden Zeiten eingeschli-
chenen Barbareien" von 1635. In diesem letzteren Werke
kämpft MEYFART gegen den Pennalismus und die Verderbtheit
des Studentenlebens jener Zeit an, was ihn jedoch schliesslich
(in Kap. 12) auch zu einer Erörterung der Frage »welchergestalt gute Zucht und heilsame Ordnung — in der evangelischen Kirche Deutschlands — erhalten und wieder aufgerichtet
würde," veranlasst. Hier werden nicht weniger als vierzig
Hauptgebrechen der Kirche und des kirchlichen Lebens notirt,
deren eins er darin findet, dass die Gemeinden keine Vertretung und darum auch kein Recht der Betheiligung an der Besetzung ihrer Pfarreien hätten. — In entschiedenster Weise
trat MEYFART — ein begeisterter Verehrer Melanchthons, über
dessen Misshandlung seitens der lutherischen Theologen er
klagt, — in der Schrift »De concilianda pace inter ecclesias
per Germaniam evangelicas" für die Idee der evangelischen
Union ein [1]).

Unter den lutherischen Pastoren jener Zeit, welche auf eine
biblische Reformirung des kirchlichen Lebens hin arbeiteten,
ist vor Allen der Hofprediger VALENTIN ANDREAE zu Stuttgart
(1586—1654) zu nennen, der den Segen einer strengen Kirchenzucht und einer presbyterialen Gemeindeorganisation am
liebsten in der gesammten lutherischen Kirche heimisch gemacht
hätte, und in seinem heimathlichen Kreise dem kirchlichen
Leben in allerlei Weise aufzuhelfen suchte [2]).

Den Tendenzen Speners unmittelbarer verwandt war jedoch
die Richtung anderer Pastoren jener Zeit, z. B. des Predigers
zu Dresden, Altenburg u. s. w. und nachherigen Superintendenten ARNOLD MENGERING (1596 + 1646). In einer ganzen
Reihe von Schriften suchte derselbe seine Zeitgenossen an den Ge-

---

1) *Tholuck*, S. 309—216.
2) *Tholuck*, S. 314—339.

danken zu fesseln, dass die Bekehrung zu Gott der einzige Rettungsanker in der entsetzlichen Noth der Zeit sei. Zu diesem Zwecke veröffentlichte er die Schriften: »Kriegsbelial oder Soldatenteufel, nach Gottes Wort und gemeinem Lauf der Zeit beschrieben" (1631); »Prophetischer Buss-, Andacht- und Trostspiegel" (1633); »Der schändliche, ungerechte Quartiermeister gegenwärtiger verzweifelter Zeiten" (1639) »Eidbüchlein" (1644) u. s. w. Dabei verfuhr er so, dass er das Wesen und die Nothwendigkeit der Busse durch Schärfung des Gewissens seinen Hörern und Lesern zum lebendigen Verständniss zu bringen suchte, in welcher Beziehung seine Schriften: »Suscitabulum conscientiae, der Gewissenswecker," von 1638; »Informatorium conscientiae, evangelisches Gewissensrecht, Rath und Unterricht" von 1644 und »Refectorium conscientiae, die evangelische Gewissensruhe" von 1647 zu nennen sind [1]).

Der Prediger JOACHIM SCHRÖDER zu Rostock (1613 + 1677) war wie MEYFART vor Allem ein Eiferer gegen das auf Universitäten und Schulen grassirende Sittenverderbniss und gegen die Vernachlässigung der religiösen Erziehung der Jugend in den letzteren, trat aber zugleich auch (in seiner Schrift: »Geistlicher Nordstern" von 1660) für strenge Handhabung der Kirchenzucht ein. Als seine bedeutendste reformatorische Schrift ist wohl seine einst viel gelesene »hellklingende Posaune" anzusehen.

Neben den Genannten verdient ein Theologe hervorgehoben zu werden, von dem wir freilich ausser seinem Namen RUPERT MELDEN [2]) nur wissen, dass er der Verfasser einer um die Mitte des dreissigjährigen Krieges verfassten Schrift ist, welche den Titel führt: »Paraenesis votiva pro pace ecclesiae ad theologos Augustanae confessionis auctore Ruperto Meldenio theologo."

---

1) *Tholuck*, S. 356—363.
2) *Tholuck*, S. 415—420.

Dieselbe besteht aus zwei Theilen. In dem ersten werden die
Gebrechen der Kirche und des kirchlichen Lebens geschildert,
in dem zweiten werden die zur Heilung derselben dienlichen
Mittel angegeben. Der Mittelpunkt der Erörterung ist das
geistliche Amt. Dasselbe hat die Aufgabe, die Kirche zu bauen
und zu vertheidigen. Wer aber die Kirche bauen will, muss
ein Salz sein, und die salzende Kraft liegt nicht allein in der
Reinheit der Lehre sondern auch in der *Reinheit des Lebens*.
»Aber," sagt Melden, »wie gross ist die Zahl Derjenigen, die
Theologen zu sein *scheinen* wollen, statt es zu *sein*, die mit
unersättlichem Ehrgeiz hochklingende Titel, Prärogative und
den Dunst der Ehre suchen! Wie gross ist die Zahl Derer,
welche ihr Leben lang nur mit der *Theorie*, ja mit müs-
sigen Speculationen, gehässigen Streitigkeiten, unnützen Disputationen beschäftigt, mit der *Praxis der Theologie* sich niemals abgeben!"—

Auch der Nürnberger Pastor MICHAEL DILHEER aus Themar
in der Grafschaft Henneberg (1604 + 1669), der Verfasser
einer ganzen Reihe ascetisch — reformatorischer Schriften (»Der
Weg zur Seligkeit," 1645; »der Hausprediger d. i. Anweisung
zur Gottseligkeit für Aeltern, Kinder und Gesinde," 1651;
»Göttliche Liebesflammen über das hohe Lied," 1651; »Haus-
und Reisepostille," 1661; »Prophetenschule," 1662; das in
den leidenden Jesum verliebte Christenherz", 1665), der 1657
das Erbauungsbuch des englischen Pietisten Sonthom »Güldenes
Kleinod der Kinder Gottes" herausgab und durch ein von ihm
1649 erwircktes Mandat des Magistrats, sowie durch eine gleichzeitig veröffentlichte Schrift »Die heilige Sonntagsfeier" auf die
Einführung einer strengen Sabbathfeier bedacht war — ist hier
zu erwähnen.

Unter den theologischen Facultäten hatte die zu Strassburg
sich schon 1636 über das Erforderniss einer Reform des kirchlichen Lebens ganz im Sinne des Pietismus erklärt. Von dem

Herzog Ernst zu Gotha befragt »wie das gefallene Christenthum wieder aufzurichten," empfahl sie hierzu folgende Mittel: »1, Busspredigten, Abschneidung der Controversen, weil man nicht mit widerwärtiger Lehre, sondern mit Legung eines guten Fundaments zu thun habe, mit Sanftmuth, nicht durch sonderbare Texterklärung oder neue Anstalten; 2, öffentliche Katechismuslehre, der die Alten beiwohnen sollten; 3, häusliche Einübung des Katechismus; 4, Hausbesuche; 5, dass die Christen gelehrt werden, auch in Abwesenheit ihres Pfarrers sich mit christlichen Uebungen zu beschäftigen, 6, Verhör der Communicanten." — Ebenso erklärte die theologische Facultät zu Strassburg auch im J. 1653 bezüglich eines ihr zur Begutachtung vorgelegten Reformationsentwurfes: »Wir unseres Theiles haben fast lange Zeit und Jahre her mit unseren Vermahnungen dahin gezielt, am allermeisten, da der barmherzige Gott nach dem unsäglichen Kriegsjammer Hoffnungen erweckt, jetzo sei es Zeit, das alle evangelischen Kur- und Fürsten, Grafen und Herrn, Kanzler und Räthe, Superintendenten und Prediger, Rectoren und Präzeptoren ihre consilia zusammentragen und sich bedenken sollten, *welchergestalt dem allergnädigsten Gott zu schuldiger Dankbarkeit eine allgemeine Reformation angestellt werden sollte"* [1]).

Unter den jungen Theologen, die um jene Zeit zu Strassburg ihren Studien oblagen, befand sich auch der Sohn eines gräflich-Rappoltsteinschen Hofmeisters Spener, Philipp Jacob Spener, [2]) am 13. Januar 1635 zu Rappoltsweiler geboren. Fromm und zu einem treuen Sohn der lutherischen Kirche erzogen, nahm er die in der Facultät zu Strassburg heimischen Ideen über eine wünchenswerthe Reform der Kirche in sich auf, jedoch ohne dass dieselben zunächst bei ihm zu etwas Weiterem führten

---

[1] *Tholuck*, S. 394—395.

[2] *Hosbach*, Leben Speners. 2. Aufl. 1853; *M. Goebel*, II, S. 537—591; *Tholuck* in Herzogs theol. Realencyclop. XIV, S. 614—634; *Thilo*, Spener als Katechet, 1841.

als bei so vielen Anderen, welche auch den aufrichtigen Wunsch hatten, dass in der Kirche Vieles besser werden möchte. Seine Anschauungen und Ideen erweiterten sich jedoch und gestalteten sich allmählich zu Strebungen in ihm, als er nach Basel und von da nach Genf kam, und dort in einem einjährigen Aufenthalte das presbyteriale Gemeindeleben der reformirten Kirche kennen lernte, das (wie er sagte) so viel schriftmässiger, lebensvoller und fruchtbarer war als das Gemeindeleben in der lutherischen Heimath. Auch hörte er hier Labadie predigen, mit dem er auch einmal in persönliche Berührung kam. Labadies pastorale Wirksamkeit hatte in Genf noch nichts von den Ordnungen der reformirten Kirche Abweichendes; aber die gewaltigen Predigten des in Genf allgemein bewunderten Mannes mussten ihn ebenso mächtig erfassen, wie dies so viele Andere an sich erfuhren, und die angefälligen Ergebnisse der Wirksamkeit Labadies und der anderen Genfer Prediger mussten es ihm klar machen, dass die reformirte Kirche in ihrer Gemeindeorganisation und in dem von ihr vertretenen Gedanken, dass die Ausübung der Kirchenzucht ebenso sehr ein Bedürfniss der Kirche sei als die Predigt des Wortes, und dass die Kirche ebenso sehr auf die Reinheit des Lebens zu sehen habe als auf die Reinheit der Lehre — ein Gut besitze, welches der lutherischen Kirche eigentlich fehle. Doch waren diese Gedanken vorläufig nur Erwägungen, die ihn beschäftigten, die sich aber noch nicht im Entferntesten in ihm zur Entschliessung gestalteten, in der lutherischen Kirche eine Reform versuchen zu wollen [1]). Von entscheidender Bedeutung

---

1) Hosbach sagt in seiner Biographie Speners (Berl. 1828) B. I, S. 92—93 ganz richtig: „Von nicht unbedeutendem Einfluss auf Spener war auch Joh. von Labadie, damals Prediger zu Genf. Die erbaulichen Vorträge dieses Mannes und seine damals noch von den späteren Ausartungen freien Bestrebungen für eine strenge Sittlichkeit und für die Reinigung eines verderbten kirchlichen Lebens zogen den für gleiche Zwecke glühenden Jüngling an. Er sprach ihn zwar nur Einmal in seinem Hause, gewann aber für ihn eine Achtung, die er selbst in manchen späteren miss-

wurde aber Speners einjähriger Aufenthalt in Genf für ihn dadurch, dass er nicht allein lernte Gutes in der reformirten Kirche anerkennen und reformirte Literatur zu gebrauchen, sondern dass er insbesondere auch mit der pietistischen Literatur Englands bekannt wurde.

Als daher Spener nach seiner Rückkehr aus Genf, und nachdem er in Strassburg andere Aemter bekleidet hatte, 1666 die Stelle eines Pfarrers und Seniors zu Frankfurt a. M. übertragen erhielt und hier das mit dem lebenskräftigen religiösen Leben, welches er in Genf gesehen, und welches ihn aus den Schriften der englischen Pietisten so wohlthuend anmuthete, in so grellem Gegensatz stehende todte lutherische Kirchenthum sah, — da wies er eben auf die in deutschen Uebersetzungen vorhandenen Schriften jener englischen Pietisten hin um durch sie auch in seiner Frankfurter Gemeinde das Streben nach innerlicher lebenskräftiger Frömmigkeit, nach einem thätigen Christenthum zu erwecken.

Als diese Schriften, in denen die wahre Gottseligkeit gelehrt werde, und durch welche er selbst zur Erkenntniss und Uebung derselben gekommen sei, bezeichnet er: IMMANUEL SONTHOMS »Güldenes Kleinod der Kinder Gottes d. i. der wahre Weg zum Christenthum" (Lüneb. 1636; Nürnberg 1657), LUDWIG BAYLYS »Uebung in der Gottseligkeit" (Zürich 1629); JEREMIAE DIJKES Schrift »vom Selbstbetrug" uud RICHARD BAXTERS Schrift »von der Selbstverläugnung."

---

billigenden Urtheilen nie verläugnete, und die ihm viele und harte Vorwürfe verursachte. Er übersetzte sogar eine ascetische Schrift des Labadie „von andächtigen Betrachtungen, wie solche christlich und gottselig angestellt und geübt werden sollen" aus dem Französischen ins Deutsche, die 1667 zu Frankfurt und später noch einmal zu Berlin gedruckt wurde." — Allein mehr als Hosbach hier über Labadies Einfluss auf Spener gesagt hat, darf über das Abhängigkeitsverhältniss dieses von jenem nicht behauptet werden. Wenn SCHOTEL (Anna Maria van Schürman, S. 155) Labadie als den eigentlichen Stifter des Pietismus bezeichnet und Labadismus uud Pietismus miteinander identifizirt, so wird das Wesen des Labadismus gänzlich verkannt und die Entstehung des Pietismus in ein ganz falches Licht gestellt.

Als damals (um 1670) der fromme STENGER in Erfurt das
Erbauungsbuch des »reformirten" IMMANUEL SONTHOM empfahl,
donnerte die theologische Facultät zu Wittenberg: »*Ist denn
nun kein Gott in Israel, dass man hingehen müsse, die Teufel
zu fragen?*" und SPENER wurde von seinem eigenen Schwager
und früheren Lehrer, dem rappoltsteinschen Hofprediger JOHANN
STOLL, mit bitterem Tadel gefragt, »warum doch die praxis
pietatis Anglica der SONTHOM, DIJKE u. s. w. vor GERHARD,
CRAMER und dem HUNNIUS sollen den Vorzug haben, da doch
ein heimlich Gift in ihnen allen steckt?"

Gott aber segnete das, was hier als »Gift" verschrieen ward,
zum Brode des Lebens — zunächst für SPENER selbst, der auch
noch in späteren Jahren den Gewinn, den ihm insbesondere
BAYLYS Buch für sein inneres Leben gebracht hat, freudig
anerkannte und der sich an den »letzten Stunden" des niederländischen Pietisten RIVET [2]) (+ 1651 zu Breda) noch auf
seinem Sterbebette erquickte, — und für unzählige Andere,
die durch ihn zu wahren Busse und Bekehrung gelangt sind.

SPENER vertrat mit seinen *pia desideria* [3]) von 1675 [4]) und

---

1) *Tholuck*, S. 363.

2) Gemeint ist die Schrift: „Les dernières heurs de Mr. RIVET", Utrecht 1652,
die auch holländisch und deutsch erschienen ist.

3) „Pia desideria" waren (wie oben schon gezeigt worden ist) schon vorher auch
von Anderen veröffentlicht. Ueberhaupt war dieser Ausdruck damals ein beliebter
Titel für derartige Publicationen. Vgl. ZETNER, Schediasma, de piorum desiderio-
rum scriptoribus; Altdorf, 1706.

4) „Pia desideria oder herzliches Verlangen nach gottgefälliger Besserung der
wahren evangelischen Kirche." — SPENER liess diese Abhandlung erst als Vorwort
zu einer neuen Ausgabe von ARNDTS POSTILLE, dann auch als besondere Schrift erscheinen. — Sechs pia desideria waren es, die er in derselben hervorhob: 1,
„Dass man darauf bedacht sein möge, das Wort Gottes reichlicher unter uns zu
bringen; 2, die Aufrichtung und fleissige Uebung des allgemeinen Priesterthums;
3, dass man den Leuten wohl einbilde und sie dahin gewöhne zu glauben, es sei
mit dem Wissen im Christenthum durchaus nicht genug, sondern das Christenthum
bestehe vielmehr in praxi; 4, dass man genauer auf sich Acht geben sollte, wie man
wegen der Religionsstreitigkeiten und gegen Diejenigen sich zu verhalten habe, welche allerdings Ungläubige und Falschgläubige wären; 5, dass die Academien, wie es
billig sein sollte, auch recht als Pflanzstätten der Kirche in allen Ständen und Werk-

mit seiner ganzen auf dieselben gegründeten Wirksamkeit genau dasselbe, was die Pietisten Englands und Niederlands als »Praxis" und »Uebung der Gottseligkeit" gelehrt hatten; und so ist das Licht, welches einst in der reformirten Kirche jener Lande aufgegangen war, durch SPENER zu einer Leuchte der Wahrheit und des Lebens für die lutherische Kirche geworden.

stätten des heiligen Geistes, nicht aber des Weltgeistes, ja des Ehrgeiz-, Sauf-, Balg- und Zankteufels an dem Leben der Studiosorum erkannt werden möchten; 6, dass die Predigten so von Allen eingerichtet werden möchten, dass der Zweck derselben, nämlich der Glaube und dessen Früchte bei den Zuhören bestmöglichst befördert würden."

Bisher in der Reihe erschienen:

Reihe ReligioSus

*Herausgegeben und mit einem Vorwort versehen von
Christiane Beetz*

Band I:
Paul Kalkoff: **Ulrich von Hutten und die Reformation:**
Eine kritische Geschichte seiner wichtigsten Lebenszeit und
der Entscheidungsjahre der Reformation (1517 - 1523)
ISBN: 978-3-942382-52-6
624 Seiten 49,50 €

Band II:
Manfred Köhler: **Melanchthon und der Islam:**
Ein Beitrag zur Klärung des Verhältnisses zwischen
Christentum und Fremdreligionen in der Reformationszeit
ISBN: 978-3-942382-89-2
176 Seiten 29,50 €

Band III:
Richard Zoozmann: **Hans Sachs und die Reformation:**
In Gedichten und Prosastücken
ISBN: 978-3-942382-82-3
200 Seiten 29,50 €

Band IV:
Paul Dahlke: **Buddhismus als Religion und Moral**
ISBN: 978-3-86347-014-2
360 Seiten 39,50 €

Band V:
Thomas Achelis: **Die Religionen der Naturvölker im
Umriß**
ISBN: 978-3-86347-049-4
176 Seiten 29,50 €

Band VI:
Julius Wellhausen: **Isralitische und Jüdische Geschichte**
ISBN: 978-3-86347-152-1
444 Seiten 59,50 €

Band VII:
Ignaz Goldziher: **Der Mythos bei den Hebräern
und seine geschichtliche Entwicklung**
ISBN: 978-3-86347-063-0
408 Seiten 59,50 €

Band VIII:
Richard M. Meyer: **Altgermanische Religionsgeschichte**
ISBN: 978-3-86347-173-6
676 Seiten 59,50 €

Band IX:
Mohammed Ibn Ishak: **Das Leben Mohammeds**
ISBN: 978-3-86347-187-3
128 Seiten 29,50 €

Band X:
Alfred Hillebrandt: **Buddhas Leben und Lehre**
ISBN: 978-3-86347-200-9
170 Seiten 29,50 €

SEVERUS Verlag, Imprint der Diplomica Verlag GmbH | Hermannstal 119k

D-22119 Hamburg | kontakt@severus-verlag.de | T: +49-40-655 99 20

Bisher im SEVERUS Verlag erschienen:

Achelis, Th. Die Entwicklung der Ehe * Die Religionen der Naturvölker im Umriß, Reihe ReligioSus Band V * **Alterton, Margaret** Origins of Poe's critical theory * **Andreas-Salomé, Lou** Rainer Maria Rilke * **Anschütz, Richard** Der Chemiker August Kekule - Band 1: Leben und Wirken * **Arenz, Karl** Die Entdeckungsreisen in Nord- und Mittelafrika von Richardson, Overweg, Barth und Vogel * **Aretz, Gertrude (Hrsg)** Napoleon I - Briefe an Frauen * **Ashburn, P.M** The ranks of death. A Medical History of the Conquest of America * **Avenarius, Richard** Kritik der reinen Erfahrung * Kritik der reinen Erfahrung, Zweiter Teil * **Baden, Prinz Max von** Prinz Max von Baden. Erinnerungen und Dokumente. Reihe Deutsches Reich Bd. VIII/I * Prinz Max von Baden. Die moralische Offensive. Deutschlands Kampf um sein Recht. Reihe Deutsches Reich Bd. VIII/II * **Baerwald, Richard** Okkultismus und Spiritismus und ihre weltanschaulichen Folgen * **Baker, Ernest A.** The history of the English Novel: The novel of sentiment and the gothic romance * **Batty, Beatrice** Forty-two years among the Indians and Eskimo * **Bayern, Therese von** Reisestudien aus dem westlichen Südamerika von Therese Prinzessin von Bayern Bd. 1 * Bd. 2 * **Beneke, Otto** Von unehrlichen Leuten: Kulturhistorische Studien und Geschichten aus vergangenen Tagen deutscher Gewerbe und Dienste * **Berneker, Erich** Graf Leo Tolstoi * **Bernstorff, Graf Johann Heinrich** Erinnerungen und Briefe * **Bie, Oscar** Franz Schubert - Sein Leben und sein Werk * **Binder, Julius** Grundlegung zur Rechtsphilosophie. Mit einem Extratext zur Rechtsphilosophie Hegels * **Bliedner, Arno** Schiller. Eine pädagogische Studie * **Birt, Theodor** Frauen der Antike * **Bismarck, Otto von** Otto Fürst von Bismarck. Bismarcks Briefwechsel mit dem Minister Freiherrn von Schleinitz 1858-1861, Reihe Deutsches Reich Bd. I/IV * **Blümner, Hugo** Fahrendes Volk im Altertum * **Bodelschwingh, Friedrich** Friedrich Bodelschwingh (1831-1910): Ein Blick in sein Leben * **Boltzmann, Ludwig** Populäre Schriften * **Boos, Heinrich** Geschichte der Freimaurerei. Ein Beitrag zur Kultur- und Literatur-Geschichte des 18. Jahrhunderts * **Brahm, Otto** Das deutsche Ritterdrama des achtzehnten Jahrhunderts: Studien über Joseph August von Törring, seine Vorgänger und Nachfolger * **Brandes, Georg** Moderne Geister: Literarische Bildnisse aus dem 19. Jahrhundert. * **Braun, Lily** Lebenssucher * **Braun, Ferdinand** Drahtlose Telegraphie durch Wasser und Luft * **Bretschneider, Emil** Archaeological and Historical Researches on Peking and its Environs * History of European Botanical Discoveries in China * **Brunnemann, Karl** Maximilian Robespierre - Ein Lebensbild nach zum Teil noch unbenutzten Quellen * **Büdinger, Max** Don Carlos Haft und Tod insbesondere nach den Auffassungen seiner Familie * **Burkamp, Wilhelm** Wirklichkeit und Sinn. Die objektive Gewordenheit des Sinns in der sinnfreien Wirklichkeit * **Byloff, Fritz** Hexenglaube und Hexenverfolgung in den österreichischen Alpenländern * **Caemmerer, Rudolf Karl Fritz Die** Entwicklung der strategischen Wissenschaft im 19. Jahrhundert * **Caprivi, Leo Graf von (Hrsg. Rudolf Arndt)** Leo Graf von Caprivi. Die Reden des Grafen von Caprivi, Reihe Deutsches Reich Bd. II/I * Die Reden des Grafen von Caprivi im Deutschen Reichstage, Preußischen Landtage und bei besonderen Anlässen. 1883 - 1893. Mit der Biographie und dem Bildnis. * **Casper, Johann Ludwig** Handbuch der gerichtlich-medizinischen Leichen-Diagnostik: Thanatologischer Teil, Bd. 1 * Bd. 2 * **Cronau, Rudolf** Drei Jahrhunderte deutschen Lebens in Amerika. Eine Geschichte der Deutschen in den Vereinigten Staaten * **Cunow, Heinrich** Geschichte und Kultur des Inkareiches * **Cushing, Harvey** The life of Sir William Osler, Volume 1 * The life of Sir William Osler, Volume 2 * **Dahlke, Paul** Buddhismus als Religion und Moral, Reihe ReligioSus Bd. IV * **Darmstaedter, Ludwig/du Bois-Reymond, René** Geschichte der exakten Wissenschaften und Technik von der vorchristlichen Zeit bis zum Beginn des 20. Jahrhunderts * **Decsey, Ernst** Hugo Wolf * Bruckner - Versuch eines Lebens * **Droysen, Johann G.** Grundriss der Historik: Vorlesungen zur Geschichtswissenschaft und Methodik * **Dühren, Eugen** Der Marquis de Sade und seine Zeit. in Beitrag zur Kultur- und Sittengeschichte des 18. Jahrhunderts. Mit besonderer Beziehung auf die Lehre von der Psychopathia Sexualis * **Eckardt, Julius von Leo** Graf von Caprivi. Bismarcks Kampf gegen Caprivi, Reihe Deutsches Reich, Bd. II/II * Aus den Tagen von Bismarcks Kampf gegen Caprivi. Erinnerungen von Julius von Eckardt * **Eckstein, Friedrich** Alte, unnennbare Tage. Erinnerungen aus siebzig Lehr- und Wanderjahren * Erinnerungen an Anton Bruckner * **Eiselsberg, Anton Freiherr von** Lebensweg eines Chirurgen * **Eloesser, Arthur** Thomas Mann - sein Leben und Werk * **Elsenhans, Theodor** Fries und Kant. Ein Beitrag zur Geschichte und zur systematischen Grundlegung der Erkenntnistheorie. * **Engel, Eduard** Shakespeare * Lord Byron. Eine Autobiographie nach

www.severus-verlag.de

Tagebüchern und Briefen. * **Ewald, Oscar** Nietzsches Lehre in ihren Grundbegriffen * Die französische Aufklärungsphilosophie * **Ferenczi, Sandor** Hysterie und Pathoneurosen * **Fichte, Immanuel Hermann** Die Idee der Persönlichkeit und der individuellen Fortdauer * **Fourier, Jean Baptiste Joseph Baron** Die Auflösung der bestimmten Gleichungen * **Frazer, James George** Totemism and Exogamy. A Treatise on Certain Early Forms of Superstition and Society * **Frey, Adolf** Albrecht von Haller und seine Bedeutung für die deutsche Literatur * **Frimmel, Theodor von** Beethoven Studien I. Beethovens äußere Erscheinung * Beethoven Studien II. Bausteine zu einer Lebensgeschichte des Meisters * **Frobenius, Leo** Indische Reise * **Fülleborn, Friedrich** Über eine medizinische Studienreise nach Panama, Westindien und den Vereinigten Staaten * **Gmelin, Johann Georg** Quousque? Beiträge zur soziologischen Rechtfindung * **Goette, Alexander** Holbeins Totentanz und seine Vorbilder * **Goldstein, Eugen** Canalstrahlen * **Goldziher, Ignaz** Der Mythos bei den Hebräern und seine geschichtliche Entwicklung, Reihe ReligioSus Bd. VII * **Graebner, Fritz** Das Weltbild der Primitiven: Eine Untersuchung der Urformen weltanschaulichen Denkens bei Naturvölkern * **Griesinger, Wilhelm** Handbuch der speciellen Pathologie und Therapie: Infectionskrankheiten * **Griesser, Luitpold** Nietzsche und Wagner - neue Beiträge zur Geschichte und Psychologie ihrer Freundschaft * **Grubb, Wilfried Barbrooke** An unknown people in an unknown land: The Indians of the Paraguayan Chaco * **Halbfaß, Wilhelm** Wilhelm Halbfaß (1856 - 1938): Mathematiker, Physiker und Hydrogeograph. Eine Autobiographie * **Hanstein, Adalbert von** Die Frauen in der Geschichte des Deutschen Geisteslebens des 18. und 19. Jahrhunderts * **Hartmann, Franz** Die Medizin des Theophrastus Paracelsus von Hohenheim * **Heller, August** Geschichte der Physik von Aristoteles bis auf die neueste Zeit. Bd. 1: Von Aristoteles bis Galilei * **Helmholtz, Hermann von** Reden und Vorträge, Bd. 1 * Reden und Vorträge, Bd. 2 * **Henker, Otto** Einführung in die Brillenlehre * **Henne am Rhyn, Otto** Aus Loge und Welt: Freimaurerische und kulturgeschichtliche Aufsätze * **Heppe, Heinrich** Geschichte des Pietismus und der Mystik in der reformierten Kirche, namentlich der Niederlande, Reihe ReligioSus Bd. XI **Hillebrandt, Alfred** Buddhas Leben und Lehre, Reihe ReligioSus Bd. X * **Ishak, Mohammed Ibn** Das Leben Mohammeds, Reihe ReligioSus Bd. IX * **Jahn, Ulrich** Die deutschen Opfergebräuche bei Ackerbau und Viehzucht. Ein Beitrag zur Deutschen Mythologie und Altertumskunde * **Kalkoff, Paul** Ulrich von Hutten und die Reformation. Eine kritische Geschichte seiner wichtigsten Lebenszeit und der Entscheidungsjahre der Reformation (1517 - 1523), Reihe ReligioSus Bd. I * **Kaufmann, Max** Heines Liebesleben * **Kautsky, Karl** Terrorismus und Kommunismus: Ein Beitrag zur Naturgeschichte der Revolution * **Kerschensteiner, Georg** Theorie der Bildung * **Kotelmann, Ludwig** Gesundheitspflege im Mittelalter. Kulturgeschichtliche Studien nach Predigten des 13., 14. und 15. Jahrhunderts * **Klein, Wilhelm** Geschichte der Griechischen Kunst - Erster Band: Die Griechische Kunst bis Myron * **Kleist, Heinrich von** Die Hermannsschlacht * **Krömeke, Franz** Friedrich Wilhelm Sertürner - Entdecker des Morphiums * **Külz, Ludwig** Tropenarzt im afrikanischen Busch * **Kunze, Karl** Hanseakten aus England. 1275 bis 1412. * **Leimbach, Karl Alexander** Untersuchungen über die verschiedenen Moralsysteme * **Lewis, Timothy Richards/Cunningham, David Douglas** The Fungus-disease of India * **Liliencron, Rochus von / Müllenhoff, Karl** Zur Runenlehre. Zwei Abhandlungen * **Lorenz, Ottokar** Der Historiker Friedrich Christoph Schlosser und die Geschichtsschreibung * **Magnus, Hugo** Die antiken Büsten des Homer - eine augenärztlich-ästhetische Studie * Der Aberglauben in der Medizin * **Maier, Elisa** Wilhelm von Humboldt - Lichtstrahlen * **Mach, Ernst** Die Principien der Wärmelehre * **Mackenzie, William Leslie** Health and Disease * **Marcks, Erich Alfred** Lichtwark und sein Lebenswerk * **Maurer, Konrad** Island von seiner ersten Entdeckung bis zum Untergange des Freistaats * **Mausbach, Joseph** Die Ethik des heiligen Augustinus. Erster Band: Die sittliche Ordnung und ihre Grundlagen * **Mauthner, Fritz** Die drei Bilder der Welt - ein sprachkritischer Versuch * **Meissner, Franz Hermann** Arnold Böcklin * Meyer, Elard Hugo Indogermanische Mythen, Bd. 1: Gandharven-Kentauren * **Meyer, Richard M.** Altgermanische Religionsgeschichte, Reihe ReligioSus Bd. VIII * **Moulin Eckart, Richard Graf du** Der historische Roman in Deutschland und seine Entwicklung * **Müller, Adam** Versuche einer neuen Theorie des Geldes * **Müller, Conrad** Alexander von Humboldt und das Preußische Königshaus. Briefe aus den Jahren 1835-1857 * **Naumann, Friedrich** Freiheitskämpfe * **Neumann, Carl W.** Brehms Leben * **Nohl, J.** Der schwarze Tod * **Oettingen, Arthur von** Die Schule der Physik * **Ossipow, Nikolai** Tolstois Kindheitserinnerungen. Ein Beitrag zu Freuds Libidotheorie * **Ostwald, Wilhelm** Erfinder und Entdecker * **Peters, Carl** Die deutsche Emin-Pascha-Expedition * **Poestion,**

Joseph Calasanz Isländische Dichter der Neuzeit in Charakteristiken und übersetzten Proben ihrer Dichtung * **Poetter, Friedrich Christoph** Logik * **Popken, Minna** Im Kampf um die Welt des Lichts. Lebenserinnerungen und Bekenntnisse einer Ärztin * **Pott, Constance** Francis Bacon and his secret society * **Prutz, Hans** Neue Studien zur Geschichte der Jungfrau von Orléans * **Ramsdorf, Edmund** Sammlung vorzüglicher Hausmittel * **Rank, Otto** Psychoanalytische Beiträge zur Mythenforschung. Gesammelte Studien aus den Jahren 1912 bis 1914. * **Ree, Paul Johannes** Peter Candid * **Rohr, Moritz von** Joseph Fraunhofers Leben, Leistungen und Wirksamkeit * **Rubinstein, Susanna** Ein individualistischer Pessimist: Beitrag zur Würdigung Philipp Mainländers * Eine Trias von Willensmetaphysikern: Populär-philosophische Essays * **Sachs, Eva** Die fünf platonischen Körper: Zur Geschichte der Mathematik und der Elementenlehre Platons und der Pythagoreer * **Scheidemann, Philipp** Memoiren eines Sozialdemokraten, Erster Band * Memoiren eines Sozialdemokraten, Zweiter Band * **Schleich, Carl Ludwig** Erinnerungen an Strindberg nebst Nachrufen für Ehrlich und von Bergmann * Das Ich und die Dämonien * Besonnte Vergangenheit * **Schlösser, Rudolf** Rameaus Neffe - Studien und Untersuchungen zur Einführung in Goethes Übersetzung des Diderotschen Dialogs * **Schoenfeld, Emil Dagobert** Das Pferd im Dienste des Isländers zur Saga-Zeit * Der isländische Bauernhof und sein Betrieb zur Sagazeit * **Schrenck-Notzing, Albert Freiherr von** Physikalische Phänomene des Mediumismus * **Silling, Marie** Annette von Droste-Hülshoffs Lebensgang * **Suddard, Sarah J. Mary** Keats, Shelley and Shakespeare - Studies & Essays in English Literature * **Schweitzer, Christoph** Reise nach Java und Ceylon (1675-1682). Reisebeschreibungen von deutschen Beamten und Kriegsleuten im Dienst der niederländischen West- und Ostindischen Kompagnien 1602 - 1797. * **Schweitzer, Philipp** Island - Land und Leute * **Schweyer, Franz** Politische Geheimverbände - Freimaurer, Illuminaten, Rosenkreuzer u.a. * **Sommerlad, Theo** Die soziale Wirksamkeit der Hohenzollern * **Strache, Hans** Der Eklektizismus des Antiochus von Askalon * **Sulger-Gebing, Emil** Goethe und Dante * **Thiersch, Hermann** Ludwig I von Bayern und die Georgia Augusta * Pro Samothrake * **Trendelenburg, Friedrich** Die ersten 25 Jahre der Deutschen Gesellschaft für Chirurgie * **Tyndall, John** Die Wärme betrachtet als eine Art der Bewegung, Bd. 1 * Die Wärme betrachtet als eine Art der Bewegung, Bd. 2 * **Virchow, Rudolf** Vier Reden über Leben und Kranksein * **Vollmann, Franz** Über das Verhältnis der späteren Stoa zur Sklaverei im römischen Reiche * **Volkmer, Franz** Das Verhältnis von Geist und Körper im Menschen (Seele und Leib) nach Cartesius * **Wachsmuth, Curt** Das alte Griechenland im neuen * **Wächter, Oskar** Vehmgerichte und Hexenprozesse in Deutschland * **Warburg, Aby** Die Erneuerung der heidnischen Antike * **Weber, Paul** Beiträge zu Dürers Weltanschauung * **Wecklein, Nikolaus** Textkritische Studien zu den griechischen Tragikern * **Weinhold, Karl** Die heidnische Totenbestattung in Deutschland * **Wellhausen, Julius** Israelitische und Jüdische Geschichte, Reihe ReligioSus Bd. VI * **Wellmann, Max** Die pneumatische Schule bis auf Archigenes - in ihrer Entwickelung dargestellt * **Wernher, Adolf** Die Bestattung der Toten in Bezug auf Hygiene, geschichtliche Entwicklung und gesetzliche Bestimmungen * **Weygandt, Wilhelm** Abnorme Charaktere in der dramatischen Literatur. Shakespeare - Goethe - Ibsen - Gerhart Hauptmann * **Wlassak, Moriz** Zum römischen Provinzialprozeß * **Wulffen, Erich** Kriminalpädagogik: Ein Erziehungsbuch * **Wundt, Wilhelm** Reden und Aufsätze * **Zallinger, Otto** Die Ringgaben bei der Heirat und das Zusammengeben im mittelalterlich-deutschem Recht * **Zehetmaier, Joseph** Leichenverbrennung und Leichenbestattung im alten Hellas * **Zoozmann, Richard** Hans Sachs und die Reformation - In Gedichten und Prosastücken, Reihe ReligioSus Bd. III